◎四川省社会科学高水平研究团队（2018—2020）“四川藏羌彝走廊文化创意产业发展研究团队”科研成果
◎阿坝师范学院校级专项科研项目“阿坝州旧志集成”科研成果

阿坝州旧志集成

松潘卷

董常保 编

四川大学出版社

目　录

松潘边图考

松潘直隶厅志

松潘记略

松潘游记

松潘县志

松潘概况资料辑要

松潘县视察述要

（明）郑大郁　编订

松潘边图考

南明弘光元年刻本

提　要

（弘光）《松潘边图考》，摘自《经国雄略·边塞考》，（明）郑大郁编订。

《经国雄略》分“天经考”“畿甸考”“省藩考”“河防考”“海防考”“江防考”“赋徭考”“赋税考”“屯政考”“边塞考”“四夷考”“奇门考”“武备考”等，四十八卷，南明弘光元年（1644）观社刻本，“观社”为郑大郁室名。《四库全书》未收录。“边塞考”因“内有悖碍之处”，于乾隆年间为军机处奏准，列入全毁书目。

《松潘边图考》先概述松潘卫所辖面积、官军人数、储备粮额，次叙松潘隶属及所辖，次绘松潘边图，最后依图分屯堡分类详考。

《松潘边图考》图文并茂，简明扼要，条丝缕析，是松潘现存最早的图考志书。

目　录

松潘边图

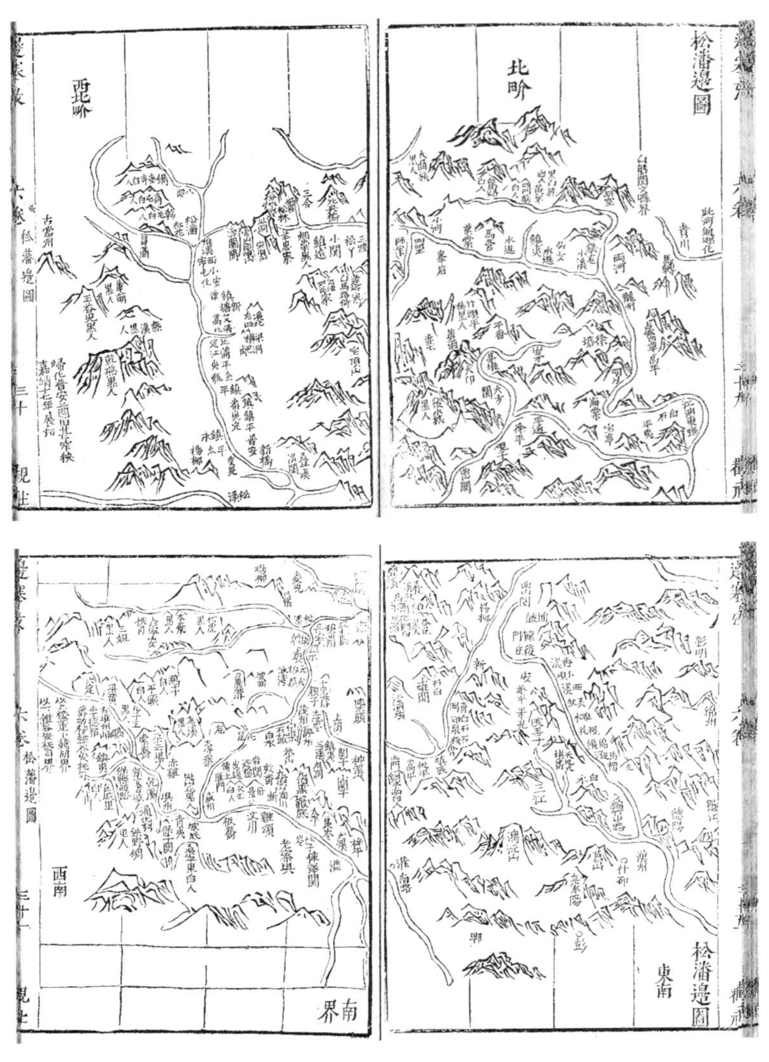

松潘边图考

松潘卫小河所三路，新旧屯田二千八百五十九顷七十亩有零。主客官军各兵一万一千六百八十四员名，额坐各仓粮一十万三千九百一十七石，外仓二十，收粮一十万三千九百一十七石。安、绵、坝底、石泉四路，各官军各兵六千四百五十二员名，额坐各仓粮三万一千一百一十八石。

松潘等处军民指挥使司，隶四川川西道，及领守御所一、小河宣抚司一、龙州安抚司四：一八郎、一麻儿匝、一芒儿者、一阿角寨；长官一十七：一年力结、一蜡匝、一白马路、一山洞、一阿昔同、一此定、一麦匝、一者多、一玨班、一祈会、一勒都、一包藏、一阿者、一囊儿、一阿用、一乾寨、一占藏先结。

茂州卫，隶四川都司，领守御所二：一叠州，一威州；安抚司一：长宁；长官司五：一静州，一陇木头、岳溪、蓬颖，茂州叠溪一：郁郎（隶叠溪）。

钦差巡抚四川，兼理松潘、安绵、建昌等处边备都御史一，驻四川。

钦差整饬松潘、威茂、安绵等处，兵备按察司三：松潘一，驻松潘；威茂一，驻茂州；安绵一，驻绵州。

钦差分守松潘等处副总兵一，驻松潘；协守左参将一，住小河镇底，辖守备一，提督指挥五；右参将一，驻威州，辖提督指挥三，千户一，镇抚一。

协赞游击将军二，东路一，驻龙州，辖江油至汉关南路；一驻叠溪，辖镇平至茂州。

提督十五，一领东胜等九堡屯。东胜、熊旗、红花，谷粟、高堡屯、羊裕、塘舍、谭（广邢）、暲腊；官军五百九十员名，屯田原额九百一十六顷三十五亩有零，新增一百十六顷二十五亩，屯粮三千八百七十石，仓粮九万三千二百七十二石零，麦一千七十四石，马四百八十七匹。

一领蒲江等六关堡。关：蒲江、北定、归化；屯堡：艾嵩、镇革、小屯；

一领新塘等三关。新塘、安化、西宁。

一领平定等六堡。屯堡：平定、靖夷、镇番、镇平、金瓶、平夷。

一领望山等十二关堡。以上副总辖。关：望山、云栏、风洞；屯堡：松林、三舍、镇远、小关、松了、三师家、四望，官军一千四百三十员名。

一领峰崖等六堡。屯堡：峰崖、华棠、马营、水进、镇夷、铁龙，官军四百七十员名，民快土兵五十五名，屯田原额一千一百顷，新增六百九十顷，屯粮四千八百九十石，马九十四匹。

一领曲山等十五堡关。关：曲山、小坝、雅水；屯堡：擂鼓、后庄、香溪、叠尾、白水、溪面、灵就、视槽、马龙；官军一百八十员，民快土兵一千二百四十五名，仓粮二万三千四十五石。

一领观子等八关堡。关：大方；屯堡：徐平、观子、平通、大丘、茅堆、山茅、徐塘；官军四百七十五员名，民快土兵八百四十七名。

一领石板等八关堡。关：石坂、上雄；屯堡：填底、石泉、白印、青冈、石泉城；官军七百九十二员名，民快土兵一千三百三十三名。

一领平番等三堡。以上左参辖。屯堡：平番，奠酒堙、赤土；官军五百员名，屯田五十八顷五十二亩，屯粮一千五百九十六石，马九十七匹。

一领永镇等九堡。屯堡：永镇、大平、普安、新桥、汉关、叠溪城、马路、小关、新堡；屯田六十二顷四亩，新增一百三十顷四十二亩，屯粮五千三百五十八石。

一领彻底等九关堡。关：彻底、镇夷、保子；屯堡：灌县、堡县、新安、乾溪、坝州、汶川；屯粮一千六百一十四石，马一百五十六匹。

一领七星等十五墩堡。七星关屯堡：石鼓、雁门、青坡；墩：黎园、迁乔、白水、盐魁、取远、四顾、羊毛、五里；官军七百九十四名，民快土兵一百八十五名，屯原额五十九顷一十八亩。

一领土地等六堡。屯堡：土地、镇夷、关子、神溪、土门、挑坪墩、五里头、文镇抚、太宗渠[①]。

一领实大等八关堡。以上右参辖。关：实大；屯堡：穆肃、长宁、松溪、韩胡、长安、椒园、镇戎。官军七百九十六员名，民快土兵二百七十三名。

---

① 此处当有讹误，待考。

（清）温承恭　纂修

松潘直隶厅志

嘉庆间抄本

提　要

松潘直隶厅，明初松州，洪武十二年（1379）置松州卫、潘州卫，寻并为松潘卫。雍正七年（1729）裁卫，设松潘直隶厅；雍正九年改置松潘厅，乾隆二十五年（1760）升为松潘直隶厅。治所在今阿坝州松潘县。松潘厅所辖地域极广，今九寨沟县、阿坝县、红原县、若尔盖县和黑水县大部分均系其辖区。民国三年废厅，改为松潘县。

是志未见刻本流传，点校底本为四川大学图书馆藏本，参校本为阿坝州档案馆藏1960年据四川省图书馆藏本的誊抄本。据南京图书馆藏本，为温承恭纂修。《清史列传》卷七十二载："温承恭，字靖闻，广东德庆州人。贡生。……嘉庆初，川楚用兵……久之，客松潘，历穷箐废砦，备悉险要，著《松潘防守议》。数往返蜀中……嘉庆二十五年卒，年五十八。"

是书无序跋，有"松潘直隶厅图""沿革""城池""风俗""舆地山川""津梁""公署""祠庙""陵墓""古迹""职官""荫封"等十七目。所载职官止于嘉庆二十年，似为稿本。

《松潘直隶厅志》是松潘现存最早的一部直隶厅志。

目　录

松潘直隶厅图

图略

松潘直隶厅

	两汉	三国汉	晋	宋齐	魏	周	隋
松潘厅					吐谷浑地	**扶州龙涸郡**，天和初置。	开皇三年废郡，七年废州。
	湔氐道。属蜀郡。		**升迁县**。改置，属汶山郡。	省			
						嘉城县。天和初置，州郡治。	**嘉城县**。属同昌郡。
		平康县。蜀汉置，属汶山郡。	**平康县**。省。			**平康县**。复置。	**平康县**。属汶山郡。
			兴乐县。省，置汶山郡。				
							交川县。开皇初置，属汶山郡。
						江源县。置，属汶山郡。	**江源县**。废。
	蚕陵县。属蜀郡。	**蚕陵县**。	**蚕陵县**。属汶山郡，后废。			**翼针县**。周置。	
						翼针县。周置，郡治。	**翼针县**。属汶山郡。
						龙求县。周置，兼置清江郡。	**翼水县**。开皇初废郡，改县曰清江。十八年又改名，属汶山郡。
						周置覃州及覃州、荣乡二郡。	开皇初废郡，四年废州。
						通轨县。置州，郡治。	**通轨县**。属汶山郡。

沿革表

唐	宋	元	明
松州交川郡。武德初置州，贞观二年置都督府，属陇右道，永徽后改属剑南道。天宝初改交川郡，乾元初复曰松州。广德初没于吐番。	吐蕃地	属吐蕃等处宣慰司	**松潘卫**。洪武十二年置松州及潘州，寻以潘州卫并入为松潘卫。二十年改松潘等军民指挥使，隶四川都司。
嘉城县。州治，广德后废。			
平康县。初废。寻复置，属翼州，寻废。垂拱元年复置，属当州，天宝初，交川郡废。			
	潘州。崇宁三年置，又分上中下三州。	**潘州**。属吐蕃等处宣慰司。	嘉靖四十二年初设潘州卫，后省。
交川县。后省。			
羁縻乾州。贞观三年置，后又置岷、奉、岩、适四州，又置伊、嵯、麟、可等三十二州，属松州郡都督府。			
羁縻阔州。贞观三年置，又置诸州，后入吐番。			
翼州临翼郡。武德元年置，咸亨三年移治悉州，上元二年复旧治，属剑南道。			**叠溪千户所**。洪武十一年置叠溪右千户所，属茂州卫，后改为叠溪军民千户所，隶四川都司。
卫山县。天宝元年更名，州治，后与郡俱没吐蕃。			
翼水县。属翼州，后废。			
峨和县。天宝中置，属翼州，后废。			
当州江源郡。贞观二十一年置州，属剑南道。	**羁縻当州**。属茂州。	废	
通轨县。州治。	废		
利和县。显庆初置，属当州，后废。			

续

	两汉	三国汉	晋	宋齐	魏	周	隋
松潘厅							
						广平县。周置，兼置广平、左封二郡。	**左封县**。开皇初废郡改县名，属汶山郡。

表

唐	宋	元	明
悉州归诚郡。显庆元年置悉，唐咸亨元年徙治左封，属剑南道，后没吐蕃。			
左封县。初属会州，又属翼州，后为州治，又垂拱二年，析置归诚县，后俱废。			
静州静川郡。仪凤元年置，曰南和州，天授二年更名北，属陇右，后割属剑南道。			
悉唐县。州治，又有静居、清道二县，后俱废。			
柘州蓬山郡。仪凤初置，属剑南道，治柘县。又领乔珠县，后俱废。			
恭州恭化郡。开元二十四年置，属剑南道，治和集县，又领博恭、烈山二县，后俱没吐蕃。			

沿　革

松潘直隶厅沿革说

《禹贡》梁州之域。周氐羌地。汉置湔氐道，属蜀郡。后汉因之。晋改置升迁县，属汶山郡，后废。魏为吐谷浑地。后周天和元年始置扶州总管府，及龙涸郡嘉诚县。隋开皇初府废，三年郡废，七年州废，以县属同昌郡。唐武德元年，复于嘉诚县置松州。贞观二年，置都督府，羁縻二十五州，后多至一百有四州，皆生羌部落，属陇右道。永徽改属剑南道。天宝初改交川郡。乾元初复曰松州。广德初陷于吐蕃。宋乃为吐蕃地。元属吐蕃等处宣慰司。明洪武十二年置松州、潘州二卫，寻并为松潘卫。二十年，改松潘等处军民指挥使司，隶四川行都司。嘉靖四十二年，复改松潘卫。皇朝因之，属龙安府。雍正九年，改设抚民厅，直隶四川省。

城　池

明洪武十七年砌石城，高一丈六尺，周九里七分，计一千七百四十六丈，门五。东南系平地，西北山冈，大江贯其中。城南有外城，周二里，高一丈八尺，东、西、南各一门。

叠溪营，明景泰初筑土城，高二丈五尺，周七里三分，计一千三百一十四丈，门三。

平番营，明万历间砌石城，国朝雍正七年重修，高一丈八尺，周一里八分有奇，计三百四十五丈，门四。

漳腊营，明万历间砌石城，国朝雍正七年重修，高一丈八尺五寸，周一里一分有奇，计三百零九丈，门二。

小河营，建置无考，石城高二丈八尺九寸，周二里七分有奇，计四百九十八丈零四尺七寸，门四。

南坪营，旧城无考，国朝雍正七年巴州知州吴赫监筑土城，高一丈五尺，周一里五分有奇，计二百七十丈，东、南、北三门，西倚山，东阻河，南、北月城各五十丈。

会龙关，旧城无考，国朝雍正七年巴州知州吴赫监筑土城，高一丈四尺，周不及一里，计一百四十丈，东西二门，上建城楼各一。

隆康关，旧城无考，国朝雍正七年，巴州知州吴赫监筑土城，高一丈四尺，周不及一里，计一百四十丈，南北二门，各置以楼。

风　俗

刻木契以为交易，炙羊膊以断吉凶。番多汉少，男曰安达，女曰白麻。衣惟毽衫是尚，食以酥油为佳。日耕野壑，夜宿碉房。人精悍，善战斗。教化既久，风俗渐淳。（《厅志》）

地本氐羌，人尤劲悍，性多质直，工习射猎。（《隋书·地理志》）

其俗种青稞、荞麦，孳畜牛羊。砌屋建碉，不加藩棚。食则糌粑，饮则乳酪、山茶。富者衣氆氇、绫绮，余皆毛毯。羊皮供养番僧。不知医药。慎重誓盟，刻木为信。灼羊膊、扯索卦以卜吉凶。葬则或水或火，惟喇嘛之言是听。婚姻论财，以牛、羊、马匹为聘，男女相悦则携手共唱番歌，饮酒为乐，名曰跳锅桩。其性嗜利，好斗，轻生易死。女子耳带大环，男亦垂铒。自十二岁以上，皆腰插短刀，习枪矛、弩箭，不善弓矢。

舆地山川

崇山：在厅城西北隅。城垣跨其上，盘旋而上，十有九折，通红土坡、黑水等寨。

金蓬山：在厅东五里。羌金蓬者居之，山下石岩镌“永泉”二字。正统初，都督李安以剑斫岩而得二水，亦名文武泉。

雪栏山：在厅东三十里。山势蟠蜒，积雪不消，俗呼“宝鼎山”，亦名“雪岭”，上有关。

风洞山：在厅东五十里。高险，盘旋数里，始达其岭。东北有洞，深不可测，多恶风，每午辄作，灰砂蔽天，人马俱辟易，寒气袭人，触之多死，否则喘息旬日而后止。

雪山：在厅东八十里。《元和志》：柘州城四面险阻，易于固守，有安戎江、蓬婆水。在州南三十里大雪山，一名蓬婆山，在柘县西北一百里，出朴硝，其色如银。有蚕崖，路险，人迹罕到。《寰宇记》：在交川县西南一百里。

师家山：在厅东小河营北五十里，一名文山。宋时有师、文二大姓居此。

牛心山：在厅东南五十里。峰峦圆秀，若牛心然。又东四十里为火焰山，山无草木，其色如赭。《明统志》：在厅东南十五里。

砂山：在厅东南一百里。

红花山：在厅南十五里。岷山所经，下有屯田，名红花屯。

洛稽山：在厅西。《元和志》：在交川县西北七十五里。

岷山：在厅西北。《禹贡》：岷山导江。《史记》作汶山，又《封禅书》：自华以西名山曰渎山，蜀之汶山也。《汉·地志》：岷山在湔氐道。《禹贡》：岷山在西徼外，江水所出。《蜀志》秦宓曰：蜀有汶阜之山，江出其腹。《蜀都赋》：岷山之精，上为井络。帝以会昌，神以建福。郭璞曰：岷山在广阳县。《华阳国志》：岷山一名沃焦山，其跗曰羊膊，江水所出。《隋志》：汶山在汶山郡左封县，又岷山在临洮郡临洮县。《括地志》：在益乐县，连绵至蜀几二千里，皆名岷山。《寰宇记》：羊膊山在平康县。《舆地广记》：岷山在汶山县西北，俗名铁豹岭。《书经地理今释》：岷山跨雍、梁二州，自陕西巩昌府岷州卫以西，大山重谷，谽谺起伏，西南走蛮箐中，直抵四川成都府之西境。凡茂州之雪岭，灌县之青城，皆其支脉。而导江之处，则在今松潘厅西北番界之浪架岭。《方舆胜览》：《禹贡》梁州之山四，岷、嶓、蔡、蒙。西山皆岷，北山皆嶓，南山皆蒙也。按：明杨慎《丹铅录》云：蜀山之大者曰岷山，其川曰岷江，“岷”字《说文》作“愍”，省作“岷”，汉人隶书作“汶”。据《史记》引《禹贡》“岷嶓既艺”及“岷山之阳”“岷山导江”，皆作“汶”，盖古字通用也。令诸卷中“岷”“汶”二字多互见，谨识于此。

峨和山：《元和志》：天保年，分置峨和县，因山为名。

压玉岭：在厅北五十里。

小分水岭：在厅北九十里，其山平坦，有龙潭。又有大分水岭在厅西北。《舆程记》：大分水岭在厅西北二百二十里，有二派，一东南流为江，一西南流为大渡河，或曰即古羊膊岭也。按：厅北境止八十里，今岭在生番界。或谓在茂州，误。《汉志》所云在湔氐道西徼外，是也。

甘松岭：在厅西南。后魏甘松县以此名。《隋志》：通轨县有甘松山。《新唐书》：开元十九年，吐番请交马于赤岭，互市于甘松岭。宰相裴光庭曰：甘松岭，中国之阻，不如许赤岭。赤岭在陕西西宁卫，今改县。《元和志》：岭在嘉诚县西南十五里。《寰宇记》按《山海经》云：甘松岭亦谓之松叶岭，江水发源于此，土人谓之松子岭。《明统志》：在司界西北三百里。《卫志》：今入西夷。按《元和志》岭本近在厅西南境。《明统志》谓去司三百里，《卫志》遂谓入夷界，误。

野狐峡：在厅西。唐贞观八年，别将李道彦分道击突厥至阔水，党项酋长拓拔赤辞等屯野狐峡拒之，道彦不得进，为其所败，退保松州，即此。

羊洞：在厅北，接陕西洮州界。

大江：一名岷江，亦曰汶江，俗名潘州河。自徼外流入，南迳厅城，又南迳叠溪营西，又南入茂州界。《禹贡》：岷山导江。《荀子》：江出岷山，其源可以滥觞。《汉志》：岷山在西徼外，江水所出，东南至江都入海，过郡七，行三千六百六十里。《益州记》：大江泉源始发羊膊岭下，缘崖散漫，小大百数，殆未滥觞。东南下百余里至白马岭而历天彭阙，自此以上至微弱，所谓发源滥觞者也。自白马岭回行二十余里至龙涸，又八十里至蚕陵县，又南下六十里至石镜，又六十余里而至北部，始百许步。《通典》：甘松岭，江水所发源。《元和志》：翼州西枕大江。又，大江水经翼水县西二百步。又，源出岷山羊膊岭，分二派，一西南流为大渡河，一东南流为大江。《寰宇记·江源记》云：羊膊山下有二神湫，乃大江始发之所。又，发源于临洮木塔山山岭，分东西流，南流八百里经甘松岭，又南经漳腊堡西，其水渐大，复经镰刀湾达松潘，于下水关入红花屯，达叠溪界。《明统志》：潘州河在松潘司城西北六十里。《旧志》：潘州河源出西夷哈吗鼻浪架岭，分二派：一派西南流，合出灶沟；一派东南流，历东寨至尖橐，合滴漏水。水出滴漏山岭，亦分二派：一派西南为[①]出灶沟，入西番界；一派东流经鹅[②]落村，至尖橐与浪架水合流，入黄胜关下，又四十里至虹桥关北，合漳腊河，其河源出生番弓杠。其山岭水亦分二派：一派东流入上羊峒生番界，一派西南流至漳腊境，又南流四十里，经漳腊城西南，合波漓泉，又十里，至虹桥关北，与潘州河合流，又曲流二十八里，至松潘城东入城，出城西而南折，又东南流一百八十里，合众山溪水，过平番营，入叠溪营界，是为岷江。又南五十里合黑水，经营城西，又东南曲四十里入茂州界。按《舆图》，今江源在黄胜关外西北，有东南二派：在东者出冈出山，东南曲流百里许；在西者，出那哥多母精山，东南流二百余里合流，又百里许入黄胜关冈出山。《旧志》：所名滴漏那哥，即浪架也。二山之北又各有一派：出冈出山者，名多拉昆都仑；出那哥山

① 为：乾隆《茂州志》作“流”。

② 鹅：乾隆《茂州志》作“恶”。

者，名多母打秃仑都仑。皆西北流数百里合流，汇众山溪水入黄河，即《旧志》之出灶沟。《元史·河源附录》所名奇尔玛尔楚二水也，奇尔玛尔楚，旧作乞儿马出，今俱改正。

涪水：在厅东，东南流入龙安村平武县界。《汉志》：刚[①]氏道涪水出徼外，南至垫江入汉，过郡二，行一千六十九里。《水经注》：涪水出刚氏道徼外，东南与建始水合，水发平乐郡西溪，西南流，曲而东南流注涪水，又东南至江油戍。《旧志》：源出卫北小分水岭，东南流经小河所北二里，又东南至龙安，其水浅隘，又名小河。一说，兴隆泉在厅东六十里，源出雪栏山风洞顶黄龙寺后，历红岩、三舍堡，聚众山溪水合流成河，东南流一百四十里，经小河营南门外，又东流三十里入平武界，为涪江之源。

阔水：在厅西北塞外。唐贞观八年，别将李道彦分道伐吐谷浑，经党项中至阔水，出不意袭败之，党项忿怒拒道彦于野狐峡，道彦败还松州。十二年，又命侯君集等分道伐吐番，将军牛进达出阔水道，即此。

龙潭：在厅东九十里。《边防考》：厅北三舍有龙潭，四序渊澄，其深莫测。

济众泉：在厅西门。盘绕崇山，上下陡坎，层级十里，汲水甚艰。故引深山之水由西门沟以入岷江，居人利之。

波漓泉：在县东北四十五里。平地涌出一百八窦，冬温夏凉，绕漳腊城入江。

响水泉：在厅北六十里。泉流湍急有声，居民资以灌溉，今堙。

云峰山：在厅南叠溪营东六里。高耸凌云。

牦牛山：在厅南叠溪营东三十里。明正统中，番贼窥境，官军追及于牦牛山，即此。

石镜山：在营东南。《水经注》：蚕陵南下六十里为石镜，翼针县有石镜山。《元和志》：在翼水县东南九里，山侧有石，圆径二尺，明澈如镜。

排栅山：在营南十五里。《明统志》：在城南五里，洪武十一年，大军至此，屯驻立栅为营，因名。

寿星山：在营南十里。

七顷山：在营西。《元和志》：卫山县有七顷山，一名落石山，山寨峻阻，平地惟有七顷，因名。后周置翼州，在山下。

大雪山：在营西。《元和志》：一名蓬婆山，在柘县西北一百里。

肃番山：在营西北。《元和志》：在石臼县北八十里，下有肃番镇。

蚕陵山：在营北五里。《通典》：蚕陵县有蚕陵山。《旧唐志》：卫山县有蚕陵山。《寰宇记》：卫山县本汉蚕陵，县西有此山。

柏岭：在营西北。《元和志》：在柘县北八十里，岭北二十里至白崖驿与吐番接界。

大江：在营西三里。自松潘厅界流入，五十里合黑水，经营城西又东南曲流四十里，入茂州界。《水经注》引《益州记》曰：江水自龙洞，又八十里至蚕陵县，又南下六十里至石镜山，又六十里至北部。《元和志》：大江经翼州城西，又经翼水县西二百步，又有安戎江。蓬婆水在柘州南三十里。

---

① 刚：当为“湔”，下同。

黑水：在营西北。《旧志》：源出黑水生番界，东流至营城北五里入江，此又一黑水，非《明统志》所云翼水别源也。国朝刘绍攽诗：江声如万鼓，日日诧惊雷。急浪迎风立，盘涡逐岸回。顿令裘服异，频觉燠寒催。夷汉交加处，安边仗俊才。

七里溪：在营西七里。源出松坪岩，流入汶江。

饮马沟：在营城东。源出云峰山顶，悬崖而下，入汶江。

翼水：在营南。东南流至茂州界入江，亦名黑水。《元和志》：翼水出翼水县南。《明统志》：在营城南五十里，有二源：一出松潘厅境，一出黑水，合流如张两翼。唐置翼水县，以此为名。

玉津泉：在营南。砌以铁瓦石甂，缘坡接引，直抵城下，民人取汲甚利。

天涌池：在营前。明正统间开凿，引铁马沟水潴其中，以便居民取汲。自云峰山以下，山川皆在叠溪营界，今并归松潘。

津 梁

古松桥：在厅城内。

通远桥：在厅城东。

迎恩桥：在厅城南门外，明永乐中建。

松风桥：在厅东一百三十里。

合江桥：在厅东一百七十里。

积雪桥：在厅东七十五里，明洪武中建。

归化桥：在厅南一百里。

靖安桥：在厅北十一里。

浦江桥：在厅南一百三十里。

笮 桥：在叠溪营北。（《元和志》：在卫山县北三十七里，以竹篾为索，架北江水。）

永镇桥：在叠溪营北四十里。

公　署

松潘厅同知署：旧松潘指挥署，明洪武中指挥耿忠建。照磨署在厅署东。南坪巡检署、库狱，俱在厅署内。常平仓在厅署两旁，署同知沈棠捐建。

儒学教授署：在城东。

松潘镇总兵署：在城东旧察院署。

中军中营游击署：在外城正街旧总兵府。中军守备署、左营游击署，在外城正街，中军守备署、右营都司署，在城北。

漳腊营参将、中军守备：均在厅属漳腊营城。

平番营守备：在厅属平番城。

南坪营都司署：在厅署南坪城。

小河营守备：在厅属小河城。

祠　庙

文庙：在厅东，详见“校祀典”。

崇圣祠：在文庙后，名宦、乡贤、忠义、节孝各祠制同。

关帝庙、文昌祠、社稷坛、风云雷雨山川坛、先农坛、城隍庙、厉坛、龙王庙：在城北。

水灵祠：在城内。

大悲寺：在厅城内西南隅。明洪武二十六年建，又名观音寺。（《边防考》：城西大悲寺，唐天宝间僧智广所建。国初设僧纲司，以僧会心为都纲，掌其事。景泰改元，嗣都纲智中，抚谕吐番，乃革心向化。事闻，以智中为崇化禅师，赐银印、冠帽、袈裟、藏经。智中，浙之仁和人，姜姓。）

真武宫：在厅西岷山下。

玉虚观：在厅南。

雪山寺：在厅南七十里。

崇善寺：在厅城内西北隅。

赤松观：在厅东，明洪武间建。（《名胜志》：赤松观在古松之南，世传三皇时，雨师随风雨上下，莫知其迹。于此地飞升后，人立祠焉。国初，钱塘羽士顾道昇来栖于此，观宇一新，落成，道昇诣蜀献王请额，时荆南道士刘虚舟，进赤松子画像及《中诚经》。正展览间，而道昇适至，王伟其诚，命教授张景辰隶“古赤松观”四字及所进经像，以归道昇。复于后殿筑玉皇阁，金碧辉煌，殆与雪山相掩映矣。）

陵墓

明忠节高照墓。

明都督秦良玉墓：在厅东十五里回龙山。（国朝僧净石诗：俄来行脚见松楸，积雪犹凝冻未收。宦海我怜官作衲，墓台人指女封侯。干戈百战称名将，香火千年赖比丘。静夜钟声知唤醒，宜予白日已回头。翁若梅诗：一腔热血长松楸，忠爱堂中泪未收。明季衣冠臣半妾，边陲节钺妇通侯。阃门尽足垂终古，末路犹能正首丘。石硅勋名铜柱上，回龙何日拜山头。湛露清诗：一色苍凉松与楸，婺星光焰此间收。已钦大节高谯国，更觉荣封愧吕侯。前代桑瀛嗟变态，忠魂风雨怅荒丘。邻邦旧托长城庇，今日欣瞻古陌头。王萦绪诗：惆怅松风谡谡声，肃瞻高冢忆生平。指挥欣仰红裙帅，披靡惊闻白杆兵。鸳袖折冲推长子，龙章宠锡动神京。于今剩有佳城在，衰草苍凉岁几更。）

马斗䕷墓：在厅南狮子埠下，岁久平削。国朝乾隆三十九年，同知王萦绪为培土树碑，题曰“诗人马黄墓”。（附诗：黄菊园中竹有香，骚人声欬吐琳琅。当年雅趣今何在，衰草寒烟自夕阳。无儿伯道问穹苍，篇什丛残信可伤。碎玉零金灰烬出，依然万丈足光芒。咨访衣冠何代藏，狮坡坡下景荒凉。一堆黄土封孤冢，绝少松楸表墓襄。埋没风流岁月长，我来为奠酒三觞。大书姓字贞珉勒，千载应闻诗骨香。）

古 迹

白岸城：在叠溪营西。《唐志》：翼州有白岸城。按：唐贞元中，韦皋破吐蕃论莽热兵，进屯白岸西山，诸羌皆降，即此。

鸡栖城：在叠溪营西南。《一统志》：唐贞元十九年，韦皋讨吐蕃，遣将邢玭出黄崖，略鸡栖老翁城。《寰宇记》：鸡栖川，在悉州东南一百里。按：《元统志》又有鸡栖村，在茂州东北一百七十里。有三路，一通茂州，一通龙州，一通绵州，皆吐蕃险要之地。今在石泉界，非此地也。

废轨州：在厅西北。《一统志》：本党项羌地。《唐书·西域传》：党项，汉西羌别种。魏晋后微甚，周灭宕昌、邓至而党项始强。其地古析支也，东距松州，西叶护、南春桑、迷桑等羌，北吐谷浑。山谷崎岖，大抵三千里，姓别为部。贞观三年，其酋细封步赖举部降，以其地为轨州。其后诸酋长悉内属，以其地为踞、奉、岩、远四州。后，拓拔赤辞亦内属，以其地为懿、嵯、麟、可三十二州，以松州为都督府。后内徙，地属吐蕃。

废阔州。《一统志》：在厅西北境，相近又有诺州，俱唐贞观五年置，以处党项等降羌，属松州都督府。十五年，吐蕃破党项、白兰诸羌，屯松州西境，寻进攻松州，败州兵。阔州、诺州遂叛归吐蕃，寻复进属，后仍入吐蕃。

废潘州。《一统志》：在厅北四百八十余里。《旧志》：相传汉武逐诸羌，渡河湟，居塞外，筑此城，置护羌校尉。唐广德初，松州以北皆陷于吐蕃。宋崇宁三年，秦凤招纳司言：阶州生蕃纳土，得邦、潘、叠三州。潘州盖属吐蕃，首领杂罗支[①]，故名。又分潘州为上、中、下三州。元属吐蕃宣慰司。明初并设松州、潘州二卫，后并为松潘卫。今阿尖寨即上潘州，班班簇即下潘州，旧漳腊堡设于此二州之间，即中潘州也，去卫二百五十余里。

废翼州。《一统志》：在叠溪营西。《隋志》：汶山郡翼针县，后周置，及翼针郡，开皇初郡废。《元和志》：翼州北至松州一百八十里，西至悉州三百二十里，治翼针县，周武帝置，本汉蚕陵县也。周天和元年，讨蚕陵羌于七顷山下，置翼州，以翼州计水为名。隋大业二年，省州，改置利山镇。唐武德元年复置。其城西枕大江，南面临溪。《旧唐志》：翼州，隋汶山郡之翼针县。武德元年，分置翼州。六年，自左封移州治于翼针。咸亨三年，移就悉州城内。上元二年，移迁旧治。天宝初，改为临翼郡。乾元初，复为翼州，治卫山县，本隋翼斜县，治七顷城。贞观十七年，移治七里溪。天宝元年，

---

① 杂罗支：民国《松潘县志》作“潘罗支”。

改为卫山。《寰宇记》：翼州南至茂州一百二十里，西南至悉州一百五十里。《明统志》：翼州城在叠溪所城南，卫山废县在所西五里，按：隋唐《志》皆作翼针，《元和志》作翼计，《旧唐志》、《寰宇记》作翼斜，今从隋唐《志》。

废当州。《一统志》：在叠溪营西北。《隋志》：汶山郡通轨，后周置县及覃州，并覃州、荣乡二郡。开皇初郡废，四年州废。《旧唐志》：州初治利川镇。仪凤二年，移治蓬臼桥。天宝元年，改江源郡。乾元元年，复为当州。《元和志》：当州东北至松州二百十里，东南至翼州二百七十里。本蚕陵县地。贞观三年，置通轨县，属松州，二十一年，于县置当州，仍以羌首领为刺史。《寰宇记》：大历五年，移州入山险要害之地，以备吐蕃。《宋志》：茂州领羁縻当州。

废悉州。《一统志》：在叠溪营西。《隋志》：汶山郡左封县，周置，曰广平及广平郡、左封郡。开皇初，郡并废。仁寿初，县改名。又，周置翼州，大业初废。《元和志》：悉州东至翼州二百二十里，西南至静州六十里。显庆元年，分当州置，在悉唐川，因以为名。其首领任刺史识臼县郭下，与州同置，地名识臼，因以为名，领左封县，东南至州二十里。周天和元年，于此置广平县。开皇十八年，改为左封，又领归诚县，西南至州八里，本生羌地。垂拱二年、从化三年，置县以处之。按新、旧《唐志》，左封本隶会州。武德元年，于左封置翼州。六年，移州治翼针而县废。贞观四年，复置县。二十年，属当州。显庆元年，置悉州于悉唐，以县属之。咸亨元年，移州来治。载初元年，移理东南五十里匪平川。天宝初，改归诚郡。乾元初，复曰悉州。盖显庆初治悉唐，非识臼，与《元和志》不同。

废静州。《一统志》：在叠溪营西南。《旧唐志》：静州，本当州之悉唐县。显庆元年，于县置悉州。咸亨元年，于悉州置翼州都督府，移悉州理左封。仪凤二年，翼州还治翼针，于悉唐县置南和州。天授二年，改为静州，属陇右道，隶松州都督，后割属剑南道，治在悉唐川也。《元和志》：州东至悉州八十里，东北至当州六十里，西北至柘州三十里，本汉蚕陵县地。天授元年置，其城据山甚险固，治悉唐县，领静居县，西至州二十四里。又领清道县，并显庆元年与悉州同置。天授元年，割属。《寰宇记》：州西南至恭州界六十里，西北至柘州三十五里。《宋史》：茂州诸落部，有静州蛮。

废柘州。《一统志》：在叠溪营西。《旧唐志》：永徽后置。天宝元年，改蓬山郡。乾元元年，复为柘州。《元和志》：仪凤元年置，以山多柘木为名。其城四面险阻，易于固守。治柘县，前上元二年置。又领乔珠县，东至州五十里，与州同置。《寰宇记》：州南至维州三百里。

废恭州。《一统志》：在叠溪营西南。《旧唐志》：天宝元年，改恭化郡。乾元元年，复曰恭州。《元和志》：州西南至维州二百五十里，东北至柘州一百里。开元二十四年，分静州部落于柘州西置，治和集县。旧曰广平县，属静州，天宝元年改名。领博恭县，西至州二十五里。又领烈山县，西至州五十里。按：以上诸州，唐广德后皆陷吐蕃。

嘉诚废县。《一统志》：今厅治，即古龙涸地，亦曰龙鹤、龙鹄。《华阳国志》：蜀时以汶山险要，自汶江、龙鹤皆置屯守。《魏书》：太和九年，仇池镇将穆高帅骑次于龙鹄，击走吐谷浑，立梁弥承为宕昌王而还。《益州记》：自龙鹄八十里至蚕陵县。《周书·武帝纪》：天和元年，吐谷浑龙鹄王莫昌率部落内附，以其地为扶州。《隋志》：嘉诚县，周置，并龙涸郡及扶州总管府。开皇初，府废。三年，郡废。七年，州废。《唐志》：松州，广德元年没吐蕃。其后松、当、悉、静、柘、恭、保、真、乾、维、翼等为行州，以部落首领为刺史。《元和志》：松州南至翼州一百八十里，古西羌地。后魏，邓至王象舒治者，白水羌也。世为羌豪，因地名自号为邓至王，其后子孙舒彭者遣使内附，拜益州刺史、甘松县开国子。后魏末，平邓至，统有其地。后周保定五年，于此置龙涸防。天和元年，改置扶州，领龙涸郡。开皇三年，废龙涸郡，置嘉诚县与扶州同理。大业三年，改扶州为同昌郡，隋末陷城。武德元年，改置松州。其龙涸故城俗名防浑城，在翼州卫山县北八十一里。城之北境，旧是吐谷浑所居，故曰防浑。《通典》：松州东南到通化郡三百里，西北到吐蕃界五十里。《明统志》：嘉诚废县，在松潘司城内。按：《隋志》同昌郡，西魏逐吐谷浑置邓州，开皇改曰扶州。《旧唐志》：同昌县，西魏逐吐谷浑于此，置邓州及邓宁县。盖以平定邓至羌为名，隋初改置扶州，是隋之同昌郡，魏之邓州也。周之扶州于隋唐为嘉诚县，而《元和志》谓隋改周扶州为同昌，误矣。

平康废县。《一统志》：在厅西南。三国汉置，属汶山郡。晋因之。宋省，后周复置。隋仍属汶山郡，唐属松州，宋省。《蜀志》：延熙十年，汶山平康夷反，姜维讨平之。《唐志》：平康本隶当州。垂拱元年，析交川及通轨、翼针置。天宝元年，隶松州。《元和志》：平康县，西至当州六十里。显庆中，因古平康城置，在平康水西，属翼州，寻废，垂拱元年复置，属当州。

兴乐废县。《一统志》：在厅西北。晋置，属汶山郡。按《宋志》“南晋寿郡兴乐县”下引《晋太康地记》云：元年更名，本曰白马，属汶山，盖因白马岭为名。《华阳国志》：元康八年，汶山兴乐县、黄石等与广柔平康羌有仇，遂叛，是也。宋时侨置，非故地矣。

交川废县。《一统志》：在厅南。《隋志》：汶山郡交川县，开皇初置，有关官。《旧唐志》：后周置龙涸郡，隋废为交川县。《元和志》：县北至松州三十四里。本周天和中置，属龙涸郡。《寰宇记》：地通胡越，道路东西相交。《卫志》：在卫南五里，即今红花屯。

江源废县。《一统志》：在厅西。周置，属汶山郡。隋因之。唐废。按《元和志》：江源镇在交川县西北三十里。盖即故县为名。

蚕陵废县。《一统志》：在叠溪营西。汉置，属蜀郡。晋分属汶山郡，东晋后废。《旧唐志》：蚕陵故城在卫山县西。《元和志》：汉元鼎中开。梁太清中，萧纪于旧县置铁州，寻废。《明统志》：在叠溪所城北三里，周改为翼针。

翼水废县。《一统志》：在叠溪营南。《隋志》：汶山郡翼水县，后周置龙求，又置清江郡。开皇初，郡废，县改曰清江。十八年，又改名焉。《元和志》：县北至翼州六十里，本汉蚕陵县地。

峨和废县。《一统志》：在叠溪营北。《元和志》：县南至翼州六十里，本汉蚕陵县地。天宝十一年置，以县有峨和山为名。《明统志》：在叠溪所北六十里永镇桥。

利和废县。《一统志》：在叠溪营西。唐置，属当州。《元和志》：县西南至当州三十里。周天和元年，于此置广平县，寻废。显庆三年，于广平旧城置。又有谷利县，东至州六十里，文明元年，开生羌置。

石臼故戍。《一统志》：在叠溪营。《元和志》：在卫山县北六十里，大江之西，峨眉县界。

湔氏故道。《一统志》：在厅西北。秦置，改升仙县。宋省。《水经注》：江水东迳氏道县[①]北，县本秦始皇置，后为升迁县。

永泉亭：在亭金蓬山下。《旧志》：正统初，都督李安以剑凿石，二水迸出，号“文武水”，大书“永泉”二字镌石崖，筑台于此，今圮。

瑞麦亭。《旧志》：在厅西一里。正统中产瑞麦，因以名亭。

---

① 氏道县：据文意，当为“氐道县”。

职　官

松潘直隶厅，明代为松潘卫，职官缺。

晋

费　恕：南安人，升迁令，为李特所杀。

隋

纪士腾：上邽人，翼州刺史。

唐

韩　威：贞观中，松州都督。
安忠敬：武威人。
孙仁献：开元中任。俱松州都督。
崔行集：清河人，翼州刺史。
柳　赞：襄阳人，翼州刺史。
长孙知仁：洛阳人，坐无忌从弟，由渝州刺史贬翼州司马。
韦令先：京兆人，翼州参军。
薛柏琳：汾阴人，静州刺史。
和逢尧：岐山人，柘州刺史。
浑　瑊：皋兰州人，瑊族子，潘州刺史。

宋

阿令骨：熙宁十年，为松州刺史。

松潘镇总兵官

高　鼎：山西五台人，康熙十九年任。
卓　策：福建惠安人，康熙三十三年任。

周文英：浙江永嘉武进士，康熙三十六年任。
程正李：陕西长安人，康熙四十五年任。
路振扬：陕西长安人，康熙五十五年任。
周　瑛：四川松潘武举，雍正元年任。
张元佐：四川松潘武举，雍正三年任。
潘绍周：乾隆四年任。
宋宗璋：甘肃武威人，乾隆十年任。
宋元俊：江南凤阳武进士，乾隆三十七年任。
刘　俸：永宁人，乾隆四十三年任。
穆克登阿：满洲镶红旗人，乾隆五十年任。
张芝元：清溪人，乾隆五十六年任。
诸神保：满洲正红旗人，乾隆五十七年任。
达音泰：满洲镶黄旗人，乾隆六十年任。
穆克登阿：满洲镶红旗人，嘉庆四年再任。
吕朝龙：广元人，嘉庆六年任。
马国锐：山西人，嘉庆十年任。
福　智：蒙古镶黄旗人，嘉庆十五年任。
罗声皋：双流人，嘉庆十九年任。
卢廷璋：广东东莞武探花，嘉庆二十年任。

松潘镇标中营游击

李镇鼎：陕西武进士，康熙二十年任。
林国元：福建人，康熙三十五年任。
刘　职：福建武进士，康熙四十一年任。
姜和璧：江南人，康熙四十四年任。
岳钟琪：陕西人，康熙五十一年任。
陈尊王：陕西人，康熙五十八年任。
周开捷：浙江人，雍正元年任。
颜清如：陕西人，雍正三年任。
刘屏翰：云南武举，雍正五年任。
龚学盛：湖北监利武进士，乾隆三十七年任。
陈大刚：阆中人，乾隆四十四年任。
袁国璜：保县人，乾隆四十六年任。
札郎阿：蒙古镶黄旗人，乾隆五十二年任。
张志林：绵州人，乾隆五十八年任。
杨遇春：崇庆州武举，乾隆六十年任。
周荣廷：成都人，嘉庆三年任。
萧太和：华阳人，嘉庆七年任。

中营中军守备

赵勋鼎：山西武进士，康熙二十一年任。
王　玉：陕西人，康熙三十八年任。
苏国恩：陕西人，康熙三十九年任。
于　门：四川人，康熙四十三年任。
胡　灏：四川人，康熙五十三年任。
王廷诏：四川武举，康熙五十六年任。
李　菁：四川武举，康熙五十七年任。
马　光：四川人，雍正二年任。
高含略：陕西人，雍正三年任。
余自成：四川武举，雍正八年任。
王　雄：成都人，乾隆三十七年任。
马光祖：阆中人，乾隆三十九年任。
张占魁：成都人，乾隆四十六年任。
李正华：华阳人，乾隆五十年任。
张志林：绵州人，乾隆五十二年任。
德清额：蒙古正蓝旗人，乾隆五十六年任。
戴文星：成都人，乾隆五十八年任。
何化龙：雅安人，嘉庆三年任。
曾连光：嘉庆六年任。
兰国馩：成都人，嘉庆七年任。
陈玉林：云南永北人，嘉庆十一年任。
达腾超：华阳人，嘉庆十九年任。

松潘镇标左营游击

王世臣：陕西人，康熙二十一年任。
何　德：陕西人，康熙二十八年任。
姜和璧：江南人，康熙二十九年任。
王之俊：陕西人，康熙四十四年任。
纪成斌：陕西人，康熙五十年任。
贾天锡：山西人，康熙五十七年任。
邓国栋：四川人，雍正二年任。
那　里：满洲镶黄旗人，乾隆三十二年任。
宋　鼎：山西介休武进士，乾隆四十三年任。
赵秉彝：汉军镶红旗人，乾隆四十六年任。
特通阿：满洲镶蓝旗人，乾隆五十年任。
关聊升：成都人，乾隆五十二年任。

德清额：蒙古正蓝旗人，嘉庆七年任。
赵　琴：新都人，嘉庆十二年任。
琦　忠：满洲白旗人，嘉庆二十年任。

左营中军守备

冯　春：陕西人，康熙二十年任。
李　彦：直隶人，康熙二十二年任。
戴嘉谟：浙江武进士，康熙三十七年任。
苏国勋：四川人，康熙四十一年任。
梁明珍：四川人，康熙四十三年任。
吕尚儒：陕西人，康熙五十一年任。
徐维扬：四川人，康熙五十四年任。
张朝良：四川人，雍正二年任。
康国泰：陕西人，雍正六年任。
范中楷：成都人，乾隆三十二年任。
刘　俸：永宁人，乾隆三十七年任。
孟洪翼：平武人，乾隆四十三年任。
马大雄：昭化人，乾隆五十年任。
胡　琏：乾隆五十二年任。
徐　琼：松潘人，乾隆五十五年任。
马瑞图：华阳人，乾隆五十七年任。
倪占鳌：广元人，乾隆六十年任。
苏荣焕：清溪人，嘉庆元年任。
宋吉典：湖南人，嘉庆三年任。
魏国相：华阳人，嘉庆六年任。
黄河清：成都人，嘉庆十年任。
赵　浩：成都人，嘉庆十五年任。

松潘镇原设右营游击

乾隆二十二年裁。
施　裕：福建人，康熙三十八年任。
汪　蛟：江南人，康熙四十年任。
高天宠：河南人，康熙四十八年任。
陈尊王：陕西人，康熙五十五年任。
郭寿域：山西人，康熙五十七年任。
周开捷：浙江人，康熙六十一年任。
刘屏翰：云南武举，雍正元年任。
董之俊：四川武举，雍正五年任。

虎成旺：陕西人，雍正六年任。

右营原设中军守备

乾隆四十四年裁。
段登闱：山西人，康熙二十年任。
李　悌：山东武进士，康熙三十七年任。
刘雄勇：陕西人，康熙三十九年任。
王时亨：四川人，康熙四十三年任。
陈　英：四川人，康熙四十七年任。
周　瑛：四川武举，康熙五十四年任。
高得禄：陕西人，康熙五十八年任。
洪　扬：四川人，康熙六十一年任。
王作所：四川武举，雍正三年任。
田种玉：华阳人，乾隆三十七年任。
张　维：屏山人，乾隆三十九年任。
张占魁：成都人，乾隆四十二年任。

松潘镇标右营都司

乾隆二十二年裁游击改设。
瑚图礼：满洲正红旗人，乾隆三十二年任。
马诏蛟：成都人，乾隆三十七年任。
田蓝玉：成都人，乾隆三十九年任。
张正邦：华阳人，乾隆四十二年任。
年　镛：汉军镶黄旗人，乾隆五十五年任。
叶　华：江西新建人，乾隆五十八年任。
洪君德：松潘人，乾隆六十年任。
李胜林：嘉庆六年任。
丁永安：新繁人，嘉庆八年任。
三　格：蒙古正红旗人，嘉庆十三年任。
景　文：满洲正黄旗人，嘉庆十九年任。

漳腊营原设游击

乾隆十五年裁。
冯天惠：陕西人，康熙二十二年任。
张尔增：山东人，康熙二十八年任。
赵[illegible]鼎：陕西武进士，康熙三十一年任。
陈安国：福建人，康熙三十六年任。
王　通：陕西人，康熙四十二年任。

刘雄勇：陕西人，康熙四十六年任。
边士英：陕西人，康熙五十一年任。
周瑛：四川武举，康熙五十八年任。
张元佐：四川武举，康熙六十一年任。
马纪师：陕西人，雍正二年任。
邱名扬：四川武举，雍正三年任。
刘屏翰：云南武举，雍正四年任。
张圣学：四川人，雍正五年任。
张朝良：四川人，雍正六年任。
臧绍文：四川人，雍正八年任。

漳腊营参将

乾隆十五年裁游击改设，驻松潘厅属漳腊城。
宋元俊：江南凤阳武进士，乾隆三十二年任。
吴锦江：江南元和武举，乾隆三十七年任。
广　著：满洲镶白旗人，乾隆三十九年任。
魁　麟：满洲正黄旗人，乾隆四十二年任。
马应诏：甘肃张掖人，乾隆四十四年任。
赵秉彝：汉军镶红旗人，乾隆四十七年任。
李天贵：成都人，乾隆五十年任。
富桑阿：满洲正白旗人，乾隆五十二年任。
吕　玟：湖广沅临[1]人，乾隆五十五年任。
张志林：绵州人，乾隆六十年任。
沈宗文：陕西临潼人，嘉庆七年任。
苏勒当阿：满洲镶白旗人，嘉庆十六年任。

漳腊营中军守备

驻漳腊城。
任世爵：陕西人，康熙二十一年任。
马化蛟：陕西人，康熙三十二年任。
柳得胜：山东人，康熙五十一年任。
徐泽深：四川人，康熙五十五年任。
沈国卿：四川武举，康熙五十九年任。
邱名扬：四川武举，雍正二年任。
王　刚：四川人，雍正三年任。
武洪应：四川人，雍正四年任。

① 沅临：当为“沅陵”。

许如龙：西昌人，乾隆三十二年任。
谭世俊：巴县人，乾隆三十七年任。
陈大刚：阆中人，乾隆三十九年任。
关聊升：成都人，乾隆四十二年任。
王重品：成都人，乾隆四十七年任。
李　容：巴县人，乾隆五十五年任。
阿克东阿：满洲镶黄旗人，乾隆六十年任。
王得胜：成都人，嘉庆三年任。
李荣升：成都人，嘉庆六年任。
曹兴邦：巴县人，嘉庆七年任。
马庆国：成都人，嘉庆九年任。
马良栋：彭县人，嘉庆十一年任。
张　佐：华阳人，嘉庆十八年任。

叠溪营游击

驻茂州叠溪城。
姜逢彩：镶红旗人，康熙十九年任。
邵　进：浙江人，康熙二十一年任。
吴　杲：陕西人，康熙三十二年任。
王　玉：陕西人，康熙四十年任。
马良灿：河南人，康熙四十二年任。
卓昇云：陕西人，康熙五十四年任。
胡　灏：四川人，康熙五十六年任。
郭寿域：山西人，康熙五十九年任。
常力行：山东人，雍正元年任。
实　德：满洲正红旗人，乾隆三十二年任。
曹永言：浙江人，乾隆三十七年任。
诸神保：满洲正红旗人，乾隆三十九年任。
杨洪义：贵州普定人，乾隆四十三年任。
黄　琨：广元武举，乾隆五十四年任。
刘国刚：广元人，乾隆五十六年任。
王得胜：成都人，嘉庆六年任。
汤占先：华阳人，嘉庆八年任。
造　喜：满洲镶黄旗人，嘉庆十五年任。
曹兴邦：巴县人，嘉庆十七年任。
张万林：华阳人，嘉庆二十年任。

叠溪营中军守备

栗大本：陕西人，康熙二十一年任。
祝　苞：直隶人，康熙二十七年任。
汪　蛟：江南人，康熙四十年任。
任大成：四川人，康熙四十二年任。
李柱国：四川人，康熙四十八年任。
陈　英：四川人，康熙五十五年任。
徐　宾：直隶人，康熙五十六年任。
杨玉先：平武人，康熙六十一年任。
颜清如：陕西人，雍正二年任。
邓国芳：云南人，雍正四年任。
段起贤：陕西人，雍正六年任。
王国相：雅安人，乾隆三十七年任。
游启荣：华阳人，乾隆四十二年任。
李　茂：广元人，乾隆四十七年任。
曹文通：广元人，乾隆五十年任。
马登朝：成都人，乾隆五十二年任。
富　住：满洲镶黄旗人，乾隆五十六年任。
何元卿：永宁人，乾隆五十七年任。
李应贵：成都人，乾隆六十年任。
张廷楷：成都人，嘉庆元年任。
刘秉扬：广东翁源人，嘉庆三年任。
毕文熛：山东人，嘉庆六年任。
黄廷相：松潘人，嘉庆七年任。
冉玉龙：贵州安化人，嘉庆九年任。
虎振翼：懋功厅人，嘉庆二十年任。

龙安营原设参军

乾隆四十三年裁。
李尚翠：陕西人，康熙十九年任。
王朝钦：陕西人，康熙二十三年任。
冯天惠：陕西人，康熙二十八年任。
洪　略：福建人，康熙三十四年任。
林国元：福建人，康熙四十一年任。
胡得功：陕西人，康熙四十六年任。
马　元：湖广人，康熙五十年任。
纪成斌：陕西人，康熙五十六年任。

王大勋：陕西人，雍正三年任。
李　栋：正白旗人，雍正七年任。
桂椄凤：山西临汾武进士，乾隆六年任。
黄正元：福建罗源武进士，乾隆十年任。
金　玮：顺天通州武进士，乾隆十四年任。
三　格：满洲镶蓝旗人，乾隆十八年任。
焦国臣：江南上元人，乾隆十九年任。
袁朝柱：正黄旗武进士，乾隆二十一年任。
王振远：广西临桂人，乾隆二十四年任。
雷承天：云南昆明人，乾隆三十年任。
观　泰：满洲镶红旗人，乾隆三十三年任。
许　熹：浙江金华人，乾隆三十四年任。
袁　敏：保县人，乾隆四十一年任。

龙安营原设中军守备

乾隆四十三年裁。
沈尔法：甘肃宁夏人，康熙三十五年任。
陈有功：山东人，康熙四十年任。
卓昇云：陕西人，康熙五十年任。
吕尚儒：陕西人，康熙五十五年任。
张朝鸣：陕西人，康熙五十八年任。
张永祥：湖广人，康熙六十一年任。
毛钟秀：陕西人，雍正四年任。
周至圣：云南宝宁人，雍正六年任。
杨宗雯：陕西武进士，雍正十二年任。
吕登科：陕西人，雍正十三年任。
姚　澄：浙江归安人，乾隆八年任。
龚　梅：湖北江夏武举，乾隆十年任。
李　洵：河南仪封武举，乾隆二十一年任。
罗士魁：甘肃宁夏武举，乾隆二十六年任。
杨　杰：湖广武陵人，乾隆三十年任。
徐南鹏：江南江阴人，乾隆三十七年任。

龙安营都司

乾隆四十三年裁参将、守备改设，驻龙安府城。
福　成：满洲正黄旗人，乾隆四十三年任。
苏殿鼇：山西曲沃人，乾隆四十六年任。
李发先：云南南宁人，乾隆五十一年任。

马元德：成都人，乾隆五十九年任。
马占魁：成都人，嘉庆四年补。
曾　受：嘉庆五年升补。
左　位：西昌人，嘉庆十年任。
刘自受：甘肃人，嘉庆二十年任。

平番营原设守备

雍正九年裁。
刘国俊：陕西人，康熙十九年任。
蒋国玉：陕西人，康熙二十四年任。
薛士琏：福建人，康熙二十八年任。
柳建勋：陕西人，康熙四十二年任。
王时亨：四川人，康熙四十八年任。
王　鼎：四川人，康熙五十三年任。
王　极：贵州人，康熙五十八年任。
魏兴张：四川人，康熙五十九年任。
宋宗璋：甘肃武威人，雍正四年任。
马　龙：陕西人，雍正七年任。

平番营原设都司

雍正九年裁守备改设，嘉庆十二年裁。
张怀元：四川人，雍正十一年任。
孟世魁：湖北武昌武举，乾隆三十二年任。
陈玉凯：江南宿迁武进士，乾隆三十九年任。
四　格：蒙古镶红旗人，乾隆四十六年任。
巴杨阿：满洲正黄旗人，乾隆五十二年任。
荣　义：直隶遵化人，乾隆六十年任。
马　济：松潘人，嘉庆四年任。
塔清河：蒙古正黄旗人，嘉庆六年任。
沈文同：安县人，嘉庆八年任。

平番营守备

嘉庆十二年裁都司改设，驻松潘厅，属平番城。
岳廷椿：成都人，嘉庆十四年任。
赵国柱：松潘人，嘉庆十九年任。

南坪营原设守备

雍正三年设，乾隆十六年裁。

高攀蟾：山西武进士，雍正三年任。
冯开先：山西人，雍正七年任。

南坪营都司

乾隆十六年裁守备改设，驻松潘厅，属南坪城。
彭子亮：广西兴安武进士，乾隆三十七年任。
陈维耀：成都人，乾隆四十二年任。
徐南鹏：江南江阴人，乾隆四十七年任。
沈宗文：陕西临潼人，乾隆五十八年任。
阿克东阿：满洲镶黄旗人，嘉庆三年任。
王自禄：甘肃人，嘉庆四年任。
倭里布：满洲正黄旗人，嘉庆六年任。
珠隆阿：正白旗人，嘉庆七年任。
刘　顺：成都人，嘉庆十一年任。
刘元明：成都人，嘉庆十五年任。
樊丰年：嘉庆二十年任。

小河营原设游击

乾隆二年裁。
苗正元：陕西人，康熙二十二年任。
任世爵：陕西人，康熙三十二年任。
冶大正：陕西人，康熙四十一年任。
沈　祥：四川人，康熙五十三年任。
王　鼎：四川人，康熙五十九年任。
徐维扬：四川人，雍正二年任。
孔文彬：贵州人，雍正七年任。

小河营守备

驻松潘，属小河城。
杜芝蔚：陕西人，康熙二十一年任。
刘奇杰：陕西人，康熙三十一年任。
王秉玺：陕西武举，康熙[①]四十一年任。
陈尊王：陕西人，康熙四十八年任。
柳得胜：山东人，康熙五十五年任。
张闵孝：四川人，康熙五十七年任。
刘国佐：四川武举，雍正五年任。

① 康熙：底本讹为“康西”，径改。

吴　镇：四川武举，雍正八年任。
常文俊：直隶安肃人，乾隆三十二年任。
徐　超：湖北光化武举，乾隆三十七年任。
王　锦：云南昆明人，乾隆四十二年任。
马成林：成都人，乾隆五十二年任。
赵永成：甘肃固原人，乾隆五十五年任。
王朝伸：松潘人，嘉庆十年任。
谢金章：湖北江夏人，嘉庆九年任。
郭　成：郫县人，嘉庆十年任。
武　魁：新繁人，嘉庆二十年任。

维州协旧为威茂营原设参将

乾隆二年裁。
梁汝贵：山东人，康熙二十二年任。
金　得：福建人，康熙二十五年任。
胡　俊：福建人，康熙三十年任。
穆廷栻：直隶武进士，康熙三十七年任。
张自成：山西人，康熙四十一年任。
王允吉：四川人，康熙四十七年任。
赵　琏：陕西人，康熙五十二年任。
马良臣：陕西人，康熙五十七年任。
张成隆：陕西人，康熙六十一年任。
张元佐：四川武举，雍正元年任。
周起凤：陕西人，雍正三年任。
杨德美：贵州人，雍正三年任。
吴进宝：陕西人，雍正六年任。

维州协原设威茂营中军守备

乾隆二年裁。
郎　培：直隶人，康熙二十二年任。
李日韬：江西人，康熙三十六年任。
李逢春：陕西人，康熙四十四年任。
贾天锡：山西人，康熙五十年任。
马纪师：陕西人，康熙五十七年任。
高攀桂：四川人，康熙六十一年任。
贺　喜：陕西人，雍正二年任。
文永德：贵州人，雍正四年任。
郭　镇：四川人，雍正六年任。

维州协副将

乾隆二年，改威茂营为威茂协，裁参将、守备改设，驻茂州。十九年，改为维州协，移驻理番厅城。

六　格：汉军正黄旗人，乾隆十九年任。
保怀智：陕西泾阳人，乾隆二十二年任。
董天弼：直隶大兴武进士，乾隆二十八年任。
五　福：满洲镶白旗人，乾隆三十三年任。
李天佑：成都人，乾隆三十八年任。
那苏图：蒙古镶白旗人，乾隆五十年任。
王承勋：甘肃靖远人，乾隆五十四年任。
富桑阿：满洲正白旗人，乾隆五十五年任。
赵秉彝：汉军镶红旗人，乾隆五十六年任。
五十一：满洲镶黄旗人，乾隆五十七年任。
刘怀仁：云南剑川人，乾隆六十年任。
札勒杭阿：蒙古镶白旗人，嘉庆元年任。
蒲尚佐：松潘人，嘉庆六年任。
桂　涵：东乡人，嘉庆七年任。
卢廷璋：广东东莞，武探花，嘉庆十五年任。
瑞　椿：满洲正白旗人，嘉庆十八年任。

维州协左营中军都司

乾隆二年添设，驻理番厅城。

何耀祖：陕西固原人，乾隆十九年任。
王时维：贵州清平人，乾隆二十一年任。
原遇盛：山西代州人，乾隆二十四年任。
苏凤麟：成都人，乾隆三十二年任。
李植善：永宁人，乾隆三十八年任。
汪　启：西昌人，乾隆四十五年任。
关聊升：成都人，乾隆四十七年任。
文　奎：满洲镶白旗人，乾隆五十一年任。
张志林：绵州人，乾隆五十二年任。
杜成得：四川人，乾隆六十年任。
马登朝：成都人，乾隆五十八年任。
沈文同：安县人，乾隆六十年任。
桂　涵：东乡人，嘉庆五年任。
瞿心能：新都人，嘉庆八年任。
黄廷相：松潘人，嘉庆九年任。

曹兴邦：巴县人，嘉庆十一年任[①]。
黄玉堂：广元人，嘉庆十七年任。
张必禄：巴州人，嘉庆二十年任。

维州协原设右营都司

乾隆二年添设，十九年移驻杂谷脑，四十五年裁。
余得胜：直隶正定人，乾隆九年任。
沈　宽：陕西咸宁人，乾隆二十四年任。
任　璠：陕西长安人，乾隆二十九年任。
张芝元：清溪人，乾隆三十四年任。
崔文杰：陕西华州人，乾隆三十九任。
汪　启：西昌人，乾隆四十三年任。

维州协右营守备

乾隆四十五年裁都司改设，驻杂谷脑城。
张文英：西昌人，乾隆四十五年任。
石　荣：奉节人，乾隆五十七年任。
田占魁：新津人，乾隆六十年任。
罗伏远：西昌人，嘉庆元年任。
马　元：松潘人，嘉庆三年任。
王国辅：郫县人，嘉庆五年任。
张　超：温江人，嘉庆六年任。
李廷赓：广元人，嘉庆七年任。
黄河清：成都人，嘉庆十五年任。

茂州营都司

乾隆十九年设，驻茂州城。
诺尔贝：满洲镶白旗人，乾隆十九年任。
张　云：隆昌人，乾隆二十四年任。
寿禹乾：浙江山阴，武进士，乾隆三十九年任。
邢天培：山西清源，武进士，乾隆三十四年任。
纳奇善：满洲正黄旗人，乾隆三十八年任。
张万魁：成都人，乾隆四十二年任。
刘世勋：西昌人，乾隆四十四年任。
额尔恒额：镶黄旗人，乾隆四十九年任。
李永福：直隶南宫人，乾隆五十四年任。

① 任：底本无，据上下文补。

伯　明：满洲镶红旗人，乾隆六十年任。
游栋云：巫山人，嘉庆二年任。
治正恩：成都人，嘉庆三年任。
王国辅：郫县人，嘉庆六年任。
刘　顺：成都人，嘉庆七年任。
珠隆阿：满洲正白旗人，嘉庆十五年任。
姚成虎：浙江金华人，嘉庆十八年任。
王文衡：汉军镶黄旗人，嘉庆二十年任。

封　荫

国　朝

张伟奇：以子元佐贵，赠荣禄大夫。
易朝荣：以曾孙明贵，赠骁骑将军。
易起凤：以孙明贵，赠骁骑将军。
易自强：以子明贵，赠骁骑将军。
何其志：以子存义贵，赠武信佐郎。
胡连捷：以子耀贵，赠武信佐郎。
蒲　昆：以子尚贤贵，赠武略骑尉。
祁文耀：以子长志贵，赠武略骑尉。
富有明：以子荣贵，赠奋武郎。
萧廷佐：以子登魁贵，赠武信骑尉。
沈国彦：以子如意贵，赠奋武郎。
徐振翼：以曾祖维新从征巴里坤阵亡，荫千总，追袭恩骑尉世职。
江　海：以祖廷栻从征缅甸阵亡，追袭恩骑尉世职。
景之璋：以父贤从征缅甸病故，荫七品监生，以把总用。
张　湜：以父元佐功，荫拖沙喇哈番，袭二次。
周元龙：以父之德从征金川伤亡，荫把总。
黎　奇：以父仁龙从征金川病故，荫把总。
何正国：以父仕荣从征金川阵亡，荫把总。
冯之景：以父维秀从征金川阵亡，荫把总。
方元庆：以父连从征金川阵亡，荫把总。
赵启升：以父宏训从征金川病故，荫把总。
张文遇：以父澍从征金川阵亡，荫把总。
萧廷元：以父成从征金川伤亡，荫把总。
马定元：以父汉凤从征金川阵亡，荫把总。
罗　镳：以父腾龙从征金川阵亡，追袭恩骑尉世职。
韩世发：以祖登甲从征金川阵亡，追袭恩骑尉世职。
张　富：以祖斌从征金川阵亡，追袭恩骑尉世职。

黄朝庆：以祖凯从征金川阵亡，追袭恩骑尉世职。
孟有熊：以祖怀玉从征金川阵亡，父金龙从征教匪病故，承袭恩骑尉世职。
富恩裕：以祖成从征金川阵亡，追袭恩骑尉世职。
徐应龙：以祖刚从征金川阵亡，父振富从征楚匪病故，承袭恩骑尉世职。
杨　德：以父连通从征金川阵亡，追袭恩骑尉世职。
王凤翥：以父朝贵从征金川阵亡，追袭恩骑尉世职。
陈　凤：以祖明德从征金川阵亡，追袭恩骑尉世职。
许怀远：以祖之茂从征金川阵亡，追袭恩骑尉世职。
余　鳞：以父芝连从征金川阵亡，追袭恩骑尉世职。
李生发：以父永奇从征金川、楚匪病故，荫八品监生。
方启龙：以父元吉从征楚匪病故，荫八品监生。
杜　全：以父之贵从征金川阵亡，追袭恩骑尉世职。
唐丙绶：以父天祥出师滇省病故，荫监生。
王　钦：以父端出师滇省病故，荫监生。
蒲世发：以父尚德从征廓尔喀病故，荫八品监生。
马天贵：以父登云从征廓尔喀病故，荫八品监生。
赵万年：以父体仁从征廓尔喀病故，荫八品监生。
邵全忠：以父景春从征廓尔喀病故，荫八品监生。
杜天明：以父成德从征廓尔喀病故，荫八品监生。
柳国柱：以父成锦从征廓尔喀阵亡，承袭云骑尉世职。
路维章：兄维文从征楚匪阵亡，无子，以维章承袭云骑尉世职。
路永璲：以祖公举从征回逆阵亡，追袭恩骑尉世职。
马登升：以父明德从征教匪阵亡，承袭云骑尉世职。
袁文成：以父启贵从征教匪阵亡，承袭云骑尉世职。
陈尚义：以父宽从征教匪阵亡，荫八品监生。
赵体权：以父耀武从征教匪阵亡，承袭云骑尉世职。
陈长春：以祖父启林从征教匪阵亡，承袭云骑尉世职。
李万蓁：以父登俊从征教匪病故，荫八品监生。
张得富：以父登玉从征教匪病故，荫八品监生。
母毓兰：以父之恭从征教匪阵亡，承袭云骑尉世职。
贾承恩：以祖通全从征苗匪病故，荫七品监生。
祁永和：以父玉春从征教匪病故，荫七品监生。
张礼瑄：以父秀从征教匪阵亡，承袭云骑尉世职。
马　奇：兄济从征教匪阵亡，无子，以奇承袭云骑尉世职。
刘　勋：以父永清从征教匪阵亡，承袭云骑尉世职。
徐自禄：以父得玉从征教匪阵亡，承袭云骑尉世职。
吴楼凤：以父玉从征教匪阵亡，承袭云骑尉世职。
陈　志：以父启龙从征楚匪病故，荫七品监生。

涂大品：以父应伸从征楚匪病故，荫八品监生。
田富荣：以父斌从征苗匪病故，荫七品监生。
冯应扬：以祖继玉从征苗匪[①]病故，荫七品监生。
郭得胜：以父明宗从征教匪阵亡，承袭云骑尉世职。
何定国：以父连升从征教匪阵亡，承袭云骑尉世职。
董恩魁：以父其福从征教匪伤亡，承袭云骑尉。
马应乾：以父定元从征教匪伤亡，承袭云骑尉世职。
邱　伦：以父世贵从征教匪阵亡，承袭云骑尉世职。
铁忠林：兄忠才从征教匪阵亡，无子，以忠林承袭云骑尉世职。
陈廷彪：以祖启龙从征金川阵亡，荫把总，父清瑞从征西藏病故，荫八品监生。
宋　锜：以父朝元从征苗匪病故，荫七品监生。
孔文晟：以父学海从征苗匪病故，荫七品监生。
刘　刚：以父魁从征金川阵亡，追袭恩骑尉世职。

明

礼　爵：旧《通志》：叠溪千户，习韬略，遇敌果敢，历升游击将军。
易文卫：旧《通志》：松潘卫学诸生，多识治体，善论边务，所著有《筹边策》。

① 苗匪：封建统治者对苗族起义者的诬蔑称号。

关 隘

望山关：在厅东七里，旧设松蓬墩。又东胜堡，在厅东金蓬山后十里，东路关堡之首也。

文山关：在厅东小河营北二十里师家山麓。

雪栏山：在厅东二十二里雪栏山上，旧设大石墩。

风洞关：在厅东三十七里，旧设仙足墩。

黑松林关：在厅东五十七里，地多松林，因名。一名松林堡，旧设镇远墩。

红崖关：在厅东七十二里，一名红崖堡，旧设宁边墩。又伏羌堡，在厅东九十七里，旧设镇宁墩。

三舍关：在厅东一百十七里，旧设高桥墩，一名三舍堡。又镇远堡，在厅东南一百二十七里，旧设仰止墩。

小关堡：在厅东南一百四十二里，旧设威远墩。

松垭堡：在厅东南一百五十七里，旧设镇番墩。

三路堡：在厅东南一百六十七里，旧设石关墩。

师家堡：在厅东南一百一十七里，旧设漆树墩。

四望堡：在厅东南一百八十七里，旧设甘沟墩。又东二十里即小河营也。又峰崖堡在小河营东南十五里，旧设石险墩。

木瓜堡：在小河东南三十里，旧设铁锁桥。

叶堂堡：在小河东南四十里，旧设蛮墩。又东四里接平武县界马营堡。《旧志》：三舍关为自卫至小河适中之地，旧有偏将驻守。所辖上至望山，下至四望，共十三关堡。四崖绝壁，一线仅通，羊肠鸟道，峭磴危巇，艰险万状。

西宁关：在厅南二十五里，有踞虎墩。又红花堡在厅南五里，有八角平坝墩，南路关堡之首也。又雄溪堡，一名熊桢屯，在厅南十五里。

云屯堡：在厅南三十五里。

安化关：在厅南四十五里，有凝冰墩。又百胜堡，在厅南五十五里，有炮烟墩。

新镇关：在厅南七十里，亦名新塘关，有风惊墩。又净江堡，在厅南八十里，一名龙韬堡，有石阿墩。

归化关：在厅南九十里，有威收墩。自厅南至叠溪之永镇堡，此为适中之地。又北定关，在厅南一百五里，有横梁墩。

镇江关：在厅南一百二十里，有撒呐墩，旧名蒲江关。又南六里即平番营也。国朝刘绍攽《镇江关》诗：

驿骑千山里，征尘各异方。
人烟重瘴雾，里籍杂蛮羌。
过午添风色，回波漾水光。
邻边真要地，十里一关防。

平夷关：在厅南平番营南十里，亦名平夷堡。又，金瓶堡在平番南二十里。镇平堡在平番南三十里。镇番堡在平番南四十五里，靖夷堡在平番南五十五里，平定堡在平番南六十五里，设关。又南八里接叠溪界永镇堡边界。松潘至茂州三百里，山嘴险恶，一蛮掷石，百人不能过，其路随河曲折，蛮下山抢掠为易，宜有以制御。

流沙关：在厅西十里，旧设玉门、御寇等墩，外通毛儿革生番地。又有净沙堡，在厅北五里。

虹桥关：在厅西北二十八里，其地有落虹桥，长二十丈，为饷道必经之地。

黄胜关：在厅西北漳腊西北四十里，关外即西夷地，大江由此流入，今有官兵戍守。

南桥关：在厅南叠溪营南五里。又中桥关在营南十五里，彻底关在营南三十里，小关在营东五里，叠溪桥关在营西五里，永镇桥关在营北四十里，镇平关在营北六十里，俱明洪武十二年置，是为七关。

北定关。《明统志》：在司城南一百六十里。

镇夷关。《明统志》：在司城西二十五里。

小关子。《明统志》：在司城东一百二十里。

镇革堡：在司城南五十五里。

以上关堡俱有本司卒戍守。

谷粟堡：在厅西北十里，谷粟屯辖寒毛、谷粟等寨。

高屯堡：在厅西北二十里，高屯堡辖元坝、小寨，皆在河西。

羊裕堡：在厅北六里。羊裕屯，在厅北十六里。

塘舍堡：在厅北十六里。塘舍屯、谭廓堡在厅北三十里，谭廓屯皆在河东。

漳腊堡：今为漳腊营，在厅西北四十里，即潘州城故址也。洪武十一年建，宣德二年为羌番所据，景泰六年复收其地。又，明初置于下潘州，后徙而南。嘉靖二十年，于此筑城堡，置官军。国朝改为漳腊营，设游击驻防，旧管远近番寨数十。今辖商巴、寒盼、祈命等十六寨，及新抚之上中下阿坝、上中下郭罗克、上中下阿土树等十一寨，余分属松潘中左二营及潘州城，周一里有奇。雍正七年重修。《旧志》：漳腊延袤二百余里，襟带山河，杂居夷番，其最要者有上下羊洞等隘口，自漳腊北去辽阔幽远，一望无际矣。

马路堡：在厅叠溪营南。又南为小关堡，与实大关相接，其附近有巴猪五族大寨，众逾数千。明嘉靖二十三年，屡渡河入犯，议者欲于旧关脑搭桥进兵，及[①]马路堡后场

① 及：疑当作“即”。

宁沙坝，潜师绕其后，上下夹攻，可以大创。《四夷考》：叠路生番，五巴猪为最恶，牛尾、麻塔、杨柳、麦儿次之，四十八寨。其地连黑若，西通黑水，北接松潘。加兵征之，即逃入黑水。盖广饶之地，莫知纪极云。

新桥堡：在叠溪营北十里。稍南为汉关墩堡，其北又有普安堡。明正统十二年，巡抚寇深平松潘叛番于叠溪，迤北添设普安、靖夷、镇番三堡，是也。又普安堡旁有葫芦险嘴。弘治中，番贼攻围普安，守将胡登拒战，追贼至此死之。

太平堡：在叠溪营北三十里，其附近为杨柳沟，河西强种也。明万历十八年，纠合松坪、白泥、黑水三千余番，同陷新桥堡。十九年，讨降之。又北为永镇堡，有永镇桥关。

镇卤堡：在厅西北漳腊北十八里，其后为天险墩，前为观化墩，东接襄台，西制卤台，声势相望。直北为敌贡坝，旧掘品字赚坑数百，以防敌人侵扰。北去三里为城墙岩，东临河畔，西抵山麓，掘濠宽深丈许，长六百余丈。河西为川盼沟，壕堑之制亦如之。越沟二十里登阿玉岭之巅，可瞷黄胜草场。之东有阿玉口，凡二十里，透岭出川盼，则东西南北惟所驰驱。议者欲于天险、观化二墩充广宽，拓石砌城，墙垣一周，外掘壕堑，以防冲突，庶几扼其吭云。

涪阳戍：今为小河营，在厅东一百九十里。东南去龙安府一百八十里，地名涪阳。明宣德四年，调成都前卫后所于此，改曰小河守御千户所，筑城周二里。国朝曰小河营，设游击驻防。

石臼戍：在叠溪营西。《元和志》：在卫山县北六十里，大江之西，峨和县界。

黄沙坝：今为平番营，在厅南一百二十六里。其地宽平，可容千骑，为四十八寨番夷出入之地。明万历十四年，建城堡，周一里有奇。今有都司驻防，管辖丢骨寨、呷竹寺、云昌寺等三土千户。

叠溪：今为叠溪营，今在厅南二百三十里。为汉蜀郡蚕陵县，唐置翼州，宋、元皆为羌地。明洪武十一年，平西羌改置叠溪右千户所，属茂州卫。二十五年，改叠溪守御军民千户所，直隶四川都司。国朝改为叠溪营，设游击驻防，管辖七族寨、大姓、松坪诸番夷，属松潘镇。城周七里，有奇门三，明景泰初筑。

赤磨镇：在厅东北。唐武德七年，扶州刺史蒋善合击吐谷浑于松州赤磨镇，败之，即此。《元和志》：有宁远镇，在嘉诚县北一百里。又有大定戍，在县北四十里。

南坪营：在厅东北。其地为番夷出没之所，最为险要。国朝雍正七年筑，城周一里半，设守备驻防，管辖羊峒、芝麻、隆康等各番民。附近又有会龙、隆康二关，雍正七年筑城，各周一百四十丈，皆有官兵戍守。

潘州营：在厅北四百八十余里，即潘州故址。东北通甘肃之洮、河二州，有竹利、铁布、鹿哨、甘家等番。西通归德、西宁，有合坝、上下作革、播下等番及插汉、丹津部落。西南有阿坝，即郭罗克、毛儿革等捍夷杂处，其间为松潘之屏障。国朝雍正八年创，设官兵驻防，统辖附近番夷。其南一百八十余里，地名达建寺，距黄胜关一百二十里。为潘州、黄胜适中之地，亦设官兵戍守。

南坪巡司：在厅东北，国朝雍正十年设。

麻达嘴寨：在叠溪营北五十余里，本番寨也，路入松潘厅。明正统十二年，抚臣寇深平松潘叛番于麻答崖、青冈嘴、画佛崖、海螺洞、万江崖，沿山凿石，架木悬栈，即此。寨南为牛尾巴，又南为杨柳沟。明成化十四年，讨叛番，分哨别攻，一从牛尾巴山口，一从双桥儿山岭进攻树底寨，一从麻答山口进攻麻答寨，一从永镇山冈，一从禅定山口进攻禅定寨，一从乞撒寨，赭其碉房九百。既而指挥谢琳等乘胜穷追牛巴，乘夜遮攻，杀之，琳将气夺蛮，亦困败输款，乃与之平。弘治十二年，巡抚张文言：松潘南路，国初以来，增置墩堡，开设仓廒，此为天险。自牛巴失利之后，番人乘险掠杀，饷夫戍卒，号南路为死亡城，是南必不可复也。此路一复，其间麻答嘴险要之处，据设堡，添设防军，以遏贼，亦规恢全蜀之策矣。又万历八年、十二年，麻答内犯。十四年，讨降之。

人荒寨：在厅东南，番寨也。明万历六年，兵备使者杨一桂言：松潘诸番最桀骜者，无如丢骨、人荒、没舌三寨，屡为边患。议先剿之，既而三寨番谋劫军饷，纠众伏于安化关之凝冰沟，突伤官军，别将曹希彬等击却之，复追败之于安贯顶。未几复炽，官军御之于安贯顶及黄草岭诸处，皆败之，乘夜追攻，焚其丢骨、人荒、小寨。七年，丢骨寨突犯，裨将李承芳等击群番，溃走，官军夺其敛坎、河西大小碉房五十余座，追至河东，番皆震慑。呷咘、林洞等四十八寺寨首领俱率其众降，三寨始戢。

双马寨：在叠溪营西一百二十里。

水草坪：在厅东。又厅东境有猪儿嘴诸险。明正德初，抚臣刘洪言：松潘天寒地瘠，物产不多，负贩者以险远难致。东路自江油县入山口七百余里，如猪儿嘴、野猪山等处甚险，然俱有开通偏桥。如七里阁、黑漩窝、泥儿湾等处甚危，然有可改河移之彼岸者，有可用石垒为堤者。又新开一路至水草坪与旧路接，当立一墩，宜扣度修改。非惟粮连便益，而物价亦稍减矣。

附：明周洪谟《西岷保障图记》

蜀为坤维大都会，三面邻蛮僰蕃羌。南则邛笮都，西北则冉駹。冉駹有六夷、七氐、九羌，即威、茂二州地也。又其西乃为松潘，松潘之西北为吐蕃，东南杂氐羌。种落既繁，险扼弥固。群夷据岩嶂，以为邛笼碉磲，善制坚甲劲弩，走岩壁捷如猿猱。凡蜀民之转输松潘者，常掠于道。其为蜀患，从来久矣。然而松潘之所以竟深入两垒者，盖其据群夷之奥室而杜其门户。故群夷之不敢觊觎成都者，以有松潘也。四川都司指挥使周公贵，往岁奉敕往备，其地方蛮酋董布等出没，公累御之，而夷党劫夺军饷，公又能亲督矢石，捣歼其众。公闻于朝，遣使赏劳，由都指挥同知进今秩。士君子有绘图献之者，题曰“西岷保障”，盖以嘉公之功。而系之曰：

西岷，以松潘在岷之西也。虽然，蜀檄之要害者，莫若松潘。松潘既靖，则全蜀靖矣。是西岷之所以保障者，岂非全蜀之保障也哉？继自今，尚其益，殚乃心，益远乃筹，使吾蜀永倚公为长城，可也。公有勇略，善抚士卒，自藩宪大夫及闾巷士庶，皆称其贤。公之先君子有功，太宗朝积官如公今职。宣德间，公荫补成都后卫。正统间，征灌川、孟养有功，故擢官都司。公不惟克树忠烈，又可谓克绍先美矣。

公以《图》来，属为记，故书以归之。

附录：土司驻牧所

拈佑阿革寨
热雾寨
峨眉喜寨
七布徐之寨
麦杂蛇湾寨
毛革阿按寨
包子寺寨
阿思峒寨
羊峒寨
下泥巴寨
寒盼寨
商巴寨
祈命寨
羊峒踏藏寨
阿按寨
挖药寨
押顿寨
中岔寨
郎寨
竹咱寨
臧咱寨
东丕王亚寨
达弄恶坝寨
香咱寨
咨马寨
八顿寨
上包坐余湾寨
下包坐竹当寨
川柘寨
谷尔坝那浪寨
双则红凹寨
上撒路木路恶寨
中撒路木路恶寨
下撒路行弄寨
崇路谷谟寨
作路生纳寨
上勒凹贡按寨
下勒凹卜顿寨
班佑寨
巴细蛇任坝寨
阿细柘弄寨
上作尔革寨
合坝夺杂寨
辖漫寨
下作尔革寨
物藏寨
热当寨
磨下寨
甲凹寨
阿革寨
鹊个寨
郎惰寨
上阿坝甲多寨
中阿坝墨仓寨
下阿坝阿强寨
上郭罗克车木塘寨
中郭罗克插落寨
下郭罗克纳卡寨
上阿树银达寨
中阿树宗个寨
下阿树郎达寨
小阿树寨
丢骨寨
云昌寺寨
呷哳寺
中羊峒隆康寨
下羊峒黑角郎寨

凡土司世系，四至地方，均详见《土司志》。

铺　递

松潘厅：三舍驿在厅东一百四十里，小河驿在厅东小河所北，小侵驿在所东十里，镇平驿在厅南一百七十里，来远驿在叠溪营西郁郎司西，皆废。

雄溪屯铺，在厅东南二十里。

西宁关铺，在厅南三十里。

云屯堡铺，在厅南四十五里。

安化关铺，在厅南六十五里。

百胜堡铺，在厅南八十里。

新塘关铺，在厅南九十里。

归化堡铺，在厅南一百里。

北定关铺，在厅南一百二十里。

镇江关铺，在厅南一百三十里。

平夷堡铺，在厅南一百四十里。

金瓶堡铺，在厅南一百五十里。

镇平堡铺，在厅南一百六十里。

镇番堡铺，在厅南一百七十五里。

靖夷堡铺，在厅南一百八十五里。

平定关铺，在一百九十五里。

大岩坊铺，在厅东十里。

三舍堡铺，在厅东三十里。

施家堡铺，在厅东六十里。

小河木瓜墩铺，在厅东八十五里。

额设铺司兵六十六名，每名工食银十二两，共岁支银七百九十二两。

兵　制

松潘镇

总兵管辖中、左、右三营，原设游击二员、都司一员、守备三员、千总六员、把总十二员，马战守兵一千九百九十五名。乾隆四十四年，为钦奉上谕事案内，新疆设立营制，裁拨右营守备一员，左右二营千总二员、把总二员，中左右三营马步战守兵二百四十五名，并归新疆。乾隆四十六年，奉文裁退名粮一百三十一分，删除公费五十四分，实存额兵一千五百六十五名。乾隆四十七年，为钦遵谕旨，增补实兵等事案内，四川总督福康安奏准，将名粮改补实兵。中营添步战兵十一名，守兵七名；左营添步战兵七名，守兵五名；右营添步战兵八名，守兵五名。嘉庆十二年，为遵旨议奏事案内，绥定、通巴二营增设弁兵，奉文裁拨左营马兵一名、战兵三名，右营裁拨马兵一名、战兵三名，分归绥定、通巴二营。嘉庆十四年，为遵旨意奏事案内，马边、峨眉夷务善后事宜，移驻官兵，奉文裁拨中营把总一员、马兵五名、战兵十五名、守兵二十名，左营马兵三名、战兵七名、守兵二十名，右营马兵三名、战兵七名、守兵二十名，分归马边营。

总兵一员。

中营：中军游击一员，中营守备一员，千总二员，把总三员，外委五员。

左营：游击一员，中军守备一员，千总一员，把总三员，外委五员。

右营：都司一员，千总一员，把总三员，外委五员。

马兵二百四十二名，战兵四百四十二名，守兵八百一十六名，马战守兵共一千五百名。马一百四十二匹。

一分防三岔伏羌汛，把总一员，带领马战守兵一十三名。

一分防流沙关汛，千总一员，带领战兵十名。

一分防羊角溪汛，把总一员，带领战兵十名。

一分防三舍公汛，千总一员，带领马战守兵四十五名。

一分防望山关汛，把总一员，带领战守兵十五名。

一分防谭邪汛，把总一员，带领战守兵十四名。

一分防风洞关汛，把总一员，带领战守兵十三名。

一分防红花屯汛，把总一员，带领战守兵十五名。

一分防老熊沟汛，把总一员，带领战守兵八名。

一分防谷粟屯汛，外委千总一员，带领战守兵十名。其余官兵存左营差操。

漳腊营

驻扎漳腊城，原设参将一员、守备一员、千总二员、把总四员，马步战守兵六百四十名。乾隆四十四年，为钦奉上谕事案内，新疆设立营制，裁拨马步战守兵五十名，并归新疆。乾隆四十六年，奉文裁退名粮六十分，删除公费一十八分，实存额兵五百一十二名。乾隆四十七年，为钦遵谕旨，增补实兵等事案内，四川总督福康安奏准，将名粮改补实兵，添步战兵三十五名，守兵二十二名。嘉庆十二年，为遵旨议奏事案内，绥定、通巴二营增添弁兵，奉文裁拨马兵一名、战兵三名，分归通巴营。嘉庆十四年为遵旨，议奏事案内，马边、峨眉夷务善后事宜，移驻官兵，奉文裁拨马兵一名、战兵一名、守兵三名，分归马边营。

参将一员，中军守备一员，千总二员，把总四员，外委六员。马兵六十五名，战兵一百六十五名，守兵三百三十九名，马战守兵共五百六十名，马六十五匹。

一分防黄胜关汛，千总一员，带领马战守兵四十三名。

一分防柏木桥汛，千总一员，带领马战守兵二十七名。

一分防踏藏汛，把总一员，带领马战守兵三十七名。其余官兵存营差操。

叠溪营

驻扎叠溪城，原设游击一员、守备一员、千总一员、把总二员，马步战守兵五百名。乾隆四十四年，为钦奉上谕事案内，新疆设立营制，裁拨把总一员，马步战守兵四十五名，并归新疆。乾隆四十六年，为奉文裁退名粮三十四分，删除公费一十四分，实存额兵四百七名。乾隆五十年，为遵旨议奏事案内，懋功协改归提督统辖，将鄂克什土司境内本营原设安塘守兵五名，改归懋功协驻防。嘉庆十二年，为遵旨议奏事案内，绥定、通巴二营增添弁兵，奉文裁拨战兵二名，分归通巴营。嘉庆十四年，为遵旨议奏事案内，马边，峨眉夷务善后事宜，移驻官兵，奉文裁拨马兵二名、战兵二名、守兵六名，分归马边营。

游击一员，中军守备一员，千总一员，把总一员，外委二员。马兵四十八名，战兵八十三名，守兵二百五十九名，马战守兵三百九十名。马四十八匹。

一分防永镇汛，把总一员，带领马战守兵三十四名。

一分防大定汛，外委把总一员，带领马战守兵二十八名。其余官兵存营差操。

龙安营

驻扎龙安府城，原设参将一员、守备一员、千总二员、把总四员，马步战守兵六百五十名。乾隆四十一年，为酌请裁拨绿营官兵设立军机等事案内，将本营参将一员、守备一员，裁拨永宁营。以永宁左营都司一员，改归龙安营，为都司营制，并裁龙安营马步战守兵一百名，并归军标。乾隆四十四年，为钦奉上谕事案内，新疆设立营制，裁拨本营千总一员，并裁马步战守兵五十二名，并归新疆。乾隆四十六年，奉文裁退名粮三十六分，删除公费一十五分，实存额兵四百四十七名。乾隆四十七年，为钦奉谕旨增补实兵等事案内，四川总督福康安奏准，将名粮改补实兵，添步战兵六十二名，守兵三十八名。嘉庆十二年，为遵上议奏事案内，绥定、通巴二营增添弁兵，奉文裁拨马兵一名、战兵一名，归通巴。嘉庆十四年，为遵旨议奏事案内，马边、峨眉夷务善后事宜，移驻官兵，奉文裁拨马兵二名、战兵一名、守兵二名，分归马边营。

都司一员，千总一员，把总四员，外委五员。马兵五十五名，战兵一百五十八名，守兵三百二十七名，马战守兵共五百四十名，马五十五匹。

一分防平武县汛，千总一员，带领马战守兵五十八名。

一分防青川汛，把总一员，带领马战守兵四十五名。

一分防莩溪汛，外委把总一员，带领马战守兵九十四名。

一分防江油县汛，把总一员，带领马战守兵四十八名。

一分防彰明县汛，把总一员，带领马战守兵四十六名。

一分防石泉县汛，把总一员，带领马战守兵四十九名。其余官兵存营差操。

平番营

驻扎平番城，原设都司一员、千总一员、把总二员，马步战守兵二百五十名。乾隆四十四年，为钦奉上谕事案内，新疆设立营制，裁拨马步战守兵十八名，并归新疆。乾隆四十六年，奏文裁退名粮二十五分，删除公费七分，实存额兵二百名。乾隆四十七年，为钦奉谕旨增补实兵等事案内，四川总督福康安参奏准，将名粮改补实兵，添步战兵一十四名，守兵八名。乾隆五十年，为遵旨议奏事案内，懋功协改归提督统辖，将鄂克什土司境内本营原设安塘守兵五名，改归懋功协驻防。嘉庆十二年，为遵旨议奏奏事，西安将军德楞泰等奏准从前会筹善后事宜；现在体察情形必须调剂案内，奉文将本营都司一员裁归太平，作为太平协右营都司；又裁拨太平守备一员，改归本营，作为平番营守备；又绥定、通巴二营增添弁兵，奉文裁拨战兵七名，分归通巴营。

守备一员，千总一员，把总二员，外委二员。马兵三十名，战兵六十二名，守兵一百一十八名，马战守兵共二百一十名，马三十匹。

一分防南路正平汛，把总一员，带领马战守兵四十一名。

一分防北路归化汛，把总一员，带领马战守兵五十六名。其余官兵存营差操。

南坪营

驻扎南坪城，原设都司一员、千总一员、把总二员，马战守兵四百名。乾隆四十四年，为钦奉上谕事案内，新疆设立营制，裁拨本营马兵战守兵三十二名，并归新疆。乾隆四十六年，奉文裁退名粮二十六分，删除公费一十一分，实存额兵三百三十一名。乾隆四十七年，为钦遵谕旨，增补实兵等事案内，四川总督福康安奏准，将名粮改补实兵，添步战兵九名，守兵六名。嘉庆十二年，为遵旨议奏事案内，绥定、通巴二营增添弁兵，奉文裁拨马兵一名，战兵五名，分归通巴营。

都司一员，千总一员，把总二员，外委三员。马兵四十八名，战兵一百零四名，守兵一百八十八名，马战守兵共三百四十名，马四十八匹。

一分防隆康堡汛，把总一员，带领马战守兵五十二名。

一分防会龙汛，把总一员，带领马战守兵六十名。

一分防黑河汛，外委把总一员，带领马战守兵三十八名。其余官兵存营差操。

小河营

驻扎松潘厅属小河城，原设守备一员、千总一员、把总二员。马步战守兵二百名。乾隆四十四年，为钦奉上谕事案内，新疆设立营制，裁拨马兵战守兵十二名，并归新疆。乾隆四十六年，奉文裁退名粮二十二分，删除公费六分，实存额兵一百六十名。乾隆四十七年，为钦遵谕旨增补实兵等事案内，四川总督福康安奏准，将名粮改补实兵，添步战兵十七名，守兵十一名。嘉庆十二年，为遵旨议奏事案内，绥定、通巴二营增添弁兵，奉文裁拨战兵三名，分归通巴营。嘉庆十四年，为遵旨议奏事案内，马边、峨眉夷务善后事宜，移驻官兵，奉文裁拨千总一员，分归马边营。

守备一员，把总二员，外委一员。马兵二十三名，战兵五十名，守兵一百一十二名，马战守兵共一百八十五名，马二十三匹。

一分防南路汛，把总一员，带领马战守兵六十名。

一分防北路汛，把总一员，带领马战守兵四十名。其余官兵存营差操。

维州协

驻扎保县城，左右二营，原设副将一员、都司一员、千总三员、把总六员，马兵战守兵八百名。乾隆四十四年，为钦奉上谕事案内，新疆设立营制，裁左营把总一员、千总一员，左右两营马步战守兵七十四名，拨归新疆。另以右营都司拨归叙马营，以泰宁营守备拨归右营，为守备营制。乾隆四十六年，奉文裁退名粮八十五分，删除公费二十三分，实存额兵六百一十八名。乾隆四十七年，为钦遵谕旨增补实兵等事案内，四川总督福康安奏准，将名粮改补实兵，左营添战兵二十二名、守兵十三名。乾隆五十年，为遵旨议奏事案内，懋功协改归提督统辖，奉文裁拨左营原设鄂克什土司境内安塘守兵六名、右营守兵四名，改归懋功协驻防。嘉庆十二年，为遵旨议奏事案内，绥定、通巴二营增添弁兵，奉文裁拨左营战兵三名，分归通巴营。嘉庆十四年，为遵旨议奏事案内，马边、峨眉夷务善后事宜，移驻官兵，奉文裁拨左营马兵一名、战兵三名、守兵六名，右营马兵一名、战兵三名、守兵六名，分归马边营。

左营：副将一员，中军都司一员，千总一员，把总三员，外委六员。

右营：守备一员，把总二员，外委一员。

马兵八十五匹，战兵一百八十二名，守兵四百零三名，马战守兵六百七十名，马八十五匹。

一分防汶川县汛，把总一员，带领马战守兵四十五名。

一分防茶关汛，把总一员，带领马战守兵五十三名。

一分防新保汛，千总一名，带领马战守兵四十名。

一分防通化汛，外委把总一员，带领马战守兵三十五名。

一分防桃关汛，把总一员，带领马战守兵三十名。

一分防朴头汛，外委把总一员，带领马战守兵四十五名。

一分防维关汛，外委千总一员，带领马战守兵三十名。

一分防丹柘木汛，外委把总一员，带领马战守兵三十名。其余官兵存营差操。

茂州营

驻扎直隶茂州城，原设都司一员、千总一员、把总二员，马步战守兵四百名。乾隆四十四年，为钦奉上谕事案内，新疆设立营制，裁拨马步战守兵三十二名，并归新疆。乾隆四十六年，奉文裁退名粮二十六分，删除公费一十一分，实存额兵三百三十一名。乾隆五十五年，为遵旨议奏事案内，懋功改归提督统辖，奉文将鄂克什土司境内本营原设安塘守兵五名，改归懋功协驻防。嘉庆十二年，为遵旨议奏事案内，绥定、通巴二营增添弁兵，奉文裁拨战兵六名，分归通巴营。嘉庆十四年，为遵旨议奏事案内，马边、峨眉夷务善后事宜，移驻官兵，奉文裁拨马兵二名、战兵三名，守兵五名，分归马边营。

都司一员，千总一员，把总二员，外委三员。马兵五十名，战兵六十七名，守兵一百九十三名，马战守兵共三百一十名，马五十匹。

一分防东路桃坪汛，把总一员，带领马战守兵二十名。

一分防南路七星关汛，外委把总一员，带领马战守兵十七名。

一分防西路正西桥汛，把总一员，带领马战守兵五名。

一分防北路长宁汛，外委千总一员，带领马战守兵二十名。其余官兵存营差操。

忠 节

徐维新：松潘镇标左营千总。雍正八年，出征巴里坤，随大兵驻扎镜尔泉，贼番夤夜猝至，力战阵殁。赠署守备，祭葬如典礼。

张丕德：由行伍补松潘营把总。乾隆十二年，从征金川，攻丹噶战死。恤荫如例。

萧　成：松潘营把总。从征金川，乾隆十二年，攻踉杂，阵亡。恤荫如例。

李德明：平番营外委。从征金川，乾隆十三年，攻色底左山梁，力战死。恤荫如例。

方　连：松潘营外委，署守备事。从征金川，乾隆十三年六月，攻陡物党噶，战殁。赠都司，余如例。

冯维秀：松潘营外委。从征金川，乾隆十三年九月，攻卡卡脚木，战殁。恤荫如例。

张　澍：提标把总。乾隆十三年，从征金川，攻卡卡脚木，阵亡。恤荫如例。

何士荣：松潘营把总。从征金川，乾隆十三年九月，攻康八达，阵亡。恤荫如例。

汪廷栻：平番营外委。乾隆三十二年，从征缅甸，战于独索山，阵亡。恤荫如例。

陈启龙：维州协左营把总。乾隆三十六年，从征金川，阵亡。恤荫如例。

黄　凯：漳腊营外委。乾隆三十六年从征金川，攻资里，殁于阵。恤荫如例。

许之茂：叠溪营把总。乾隆三十七年从征金川，攻甲金达，殁于阵。恤荫如例。

张　斌：松潘镇左营外委。乾隆三十七年，从征金川，攻克松宗，殁于阵。恤荫如例。

徐　刚：维州协左营把总。乾隆三十八年，从征金川，在木果木阵亡。恤荫如例。

陈明德：维州协右营千总。乾隆三十八年，从征金川，在木果木阵亡。恤荫如例。

孟怀玉：南坪营把总。乾隆三十八年从征金川，在木果木，阵亡。恤荫如例。

富　成：维州协右营千总。乾隆三十八年，从征金川，攻金甲山战殁。恤荫如例。

余芝连：松潘镇中营外委。乾隆三十八年，进攻昔岭，殁于阵。恤荫如例。

唐天祥：松潘镇左营外委。乾隆三十八年，从征金川，阵亡。恤荫如例。

周之德：重庆镇右营把总。乾隆三十八年，从征金川，阵亡。恤荫如例。

王朝贵：叠溪营外委。从征金川，乾隆三十九年，击贼于古丫口，力战阵亡。恤荫如例。

韩登甲：松潘营外委。随征金川，乾隆三十九年，击贼于泽思满，力战死。恤荫如例。

杜之贵：松潘营外委。随征金川，乾隆三十九年，击贼于泽思满，力战死。恤荫如例。

罗腾龙：松潘营外委。随征金川，乾隆三十九年，大军进剿孙克尔宗，力战殁于阵。恤荫如例。

罗国贤：建昌镇中营守备。乾隆三十九年，从征金川，攻博堵山，战殁。恤荫如例。

杨连通：普安营把总。乾隆三十九年，出师金川，攻荣噶尔，力战死。恤荫如例。

马汉凤：永宁营千总。从征金川，乾隆四十年，击贼于勒乌围，力战死。恤荫如例。

刘　魁：由行伍历擢云南临元营守备。从征金川，攻绒布寨，功列超等。乾隆四十年，大兵进剿得尔乌，力战殁于阵。恤荫如例。

周绍文：冕山营外委。随征金川，乾隆四十年，击贼于札乌古，战殁。恤荫如例。

路公举：懋功营外委。乾隆四十六年，出师甘肃，征剿逆回苏四十三，在华林山力战阵亡。恤荫如例。

柳成锦：平番营把总。乾隆五十七年，从征廓尔喀，攻巴朗古贼卡，力战死。恤荫如例。

马天辅：松潘镇左营额外外委。乾隆六十年，从征黔楚逆苗，奋击沙兜寨，战死。恤荫如例。

官启文：由行伍随剿台湾逆匪林爽文，著有劳绩，拔松潘镇右营外委。五十七年随剿廓尔喀，攻克热索桥，杀贼功最，补茂州营千总，旋擢庆宁营守备。嘉庆元年，攻剿湖南逆苗，击贼于莲峰，均力战，阵殁。恤荫如例。

刘永清：由行伍拔补广宁营把总。乾隆五十七年，从征廓尔喀，有战功，擢淳化营千总，赏戴蓝翎。六十年，黔楚逆苗勾结肆扰，檄往攻剿，随大兵进攻黄瓜寨等处贼巢，越众先登，斩馘无算，焚其巢。奏入，赏换花翎，加克屯巴图鲁名号。嘉庆元年，攻扑莲峰，均力战死。恤荫如例。

邱世贵：由行伍拔松潘标外委。嘉庆元年，湖北邪匪田谷敦等倡乱，派往攻剿，三月二十一日在来凤县奋力陷阵而死。恤荫如例。

赵耀武：由行伍拔松潘镇左营外委。嘉庆元年，出师湖北与邱世贵同战殁于来凤。恤荫如例。

吴　玉：漳腊营外委。嘉庆元年，川省邪匪王三槐、罗其清等肆逆，派往攻剿，贼图巴州，与游击王相龙率领乡勇追击，冲突贼阵，力竭而死，恤荫如例。

马定元：建昌镇右营把总。嘉庆二年，派剿邪匪，在怀抱窝击贼，战死。恤荫如例。

骆维文：平番营把总。随征邪匪，嘉庆二年，击贼于吴家湾，阵亡。恤荫如例。

郭明宗：官山西杀虎协左营都司。带兵征剿川陕邪匪，嘉庆三年，在巴州击贼，战殁。恤荫如例。

何联升：绥靖营把总。随剿邪匪，嘉庆三年十一月二十一日击贼于老鹳嘴，阵亡。恤荫如例。

铁忠才：松潘营中营外委。随征教匪，嘉庆三年，在陕西华阳镇奋力击贼，战死。恤荫如例。

袁启贵：叠溪营千总。随剿邪匪，嘉庆四年，在达县陈家山击贼，战殁。恤荫如例。

陈　宽：松潘镇中营外委。嘉庆四年，从征邪匪，在青子垭击贼，阵亡。恤荫如例。

董其福：龙安营把总。嘉庆四年，随征邪匪，在陕西中七坝阵亡。恤荫如例。

袁　龙：叠溪营额外外委。随剿邪匪，嘉庆四年，击贼于八石坪，力战死。恤荫如例。

张　秀：松潘镇中营外委。随剿邪匪，嘉庆四年，在花桥子击贼，力战死。恤荫如例。

母之慕：泸宁营守备。嘉庆五年，贼目冉添元等偷渡嘉陵江，焚掠蓬溪、射洪，之慕随总兵朱射斗尽夜奔赴救援，至老虎岩遇伏，众寡不敌，力战死。恤荫如例。

徐德玉：建昌镇中营把总。随剿邪匪，嘉庆五年，击甘肃泰州，力战殁。恤荫如例。

陈启珠：阜和协左营把总。随剿邪匪，嘉庆五年，击贼于乌龙寨，阵亡。恤荫如例。

席富荣：茂州营外委。随剿邪匪，嘉庆五年，攻贼于长池坝，阵亡。恤荫如例。

张联呈：建昌营把总。随剿邪匪，嘉庆六年，攻贼于湖北花石沟，中矛伤亡。恤荫如例。

马　济：由行伍拔补庆宁营外委，历都标右营守备。嘉庆二年七月，带领屯土兵剿捕川楚两省邪匪，遇贼，克奋击贼，受伤，累功迁都司，迁建昌营游击。五年三月，剿贼于江油之火石垭，贼大溃，进剿剑州石门寨，四面悬崖，中通一线，贼依险负隅。济率步卒由右手沟底攀援藤葛，猱升而上，乘势砍栅，冲入贼剿，贼猝不及御，滚毙崖下者计五六百人，斩获无算，以功擢山东莱州营参将。六年七月，在太平五雷山生擒伪总兵等六十余人，贼势穷蹙，贼目龙绍周等由棚子山将入老林，济追至小乾河，探知贼在茅坪避雨，出其不意，由茶垭子抄截力扑，生擒六十余名，复追蹑至汝溪山，歼毙首逆龙绍周。上嘉其勇，赏给伊特格巴图鲁名号。七年正月，追贼至巴东两河口，贼盘踞山顶，击石如雨，济首先抢上山梁，石伤而殁。事闻，谕祭葬，子恤荫。

马明德：崇化营游击。带兵剿办邪匪，奋往直前，不避危险，所向克敌。嘉庆八年，搜捕余逆，在奉节县土门子阵亡。恤荫如例。

徐尚青：武生。嘉庆五年，邪匪窜至松潘，被执，不屈死。

张　元：监生。嘉庆五年，邪匪窜入三舍堡、红岩关、新正堡等处，元被胁不从，遇害。同厅人死贼难者马伯龙、王国灿、王国臣、王有奇、龚伏元、龚英、何思朝、任步书、任步盈、徐佐青、徐臣青、王之林、兰兴玉，俱崇祀昭忠祠。

明

侯　琏：《明史·四川土司》“松潘传”：宣德二年，千户钱宏因调发松潘官军往征交趾，众惮行，宏诡言番寇至，当追捕，冀免调。又领军突入麦匝诸族，过取牛马，致番人忿怨。复以大兵将致讨慑之，番众惊溃，约黑水生番为乱，围松潘、叠溪、茂州，断索桥，官军与战，皆败。出掠绵竹诸县，官署、民居皆被焚毁，镇抚侯琏死之。蜀王遣护卫官校七千人来援，命都督陈怀与指挥蒋贵等合师亟讨之，而枭宏于松潘以徇，并窜诸将之贪淫玩寇者。三年，陈怀等率诸军屡败贼于圪答坝、叶棠关，夺永镇等桥，复叠溪，抚定祁命等十族，又招降汤卓等二十余寨，松潘平。

谢　琳：旧《通志》：成化中，以指挥使征松茂，分兵深入，攻破番寨甚众，人称为谢老虎。后为番夷所袭，战死。

张　凤：旧《通志》：松潘卫指挥。弘治间，提督三舍送哨，至林堡，突遇蜡梅寨番贼，凤奋勇冲阵，手击数人，流矢贯喉，犹忍伤拒敌而卒。时风雨晦昼，经月祭之始霁，人谓其忠气所感云。

梁　昱：旧《通志》：叠溪千户。宣德二年，番寇攻围，阻截水道，城中乏水十余日。昱奋勇率卒出城取水以济军渴，后战死。

边辅、史宽、刘贤、方犍：旧《通志》：俱松潘卫百户。正德六年，番俱雪栏王出，谋为不轨。辅、宽撄锋遇害，贤、犍被执赴寨，骂不绝口，贼番缚贤、犍于柱，剖腹剜肠而死。事闻，命子孙承袭，各进一阶。

边　轮：《明史·李应祥传》：前锋游击边之垣将酉阳兵为后拒，与于德军合，遂攻破蜈蚣、茹儿之巢。嘉靖初，之垣祖轮以指挥讨茹儿贼，被杀，漆其头为饮器。及是六十年，之垣乃得之，以还葬焉。《旧通志》：辅弟承兄职，以辅阵亡，进署指挥使者。边永兴者，轮家仆也；史卜匝者，本卫余丁。嘉靖七年，轮巡南路，至北定关，遇横梁、茹儿等寨恶番众百余至，轮与永兴、卜匝等奋战。值天雨，溪泛，诸番四集，轮被伤，永兴负而行至崖，不能进，执刃死战，知不能支，乃伏于轮身，主仆俱被害。镇臣具奏：轮死为国，仆死为主，一门忠义，诚为可嘉。诏赠轮都指挥佥事，永兴赠百户，史卜匝等厚馈优恤。

孟皋、张果：旧《通志》：松潘卫百户。正德十年，巡抚马旻征安观诸夷，皋殁于安观，果死于羊峒，事闻，果无子弟。皋子承袭加一级。

李　敖：旧《通志》：松潘卫百户。正德十五年，征恶落等寨，力战死。

许　贵：《明史》本传：字用和，江都人，永新伯成子也。英宗复辟，命理左府事，寻调南京。松潘地杂，番苗密迩，董卜韩胡旧设参将一人。天顺五年，守臣告警，廷议设副总兵，以贵镇守。未抵镇，而山都掌蛮叛，诏便道先翦之。贵分两哨，直抵其巢，连破四十余寨，斩首千一百余级，生擒八百余人，余贼远遁。贵亦感岚气，未至松潘卒。

范伏三：旧《通志》：松潘卫百户。嘉靖十三年，取花寨，力战死之。

吴　政：旧《通志》：松潘卫千户。嘉靖十三年，大小别耳寨番蛮三百余在五哨沟起塘，政驰马迎敌，被枪死。

田秀春：旧《通志》：松潘卫仓官，嘉靖十三年，同李明、萧七轮连与强番战，俱不屈死。

尹　崇：旧《通志》：松潘卫百户。嘉靖十三年，攻阿孝寨，力战死。

张邦铉：《江南通志》：宜兴人，万历中由武进士历四川松潘参将、副总兵，征苗，战死，怀宗赠恤。

谢世源：旧《通志》：松潘卫指挥。万历二十四年，率兵救援，至捞撒沟，中箭死。

杜世仁：旧《通志》：松潘卫指挥千户。万历二十四年，西夷火落赤子名八雁者，率四万余人攻围镇夷堡数日，几陷。世仁父子三人坚守力战，箭中八雁，贯脑死，乃遁去。世仁父子三人亦各中箭伤，相继死。

都连芳：旧《通志》：小河百户。天启元年，与贼番战于泥河，为贼所杀。

胡　宁：旧《通志》：松潘卫指挥。征番僧，被执，剖腹而死。事闻，以一子承袭。

张学诗：旧《通志》：松潘卫指挥，任小河防御。遇羊峒番四集，学诗手斩十余人，力尽被执，夫妇皆罹害。

施千瑞：旧《通志》：授金吾指挥，委小河练兵。值羊峒番攻堡，夜劫杀军兵百余人，千瑞力不能支，被杀。

张　瑳：旧《通志》：松潘卫百户，守小关堡。羊峒贼番屡出石关墩劫人，瑳修桥于关南，贼番突出，瑳弯弓连伤三人，弓折，被番磔死。

李　栋：旧《通志》：松潘卫千户，防红崖堡。值贼番夜劫，栋只身相持至天明，力不能支，遂为众贼剖腹死。

杨　鸾：旧《通志》：松潘卫总旗。南蛮叛，鸾与战于陡沟子，贼势众，鸾力孤，被杀。

王懋烈：旧《通志》：任松潘通判。献贼踞蜀，抗节不降，举义兵恢复，兵败，全家死难，崇祀忠节祠。

附　录[①]

松潘儒学署，明景泰三年建，嘉靖、万历年间重修，崇祯年间副使史赞舜增修，后毁。

康熙三十七年，松潘黄胜关外川柘寺等寨，系潘州故址，久没草地，番目绰尔济等夷抢去上下包坐人畜，经巡抚贝和诺委笔帖试尔吉图，查狗招抚，始输诚纳赋。松潘镇属之漳腊营西路包子寺、牟泥寺等寨，平番南路云昌寺等寨，及东路阿思洞等寨，诸番自昔梗化，野性靡常。迨圣祖仁皇帝荡平吴逆，恢复川西以来，始皆倾心向化。康熙四十二年，总兵周文英宣布朝廷威德，加意抚之。西北两路土司，每年输纳稞、贝母，充厅正项。（《旧通志》）

松潘厅常平仓稞麦一万三千五十石，社仓谷一千六百九十七石九斗六合二勺。

松潘厅土产贝母、五加皮、大黄、大母药、蓝布裙、青稞、甘松、当归、羌活、大黄、黄连、布、狐尾、朴硝、麝香、鹿茸、酥油、牦牛、氆子、毛毯、羊皮、零香、黄罗伞花。

学额六名，廪生十五名，增生十五名，三年一贡。

① 底本缺，今据阿坝州档案馆藏本补。

（清）何远庆　纂修

松潘记略

同治十二年刻本

提　要

（同治）《松潘记略》，何远庆纂修。远庆，字冕之，湖北汉川人，拔贡，同治九年（1870）调任松潘直隶厅同知，十一年离任，光绪二十年（1894）病逝故里。具体事迹参见杨守敬为其撰写的墓志。

远庆莅任松潘，未能见嘉庆旧志，便留心采访，拟修厅志，历二载辑成“志略”一帙。离任前乡党请刊刻，远庆以为该志系随时笔记，内容较为简略，故以“记”名。“刊之，颜曰《松潘记略》，明其非志也，且不详尽也。”（何序）。

是记不分卷，有自序、“松潘图记”“夷情记”“民俗记”“词讼记”“物产记”“江源记”“职官兵额记”“城垣记”“学校记”“关隘塘汛记”“土弁章程记”“新设土弁记”“旧设土官寨落记”等十余门。

（同治）《松潘记略》是今松潘县现存较早的地方志文献，具有较高的史料价值。

目录

直隶松潘厅记略序

尝考《唐书》，西川节度使李卫公德裕作七层楼于今松潘厅治，访山川道里之险易、吐蕃之出入绘于上，若亲历。日与习边事者筹之。未几，悉怛谋来归。盖能知其虚实，制其死命，运筹于中而决胜于外也。厅治为古吐蕃地，其民汉少夷多。自咸丰庚申乱后，夷情益强悍，部落环绕厅城，据险要，号称难治。远庆庚午冬权篆斯土，老成凋谢，文献无征，治番之道茫然无依据。拟修志书，因鲜同事襄助，不果行。爰留心采访，于番部之数目，距城之远近，关汛之险易，幅员之广狭，以及民俗、夷情、物产、水源诸事，或耳闻，或身历，笔之于书，复绘《舆图》一、《城垣方隅图》五。有事则考较行之，两年来已成帙矣。今瓜期再周，请更代，报可，去任有日矣。厅人士请付剞劂，远庆曰："余所书不过随时笔记，挂一漏万，事多阙如，乌乎可？"或曰："是记虽不详，然该处民情风俗尽在是矣。松潘故无志，今有是书，可备参考，君亦何惮而不为乎？"远庆不获已，遂召手民刊之，颜曰《松潘记略》，明其非志也，且不详也。若夫广搜博访，灿然大备，志书之作则不能无望于后之君子矣。

同治十二年岁次癸酉季春月，权知松潘厅事，楚北汉川何远庆序。

松潘图记

松潘廳
松潘圖記
三
城垣圖
松潘廳
松潘圖記
四
東方圖

松潘圖記
五
松潘圖記
六
平番營

松潘圖記
北方圖
漳腊
寒盻九寨
漳腊
商巴十寨
漳腊
祈命十一寨
漳臘營

夷情记

五方之风气不同，而秉性各异。匪惟汉夷异，即夷与夷亦鲜同焉。厅治部落环集，其西南一种曰猼落子。治属黄胜关外者曰生番，关内者曰熟番。口内外绵袤数千里，总名曰番。以地界于西故，土人呼曰西番。

居止傍山腰，或山顶累石为屋，层级而上，坚牢深密，形如箱柜，高者至十余丈，土人呼为碉。亦有作平房者，中间以楼，泥封其顶，虽雨不漏，天晴曝衣粮于其上。聚处则曰寨。

服式无冬夏，男冠皮帽或毡帽，或红巾束额。身着毪子，以牛羊毛织成，似褐而粗。外披大毯，如袈裟。下体无裤，以韡为裙。亦有衣短袄，用红紫色哔矶为之。足穿皮靴，步行艰难，多骑马者。妇女耳垂铜环，大于掌。发纽作细辫数十条，末总结之，系以牛毛。富者缀珊瑚、宝珠、青钱拖于背，以为美观，余多同男子云。

婚姻无媒妁，男女相悦则父母为之娶，亲朋置酒食以定婚，食则用稞麦炒研细末，名糌粑。秦武域《金川于役记》：蛮人其食则糌粑，用青稞炒面和乳茶为之。盛木碗内，茶煮极酽，加牛羊酥酪微调，饮之，腹少饱，则以碗底糌粑更加干者搓团食，名曰呵糌粑。茶日常五六次，盖天气寒、地气燥，故用糌粑之热和以酥酪之腻、茶茗之凉而食之，亦因地然也。

喜饮酒，用杂粮渍于桶，酿数日，以细竹吸之，曰咂酒。尽则添以水，味淡乃止。性好佛，其教来自西域，皆于佛法修夙命，通术之高者曰喇嘛，能咒阻雨雹，咸尊奉焉。番民有兄弟二人，则以一为僧，常求喇嘛抚其顶以为荣，专供诸佛，叩以他神，弗知也。朔望，诵经于寺，筑坛如厂，施帷幄，设高凳趺坐于上。群僧席地坐，两旁击鼓钹诵经，经字形与蒙古文相近，于纸上左行横书。遇新岁或会期，则诵经如前状，群僧披绣衣、戴面具如鬼怪虎豹形，更番迭出，平地跳跃，有登顶盘涌飘忽之状。事毕，抟面人掷地，环绕咒诅。一僧抽刀断其头，一僧断其手足，一僧剖其心，分队前驱，势如破敌，复环行三匝，歌声四起若凯旋者，自夜达旦，名跳锅装。病者不服药，但求媚于神，或倩僧诵咒。人死无棺椁，以生时所用衣物、马匹置尸旁，并焚之。无嗣者，其家产尽施诸寺。倩[①]喇嘛诵经，度死者生善地云。

俗重货利，熟番之富者常买茶用牛马驮运口外，向生番易狐羊皮诸物回卖之。贫者或打鹿獐、卖茸麝、售柴为食。性尤多疑，喜聚党与，有事则用木板刻数齿于其上，挨寨传递约人，曰木刻。聚多人会议，是则行，否则散。常有议数日不决者，此最为恶

① 倩：请也。

习。尤可怪者，其俗严盗贼而不重人命，或杀人则给牛羊布匹于死者家为埋葬费。治盗贼不论强窃，辄用活埋、缚溺诸刑，视杀人者罪尤甚焉。倒行逆施，强悍相尚。地方文武官向不过问，因循日久，狡焉启心。

咸丰庚申之变，始则激于诛求，继则疏于防范，借衅骋戈，大肆屠掠，而九关、六堡遂为豺狼薮。当其祸者，一二忠义（张古虔司马全家殉难），受其毒者，百万生灵。呜呼！此果谁阶之厉乎？迨大兵进剿，收复城池。虽有谴罚之名，究无惩创之实。彼因视为故事，狂悖益甚。夫众番环绕，近在肘腋，无事则易狎易玩，有事则蹈瑕袭衅，势最便近。纵南有平番、叠、茂犄角于外，北有漳腊、南坪声援于内，而危岩绝巘，马不能并列，人不能并肩。设狡番伏兵险路，断我前后，阻我刍粮，势必至于大困。议抚而阳为恭顺，议剿而无所措手。恩多则不逊，威甚则走险。官兹土者，将何策之从。

庚午冬，安土酋罪应肆市，群番蠢动，风鹤时警。远庆履任之初，置安土酋于法，各寨闻风首窜喙伏，不敢再抗矣。复与赓载廷、李岐山两总戎，先后筹划于中、左、右、漳腊、叠溪、平番六营，仿照五屯，添设土弁，自守备以至外委九十余员，择其端详历练者使之充当，寨长亦如之，但不准子孙世袭，致滋流弊。至额设土司，骤难更张，一仍其旧。其新议设立者，每年共需银二千六百两有奇，照定章画一支放，以昭信实。如大小土弁，缺出统归镇厅会同拣放，勤能者记功拨补，废弛者革黜究治，秉公甄拔，俾知劝惩。倘何寨负隅，即征调土兵剿办，以为汉兵前导，取其熟于山箐险阻也。

是役也，一则西番生齿日繁，旧虽设有土官管束，大有鞭长莫及之虞；再则以番制番，事省而功倍；其为今日边防第一要策无疑也。说者曰："番夷之性，畏威不畏德。若复姑息养奸，终必受其害。"夫君子之居官，仁与智二者而已。智者虑事，不在一日而在百年；仁者用心，不在苛虐而在抚循。倘多方化导，番民与汉民无异，何受害之有？

总之，筹边之道，神而明之，存乎其人。得其人则猛兽毒虫莫不蛰伏，非其人即城狐社鼠亦将鸱张，自古然也。若夫形势之偏全，控制之远近，时与习边事者讲求方略，亦可得其要领。只因志乘无存，姑就耳目所及者，著其大概。要而言之，治边之吏，惟在恩信而已，无他异政也。余盖日夜有志焉，而愧其未逮云。

民俗记

尝闻土肥则民奢，地瘠则民俭。故观其民之风俗，即知其地之贫富焉。厅治，古徼外地，汉唐始通中国。汉民迁寓者多居厅城及漳腊、南坪、平番各营城，兼东、南、北三乡塘汛间。迨咸丰庚申之变，荡析离居，或贫羁他乡，或惨罹浩劫。后此归来者，更少矣。问其业，或于山石隙种稞麦药材，或入伍，或小贸于市。不论农商，皆习番语，为其便与番民称贷交易也。有力者，并贩茶。黄胜关外易麝香、鹿茸、皮张诸物以归，岁常一次，获重利焉。富民居瓦屋，贫则筑土为墙，加椽柱，削木为片盖其上，宽如瓦而稍长，名木瓦，上压以石。罕用茅草者，以风大故也。饮食则以麦面为各种饼饵，贫者食糌粑（详《夷情记》中）。或以包谷为末，水煮如浆，杂蔬菜、盐、梅食之，曰伴汤。人无贫富，非筵宴鲜食米者。每家置一矮火盆，饮食悉围炉而坐，四季皆然，鲜炊于灶者。其服则衣布衣，着皮裘，无华饰。虽甚贫，亦披老羊裘或毪子（状详《夷情记》），或毡袄，制用羊毛织成。盖天气极寒，非裘毡莫御也。贸易皆资于番，故市钱以八百文曰一两钱，其钱分以此递推，从番俗也。居民食贫习俭，性质朴鲁，虽间有聪秀者，亦多无资读书。兼以南坪、黑河沟接甘肃洮州厅番壤，届冬藏时，彼番越界掳掠以为常，民尤患之。产麦不敷食，及日用器物，常望济于邻邑，道险远，价值恒昂。夫边地寒苦，所在皆然，无足怪者，而民贫土瘠，恐无过于此也。

词讼记

夫听讼贵于得情，以民情之各异也。厅治汉番杂处，互相交涉。非番与番讼，即番与民讼。番性戆而拙，若负屈，反目操戈，虽戚友如不相识然。且部落连络数百里，犯法逃亡者藏匿其中，捕役难施计。若一犯偶宽，则群相效尤，而祸阶之汉民。经乱后，穷益甚，遇事不得已始诉于官。若番民，虽细故亦讼官，为剖白，则纷解，否则聚而生衅，此缉捕决狱之难也。然其中有道焉，番民受约于土官，有事则诉之土官，弗能决始讼于厅官，鞫其情，则从根细诉，絮絮不休，纵千万言，勿急止也。凝神细审之，则情或见诸语言，或露于形色，从隙处而诘之，则真情毕露。得其情，则叩首乞恩，弗敢辨，置诸法，死无怨，各番部亦罔异议。若真情未能究出，辄嗔怒而箠楚之，虽无枉亦不服也。前奉提督军宪核定《土弁章程》，内议番之犯法者，归土弁交出，禁窝留。有案，差缉不获，由土弁缉送，不令差役赴诸寨查缉，杜影射扰累弊。土弁勤缉捕者赏之，怠则罚，必信必果。其后番民犯纪者，土弁执送于厅，弗待差唤，而其人可刻期立致焉。近来，汉民渐多狡黠，遇番民恭顺者欺之，横强者畏之。懦番遇刁民，有时负屈弗敢讼，只聚众议，或阴谋报复，或率党械斗。祸乱之萌，多伏于此。治此者，可不思患预防乎！

物产记

万物所以养民也。物之蕃滋，虽由人力，亦赖夫天时地利焉。松治天极寒，盛暑时如初春。昼将午则风作，晴明风益大，昼夜之间，寒燠顿易。夏时亦雨雪，故常有五月披裘者。地无田，皆种殖山间，土性跷薄。谷属则于平武、茂州交界处产少许，他处皆无也；豆属则产蚕豆、豌豆、黄豆；蔬属产白菜、青菜、苋菜、葱、韭、蒜、莴笋、四季豆、芹菜、洋芋、苦菜、蘑菇、莲花白菜、萝葡；瓜属产南瓜；花属产菊花、棋盘花，惟南坪产牡丹，以天时暖也；果属则产苹果、延寿果；木属则松、柏、桦木，另有一种曰段木，质细腻可为器；竹属产细佃竹；药属产党参、沙参、黄蓍、贝母、羌活、大黄、独活、防风、柴胡、秦艽、虫草、半夏、茯苓、白芨、牛黄、硫磺、猴结、五甲皮、甘草、升麻、前胡、益母草、车前草、蜂蜜、麝香、鹿茸、土狗油、青羊血；禽兽则产野鸡、锦鸡、松鸡、马鸡（尾毛可为蓝翎）、家鸡、红嘴雁、鹿、犏牛、牦牛、羊、山羊、青羊、獐、野兔、猴、狐、狗熊、土狗、马豕猫（出口外，毛长，俗呼狮子猫）、犬（出口外，毛长，番呼为狮子狗）、黄鼠狼、豹；鱼属产细鳞鱼。食物则酥油、奶茶、猪膘；杂物青盐（出口外番地）。凡物种以春，深熟则秋末，盖土冻解始可植，地性薄则生发缓耳。土不产稻谷，种亦难收。俗云"谷怕午时风"，其信然耶。夏昼多雨雹，如蚕豆大，掷瓦上铿然作声，麦蔬遭之则坏。例于四月至八月于西门顶派兵逻守，见山后云起，轰以炮，则云散日出，否则雹立至。有时雹不能止，则请番僧咒诅之，恒有验。俗谓西山后海内有蛤蟆妖，畏天暖而作祟，夏时天稍燠则呼风作雹，秋中天冷妖亦不作矣。境少平地，难筑堰以蓄水，天旱无可灌救，故岁多歉而少丰。土人常曰："境内如产包谷，则食稍充裕。"壬申夏，劝民试种，幸是秋霜迟，皆成熟，心甚快之。意者松民能勤耕作，耐劳苦，故天时地利，均效其灵欤！

江源记

江之流大矣哉！历万里而入海，波涛浩荡，界分南北，昔人所以称为天堑也。然探其源，则《禹贡》有“岷山导江”之语，李膺《益州记》又曰：“羊膊岭水分为二，一东南流为大江，一西南流为大渡河。”金履祥释《禹贡》从之。范成大《吴船录》亦曰：“江源自西戎，由岷山涧壑中出。”陆游《入蜀记》曰：“尝登岷山，欲穷江源而不可得。”诸说虽异，然江水由西流于东，岷山在蜀西界，则江之出宜自此昉也，明矣。尝以未得实据为恨，庚午冬奉檄松州，行出灌口，跬步皆山峰，高而童，状不一。人行山腰，水流岩下，俯视高千百寻焉。波鸣震耳，凛凛惧颠仆，岩断处凿孔架以木，空其下，古云“栈阁”，俗名“偏桥”。夏秋水涨，飘没不可寻，攀崖谷趑趄而已。行数日抵署，体困甚。然究未知其山之何名，与其水之所自出也。接篆后，访知水源出境内。适有事至南坪，路经弓杠岭，距水源不远，便道往探见。山高而岭平，有三穴圆如钱，水由穴涌出，合流而下。询诸父老，云：“松茂诸冈岭统曰岷山，特随处异呼耳，此岭俗呼羊膊，又呼铁豹。其水流至厅城，历叠溪、茂州入灌口，包络成都府境，南入眉、嘉、叙、泸，又东折，经渝、夔、巫峡而入楚，蜿蜒归于海，导流既远，包涵益众。”远庆闻之，喟然叹曰：“夫古所谓岷山，即蜀西诸山之总名，羊膊岭殆后人所分而名之者也。”李膺谓“东南流为大江”，即父老所谓历叠溪、茂、灌等处而入楚者也。其西南流为大渡河，父老虽未言，然考大渡河之水，实分流越巂及松林土司界内，仍东趋叙郡而汇流于江。《禹贡》言“岷山导江”，圣经所垂，真千古不易矣。松潘处蜀之极西，本朝设厅以前，汉民稀少，距省城七百余里，路最险远。古君子谁复亲履其地，且其地诸蛮麕集，言语不通，即至之而欲穷其状，亦无可过访者。故陆游思探源而不得，李膺、范成大尝言之而不能详也。语云“百闻不如一见”，信然。

职官兵额记

一、松潘直隶同知一员

教授一员。

照磨一员。

（分理番民）南坪巡检一员。

一、松潘镇总兵一员

中营游击一员。

中营守备一员。

额设制兵六百六十七名，除历年裁拨，并右营移驻南坪，存剩马战守拨归本营管辖，现存营汛马兵九十一名，战兵二百四十七名，守兵三百七十六名，共七百一十四名。

左营游击一员。

左营守备一员。

左营专城千总一员。

额设制兵六百六十七名，除历年裁拨，现存营汛马兵八十一名，战兵二百零四名，守兵三百零五名，共五百九十名。

漳腊营参将一员。

漳腊营守备一员。

专城把总一员。

额设制兵六百四十名，除历年裁拨，现存营汛马兵五十三名，战兵一百三十七名，守兵二百七十五名，共四百六十五名。

南坪营都司一员。

专城千总一员。

额设制兵三百名，除历年裁拨，现存营汛马兵四十名，战兵一百名，守兵一百六十名，共三百零一名。

平番营守备一员。

专城千总一员。

原额制兵二百五十名，除迭次裁拨，现存营汛马兵二十三名，战兵五十七名，守兵八十五名，共一百六十名。

城垣记

厅城为明洪武指挥徐凯建造，高二丈六尺，周九里七分，计一千七百四十六丈，门五，东南北俱平地，西山冈，小西门山腰，江水穿城，自东门南入南门西出。小城附大城之南，周二里，高一丈八尺，西南各一门。咸丰十一年，番乱，倾圮。同治六年，松潘厅邓友仁因旧址修葺。

漳腊营

明嘉靖十一年，鲁[①]人为害，巡抚宋沧议于漳腊后山岭建靖鲁墩，西小高岭建靖鲁墩，设戍守之。嘉靖二十年，巡抚王珩展修漳腊城堡，建置官厅营房，修边墙一万三千五百三十七丈，深挖坎阱二千五百六十四口。又于大坝建造一堡，修筑城垣，内建官厅营房。西山平垣处修一墩，以防侵扰之患。万历六年，副使杨一桂以漳腊所属绝寨、谭那等十七屯堡，去松遥远，支粮不便，议于漳腊旧基修建新仓，改运关支，卒伍便之。天启、崇祯间，边防犹故，侵扰狎侮，至无宁日（节《边防总论》）。国朝雍正七年重修城垣，咸丰十一年番乱，营城倾圮，同治十年参将蔺朝举捐廉修葺。

南坪营

国朝雍正七年，巴州知州吴赫监筑土城，东南北三门，西倚山，东阻河，南北月城，咸丰十一年番乱，倾圮，尚未修复。

穹坝土寨

周围二十八丈，底宽八尺，面宽六尺，墙连朵高一丈五尺，南北二门。

四道城土寨

周围三十二丈，底宽八尺，面宽六尺，墙连朵高一丈六尺，东南北三门。

---

① 鲁：当为虏。下文“靖鲁墩”同。

案：甘肃洮、岷属阳布贼番，每当收获时率党与至松属黑河沟一带掳掠，岁以为常，民甚苦之。同治十年秋，议于黑河沟内窎坝、四道城两要隘修建土寨二座，由南坪营派兵防守。次年，即无侵扰之患。

平番城

明万历间砌石城。国朝雍正七年重修。咸丰十一年番乱，倾圮，尚未修复。

学校记

廪膳生员旧额十二名。

增广生员十二名。

附学生四名。

武生岁试四名。

岷江书院：本城东门内，番乱，焚毁，尚未修复。

本城义学二。

漳腊城义学一：同治十年新设，其束脩暨文童赴省考费，均交本地绅士任必达等经管生息，载在条规。

关隘塘汛记

望山关，步兵二名。

雪南关，步兵二名。亦名为雪栏山。《方舆纪要》云：山势蟠埏，四时积雪，其色如银，俗呼宝顶山。山高险，行数里始至其巅，上有风洞，深不可测。《志》云：洞多恶风，每午辄大作，则灰沙蔽天，人马俱辟易，寒气袭人，触之多死。

风洞关，步兵二名。

三岔子，步兵二名。

松林堡，步兵二名。地多黑松，故名。

大岩坊，步兵二名。

红崖关，步兵二名。为东路险要。

三舍汛，外委一员，步兵二十四名。此为适中之地。

镇远塘，步兵二名。

小关塘，步兵二名。

月耳塘，步兵二名。

三路口，步兵二名。

师家堡，步兵二名。

四望堡，步兵二名。

龙潭堡，步兵二名。

小河汛，把总一员。外委一员。《方舆纪要》：距厅城一百九十里，古曰涪阳。宣德四年调成都前卫后所于此，为小河千户所，增置城堡，又添调官兵，更番戍守，编户一里，今设小河营。

峰岩堡，步兵二名。

木瓜墩，步兵二名。与平武县交界。

以上东路关隘塘汛，由厅城至木瓜墩二百一十里。

红花屯，步兵二名。金蓬山在厅治东五里，羌人金蓬者昔居此山。

雄溪屯，步兵二名。屯左十三里即东胜堡。

西宁关，步兵二名。

云屯堡，步兵二名。

安顺关，把总一员，马兵两名。

得胜堡，步兵二名。《志》云百胜堡。

新塘关，步兵二名。

龙韬堡，步兵二名。俗名龙潭堡。

归化关，马兵二名。《方舆纪要》云：唐尝置羁縻归县，关盖因以名。地形险要，有龙溪等寨，大小横梁，为诸番出没处。

北定关，步兵二名。《方舆纪要》云：嘉靖七年守将边轮与横梁竖儿等番战，败没于此。《边略》：松潘至茂州三百里，山嘴险恶，一蛮掷石，百人不能过，其路随河折弯，下山抢掠最易，有以削平而御制之。

镇江关，步兵二名。亦名浦江关。《方舆纪要》云：弘治中，科臣张文言松潘南路浦江关，地势稍平，介松叠之间，极为要害，若聚兵屯粮，筑城固守，三面联络，什五相保，卒然有警，松叠声援，可立应也。

平番堡，守备驻此。

平夷堡，步兵二名。即平夷关也。《方舆纪要》云：其地宽平，可容千骑，为四十八寨饮盟歃血之地，即黄沙坝矣。

金坪塘，步兵二名。亦名金瓶堡。

镇平堡，外委二员，步兵二名。

镇番堡，马兵二名。

靖夷堡，步兵二名。

平定关，步兵二名。

以上南路关隘塘汛，由厅城至平定关一百八十里。

流沙关，步兵二名。《方舆纪要》云：敌骑经由地也。万历二十八年以后，遇秋防尝以重兵驻此。《四裔考》：松潘西至流沙关相连天竺，西南连红土坡，生番多系北部出没，地势辽绝，非可限越云。

羊角关，把总一员。

以上西路关隘塘汛，由厅城至流沙关十四里，羊角关二十里。

羊裕屯，步兵二名。

谷粟屯，步兵二名。

右所屯，步兵二名。

大屯堡，步兵二名。

火烧屯，步兵二名。

高屯堡，步兵二名。

虹桥关，把总一员，步兵五名。《志》云：虹桥西北十五里为绝塞墩，北界黄山、尖杀、鹿塘、黄胜、草场等处，路通洮岷。宣德二年，蛮族作乱。陈怀奉诏趣救，由此道入，解松围。今为番部间阻，下潘州白利等番，或由河至岭，或由铁门墩出抵寒盼。祈命诸寨，贸易茶觔，稍失防范，衅端辄起，且阻绝长沟，救援难及。议者欲于墩前石砌联城一座，直抵河下，以通水道。又依山掘壕，绝其乘高来犯云。

漳腊营，营制详《官兵记》。《方舆纪要》云：旧治于下潘州，在卫北七百五十里。

汉武逐诸羌，渡河湟，居塞外，筑此城，置护羌校卫御之。唐广德初，松州以北皆陷于吐蕃。宋崇宁三年，秦凤招讨司言，阶州生番纳土得邦、潘、叠三州，潘州盖属吐蕃首领潘罗支，故名。又分潘州为上、下、中三州。元属吐蕃宣历司。明初，本设松州、潘州二卫，后并为松潘卫。今阿失寨盖上潘州也，班班簇即下潘州也，中潘州界其间，其地愈北山愈平。旧漳腊之设在下潘州。《边略》：中潘州去卫二百五十里而远。今仅距厅城四十里。

柏木桥，千总一员，步兵五名。

小西天，步兵二名。

头塘，步兵二名。

金线塘，千总一员。步兵二十名。

二道林，步兵二名。

大石头塘，把总一员，步兵五名。

踏骂塘，外委一员，步兵五名。

奠安塘，马兵二名。

崇畔塘，步兵二名。

仁隋塘，马兵二名。

海子口塘，马兵二名。

分汛塘，步兵二名。与南坪营交界。

隆康关，把总一员，步兵十名。

沙坝塘，步兵二名。

黑河塘，外委一员，步兵五名。

芝麻塘，步兵二名。

中田塘，步兵二名。

燕子塘，步兵二名。

月连塘，步兵二名。

汤朱河，外委一员，步兵五名。

抹地塘，步兵二名。

郭元塘，步兵二名。

会龙汛，把总一员，步兵十名。

柴门关，步兵二名。与甘肃文县交界。

以上北路关隘塘汛，由厅城至柴门关四百四十里。

土弁章程记

远庆既视事，与赓载廷总戎议，选派土弁寨长，明立科条，为绥靖边隅之计。同治十年六月，禀奉兼署成都督军吴、总督部堂吴、提督军门胡批准，行令刊刻，发给各寨，永远遵行。今将各条，备列于左：

一、尔土千百户等世代承袭，身受朝廷恩命之荣，理应管束众番，安静住牧。乃土官稽久，玩忽不知理事，致有前年之乱。若非皇上垂念愚顽，准予投诚免罪，则尔西番已无余类矣。今拔尔等为土守备、千、把、外委等弁，并议每年土守备每名给口粮银二十四两，土千总每名给银十五两，土把总每名给银九两，土外委每名给银八两，寨长每名给银四两，尔等每年五、九两月，赴该管各营请领。其领银时，并无丝毫减扣，及迟延等弊。尔土官等自当激发天良，认真理事，尤应遵奉松潘文武调遣，不得仍前抗玩疏懈。此次所拔土官，并非世袭，遇有事故出缺，及约束不严，不能出力办事者，由该管营员具禀开革，另行拣拔给委。

一、各寨番民口角细故，准尔土官等秉公理说和息，如刁番不遵约束，及有汉番交涉之事，即须呈送该管营员，移送文员办理，该土官等不准私行致毙人命，及霸恃理断，如违重究。

一、番民有犯抢劫之事，该管土官等如能拿获贼犯，呈送究办者，准免该土官失查之咎，如敢庇护故纵，并将该土官等，一并开革追究。

一、番民动辄传递木刻，纠众议话，最为恶习。以后，着土官等认真禁止，倘有不遵，即将为首起意之人送官，严行治罪。

一、松潘汉番人等出口贸易，理应听其随时自便。乃近闻刁番阻拦，必须合成大帮，方准放行，否则率众抢掠，大为汉番商旅之害。以后，责成土官等实力稽查，如有前项刁番阻拦行旅者，将起意为首之人送官，严行治罪。

一、番民或被汉人在文员衙门告发，情节较重者，即责令土官查明被告番民送出，以凭秉公讯断。至番与番控，亦责令土官送两造入城，书差俱禁入寨传唤，以免扰累。

一、番民中如有识字明理者，许各寨延请训讲，使知孝亲敬长之道、进退揖让之礼。而番民生尤俊秀者，许附城内义学或入书院肄业，俾知奋勉。将见畛域化而文教治，礼义兴而匪僻消，汉与番无异矣。

一、松潘所属口内外，如有不法汉番滋事，应须剿捕者，由松潘镇提调该土官等率领散番作为土兵，每官一人日给银一钱，土兵一人日给银六分，自出营日起，回营日止，事竣分别奖赏，如有违误，以军法究办，此外并不调派该土兵出征远处，以示体恤。

以上各条该土弁等务各遵照奉行，以尽职守而安边境，倘有违抗不遵，一经查出，定即惩办不贷，须至条规者。

新设土弁记

一、松潘中营新设土弁寨长一百一十一员名

热雾十七寨，土守备一员，土千总二员，土把总三员，寨长十七名；
毛革十七寨，土守备一员，土千总一员，寨长十七名；
拈佑七寨，土千总一员，土外委二员，寨长七名；
麦杂十五寨，土守备一员，土把总二员，寨长十五名；
七布徐之河十一寨，土守备一员，土把总一员，土外委二员，寨长十一名；
峨眉喜十五寨，土守备一员，土千总一员，土把总一员，寨长十五名；
牟利包子寺六寨，土千总一员，土外委一员，寨长六名。

一、松潘左营土弁寨长三十九员名

阿思洞十一寨，土守备一员，土千总一员，土外委二员，寨长十一名；

三舍羊峒合约九寨，土守备一员，土千总一员，土把总一员，土外委二员，寨长九名；

下泥巴七寨，土千总一员，土把总一员，土外委一员，寨长七名。

一、松潘南坪营土弁寨长五十员名

中羊峒隆康七寨，土守备一员，土千总一员，土把总二员，土外委二员，寨长七名；

中羊峒芝麻五寨，土守备一员，土千总一员，土把总一员，土外委一员，寨长五名；

中羊峒中田四寨，土守备一员，土外委一员，寨长四名；
下羊峒边山七寨，土守备一员，土把总一员，土外委一员，寨长七名；
下羊峒窝各四寨，土千总一员，土把总一员，寨长四名；
下羊峒扎昨四寨，土千总一员，土把总一员，寨长四名。

一、松潘漳腊营土弁寨长八十六员名

寒盼九寨，土守备一员，土千总一员，土把总一员，土外委一员，寨长九名；
商巴十寨，土守备一员，土千总一员，土外委一员，寨长十名；
祈命十一寨，土守备一员，土千总一员，土把总一员，寨长十一名；
羊峒前山三十八寨，土千总一员，土外委七员，寨长三十八名。

一、松潘平番营土弁寨长九十三员名

大姓九关丢骨二十四寨，土千总一员，土把总一员，土外委二员，寨长二十四名；
小姓云昌二十四寨，土守备一员，土千总一员，土外委二员，寨长二十四名；
小姓六关呷竹寺三十二寨，土把总一员，土外委三员，寨长三十二名。

一、松潘镇属叠溪营土弁寨长七十二员名

松坪沟十四寨，土守备一员，土千总一员，寨长十四名；
大姓二十二寨，土千总一员，土外委三员，寨长二十二名；
小姓十三寨，土把总一员，土外委二员，寨长十三名；
沙坝黑水十二寨，土把总一员，土外委一员，寨长十二名。

旧设土官寨落记

一、松潘中营牟利包子寺土千户折来旺，该土司始祖大湾卜。康熙四十一年投诚，领有号纸，并无印信。管番族六寨：上寨、中寨、石嘴寨、土官寨、大寨、石坝子寨。

以上各寨坐落松城西路，为各番出入要路，离城三十余里。

一、松潘中营拈佑土百户克牙借，该土司始祖桑伯他。康熙四十二年投诚，领有号纸，并无印信。管番族七寨：刻亚寨、恶革寨、狼藏寨、达岩寨、贡浪寨、杀盾寨、东岳寨。

以上各寨坐落松城西路，由牟利、石嘴分道至彼，离城八十余里。

一、松潘中营热雾土百户噶落戒，该土司始祖杂六。康熙四十二年投诚，领有号纸，并无印信。管番族十七寨：热雾作坝寨、西革寨、阿革寨、杀惰寨、腊白寨、峨岭寨、腊利寨、儿戏寨、红杂寨、下腊寨、奓奓寨、物皂寨、的革寨、杀念寨、争各寨、恶爱寨、达接寨。

以上各寨坐落松城西南，由牟利土官寨分道至彼，离城百余里。

一、松潘中营毛革土千户桑吉蚌，该土司始祖林布他。雍正二年投诚，领有号纸，并无印信。管番族十七寨：阿革寨、索布寨、热藏寨、辖藏寨、刻藏寨、出雾寨、安贯寨、阿溪寨、钟杂寨、蛇漏寨、金溪寨、恶得寨、阿色寨、榜让寨、革亚寨、尖阿寨、喀弄寨。

以上各寨坐落松城西北，由牟利沟分道北通漳腊、口外阿坝南界麦杂，离城二百五十余里。

一、松潘中营麦杂土千户亦当吉，该土司始祖安布笑。雍正二年投诚，领有号纸，并无印信。管番族十五寨：蛇湾寨、谷达寨、阿印寨、纳六色寨、撒革寨、六蚌寨、根莪寨、错多寨、达格寨、来务寨、兹境寨、赤进赤谷寨、喀印寨、折革墩寨、折多寨。

以上各寨坐落松城西南，由牟利拈佑分道至彼，离城三百余里。

一、松潘中营峨眉喜土千户存多格勒，该土司始祖谷纳。康熙四十二年投诚，领有号纸，并无印信。管番族十五寨：峨眉喜寨、牒凹寨、蛇伦寨、来凹寨、开利寨、縻多寨、习多寨、热洞寨、恶哈寨、不落寨、盘信寨、习雾寨、把子寨、牟日寨、蛇汝寨。

以上各寨坐落松城西南，由包子寺分道拈佑、麦杂至彼，离城四百余里。

一、松潘中营七布徐之河土千户峨博孝，该土司始祖出务亚。康熙四十二年投诚，领有号纸，并无印信。管番族十一寨：七布寨、歪利寨、歪来寨、罗白寨、齿凹寨、徐布寨、蛇务寨、兹格寨、的利寨、西宁墩寨、达索寨。

以上各寨坐落松城西南，由牟利分道拈佑、麦杂子、木牛至彼，离城五百余里。

一、松潘左营东坝阿思洞土千户达那孝，该土司始祖折加笑。康熙十四年投诚，领有号纸，并无印信。管番族十一寨：大寨、公爱寨、恶寨、泥巴寺寨、麻子寨、红岩子寨、蜡梅寨、三岔坝寨、卜洞寨、白定寨、羊思顶寨。

以上各寨坐落松城之东，离城十余里或七十余里。

一、松潘左营三舍羊峒和约土百户甲借，该土司始祖甲利，向隶漳腊营。雍正二年分拨左营管辖，未领号纸、印信。管番族九寨：和约寨、羊峒寨、盘信寨、彭布寨、尖盘寨、压那寨、各坝寨、树正寨、则树凹寨。

以上各寨坐落松城之东，离城一百七十里。

一、松潘左营下泥巴土百户降噶他，该土司始祖折绒笑。康熙元年投诚，未领号纸、印信。管番族七寨：深沟寨、哈溪寨、泥巴寨、鸡公寨、寒毛寨、国师寨、元坝子寨。

以上各寨，惟深沟至寒毛五寨坐落松城南路，离城三十余里。国师、元坝二寨坐落松城北路，离城二十余里。

一、松潘南坪营所管中羊峒、隆康，番族七寨：隆康寨、丹布寨、丹仲寨、立柯寨、恶洞寨、虫牙寨、牙咱寨。

以上各寨坐落营城之北，离城一百二十里。

一、松潘南坪营所管中羊峒、芝麻，番族五寨：芝麻寨、黑务寨、夏勿寨、南岸寨、角那寨。

以上各寨坐落营城之北，离城六十里。

一、松潘南坪营所管中羊峒、中田，番族四寨：甲务寨、阳波寨、召坝寨、潘信寨。

以上中羊峒土目青杰，雍正二年投诚，各寨坐落营城之北，离城三十里。

一、松潘南坪营所管下羊峒、边山，番族七寨：大月连寨、葛条坝寨、罗家村寨、罗尾坝寨、碟子坪寨、曲连沟寨、冷水山寨。

以上七寨坐落营城之南，离城二十里。

一、松潘南坪营所管下羊峒、窝各，番族四寨：窝各寨、杨山寨、下窝各寨、哨塘寨。

以上各寨坐落营城之南，离城八十里。

一、松潘南坪营所管下羊峒、扎昨，番族四寨：扎昨寨、南岸寨、苗州寨、干沟寨。

以上下羊峒土目十二成，雍正二年投诚，各寨坐落营城之南，离城八十里。

一、松潘漳腊营口内寒盼土千户谭蚌，领有号纸，并无印信。管番族九寨：寒盼寨、包日寨、麻湾寨、元山寨、东盼寨、水塘寨、安备寨、中地寨、川盼寨。

以上各寨坐落营城之北，离城十里或二十里。

一、松潘漳腊营口内商巴土千户郎喀，领有号纸，并无印信。管番族十寨：商巴寨、铁匠寨、长沟寨、长沟坪寨、铁匠沟寨、林波寨、八十寨、下商巴寨、八郎寨、五间房寨。

以上各寨坐落营城东南或东北，离城七八里或十余里。

一、松潘漳腊营口内祈命土千户良各，领有号纸，并无印信。管番族十一寨：祈命寨、水桶寨、押哨沟寨、黑思慢寨、石嘴寨、东败寨、南山寨、兔儿寨、水晶波寨、上小沟寨、下小沟寨。

以上各寨前六寨坐落营城河西，离营城三五里或十里；后五寨，附郭二三里。

一、松潘漳腊营口内前山羊峒土目十三名，均领有号纸，并无印信。管番族三十八寨：踏藏寨（土目蒙勒，管三寨）、阿自杠寨、错日寨、阿按寨（土目八克巴，管四寨）、浅藏寨、利骂杠寨、揑藏寨、挖药寨（土目出勒，管三寨）、撒路寨、押顿寨（土目鲁克布塔尔，管三寨）、塔弄寨、中岔寨（土目蒙勒，管三寨）、上唐日寨、下唐日寨、郎寨（土目出借他，管三寨）、拨弄恶寨、恶凹寨、竹自寨（土目阿塔尔，管三寨）、紫药寨、革亚寨、藏咱寨（土目见住共血，管三寨）、押仲寨、盘信寨、东丕王亚寨（土目达他，管二寨）、押弄寨、达弄恶坝寨（土目本布笑，管三寨）、撒务寨、香咱寨（土目叭克巴沙木，管七寨）、宜凹寨、牢仲寨、达寨、禾藏寨、西藏寨、药凹寨、咨骂寨（土目棹倭沙木，管二寨）、作仲寨、八顿寨（土目阿亚克，管二寨）、阿卡寨。

以上各寨坐落营城之北，前二十三寨离城一百五六十里，后十五寨离营城三百余里。

一、松潘漳腊营口内外包坐土千户五员，康熙四十一年投诚，领有号纸，并无印信。管番族四十寨：上包坐佘湾土千户亦笑亚，管九寨；下包坐竹当土千户郎加笑，管十寨；川柘土千户达旺折论，管七寨；谷尔坝那浪土千户占巴笑，管七寨；双则红凹土千户索浪旺顿，管七寨。

以上各寨坐落营城之北，由黄胜关出口与甘肃洮州属杨布番地毗连，离城四百余里。

一、松潘漳腊营口外班佑十二部落，土千、百户十二员。雍正元年投诚，领有号纸，并无印信。管番族三十七寨：班佑土千户班住，管一寨；物藏土百户独足顿住，管一寨；阿细土百户谭蚌，管十寨；热当土百户阿夺，管一寨；巴细土百户俄蚌折顿，管十七寨；磨下土百户孔雀达，管一寨；上作革尔土百户桑卓，管一寨；甲凹土百户丹怎忠，管一寨；合坝夺杂土百户王庆保，管一寨；阿革土百户沙克嘉，管一寨；辖慢土百户索浪吉，管一寨；下作革尔土百户札什彭，管一寨。

以上各寨坐落营城之西北，由黄胜关出口直达黄河左右，与甘肃西宁属毗连，离营城六百余里。

一、松潘漳腊营口外铁布土百户七员，雍正二年投诚，领有号纸、印信。管番族七十四寨：上撒路木路恶土百户阿夏，管八寨；作路生纳土百户吹患嘉，管八寨；中撒路杀按贡土百户贡布劳顿，管八寨；上勒凹贡按土百户藏旺顿，管六寨；下撒路竹弄土百户亦旦，管十四寨；下勒凹卜顿土百户折顿，管六寨；崇路谷谟土百户尼妈噶顿，管二十四寨。

一、松潘漳腊营口外鹊个、郎惰土百户，均雍正十年投诚，领有号纸，并无印信。管番族十二寨：鹊个土百户策凌沙木，管四寨；郎惰土百户额布策凌，管八寨。

以上铁布、鹊个、郎惰各寨坐落营城之北，与十二部落毗连，离营城八百余里。

一、松潘漳腊营口外三阿坝土千户三员，领有号纸，并无印信。管番族一百二十二寨：上阿坝甲多土千户旺借，管三十七寨；中阿坝墨仓土千户俄蚌借，管四十六寨；下阿坝阿强土千户札舍，管三十九寨。

以上各寨坐落营城之西，由黄胜关出口与维州属杂谷屯毛革番地毗连，离营城六百余里。

一、松潘漳腊营口外郭罗克土千、百户，康熙六十年投诚，惟革自塘系嘉庆十九年新设，俱领有号纸，惟中郭罗克押落有印信。管番族五十四寨：上郭罗克车木塘土百户读浪，管五寨；上郭罗克革自塘土百户索哥，管四寨；中郭罗克押落土千户札俄蚌，管十六寨；下郭罗克纳卡土百户折论札舍，管二十九寨。

以上五十四寨营城西南，由阿坝分道直达黄河上源，与阜和协属巴里塘瞻对番界毗连，离营城二千余里。

一、松潘漳腊营口外三阿树土百户三员，康熙六十年投诚，领有号纸，并无印信。管番族五十二寨：上阿树银达土百户折旺漫，管二十五寨；下阿树郎达土百户折旺促，管二十六寨；小阿树黑账房土百户丹怎，管一寨。

以上各寨坐落营城西南，由作革分道接连阿坝郭罗克与西宁属番地毗连，离营城一千七百余里。

一、松潘平番营大姓九关土千户甲族吉该，土司始祖六达。康熙四十一年投诚，领有号纸，并无印信。管番族二十四寨：恶闹寨、闰尔寺寨、土官寨、蜈蚣寨、窖沟寨、西北寨、龙溪寨、阿孝寨、龙思空寨、王答寨、甘燕寨、木石寨、云昌寺寨、丢骨寨、白骂戎寨、大空龙寨、小空龙寨、锅纳寨、日期寨、空心寺寨、爬城寨、卑识寺寨、杨广墩寨、呐呐寺寨。

以上二十四寨坐落营城之西，离营城八十余里。

一、松潘平番营小姓云昌寺土千户彭族丹珠，该土司始祖六念布。康熙四十一年投诚，领有号纸，并无印信。管番族二十四寨：谷初六寨、大寨子寨、宽布寨、格郎寨、扑爬寨、安贯寨、郎格擦贡寨、腊卜寨、烟村寨、六石沟寨、山巴寺寨、大耳别寨、中耳别寨、小耳别寨、平南寨、六不族寨、东路沟寨、来务寨、卑骨寨、白柱寨、白凹寨、料杠寨、遮期寨、纳期寨。

以上各寨坐落营城之东，离营城八十里。

一、松潘平番营小姓六关呷竹寺土千户安崇熙，该土司始祖阿容。康熙四十一年投诚，领有号纸，并无印信。雪骨寨、五哨寨、顾顾寨、撒纳寨、雪拦寨、西革寨、先吉寨、阿让寨、上平坝寨、歪地寨、下平坝寨、干沟寨、石蛇寨、思答寨、黑虎寨、格早寨、呷竹寨、挖撒寨、列柯寨、鹿卜寨、呷茹寨、热吉寨、西坝寨、下耳族寨、老虎寨、乔坝寨、环子寨、石柱寨、树底寨、双桥寨、麻答寨、坎上寨。

以上各寨坐落营城之南，离营城六七十里。

（民国）傅樵斧 著

松潘游记

民国四年刊本

提　要

（民国）《松潘游记》，傅樵斧著。傅樵斧，即傅崇榘，字樵村，樵斧是其笔名，成都报业的开山鼻祖之一。四川简阳人，1898 年肄业于成都尊经书院。在校期间任尊经书院院长宋育仁主办的《蜀学报》记者，曾参与办过《算学报》《通俗日报》《通俗画报》，自筹资金创办过学堂、图书馆、阅报公所、印刷公社等。1915 年任松潘县知事，提倡纂修《松潘县志》，1917 年任成都红十字会会长，1918 年去世。

该游记是傅樵斧于 1915 年 4 月从成都赴松潘任知事的沿途见闻。游记分二卷，卷首有三序一目录，卷尾有附记，正文十四节，记载了由成都至灌县、至龙溪、至东界、至索桥、至板桥、至凤毛、至茂县、至沟口、至大定、至沙湾、至镇坪、至隆昌、至松潘及松潘之现状，详尽记述了沿途当时的风土人情和社会状况，特别对辛亥战乱给松潘造成的巨大灾难做了第一手调查资料，以及详细记载了松潘商品的时价和民风民俗。书中所载诸多由作者亲力亲为而收集之资料，不但具有订正史籍记载讹谬之价值，而且为我们研究从都江堰到松潘一带的民俗、历史、文物、地理、商业、贸易等，提供了重要的参考资料。

目　录

序

《松潘游记》叙

松潘居蜀上游，北接秦陇，西通草地，毗连藏卫，诚形胜之要隘，西蜀之屏蔽也。辛亥冬，复遭番叛，全城灰烬。虽经克复，一切均属草创。迄今三载有余，仅商务一途稍有进步，然较之往昔，尤未及十分之半。至于地方之若何凋敝，民情之若何困苦，领土之若何宽广，番性之若何顽梗，应作若何整理抚绥，渐求进益，渺焉无闻。夫如是，而欲求复元气，固藩篱，难矣。兹傅君樵村莅任未及两月，一切庶政次第扩张，居然改色。昨阅手著《松潘游记》一书，用意深远，奥妙精详，其程途道里、关隘险阻、人情风土，了如指掌，纤悉无遗。如载番部寨落沿起沿革，与夫政治缺陷、款项艰难、城垣坍塌、民情困苦各情形，深得治边要领，使非平日留心政务、爱国忧民者，虑不及此。然困于财力，猝不及举。是书一出，有识者阅之，莫不怦然心动。彼此勤勉，群策群力，数年而后，百废俱兴。地方之元气恢复，汉番之隔阂消融。实业见效，工商发达，金城汤池，拭目可俟。然则，是书之有益于边要者，诚非浅鲜，岂独后游斯地者之指南二字哉？

中华民国四年六月　邑绅赵翼叙

《松潘游记》序言

子尝病吾蜀通志谬误，非特妄引古记之处甚多。至纪今时之山川道里，远近方向，率与实舛。且风土人情之关于政治者，亦大略阙如，心滋歉焉。松潘为西陲重镇，逼处夷巢。自唐迄今，千有余年，兵戎之祸不绝。辛亥番变，全城焦土。不独人民财产荡然无存，即文绅赓唐所抄存之《旧志》均同罹浩劫，良可愤叹。予于壬子秋，备员汉军统部书记官，屡欲作一游记，以为志乘之先导，未果。傅君樵村，以简阳名宿，出宰是邦。下车尹始，首以生聚教诲，培养元气为前提。不逾月，百废俱兴，绅民交颂。孔子云：期月而已，可不信然欤？公余，以所编《松潘游记》见示，读悉不胜钦佩。窃念松城克复以来，民生凋敝，达于极点。应兴应革之事，不一而足。今傅君励精图治，积极进行，俾地方渐复原状。并将入松之情形道里，及境内近时之真象，逐一记载，约有数万余言，纂为一册。阅者诚细绎之，岂仅行旅，可奉为鸿宝。即后来政军两界之衮衮诸公，悉当置诸案头，以作指南之针。其有功边徼，讵浅鲜哉？爰乐得而序之，以志向慕之忱云尔。

中华民国四年五月　岷江周盛祺谨序

序　言

大中华民国四年四月六日，旧历乙卯二月二十六日清明节，椝在重庆差次，捧檄出宰松潘。由重庆启行，十日始到成都。按：松潘为古氐羌地、古吐蕃地，明之松州卫、潘州卫，清之松潘厅。中华民国四年秋，改为松潘县。地方僻在边远，距成都七百五十里。所属草地凡数千里，番寨数十处，通青海及藏卫。居成都之西北，距岷江之上游，实岷山发脉、岷江发源之奥区也。入松者，行路艰难，倍于蜀栈。天生险阻，胜于剑门。所谓一蛮掷石，人不敢过；一夫当关，万夫莫御也。近三四年来，两遭番乱。兵燹之后，城郭已墟。而松潘向无志乘可考，亦无游记可观。爰将此次入松之情形道里，逐一笔之于册。沿途步行，未敢稍息。计程十四站，成书三万数千言，为后来者之指南。俾行人称便，使四方商贾，得悉近时真象，相率出途，以扩张松城市面，早复旧观，是则椝之志愿也。若云著作，则吾岂敢?

大中华民国四年五月　简阳傅樵斧甫志

入松综述

省垣雇夫入松，须在大石缸雇。每夫一名，不过六千七八百文。若由省雇夫到灌县，则多费。由省到灌之力钱，因由灌县入松，每夫亦需力钱六千二百或四百文也。由省到灌沿途多车，车载行李。由灌入松，每挑可至八十斤，每扛重一百二十斤，多则照斤加价。入松之道路山石确礋，由灌须十二站，其实只有六百二十里。因力夫每日只行四五十里也，赶站十日可到。米菜盐料均须在灌县购备，否则山中难买。沿途幺店亦不售饮食，如过汶川，则路上须自备锅魁及玉麦饼，猪肉要到威州乃有售者。菜油沿途可买，悉自灌县来。换钱尤不容易，非在灌县换入不可。灌县每夫领钱三千文，文到茂州领钱三千文，到松领钱一千四百文。翻山靠[①]劳，不过二百文。入山以带挂面为便，灌县有竹筒向料[②]及冰铁扁筒。空手赶站，四昼夜即可到松。如坐轿之行李轻，四天可到茂州，又四天可到松潘。寻常由灌到松，须行十一二日，力夫到茂州放棚。

① 靠：疑当为“犒”。

② 向料：疑有讹误。

由成都至灌县之路程情形[①]

由成都至灌县一百二十里

系车路，轿子难觅。加班，每夫到灌县力钱七八百文。天气长时，一日可到；天气短时，则多宿郫县。沿途风景秀美，空气清洁。系泥沙路，天晴尘高十丈，饭食及菜均不恶。由成都出西门行。

二十五里土主场

数百户，车多。

二十里郫县城

由正街通过。出铁货、豆瓣。过此者多买，入山及送情之用。又出黄酥香油[②]，味美，分甜、咸两种。

五里安得铺

千余户人。

八里竹瓦铺

百余户。有桥。路宽且长。

---

① 《松潘游记》“目录”作“由成都至灌县之路程情形”，但书中内容原题作“由成都至灌县一百二十里”，以下均如此写，与目录不符。今以目录为准，将全部分目均按卷前“目录”修改，而将书中如“由某地至某地多少里”，全部改入正文。以下不再赘注。

② 黄酥香油：因有“味美，分甜、咸两种”加以描述，则“黄酥香油”当为郫县美食之一。若此，“油”或当为误字，或当为“饼”等字。

十里崇宁铺

二千余家人。烧腊肉甚好，炙圈肠之制法及味均佳。

十三里新场

有店可宿。有盘龙桥，桥有木栏，两端有阁。沿途场市之栅门，均系高阁，雄壮可观。

十七里灌县

灌县为西商之总汇处，亦松潘、理番、汶、茂五屯之要口也。商业以茶、药为大宗，百货皆全。由省至此皆平地，到灌则高山陡起矣。街市宽大，人口繁多。然皆有职业，无乞丐。知事公署，宏敞坚固，市街热闹，有小成都之称。人物文秀，风景清新。城外之镜明店可宿，城内以一品栈为佳。入茂汶松潘及五屯者，均必经过此地。售冰铁饮食盒者甚多，每个百文或七八十文。沿途河石最多，街面及人户之墙阶，多砌石卵。庙宇之最有名者，伏龙观、二郎庙。古迹之最著名者，青城山、都江堰、离堆、宝瓶口、索桥。年中，西人之游此避暑者，络绎不绝。

由灌县雇骡脚入松，每行李货物二百四斤为一驼，价银四两，比挑夫快，九天可到松城，至迟不过十天，脚银在灌先给。出产之物：药材、蓝靛、菜油、茶叶、木筏、岚炭、川芎、泽泻、麝香、鹿茸、虫草、贝母、羊毛、羊皮、土药、蜂蜜、布匹、牦牛、犏牛、碱，年约值银一百数十万。松潘之十家茶号，均以灌为坐号经理，人称“总管”。

由灌县至尤溪之路程情形

由灌县至尤溪三十里

入山之第一栈也。力夫多于第一日，只行三十里。路窄处如遇骡帮，须先觅宽处停轿，万不可争路。且来往之药挑、羊皮夫脚，人均横恶，故以让路为是。入山之货，以茶包为最多，米、油、花生、土碗、竹器、布匹、草鞋挑亦多。出山之货，以羊毛、皮张、鹿茸、麝香、药材、节节草、木瓢、木料为最多。多用背力，人可负一百五十斤至一百八九十斤。沿途无加班之力夫。乱石路又多，不能下足之处，尤不可胜记。且多泥路，不比东北路之石板平坦也。北路无须穿足马。出灌县西门，上山行，过玉垒关，江流在望。关外即二郎庙，楼阁雄壮。右江左山，目不暇给。青城诸峰，起伏万壮。自此至松，有瓦无砖。自灌入松，沿途并无大森林。汶川以上，则谷草石灰均无矣。力夫谣云：三老九坪十八关，一锣一鼓上松潘。沿途场市无赶集期，故买物不便。

八里白沙

人户二百家。水枯时，行河石中。水大时，行山边。过索桥，竹缆粗如拳，凡十二条。中流支以石墩，长一里少三分，上铺木板，人行其上，摇动骇人。过桥，沿江左行，约行二里。上坡行，两岸皆大山，高耸天。半途中之负担者，多石灰及杉条、岚炭。

五里麻柳湾

数十户。有煤炭厂。沿江水行，右山左壑。有石灰窑。自县至此，或云十五里。山无大林木，惟闻波浪声。

二里庆云桥

一名朱绿坝，红匾黑字。有饭售。系木平桥。

七里楠木园

十余户。有石壁，水大时，多瀑布。

二里龙洞子

有赵公山，甚高。两岸皆系石山，高各五六十丈。人行山中，如入峡内。有观音像在石穴中，力夫至此，多入洞焚香烛祈祷。洞外有石栏杆，俯视江水，清可数鱼。山上多溜石飞沙，时时落下。石山将尽约五里，过有木栏杆之木平桥一座。过桥则沿山左行，有龙溪关盘查所。有“古龙溪”三字，刻于木坊上。

六里尤溪镇

有汶川县分县驻此，人烟数百户。店房不佳，泥穿壁漏。分知事署，置有枷杖示威。店中上官房，每人一百二十文。每年正月有天官神会，甚热闹。场外四面皆山，有新建之东升桥尚未完工。过白龙池，系一海子。祈雨者多至龙池请水。多森林。此地距龙池四十里，小路，上坡行，如回转，则只有三十里下坡路也。桥侧有水碾一，店中顿饭，有豆腐出售。每个售钱十五六文。有用绿豆造者，色碧味佳，又有售肉菜者。过此，则翻羊子岭矣。

由尤溪至东界之路程情形

由尤溪至东界淖五十里

此为入松茂之第二站也。因翻娘子岭，山最高。娘子岭，相传为唐杨玉环之产地。上岭一十五里，下岭一十五里，共三十里路，不好行。本站虽名五十里，其实只有四十八里。东界淖，路人呼为宗荐老。此站有饭食，不必自携米粮。

二里尖尖树

有人家数户。上坡行，坡上有瓦房数家。二月天，晴，五十八度。山路纯系有棱角之乱石碎石。从此上山，翻娘子岭矣。上山，豆麦均有。二月末，豌豆始花，麦苗盈尺。

五里半大湾头

有草店数户，有稀饭可买。纯系上坡路，一山比一山高。

四里半乱石窖

有饭可买。人户只二家。一带石路均系青石，如宜昌道中之石，光滑难行。

三里娘子岭

即山顶也。有人户数家。顶上有大石山一座，路之两端，均有木栅。

八里西瓜淖

下山路也。比上山之路稍易行。山外雪峰如日本之富士山状，白云盘绕山头，日日如此。一路山径，林深菁密，场内只有草房十余家。

五里映水湾

数十户。有高升店，甚好。现作茶馆。高升店主刘姓。系前清丁文诚公巡边时所驻之地也。有面可食。沿溪右行，路有一大湾曲，均依山行。湾处有水碾，过独木桥，一路皆乱石。有索桥一，通对岸之二河头。上坡行，皆乱石荒山，出木料。

十里豆耳坪

二三十户，有瓦房一院。

十里东界老

有独索桥。有破庙一间，名川主宫。过长寿桥，桥有木栏。场内店房数家，多无门。人户一百余家，有饭食。联升店系新修者，上官房顿饭，每人一百二十文。尚有宾龙店可宿。鸡蛋、豆腐均可买。二月有白菜苔、菠菜、豌豆尖可买，又有海上方一店亦可宿。外系药室，售有挂面。土人云：后山多豹及山羊、野猪。途中口占有句云：小心步步皆青石，回首山山生白云。纪实景象也，到此方知。

由东界至索桥之路程情形

由东界至索桥六十里

此站名曰六十里，其实路短，只五十里耳。沿岷江之右行，尽日水声喧闹，直至松潘，皆如此境，盖溯岷江行也。沿途牧羊者甚多，羊多剪过毛者。沿途山土栽粮食者，均以乱石砌阡陌。叱犊之峡声，有如三峡中之船夫口号。

二里太平驲[①]

对面有大石包，为分路之记号。如向上行，则误矣。须由左行，走乱石窖中，过独木桥一。过桥向前，有一破楼，直上，大石鲠路。轿则担底，挑则撞角，如三人轿，更难转折。转拐处有茅屋数家，又上坡行二千步，溪边有独索桥。又下坡行，坡尽处，人户一家。又二里，上下偏岩，中遇朽木破楼一，有字不可辨。

八里与文坪

数十户。原系宿站，因清之光绪二十九年，红灯教匪肇乱，街户被焚，现尚未能复元。满目萧条。场口有大麻柳三株，大者可十围。有庙楼翼然，曰文昌宫。有汶关茶务局验票。有豆花售，色紫赤，无饭食。此十里甚短。

三里一碗水

山石确礴。人户三四家。有豆花、玉麦粉售。上游有观音庙。在路左，又有独索桥。路右石壁上，刻有“一碗水”三字。

三里莎波店

有粥售。十余户。又沿江右行，过一山溪，有独木桥。人户数家。有茶铺，有车制

① 太平驲：即“太平驿”。

础石手镯者。树多麻柳及皂角。江水甚急，激湍怒吼。口占有句云：白水迎人沿路吼，青云随我出山飞。

四里银杏坪

有饭可买。街栅上有观音阁，有茶饭。有独索桥一，以竹为索，粗如卵。两端或系石上，或栓树上。沿途尽依石岩行。途中口占有句云：何处岷江源尽头，朝朝只见水东流。

五里沙坪关

有二十余户。半里，行江边，由涸溪中行，过独木桥。转弯处风景如画，山溪浅水，白石磷磷。垂杨九株，水声潺潺。山边人户十余家，兼以翠篁一亩。鸟声江声，更饶幽趣。地名罗圈湾。有小庙一厢，塑神像五。前清原系小学堂，提学司方和斋之告示尚存门上。民国以来，学堂无人矣。四山皆石叠重峦。二月下旬正午，天晴，才八十一度。

五里撤底关[①]

有关门，以木为之。距街半里，有民家二十余户，系瓦房。有一庙。街左有大石二堆，一形如牛背，一如鱼脊。沿途居民墙壁，多乱石砌成，坍者亦多。一里，有独索桥，用溜筒渡行人。又上下石山路，约一里，见人户二家。行河岸粗沙中，凡七百零七步，路尚平。沙坝后，又行乱石沙坝中，凡四百步乃上坡行。两岸皆崇山峻岭，乱石叠成，时有崩石。又行乱石窖中，过独木桥一，岩壁上有石刻。立佛像五，像皆古拙。江水大时，独木桥则不能过矣。又上山一百五十步，下坡行，怪石数百种，诸奇毕具。有石洞一，可容数十人。沿途行，岩畔多石壁，可作磨岩[②]书。

十里桃关

关外有索桥，关门有“桃关”二字，系邑庠董廷魁所书。人户数十。沿途多黄连树。路旁多扁竹根花及泥秋蒜，小花蓝白可爱。关中有汶川来之糕饼出售。有茶，有蛋，有豆花。街户不整齐。关上盘查烟土及枪支。有方石一，堆立道左，大树嵌之。出关，行乱石堆中，过独木桥一，有水碾。又过独木桥一，上坡行，江水尚平，可行舟。过石洞门一，系天然关门。石壁如栅，墙横阻道中，下临河岸。右连山，左绝壑。关门石额上，刻有“人力所通”四字。坡上有观音岩，岩石层悉作立方形，叠积可观。山岩

① 撤底关：汶川旧志等亦作“彻底关”或“澈底关”。

② 岩：当为“崖”。

石刻“南无阿弥陀佛”等字，甚大。又上坡行一百八十步，下坡行三百六十步，有人家。有一瓦房，五草房。又行平路二百八十步，又上坡行，均行偏岩边。沿途所见山石之色质与东洋之人造石相似。

五里沙坝

数十户。有木厂，有售豆腐干者。行棱石中，又行沙碛中，又行石岩边。石壁之高者可数百尺，江水尚平。到索桥左，有溪水入江。

三里索桥关

有索桥一，通草坡，入大小金川，通回疆。桥系前清岳大将军伐金川时所设。店房窄且秽。有售茶食者。据云，所有茶食均汶川来。葱蒜均难觅，有售煮熟之四季豆米者，每碗五文可食。土产以木料及碱为大宗。过河五里，为戴家坪。此处跬步皆山，无一块平土，故不出粮食。山后多野兽，惟无虎。场右有巨石山一座，街铺甚廉，每间每年只可收租四百文。

由索桥至板桥之路程情形

由索桥至板桥三十七里

此站苦寒，饮食难买。沿途茶饭店中，多用长条棹茶水，每碗五六文。饮食极不方便。十七里过汶川县城，沿途居民户宅，多平房，上用石盖，作平面形，少用瓦。三层者，则下面居牛马，中层居人，上层放置器物，屋顶则晒粮食。途中所遇之负贩，多节节草及木瓢、黄杨梳料，多自威州来。连日尽行山沟中，可栽种之山土颇不易见。自此以后，平房碉楼，日日均有。碉楼如四方形之大烟囱，上有方眼。

索　桥

行经桥头，并不过桥。沿山边，行滥石路一里余，有破户数家。一路皆大小圆形之石子，上下坡路均在石岩边。行过一大岩穴，可容十余人。对河有蛮卡一，路其窄小。再七里，则到杨店矣。对河为瓦寺土司，现为故友索怀仁之七弟季高。山下有平土一段，长可数十亩，桑树、柏树、柳木亦多。有平房，风景甚好。乡民种玉麦，必鸣炮一声。耕地两牛并行，所谓偶耕也。

五里磨子沟

过一溪口，人户数家。有饮食售。溪水潺湲，杨柳成阴，风光甚好，令人流连。过独木桥一，上坡行约一百步，又下斜坡，岩边平土可二十亩。垂柳满堤，可二百株。路旁皂角树极多，江水亦平。过途右柳林，到杨店。

二里杨店

亦作羊店。人烟数十户。可宿。有售饮食者，出玉麦。有联升店可宿。有瓦房一院，孟姓为大家。山顶有雪，街上牛粪狼藉，有山王庙。上坡系碎石路。过平房二家，有一户在山半。对山为土司地。山下有平沙一段，两岸均有平地，种有粮食，多柳树。路右，则童山。又上斜坡细沙路，如上海马路之沙石。过一山湾，仍细沙石路。又过一山湾，下斜坡，仍为细沙石路。有瓦房一间，在江岸。又上碎石斜坡到飞沙关。有茶水，人物尚秀。

五里飞沙关

有朽木栅架一。有夏后贤母祠，依山建筑，系瓦屋数椽。观音寺一。石纽山即此地也。右方石岩壁上刻有“石纽山”三字，大如米斗。江水对庙直奔，系一山湾也。路左有塔一，系山石堆成，塔腰已坍。在江畔之石崖上飞沙关，即古凤头关。午间，飞沙走石。清乾隆三年，知县刘昌尉特开新路，即现行之路也，有碑记。石纽山系大石山。上坡，行夹石窖中。又行细沙路一百三十一步，步行石沙路一百步，有夹槽，有地三四段，河边有漆林。又行二百六十步，至山溪，过独木桥一，系尺五宽，九寸厚之木板一方。溪水清流，杨柳二十三株。又行碎石沙路中四百步，到三店。

二里三店

有王爷庙一，瓦宅民家三十余户。饭食需临时煮。街口左旁，有大石包一。行尖石沙路，过柳林。一小溪，有沙地二段，道中多扁竹花。行小沙石路中一百步，系平路，左右均有菜土。又行细沙平路二百步，行尖石路。又五十步，有乱石围墙。又行细沙路五百步，两旁有地土。又行河坝大堆乱石中四百步，对岸居民约一百户，有石碉。过一大溪，有独木桥，八十步到高店子。两岸大山均有平地，现栽豆麦。

三里高店子

有人户数家，吃食可买。行夹道中二百五十步，又行一百六十步下坡，行一百步，步行山边，俯临大江。行一千五百步过一大树，又五十步过一小溪，又六十步到索桥。经桥头过一百二十步到汶川。城外之汶川旧汛署，只有大门尚存。二百步到拱辰关，关楼三层，红匾金字，有桑林。行二百九十步，下坡行汶川城。

五里汶川县城

入永丰门。入门即见孔庙及县署、管狱员署，在小学校中。不数武，即出城，出宁远门，地势系一夹两礅，故城内只有街一条，一片荒凉。城外亦有街一条，街稍长，较城内人稍多。城内无售饮食者，城外乃有售锅魁者。锅魁以汶川为佳。教门多，有出名之陈锅魁一家，甚好。小者每枚四文，大魁则照称，每个在二三斤以上。有茶馆，有面食，有油炸之麻花、茶点、相料、小菜等出售。城内外共五百余户。索桥关在街口，有“索桥关”三大字。桥通铜陵山土司地。出关，行山边一百余步，有栅门。下坡行碎石路，江有大滩。男女均背负出力。行约四百步，又见江有巨滩，在大石山下。行大石堆中，上坡行一百十步，又下坡行乱石窖中，又下斜坡三百六十步，过一大溪，有独木桥。上坡行，左有大斜石，面甚平，可刻字。又下坡行，虽系乱石路，却甚平坦，行二百五十步，又依山边行一百二十步，又上坡行。旋下坡，行过一溪，行河坝中。又上下斜坡，仍山边行。经乱石堆中，江水尚平。

十里白鱼落

有验卡一，人家二三十户。民居墙壁多以乱石砌成，将屋包围。有茶铺，出栅门。行山礶中凡二百步，下坡行，有溜筒索。倚山坡行，路尚好。行左岩壁立，右俯大江，对岸河干皂角甚多，过大沙坝，有柳五株，又有麦田，对岸山上亦有人家。上坡行，有平房数间，在对山之溪口。过山湾，仍行山边。江身甚窄，俯视江流，悬岩数十丈。路平软，对山溪口内山地层叠。过一山湾，对面山头有石碉。又过山湾，随江水曲行。又过一山湾，满地蒲公英，黄花满地，兼以扁竹紫花亦满山遍谷。又过一山湾，路如弓背，江水如弓弦，均斜坡路。溪中白石，远望如石灰色。下斜坡行，又过一山湾，正对白石溪口。行石岩大石下，又过一山湾，与溪口民房成一直线。又行碎石块中，过一山湾，下坡行。过一关门，下坡左行，转一锐角，仍下坡行。又向右行转锐角，下坡行，走碎石路中，又下陡坡一百五十步。又行溪口石坝中一百步。过独木桥，上岸即板桥。人户数十家。

十里板桥

场口大树一株。人从树侧行，大可数抱。有沙土数十顷，乡民之耕地者，用双牛并行。江水无声，波平可舟，路亦坦。山湾有龙王庙，有人户处。又过小溪，一独木桥。

由板桥至凤毛之路程情形

由板桥至凤毛坪六十一里

沿途饮食不便，须至威州乃能换钱。威州，即新堡关也。民居平房，所用木梯，多用一大木，斲以齿，如钜形。沿途有售大锅魁者。翻七盘山，有发辫之人，沿途皆有。又有收麝香者，铺内挂一麞头为标识。民居多供奉泰山石。雁门风大，行者宜防。

五里磨刀溪

场内过小溪一，人户数十家。有切面售。有店房一家。街面荒凉，纯系平房。自板桥至此，均系山边平路。出场口，仍依山坡行。两岸皆童山，过一山湾，上斜坡。对岸山脚一段平原，至大石处转折下坡行，依石崖边，沿江岸石壁数十丈，均人力开凿者，有菩萨像五。又行一沙坝之高原中，约五百步上大坡，二百步又下坡行，又上斜坡。河中有中坝甚大，有麦田一百余亩。又下陡坡，行粗沙路，岸傍皆柳林。又上斜坡，入柳堤行。有人户数家，又入树林行平路。平土亦多。

四里七盘沟

人户一百余。有饮食售，有茶、酒、粽子，有文武宫、广生宫，地方尚大。由索桥行来，应宿此处。房宅均盖瓦。有嘉庆时之木坊一，上刻“食德服畴”四字。街面纯铺大河子石。出场，行林木中，左有平正祠。江水尚平，不闻水声。行石墙夹道中，尽处行河坝石子中三百一十七步。上坡行粗沙石山，多黄茅，对岸有碉。过山湾，上坡行大石中。又过一山湾，向右折行。距河稍远，不闻滩响。上坡行，有两雪山，由对面之山缺露出。又向左折，上坡行系粗石沙路一百二十步。又向右折，上坡行一百六十步。又向左折，上坡行一百六十步，有人家。下坡行，远望江流如银河一线。左方山下有沙山数堆，现出各种奇状，有如水纹者，如螺纹者，有一大沙埠如蚌形，纹亦如蚌，纹均风力造成者，与戈壁中之沙碛相似。右方山上又无此种沙堆。每日午间，山风飞沙，皆为各沙堆所吸收，名“九龙飞尾”，真神异也。树木亦多，七盘山亦系河沙泥质。

三里沙湾子

人户二十余家。沙堆在道左江之岸。下沙行，路尚平，系细沙泥路。对山有碉。山下有土。下坡行，沿山边，系平路，有高坎一。步右边石洞内，有一没字碑。行巉崖边，下视江水尚平。又下斜坡，转一山湾，下一夹道斜坡，过一小溪。上坡行，山石皆带有础玉白石质。对岸有碉，堤树扶疏。又行平路，依山边，又下坡行。又行平路一段，又行至大石包处，又下坡行。

八里威州

即新堡关。有邮局，理番县属，有分知事署，人户约六百家，正街一条。分知事署上年被火，现住武庙，为行政分署。如换银元，每枚可值一千四百五十文。面食尚好，茶水亦好，小菜亦可买，有肉售，有城隍庙、五显庙、清真寺。有城垣，依右上山，围绕城外。有石门，刻有“玉垒浮云”四大字。沿途泥沙路，如行炭花炭灰中。河边白杨甚多，有古回龙寺，寺下江有急湍。下斜坡，平路。

三里姜舍坝

有大树一株，数百年物也。人户二十余家。江水平，可以行船。走江干乱石中，路多溜石。又行河石中八十二步，行沙坝中。行草地中共九百步。水大时，则由山边行。白杨青麦掩映如画。又有菜地，有古庙一。

五里过街楼关

有魁星楼一，红墙现于绿树中。有古木一株，可十余抱。有福缘寺，古柏参天。人户数十家，有古川主庙，内附有学校。有破楼一，即过街楼也，楼上供有神像。场外绿树参差，景色留人。庙前溪流洋洋，一带平路。行绿杨阴中，两旁溪木森森，有水磨。向左行，过小平桥。行河石坝中一百五十步，过木桥三，系一大山溪也。行河石坝中一百十八步，又行夹道中，过水碾二百五十步。过魁星楼，又有夷齐庙，瓦屋一间，有“古之贤人”四字木匾一方。

一里雁门关

人户三十余家。古木参天，街市荒凉，无饮食。上坡行，上大石山一百四十二步，转右行，上坡五十二步。出关门，系石洞城，门有“雁门隆固”四字。过一大山湾，下小坡行。又过山湾，二巉崖尽处，路稍平，在山半行，距江稍远，下多平土。又沿山行，过一小山湾，又过一大山湾，江水直射湾下。行石崖边上，前左方有溜筒索二。上斜坡，行碎石子路，江涛怒如雷。行平途，过大石包三，行一百九十步向右转，过一山湾，又行里许。又过一山湾，过一溪，过三元桥。又过一山湾，有石穴宽广约丈余。又过一山湾，水流声急，流经湾下。过青白二石之花石路四段，行小石子路，上斜坡一百九十五步，上青花石梯，又行九十七步下坡行。过一山湾，行沙石路。又过一山湾，又行平路。下关处崖边，有土堆二，土人传为季汉周仓脱靴所落之靴泥。

十二里青坡

人户二十余家。有茂县验卡，有店房一，观音小庙一。茂县征收货厘，花椒，每挑四百文；青黄烟，每担一百三十文；海椒，二百文；碱，每桶百文；虫草、贝母，每斤六十文；羌活、当归、泡参、蜂糖，每挑百文；杂药，每担六十文；猪膘，每张三百文；木瓢，每个一文。有售包子及面者。有面，蒸之长大。包子，土名锅圈子，以斤两论。有茶水。街中有阳沟一条。有刑司宫，在坡上。依江岸行，上下斜坡。前有溜筒索二，两端均有平房。大石包处，路平。路中有流泉，横道流过。转一山湾，循山半行。走片石崖边，对岸有平房。又行石崖边，过一大山湾，颓垣甚多，土人云系宋时废堡。过崖穴一，过卡门，即老文正也。前方有溜筒索，上下斜坡，行过一山溪。过木桥二道，用圆木三，横踏时，动摇不稳，实难行。现任茂县知事陆君树滋已在募捐修桥，松潘文武两机关及商号均乐助之。过桥向左，行河坝中，到大石包，右行二百五十步，到文正一带之山，如破土墙之色之质。二月末，天晴，午间摄氏表五十三度。

十里文正

颓垣败瓦，一片荒凉。原有四五十户。宣统末年，争路事起，毁于兵火，今未复元。现只有栈房二家，不可宿。河对岸为土司地，可望雪山。沿河岸之柳树可人，沿山行，左多山地。上小坡行，水平无声。下坡处，左方有巨石，过卡门一。

五里五里沱

颓垣败瓦，人户数家。两头有木坊，已朽，字亦蚀。雪山寒气逼人。过一山湾，到凤毛坪。

五里凤毛坪

人户二十余家。店劣，街铺少，无米售，行者带米自炊。地方冷淡，马牛羊多。场中有数抱之大树一。行一段水石滥路，大白杨树已将成林。过山湾一，山溪一，有溜筒。上下偏坡山皆瓦砾。过大石山一座，对岸白杨婆娑。行瓦片小石堆中，有青石当道，如门坎。下石坡，对峰山下有平原。大石包处开有路，由右折行，右有磨岩[1]“万里长城”四字，款识不可认。水平，行乱花石堤中。旧有木坊一，上书“周仓故里”四字。

① 磨岩：当为“摩崖”。

由凤毛至茂县之路程情形

由凤毛坪至茂州四十三里

风多，天不热。二月末，午晴，才六十度耳。

五里独足楼

十余户人。有水磨，有柳林，有大木，有溪流。过石板平桥，路窄，不盈尺。无日不大风。行乱石窖中，石崖作冻绿色，高低参差，难行已极。转折，又多行山边，路更窄险，水怒吼。过关门一，行沙石中，关门上刻“碍[①]云门”三字。行乱石中，上坡行，由七星关故城中通过，城中全系瓦砾泥沙，只有神像尚存。出城洞，右方有古碑，上刻“碑阴”二大字，文系草书，多不可辨认。有茂州卫指挥万亶新《题七星关八景》诗[②]，诗不能认，题尚可读。一曰“宗渠春水”，二曰“石鼓秋风”，三曰“岩头暮云”，四曰“白水晴虹”，五曰“七星夜月”，六曰“五里朝云”，七曰“安乡羌笛”，八曰“斗族[③]樵林”。碑面之文为《七星关新建五显灵祠记》[④]，文多剥蚀，不可识。成化十一年乙未立，碑头系大朵云纹。行夹道中，左右两旁均有平土。行乱石中，路尚宽大，有大石在道，左右怪难描。行平路，过山溪，水流甚陡。过平石桥，见水磨二，溪内白杨满绿。

七里白水村

在坡上。溪之左，人户数十家。街面铺户，尚整齐。有店可宿，有售面包者，有豆花尚好。行山边，路极窄且险，对峰有碉。行乱石一段，又行沙石路一段，又行乱石路，又上斜坡，又下乱石坡，又行平沙路。对山有大庙，江干有溜筒索。上斜坡行，对峰多土山。过破屋数家，沿山边行粗沙路。过一山湾，路窄险。下斜坡，入深礌路。左折行，走碎石中，多浅草，牛羊多。道左有一大石，石面有无数窝眼，俗名鬼打石，深者不过二三寸。行夹道，右折行，墙中有溜筒索。

---

① 碍：繁体为“礙”，与“凝”相似。故疑为“凝”。

② 《题七星关八景》诗：乾隆《茂州志》作“州南八景”，可参阅。

③ 斗族：原作“□□”，据乾隆《茂州志》补。

④ 《七星关新建五显灵祠记》：乾隆、道光《茂州志》均不载。

八里石鼓

人户二十余家。有店，有豆花，有茶水，路右坡上有土主庙。过复凤桥一，平桥也，两头有飞阁丹青，尚存在。过夹道二，过山湾。上坡行，过岩穴一，可容二十人。过大石，系平路。路在山半，下有急湍。过山湾二，对山地土如蛇腹纹。道左有平土，人户一，古树一。行平路，左右有小溪流。又过山溪一，过石平桥，有石阑。桥头有土地神，白杨数十株，地名临渊沱。距石鼓五里折右行，有民房一。河身窄，江浪高。行平路，两旁有平土。上小坡，山顶有人户。下小坡，行细沙路中，地土尚多。过小溪桥一，行平路一段。又上小坡，又行平路上，下斜坡，左转一山湾，平路行，右有大白杨二株，可二人抱。上小坡，又行平路，有大柳树一株。

十里小宗渠

十余户。无街。墙侧，有流泉一带；麦田，大柳一株，可数抱；有大抱格早树一株；有用二马并耕犁地者。行平路一段，又上小坡，过巉崖，过一山湾。又行平路，山地百顷。过丛冢，路平坦，右有小溪流。午晴，六十度。

五里宗渠

自小宗渠来，平土相望。有文昌宫，有大木，有老柏。有川主庙，庙外有一过街楼。有平正祠。过一大溪，过泥桥一，有水磨。白杨青葱，排列如画。出青石，有岷山祠，有节孝石坊。右有回龙寺，人户一百余家，有茶水、豆腐。有玄帝宫，左有木亭一，中置一八方形之石柱，刻有神像。依山傍水行，水平不波。过山湾一，水曲曲流，如弓字形，沙坝甚多。过一山湾，对山之平土亦多。又过三山湾，路平，地土多，左有大白杨树五株。行数里，过一土山，过一山溪，过一小平桥，白杨十余株。上斜坡行一百步，过一小溪，一小平桥，又上土坡行，溪边白杨数十株。江水平，可行舟。

七里茂州

地势高，无人户。一山溪，白杨多。过青木坪，上坡行。又行平路，左岩下之平房甚多。行至左有大柳树处，八百七十步。又行碎石沙路至土地神处，有白杨多株，四百步。民家多用泥土为墙，行至夏公祠处三百六十步，至丁公坊四百一十二步。右边高山，上有四层塔一。又过一木坊，上刻“神禹乡邦”四大字。有石节孝坊一。关门之城楼三层，极为雄壮。门外有大石照墙，有古时木坊一，名安阜坊，上有“古滙州”三字。抵茂州城，入城，关门城楼上有“凤栖楼”三字，城洞阔壮。城外街市甚长。过状元桥，韩状元故里在此。

由茂县至沟口之路程情形

由茂州至沟口寨四十里

轿夫挑夫多在茂州放棚一日。如不允放棚，则每人给钱一百文。入松者，在茂州必发夫价，每名约发二千文。在茂必买米菜带入山去，否则沿途无饮食。由茂州入松，前三站路甚短。第一站为沟口寨，二站为大定，三站为沙湾，通共一百二十里，须分为三天走。沙湾一站，须翻大坡。过沙湾，则入松只三站矣。且路平，易行。第二站口，须过两河口，风大宜小心。两河口，为黑水入江处，沿路自行煮饭，只给店主之柴钱、水钱。夜间宿店，无灯亮。行者多自带酒壶。店中无臭虫，惟蚤虱多。由茂至叠溪营则好买饮食矣，但无饭售。沿途鸡蛋亦贵，每枚十二文至十四文。茂州以上无猪肉矣。店中无幺司、堂倌，诸多不便。古云："由茂州至松潘三百里，山嘴险恶。一蛮掷石，人不能过。其路随江曲折，蛮人下山抢掠甚易，当不可以无制御。"然以今证之，由茂入松，乃独路一条，途中抢案极少，因绝地也。

茂　州

民国四年，改为茂县。现任知事为江苏陆君，颂声载道。管狱员为巴县何君，亦政绩昭著。松潘士绅之住居茂县者甚多。饮食尚便，米仍自绵州来。城内楼阁雄闳，知事公署甚好。有大皂角树，迷信家挂红在树者甚多。署内又有大梨花一树。点心不佳而尚可食。无好店家，店中不预备饭食，不备油亮，不备柴草。客须自己预备。茂州民间换钱以两计，一两只有钱八百文，论两不论吊。猪肉每斤一百七十文，猪油二百三四十文，牛肉八十文，羊肉一百二十文，菜油一百七十文，石膏八十文，红糖八十文，米一千二文百①，春茶四百文，灌茶三百余文，银元一千四百三十文，钞票七百文，生银二十千四百文。城内有钟鼓楼，甚高大，俗呼茂州为"锁阳城"。县署有后门，又通西门外。去年十月七日，知事左公交卸投江，陆知事闻信，由后门出西门救之，即此地也。城内面食尚多，城外平房多。出北门，城洞内野鸽甚多。汉夷妇女负柴入城者甚夥，多用红绿布缠腿。

① 文百：疑当作"百文"。

五里茶关

到此，始见江流。在左方山下，有水磨。过彩虹桥，木桥也，凡五楹。右方庙内驻有茶关委员，庙后一大石山，关门之茶包狼藉。上石岩，行石坡，土人云：岩洞下有数丈长之鱼一尾。下坡行平路一段，依山边行，负柴之妇女甚多。一路柴草甚贵。过一山湾长斜坡，水平，路里甚长。过一洞之石桥，有大树二株，有观音庙。

十里石榴沟

人户数家。有店房，不可宿。店中多无足床。有茶水及豆花、麻花售。麦田亦多。过山湾，依江边行。又过一山湾，下斜坡，行瓦砾路。又行巉岩岩石路，又过青石板十余个，又过石壁一段，行乱石子路。过门限石，又过一山湾，对岩有平房。又过一山湾，湾下有平土一段。依巉岩行，上坡，又下坡，行粗沙路。过山湾二，又过一湾。左折行，均锐角。又过一湾，上斜坡，行三百四十一步左右，石岩形如岚炭。又一段巉岩，对岸麦田甚多。行平路六十二步，又上坡行五十六步，平路四十六步。又上坡行七十五步，行平路。过一山湾，经过壁立之巉岩下。过一小湾，上坡二十三步，平路行三十六步。又下坡行一百零三步，又行夹道中，又下坡行二百五十步。右折行五十四步，又左折曲行七十步，右方大石上有指路碑。又右行五十步，又右折行，下坡六十六步，左折行四十步。又右行，左方有一大溪流，白杨满堤。右多山土，左有水磨，山尖有人一户。溪内之高山石，色花白，光如雪山。过兴隆桥，桥六楹。向左行，人户二家。溪边麦田油油绿，白杨成阴。行一百十步，过颓屋，中至渭门关。

十里渭门关

自茂州至此，名为二十里，其实路长有二十五里。过此二十里到沟口寨，却又不满二十里。入街处有颓垣瓦砾，由中通过，系前代民居遗址。有庙宇，无售饮食者。人户数十家。街中有阳沟一条，两岸均大石山。行石片中，过一湾。对岸人户数十家，地名江亯浦，白墙上画有一轮红日。又过一湾右折行，如行踏炭灰中。有平坦路一段，凡四百九十步。右山尽处右折行，行右山脚，沿岸行过一湾，右行又过三山湾又一湾。左行江岸边一百三十二步，上斜坡行四十步，右向沿江行。对山有一庙，红墙；一亭，白墙。右山之泥石均作灰白色。左方下小坡，循江行。水大时，则由上方行，路窄险，宽不盈尺，且斜倾。过一小山湾，对岸平房与绿杨相掩映。有桥，有水磨，地名侧溪沟。行巉岩中，高下不平。大石鲠江心。过一小山湾，仍行灰白色之石山边。一大石嘴由路左支出，路平坦。过一山湾右折行，上短坡至石墙处。行平路，左有土。上斜坡行七十步，转一山湾左行，右有废金铜。上坡行九十步过一湾，对岸有一路通理番之黑水、芦花、龙坪等处。行石岸边之平路，下坡行八十步又三十步，又行山边。上坡右行乱石中，又行沙路中，有大石当中途。绕石行，左右均有路。又行石包路、石子路，右折行又左折，上斜坡三十五步。行石子路上坡，行乱石路一百七十二步大树处，行平路。下坡行，对岸一大石山有锋棱，又有一关寨，已坍圮。又行乱石路中，由颓垣丛中过，即到小沙湾。

十里小沙湾

十余户。无饮食。街上马渤牛溲，满地熏人。由此十里到沟口寨，名为十里，其实只五六里耳。出墙口，行夹墙中。沙土中亦有路可行。如种有粮食，则仍行夹墙中。在沙土墙处合路，过山湾二，行沙路。上坡行巉岩边二百二十四步，又行平路。两旁石山极玲珑。过一山湾，下一石坡，依石壁行。向右折，石壁有如立方形，有一碑。过一湾，对岸有平房。上坡行六七十步，有双索溜筒桥。岩边有一红墙面，下陡坡，行一百二十步到沟口寨。

十里沟口寨

寨在溪左。山上城堞雄壮，凡二千余寨。此地有放蛊之蛮户二家，有六楹木桥。右走水磨坪九十里，走茂县四十里，走石大关四十里。平房上多铺极薄之石片，可作写字版，色如铅皮。有水磨三，满沟白杨。有锅魁、豆豉、红糖、米线售。街市弯曲，店数家。店不洁，人户有一百余家。右山半有如白塔形者，土人称为山主庙。过桥右折，上坡行数十步左折，又右行，又左折，均坡，两旁有人户。上偏坡，右有乱石墙。行平路，左路下有麦田，对岸有雪山，有平房，有土。过一山湾右行，又一山湾，依灰白色之山边行。下斜坡，路尚宽坦，路左一大石如江瑶桂形。过一山湾左行，又一山湾右行，对岸有平房。上坡一百二十五步，右有大石壁。行峡中，又行四十步下坡，行乱石道中一带，大山石到处罗列。又下斜坡，如水大则行岩边，水小则行河坝中一百一十六步，又上坡行十八步，又一百四十步过一山湾。上小坡三十步，行窄路，过三山湾，相连贯也。路上之大石包甚多，轿底易顶碰。左有麦田一倾，道中有大石当路，由两旁通，绕行。又行乱石窖中。过一山湾，仍行石子路，过有照壁之平房一。过山湾一，左折又右行。人户数家，岸边有林木。上坡即插耳岩。

由沟口寨至大定之路程情形

由沟口寨至大定五十里

沿途有售小梨者，每枚五六文，皮有药气。牛烛每枝三十文，洋火每匣九文，皮蛋每枚二十六文。两江口之风甚大，须注意轿篷须加索拴固。路均难行，如过石大关乃稍易行。有卤肉名曰猪膘，由石泉县来，每斤三四百文。沿途有洋花生、干萝布[①]丝售。

十二里插耳岩

五六户人。无饮食售。上坡行，有大木。又行大石中，又下坡行，行乱石坎及石包中。左路有大石，如棺盖形，卧道旁。下坡行灰石路中，大石阻道，两面均可绕道行。过一山湾，行乱石窖中，对岸有溪流，有平房、水磨。上坡行乱石坎中，过大石包，路尚易行，两岸之山皆高数百尺之大石山。又上下斜坡，均有乱石坎。转山湾处，经大石岩下。左有大石条为阑，仰望石山极为玲珑。由右上石坡五十三级，有修路碑。清朝乾隆时立，地名凤凰嘴。向右折，依石山行，又向左折，下石坡六十三步。上沙石斜坡，墙边有一大石支出，有白带如曲水纹。此十二里路难行。

三里陈家坝

人户一家，颓垣。多下坡，行石夹道中，行乱石坡坎中，仍行石山边。有双缆溜筒索，对山有人户数处。有庙一，白墙面，画有一轮红日。又行石岩下，转一山湾，湾内有石碑三四。上石坡行，石壁边左有生成之石阑。上坡行沙地路，右折行左，右独木支路，又下坡行石块路。入大石洞中，由洞中通过，出入口均如城洞。内架木，为观音神龛。旧路在洞外之左方，已坍塌，此为新开凿之路。又行白花石之岩边。又上石坡，路左有缺，缺上有横石。转拐处，路稍宽，有平土，眼忽开朗。行碎石沙中，转拐处人户二家，一带麦土。又行大石边，左有人户一家。上石梯二十四个，上斜坡三十一步，有人户。右折行，下石坎，过一溪。过石平桥，人户三四家。至墙角左折，行下斜坡，过一山湾左折行。又右行，过大石山边，右有执斧之神。又行石岩边，行石岩路，岩壁纹

① 萝布：当为“萝卜”。旧志亦作“萝葡”。

如老树皮。上下石坡，右折行，左临江水，有木支岩边路。下石夹道中，行乱石路。从石岩下行，有天然石阑，有石碑，字蚀不可读。过岩下，上斜坡，傍石山行。上乱石坡，坎高石滥，沙溜坡陡。又下乱石坎，左右折行，坡尽处有麦田。又行乱石中，又行山湾中，左有厚大之石垒，右有废宅。过溪流，溪右有旧关门。

七里长林

有古庙，已破，庙梁上注有“康熙二十六年建”等字。神像是古帝后像，一男一女，均帝王衣冠，无碑，不可考。又有一神像，持笏。无人户。过颓垣，下沙坡，行河坝中。山头有废碉。又上山坡行，过丛石，经石岩下过一石门，路尚平易。又上土坡，路窄且偏。过一山湾，行灰石路中。又过一山湾，又过一山湾。行山边，过山湾，路短。

五里两河口

人户三四家。上坡行，过石岩中，有天然石阑。行石坎八十步，见黑水由对面入江。下石级行，此处风力大，年中无日不风，日午无不风，行人宜早过此，以免风祸。沿石壁行，石纹如劈柴。依江水行，俯瞰江流，悬岩数十丈，江水色黄浊。下石坡行一百步，又八十七步下坡，路有天然石阑。又七十六步上石坡，行四十八步，一带大石山。转山湾，又七十二步，均大石岩。过一大山湾，下石坡三十步，平路一百步，过一山湾，左有大石堆。下坡行一百二十步，过一山湾，又行石山岩，沿路石岩多夹猪油色之白纹。行一百步，又下石坎三十四步，又四十四步，过一山湾左折行。下石坎二十步，又下五十步，又六十步，行粗沙石中。有大方条石卧路旁，石纹如大木。下坡行，一排石岩壁立。行岩腔边，又上坡行。虽长，不陡。又下长坡，行沙中，有大白杨树一株，有草地。又行石岩边，又行乱石中，又下坡行石岩下。对山有平房，有石碉。路左右均有平土。又上坡行巉岩边，有天然石阑。向右转，过一山湾，右岩有神像。

五里木苏堡

木苏堡至大定二十里，路长，实有二十五里。数十家人。有茶水、酒、面售。有复兴店可宿，能住二十人。自茂州至此处，凡七十里，本系一站。过一溪，过石平桥，有石阑，有索桥，水流甚急。过桥头，行沙砾中。向右上坡，行八十步，行平路。从麦地中行，如种有粮籽，则向下面沿途边行。上坡行八十步，又平路五十步。上坡行，过一山湾一百步，又上坡，行乱石山中。又向右行八十九步，又向左行乱石坡一百五十六步。又行二十步，过一山湾，过破屋。又行宽平之沙石路，过一山湾。又过一锐角山湾，行八百七十二步。两岸山皆灰白色，风沙极大。上坡二十步，过一山湾左转行。上坡行一百二步，左转行坡路二十四步。下小坡右，山顶有碉房。又行二百步，行乱石中，过废宅一。上坡向右行，过一山湾，下坡又过一山湾，行灰石路，有平土，有人户二家。下乱石坡一百五十步，行沙路。过一山湾一百六十六步向右行，行大岩石边。过一山湾，岩石如墙立。又过一山湾，右有岩穴，左有奔流。下石陡坎七，行乱石中。左有堤柳及草地，对岸有颓垣。右有大凿石，左有树林，一户人，此处有宽旷地。又行凿塚边乱石路，尚平易可行。过山湾一，下坡行石岩边。过一湾，岩有深穴。又折左，行过石岩边，又有深穴。上石坡三十步，岩上有大方石，支出数尺。行岩边，江流澎湃。至大白杨树，平路，有麦田。过一溪流，过四楹之朽木桥。右行又左折，折上坡，行二十步。

四里石大关

人户三十四家。街窄小，有茶水。左边白杨茂林，溪左有水磨，江上有索桥。行岩边，岩际有神像。又行乱石中，对岸有碉，左有平土。上小坡，行乱石中，又行石片中，又行石坎路。江多巨石，滩多流急。翻大石包行，又上石坡行，又下石坡，又上斜坡四十二步。沿灰石山行，又有石板路一段，又有大石穴。石板路甚长，为数日来不易见之平路。又行沙石中，又行石板中，过平房三四。

六里鹦哥嘴

人家四五户。对岸有废宅，有溜筒索，有梨售。上坡行一百三十步，行石岩边，系石板路，对岸石山下有民房。下坡处过废宅，前面山下白杨林中，有八方碉，有一瓦房，墙上画有红日。对面三峰如笔架形，江左有水磨。上石坡，行五十四步，又坡路九十六步。下坡行，过一山湾，左行右折，又左行。右有山泉，自岩半流出。坡行三十步，又行平路一段、乱石路一段，共六百步。又上坡行二十步，又行平路一百六十八步，过废宅一。上坡行乱石坎中一百十步，又行平路二十步。上坡行五十七步，过废宅一。行七十步过一硐之拱桥一。到大定城。

四里大定

有城堞。入城门，石额刻“新堡”二字，系明代嘉靖庚子年正月立，同知何卿书，其余款识已蚀，不可辨。有石碉。出城门，石额刻“重固”二字，并刻有“骠骑将军、副总兵、中府都督佥事何卿柏村书”，并刻有“提督指挥汤铭、守堡指挥陶稚①、千户张鹗、百户王勋、何寅、管工冠带舍人乌翱”等字。有关庙一。有小溪水通过关内，流街上。马牛粪充塞，人户数十家。无饮食售，店不佳。沿山边行，江有大石，横卧江心，占江面四分之三。山边纯为巨石，右岩之岩石及石壁，多刀截斧断痕。上坡行，岩下有石如屋檐之支出，人行其下。上石坎行一百六步处，有大穴可容十余人。又上石坡二十四级，傍山行平路。又过石崖下，石壁尽处，行石片中。上小坡，行十二步。行平

① 陶稚：乾隆《茂州志》作“陶雄”。

路至大石处上坡，行七十步。又行平路一百步，又上斜坡行。又行平路一段，又下坡行石沙路。又平路一段，过大石山。上石坡行二百八十步到大石边，又下坡行六十二步下小坡行。对岸多平土平房。下陡坡，过石崖下，过一山湾，有岩穴深二丈。又下坡，过石岩下，又行平路一段。右行，上坡行，转一小湾。又行石崖下至大石边，有高坎，平路行过石包。又行十五步，又平路一段。又上坡，行乱石内，到纪子坪。

由大定至沙湾之路程情形

由大定至沙湾四十五里

沿途多杏花及小桃红，又多梨花。本日须翻大山一，过沙湾，则到松一路，无山翻矣。且此站翻山路长，山中气候冷，大火盆多，大如方桌。有用石制者，均烧柴火，用铜罐煨水。

五里纪子坪

瓦房二家，平房一户。（翻大山）上石坡行一千步，到有圆眼之山石处，左行八十一步。左有碑，行二十二步，又向右折四十步，又左折八十四步。又右行十四步，又左折一百三十二步，向右行，多大石。右有庙，左有修路碑；一百七十步有人户十余家，右有碑，有颓垣，地名“玛瑙顶”。又坡行一百四十步上顶，沿途岭雪未消。自上山至此，皆乱石坎，难行，且在山中不见江身矣。途中有售干骡肉者。自纪子坪至黄草坪路十八里，其实里长，不只十八里也。

五里玛瑙顶

人户二三十家。无售饮食者。力夫多在此炊饭。山内多平土。上坡行九十五步，下坡行一百六十步，又行平路二百零七步，又行平石板路一百七十四步，又行乱石中三百一十六步，右岩上有石穴一。又行石泥中斜坡路一百九十七步，只闻江声不见江流，对岸山缺露出雪山。上陡坡，行瓦砾路六十八步。右崖有观音小庙，闭庙门，如一货柜。行石岩边，上坡路二十步，又行泥路一段，又上坡行一百六十步，又行平泥路一百步。左山内有寨，数十户。上乱石坡，行二百步。

三里水沟寺

有人户三十家。过一小溪流，上坡行一百步。又平路数十步，过人户数家。上斜坡乱石路八十四步，又行平路八十步。上斜坡二百二十二步，下坡泥路，过一山湾。上坡斜路一百六十步，上坡行三十步，平路到墙角左行，过川主庙一。上坡行，右折，对大石湾行。岩面平现，有纹如龙蜿蜒状，只有鳞，故地名“老龙湾”。平路行，右有小庙。一百五十步过一大山湾，即老龙湾也。又平路三百七十步，又上泥斜坡行一百二十步，下坡行一百五十步，上斜坡行，右折行二百十六步。路中一泥石堆当路，坟起，由堆厠[①]行，堆之两面均可通。上坡行七十七步，右有石穴深数尺。过一山湾，左行坡路四十步，又右折行，可望见江面一段。上坡行八十步，右有岩洞可容十余人。上坡行四百步，乱石坡路一百三十五步，又右折行，可谓难行矣。又上坡一百三十四步，过废堡一。又过一巨石路，又行乱石坡一百步，过废宅一。左右均有巨石、土地。又上下乱石坡各六十步，又上坡行三十步。又七十步下坡行，平易好走。八十八步又上坡，行四十八步，平路。行过大山湾一百七十八步，下斜坡到黄草坪。

五里黄草坪

数家人。下坡行，过一山溪，过一山湾。湾下有水磨，湾右有水磨。岩泉滴滴，荆榛满山。上斜坡行，有人户二。过白马庙，墙色白。雪山之雪光射人目。又上坡，行乱石中五百五十步。岩有小庙，有磨岩[②]，书系“□[③]茂襟喉”四字，第一字已剥蚀不可认。上石坡，行一百十步入关门。

二里小关子

（下大山）有白马庙，人户十余家。可望叠溪营，相距尚有十里。关上颓垣废宅甚多。下坡行石沙路，又一段乱石包路，又一段平石路，甚宽坦。过一段黄土岩，行一节乱石路，过一溪，过一小石平桥，过一山湾，过一岩穴，对雪山，下，又尖锋。下，地多蓝白花之山石，可作器具用。又行黄沙泥路，过一山湾。又过大石堆中，有人，凡平土。行转一湾，有石坎。又一湾，俯见江流，白光一线。又过一湾，行石崖边。又过一山湾，右折行。又一湾，右行，复折左行。过一山溪，有石平桥。过桥左行，上坡行。过夜马关，两面大石崖。下坡左行，有人户数家。右折行，又下石坎，又右折行，墙边有白杨七株。下斜坡行，两旁山土多，右有红杏四大株。过夹道中，右折行到叠溪。左有一路，为骡马之路，沿途小桃花多。

十里叠溪

有城。城内人户二百余家，有警察分驻所。入城，有石刻之“固胜台”三大字，系明代嘉靖年刻。有烟堆。街市可买之物则猪油、猪膘、洋芋、波菜、皮蛋，大面包每斤八十文，米、糖、五色线、纸张、针、布、牛烛、核桃、豆腐、草鞋、药、让肠、海

① 厠：古同“侧”。

② 磨岩：当为“摩崖”。

③ □：或当为“叠”。

椒、花椒、生姜、萝布干丝、盐、酒，但无猪肉及米饭售。有邮局，有茶馆，有城隍庙，庙侧平土甚多。由城内通过，到天灯处右行，上坡出城洞。城内杏花树多，有城门二重。出外城，右行夹道中，系石子路。上下斜坡行，白草黄沙，令人生感。

叠溪营，本汉之蜀郡蚕陵县，唐之翼州，宋元时皆为羌地。明洪二十一年，平西羌，改置叠溪右千户所，属茂州卫。二十五年，改叠溪守御军民千户所。清改为叠溪营，设游击一员，管七族寨大姓、松坪诸番，属松潘镇。城周七里有奇，门三。明景泰间筑。

二里校场坝

人户十余家。行平石板路，一望平原开朗，天地为宽。左有石山，有点将台，有庙。右有大照墙，土人传为宋时杨老令婆点兵处。台上四面石刻，武士甚多，不可胜数，古迹也。又为校场坝，人户十余家。红杏绿杨，天然画图。前有碉楼，左有废堡。右折下坡行，山多白石。过一山湾，下陡坡一百步，又一小山湾，下坡行，过石岩下，临江数十丈。又过一山湾，又过石岩下，右折依岩行。又过一山湾三百六十步，又上石坡行。又上斜坡一百零六步，平路。行过一湾一百九十步，又过一湾，又行四十步之平路，上石坎十七步，又行乱石路。下斜坡至石岩边，过一穿心庙，塑有观音像，颂神匾额甚多，行人多在此祈祷。右系数十丈壁立之石岩。过一山湾，又平路。行岩上，有“不世阴功”四大字，又有“遗善千古”四大字。又行石岩下，又上石坡，行乱石坎中。山右有方石，横路右，如一封书形。过一山湾，右折行，又下石坡行。又过一山湾，又过一向右折之湾，路平好行。又过层岩，过一湾，又过一山湾。下坡行，又过一层岩，又过一山湾，依山泥路行。又下石坡行一千步，到白杨树处，转锐角左行。又转右行，下坡七十八步。又转左行，下石坡六十五步。又折右行四十六步，又下石坡转左折，行又四十七步。又右折行，又五十二步，又左折行，又四十三步。又右折，行三百二十步。相岭之九折板不过如是，且皆乱石坡。凡过门限石一十七处，均横撸路中。又上泥路行，地名“五盘子”。又行乱石中，又泥石中。水声喧震，有人户，有李花一株盛开。

十里平桥沟

人户数家。有板瓦房，用木板为瓦也。有大白杨一株。右折行，过一沟，过一朽木、石面之平桥。左折行，有水磨，又有人户数家，平房数家。溪内杨柳春水，东风拂人。过一泥山，下一土坡，此处又距江边近矣。行滥石中，又行夹道中乱石路，上斜坡，过一废朽之关门。又过颓垣，行小石中。左有瓦房一。行夹道内，过一山溪，过一平桥又右折。又过一山湾，过一溪流石岩处。又右行，行平路一段，下坡行，过一山湾，即沙湾也。

五里沙湾

人户数十家。有过街楼，驼马站也。牛马粪甚多。右山左江，有溜筒索一。两岸白杨，枝叶可人。出场，上坡行夹道中，过门坎石一，又行乱石路。下石坎，过一湾，湾有小溪流。左折行，又过一湾，山如土墙，立泥沙路。过一湾右折，行瓦砾路，行夹道中乱石路。对山有大岩穴二，有飞泉，白杨满目。行泥路，有门限石三。行河边，过一湾乱石路，下石坎十一步，行河边江滩。大水空响，河下必有一大石腔也，水声如在瓮中然。行至大石山角处右折，过一湾右行。又行石路，右有大花石蹲路旁。上乱石坡，有高坎二。行夹道中，有颓屋。下乱石小坡，右湾一。又向左折行，又上石坡一百步，有朽木栅楼。上高石坎数处，有人户三四家，地名“五里班”。无饮食售。桃花始开。行夹道中，下乱石斜坡，多门限石及高坎。右湾行，又向左湾行，均乱石路中行，对岸有人户。下石坎，行石泥路。又下乱石坎一百七步，行泥石平路。又行夹道中，宽路约二丈，一段大河石子路到普安。

由沙湾至镇坪之路程情形

由沙湾至正平[1]七十里

行三十余里至永正，即入松潘西界。此站路极短。沿途小桃红甚多，又出香柏树，番人以之为香料。多毛牛[2]耕地。毛牛之毛甚长，鼻贯以大木环。又多犏牛，毛较毛牛短，均能耕。山高，空气薄。沿途多药山，故行人多喘。男女不好洁，衣服油污不堪，多不洗。而男子之头，多缠紫红布。

十里普安

有关门。人户数十家，有店可宿。出关由左行，又行夹道中小石子路。上石坡，过一湾，有白杨小石路。行石岩边，向左折行，又行石岩下，又向左折下石高坎，一带石壁。下坡行大石包处则行平路矣。又上坡，行石岩下。过一湾，又行平路。此十里路甚短。山中气候冷，低至五十七度。

五里杨柳沟

人户二家。岸多杨柳，右有大石岩。上石坡一百五十步，向右行巉岩边，左折行泥沙路至大山石角处。下石坎，行大石壁边，过大石飞岩下，左有天然石阑。下陡石坎，右行，系一带石壁。过穿心庙一，行平路，行夹道中，上石坎斜坡。又行夹道中三百步，又行斜坡，系小石沙平路五十五步。江之两岸均麦田。又行六十四步斜坡，向右转行，又左转行，下坡行，右折行，又左转行，下坡行，沿途荆榛。下石坎，右行，亦一路荆榛。又下坡行，路窄小，左有乱石。向左折行，又向右折行，一岸麦田。行夹道乱石路中，过废屋，到太平。此十里路长。

---

① 正平：目录为“镇坪”。

② 毛牛：当为“牦牛”。

五里太平

行石崖边，过一溪桥，有水磨，有城垣，已空无人。对城成直线处，有一老树，作苍龙鳞。入口有过街楼，数十户人，力夫多在此赁灶煮早饭。人民有教，门无饮食售。出街一百步有古树一株。上小坡行四十步，又行平路。上石坎坡，行五十步下石坎，行平坦之泥路。上石坡向右行七十七步，左湾行，下坡。小石路，乱石块高低不平。上坡一百步，又行平路，又上坡行二十步。又下坡行乱石路，平途一百六十步，行夹道中。又上乱石坡十余步，下坡行二百七十步。行夹道中，又行平路，到永镇。

十里永镇

有人户，无饮食。有城在道左，城内有人居住。下坡行一百五十六步，过一山湾，下多白杨。行大石岩边，入一深黑之平房门，即关栅也。右石壁，人行飞岩下。下石坎三十余步，左折行泥石路中。上斜坡，行石片中。又下坡，行一百六十步，两旁皆荆棘。行乱石路，左多麦田。行夹道中，过两大石盘，右有尖石堆，左一石堆，系古时隘卡，松潘、茂州交界地也。右有一石碑，上刻“松潘西界”四大字。行夹道中，过一大石盘，仍行乱石路，无一寸平路。路尚宽，江滩声大，如奔雷。入石岩边行，上石岩坡一百八十步，又四十步，石岩乃尽。又上坡，行夹道十七步，沿途小桃盛开。行平泥路，右荆莽，左麦田。行夹道中，小石片路。天气晴，五十五度。按明洪武十二年，在叠溪营置七关，永镇实居其一。

十里平顶关

有关。由关内通过。光复初，番夷叛。由平顶关直烧至北定关，凡八十里，均无完土。关内一片荒凉，十室十空，不止九空矣。有新修之街铺，多未完工，非缺瓦即缺料。现在只有一十九户人。有新修之店房，可宿。街上民居纯为汉人，垫床多用厚重之羊毛毡。制毡之工人，每斤羊毛须工钱四十文，羊毛自备．每斤需银一钱八九分。出关行夹道中，路宽大，右有大杨一株，对岸有平房，两岸均有麦土。行荆棘道中，江水尚平。至大石堆处，有溜筒索一，行人经索下过。上石坡行，右有石岩，凡三十级。行石壁下，右岩左江，又二百十六步。上石岩坡，行三百七步过一关门，仍行岩边，对岸有溪流入江。又上岩，行四十步下石坎，行石沙路。依江岸山边行，草莽满目。行乱石路，过大石包，上大石盘。过一山湾，又上乱石窖路，人约一百余户。又平行数十步，左右均麦土。又行乱石路，行夹道中一百四十五步，过一废堡中，对面尖锋如鞍形。上斜坡，行小石子路。右一小山，荒烟蔓草间，小桃盛开，杏花初落。又行夹道中，过石磴，江水平流。又行夹道中，小桃花多欲笑，在路旁迎行人。又下长坡，行乱石坎路，小桃红有白者一种。出夹道中，右则半山草木，左则岩下平土。又行夹道中，小桃花左右窥人。又行平路，小桃亦多。又行荆莽中平泥路，乱石尚少。又上斜坡行，又下坡行，又上坡行。行夹道中，又下石坡行。又行夹道中乱石路，又下坡行小石子路。左转一湾，上斜坡，江水平。又下斜坡乱石路，过一废垒。

十里靖夷堡

兵火后，颓垣败瓦，不堪入目。关内人户全空。下石坎行，甚陡。五十余户被火之宅，只有墙石，寸草皆无。现有修房者。有溪，溪上有富贵桥六楹，系前年知事田子实补修者，尚缺瓦。本年六月，堡中老民黎启明募修此桥，桀改桥名为“靖夷桥”，并题额。溪内绿杨甚多，有水磨。过桥，行夹道石路中。又行沙边堤，柳数株，春风欲舞。岩有大杏花一株。山之形质如滥土墙，山腰现沙层，古时河身必高。过门限石三，下小坡，皆沙路。又行乱石路，路中有大石盘。又行夹道中小石路，上乱石坡八十四步。又上乱石坡，两旁皆荆榛。行九十四步，右山左江，沙路数十步。又行石岩下二百步，下坡行石岩边九十四步，行石壁边八十二步。岩尽处过一山湾，行沙路中，左有沙坝。大石包处过颓垣，行夹道滥石路，一户人。又行石板平路五十步，下坡行。右为黄土岩，左卧巨石。沿江行，又下坡行。

十里水塘

兵火后，现只有五六十家，人均袁姓。废垣多，满街瓦砾。有烟堆。左方一带均系麦地，右之土山如城垣。柳六株，柏一株。行夹道中，路平，多大石多瓦石。又一路多荆莽，又行乱石中。迎面一山，双峰尖秀。山下有寨，有人户。左行，过一溪，过窄平桥，左行夹道中乱石路，折左行，又右折行夹道中，行乱石路又左行，下小坡又右折行，前有崩路。力夫多向右行，由麦田中行，路极平，田亦多。左俯江流，麦田有短垣围绕。下乱石坡，行夹道中三十五步，又下坡一百三十步。沿江岸行，对岸多沙田，路右荆棘丛生。下石坎，行夹道一百步，又行河沙草地中，路平旷，行六百步到大杨树下。江洲上，白杨大林。江有一沙嘴，江水回流。左岸之杨柳亦多。关外有溪流，有水磨三。两旁大石罗列。又行短墙边，有白杨大树十五株，风景如画。以下十里到正平，路短，只当五里。

十里正平

有城堡，人户数十家。兵火后，现尚萧条。入城一调查，不忍入目。有茶叶商号。原系大站口，被夷乱后，则荒凉矣，不知何时乃得规复原状也。新修之宅，多盖木片，上压以石。店房难觅，通街只有床三间，系三足架者。夜雨雪，四十七度。出关，左行夹道中，又行乱石中，大白杨树沿岸生，对岸麦田有一大平原。依山行，上石坡八十六步，下石坎行，右石岩下一百四十步。右下坡行，仍行石岩下。沿江边行九十八步，又行岩边至大石包二十四步。行乱石路，均平坦。行夹道乱石中，又行山边，右有山壁，立如城垣之整齐，路滥且窄。上乱石坡，行夹道中一百八十步。过一山溪，一石平小桥，过一山湾，行夹道中乱石路。又行滥石岩下，对岸之江岸形如土筑墙，左右皆麦土。行夹道中，又行荆榛路，左岸又如一排土墙。转一山湾，又行夹道中乱石路。

由镇坪至隆昌之路程情形

由正平至隆昌堡八十里

此八十里，前四十里短，后四十里长。由归化至隆昌堡之十里，只有五里。江右之山泥黑色，江左之山泥赤色。

十里金平寨

有破城。现有人户二十余家。兵火后，尚未复元。街上有石坎六。下坡右折，行过一山溪流，一平石桥，转一山湾，有水磨。溪口有大白杨、大红杏。上乱石坡行二百步，右行一带石短墙。过门限石，对岸有麦田，有人户。又过门限石，下斜坡，左右有大石夹路。行夹道中，瓦砾乱石，有废垒。又行江岸，行沙石路一段，路尚平，易行。对河泥岸如墙壁。行右岸，有沙地。又行夹道瓦石中，又行乱石粗沙坡一百六十步。过一山湾，左岸麦田多。行泥石山边，行夹道中九十步，下软坡，行过山夹中，路滑且滥。由岩边行，下乱石堆，又行石沙平路。右依巉岩边，过一山湾，湾尽处上石坡，行一百十三步。过山夹中，下小坡，行三百三十六步。行夹道中平路，直到平夷堡。近堡处路多巨石阻道。

十里平夷堡

有城堡。城外有瓦房，城内已成一片瓦砾。两场面之麦田多。江面狭处，有平木桥，有大白杨树，颓垣甚多，气象荒寒，人民流离未归。堡中现只存二十余家。有店房。兵火后，庙宇神像均被焚毁。出城，过一溪，过一平石桥。又一湾，行夹道中砂石路，大雪山由山缺露出。上乱石坡二十三步，行乱石路，过山湾，沿山行，向右折行。过大石岩六十四步，行乱石窖左，有大平土。又行夹道中乱石路，凡一千零九十步。

自平夷堡，上至镇江关、北定、安化等关，下至镇平、镇番、靖夷等堡，沿途及叠溪、漳腊、小河一带，明都督何卿于两旁夹道皆筑墙垣，防番人劫掠也。故入松之路，夹道甚多。

五里格大坝

人户只两三家。兵火后，颠沛流离之人民尚未复业，颓垣相连，麦田多。行夹道中，路尚平。行河石路，乱石路，沿江干行，荆棘弥漫。右依山，左沿江。对岸有荒坝一，甚大。有溪流入江。右山如滥土墙，有大石当道中。至大柳树处转小湾，行瓦砾路中。上小坡，行石岩边，俯江边行。岸下有一平沙草地，对岸有木片民房，平土亦多，有雪山。行沙砾路一段，宜步行。因平垣土松，易行也。又行巉岩边，从山夹中行，上下坡约十余步，又过大乱石窖。不平，难行，尖角石多，所谓铁马亦可穿蹄也。依大石岩行，左有巨石一，江中有大沙嘴，大土田。

五里平番营

左右两山均有庙，悉被火劫。右山腰一壁立之红墙，亦劫灰中之庙也。城堞多坍塌，有内外城，城洞系砖石砌者，有方石刻嵌城上，字不分明，城址甚大。城内极愁惨荒凉，人户官署，无一不被火焚，惟旧武署之照墙尚存。人居栅架中，劫后之房宅，皆荒烟蔓草，焦土粪丘。迎面之山峰尖秀可人，江中沙坝多。上石坡，行石夹中，上下三十余步。右石岩，左水磨。又下石坎数步，有山如滥土墙。依山行，岩下多麦土。江边一大草地，约数十顷。行草地中，山边有路。水大时，须阻水，然此处历年未淹。又行荆莽中，平沙易行。上石岩坡行，过石夹中十八步，下石坎二十二步，依石壁边行五十步，又行大石山边一百六十步，又行河坝中一百步，依岩行，上石坎六十步，右石壁立。人行飞石下，有岩石上端如镰，向左弯曲。土人于左方配以石柱，作一天然关门。又下坎，行石岩边乱石中六十步，岩石尽处，过沙土草地中九十步，抵关。自此以上，难行之路约三十里。

平番营，原名黄沙坝。明万历时，潘人牛脑、羊脑、湾仲、占祠等与中国师喇嘛，锯木刻合聚，诅石歃盟于此。后李都督应祥擒喇嘛湾仲、占祠，营于黄沙坝，改名平番营。其地宽平，可容千骑，为四十八寨番人出入之地。明万历十四年，建城，周一里有奇。清设都司一员，管丢骨寨、呷竹寺、云昌寺等土司千户。

五里镇江关

原名蒲江关，有松潘县征收分局，局中司事二人，局丁二人，设有盘查所。俗传此地为唐之樊江关，樊夫人之坟在对山内。按：此地为热雾沟，各番寨之总口子，有汉军驻此。关内荒颓，令人生悲。无饮食售，水平，可行舟。对岸山头有废垒。出关，行江边沙砾路，尚坦平。上坡行数步，又行乱石堆中，瓦砾亦多。又行沙石平路，向左行，麦田相望。又向右折，行夹道中河子石路。上软坡乱石路二百四十三步，又行河石坝中四十步，又行夹道乱石路一段，过一溪，过独木桥。大木二，筒圆滑，不易行。又行夹道中，乱石窖子难行。右山有碉，山下平畴相连，路中乱石稍少。行田坎上平泥路五百余步，又行乱河石中。右有泥土小径，易行，尚宽平，可免行瓦石中，约泥路四十步。上石坡坎十六步，行岩壁边二百三十六步，石上有“山明水秀”四大字。转一湾，路平软好走，右山对岸皆荆榛。又行河边软沙路，宽而平。黄沙绿草，一望开旷，四百九十四步。行夹道中黄沙平路七十步，又行乱石路二百二十步，江有大沙坝。行平泥路七十步，又滥泥路十步，右山上之小桃花，多开丛莽中。又行泥路坡四十步，下泥坡三十四步，对岸有大草原。又依石崖边行，上泥坡二十四步，又上下泥坡，依山傍水，行一百三十二步。路旁有香柏树，叶生奇香，番家多用以供佛。行平泥路一百二十步，行乱石路中，兼多泥沙，一百五十步，又平沙路四十步，两旁皆麦田，右有大草原。行泥石路平路七十二步，又行乱石小路。行夹道中过一门坎石，行二百九十步，江声如万马奔腾，雷霆怒吼。又行小石沙中一百九十五步，过一溪流，过石板小桥一。左折行，溪内有废垒。行夹道乱石坡五十步，过石门限一，行夹道乱石路二百步。两旁石壁，古时关隘也。有十余步，窄不容轿，且难行。有小坡，行乱河石沙路，又行夹道一百六十四步，对岸荆榛丛生。行沙路中，又沿江岸行二百二十六步，大岩石作片层形，斜插山头，飞临空际，极为美观。又行岩下与两边泥路二百一十八步，转一湾，江有河嘴。岩下有古庙一间，颓垣破壁，观音像已无头。庙外，草土一段。前有雪山。行平沙路中六百二十四步，如江水涨时，则须阻水，不可行。又上软坡，左有麦田约十顷。又泥沙路一段，上下软坡行。有大树，有白杨林，有水磨，有溪流。

以上不出玉麦，若大小麦，则山上两年一季，山外一年一季。小麦头年秋分种，次年八九月收；青稞则清明节种，至一百二十天乃可收。每种一斗可收三四斗。

十三里北定关

四十余户人。民居多盖石片为瓦。兵火后，全关荡然。本年修成之民房只有三四宅。关外人户二十余家，十室十空。左行入关，关内一片空土，瓦砾满地。有店房，无售饮食者。有五显庙，已颓败。出关由右行，左有古木，又有红杏绿杨。行一段乱石路，行沙石路，又行夹道中，又行乱石中二百八十八步。右行过大河石坝中，过一溪水，过数根元筒之木桥一。右行夹道中，江岸有木桥一，横江上。又行二百五十步之乱石路，过石门坎，行小石路。过石岩边，左有平土。又二百十步，行江边河路。对岸之河坝极大，两旁多荆榛。四百八十步，左有沙田。又行三百九十六步上坡，行四十二步。又行沙路二百四十步，上石坡一百步。又下坡一百五十步，右依巉岩行，江边之平畴相望。又行沙地七十步，左行夹道中乱石路，另有一路可从平地行二百步，青草沙地。又行一百六十八步，与夹道乱石路合。从夹道乱石中行一百零九步，又从乱石夹道中行。右有废城颓垣，有平田。右有大石山，凡一千步。又行夹道中，两旁荆棘丛。行乱石中，难行之窄路，凡一千二百八十三步，右则荆榛满山。过废城垣，上乱石坡行，又过乱石窖中，两面丛棘，路中尽大石乱堆。下小坡乱石路，又行小石子路，又行夹道一段宽路。又行乱石路一百九十步，上斜坡乱石路八十六步。又行夹道中乱石路一百零八步，下斜坡行一百五十四步，又行乱石中，两旁均麦田。又行夹道中，左有石垒，尽乱石路。路中有大石盘，有大门坎石，有废城垣，六百三十一步。上乱石坡一百二十步，又行平路，亦乱石路，计三十六步。过溪流转左湾，下斜坡五十步，依滥土墙形之山脚行，均乱石路，道中有大方石阻路。由右湾行，依山行，一带平田。行夹道中小石片路，又沙路四百步，依山边行沙泥平路，过江边，有大木数株。又七百五十步过废关墙，又一百二十步到归化。此十余里夹道多，乱石亦多，可谓蜀道难矣。

十七里归化

城堞多倾圮。城外有人户一排，有瓦盖者，有石盖者，尚觉整齐。团总为程光彩，松潘人。两次番乱，此城未焚，故现在尚有七十余家人。过桥为上街，未过桥为下街。水由番地雪山来，年年大水将桥冲刷。前面知事田子宝培修此桥，至今尚未竣工，因无款也。系木桥，名“定远桥”。有彩色店房，不甚佳。山溪水发且大，城亦多被水冲塌。城内荒凉，出城有圆木桥横江上，江身窄。行江边，过片层形之石岩下，水大时不可过，必俟水消，乃能通过，无别路可绕行也。行山边到大石处，上泥坡九十步，行石岩边，依岩右行，下石陡坡一百零十步，仍依岩行。右岩左江，巨石乱堆，石多如煤。上泥斜坡七十步，下坡一百步，又上坡三十四步，下坡十五步。沿岸行，过滥土墙形之山边，江中有大沙坝一、大尖石。行泥沙路，好走。江中有麦田数十顷，沿江岸，依山脚行。江中沙坝有大树八株，过大石傍又有麦田。又从大石边过，仍从江上山足边行。对岸江洲，有四白杨，有麦田。过大石乱堆中，又行乱石中数步。行河沙石路中，又从夹道中行，两方荆莽，一百八十步。又行大乱石窖，右为巉岩，路中有二大石夹路。行滥土墙形之山下，过大飞岩下，行乱石窖夹道中，又行乱石路。江身陡，白浪翻天，一带丛莽，乱石窖子。过颓垣，又行乱石中，过大石，行乱石路，又行乱石坝，江声惊人。过大石岩大树下，有圆木桥架。行沙路中，远望一丛烟树在河州中。过大石，有大石高坎，上下斜坡，沿山行。又过大飞石边，过一左湾，下坡行，到隆昌堡。有大树三，有小学校一。自城南至叠溪之永镇堡，此为适中之地。

由隆昌至松潘之路程情形

由隆昌堡至松潘城八十里

前四十里路长，过云屯堡之四十里则短，只当三十里行矣。自安顺以上，每五里，古人有一石垒，今多废。

十里隆昌堡

此十里路甚短，土人云可五六里。城内有人户十余家。城于庚申年被大水冲去，有店可宿，十余户地方，房屋尚好。有姓白者，其家可借宿，因房舍洁也。门外有滥照墙，无饭食售。行乱石山边，江干之大杨树多。行大石岩边，江浪兼天涌。上下软坡处，江上有平木桥。行滥土墙形之山边，对岸有大沙地。行大石山边一百步，左有白杨，右有修路碑，碑上文字汉夷并列。过一大山湾，湾下有麦田，有草地，江水平。依乱石土山行，过大石旁，上斜坡石泥路一百二十四步，下软坡数步，依山边行，一带石沙平路，路左有麦田。又下坡，过大石七十四步，行山边，过一小山湾，上坡行六十六步，依滥土山行。对山脚有草原一段，山山皆白云，山山皆白头，因有雪也。右山皆荆莽，左岸亦荆棘丛。又上斜坡六十二步，下坡行一百五十二步，过一小山湾，仍行荆榛山路。又下斜坡行七十五步，江岸有柳十余株。又行河坝路，过颓硐。水大时，须阻水。对山沙坝皆丛荆。过门坎石路，有大石乱卧，两旁荆榛。又行河岸，均平路。左有麦田，山鸟多。又行山边瓦砾路，过大石盘上，小石坡六十二步，又五十步，行山边，又下斜坡行乱石路，左右江岸均有土田。转一左湾，下斜坡一百三十步，左湾，行江岸路，右系大石岩。依石岩及江岸行一百步，又依滥土山及江岸行八十四步，上斜坡行，右则滥土墙形之山，左则澎湃水声之江，江面宽。又行大石岩边，下陡坡三十六步，行平路，右过片层形之石崖，左过水磨。江树扶疏，对岸土田及灌莽甚多。又行滥土墙形之山边，下坡行八步，依滥山行，过一山湾。左山杉木多，有废水磨二。上斜坡三十步，又下土坡一百三十四步，过大石岩边，对岸有溪流入江。又行江岸，及石岩中乱石路大树边，江上有平木桥，对岸人户多，有庙宇。行石山边，过一山湾，江中有洲。两岸均有白杨排列，均有沙地及麦土。到新塘关。

十里新塘关（古名新镇关）

行石墙边三四百步，有柏二株。人户约二十余家，有关帝庙，城内有茶水、糕饼、饽饽、牛烛售，店房五家。城楼之柱料极大，城楼之瓦壁已无，只存一空木架矣。右山之杉木甚多。行石子路，右有烟堆，左有平田，江流无声。对岸山脚有一土穴，一带麦田。路左及江干有平地数十顷。行夹道中滥石路，右有片层形之大岩。又行夹道乱石中，又上石坎，过大石岩边，江岸多丛莽。行泥沙平路，又行大石岩边及江边右湾，行石岩边，过一山湾，对岸有高下麦田，右山丛棘满坡。又行江岸山边，过废垒，右山多树木。行乱石路，又行滥沙石路，行江岸之第二层。又行夹道中，左有废垣，右边滥土墙形之山，荆莽丛多。过滥泥路，又行江岸之第四层，上小坡四十七步，下小坡三十步，东风小桃，粉红满山。向右折行，过一山湾，有小溪流。左折锐角行，下软坡，过一大土穴，均泥沙路，三百二十步。过一木架小桥，下陡坎四步，行山边，又下泥沙坡，行夹道中，两旁有麦田。过废垒，路如遇雨，滥不易行。且路皆乱石，两岸之山荆莽荒蔓。又行夹道中乱石路，向左行平草地中，好走，约三四百步。右多草莽，由墙缺处出合路，对岸有大麦田。行荆莽中，过大石岩边一山湾，水声极大，可行丛莽中。依石山乱石路，又左湾，行湾下，有麦田。又行巉崖边，江浪高翻，声彻岩谷。又左过一湾，过石岩之大石边，左岸莽丛。过滥土墙形之山边，对山有杉木林。右折上坡，行七十八步，过一溪流、一木桥。向左山湾行，路右有大方石，屹然如碑立。行滥石泥山边，依右石垣行，对山多麦田。行乱石路，又行荆榛路，中一段约沙路，好走。过一废碉，对岸有麦田，有岩穴四，两岸大白杨树数十株，江上有木平桥。依山边行，左有大草地，对山又有杉林，右山有石碉。乱石路，雨后路滥。

十三里德顺堡

城外数户，城内十余户，有店房。上软坡行，多废宅。行夹道中二百五十六步坡路，又一百步上石坎，入关门。徒存其名，并无门。有观音庙。关内污秽不堪，无下足处。有街铺一排，尚觉整齐。除有茶水可买外，食物无售者。出关，下坡行，粪草充塞。下滥泥坡路，两岸平田。依滥土墙形之山行，江岸有木平桥。右溪口对山有石碉，对岸有山溪，溪左有人户，颓垣多。沿江行，有水磨。两岸有大树，土田亦多。江岸如壁立，路左有平田。行夹道乱石路，对山多土穴。沿江岸行，江左平土开朗。过一山湾，有大树四株。依山边行，上下小坡，经夹道中，路平，系碎尖石路。又下软坡行，又行乱石路，雨后更难行。又行泥小石路，左有废碉。行丛莽中，右折行，沿江岸山坡行。过一山湾，行石岩边。过一山溪，水流入江。过一溪桥，岩石下有小庙。行巉岩下，又行夹道中，系土路。

七里安顺关

有初等小学校一，有汉军一哨，人户六七十家。牛马粪堆积街衢。江上有平木桥，桥有木瓦。江左有一大溪流入江，溪口有水磨。依江边、山边行，又行小石子路一节，尚平坦易行，右山有废碉。行夹道中乱石瓦砾路，两旁皆荆棘。仍行夹道中乱石路，过一废垒，行荆榛路中，过一溪流，过一山湾，由沟内进，即番寨。过一界碑石垒，在路左，名“五里牌”。自此以上，凡路五里，即有一石垒为界牌。仍行夹道中乱石路，过一滥土墙形之山边，有夹道乱石路，小桃夹岸盛开。行山岸边，山多丛莽，对山有大岩穴。上下斜土坡，行荆莽间，又行乱石窖入夹道，行乱石路，又上土小坡，行荆莽间。又下土坡行，又行夹道中，多荆莽乱石路。对岸江岸如墙立，有水磨，有沙坝，坝上有白杨林。过一山湾，对岸多麦土。上坡五十步，过一山溪流、一小平桥、一山湾，左方麦田高。下入夹道中乱石路，过石坎石二。对面山名“九龙山”，上有庙。又二百五十步夹道中行乱石路，上斜坡四百数十步，到云屯堡。

十里云屯堡

自此到松潘城只四十里，路短且平，不过三十里耳。沿途山花及小桃极多，天晴时不过四十三四度。堡中只人户二十家，有小店房七八家，马牛粪甚多，无售饮食者。有骡脚店。城已坍。有新瓦房一间，其余民居多石片木片盖者。出堡，下小坡行，过溪流一木平桥，过山湾一，溪内有白杨林。左行废垒边上，下乱石山坡，左山右田，满山小桃开遍荆棘间。左岸下有水磨二，系用石片盖者。行夹道中，大石当道，下乱石坡，仍行夹道中。左右多平土，对岸有人户，一带麦田数顷。行乱石路，雨后更难行。又夹道中，又依山边行，上长软坡瓦石路一百七十步，又行乱石窖，过山溪、一小石桥。行乱石窖，前面雪山光射数十里。又行夹道中大乱石窖，如遇雨雪，极难行。过门限石，两旁皆丛莽，右山之小桃开遍山谷间，又行夹道中滥泥路，左边多麦田，依山脚行，路稍平坦。桃花多处，如入桃源。右山有新崩之土石当路，又过一大石，过五里桥，过一溪流，过一山湾，入夹道中，行大乱石窖，石碛多。又行江岸边，两旁皆有麦田，山山皆丛棘。行乱石窖子，行夹道中，有大树数株。过小溪，行乱石中，右有新修之民楼。江岸有木桥，桥上有木阑，桥头有小庙。又有一小平桥在桥头，桥名“古兴桥”。上偏坡，行滥土墙形之山边，左俯江，过飞石下。下土坡行，又过滥土墙形之山边，抵西林关①。

十里西宁关

三十余户。有水磨，关外有民房，关内牛马粪充斥。出关，外洞垣坍圮。无饭食售，只有油炸之青稞麻花及青稞饼。出关，上偏坡，行滥土墙形之山边，有大柳树四

① 西林关：当为“西宁关”。

株。上下泥坡一百四十步，沿江行乱石路，有大石当道。上石坎九步，下泥石坡行，左右均麦土，对坡上有番房。上土坡，过小溪流，下坡一百步，行夹道中乱石路。左有麦田，右有一段崩壁，已将路造成乱石窖矣。沿江岸山边行，江边有水磨，有白杨林，磨房以石片为瓦。右折行，有茶号改修之宅在路左，岸有白杨林，对岸如墙壁。行滥土墙形之山边乱石路，有人户数家。过一溪，即鸳鸯桥。

二里鸳鸯桥

一双石板之小平桥也。在溪口，有水磨，有白杨林，对山上有番房。过桥，行炭灰石之山边，江声甚喧。又行滥岩边，岩石形如未足火之方砖层。又行滥土墙形之山边，对山高下，麦土甚多。上坡八十步，下坡六十四步，行江边之沙路，好走。过滥土墙形之山边，江面尚宽，江中有平沙甚多，又江边有沙土数十顷。行沙路二百七十四步，行乱石中，左有水草。行夹道中乱石路，上坡。行夹道中，崩墙太多，故路极滥。二百二十六步过五里牌，石堆在左。仍上坡二十步，下坡八十四步右折。行乱石路，过一溪流，沿山边平路行，好走。左有大沙原，草地约数百顷。过滥土墙形之山边，路平好行。向左转，行山边，对河岸上有番寨。路由雄溪屯之背面经过，屯内汉人数十家，瓦房多，古名熊桢屯。过一小溪，一小石桥。依山边行，路平，到石河桥，松城全在目中。原有上鸳鸯桥，系嘉庆十六年同知徐念高因遗址修建，又有下鸳鸯桥。

八里石河桥

要隘也。无城，有征收局之分卡。三十余户人。无饮食售。一大溪流，有石拱桥一，即石河桥也。关卡有司事二人，书记一人，巡丁二人。有水磨。行夹道中，又行山边，上滥土墙形之山坡行，有土腔一七十步，平路。行山半，有造砖窑一。每年须五月乃能开工，因冬冷，水土不能融也，故砖瓦贵且少。江面宽约数十丈，江中沙坝多。下土坡行，依江边行。又过土穴，依滥土墙形之山边行，过一山湾，有杉木支路，又一木桥平路。河内之中，坝极大。仍行一段平沙路，平畴相接，天地开朗，两岸山上土田均多，路亦宽大，与成都之东大路相似。江岸如土垣，均沃土。过一小溪流，行平岸。又过一用木支撑之小桥，两岸山上麦地相连，层层叠接，对山有夷寨。再十里，到红花屯。其实路短，只可八里。

十里红花屯

南路关堡之首也。二十家人，不成街市，无饮食售。行黄土山边，江面宽平，沙坝多。四面各山，皆系麦田，有百余顷。上土坡，行滥墙形之山边七十四步。下坡行，依山边。江岸行平路，又上坡行五十七步，又行山边八十步，下坡三十四步，平路一带，则到松潘矣。红花屯为隋之交川县治，开皇初，置有关官。《元和志》云：周天和中置，属龙涸郡。《太平寰宇记》以其地通胡越，道路东西相交，故名交川。

松潘县之现状情形

十里松潘县城（入南门）

有外城内城，江水由城内穿过。城内有木桥一，原名古松桥。有木栏，有飞阁。两岸用木支撑，乱时毁于火。去年重建，现尚未竣工。桥上多售物者。

松城两遭番乱，全城灰烬。城中之土，亦被人犁翻。凡有窖藏，尽已空如。城内瓦砾遍地，城洞中乱石盈塞，几无下足地。入城四望，一片榛芜，满目荒凉，令人悲感。经知事田子宝、何作宾二公先后治理两年余，尚如此之现象，可见破坏易，而建设难也。城中铺户不过数十家，瓦房不过数十椽。支木架盖松板，以庇风雨者，比比皆是。城中骡马粪、牛粪、人粪随处皆积有，秽气熏人，实有碍卫生。各茶商、水客、药帮，皆田知事招徕者。

现在只有正街一条，然街铺均未修全，不相联属者甚多。夜间全城黑暗，街民皆闭户无灯。城内原有街三条。

街铺售物者多不陈列，且有闭门售货者，因风尘极大也。故松城之街市，实不成为街市。

当兵火时，城中民宅、商店、庙宇付之一炬。惟城隍庙巍然尚在，如硕果之仅存。城隍庙在城内之崇山腰，有古木数株。县民言：上年番人入城，有一番民入庙脱神袍，神臂忽动，该番被击；又一番人砍庙树，树伤出血汁，番人立毙树侧。众番以神甚灵，遂令勿焚城隍庙；故此庙得以保全。庙中供有姚将军像，庙系明朝古庙，现住汉军一哨，李哨官逢春住庙内，庙之楹窗多朽。每年三月二十一日为神会，在未遭变乱时极为闹热，有大戏班演剧。本年会期，只有傀儡班而已。椝到任十余日，即神会期。首人帖请降香，并请有汉军统带张君石钧，暨汉军营长田君文明、何君宝珊，暨各机关员绅。见各寨番民男女杂沓，形形色色，奇奇怪怪，令人目不暇给。汉番人等有不远千里来者，焚香礼神，亦奇观也。庙中有一匾，上书“有三不朽”四大字，系现在巴县知事周君宜甫之尊人，任厅同知时所书。

番家妇女头上多以珊瑚珠及黄蜡色之大圆石为饰，多袒臂垂袖，着蛮靴。富者衣锦，缘以豹皮。

每年正月春节，龙灯甚为热闹。花炮极多，各商店燃放花炮以数千钏计。花炮均从灌县运来，因本处无售硝磺者。

城内崇山上，野鸡、野鹄甚多。

又有花脸牛、无角牛、犏牛、牦牛、四角羊、梅花鹿。兵火后，城垣之坍塌者甚多。城堞缺处，且有作大路通行者。江水入城处，既无墙壁，又无水洞闸门，不固不险。城系砖石砌成，城洞外嵌有纹极古致之石条额，惟洞内者皆碎尖乱石窖。

西门在崇山顶，名西岷顶，险要地也。为用兵所必争之地。上有炮台，毁于兵燹。原有西岷汛，今已无。有关庙一，亦毁于兵火，惟砖墙尚立而已。每年四月一日，团防首人帖请知事及统领，上该处行香，放大炮三响，实以石。谓：数十里有海子，常出黑云，由西山来，云起则冰雹立至，必伤麦实。如见黑云西来，放炮轰云，即能免雹灾，屡试不爽。且倩喇嘛作咒念经，谓甚灵验。喇嘛咒语可止冰雹，或令移降别寨。地方百姓对于长官，尚有前清信仰派。

素不产米，米自东路来。每斗现价四千六百文，亦有以斤论者。售米者多参以谷，故米不良。

肉食不佳，猪肉不好。猪食粪，少喂粮食。至大者不过五六十斤，少且贵。牛肉亦不肥嫩，多羶气，售者多死牛。正、二、三、四月，羊肉亦无售者。鸡小不肥，鸭难觅，鱼小而鳞细白。

江水多系雪水，煮米时间须久，否则夹生不可口。茶水亦须久煮，否则生病。

水客有谦裕恒、德生裕、泽丰号、春生、永元记。

茶号十家，本立生、义合全、裕国祥、丰盛合、恒昇永、聚盛源、天一永、鑫盛乾、普益通、天祜昌，茶行草地。

各样物品多自外县运来，故价昂。

生活程度甚高，比成都尤倍之。

油、盐、柴、米、酱、醋、茶，无一件不自数百里运来。

多绵竹大曲酒，醪糟味，淡如水。无渝酒。

松潘地势绝高，英人白斯氏之《图说》谓出海面三万四千七百二十七英尺。

自灌县过索桥直至松潘，均从沟内沿江行。江水至漳腊以上，则小源多矣。

松潘地高土燥，空气太薄，人多喘气抽气。如人病，多买老茶熬饮，可以转危为安。

天气寒冷，四月桃杏方华，二三月末，山雪化后，豆麦方下种。一年只种一季。青稞下种，遍洒田中，种后雨水要多，至六月太阳要大，愈晒愈好，乃得丰收。每年三月末，南仓存有青稞籽种，乡民觅保，具结于官，由官批借，秋收加还。不产玉麦。

花红果子甚美，且硕大，知事署有数十株。南坪之苹果，大且甜，佳果也。

天气冷暖不常，往往五六月亦冷如冬，正二月亦暖不可裘。且一日之中，阴晴雨雪，时时数变，且风雹甚大。大风多在午后，每风则灰尘天，雪雹立至。

三月天寒，四十四度至四十九度。四月，自四十八九度至五十一度。天气燥时，或至六十一二度，五六月不过七十度至八十度而已。如冬令寒时，降至三十六七度。

城乡居民，因天气寒冻，四时皆烧火盆。用杉木、松木烧成之泡炭，每个系一件，约三四十斤，需钱三百余文。大者多未烧过，性多烟焰。火盆上各置有厚重之铜茶壶一，有水蒸气以收吸炭气，于卫生甚合。

有邮政局，阳历日期双日午后收信，双日午前发信。信自成都到者七日。

无工厂，无舟楫。运物多背，负用马牛。人民不喜工作，多劳动家，每人每日可得力钱自五六百文至千余文不等，故乐为苦力。

麦面昂贵，而不现恐慌象。

木工多安岳县人，凡数百名，每日工食钱二百八十文。泥工亦二百八十文一工泥。木工均笨拙，所造之物件亦粗笨，无刻工、无雕工、无画工。缝工有二三十人。铁工亦只有二人，笨不能造物。铁器均自外县来。客店有十五家。

小菜甚多。五六七八等月方好买菜。三四月间有菠菜、豆芽、红萝布、豆腐、葱、蒜台[①]、韭菜、莴笋，且蒜台、莴笋、葱均自外县来。有干红萝布丝售，甚好。白萝布丝亦甚好。豆油、酱、醋均不甚佳。

点心有麻饼，价三十文一枚，亦有十二文一枚者，均可口。又有茶酥、月饼，亦可口。鸡蛋糕粗硬，芝麻锅巴糖尚薄脆，余均不佳。食物则有大小锅魁、面包、油漩饼子、麻花、粽子、凉粉、切面包子。

干牛肉甚多，恐误买死骡马肉，须注意。卤牛肉名牛膘，卤猪肉名猪膘，多自茂州、石泉、平武、绵州来。又有猪油，亦自外来。肉多盐颗，售者欺人作伪也。

凡百庙宇，均毁于火。如春秋祀典，现均临时搭棚致祭。

未乱时原有火神庙、万寿宫、武庙、林波寺、武侯寺、观音寺、大成庙、清真寺、龙王庙、文庙、马王庙、玉真观、东岳庙、五显庙、张公祠、药王庙、玉皇庙、萧曹庙，今成灰烬。

知事公署，亦毁于兵火。现在建筑，因陋就简，尚未完工。大堂尚未修好。田知事受任于乱难之后，在城上接印，有房一间，办公均搭帐棚。

逆番入城，大肆焚掠。经司令龚伯凯克复，松人感之，闻本年将为龚君立祠。

三舍有炭厂，平地采取，系煤炭。本年已有烧者，每斤八文，惟运到松城必须牛马，是以贵耳。因限于资本，故未发运。该厂距城一日遥。

番人种烟，多在深山穷谷之森林内。又有自甘肃陕西潜来者，闻每两生坭值钱十余千文，然未有犯者。

铺床喂马，无谷草，用麦草甚贵。

无瓦器售。瓦缸钵盆无售者，用木为之。有砖瓦窑三四处，砖瓦亦贵。年中只工作六个月，非五六月不开窑。因过时则水土不融，不能烧也。

无监狱，只有看守所一院。因无款，尚未修建。即管狱员亦无署，下榻看守所内。

奇特之产有佛掌参、雪莲花、白口芼、仁寿果，又有飞兽似鼠名催生者，于产妇有奇效。

漳腊距城四十里，至漳腊则山小且平，皆下坡送足路矣。有玻璃泉，一百零八孔。水自平地孔中涌出。有金硐。

大宗出产有大黄、甘松、贝母、羌活、甘草、棉芪、秦艽、虫草。大黄百斤银六七两，甘松百斤三两零，贝母百斤一百三四十两，秦艽、羌活百斤各四两，甘草、绵芪百斤价八两。出产以甘松为大宗，年出十余万斤。又出羔皮，每张银四五钱，獭皮一两八

① 台：当为“苔”。

九钱，猞猁皮七八两，狐皮二两零。金线猴皮，公者难购，母者数两。骡、马、牛、驴皮三两上下。麝香八九换鹿茸，每对上等八九十两，中等五六十两，下等二三十两。

出关之货以茶叶为大宗，入关之货以羊毛、羔皮为大宗，麝茸次之。

行销之物品茶叶、土布、斜纹布、毛绸、二九布、花线、毛头巾、匹头、麻绳、竹篾、黄白纸、红纸、哈达、红绫、铁货、帽纬、糖食、海味、土药、羊皮、豹皮、麝香、鹿茸、猞猁皮、羊只、毛牛、羊毛毪子、毡子、牛马骡驴皮、笔、墨、柴炭、猪油、猪膘、牛膘、颜色漆油、银牌、鼻烟、叶烟、水烟、洋油、草纸、铜锅、铜瓢、铜罐、火炮、洋布、麻、棕丝线、五色棉线、白泥、棉花、丸药、洋油、牛烛、火药。

据宣统三年之调查，每年茶约销六七千票，又云销三万数千包。布可销三万数千件，毛绸五千余件，匹头千余件，麻绳十余万斤，滔羊二万余只，毛牛千余头，羔皮二三十万张，羊毛一百数十万担，麝香千余个，鹿茸万数千金。

每年五六七八九等月，为毛庄月。因羊毛庄客运货入关，城中人多生意热闹，过此则冷淡异常。故平时街市之行人寥寥无几也。

羊毛在草地及各番寨买，每百斤值十七八两，运至松城可至二十五六两。近来羊毛价涨，故屠羊者少，因留以剪毛售也。

本地亦有酸醋，以碗计，六十文、八十文一碗不等。

鲜牛乳亦以碗计，每碗十四五文，亦有和水作伪者。

奶渣，色白，制酥油之渣滓也，形如粗石砂，有颗粒。

酥油，有黄白二种，每斤三四百文。

地不产大竹，只有小竹。长不过四尺，细如烟竿，泥壁多用之。每百枝六七十文。本城无裱工，亦无纸壳售。

番乱平后，现驻有汉军统部，即松潘镇之旧署，系新建者。统带为灌县张君石钧。

人户筵晏[①]，宾客多挂红绫或挂五色绫，多挂于室内之楼坎上。

席馆有大教小教之分，平时无肉售。如包定酒席，须前数日招呼，或专人赴各寨买。

鸡羊或与屠户预约，乃能临时不误。

参翅可买。

在松城雇轿赴省，每名需价七千数百文。

街巷，则北街、中街、南街、真武街、真武下街、林波寺街、仓街、张公祠街、五显庙街、下水关、小巷子、小桥、古松桥、西街、东街、小桥街、将军、河坝、东门二巷子、东门一巷子、观音堂巷、马黄桥。

城门则西门、北门、东门、南门四门，外尚有小西门、外南门、临江门。城门雄壮，惟阴气逼人，因出入人稀也。

现在之物价：鸡每只三四百文；蛋每枚二十文；火腿每斤五六百文；桃米每两十文；蕨粉片每斤一百六十文；豆豉每斤二百文，每两十二文；胡豆瓣每两十二文；芝麻酱每两四十八文；鱼每斤二百文；挂面每把一百六十文；灰面每斤一百文；包谷面每斤

① 晏：当为“宴”。

七十文；玉麦每斗三千文；湾[1]豆粉每斤二百一十文；柿饼由南坪来，每斤六百余文；黄豆每斗三千四百文；芝麻甚少，每升六百文；牛肉每斤八十文；羊肉每斤一百文；猪小不肥，偶有屠者，肉每斤二百文；羊毛毡，本地能赶制，大毡每床二千数百至三千数百文；棹毡一千二百文；花椒每斤二百五十文；胡椒每斤三百文；海椒每斤二百二十文；柴每驼一百六七十文；河水每挑三十文；茶水每碗十文；牛油烛每斤三百二十文；雪盐每斤一百文；小花生每斤一百七八十文；棉线每两八十文；大针每根二文，小者一文半；斜纹布每尺一百六十文；棉花每斤六百文；白土布每尺六十五文；青布每尺八十文；蓝布每尺六十四文；火盆用之铁三足每个三百文；铁火盆每个一千二三百文；火钳每把二百四十文；扫帚每把八十文；锅每口一千一二百文；老茶每斤一百八十文；春茶每元八九百文；红纸名片每百张一二百文；红纸每张三十文；洋纸小白名片每匣二百余文；水烟每斤一百五六十文；叶烟每斤二百文；绿茶每斤四百余文；豆粉每斤一百文；条粉每斤一百六七十文。米每斗五十斤，四千八百文；酒米四千五百文；青稞每斗二十五斤，每斗一千二百文；麦子每斗二十五斤，一千四百文；胡豆、豌豆每斗二十五斤，一千三百文；烧酒每斤三百八十文或三百二十文；猪膘、猪油每斤三百二十文；菜油每斤二百二十文；青盐每斤一百六十文；冰糖每斤四百数十文；白糖每斤三百文；黄糖每斤一百五十文；麻油每斤二百五十文；桐油每斤二百四十文；干笋子每斤四百文，泡者每子三十文；本地所制之皮靴，每双价银一两七八钱。

青盐来自青海，又有石盐一种，产于南坪各番地中，与雅州之岩盐相似。闻南坪所产之石盐，番人食后，喉多涨大包。

小菜甚少。正二月，只有菠菜，每斤十余文；白菜台及蒜台由东路来。三月，有韭菜、葱子、菠菜。四月有白菜、菠菜，又有食野菜者，地丁、苦菜二种。五六月，有红白萝布、芹菜、芫荽、姜豆[2]、青菜、洋萝布，且兰冬、苋菜同蒿菜。六七月，有南瓜、四季豆、菌子，如黄瓜、茄子、青海椒，均自龙安贩来。八九月有莲花白、大蒜、葱子、芹菜、韭菜、白菜、大莴笋大如茶碗、蒜亦大如碗、青菜、菜豌豆米、胡豆米。十、冬、腊三月天冷，菜均藏入土窖内。豆芽、豆腐，四季均有。豆芽每斤三十六文，豆腐每个十五文。

仁寿果一种，一名棋子，番名足骂。新鲜者，每碗二十四文，干者四五十文。煮粥食，甜且佳。

本地有毛菇一种，味佳，每斤三钱五分至四分。

又有松耳一种，出产甚少，肉比中坝所出之木耳较坚厚。

又出小米。

果品八月始出，只有花红、杏子两种。如梨子、李子、毛桃，自东路木瓜墩来。如白瓜子，则自猼猡子来。

县之南坪地方出大苹果、红枣、花红。

① 湾：当为“豌”。

② 姜豆：当为“豇豆”。

花则南坪有牡丹、芍药，松城则八月始开。三月有小桃红、野玫魁[①]，四月则花红花、杏花、有鱼儿、牡丹，七八月有荷包花、扁竹花、灯盏花、菊花、石竹花、芍药花、大小棋盘花、蝴蝶花，八月有桂花，冬月则无花，正月草木均不生矣。

草地内出大鱼，松城有干者，均从草地来。

草地面积凡数十万方里，出毛牛、犏牛、崖羊、青羊、大鹿、骆驼、野马、野牛、沙孤[②]、兔儿牲。

松地出黄牛、山羊、马、骡、绵羊、獐、兔、鹿子、狐、狗熊、马熊、狼、豹、野狗。

鹿筋每付四枝，搭鹿葱、鹿舌、鹿尾，价银三两余。熊掌每付价银三四千文。鹿胎每个数百文。鹿皮每张数百文。土狗皮、土狗油，即野狗也，每皮二三百文。鹿肉干者每斤三钱。

羊筋干者每斤银三钱，炖出味美，与鹿筋无异。

番人见官，呼为命主子，汉民见官呼大人，缘前清之旧习惯也。

江左山顶原有一风水塔，上年番乱被番人拆毁，谓“此塔一去，风必大。汉人自去，必离松城”。现尚未修。

此地寒不宜桑。去年试验场内所种者，均已枯。

公扛岭[③]、镇江关、白草等处均出桦皮，惜无人开采。

明代，松潘人冯国公驻京，有万恶者在京谒冯，遭白眼，遂恨冯。万恶矢志学习堪舆，以松潘地形甚好，山川钟毓，故出有国公二人，出有将军一人。冯[④]多方运动，乃出守松潘。到任后，一意破辟地形：

一、打象腿。象腿山在马鞍凹，万恶将山脉挖断。

一、修外城作裤裆形。以压风脉，并压冯国公之祖坟脉。冯族修函到京，国公乃力争，奏请下旨禁止。万恶乃将外城倒修一拐，故今明朝争角[⑤]。

一、挖断金线塘。在弓杠岭，地名金线塘，系一条深沟。沟外地形如胡芦，故名金线吊胡芦。万恶亦挖断之。

一、修蜈蚣桥。西岷顶山势蜿蜒如龙，万恶修蜈蚣桥。名蜈蚣钻龙鼻，以致龙死。

一、改江流穿城过，以破地脉。

松城人民以万恶为害地方，于五月五日在街将万恶杀毙，脔割食之。故至今端午日，家家人民于饭熟后，无论如何，必割肉下锅和饭炒食，名食万恶肉。

松潘城东有雪山，名雪宝顶。年中雪不消融，与日本之富士山同。记得李商隐诗云：雪岭未归天外使，松州犹驻殿前军。杜工部诗云：雪岭界天白。又云：松州雪岭东。又咏《严武镇蜀诗》云：公来雪山重，公去雪山轻。

松城，系明朝平羌将军丁玉所筑，系砖城。都御史寇深以城在崇山下，番蛮常于山

---

① 魁：当为“瑰”。

② 孤：当为“狐”。

③ 公扛岭：当为“弓杠岭”。

④ 冯：据上下文意，疑当为“万”。

⑤ 此句不可解，疑有脱讹。

顶矢石交下，乃拓城环崇山顶，周九里七分，一千七百四十六丈，高三丈五尺，隍深一丈九尺。原于江水通周处有水闸门三，今已无矣。

黄龙寺为天下胜景，今略记于此，以告游历家。寺在城东七十里，一日可到雪宝顶。前山之阳，四面皆高山峻岭，中心忽然开朗。十余里宽之平原，沿山上下皆龙爪柏，叶如龙爪，翠遍山谷。坡后即黄龙寺，本明代兵使马朝觐见[①]，原名雷山寺，又名黄鹿寺，系黄鹿真人得道之所。寺前有洞，洞中有黄龙，故山有[②]黄龙洞名洞。向西进，有石佛三。中一佛系肉身，左右二佛系岩泉石乳滴沥积成。再入数百步，洞窟中有大水流声，澎湃骇人，深不可测。内多龙虱，即催生子也。两旁之石作龙鳞纹，且蟠蜒如龙形。下有石面可食，即观音粉也。山涌清泉，从寺后石壁流下，绕洞右侧而过，泉所渟处，随处成五色池，大小以数百计。有红者，有紫者，有白者，有黑者，有黛绿者，有翠色者，有绯色者，有黄、有淡黄者，有蓝者，出自天成。远山如屏拱立，数十里天然如画。寺中有老女居士一。相传每当日暮，百兽来朝；每当天晓，百鸟亦来朝。兽则虎、豹、熊、猴、猿、狐，兼有蛇、蟒。寺后大森林中奇鸟极多。上年，德国人在寺游历，所得之奇鸟不下数百种。有一怪兽，不知何名，以枪击之，该兽怒目不动，与猎者相持。人卒不敢放枪，兽亦从容退去。每年六月十五日为朝山期，汉番到寺朝拜者不可胜计。番人有数千里来者，有自青海、西藏、蒙古来者，各番男女杂沓，形形色色皆着新服、饰宝器，故又名为番人赛会之期。所有各种装服，多外间所未曾见过者，番中男女多携花巾，或大伞，或跳舞，或唱歌，或跳锅庄，或聚饮，亦多作桑中之约者。会期只一日，第二日则群番男女各背包负伞，纷纷散矣。洵奇观也。椝他日游寺，当另有详记。

林波寺距松城四十里，距漳腊十里。每年四月十五，番僧作会，番人演各种状态跳跃。汉夷往观，名曰“跳锅庄”。跳毕，番人男妇嬉戏，即以会期勾许婚嫁。

松城于前清咸丰庚申年，因番人请免番粮斗捐。番人叛乱，全城焚毁。光绪二十七年，城内又被大火，居民房宅凡毁一千三百余家。宣统三年辛亥十月，因汉番请免肉厘警察，乘防军出发，城内空虚，番民乘危叛乱，同知蹇仲裳君几遭不测。番兵入城，大肆焚掠。犁土掘窖，甚至发汉人庐墓。古碑、古迹、古物，荡然无存。全城人户焚毁一空，一片赤土。至中华民国元年六月，龚伯凯将军带兵克复，田知事开辟草莱，招商招民，始有今日。

生银每两一千九百八九十文，银元每元一千四百文，军票每元六百数十文。军票兑换艰难，不易售出。铜元甚多。沙金三十五换硐金三十二换[③]。

番人交易用生银不用银元，草地交易多以茶布掉换。

松潘亦有猪种，小而瘦，肉极秽腥。因无菜米饲，猪食粪草，故瘦秽也。椝在任已一月，尚未见有屠猪者。

南坪距城三百余里，有分知事一员。南坪地气天时均与松城不同，本邑粮税全特[④]

---

① 见：当为“建”。

② 有：疑当为“以”。

③ 换：疑为衍文。

④ 特：或当为“恃”。

南坪一方，肉税亦以南坪为多，且出米出菜。南坪有城，与甘肃之文县、四川之平武交界，人户亦多。

松潘民风甚好，无娼优，无乞丐。贫民子弟数岁亦有执[①]业，或牧羊、放牛、赶骡马。壮者为苦力，或负或挑。

① 执：当为“职”。

附　记

松潘所属之番人，分生番、熟番二种。拈佑阿革寨土百户、热雾寨土百户、峨眉喜土千户、麦扎蛇湾土千户、包子寺土千户、阿思峒土千户、下泥[①]巴土百户、羊峒寨土百户、寒扮[②]土千户、衣巴塞[③]土千户、祈命寨土千户、踏藏土目、阿按土目、挖药土目、押顿土目、中岔土目、郎寨土目、竹自寨土目、藏咱土目、东拜王亚寨土目、香咱寨土目、咨马寨土目、八顿寨土目、云昌寺寨土目、中羊峒隆康寨、下羊峒黑角郎寨，皆熟番也。若呷竹寺土千户、安大土司，自言系汉种，现在之土官为安裕祯人，甚开通，中央赏有嘉禾章。

生番则小阿树寨土百户、下阿树郎达寨土百户、中阿树中个寨土千户、上阿树银达寨土百户、下国[④]六克纳卡寨土百户、中郭六吏插落寨土千户、上国六克车木塘土百户、下阿坝强寨土千户、中阿坝黑仓寨土千户、上阿坝甲多寨土千户、郎惰寨土百户、雀固寨土百户、阿革寨土百户、甲凹寨土百户、木下寨土百户、热当寨土百户、勿章寨土百户、下作革寨土百户、下曼寨土百户、合八夺扎寨土百户、上作耳革寨土百户、阿细柘弄寨土百户、巴夕蛇住坝寨土百户、班佑寨土千户、下勒凹卜顿寨土百户、上勒凹公按寨土百户、作路生纳寨土百户、崇路谷木寨土百户、下沙路作弄寨土百户、中沙路杀按公寨土百户、上沙路木路恶寨土百户、双则红凹寨土千户、谷二坝寨土千户、川柘岩土千户、下包坐竹当寨土千户、上包坐蛇万寨土千户、达弄恶巴寨土目、毛而革阿按寨土千户、七布寨土千户。此外，大小寺院喇嘛甚多，尚待详查。

---

① 泥：在松潘旧志中，亦写作“尼”或“坭”。

② 扮：亦写作“盼”。

③ 塞：当为“寨”。

④ 国：在松潘旧志中，一般写作“郭”。

松潘县志

（民国）张典 徐湘 等 纂修

民国甲子刻本

提　要

（民国）《松潘县志》，张典等纂，徐湘等修。张典，四川富顺人，民国五年（1916）任松潘知县，九年离任；徐湘，四川温江人，举人。

自清中叶始，多位松潘执事者有修志之举，惜松志命运多舛，或始修而未成，或稿成而遭遇兵燹。本志民国六年四月始修，九月初稿告成。之后，屡次修订，五历寒暑，于民国十二年终成定稿，十三年刊印。

是志卷首含八序、“修纂姓氏”“凡例”“松潘县修志引用书目及钞记”“县图说”“城垣街道图说”“沿革表”，正文七卷四十余门附三门。

该志记载详尽，体例完善，修订历时长而精细完备，是四川民族地区纂修质量较高的旧县志之一，是松潘现存唯一一部旧县志，也是阿坝州现存篇幅最大的旧志。

目 录

首　卷

志　序

张　序[①]

龙涸岩疆，蚕丛旧属；二岷毓秀，长江浚源。扶舆介乎坤申，列宿躔以参井。羌氐环卫，早成用武之乡；豪杰诞生，近逮右文之代。惟惜天临寒度，地属不毛；维荒且瘠，多缺陷焉。顾势控川甘，界分夷汉；雪山高矗，北道钟灵；江水顺流，西岷凿险。七百四十寨互接硐墙，六万五千人环居廛市。版图具载，历史堪稽。在昔虞夏荒服，商周僭王；强于苻秦，窜以乞伏。唐宋羁縻不足，明清征服有余。宣威境上，姜伯约城堞依然；集议楼中，李文饶画图宛在。制御有方，无劳将帅；操切从事，忽变仇雠。斯又千年之积习，而非一日之造因也。乃者民国建邦，轩孙共族；凡在东亚，不啻同胞。班定远无籍绥来，苏子卿不虞屈辱。彼疆此界，早除畛域于胸中；尔诈我虞，各置猜嫌于度外。如兴实业，皮毛亦可文章；若事诗书，学校皆成后秀；将令边关，万里胡越一家。治斯土者，果能相见以诚；专其类者，必易咸就乎范。不规规于兵戈之雷厉，自循循然教化之风行。方今召集耆英，创修志乘；四月权始，九月告成。抚兹兵燹之余，深恐采编不易。所幸事资考镜，乡邦之文献犹存，遂能类集成书，人物之搜罗具备。仿史公七十传，成《松志》廿万言。爰弁简端，藉著梗概；贤明有作，殷鉴非遥。

时在民国六年丁巳夏五月，松潘知事张典谨叙。

① 原志或作“志序”，或“志叙”，且序言颇多，今均在序前冠以姓氏，加以区别。

贾　叙

中原大势：定天下者，必先四川，此秦汉以收蜀竟全功；治四川者，必定松潘，此唐明以筹边垂远略。倘松潘不靖，匪独一隅之患，亦成都之忧。盖松潘左连秦陇，右达川边；上抵青海，下接茂威；顺流而下，径趋成都；有若建瓴，势使然也。故其地踞西陲之上，其民多番夷之族。维氐与羌四面环处，汉人之居是邦者仅十之二三。夷性狡黠，偶一蠢动，松城为墟。近代庚申、辛亥之变，其明征也。幸松夷无远志，邻邑有重兵，成都赖以安枕。若大府赫怒，谋略有方，捣其巢穴，蠢尔番夷，翕然内向，无事穷兵黩武也。自汉元鼎六年附入版图以来，历二千余载，其间叛服不常，如庚申、辛亥之变者，不知凡几。大抵文武官斯土者，控御有方则汉夷俱安，抚绥无术则夷为汉患。为政在人而政固有本，洵不可漫无借鉴而徒事操切。借鉴者何？志乘是也。松旧有志一册，毁于兵燹。民国六年，松令张君敷五奉宪檄修复旧志，适汤君锡三宦游归，马君耀庵亦在籍，相与为理，而成是志。意谓古之治夷者，多始以威服之，继以羁縻之，而不进求乎所以教之养之者，无怪乎叛服不常为地方患也。间尝横览宇宙，凡属地方有人才则文明日进，饶物产则富强可图。考松山水，最多奇秀，至漳腊而磅礴郁积。萦纡襟带，尤极山水之异。前代周瑛、马元辈立功沙场，名彪麟阁，皆生其间。今汤君亦生于斯，出仕有政声，归而与邑中文人讲求，学校蒸蒸然，日进文明，用夏变夷不难也，夷何患焉？又考松之关外，芒芒草地，纵横数千里。梯商航客，结队往来于黄河青海一带，吐蕃交易俨然一大商埠。土地如是其阔，生殖如是其蕃。当道者若以之殖民，谋畜牧则牛羊不育而孳，谋开垦则地土可变荒为沃，国家富强之本将基于此。松之地又岂特屏翰成都，控制边要者哉？此吾读松潘志，不禁睾然高望也。锡三与其弟焕然与余善，松志成，索余序。余既述其崖略，并举其大者，为当轴献一筹。后之览者，应不以余言为河汉焉。

民国癸亥冬，灌县贾不山山人叙。

蔡序

松潘县志由汉及今，历二千余年而不成者，何也？其难有八：地居荒徼，旧属氐羌，秦汉沦于夷狄，武帝勤求远略，始招慰之，隶入版图，别无州县可考，其难一。后渐归化，叛服不常，书礼未娴，声教不通，非失狉獉，即流悍桀。后魏时又为白水羌像舒治占据，其难二。至后周，龙涸郡王莫昌内附，改置扶州，由隋及唐，武德初力事羁縻，置都督府管辖。虽有州县名称，犹无城池、户口，其难三。广德时仍陷于吐谷浑，终宋之世，自为风气，不奉车书，屡抗朝命。举凡夷地、夷俗、夷情，更无可纪载，其难四。元虽威服，安置无方。明时肃清，翕然輯服，建设重镇，喁喁内向。然汉夷杂处，各殊风化。草昧文物，狃于简易。力趋新尚，质不胜文，其难五。清初侨寓者多，文明日进。至同光间，松潘同知何君远庆手辑松志一编，已具厓略。惜什不获一，复未竟厥志而卸事，其难六。继任者，为周君侪亮、路君暄及总戎夏君毓秀，设局蒐罗，仅成志草四册。又病其择焉不精，语焉不详，不免挂漏之诮，其难七。越咸丰庚申及宣统辛亥，番夷肇衅，旧有图籍荡毁无存，其能摭拾于万一者，不过等诸夏五郭公之列，其难八。

今则时局翻新，人文荟起，天殆不听松潘之不可久无志也，人尤希冀松潘之志亟待有成也。值民国己未，张君典莅松，毅然有修志之议。适汤君锡三由陇上辞官归，勉副松人之请，同马君耀庵等昕文商榷，殚心编纂，阅五年而蒇事。其体例，仿段玉裁撰《富顺县志》。纲举目张，类分缕晰，取宏选精，考核确当。俾全境之山川险要、政治人物，展卷浏览，了如指掌。足见松人士立志之坚，用心之苦。其征求采辑，又不惮烦劳。使二千余年之志乘，复经几多厄晦，而一旦告成，此又难之至难者也。

汤君与基为姻谊，志成请基为序。吾观夫松潘地处边徼，川蜀西北之门户，而亦关陇之藩篱，东连龙安，南接威茂，西尽吐蕃，北极洮岷，四塞之地也。为形势所必争，故番夷得乘间滋扰，殆无宁息。虽因武备不修，亦由运筹失算。人与法俱亡，而攻守之势异也。人第知筹四川者，当以松潘为重要，而不知筹松潘者，又不仅在松潘也。尤宜以漳腊为重要，高屯堡为犄角，分设重兵互相策应。无事为屯田，有事为劲旅，是兵习勤劳而饷源不绝，计之善也。使当日者能借箸前筹，何至有庚申、辛亥之变哉！又观夫松潘区域，毗连草地，万山罗列，特辟商埠，物产丰富，牧畜繁孳，为利源所从出。果能保商贾以广招徕，减厘税以轻担负，啗以厚利，重恤商艰，人争来归，如水赴壑，虽跋涉险阻不遑恤也。奚必斤斤苛敛，如馋人自食其肉，肉尽而身亦斃哉。古云：为政在人，人存政举，尚已。有人无法，犹可为治；有法无人，必极于乱。《松潘县志》即已过之事实，而为现在之成法也。尤望后来宰治得人，因革损益，视夫时；操纵张弛，审夫势；勿拘今，勿泥古，斟酌地方情形而变通之，可也。若徒作县志观，仅供文献上之参考，是又失松人士修志之苦心矣，不亦慎乎？

民国十二年岁纪昭阳大渊献涂月，前清庚戌特科法官灌县蔡培基叙。

徐 序

松潘，据蜀上游，远通河陇，近逼羌番，川西安危，枢纽于此，固不可无志。庚申、辛亥，两次番变，志乘散灭，考询綦难。慨自人皇诞生，奥域始辟，大禹受命，江源乃通，迄今四千余年，转以外徼遐荒，夺其神迹。越汉迄唐，恒有边衅；明清用武，省会始安；毖后惩前，尤其急务。地势虽僻，实为要区；物产丰饶，商贾麕集；民性勇健，强国所资；经纬万端，皆待综核。苟无志乘，何所凭借哉？且松潘辖地辽阔，西北出口即西宁、蒙古，西南出口即瞻对、德格，正西出口即青海玉树，关系重大。故志乘急宜修复，俾风土形胜举目了然，更以威信绥服番人，纳诸轨物，自必耦居无猜，相与安堵。倘西陲重镇，绝无考鉴之书，常则为一隅耻，变则为全省忧矣。

癸丑岁，松令傅君樵村暨余君良俊倡议撰志，旋奉部令饬修，未就绪而去。丙辰秋，张君敷五接篆，鉴于县志重要，悉心筹款，于今年四月开所，征集绅士，并借材他邑，征文考献，期在必成。先定体例，俾有指归。凡前此所未备者，均从事访辑。届九月而蒇事。记载周详，于筹边抚民不无裨益。后之览者，或有取焉。

民国六年岁在丁巳，温江徐湘识。

罗 序

蜀西关键，以松潘为最要。扼岷岭、控江源，左邻河陇，右达康藏。汉番杂处，不易抚绥。而屏翰成都，实有建瓴之势，安危所系，非独一隅，故筹边者宜首及焉。昔汉威西被，护羌校尉驻此。隋唐并事羁縻，州郡迭置，俾受约束。明建巡道，清设总兵，节制多方，与时并进，意在董之以威，固我疆圉。盖夷性难驯，异于内部，纵得良有司，亦或侮其巽懦，必刚柔互用，衅乃不生，由来久矣。国体变更，世方多故，狼子蹈隙，松城为墟。比于咸丰庚申祸，且有加无已。形势如彼其重，灾害如彼其深。虽丧乱既平，可图善后而元气屡伤，补牢恒觉其晚。此筹边者所为太息，而况借箸之少所凭借也。

夫松虽僻左，文献足征，取精用宏，既庶且富，是亦边陲之雄镇。慢藏诲盗，则启戎心；有备无虞，则臻民福；非可度外置者。前有《厅志》，粗具规模，政略所资，烬于番变。当繁剧之任而无所考鉴，冥行索途，不其殆哉！马耀庵、汤锡三诸君欲补其阙，适大吏檄属撰志，当其事者延使承乏，于是殚竭精虑，广与搜采，数易寒暑，始观厥成。较旧志为翔实，执以敷政，纲要具在，又不仅筹边之一助已也。诸君皆此邦之隽，犹能不耻下问，商订及予，因为述其厓略，弁之卷首。

民国八年岁在己未十月，导江罗骏声序。

陈　序

松潘，古氐羌地。汉元鼎六年，始入版图。其山脉从昆仑来，隐辚郁垒，岞峈嵬，锋芒不可逼视。其水滭弗宓汩，奔腾直下而鲜萦纡。其人椎鲁，然大率皆非土著。唐宋第羁縻之而已，明代始设重镇，前清因之。顾文献无征，绝无志乘。民国六年，知事富顺张君敷五及视学北川李君茂先暨邑绅汤君锡三、马君耀庵等乃发凡起例，搜遗订坠，存什一于千百，破晦盲之天荒。授沛读之，粗窥崖略。乃为之叙，曰：

维王建国，维天生民；辨方定位，缘督为经；广轮延袤，扼塞区分；丽谯楼起，燕寝香薰；康庄道达，仁让风醇；支分羊膊，流达鸡屯；志建置、疆域、关隘、城池、治署、里镇、风俗、山川第一。

服乡道古，则壤成赋；雁户迁移，虎盐布沍；食重《茶经》，典存榷署；红粟贯盈，苍黎襁负；汉逋口钱，唐刁掌故；乡校育材，边关置戍；志古迹、田赋、户口、盐政、茶法、榷政、仓廒、徭役、蠲政、学校、法团、兵制第二。

冉駹犷悍，西徼荒遥；羁縻不足，征剿频劳；平羌丁玉，卫国文饶；有备无患，义问宣昭；志边防第三。

淳维夏后，冒顿天骄；屏藩外境，翼戴中朝；有功则赏，不亡久要；吠同蜀犬，贡比《旅獒》；志土司第四。

书旌宅里，礼谨菆涂；伊耆古蜡，楚国神巫；饮酒受福，害去蔷除；六条察吏，三舍课徒；志坊表、坟墓、坛庙、官师第五。

甘棠勿翦，茅拔连茹；姻荣阀望，言楷行模；儒而不仕，孝乎友于；耆年粟帛，庸德机枢；鸾孤鹄寡，誓志不渝；志宦绩[①]、选举、封荫、乡贤、行谊、孝友、耆寿、列女第六。

常山骂贼，睢阳死守；推印龚胜，持节苏武；广达棺题，元通剑舞；志忠节第七。

言有坛宇，学如蜕蟠；《虞初》可访，《齐谐》同观；鹈飞鲽泳，鹢退鲵潘；小言破道，稽古同天；续兹梼杌，光我简编；志文苑、物产、祥异、外纪第八。

太岁在著雍协洽涂月下瀚，左绵辛湄居士陈沛撰。

① 绩：与“目录”同，但正文卷六作“迹”。

汤 序

县之有志，犹国之有史。《周礼》：外史掌四方之志，小史掌邦国之志。传古信今，备载文献，体例虽殊，而敷陈经制，荟萃前闻，足以资观感、寓劝惩，其用意一也。松潘系蜀安危，自汉迄明，边防武略散见诸书，无专籍记载，考古者憾焉。清康熙间，平定西蕃，建设粗备，屡奉朝命，增修天下舆记部书，征取各省志乘。四川提督周瑛，松潘卫人，在本镇任内延聘绅耆创修松志，汇集成编。嘉庆九年，采入《四川通志》。此后，未闻增修。咸丰庚申，旧本毁于兵燹。同光以来，同知何君远庆手纂《志略》，仅存什一。继任周君侪亮、路君暄、总兵夏君毓秀均设局搜罗，亦仅集草四册。辛亥变乱，乃至散轶无存。

聘之自光绪间需次甘肃，会续修全省通志，前御史安君维峻、布政使丰君申泰总其事，任聘之采访分纂，三年稿乃成。耳目所及，获益良多。

民国乙卯，回川寓居灌县，得晤马君耀庵，故同年旧好，为言修松志事。窃思松潘为川西重镇，不可无志，因与商榷办法。丁巳三月来，松县令张君敷五任以协修职务，事关创始，兼以文献不足，搜辑良难。幸总纂徐君镜澄抵松，又得李君茂先集邑人士分类采编，昕夕讨论，仿《四川通志》暨《富顺县志》体例，征集网罗，凡涉军民教养诸大端，析理分条，必备志之，盖其慎也。

志成，同人嘱聘之序其首。夫松志自乾嘉以后，屡经有司设局纂修，讫未完备。今赖周、路、傅、余诸君倡议于前，张君蒇事于后，屡易寒暑，始观厥成，若有数焉，斯诚不朽盛事矣。至于补苴罅漏，订正错讹，是所望于后之君子。

民国六年岁次丁巳夏，汤聘之谨序。

马 序

昔先王纲纪天下，表山川析疆域，稽俗尚程土宜，所以敷政而策治安，慎守以观时变；九丘具载，列国有风；美恶用陈，得失攸著；春秋以降，史乘阙如。至于子长列传，班、范著书，凡属人物臧否，罔不成为表志。若乃荒徼幽遐，格于形势；声教所阂，记载不存。后世虽入版图，考古迄无殷鉴。文物不足，杞宋何征，是固以地限矣。

松潘远在戎索，《禹贡》敷土，列服外荒；汉尉护羌，纳款内附；隋唐开拓，设治羁縻。宋元复经陷亡，明清始为征服。然汉夷杂处，叛服无常；狼子难驯，古今一辙。观于近世变端，金城倏为焦土，池鱼殃及，十室九空，则其所以毖后惩前者。要惟恃镇慑得人，按图画策，宽猛张弛，消息时宜，整军急于治民，制夷重于施政，固其所独殊也。昔李公卫下车伊始，即亟筹边，绘厥道途，俾资战守。不知征诸土人，事倍功半，何若载在简册，目击心通。况今松潘物阜民殷，迥异畴昔，屏蔽天府，销[①]钥西陲，喁喁向风，匪伊朝夕，番夷企化，谅亦非难。地势随人力为转移，风会岂一成而不易。

值此民国肇建，日趋大同，五族共和，泯除畛域，夷厅为县，即其见端。综此二千余年之陈迹，治乱兴衰，迭为倚伏，而无志乘以资考证，不几冥行索途耶？爰因张君敷五莅松，创修邑志，采访钩稽，光远与其役，为述旨趣如此。正疵谬而润色之，所望于后之览者。

民国六年岁次丁巳，马光远谨序。

① 销：按文意，当为“锁”。

修纂姓氏①

前清主修

松潘同知湖北拔贡何远庆，松潘同知贵州翰林何亮清，松潘同知贵州举人内阁中书周侪亮，松潘同知贵州举人路瑄

主　修

松潘县知事成都人傅崇榘，松潘县知事浙江人余家骧，松潘县知事富顺人张典

总　纂

截取知县温江举人徐湘，湖北谷城县知县绵阳进士陈漳，截取知县灌县举人罗骏声，灌县增贡生叶春祺

协　修

松潘视学北川县人李景澄，邑岁贡生汤自新，候选府经邑岁贡生马光远，前南坪县佐邑附贡生文耀光，前绵州学正议叙盐提举汤聘之，候选知县邑廪贡生哈秉忠，前茂县理番县知事邑附贡生陈朝玺，候选县丞邑附贡生米家书

分　纂

高小学校长邑廪生马逢乐，高小校长邑增贡生杨光国，松潘视学邑廪生祁光第，云南直州判邑拔贡生马玉琳，前松潘教授灌县人周盛祺，云南直州判邑拔贡生杨家澄，世袭云骑尉邑廪贡生文为富，统部书记长赵翼，松潘视学杨芳培，统部书记长高杰

承审员

王之淦，文生马志，高小校长吴远，文生赵汝霖，高小校长丁严，教员吴荣

采　访

文生：刘崇恩，孙鸿年，赵心一，马源清，张泽润，沙介屏，米粲云，马桢贤，苗学藩，马钟英；

绅耆：马受云，张寿山，曹维诚，谭光辉，王锡章，杨维荃；

教员：妥体仁，马文选，米家山，马贞元，王治平，曹克阳、苗光第，王联陞；

文生：马联陞，杨光斗，李焕章，李大章，谢鸿恩，常德明；

科员：李焕炯，郭熙章，赵岷钊，胡万镒；

教员：马兆乾，孙承恩，张鹏翼，路云龙，路春培；

① 原写作“松潘县志修纂姓氏”，但“目录”为“修纂姓氏”，今改为“修纂姓氏”

痒生：越士魁，马贞吉，马昌元，胡万镒，许忠义，赵文渊，魏照明，马相义，杨苑华，余耀德，李登瀛，左奉璋；

学绅：徐步蟾，母全桢，刘耀南，陈朝梁，王培基，汤载舆，沙恒春，米九穗，赵席珍；

教员：赵士傑，赖焕章，蒙永江，杨家堺，文桢；

学绅：汤鸿慈，陈光耀，陈光炯

绘图列表

祁光第，姜慕儒，汤鸿奎，周申甫

校勘监印

周永钦，汤次珊，高如邦，刘承宽

书　记

何文灿，晋廷炳，徐仲昭，马世林，米文明，郭少宾

缮写刊印

张务本，蒋紫云，韩存古

凡 例

一、松旧无志，清康熙、雍正间周瑛治松时，奉朝命修辑采入《四川通志》后，屡经有司设局纂修，两次兵燹，散轶无存。国体既更，集议修复。邑人士尽力搜罗，仍不免挂漏，阅者谅之。

一、天文、祀典旧例均别为一项，援引甚繁，今仿《富顺县志》例分载，以类相从，入疆域、学校，用便参稽。

一、建置、疆域依据《通志》增修，至历代沿革另列表式，俾易了然。若山川、关隘、里镇、坛庙、坊表、坟墓，则查勘确凿，并将地址、里数分别注明。

一、风俗汉夷不同，汉俗就习惯采录，夷俗则另详土司篇，以备参考。

一、岷江发源松潘，收纳细流，经过全境。兹编详述源委，据《水经注》《江源考》等书慎加采录，俾全蜀农田水利，知所本焉。

一、古迹、金石繁赜，番变多毁，兹编有可考者详其实，无可考者亦载其名，藉存告朔饩羊之意。

一、田赋、户口、盐法、茶法、榷政、仓廒等俱照新旧成案列入，惟税分国家、地方二项。年有增减，未能确定，暂依见年征收填注。

一、自前清丙午后始改书院为高小学校，渐次推广城镇乡小学。惟财力支绌，每年量税羡多寡以资补助，文庙、祀典亦即附载于此。从《富顺县志》例也。

一、松地汉少夷多，边务特重，故防营兵制、番族部落采列较详。至历代武略亦备述之，既不没前人之功，并以为筹边之助。

一、庚申辛亥两次番变，为祸甚烈，故志中详述颠末，欲后人知所警备，男女殉难者均录无遗，冀末世崇风节也。

一、官师秦汉无征，付之阙如。隋唐以下有可考者，皆记之。松为古用兵之地，故特于武秩加重。

一、宦迹、乡贤、忠节、行谊、孝友各以类聚，有举报入祀者照录之，未举报而事实与部案相符仍分类载入，亦准《富顺县志》例。

一、选举记列朝文武科名。民国取士概由学校，故毕业有入官资地者，亦列于后。此外则议员当选，备志之。

一、列女、节妇则称某姓氏，贞女则称某姓名，为已字、未字之别，其有事实可详者，并记于下。

一、此次奉令纂修，饬仿《富顺县志》，其文苑专载宿儒于山川题咏、人物记传均附录各类后，今应仍其例，惟松潘无宿儒可载，故著作不尽归类，其有辞义斐然者，则隶入文苑焉。

一、松地甚寒，每岁仅种豆麦一次。小河、南坪稍暖，可以艺稻。此外动植矿物特产较多，药材尤良，兹述其形质、气味，以资取用。

一、祥异旧载日月蚀，此行星轨道全国一致，未足为异。今特志本县所发见者，以供博物家之研究。

一、外纪，记余也。凡属松邑所有无可附记者，姑存于后，志不忘耳。

松潘县修志引用书目及钞记（录后）

《汉书》
《三国志》
《唐书》
《新唐书》
《宋史》
《元史》
《明史》
《西汉四裔图考》
《隋四裔图考》
《唐四裔图考》
《资治通鉴》
《元和地理志》①
《水经注》
《江源考》
顾亭林《天下郡国利病书》
《四川通志》
《全蜀艺文志》
《锦里新编》
《随园诗文集》
《富顺县志》
《龙安府志》
《茂州志》
《理番志》
《汶川志》
《灌县志》
《舆地汇钞》
《文武官署钞录旧案》
《各处碑记古人题咏》
《教育部章》
《松潘杂志》
《四川忠义录》
《采访钞记》

① 《元和地理志》：即《元和郡县志》。

图　考

松潘县图[①]

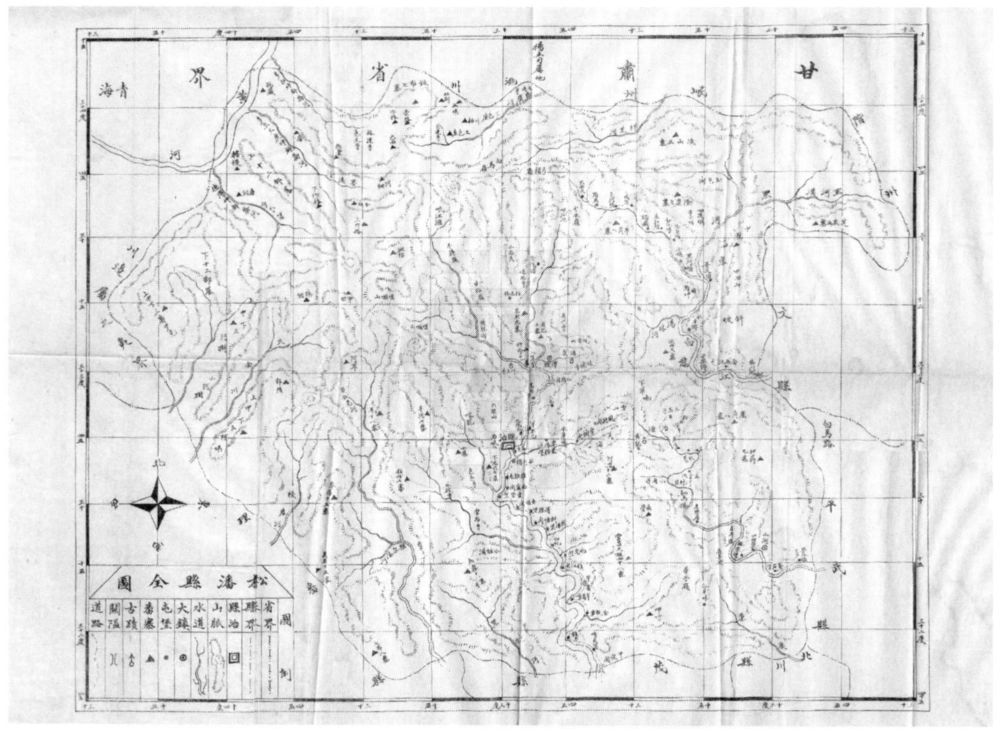

松潘县图说

松潘幅员辽阔，广袤千里，面积的数未易实测，兹据四川新地图所画[②]分县界测之，松约占全川面积之二百二十九分之三十四。以四川全省面积一百二十九万七千九百三十方里计之，得全松面积为十九万二千七百零六方里，然此数之的否，当视新地图与四川面积数之确否为定，阅者亮之。又考松潘属地，东西起，地球经度偏京师西十一度三十分止、西十四度三十分；南北起，纬度赤道北三十一度五十二分止、北三十四度十分；县城居地球经度在京师偏西十二度五十八分，纬度赤道北三十二度四十二分。兹就经纬设直线，每方格边线（十五分五十里），四方格线（为一度二百里），以东西南北起止度数分数与方格里数较算，约全县面积为十九万二千七百零六方里。汉地城镇乡关占三分之一，番地关内关外部落占三分之二。图之纵横地面四正四隅，道路多有山水曲折，里数未能密合，东西距一千二百一十里，南北距五百四十里。四正边界：东至木瓜墩与平

① 原无，今按图补。

② 画：当为“划”。

武叶塘连界，距城二百一十里；西至黄胜关口外十二部落与甘肃番达子连界，距城约一千里；南至平定关与茂县永镇连界，距城一百九十里；北至口外包座铁布与甘肃杨土司属地连界，距城约三百五十里。四隅边界：东北至南坪柴门关与甘肃文县哈南寨连界，距城四百二十里；东南至白草与北川县连界，距城二百六十里；西北至口外上十二部落、二道黄河、物藏与甘肃属番连界，距城约八百里（通西宁大道）；西南至口外三阿坝、三郭罗克与川边德格、瞻对及咱车喀连界，距城约二千里（通西藏大道）。以上图式因山水环绕，道里崎岖，草地边界亦甚辽阔，篇幅狭隘，不能无差。然四至方向，山脉、水源、河道、城镇、乡关、部落、要隘，一一识别，较前代旧本微详，后有贤者再能实地测量，精益求精，补前人所未逮，裨益边方，诚非浅鲜矣。

松潘县城垣街道图说

松潘自汉设治，越一千余年，至明洪武中始规定筑城，西环崇山，东临岷水，四周巩固。城内建卫指挥署即今县署，改古都督府为总兵署，增置坛庙，修理街衢。正街自北而南约一里许，自西而东约二百步。偏街小巷四十余道，城外东北亦有附郭民居，人烟稠密，商贾辐辏，为西陲一大都会也。惟金蓬塔子庙灵窑头，诸山环拱近城。历代戍兵，节节防卫，筹边事者，宜注意焉。汤鸿奎志。

松潘县

	两汉	三国汉	晋	宋齐	魏	周	隋
松潘县			**升迁县**。改置属汶山郡。	**省**	**吐谷浑地**	**扶州龙涸郡**。天和初置。	**扶州龙涸郡**。开皇三年废郡，七年废州。
						嘉城县。天和初置，州郡治。	**嘉城县**。属同昌郡。
	湔氐道。属蜀郡。						
		平康县。属汶山郡	**平康县**	**省**		**平康县**。复置。	**平康县**。属汶山郡。
							交川县。开皇初置，属汶山郡。
						江源县。置属汶山郡。	**江源县**。属汶山郡。
			兴乐县。省，置汶山郡。	**省**			
	蚕陵县。属蜀郡。	**蚕陵县**	**蚕陵县**。属汶山郡。				
						翼针郡。周置。	**省**
						翼针县。天和九年平蚕陵羌于七顷山，并置翼针郡。	**翼针县**。属汶山郡。后徙置七顷山，改置利山镇。
							利山镇。大业三年改置。武德初为翼州治，贞观间徙七里溪。
						清江郡龙水县。置属清江郡。	**清江县**。开皇初废郡改置，十八年改翼水，属汶山郡。
							翼水县
						覃州郡、荣乡郡	

沿革表[①]

唐	宋	元	明	清
松州交川郡。武德初置州，贞观二年置都府，属陇右道，永徽后改属剑南道。天宝初改交川郡，乾元初复曰松州。广德初没于吐番。	**吐蕃地**	**属吐蕃等处宣慰司**	**松潘卫**。洪武十一[②]年置松州及潘州，寻并为松潘卫。二十年改松潘等军民指挥使，隶四川都司。	**松潘卫**。清雍正九年裁卫，移龙安同知驻此。乾隆二十七年改置松潘厅，直隶四川布政司。
嘉城县。州治，广德后废。				
平康县。属翼州，天宝中省。				
交川县。后废。				
	潘州。崇宁三年置，又分上中下三州。	**潘州**。置属吐蕃等处宣慰司。	**潘州卫**。初设，寻废。	
			叠溪千户所。洪武十一年置叠溪右千户所，属茂州卫，后改为叠溪军民千户所，隶四川都司。	
卫山县。天宝初改置，徙今叠溪营西五里，后省。				
			叠溪千户所。洪武十一年置，属茂州卫。后改为叠溪千户所，隶四川都司。	**省**。以其地属茂州。
翼水县。属翼州，后废。				

① 民国《松潘县志》与嘉庆《松潘直隶厅志》的“沿革表”差异较大，可相互参照。

② 一：嘉庆《松潘直隶厅志》写作“二”。

续

	两汉	三国汉	晋	宋齐	魏	周	隋
松潘县						**通轨县**。置州，郡治。开皇初郡废，四年州废。	**通轨县**。属汶山郡。
						广平郡、左封郡。广平县。隋开皇初省郡，仁寿初改左封县。	**左封县**。属汶山郡。
	民国因之，三年，废厅改松潘县。						

表

唐	宋	元	明	清
当州江源郡。贞观二十一年置，初置利川镇。仪凤二年移置蓬归桥。天宝初改江源郡。乾元初，复曰当州。				
悉州归诚郡。显庆元年置，分当州置于悉，徙置于左封，属剑南道。	**羁縻当州**。属茂州。	废		
左封县。初属会州，后属翼州，后为州治。垂拱二年，析置归诚郡，后俱废。	废			
柘州蓬山郡。仪凤初置，属剑南道，治柘县。上元二年，又领乔珠县。俱废。				
恭州恭化郡。开元二十四年置，属剑南道，治和集县，又领博恭、烈山二县，后俱没吐蕃。				
羁縻轨州。贞观三年置。后又开置岷、奉、岩、远四州，又置嵯、麟、可等三十二州，属松州都督府。				
羁縻阔州。贞观五年置，又置诺州，后入吐番。				
翼州临翼郡。武德元年置，咸亨三年移治悉州，上元二年复旧治，属剑南道。				
霸州。贞观置。仪凤后省。天宝初改信安县。乾元改霸州。				
鸡川县。天宝二年置。				
昭德县。天宝初置。				
真符县。天宝五载分二县地置，为昭德郡治。乾元初改真州，寻省。				
峨和县。武德初置。				
悉唐县。显庆初改①。咸亨改置南和州。天授初改静州，分县之静川地置静居、清道二县。天宝初改静川郡。后废。				
利和县。显庆初置，属当州。后废。				
静州静川属②，义凤③元年置，曰南和州。天授二年改静州，属陇右道，隶松州都督府，后割属剑南道。				

① 改：或为“置”，或为“改置”。

② 属：当为“郡”。

③ 义凤：当为“仪凤”。

《松潘县志》卷一

建　置

松潘，系《禹贡》梁州西北境，商周为氐羌地。秦分蜀郡。汉置湔氐道，属蜀郡。后汉因之，更置平康县。晋改升迁县，属汶山郡。后魏为吐谷浑地。后周天和元年，开置扶州总管府龙涸郡嘉城县，即今县治也。隋开皇初，府废。三年，郡废。七年，州废，以县属同昌郡。唐武德元年，复于嘉城县置松州。贞观二年，置都督府，领二十五州羁縻之，属陇右道。永徽后属剑南道；天宝初，改交川郡。乾元初，复曰松州。广德初，陷于吐蕃。宋仍为吐蕃地。元始内附，属吐蕃等处宣慰司，寻叛。明洪武十一年，御史大夫、平羌将军丁玉讨平之，置松州、潘州二卫，寻并为松潘卫。二十一年，改松潘等处军民指挥使司，隶四川行都司，领小河守御千户所一、安抚司四、长官司十七（详《通志》）、番族七十二（详土司类），复置副总兵一。清初，以总兵镇守其地，统十二营（详兵制类）。雍正九年裁卫，移龙安同知驻此。乾隆二十七年，改置松潘厅，直隶四川布政司。民国三年，改厅为县。

知事张典按：松潘建置自明始，明以前羁縻之而已。番无常性，以威则服，明之丁玉、何卿功施最著。至清则两次番变：咸丰庚申之役，松兵俱往征江南；宣统辛亥之役，松兵复救援茂县。语云：国家可百年不用兵，不可一日无设备。吾于抚松益信。

附录：《天下郡国利病书》载松潘建置原文

《寰宇记》云：松州属县有平康、交川。按：平康县，晋属汶川郡，隋属会州，后废。唐垂拱元年，割交川及当州、通轨、翼针三县置平康县，属当州。

交川县，后周天和中置，隋属会州，唐改属当州。《志》云：交川二废县，俱在卫治西。

《通志》曰：潘州者，唐广德初年，松州陷于吐蕃。五代诸羌，各据其地。宋崇宁间，取邦、潘、叠三州，初属吐蕃首领潘罗支，此潘州之名所由起也。元属吐蕃宣慰司。国初洪武十一年，御史大夫、平羌将军丁玉克复其地，设松州、潘州二卫，后并为松潘卫，镇守兹土。二十年后，复改松潘等处军民指挥使司，隶四川都司，属川西道。

平番营，原名黄沙坝。明万历时，都督李应祥擒喇嘛湾仲、占柯等于黄沙坝，改名平番营。其地宽阔，可容千骑，为四十寨番人出入之地。万历十四年建城，周一里有奇。清设都司，管丢骨、呷竹、云昌等土司。

小河千户所，国初洪武十一年与松潘卫同置，在卫东百九十里。宣德四年，调成都前卫后所官军实治之，仍隶松潘。按：小河之地，古名涪阳，以水出松潘分水岭，入涪江，在涪江之阳也。

疆域

东西距四百里，南北距二百三十里。东至平武县叶塘界二百一十里，西至毛儿革生番界一百九十里，南至茂县永镇关界一百九十里，北至漳腊营界四十里。东南至平番营界一百三十里，西南至茂县、理番土司界约二百里，东北至南坪接甘肃文县界四百二十里，西北至黄胜关草地界八十里。至省七百六十里，至京师六千四百七十里。（又西南出口外，经生番地三阿坝、三郭罗克部落，至川边之咱车喀界约二千里。北出口外，经包座，铁布等部落，至甘肃洮州卓尼杨土司界约三百五十里。西北出黄胜关，经生番阿细等十二部落，至甘肃属番界约八百里。正西为各堡寨、草山，通西、南、北商务大道。）

《通志》：松潘县，井鬼分野、鹑首之次。

左思《蜀都赋》：岷山之精，上为井络。

《通志》：松潘一卫，逼处万山，雪山峙其东，火焰居其西，洮河浸其北，汶岭屏其南。待饔飧于郫、灌，寄咽喉于江、龙。

经纬：西经十二度五十八分，北纬三十二度四十二分。

附：《历象考成·经纬度》说

恒星、七政各有经纬度，盖周天弧线纵横交加，如布帛之经纬然。故以东西为经，南北为纬。然有在天之经纬，有随地之经纬。在天则为赤道、为黄道，随地则为地平、赤道。纬分三百六十度，经亦分三百六十度。纬度由赤道线以分南纬、北纬，经度随京师指定中线所在以分东经、西经。各省地方日出入，昼夜时刻，俱以本处之北极高度立算。四川省城北极高三十度四十一分，松潘在省北偏西七百六十里，北极高度约三十二度四十二分。按北极高度，即南北里差。又各省地方节气、时刻，皆以京师为主，视各省东西之偏度加减之。四川省城偏西一十二度二十六分，则减四十九分零四秒。松潘在省城北偏西七百六十里，约距京师偏西十二度五十八分，则减五十一分，每一度当四分。按：东西偏度，即东西里差。

知事张典按：县属四界，悉依《通志》，惟里数稍差。汉、夷分注，略为改定。至西、南、北各边界，皆羌夷部落，国家政令有所不及，故特用小注备考。经纬依据最新图考，并附《历象考成·经纬度》以说明焉。

关隘

铁扇关：县东一百五十里，俗呼扇子洞。两山相合成峡，关门石壁如扇，天生险要也。

镇江关：县南一百二十里。上绝壁，下大江，一夫当之，万夫莫进。

黄胜关：县西北隅七十里。为汉夷分界之处，过此关外，尽属草地。

野猪关：县北，南坪镇之东。与甘肃文县哈西礅连界，为川陇要隘。

柴门关：县北，南坪镇之南。与甘南文县马尾礅连界。清总镇夏毓秀曾题“陇蜀锁钥”四字额。

平定关：县南一百八十里。与茂县永镇关接界，其地险要，足资守御。

城　池

县属城垣：明洪武十二年，平羌将军丁玉克复松州，遣宁州卫指挥高显于崇山下筑城。西缘山麓，东临江岸。江水北来，傍东门穿入，迤西出城，折而南流故土城。十七年始甃以砖。正统时番变，据崇山俯瞰城中，势如建瓴，矢石纷下，居民苦之。御史寇深，因拓城跨崇山，即西岷顶也。垣周九里七分，高三丈五尺，隍深一丈九尺，广三丈。开五门：东曰觐阳，南曰延薰，西曰威远，西南曰小西门，北曰镇羌。嘉靖时，总兵何卿复于城南建外城，周二里七分，计四百二十四丈七尺，高一丈八尺，门二：西曰临江，南曰安阜。清光绪八年，东南隅坍塌，总兵夏毓秀、同知蔡懋康筹款培修。二十八年，东北隅坍塌，同知陈周礼筹款培修。惟治城建筑年久，缺口甚多，守土者宜留意焉。

知事张典按：松潘有城自明始，砖石坚牢，基址稳固，足见古人抚边远略，计画周详。惜明以后之修补年月、官师姓名均无稽考耳。

附：择形胜筑炮台说

松潘孤悬边徼，距省七百余里。一片危城，羌猓窥伺。且附郭环山岭，寨落交错，负险碉居。一有烽警，辄占据要险，扼我咽喉，全城如困釜底。庚申、辛亥，可为殷鉴。况今城垣坍塌，仓廪不充，兵力薄弱，势尤岌岌。如筹补牢之计，亟宜于西岷顶、塔子山、老营山三处，建筑炮台，环以石墙。一旦有警，调集兵团，假以利器，分头堵截，形势既得，应敌有方，乃可战守。是在当事，预为筹画，不致临渴掘井，则幸甚。

县属小河城垣：明宣德四年筑石城，高二丈八尺九寸，周二里七分有奇，计四百九十八丈零四尺七寸，门四。清光绪九年，溪水、河水同时泛涨，冲塌西北隅，同知周侪亮、总兵夏毓秀会禀，于厘税项下拨款，至十八年补修完固。

县属平番城垣：明万历年间筑石城，清雍正七年重修。高一丈八尺，周一里八分有奇，计三百四十五丈，门四。

县属漳腊城垣：明万历年间筑石城，清雍正七年重修。高一丈八尺五寸，周二里六分有奇，计四百余丈，门四。咸丰庚申乱后，复多坍塌。同治初，官绅蔺朝举等捐资修复内城暨靖虏礅。光绪初，参将邓全胜、士绅张崇札、汤兴顺、陈永春、文登儒、任必达等，迭次禀恳川督丁宝桢委同知熊自勋，由茶票项下拨款，修复外城。高一丈八尺，周三里有奇，计五百零九丈，门四，炮台六。

县属南坪城垣：清雍正七年，巴州知州吴赫监筑土城。高一丈五尺，厚九尺，周一里七分有奇，计三百二十丈，门三：东升平，南星辉，北昌祥。

县属会龙关城：清雍正七年，巴州知州吴赫监筑土城。高一丈四尺，周不及一里，计二百四十丈，东西二门，上建鼓楼各一。

县属龙康关城：清雍正七年，巴州知州吴赫监筑土城。高一丈四尺，周不及一里，计一百四十丈，南北二门各置楼。

治　署

县署：旧踞崇山，半卫岩上，城中烟火万家，俯视即见。明洪武中，指挥耿忠建。清咸丰庚申，番变被毁，同知邓友仁建。宣统辛亥，番变复毁。民国二年，知事田兆文、何光国相继重建。越民国六年，知事张典增修头门，悉复旧制。

劝学所：县署左侧，旧照磨署地。

县佐署：在南坪营，旧巡检署。

管狱署：县署右侧。

汉军统部：城内东街，前总兵署。

按：松潘镇署，即今汉军统部中、左两营。游击署在城外。两营守备署在城内。北路漳腊参将署，今第一营部；南坪都司署、南路平番守备署，今第二营部；东路小河把总署以及四路各营屯堡分防汛署，详“兵制”，不备载。均于宣统元年废。

县议会。

教育会。

商会。

农会。

常平仓：县署内。同知沈棠捐赀建。今毁。

广济仓：县外南城西北隅。

火药局：城隍庙山前空地。

养济院：县北城外。

农业试验场：县城西北隅。

里　镇并道路

城　内

北大街、季家街、指挥街（一名何家街）、头道街、北门下街、真武街、观音堂街（即文庙后街）、书院街、鼓楼东街（即文庙前街）、鼓楼西街、东二道街、中大街、老关庙街、将军河坝、西头道街、西二道街、下水关、前仓街、后仓街、南大街、茶街、小桥街、亚磨街、守备街。

南门外城：顺城街、临江门街、水晶街、兴隆街、新街、丰富街。

西南城外：窑坝、叶家坝。

东门城外：觐阳街。

北门城外：龙王庙街、北寺巷。

县 东

县城出东门，过通远桥，向东山行。

望山关（五里），上坭巴寺（五里），水草坝（十里），上雪栏关（二十里），下雪栏关（二十四里），风洞关（三十里），三岔子（四十五里），松林堡（五十里），大崖坊（五十五里），上草湾（五十八里），下草湾（六十里），黄龙寺（六十五里），红崖关（七十里），大湾（七十八里），伏羌（八十里），花椒沟（八十八里），三舍（九十里）。左有支路北折，通白马路羊峒各寨落。文风楼（九十二里），和风崖（九十五里），镇元（一百里），驷马桥（一百一十里），猫儿墩（一百一十五里），观音崖（一百一十八里），小关子（一百二十四里），月耳崖（一百二十二里），老塘房（一百三十里），辖夷口（一百三十五里），三路口（一百三十五里），钻字碑（一百三十八里），木梳厂（一百四十里），扇子洞（一百五十五里），旧堡子（一百五十八里），施家堡（一百六十里），沙坝子（一百六十二里），鹿交山（一百六十五里），四望堡（一百七十里），叠台沟（一百八十里），龙潭堡（一百六十里），白崖（一百七十五里），小河（一百八十里），水车坝（一百八十五里），牌坊坝（一百九十里），天顺桥（二百里），丰崖堡（二百里），马林崖（二百零二里），厂河坝（二百零五里），田家嘴（二百零七里），杨柳坝（二百零八里），王爷庙（二百零九里），木瓜墩（二百一十里）。与平武县叶塘接界，上至县城二百一十里，下至平武城一百五十里。

县 南

县城出南门，顺岷江南行。

红花屯（十里），石河桥（二十里），东升堡偏东（三十里），雄鸡屯（二十里），鸳鸯桥（二十五里），西宁关（三十里），银灯堡（四十里），安顺关（五十里）。河西有支路，过福兴桥右折，达雪布寺、石坝子、牟尼等寨。得胜堡（六十里），新塘关（七十里），龙潭堡（八十里），归化关（九十里），北定关（一百零五里），镇江关（一百二十里）。河西岸有支路右折，通大、小耳边等寨。平番（一百二十二里），格达坝（一百二十五里），平夷堡（一百三十里），金瓶岩（一百四十里），镇坪（一百五十里），呷竹寺（一百五十五里），镇番堡（一百六十里），莲花岩（一百六十五里），靖夷堡（一百八十里），平定关（一百九十里）。与茂县永镇堡接界，上至县城一百九十里，下至茂城一百八十里。

又由呷竹寺偏东进沟至白羊场。磨子沟（二十里），洞子溪（十里），一根松（十里），一湾水（五里），老熊塘（五里），土地梁（五里），番子岩阿（五里），四姊妹（五里），黄草坪（五里），化子林（十里），大岩窝（五里），野牛坪（十里），长河坝（十里），凹口（十里），刮刮沟（十二里），大石坂（十里），汪家山（十里），油房（五里），新店子（五里），歇宿岩阿（十里），纸厂（五里），马鸣（五里），吴家梁（五里），茶园（十里），代都（十里），白羊场（十里），溜索头（十里），上下纸厂（十里），与北川县接界。

县　西

县西属土司，无屯堡。由县分两路：一由牟尼中寨偏西山行二百里至毛儿革番部，迤南即三阿坝、三阿树、三郭罗克生番地，南达川边之康定、德盖地方；一由漳腊营城过福善桥西折，出黄胜关三十里，关以西即五十二部落生番地，偏北达甘肃之洮、岷、西宁，西北达青海，西南达藏、卫；两路皆属草地。南北会通，纵横数千里，平原旷野，难以道里计。维是接壤辽远，番族星罗。前人云：松潘为川西一大边防，明清设重镇，殆有所见。倘若兵饷不济，守御空虚，良可虑也。

县　北

县城出北门，顺岷江北行。

羊裕屯（五里），火烧屯（十里），高屯堡（二十里），右所屯（十五里），大屯堡（二十里），虹桥关（三十里），漳腊（四十里），柏木桥（六十里），噶米寺（六十二里），小西天（七十里），羌羌沟（八十里），头塘坝（八十五里），二塘坝（九十里），金线塘（一百里），弓杠岭（一百一十里），头道林（一百一十二里），二道林（一百一十五里），大石头（一百二十里），踏骂（一百三十里），崇畔塘（一百四十里），奠安塘（一百五十里），干河坝（一百五十五里），牛厂（一百五十八里），戎惰塘（一百六十里），红岩沟（一百六十五里），海子口（一百六十八里），石兰阁（一百七十五里），如意坝（一百七十七里），踏藏（一百八十里），乱石窖（一百八十五里），大鸡寺（一百九十里），永和塘（二百里），臧杂寨（二百一十五里），分汛塘（二百二十五里），隆康汛（二百四十里），永靖关（二百四十五里），沙坝塘（二百五十里），宁静塘（二百五十五里），二道桥（二百六十里），王家磨（二百六十五里），黑河塘（二百七十里），薛家坝（二百八十里），水口坝（二百八十五里），燕子垭（二百九十里），芝麻塘（三百里），龚家坝（三百零三里），马厂（三百零三里），牌坊坝（三百一十里），中田山（三百二十里），刀割坝（三百三十里），水浮州（三百四十里），上桥头（三百五十里），南坪（三百六十里），距县城三百六十里，距甘肃文县城一百二十里。

南坪之东路

上安乐（十里），下安乐（二十里），甲勿沟（三十里），大平沟（四十里），羌活沟（五十里），七舍坝（五十五里），寫坝（六十五里），头道城（七十里），香水河（七十五里），二道城（八十里），石门沟（八十五里），兑厂（九十里），八郎沟横进（十里），达舍沟横进（三十里），刘家坝横进（四十里），子玉河横进（五十里），三道城（一百里），四道城（一百二十里），草坝村（一百二十五里），杏子坝（一百四十里）。

南坪之南路

台子坝（五里），永丰上乡、永丰中乡、新塘（五里），渭子坝（二十里），草坪、永丰下乡（八里），瓦厂、黑水河、汤珠河（三十里），抹地口、上抹地、下抹地、木城沟、郭元沟、抹地塘（四十里），水沟边、椿树坝、抹地沟（五十里），台坝、野猪关（五十里），斜坡（八十里），中下抹地、哈沙坝、会龙城（六十里），青龙关、柴门关（七十里），大水田、小水田、马尾山、杨家湾、上草地、盐土山、下草地、固水沟。

南坪之西路

小月连，大月连，曲连沟，冷水山，葛条坝，罗家村，罗尾坝，上干作，下干作，化木桥，毛家礤，桦木干沟，郭家礤，碟子砰，冷干里，王家礤，两河口，阴坡，草地沟，大勿各，阳山，卜力贯，马家磨，札作寨，南岸，苗州。

附录：《天下郡国利病书》载松潘里镇原文

东路：《经略志》云：松潘以东，望山关、雪栏关、风洞关、松林堡、红崖关、三舍堡、镇远堡、小关子堡、三路堡、师家堡、四望堡凡十二[①]处，抵小河千户所，四崖绝壁，一线仅通。附近水牛、毛公、羊洞[②]诸番，未甚猖獗。今以三舍关为始，第其里次。三舍者，去卫城九十里而遥也，为小河适中地，有把守指挥一员，管辖上至望山、下至四望，共十三关堡。羊肠鸟径，峭壁危湍，险巇万状，番夷往往潜伏而窥伺焉。三舍上十里为伏羌堡，伏羌上十里为红崖关，红崖上十里为松林堡。《志》云：黑松林关在治东七十里。松林上九里为风洞关。《志》云：风洞关在治东五十里。洞深不可测，多恶风，午辄大作，作则灰沙蔽天，人马皆辟易，寒气袭人，袭之多横死，否则喘息旬日，盖山岚郁蒸之气所发也。关北盐井墩，即古盐川废县。风洞上五里为雪栏山，四时积雪不消，俗呼为宝顶山。关在山下，雪栏上十二里为望山关，关上八里即松州也。三舍下十里为镇远堡，镇远下八里为小关堡。《志》云：小关子在治东百二十里。小关下八里为松堙堡，松堙下七里为三路堡，三路下八里为师家堡，师家下八里为四望堡，又二里为小河所矣。

《经略志》云：松潘又东为堡七，曰：蜂崖、叶棠、马营、水晶、镇夷、乾坤、铁龙，乃抵龙安。

《四夷考》云：小河之下，铁龙之上，惟叶棠为要隘，有叶棠把守官辖之。东通白马、毛公，西通竹头、野猪、白草诸寨。上六里为峰崖堡，峰崖上十里即小河也。下四里为马营堡，马营下七里为水晶堡，水晶下八里为镇夷堡，镇夷下十里为乾坤堡，乾坤下二十里为铁龙堡。堡有两山对峙，峭壁万仞，二水会流，深不可测。上有铁索桥，索凡六条，各长一十五丈，引于河之西岸，系于铁柱中，道板荡，行者戒心焉。嘉靖间，龙州宣抚薛兆乾作乱，斩铁桥以拒官兵，旬日松州米贵如金矣。铁龙下十五里即龙安府云。

南路：《经略志》云：松潘以南，红花屯、熊横屯、西宁关、小屯堡、安化关、镇华堡、新塘关、艾蒿堡、归化堡、北定关、蒲江关、平夷堡、金瓶堡、镇平堡、镇番堡，靖夷堡、平定堡，凡十有七处，抵叠溪界。

《归化关志》云：在县南百里。《寰宇记》：霸州有归化县，置在夷村，各有部落主持，无征科。今虽设城堡而关名实因之，地形险矣。上至西宁，下至镇江，关堡凡九，

---

① 二：按关堡数量，或当为“一”。

② 洞：或当为“垌”。

把守指挥一员，以龙溪等寨大小横梁为诸番所出没也。归化上七里为龙韬堡，龙韬上十里为新镇关，新镇上十里为百胜堡，百胜上五里为安化关，安化关上七里为云屯堡，云屯堡上八里为西宁关。《志》云：在治南三十里。西宁上八里为雄溪屯，则南路之首也。铁炉沟诸夷在其界矣。

归化下十二里为北定关。《志》云：北定关有祠，祀二边、史、刘、方五将。正德六年，番僧云栏王出谋为不轨，守将指挥边辅、史宽、百户刘贤、方捷，撄锋死战，辅、宽遇害于黄土坡，贤、捷被执至寨，缚柱将剖其心，二将骂不绝口而亡。事闻，与子孙进一级承袭，辅弟轮承兄职。嘉靖七年，巡南路至北定关，遇横梁、茹儿等番，轮率其仆边永兴、军余、史卜匝等数人与战，已取胜。值天雨，溪泛，诸番四集，轮被伤，永兴负轮行数十步，至崖不能进，执刀乱挥，知不可支，仍伏于轮身，主仆皆被害。事闻，赠轮都指挥佥事，永兴百户，史卜匝等俱厚赉优恤焉。北定下十有八里为镇江关，别柘、大小耳别等寨在其界内。《寰宇记》云：归化县有大聋山，大聋山在霸州西北一十里，号苻坚城。又云：于小聋山置牙利县，即大小耳之故迹也。镇江下四里为平番堡，平番下八里为平夷堡。其地宽平，仅容千骑，为四十八寨饮盟歃血之地，即黄沙坝矣。万历十四年，建城堡，设守备一员，把总练兵官一员，管辖自西宁关至平定堡，为镇平关，上七里为金瓶堡，金瓶上六里为平夷堡。镇平下七里为镇番堡，镇番下八里为靖夷堡，靖夷下八里即平定堡也。平定下八里为永镇堡，系松、茂二镇交界处。镇平堡则指挥一员守之。[①]

北路：《经略志》云：松潘以北，谷粟屯、高屯子、羊裕屯、唐舍屯、谭家屯，漳腊屯，以上凡七堡，抵吐蕃洮河界。

《四夷考》云：漳腊堡设在河东，去城三十八里，松州之背也。旧制驻扎守备一员，管辖上下关堡，为寒盼口、上中潘州、上下羊洞[②]等隘口。自漳腊北去，辽廓幽远，一望无际，盖万骑可纵横矣。近改设游击一员，以镇压之，诚所重也。漳腊上十五里为镇边堡，在河东元山子上。《志》云：堡在漳腊东北十里，堡后天险墩，堡前观化墩，河东定羌台，河西制边台，声势相望。然直北为敌贡墩，旧掘品字陷坑数百，中置锋刃、木签，口覆芭土，以掩其形。又，北去三十里曰城墙崖，东临河畔，西抵山麓，掘濠宽深丈许，横截六百余丈。明继彼路河西、川盼沟濠，堑之制亦如之。越沟二十里，登阿玉岭之巅，可瞷黄胜草场。《志》云：黄胜，在漳腊西南十里也。场之东有阿玉口凡二十里，透岭出川盼则可南可北，惟所驰驱。议者于天险、观化二墩，充拓宽广，石砌墙垣一周，外掘濠堑，以防冲突，亦庶几扼其吭云。镇边堡上二十里之柏木桥即界外矣。漳腊下七里为虹桥关，系松城北隘。《志》云：松州北二十里有落虹桥，长二十丈，徇

---

① “为镇平关……镇平堡则指挥一员守之”，此处排版错乱。《读史方舆纪要》卷七十八“四川八”中“松潘卫”条中载：平夷关卫南百七十里，即平夷堡也。其地宽平，可容千骑，为四十八寨饮盟歃血之地，即黄沙坝矣。又南六里为金瓶堡，又南七里为镇平关，又南七里为镇番堡，又南十里为靖夷堡，又南十里为平定堡。自平定堡至叠溪所之永镇堡止八里，亦松茂接界处也。《志》曰：万历十四年，于平夷堡建城堡，增将领，所辖上至西宁，下至平定，共十七关堡。其附近诸番有河东大姓，属牛毛土官管辖，河西小姓属羊毛土官管辖，所谓牛脑、羊脑也。蛮寨以数十计，其最强者为乌都等寨，亦属茂州，北境与松潘相出入云。

② 羊洞：亦作“羊峒”。

道所必经也。虹桥下七里为谭家屯，谭屯下七里为塘舍屯，塘舍下六里为羊裕屯，羊裕下六里即松城。又虹桥下八里为高屯子，高屯下七里为谷粟屯，谷粟下十里亦即松城也。离松十四里为流沙关，乃北边经由地，每秋防必加意焉。松城下五里为红花屯，红花下七里为雄溪屯，雄溪左十五里为东胜堡。岁熟，番受赏，可称无事。惟是虹桥西北十五里为绝塞墩，北界黄山尖、杀鹿塘、黄胜草场等处，路通洮、岷。先年，陈怀率兵由此道入，解松围。今为番寇间阻，以其往来射猎于斯也。下潘州、白利等番挟牛羊、毡毳来，或由阿玉岭，或由铁门墩，出抵寒眪、祈命诸寨，贸易茶斤，岁以为常。稍失防范，衅端辄起。且阻绝长路，救援难及，形势孤悬，所最当筹度。议者于墩前石砌联城一座，直抵河下，以通水道。又依山掘壕，绝其乘高，则于覆压乎何有！

《古迹志》云：潘州故城在卫北七百五十里。汉武帝时逐诸羌，渡河湟，居塞外，筑此城，置护羌校尉以御之。宋时，分上、中、下三潘州。今阿失寨即上潘州，斑斑簇即下潘州，介二州之间则中潘州也。其地愈北，山愈平。旧漳腊之设在下潘州。

风俗

风土

地属边徼，气候颇寒。春秋冬三季，华氏平均气温约四十二度，夏季最高温度约七十度。冰雪之时，非火不暖。人民诚朴耐劳，重信义，遵礼教。服御饮食，不尚华侈。

婚礼

男女两家，先由媒妯通辞，择期发庚帖，即问名意也。继行插花礼，用彩缎、簪珥、果品送投女家。女家还答刺绣及冠履，即纳采之意。行婚之日，男家备绢两匹、羊二支，无羊代以鹅。鼓乐导彩舆，先赴女家。新婿簪花披红，或乘马，或肩舆，偕亲友行亲迎礼，女家亲友迎于门，三揖入，仍以花红送门外。然后彩舆出阁，鼓吹过婿门，行周堂礼，即奠雁之意。

丧礼

始卒，奔告亲友，料理衣棺，同视含殓。三日，成服。以后，每七日及百期，或小祥、大祥，俱延僧道斋荐。安葬之日，初夜家祭，次日展奠，越日亲友执绋送葬。

祭礼

岁暮、中元祭于家，清明祭于墓。间有延僧道设斋醮者，盖俗以此为可升灵魂、资冥福，其实无凭，不如祭之以礼，可耳。

正月

元旦，男女皆早起，肃衣冠，燃香烛，祀天地祖先。次拜尊属，旋往亲友家中叩贺。立春前一日，曰迎春。知事领春官等扛芒神、士牛出迎于东郊。次日，打春。初九日曰上九，居民赴玉皇楼晋香。十五日上元节，亦曰灯节，民间出鱼龙百戏，爆竹相随，谓之烧灯。十六、十七日，武营士兵拥旗帜、兵仗，出行南郊迎神。

二　月

春分日，居民不履田亩，六畜不外放，犯则五谷多鸟害。社前祭扫新坟。

三　月

三日为上巳辰，民间栽接花木。盖松地春迟，非如外郡之在雨水节也。清明节，人民携香帛、酒脯祭扫坟墓，舁城隍至厉坛祭孤。

四　月

八日，浴佛会，男女晋香大悲寺。

五　月

五日，端午节，居民悬艾叶、菖蒲于门首，饮雄黄酒，食角黍。

六　月

是月麦垂穗、豆结荚，虽季夏犹暮春。士民相率游郊外，设帷帐，携酒食，逍遥于长林丰草间，名之曰“畅”（本地方言，即游玩之义）。十六日，黄龙寺会期，远近晋香者络绎于道，番人尤多。故邑人亦各携帐棚，具酒肴，结伴往观，番儿歌舞，极一时视听之娱。

七　月

七日，中霤神诞，民间设鸡酒以祭。又咸丰庚申夷变，同知张公古虔于此日殉难，松人感其忠节，绣像祀之。是日，鼓乐仪仗，舁公像出巡，士民持香卫送。十五日，中元节，焚楮于庭，谓之烧赙，各庙建道场，曰盂兰会。

八　月

十五日中秋节，亲友交馈饼饵，夜设茗果赏月。

九　月

九日重阳节，士人载酒登高，仿桓景故事。

十　月

朔日，厉坛祭孤。十五日，下元会。

十一月

冬至日，居民有宗祠者，宰牲致祭，无庙祭于家。品物毕陈，报本意也。

十二月

八日曰腊八会，男妇赴大悲寺拈香，寺僧以米、杂豆、麦煮粥饷客。二十三日，祀灶。三十日曰除夕，各家门户，换桃符，燃爆竹。

山 川

崇山：亦称西岷山，在县城西北隅。自羊膊岭发脉，万山朝拱，堪舆家以为岷山之祖云。城垣半跨山顶，盘旋而上，可望雪栏诸胜。层楼巍峙，祀关壮缪侯，旁有雹神祠，番变俱毁。民国七年，李仁义等募赀修复。大西门为番夷要路，遇变必争，宜严守之。

清同知黄汝楫《雪泥鸿爪记》：

松潘届孟夏日朔，官斯土者祀雹神于西山之岭，为民祈谷，礼也。今岁大雪封山，非舆马所能至。暂从望祀，良用歉然。越三日，戊子，天气稍霁，策马以升，欲补过也。山岭巍峙，层楼上祀关圣帝君。闻之父老云：山后数十里海中有怪，出则冰雹随之，惧伤稞麦，惟帝君是祷焉。深山穷谷之中，魍魉潜踪，理或然欤。帝君祠遍寰区，灵异昭著，如汝楫之凡庸，亦屡示兆焉。出头之梦，既验于戊子年；犹记癸卯在籍，梦登层楼危梯，手颤心惊，每悬想像，究不知应于何地。是日，拾级而登，机之所触，豁然大悟，其在斯乎！其在斯乎！则斯楼也，身未至而神已先至，岂古所谓梦游者耶？岁之元日，在广元差次，奉檄权松篆，辞不获命，事由天定，弗可强也。椽露而瓦不鳞，阶颓而墙尽裂。鸠工既成，爰濡笔为之记。

《西岷城防要隘记》：

西岷顶即松城包围之崇山，而建大西门者也，最得地利。明耿忠经略边陲，以松城不包岷顶，遇有战争，贼据山巅，全城胥为所制。正统间，御史寇深乃筑城跨山，造营垒，设防卫，扼厥冲要。咸丰庚申之变，官兵乏守，贼由小西门进攻，焚掠仓街厅署，经防兵民团上下夹击，贼骇，乃退。而援兵久不至，城中无粮。次年，贼由东门入，城乃陷。宣统辛亥，制营裁撤，练团守西岷。贼屡攻未逞，复大举合围，人民逃避，城始陷。此为要隘之一。

温江徐镜岑诗：

岷山西导江，形胜详《禹贡》。
发迹肇羊膊，千里互迎送。
拔地千重霄，远势连弓杠。
磅薄踞松州，孤骞轶其众。

灌县罗德舆诗：

群山环拱卫，罗列如儿孙。
突兀西岷秀，昆仑嫡派尊。

邑人祁鼎丞诗：

移家休傍此山隈，曩日群酋犯顺来。
豺虎纵横民命贱，烽烟闪烁室庐灰。
运筹谁建终军业，旷代难逢定远才。
怅望前贤今不作，夕阳荒草曷胜哀。

此予辛亥夏月作，竟成谶语。冬间遇难，仅以身免。今夏重游斯土，幸民皆复业，城市一新。回忆沧桑，已经六载，爰续数语，以遣所怀。

金蓬山：县东五里，与岷顶对峙。形势巍峨，气脉绵远，为东南要隘。入夏，青翠欲滴。薄暮，诸峰阘澹，此山余晖犹映，列《县志》八景之一。昔羌酋金蓬居此，遗冢尚存，故名。

《要隘记》：

松城正东有金蓬山，其顶微平，山后自东而南通夷人往来。上住汉民数十家，多豪侠士。清咸丰庚申，有李友号格陆者，练团守此，庇护难民。屡出战，身当前敌，杀贼无数，阵亡，县城随陷。宣统辛亥，又有冯双喜者，与其弟保长，力救难民。贼围攻急，兄弟督众与抗，毙贼数人，卒以子弹不济，同时遇害，双喜妻马氏亦力战死。金蓬失守，县城因之破。假使此山驻重兵，协乡团守御，县城得犄角势，或幸存也。此为要隘之二。

同知王梦庚诗：

连云叠嶂翠玲珑，拱卫严城左顾雄。
山色合宜标玉垒，羌居曾说萃金蓬。
樵歌松柏晴烟外，牧笛牛羊夕照中。
日暮荒营闻鼓角，边关锁钥仗元戎。

犍为张回诗：

一抹斜阳上晚山，隔城东望暮斑斑。
金蓬酋冢荒秋草，不死宁能让汉关。

邑人祁鼎丞诗：

豪健当能摄众羌，称戈牧野助周王。
昔年雄略今安在，墓木苍苍照夕阳。

《吊冯烈士》诗：

自昔曾夸大树功，知君百世继宗风。
那堪国乱民流日，惟数将军胆气雄。

雪积金蓬夜月明，羌夷蜂拥扑边城。
健儿独力当强虏，血染征袍为众生。

为国捐躯死斗羌，弟兄仗义后先亡。
更兼巾帼能摧敌，姓字同流战垒芳。

炉峰：城南一里。山峰对峙，形如炉鼎。每当晴明晨晓，辄有青烟自峰顶直上。为八景之一。

绵竹朱品一诗：

突兀炉峰峙远天，每看晴霁袅轻烟。
螺鬟缥缈春云布，鸭鼎霏微野火然。
拈出瓣香堪供佛，炼成丹药许飞仙。
山城咫尺晨炊后，缕缕清晖断复连。

犍为张回诗：

轻烟矗上与云齐，远托扶桑日影低。
一阵山风吹卷去，玉炉依旧镇羌西。

邑人祁鼎丞诗：

诸峰鼎峙日光寒，破晓青烟出翠峦。
料得仙人逃世处，安排铅汞正烧丹。

庙灵山：县西北，距郭四里，与西岷顶相对。下有深涧，涧水出山脚，傍路入江。《要隘记》：庙灵山麓大路通漳腊，逆番有变，宜于此设兵，免至松、漳道阻，策救无从。

玉带山：亦名窑头山，在县城西南隅。山脉延长，包崇山，卫崖脚，绵亘如带。庚申之变，贼踞此山窥城，总兵联昌遣兵团与战，失利，团首蒋文载、许凤遇害，系无兵预为扼要故也。

塔子山：亦名雷祖山，在县城东南，与金蓬山联络。上有青云塔，今复。《要隘记》：塔子山，高三百六十丈，塔高出六丈。辛亥之变，贼踞山逼城，将塔拆毁，旧址犹存，民国十年修复。

老营山：县东五里，与塔子山相接。旧有营垒，为驻防要隘。

雄磡山：县南二十里。《要隘记》：雄磡山，上有旧磡址，前代驻兵要地。庚申，逆番围城，此山为所夺据。

龙蜒山：县东五里。下有深涧，名马龙沟。陟顶即望山关，旧有营垒。

石灵山：县东三里，与金蓬山相接，俗呼东石头山。

白虎山：县城西南隅。《要隘记》：此山为番众聚集地，每松兵远出，辄乘隙谋叛。故系要害，先宜设防。

照屏山：距县城四里。山形峭削，远望如屏。

松山：县东五里。旧多松，故名。

东升山：县东十里。

羊嘶岭：县东十五里。

朝阳山：县东十五里。

雪栏山：县东三十里。山势蟠蜒，俗呼宝鼎山，一名崆峒山，又名雪岭。岭上旧有关，终岁积雪如银，一白无际。为县八景之一。《寰宇记》：崆峒山，高二千五百尺，西接松州交川县界，土人谓之崆峒山。《省志》：崆峒自雪岭山中脉分出，迤逦层叠，突兀峥嵘，以形似平凉之崆峒，故名。

杨楫舟《雪栏山》诗：

山有关兮关有栏，百里西来倚马看。
天降雪花滚滚白，缥缈晶莹山一色。
纷开千朵玉芙蓉，雪栏关雪隆三冬。
万仞银峦接天表，鹤飞不到羽衣渺。
谁捣琼瑶散玉沙，装点边关增丽华。
我更欲借青天月，光照雪山合成璧。
长剑一铗酒一瓯，凭栏高作凌云游。
更与山灵旧有约，踏遍雪栏山上雪。
谙悉形势好筹边，我今一游名可传。

灌县叶惠三诗：

匹马西来欲度关，晴岚涌雪霁山颜。
险当肘腋咽喉处，景在晶莹缥缈间。
一将丸泥封绝塞，三边管钥镇群蛮。
不须觱篥吹寒夜，天遣征人百战还。

犍为张回诗：

城楼东望白漫漫，积雪满山增岁寒。
最是晴明天更好，倒摇银海出云端。

邑人祁鼎丞诗：

驱车东望雪栏关，绝壁巉崖不可攀。
雨后辟开新世界，层层叠叠尽银山。

雪岭栏杆外，层层拥玉岚。
如披摩诘画，霁色胜终南。

风洞山：县东四十里。山势高峻，旧有关，今废。东北一洞深邃，人迹罕至。午后，风声飒飒，自洞中出。为县八景之一。

灌县叶惠三诗：

重关险要扼松州，飒飒风声洞口秋。
雄比大王常啸虎，仙无老子孰骑牛。
如传铁马金戈警，直扫蛮烟瘴雨愁。
三寨夷巢吹不破，筹边待筑李公楼。

犍为张回诗：

石壁嶙峋傍戍楼，往来人断午风秋。
我闻天地为炉冶，橐籥还疑在此州。

邑人祁鼎丞诗：

夏日狂风习习吹，罗衣凉透似秋时。
洞中应有飞廉骨，尘世游人那得知。

南溪王建棠诗：

苍鸾玄鹤识行旌，洞壑深穿暗复明。
香椀诗囊几人迹，晴松雨竹半秋声。
莫惊边塞黄沙起，好趁山原秀麦成。
除却阴岩悬壁外，依然天际晚风清。

雪山：县东五十里。山势起伏，横亘东西，积雪不消，皭如玉笋，俗呼雪宝鼎，亦岷山所宗也。自风洞关盘旋而上，石径嵚崎，行者喘息。东南万山罗列，如拜如伏，如儿孙焉。杜甫诗有“雪岭界天白，松州雪岭东”句，又《咏严武镇蜀诗》云：“公来雪山重，公去雪山轻。”又李商隐诗：“雪岭未归天外使，松州犹驻殿前军。”均指此山。

杨楫舟诗：

大雪飞满天，千峰昂白首。
边徼古无春，经冬寒尤陡。
岁暮惊客心，游子离乡久。
今日赋归来，不辞雪中走。
未审路崎岖，匝地尽琼玖。
坚冰溜崖际，寒飙吼山口。
征马冻不嘶，仆夫战且抖。
青衫变缟素，少年瞬白叟。
十步九踣颠，鞭辔几落手。
目眵鼻涕垂，委顿形态丑。
路经夏公楼[1]，丘墟不复有。
悼惜筹边才，至今谁继后。
群山此最高，四顾皆培塿。
长年雪不消，秦汉积已厚。
胡儿不畏寒，暮笳奏山薮。
诗情风雪中，吟苦音难剖，
勒马下银台，三义且饮酒。

① 原注：山头有石砌碉楼，系清总兵夏琅溪筑，以防边患，今已圮矣。

石径三义野店开，崎岖历尽暂徘徊。
莫惊足下云烟重，我自雪山顶上来。

彭县徐翕篪诗：

采药西来历几程，天风吹送玉山行。
雪莲万朵齐开后，要与拈花谒太清。

温江徐镜岑诗：

雪山高矗出云端，万里迎风六月寒。
瑶树琪花装世界，衡峰嵩岳比弹丸。
凭空宜若登天易，退步还疑到地难。
料有玉虚仙子在，好为刊刻白阑干。

井研吴嘉谟《雪山天下高》诗：

雪山高兮不可攀，一峰矗起云汉间。
相隔昆仑路千里，崔巍仗此控百蛮。
在昔蚕丛开巉巇，贩竖钩梯通剑栈。
窅寱峥嵘者山灵，竟尔东西南北限。
迩有居人披茅茨，石睁苔发森鬈鬇。
魄褫魂悸心胆裂，匍匐犹在山之涯。
十步九折惊险绝，乃如天柱撑西陲。
雪山形势略如此，斑驳陆离尤可纪。
百波九道汇旁流，伸臂遥掬金沙水。
羊膊铁豹咫尺间，玉垒青城相表里。
高瞰九顶出层空[①]，下眄九州如黑子。
是山古称天下高，参井手摘地不毛。
山魈木魅昏月见，夜深雨啸凄风号。
时若晨光鵕鸟灿，夷硐番硐白石烂。
玉笋照耀迎朝华，玲珑挺出插天半。
当夏暑气常阴森，惊沙拂起飞满岑。
触石砰磕似雨雹，列缺鞭施蛟龙吟。
君不见雪山之高高无巅，横亘东北森参天。
雀鷂高飞不得止，猱玃上跻愁攀缘。
又不见雪山之雪飞六月，因方成珪圆成璧。
天宫幻作水晶宫，琪树瑶花一色白。
皓鹤夺鲜窜林隅，白鹇失素秃若误。
银潢下驶空色相，高哉雪山诚危乎。

① 原注：《元和志》：山有九峰，四时积雪，俗呼为九顶山。

昔闻逖卒遄戈壁，祁连山下夜传檄。
瀚海阑干百丈冰，趾𪄎肤裂沧沙砾。
抚兹危绝尤惘然，不独战骨埋幽燕。
我闻白雪三城戍，千载而下孰筹边。
噫嘻乎！蜀江清兮蜀山寒，蜀山高兮蜀道难。
泰山一登天下小，不知泰山例此犹弹丸。

温江徐镜岑诗：

岧峣势无穷，精莹凝太空。
高凌世界外，寒冱群山中。
不著青碧色，应有琼瑶宫。
莫羡玉门关，无由度春风。

灌县罗德舆诗：

晴空森玉笋，瘦劲插天根。
倘毓中原秀，应居五岳尊。

邑人祁鼎丞诗：

策马岷江最上游，千年积雪皓松州。
严公不作山犹重，皎皎凌空白玉楼。

玉垒山：《蜀都赋》：包玉垒而为宇。刘注：玉垒，山名，湔水出焉，在成都西北山界。又谓：雪山，积雪如玉垒然，亦名玉垒山。志此待考。

雄黄山：县东三十里雪栏关下。山产雄黄，质坚色赤，有光泽。

火焰山：县东五十里，高出雪山。岩石赤褐色，年久风化，砂砾盈山，不生草木。

沙山：与火焰山相接。高峰插天，白沙积地，山麓为商旅通道。

关刀山：县东六十里。石质峻雪，形如刀然。

松柏山：县东六十里。山多松柏，苍翠欲滴。

藏龙山：县东七十里。山势如龙，纵约十五里，横约三里。沿山松柏阴翳，薜萝交错，高仅雪山之半。兴龙泉自山右倾泻而下，澄澈涧底，灿黄若金。山腹池沼相连，如叠荷盖，水光荡漾，差分七色，一洞幽深。相传黄龙真人得道于此，傥或然欤。前列玉翠山，拱卫如屏，上涌三峰，岩石峥嵘。明马朝觐建前中后三寺，各距五里，名曰“雪山”，一名曰“黄龙”。并建有迎仙、宿云两桥，相距一里，俱在山麓。为县境名区，每年六月往朝者众。

邑人祁鼎丞诗：

雪山山寺雪山麓，昔为黄龙修真屋。
黄龙上飞不复睹，空余古洞白云簇。
汉夷朝拜六月中，我亦风尘共追逐。
子弟相随驰八马，中有名驹玉花腹。

险如平地登崇峰，背出骨石趋金蓬。
雪栏关上煮仙茗，活火新煎鱼眼浓。
沁我诗脾足乘兴，忽闻鸡犬鸣天空。
行人语此是风洞，时当夏日闻秋虫。
想是混沌凿巨窍，雪山灵气由此通。
远见一岭起天半，五岳失峻无兹崇。
铁蹄径度九折阪，须臾绝顶观无穷。
尚有一峰高不极，霞烧岩石丹沙红。
俯视万山伛平地，仰窥十指摩苍穹。
东北走龙绵，西南即茂松。
西北通夷巢，东南筑崇墉。
忆昔避寇昼夜伏，羌夷恶焰正汹汹。
满地坚冰映明月，千山积雪当隆冬。
一步一歇，不知所指。
气喘郁胸，汗流盈体。
偶逢侠少年，负我还故趾。
六载行踪犹未远，今朝鸿泥复印此。
立马风头不可当，载驱直下三岔子。
突兀左右皆童山，羊肠一道何迤逦。
乔松古柏翠连云，缥缈犹疑蜃楼起。
山随路转境忽开，游骑布帐纷纷是。
只因游仙不肯驻，桃源仿佛在咫尺。
曲径入幽深，悬崖相对峙。
辗转穿薜萝，隐约闻芳芷。
玉嶂参天走素虬，金沙映水游赤鲤。
巫峡神功无此奇，峨眉秀色差堪比。
好景难得日难留，明朝再备谢公履。
我偕子弟卧山间，独抱明月暂休止。
旭日忽瞳瞳，游人正如市。
炊烟暗不分，羌歌出云里。
独立欢场思渺然，马君具馔邀我餐。
烹羊炮羔且为乐，相约爇火窥洞天。
石床与古佛，构造知何年。
天浆滴出石钟乳，洞底应有龙潜渊。
君不见程生访道居此间，洞中七日证仙缘。
渴饮玉泉食石髓，夫妻羽化上池边。
寻幽探奇不辞远，更上山头看雪莲。
仙草盈握花如掌，写将一幅画图传。

如此畅游难再得，归来犹忆雪山巅。

温江徐镜岑诗：

是谁创凿黄龙洞，为问黄龙几日飞。
五彩池亭空人画，万株松柏已成围。
莲开雪瓣寻仙种，石滴天浆悟道机。
欲向赤峰穷绝顶，不堪回首又斜晖。

邑人蒙春辉诗：

山溪澎湃欲喧天，流入池中色色鲜。
漾出丹青谁点缀，滴来苍翠更芳妍。
汉歌夷舞分还合，蜓雨蛮烟断复连。
好景留人归不得，一声疏磬到林边。

我与名山有夙缘，芒鞋草履亦天然。
清池偶饮甘如醴，古洞同游步欲仙。
白雪生莲根蒂固[①]，青钱掷水浪花圆[②]。
斜阳野寺钟声杳，惟问黄龙何处眠。

清溪旷代自谁传，惹得诗人兴欲颠。
揽辔观池随曲径，振衣入洞冒飞泉。
神龙出海应何日，冰雪成晶不计年[③]。
僧侣相逢聊小住，试将幽意暂逃禅。

汤德谦诗：

闲身又得入禅林，松柏连山曲径阴。
望去一番风景丽，分来五色水源深。
特开多福嫏嬛境，为涤无聊尘垢心。
仰识仙踪频指点，天青云白此中寻。

飞来玉嶂叠茏葱，雪岭晶寒峙碧空。
谷口云霞香绚烂，洞中泉石倍玲珑。
天开图画芳池里，水漾玻璃夕照中。
一夜羌歌声唱和，不知初日已曈曈。

① 原注：产雪莲花，雌雄同株。
② 原注：有一池，名转花池。
③ 原注：后洞有雪晶。

邑人马尧安诗：

十三年后又重来，快览前题笑口开。
仅有烟霞供啸傲，不须海外觅蓬莱。

锦鞍布帐共盘桓，世外林峦次第看。
为访真人仙去处，老僧指点白云间。

曲沼芳池宛转通，灵泉疏凿仗神功。
如何一样源头水，五色分流各不同。

古柏苍松石径斜，马前频采雪莲花。
羌歌唱和蛮娘舞，声教何曾被汉家。

话到游仙兴亦豪，梵钟响彻五云高。
行行小住长松下，风撼平林作怒涛。

踏遍山峦又水浔，不烦丝竹得清音。
回头指点经行处，从此仙寰路渐深。

暮山倒影入芳塘，碧漾玻璃碎水光。
览胜浑忘天欲暝，晚来风露湿衣裳。

爱游禅境宿禅房，随坐随行谒上方。
小憩僧寮谈道久，绿纱窗外挂斜阳。

拔地干霄一岭崇，万山傍列若奚僮。
四时常积峰头雪，亘古晶莹夕照中。

山穴云关路可通，伛偻深入烛摇红。
天浆滴就玲珑石，信是如来色相空。

草山：县东七十里。

伏羌山：县东八十里。

五佛山：县东八十里。五山连接，次第排列，山顶圆秀，远望之形似如来，故名。

张家山：县东九十里，三舍汛左。产煤炭，质最佳。入黄土四成，燃之愈烈。

龙滴山：县东百四十里。山形如龙，泉滴如涎，故名。

鹿交山：县东一百五十八里。

师家山：县东一百六十五里，一名文家山。宋时有师、文二姓居此。山麓有文山关。

茅草山：县东一百七十里。

佛祖山：县东一百六十五里。

清泉山：县东一百六十五里。

白崖山：县东一百七十里。崖石色白，故名。

大崖山：县东一百八十里，小河营地，崖壁峭削。

天马山：县东小河营城西南隅。石峰高耸，势如天马行空。

伞顶山：县东小河营城相对。形如伞顶，故名。

翠屏山：县东一百八十里小河营。包山为城，城上林木耸翠，拱卫如屏。夕阳西下，樵歌远出。

邑人杨树芬诗：

翡翠屏张草满坡，樵夫闲唱出烟萝。
影随狭径临风细，声遏行云向晚多。
欲觅围棋窥胜负，权依密树任婆娑。
归来再整钟期调，不觉前头已烂柯。

石砚山：县东一百八十里，小河营城北山麓。一石横卧溪边，形如砚，故名。

邑人杨树芬诗：

石碛微洼类砚田，江干横卧自年年。
谁遗荒徼文房宝，长结儒林翰墨缘。
半壁残烟供绘画，一湾流水助磨研。
倘能借得如椽笔，写尽夷情好定边。

笔架山：县东一百八十里，小河营城东。三峰并出，形同笔架。此处人文蔚起，殆山岳钟灵欤。

邑人杨树芬诗：

笔架参差石案横，三峰耸峭自天成。
高连云汉施工巧，俯认珊瑚落管轻。
毛颖提封增辖地，巨灵开凿待儒生。
虚台古砚长相伴，再向人间借管城。

古松山：县东一百八十里，小河营城西。山顶古松数株，老干生姿，龙鳞皴叠，高插霄汉，经冬不摧，相传为唐宋时物云。

邑人杨树芬诗：

雾霰云开见远松，参天翠影自重重。
柯条直向三霄插，苍翠长留几树浓。
用世羽毛阴和鹤，护身鳞甲老成龙。
岁寒独抱冰霜节，不愿秦皇玉简封。

青龙山：县东一百八十里，小河营城东北隅。山石如龙，入春，草满风动，犹龙夭矫，故名。

老虎山：县东一百八十里，小河营城西南隅。山下一石，蹲踞如虎，故名。

关山：县东一百八十里，小河营城隔岸三十里。秀色参天，与翠屏山对峙。顶上平旷，四方关隘，登览可尽，为众山领袖。小河营借作牧马厂。

獐子山：县东一百八十里，小河营城东南隅。兰生山上，两山层叠，秀出群峰。入春，麝馥兰芬，香满城郭。

邑人杨树芬诗：

几曾食柏度山冈，暗里微闻麝散香。
春暖芝兰争吐气，风熏椒桂尽含芳。
白茅半壁连高岫，绿树千重灿夕阳。
好向此中寻隐豹，休同象齿误文章。

兰花山：县东一百八十里，小河营城东南隅。春时，兰花遍岭，香闻十余里，故名。

温江徐镜岑诗：

山色重重抱，香风昔昔来。
是谁布兰种，遍地名花开。
异香出天外，余芳傍岩隈。
胡为此邦人，英贤污草莱。

仲尼操猗兰，感伤在幽谷。
空负王者香，生质遭屈伏。
竞媚嗤桃李，孤芳胜松竹。
安得移灵根，一为奉当轴。

灌县罗德舆诗：

兰生不择土，嘉卉逊其芳。
要涤腥膻气，天然此国香。

汤次庵诗：

遍岭花如插，南陔孝子循。
清香王者品，幽谷美人春。
羌女生男梦，番僧供佛因。
葳蕤繁九畹，分植小河滨。

邑人祁鼎丞诗：

自从九畹掇芳还，几度春风到此山。
愿筑数椽香雪里，美人清梦伴幽闲。

象鼻山：县东二百一十里，交平武界。形势蜿蜒，中曲而上，耸如象鼻。

虎牙山：县东二百一十里。崖石凿凿，如虎张牙，与象鼻山并峙。下置关门。

红花山：县南五里，下有红花屯。

谷司山：县南五里河西。

盘云山：县南五里，下即泥巴寨。

鸳鸯山：县南三十里。

腊波山：县南四十里。

九龙山：县南四十里，在云屯堡西。

金斗山：县南五十里。上有古庙。

大聋山：县南九十里，归化西南。

百积山：县南九十里。

小聋山：县南九十里。入红土坡必经之路。

飞龙山：县南二百里，镇江关河中，即小姓沟正流合江处。

胭脂山：县南一百八十里，俗名红土坡。泥色如脂，故名。

牛心山：县南一百八十里。靖夷堡在焉。

宜都山：县南一百九十里。

笔架山：县南一百九十里。

斧山：县南一百八十里。

天马山：县南一百一十里。

大林山：县西里许，即大林口。

虎头山：县西五里，俗名白虎头。

鹭鸶山：县西十里。

洛稽山：县西。《元和志》：在交川县西北七十五里。

马鞍山：县西二十里。

辣子山：县西六十里。

羊角岭：县西四十里。

金刀山：县北三里，西岷顶后。

谷粟山：县北十里。

琉璃山：县北四十里，漳腊营城西。

观音山：县北四十里漳腊营。包山为城，上有观音庙。《要隘记》：漳腊城东北隅跨山。明万历间筑，包山为城，山半有观音庙，山顶有靖虏礅，城周四百余丈。咸丰庚申，逆据山顶施铳，居民死者数十人，城亦随陷。同治初，官绅筹修观音庙，并规复靖虏礅。宣统初，裁撤边兵，守御无人，至有辛亥之变，全城焚毁。轻视边防之为害大矣。

锦屏山：县北四十里，漳腊城南。

笔架山：县北漳腊城东，山形如笔架。

石牙床山：县北漳腊城南。山中一洞，内有石床。相传明建文帝出亡时，经此所宿地。

压玉岭：县北五十里。

西天山：县北七十里，漳腊城北，俗称小西天。

葫芦山：县北九十里，与小分水岭对峙。

弓杠岭：亦名小分水岭，在县北一百里。东岷之高，至此乃极。孤峰凌虚，四面俱下，北走南坪。诸番于此出没，时有劫夺，行旅视为畏途。

温江徐镜岑诗：

蜀山岂不高，至此乃云极。
突起若弓杠，凌空势奇特。
四面余低平，诸番惯行息。
前路达甘凉，万里云沙黑。

灌县罗德舆诗：

蜀山高不极，此岭欲摩天。
安得寻河使，西来速靖边。

聚宝山：县北三百六十里，距南坪城二里。山势如钟，高约三百仞。狭路七盘，其顶平旷，建有玉皇楼、祖师殿、观音庙。每年上九日，乡民往朝者众。

西山：县属南坪城西。

东山：县属南坪城河东。

地纳山：县属南坪城西北四里。地势平衍，有水田十余亩。松潘北路之有稻田，自此始。

朱家岭：县属南坪城南。土地肥沃，颇宜耕稼。岭后多产杂药，人恒采焉。

杨家山：县属南坪城北里许，山地多属杨姓。

马家山：县属南坪城北三里。

南岸山：县属南坪城下，安乐坝寨后。

中田山：县属南坪城北十五里。山多番夷寨落，土地宽广，宜于农事。

中山：县属南坪甲勿沟，上当两河口中。山林茂密，地势清幽，为乡民祷雨之所。

达盖山：县属南坪河东。山多古木，亭亭如车盖。

月连山：县属南坪城南十五里。地势宽广，居民颇众。

蓝家山：县属南坪台子寨后。

钟坠山：县东南五里。山形绝肖悬钟，行人经过若偶语，崖壁应声，铮铮作响。

温江徐镜岑诗：

大钟本天生，无系无悬衡。
偶以人语叩，时出金石声。
莫谓中不空，玲珑无与京。
地灵未可测，胜如刻长鲸。

灌县罗德舆诗：

山崩钟乃应，千里发奇响。
何时突飞来，震动边城上。

邑人祁鼎丞诗：

追蠡何年系蜀疆，巉崖卧石叩锵锵。
东坡远作《钟山记》，曾不遨游遍故乡。

牛心山：县东南五十里。峰峦圆秀，若心然。

狮马山：在县东南白羊场，隔河相对。北山似马，南山似狮。

太古山：县东南白羊场东三里。

凤凰山：在县东南白羊场，形如翔凤。

白象山：县东南白羊场右，山形似象。

龙头山：县东北五里，羊裕屯堡后。山势如龙，一起一伏，麓如龙头然。

窑窝山：县东北七里。

海坪山：县东北八里，山头旧有营垒。

甘松岭：县西北百十五里，羊膊岭下，后魏甘松县以此名。《隋志》：通轨县有甘松山。《新唐书》：开元十九年，吐蕃请交马于赤岭，互市于甘松岭。宰相裴光廷曰：甘松中国之阻，不如许赤岭。赤岭在陕西西宁卫。《元和志》：甘松岭在嘉城县西南十五里。《山海经》：甘松岭亦谓之松叶岭，江水发源于此。土人谓之松子岭。

岷山：县西北二百二十里，为东昆仑北岭支脉。主峰曰羊膊岭，高一万五千六百丈。分支东迤为大包山脉，南迤为邛崃山脉。江水自羊膊岭发源。《禹贡》：岷山导江。《史记》作“汶山”，《汉书》作“崏山”，亦作“汶”。《汉·地理志》：岷山在湔氐道。《禹贡》：岷山在西徼外，江水所出。《蜀志》先民谣：岷阜之山，江出其腹。帝以会昌，神以建福。郭璞《岷山赞》：岷山之精，上络东井。始出一勺，终至淼溟。作纪南下[①]，天清地宁。又，岷山在广阳县。王羲之曰：岷山夏含霜雪，殆昆仑之伯仲也。《水经注》：岷山即渎山，又谓之汶阜，即陇山之南首也，故称陇蜀。唐《十道志》：剑南道名山，曰岷山。刘昫曰：岷山连岭，而西不知纪极。北望陇山，雪积如玉；南望成都，若在井底。《寰宇记》：羊膊岭在平康县。《书经地理今释》：岷山跨雍、梁二州，导江之处，今在松潘县界之浪架岭。《方舆胜览》：《禹贡》梁州之山四：岷、嶓、蔡、蒙，西皆岷山，北皆嶓山。明杨慎《丹铅录》：蜀山之大者曰岷山，其川曰岷江。“岷”字，《说文》作“愍”，省作“岷”，汉人隶书作“汶”。《史记》引《禹》“岷嶓既艺”及“岷山之阳”“岷山导江”，皆作“汶”，盖古字通用也。董生曰：岷有东西二山，大江在其中。江以内东岷也，延袤九百余里。自西夷界浪架岭绵亘千余里，入川为松之雪栏，茂之铁豹，汶之玉垒，灌之灵崖，彭之丹景，什之莹华，绵之五都，龙安之天台，石泉之石纽，随地易名，总之曰崏山。江以外西岷也，出皂以西，众山延蔓，诸番千里未极。其入内地者，青城、峨眉、蔡蒙、临邛、瓦山，总名崃山。《禹贡》：岷山之阳至于衡山。山南为阳，即西岷也。西岷南下，出峡结为衡山。山北为阴，东岷之脉，历过九江，至于敷浅原而止。

天彭阙：县西北八十里，今名黄胜关，外与甘松岭相接。

---

① 下：当为“夏”。

小分水岭：县东北九十里，与弓杠岭相接，南为岷江源，东北为嘉陵江源。山势平坦，上有龙潭。

浪架山：县北一百里，与白马岭、弓杠岭鼎足相峙。

白马岭：县西北三百里，羊膊岭东南。亦名喇嘛岭，入包座要路。

大分水岭：在县羊膊岭南，流分两派，东南为江源，西南为大渡河源。

羊膊岭：县西北二百二十里。为岷山主峰，江水发源处。蜿蜒雄厚，支脉为大小分水岭，主脉南迤，分东西两岷，抱江而下。

温江徐镜岑诗：

峻岭传徼外，突起见崔嵬。
岷江依麓行，终古无移改。
远接昆仑峰，下视星宿海。
水源藉先导，禹功竟千载。

灌县叶惠三诗：

叱石起牂羊，山高卷大荒。
岭犹撑似膊，路更小于肠。
羯雨嗥魑魅，膻风走虎狼。
下临星宿海，江水发源长。

灌县罗德舆诗：

徼外特雄秀，江源第一峰。
锦城东望远，隐见碧芙蓉。

锣锅岭：县南一百一十里。

卫崖：县城崇山麓下，壁立数十丈，俯瞰全城。

红崖：县东七十里，上有关。

月儿崖：县东一百二十里。壁立千仞，间有圆孔，直透天光，望之如月，故名。

白崖：县东一百八十里。

观音崖：县东一百八十里，小河城北。隔水耸峙，倚崖建观音庙。

合峰崖：县东二百里，两峰相合。

冰崖：县南九十里，归化山后。

箭崖：县南百里之北定关。崖高数十丈，有箭插石壁间，不知何人所遗，可望而不可及。

金瓶崖：县南一百四十里，金瓶堡对河。

扫水崖：县南一百五十里，金瓶堡北。

莲花崖：县南一百九十里之镇番堡，其崖石如莲瓣形。

骨石崖：县西北十五里。巉削峥嵘，不生草木。秋冬积雪皑然，黄花满山，与雪宝顶雪莲相映。番人号为神山，朝拜者络绎。

温江徐镜岑诗：

石为地之骨，骨胡以石名。
终古无草木，惟见势峥嵘。
雪盛黄蕊发，不与莲花争。
番人号神山，朝拜相送迎。

汤次庵诗：

骨石叠琳琅，神山压虏疆。
雪堆秋后白，花簇壁间黄。
藤薜穿经络，冈峦竖脊梁。
晶莹嵌宝顶，莲瓣冷无香。

灌县罗德舆诗：

露骨见奇秀，黄花相与秋。
山灵应绝俗，佳色满松州。

邑人祁鼎丞诗：

嶒崚气象肃孤高，翻笑神山似不毛。
雪里黄花容易瘦，只余清骨待归陶。

豹子崖：在县北二十里。其地多豹，樵者入山，必结伴携械。

红崖子：在县北三十五里，红桥关之东。

红心崖：县北四十里，漳腊城东北。崖石鲜红，有石洞，最深。

滴水崖：县西南三十里，下连牟尼沟。崖石滴泉，产白夹竹。

大红崖：县西北一百九十里。崖石赤色，横障数里，下产贝母、甘松、大黄、秦艽各药品。

金枪崖：县北南坪三道城对面。崖石高十余丈，人不能至，上有金枪三枝，可望而不可及。

绕蜡山：县北南坪四道城下对面。半坡有子母石，积成高十余丈。下小、中大、顶平，上有小树如蜡花，其形似蜡烛。土人言及原来系两枝，因清时地震，为水冲去其一。

打儿崖：县北隆康汛侧。崖高丈余，上有石穴，不知深浅，求子者以石掷之。清把总岳华增刊“石丈凌云”四字于上。

箭穿崖：县北牌坊坝路侧。高三十丈余，有一孔，能透天日。相传昔有神人一箭射穿云。

老鹰崖：县东南白羊场太古山侧。山嘴似鹰，故名。

番子崖：县东南二百五十里。

大崖窝：县东南二百八十里。

息宿崖：县东南二百八十里。

野狐峡：县西一百五十里。唐贞观八年，别将李道彦分道击突厥至阔水，党项酋长拓跋赤辞等屯野狐峡拒之。道彦不得进，为其所败，退保松州。即此。

龙洞：县西二道海侧。

地纳洞：县北南坪地纳山。中有石穴，深数丈，寒气逼人。六月炎暑，冰犹不释。

甲勿洞：县北南坪甲勿沟内。峭壁之下有洞，深不可测，六月积冰不化，天旱求雨，使人侧入敲冰，溶化于瓶，雨即兴焉。惟瘴气最甚。高声一呼，冰雹立至。

朝阳洞：县北南坪二十五里。阔二丈，深三丈，内有天生石佛像，士民晋香不绝。

鱼洞：县南归化沟。内有两洞，相传古龙池也。谷雨时，有鱼出洞，千百成群，不知所往。至秋分回洞，岁以为常。每出，溪水辄涨，居民恐怖，溶铁封洞口，大鱼遂不得出。

斗鸡台：县北九十里。两石对峙，高数十丈，作欲斗之势。四面壁立千仞，石罅产松数十株，苍翠如盖。

出坐台：县北黄胜关外。

大石楙：县西南二十五里，牟尼沟后，乱石如锥。又有小石楙相接续。其地产鹿。

老林口：县东南白羊场山上。

牌坊坝：县东城外。

水草坝：县东二十里。明正德初，抚臣刘洪言：松潘天寒地瘠，物产不多，负贩者以险远难致。东路自江油县入山口七百余里，如猪儿嘴等处甚险。然俱有偏桥可通，若新开一路至水草坝与旧路接，非惟粮运便益，物价亦稍减矣。

较场坝：县南城外。

茨坝：县南下泥巴前。

黄沙坝：县南一百二十里，镇江堡北。

万金坝：县南一百三十里，平番营南。

铁匠坝：县北二十里，右所屯南。

大坝：县北城外五里。

小坝：县北城外五里。

长河坝：县东南白羊场北，距甲竹寺百里。

黄草坪：县东南白羊场北，距甲竹寺六十五里。

野牛坪：县东南白羊场北，距甲竹寺九十里。

土地梁：县东南白羊场。

焰火垭：县东六十里。

笔架石：县北二里许。有石横出江中，蜿蜒凹凸，俨如笔架。

狮子石：县东四十里，风洞关下。巨石蹲踞如狮，头尾口鼻耳目爪牙皆具。又名施公石，相传前代羊峒番叛，施公运粮经此，误堕雪坑中。次年雪消，其尸盘坐石上，面目如生。公名清，字明远，浙之钱塘举人。

天花石：县东五十里雪山下。路旁立石，高数丈，大逾屋，遍石花纹，五色皆备，宛如杂花生树，故名。

白羊石：县东南白羊场。山有白石数十，望之如羊场，因以名。

金盆石：县东南白羊场河岸。其形如盆，径约五尺。

龙蟠石：县东南白羊场。龙王庙有石，青白色，形如蟠龙。

鸡心石：县东五十里，与天花石隔溪对峙。大于斗，上尖下圆，竟体工致。

雌雄石：县南七十里，新塘堡之西。有两巨石重叠，上奇下秀。好事者移置之，越宿，仍重叠焉。

喇嘛石：县北南坪城十里。二石峙立道旁，相传清初有喇嘛过此，避雨石下。去后，近石处无雨痕，番民异之，故名。

龙马石：南坪河中。相传明时有龙马由大海子出，过此留迹焉。

靴子石：县东黄龙寺内。有石如靴，每逢湿润则雨。

岷江：源出岷山主峰羊膊岭南，当北纬三十四度。自徼外流入，经白马岭西，历天彭阙（今名黄胜关），与浪架岭合流。东合阔水，汇玻璃泉，西合潘州河，曲流至县，共行七百余里。南径县城，经红花屯、石河桥，有东胜河东来注之。折东经雄鸡屯、西宁关、云屯堡至安顺关南，有窗河自西北注之。又南经得胜、新塘、龙潭至归化堡西，有云昌沟自东北注之。又南经镇江关西，又[①]受热雾沟水，左受甲竹沟水。南经平番营西，又南经金瓶崖，右受一水。至镇坪，东有白羊河水注之。又南至靖夷堡西，左右各受一水。又南经平定关、普安堡、叠溪营至长宁堡西，有黑水河自西北来汇，亦岷江别源也。

清张邦伸《江源考》：

徐氏宏祖纪江源云：《禹贡》岷山导江，乃泛滥中国之始，非发源也。中国入河之水为省五，入江之水为省十一。计其吐纳，江倍于河。按其发源，河自昆仑之北，江流昆仑之南，非江源短而河源长也。又辨三龙大势，北龙夹河之北，南龙抱江之南，中龙中界之，特短。北龙只南向半支入中国，惟南龙磅礴半宇内，其脉亦发于昆仑，与金沙江相并南下，环滇池以达五岭。龙长则源脉亦长，江之所以大于河也。李氏绂《江源考》：江为南条大水，与北条之河并称。河自发源至积石入中国境[②]，以今《方舆路程图》考之，已七千余里。而历来溯江源者，悉本《禹贡》“岷山导江”之文，止就岷山言之。虽博奥如桑氏《水经》郦氏《注》，精详如陈氏《禹贡论》，亦无异辞。余独疑江水广与河等，深则数倍，并横亘中国。江尤有天堑之名，而岷山在陕西废叠州，为中国境内，何其源之近而小耶？窃以为《禹贡》言“岷山导江”犹“导河积石”，止就神禹施功之地言之。江源不始于岷山，犹河源不始于积石也。昔人尝有以北金沙江为江源者，其源出在西番内，莫得其详。后阅《方舆路程图》，则北金沙江源委井然。既开方以计里，又测极以准度，其法为古来所未有。按《图》考之，岷江与金沙江会合于四川之叙州府。自叙州逆溯其源，岷江源出岷山，当北三十四度，西十二度。行五百余里，过黄胜关，至松播卫，入四川境。又南行五百里，至茂州之长宁堡，此黑水河来会。又南行六百里，经成都西境，至嘉定州，青衣、嘉定二江来会。又二百余里至叙州，与金沙江合。自发源至此，仅一千八百余里。若北金沙江则发源西番，番名克达母必拉。必拉者，河也。当北纬三十二度半，西经十二度。经母斯乌苏之拜图都浑，共南行一千八百里，过裹雍河屯，始名金沙江。又东南行九百里，过塔城关，至云南丽江府。又南行

① 又：或当为“右”。

② 此为古人在地理上的认知偏差，长江发源，一直都在我国境内，“积石入中国境”的说法是错误的。

四百里，至陶营巡检司。又东北行千里，至雪山，入四川境。又北行千二百里，有打冲河来会。又东行三百里，至凉水井。折而北行七百里，又东行四百里，至马湖府。又东行二百里，至叙州府，与岷江合。自发源至此已六千九百余里，较江之源远三四倍。凡水以源远者为主，而源近者附之。今自叙州会合之处，逆溯二江之源，修短悬殊若此，乃不以行六千九百余里者为江源，而以行一千八百里者为江源，此理之必不可者也。按黄河发源，北三十六度，当西十九度，与金沙江南北相距仅三度半，东西则止偏西一度。而河源之南，金沙江源之北，皆高山耸峙，盖即所谓昆仑山也。河源在昆仑之阴，江源在昆仑之阳，而特微偏西二百余里也。又有一源名鸦砻江，即所谓打冲河，与金沙江会合于马湖西境者也。鸦砻亦发源于西番北境，与青海南境接壤，当北三十四度，西十八度，与河源南北相距仅二度，东一度，中阻高山，盖亦昆仑之阳，而微偏东二百余里者也。其源从平地涌出，源泉百十道，与星宿海相同。西番人名以查楚必拉，蒙古人名以七察尔哈那。众泉会流为大川，南行二千里，沿途纳东西大水十余处，经四川西境，始名鸦砻江。又南行六百里，入四川境，过三渡水，始名打冲河。又西行三百里，又南行五百里，与北金沙江合。又一千六百里，至叙州。自发源计之，共行五千里，较岷江之源亦几于三倍，而水势盛大，亦倍于岷江。以源之远论，当主金沙江；以源之大论，当主鸦砻江；然不如金沙为确。盖金沙较鸦砻又远一千九百里，源远则流无不盛者。若岷江则断断不得指为江源也。又按江、河并发源于昆仑，河源在其北，东趋陕西，又折而北，直趋塞外鄂尔多斯。又东行千余里，然后折而南，由延安入陕，再折而东，以入于海。江源在昆仑南，亦东南行，已与四川相近，复南行直趋云南。东行千余里，然后折而北，由雪山入川，再折而东，以入于海。两大川始而相背，继而相向，有若黻文、亚文，亦天地之奇观。言江源者，亦可以无憾矣。按徐、李二氏论江源，一得之远游，一得之图像，皆信而有征，可补前人所未备。其论诚辩，然吾终以岷山为江之正源，金沙特如江之支流耳。盖源虽以远者为宗，而亦以大者为正。江自岷山至叙，行千八百里，已自成江。舟楫通利，其为大江也，无藉于金沙。故叙金沙之自南而北入于江，亦如汉水之自北而南入于江。后人断不以汉亦入江，而遂改江源于嶓冢；岂可以叙亦入江，而竟改江源于金沙哉！盖既论正偏，则不必更计其修短矣。金沙盘曲于万山中，细流断续，巨石横亘，从古不通。近乾隆初年，云南督臣按图开浚，董其事者云：凿山堑石，不知凡几，始有径可通。今虽亦行舟楫，毕竟崎岖曲折于侧径巉岩中，危险特甚，未能通行无碍也。则徐、李二说虽新奇可喜，特足广人听闻，终不可改为江之正源也。

知事张典按：灌县、理番两《志》均以清御制《江源考》弁于简端，究其说，多本于宏祖徐氏。兹于《锦里新编》中得云谷先生所著《江源考》一篇，而于徐、李二说征引颇多，特登卷中备考。

温江徐荆船《江源考辨》：

《夏书·禹贡》云：岷山导江。据《汉书·地理志》：岷山在湔氐西徼外，江水所出。《水经》云：岷山在蜀湔氐道，大江水所出。《益州记》云：大江源始发羊膊岭下，缘岩散漫，小水百数，殆未滥觞。金仁山《通鉴前编》云：岷山有谷名铁豹岭，有西岳庙，庙下有羊膊石，江水所出，今概以羊膊岭称之。《江源记》云：岷江发源临洮木塔山，分东西流。南流八百里，经甘松岭，又南经漳腊营，其水渐大。复经镰刀湾达松潘之下水关，达叠溪，至苜蓿堡，黑水合之。经茂县南至威汶，转银岭，合草坡河，至蚕岩，入灌口。《地理今释》云：导江之处，在今松潘卫北，西番界之浪架岭。南流，东支自弓杠岭口而至漳腊营，合正支；西支自杀虎塘至黄胜关，合正支。《寰宇记》云：羊膊岭下有二神湫，乃大江发源之所。《松潘卫志》云：岷江发源草地，自北而南穿松潘城而出。诸说皆略其地而未确指其源。今按：羊膊岭即铁豹岭，当北纬三十四度。江自徼外流入，合众山小水至岭麓西岳庙，经白马岭，历天彭关即今黄胜关，东有漳腊营河，西有潘州河，共三大支，合于乃褚山下，而水渐大，即《禹贡》导江之源也。又曲流至龙涸县，共行七百余里，即今松潘县，称曰岷江。又南至石河桥，合东胜河；至安顺关，合窗河；至归化堡西，合云昌沟；至镇江关左，合热雾沟、甲竹沟；至金瓶岩，右受一水；至镇平，东合白羊河；至靖夷堡左，右受一水；至长宁堡西，合黑水河而来，源遂大。至茂县、汶县，又合数水，成大江。至灌县离堆分流，以溉成属眉、邛之田，为利实大。经江口以下合诸大水，出巫、夔，又合数大江以入海。近清创说江源，以金沙江流之远者为源，不知金沙江历夷地，纳细流而合大江，并无济于农田、舟楫，谓之大支流则可，谓之古正流则不可。以支混正，是不明中外偏正之义，反以二百余年阅历，夺四千余年治水之神功。彼湘、汉亦入江，又何尝因其流而以其源为江源哉！是不得不辨也。

涪水：源出雪山岭东，在县东五十里。东流汇兴龙泉，合众山溪水，入平武县为涪江源。又东南行，经绵阳，至合州，达嘉陵江。《汉志》：涪水出湔氐道徼外，东南与建治水合，又东南至江油戍。《省志》：涪水源出松潘卫风洞顶兴龙泉，出小河营，入平武县界，合木瓜河。

邑人杨楫舟《雪山下观涪江源》诗：

灵源莫谓小，来自雪山高。
一出江油道，奔流喧怒涛。[1]

从此达沧海，穿山纳万流。
涪江千里水，别派衍梁州。

雪岭千峰拱，松崖半壁寒。
碧泉纷照影，簇簇好林峦。

大石扼江水，水鸣越其背。
浪花圆似珠，万斛一时溃。

① 原注：源不甚大而曲折清冽，白雪苍松掩映两岸，真奇观也。

灵境无人争，清流信自美。
山中有寒鸦，飞来一饮水。

阔水：源出弓杠岭山右，距县百里。下流至小西天，合岷江正流。一说水至红桥关而阔，为阔水，似误。《通志》：唐贞观八年，别将李道彦分道伐吐谷浑，经党项中，至阔水，出不意袭取之。党项忿怒，拒道彦于野狐峡，道彦还松州。十二年，又命侯君集等分道伐吐蕃，将军牛进达出阔水道，即此。按李元《蜀水经》云：江水又东南受阔水，水出弓杠山。即此水也。

让水：源出县东南白羊场番地。东南流三百三十里，入平武县界。又二十里，入江油县界，为小江河，一名长江水，即让水也。又东流入彰明县南，合涪水。《寰宇记》：廉水、让水，一名长江水。《明一统志》：廉水在彰明县西五里，让水在县北十里。宋明帝因言贪泉，问梓潼人范柏年曰：卿乡有此水否？柏年对曰：臣家梁、益间，惟有廉泉、让水，不闻有贪泉。帝善之。今按：让水源出县境，特志之。

湔水：源出县东南甲竹寺番地。入石泉县界，东南流一百六十里，合水沙河。又西合茂县沈公岭水，为石亭江，即湔水。南流入小江河，合涪。《省旧志》：湔水有二源：一出茂州界沈公岭，东流入石泉县界；一出甲竹喇嘛生番，入石泉县界。东南流一百六十里，合众山溪而二水合为石泉河。

黑水河：源出县西北边外番地。有两源：北源出九里古拉达巴罕岭，西经十四度八分，北纬三十二度七分，即马尔隆河，水东北流，折东南，曲流二百余里；南源即雅尔隆河，自西南来会，又东南入边，折而南至长宁堡西北与江会。《蜀水经》：翼水源出松潘。二水合流，如张两翼，故名。一名叠溪，即黑水河也。按：黑水自绳、若而外凡五：《汉志》：黑水出犍为南广县汾关山，北至僰道入江。一也。《水经注》：黑水出汉中南郑县北山，南流入汉。诸葛亮笺云：朝发南郑，夜宿黑水。二也。又黑水出羌中西南，入白水。《通志》：扶州尚安县有黑水。《元和志》云：出县西北素岭山。三也。又崇庆州西北有黑水入江。《元大一统志》云：源出常乐山，溪石皆黑。四也。并此而五。然皆水之小者，非《禹贡》黑水也。

白河：即白水江南源，今名白龙江。源出县北百里弓杠岭之斗鸡台后，合众山溪水，北流与黑河塘黑河合。经县属南坪，南流二十里，与汤珠河合。折东南，流入文县界强家坪。又入平武县界，合牛头河。又东南流一百一十里，合清江河。又经黄沙坝，合黄沙江，东南流十里至昭化县城，东十里合嘉陵江。

黑河：县南坪城东北，距城四百余里，源出番地达弄及五花池。西流与香水河合，至头道城，与达舍沟水合，南流合白河。

汤珠河：县南坪城西南三十里，源出大勿沟山顶，北流入南坪，合白河。

东胜河：县东胜堡，源出雪山北岭下。西南流经石河桥，入江。

窗河：源出县西百里羊角溪，南流至安顺关北入江。

金川河：源出县西北牦牛徼外，即马木七七哈纳河。南流入大金川，经绥靖堡，西至崇化屯，历巴底巴旺，南流至章谷会小金川、孟拜山水，入大渡河。

甲楚河：亦名谢楚河，源出县西南牟尼芒起山。南流经理番界，合梭磨河。历绥靖、崇化、巴底巴旺，合孟拜山水，入大渡河。

梭磨河：源出县南峨眉喜番地，南流合甲楚河。

祥芝河：源出县北上包座番地，即白龙江（亦名白水江）北源。东北流入甘肃界，折东南流，历阶州文县东北，合南流，入嘉陵江。

叠藏河：俗名包座河，源出县北羊膊岭东麓废叠州包座生番地，东北流入洮河。

多拉坤都仑河：源出羊膊岭，北流入黄河。

都尔大度坤都仑河：源出县西北大分水岭北，北流入黄河。

得坤都仑河：源出县西北大分水岭西北，北流入黄河。

汤次庵《黄河考》：

黄河发源甘肃、青海之噶达素齐老山，又名昆仑山，又云星宿海。由松潘边境西南廓罗克番部入川境东行，经三阿树折北，至上十二部落唐个寺，有噶溪河流入，即大都仑河。经辖慢、物藏、磨下各寨，有墨竹溪河流入，即得坤都仑河。由二道黄河插汉、百胜，折西出川境，入甘肃达子番地。北行经西宁、河州、兰州、宁夏，出长城，折东而南，环内蒙古鄂尔多斯旗，是为河套。入长城，经陕西东、山西西，复折而东，经河南、山东、江苏，入于海。考商务印书馆《四川全图》，川境内无黄河。查黄河沿岸川、甘交界番地，游牧者多，常有甘番侵入川境。且拉布浪寺，自清道、咸、同、光以来，侵占川省番地，至一百余寨。川督刘秉璋奏报有案，并委员查办三次，当日绘图，据《游历调查日记》，恐番人不知源流，翻译不详地界，误以川境为甘境，以故绘图时川境内遗漏黄河，仅有黄河支流而无正流也。考清嘉庆年纂修《四川通志》“土司类”载：松潘西南边境有黄河，经三阿坝、三阿树、三廓罗克、上十二部落等寨，出川境，入甘肃，属达子番地。且川、甘茶商多在黄河沿岸贸易，均谓黄河实由川境经过。姑志之，以待后来考证舆地学之一助云。

永泉：县东金蓬山下。相传明时都督李安以剑斫石而得水，清洌甘芳，因题曰“永泉”，建亭其上，乡民常汲以疗病云。

温江徐荆船诗：

采药东山下，崖壁峙如脊。
灵苗一无有，甘泉胜琼液。
路人为我语，李君此凿石。
试为掬手饮，块磊已如割。

灌县罗德舆诗：

刺刀出飞泉，兵气激雷电。
一勺俪前踪，羌戎应服汉。

汤德谦诗：

凿破危崖剑有神，飞泉漏泄一山春。
至今掬饮犹疗病，都督恩波永济人。

马蹄泉：城南照屏山后。泉穴似马蹄，大亦如之。隐见无定所，樵牧者偶一见。汲饮不竭，有意寻觅，反迷其处。

温江徐荆船诗：

循行照屏下，仿佛印马蹄。
马蹄却不见，惟听泉流溪。
隐显既莫测，樵牧语东西。
直待暝烟起，归途伤凄迷。

灌县罗德舆诗：

征人入异乡，饮马长城窟。
泉在有无间，恐寒伤马骨。

汤次庵诗：

马蹄飞过石崖穿，小穴深深注碧泉。
有意寻无无意有，能叨一饮是仙缘。

珍珠泉：又名翻花池，县东七十里黄龙寺后。人语则泉底沸涌，高出水面，如珠连缀，故名。

温江徐荆船诗：

天下奇妙景，莫如此灵泉。
行人不敢声，时有珍珠溅。
人语珠喷渍，语罢珠恬然。
清莹试一鉴，当有蛟螭眠。

灌县罗德舆诗：

含珠川益媚，水性且怀宝。
此勺不藏珠，沫喷满地皓。

汤次庵诗：

人声偶震雪山泉，沸起珍珠累万千。
料有骊龙眠水底，浮沤都作夜光圆。

济众泉：在县城内大西门崇山上十余里。其初，居民苦汲。明嘉靖十六年，都督何卿自滴水崖掘穴得泉，开渠导至崇山，置槽五百余，引入大西门，凿池注焉。周甃以石，深八尺，广二丈四尺，民汲咸便，因名济众，并建观泉亭。

响水泉：县北六十里。泉流湍急有声，居民资以灌溉，今湮。

玻璃泉：县北四十里。平地涌出一百八窦，冬温夏凉，清澈可鉴。绕漳腊城入江。

温江徐荆船诗：

城北四十里，山麓多石耸。
有泉如玻璃，常自石中涌。
冬温而夏凉，严寒蒸气拥。

造化莫可名，欲鉴开函捧。

灌县罗德舆诗：

在山常觉清，鉴影独分明。
冬夏殊寒燠，名泉不世情。

灌县叶惠三诗：

漳腊城东一穴泉，蒸蒸气出化冰坚。
水光绿透玻璃薄，要照西陲半角天。

石泉倾注碧涟漪，冬夏温凉各应时。
照出岷山真面目，水光如镜漾玻璃。

羊角溪：县西南百里，溪水南流为窗河源。
石厂沟：县东二里。
马龙沟：县东五里，沟水西流入江。
赫沟：县东五里。
龙洞沟：县东十二里。
雄黄沟：县东三十里雪栏关左。盛产雄黄，故名。
花椒沟：县东八十里，为东路要隘。庚申、辛亥两次番变，官兵进取，往往失利。
茨沟：县东三舍驿东。
磨子沟：县东南二百一十里。
平沟：县东南太古山东五里。
关公沟：县南里许。沟内有关帝庙，今毁。
谷司沟：县南十五里。
蛮子沟：县南四十里。
牛心沟：县南五十里。
雷打沟：县南六十里。
热雾沟：县南九十里。
铁炉沟：县南归化堡西。
归化沟：县南九十里。
大姓沟：县南归化堡南。
甲竹沟：县南归化保西。
东路沟：县南北定关西。
小姓沟：县南镇江关西。
大小沟：县南靖夷堡西。大沟通白羊场，小沟通青遍。
西门沟：县小西门外。
头沟：县西七里西门沟内。
朱家沟：县西五里。

黄风沟：县西二十里。

上姚沟：县北里许。

下姚沟：县北上姚沟附近。

朱凹沟：县北里许。

大沟：县北十里。

三条沟：县北二十里。

三义沟：县北二十里。

椽子沟：县北三十里。

罗梭沟：县北三十五里。

老熊沟：县北八十里。

东北沟：县北八十里。

土官沟：县北八十里。

大弄沟：县北一百里。

蹼爬沟：县北一百二十里。

红崖沟：县北一百五十里。

五色池：县东七十里，黄龙寺内。池约百余，形状各异，水分五色，天然名胜也。

浴玉池：县东七十里，黄龙寺内。池约数亩，积生石乳，玲珑可爱，因名。

仙池：县东一百八十里，小河城南关外。池深数丈，广亦如之。每值夜月澄空，无风自浪，遂以仙名。

邑人杨树芬诗：

秋水为神便欲仙，深宵更觉月婵娟。
九天骨换光犹敛，一曲池清影自圆。
尘浣羽衣明不染，匣开菱镜象无边。
嫦娥折桂殷勤赠，照澈银河倍爽然。

小天池：县北南坪马厂山顶。广四五亩，池水澄清。相传叶落水中，鸟即衔出。天旱，以长绳系瓶，入池汲水，雨即至。

红池：县北南坪。广五六十丈，池水红色，盖为红岩所映也。

太平池：县北南坪太平沟内。广十五里，波平浪静，常有云雾笼罩。

趵突海：县东七十里黄龙寺侧。水出平地，满而不溢，如虚谷然。

幻海：又名塔连海，县东八十里雪栏山后。广约数十亩，每当春夏，水光云影，变幻莫测，土人常于此占休咎焉。

二道海：县西三十余里马鞍山后。二海相连，如人目。入夏，清澈异常，番人喜游牧于此。

五座海：县西五十里马鞍山后。五海连缀，如贯珠。阴寒凝注，冰雹时作，游牧鲜至。

翠海：县东北一百余里，中羊峒番部内。海狭长数里，水光浮翠，倒映林岚，故名。

大海子：县北漳腊城东北三十里，红心崖右。周围约十里。

小海子：县北漳腊城东北八十里，红心崖后。天旱，土人往海边，用石击之，水涌高数丈，大雨即至。

雄海：又名黑海，近翠海山麓，形略小。

古松桥：县城中。民国初，知事田兆文拨罪银款项重建。

温江徐荆船序：

松潘为蜀西北重镇，群山环拥，纵贯大江，上接甘、凉，下通汶、茂，其利戎事而便商旅者，实惟古松桥焉。清咸丰庚申，突遭夷变而桥毁。宣统辛亥，再遭夷变，而桥又毁。生灵涂炭，为虫为沙；时阅沧桑，犹为恨恻。今虽烽烟稍靖而关河辽绝，咸悼穷途。瓦砾嵯岈，惟滋蔓草；行人裹足，舟子难招。岂山残水断之有由，抑人患天灾之所致。苟不预为绸缪，将必艰于控制，交通中阻，是松城患也。爰询于众，复建斯桥，非特利济居民，亦以联络夷汉。边陲锁钥，关系匪轻。不仅如古之有司，以岁时成徒杠、舆梁，免民病涉已也夫，既化荒凉于坦荡矣。尤冀我邦人士，垦农田、广学校、严军实、集工商，力求富庶，渐达文明。务使牛羊下栝，警耗不生，鸡犬相闻，和亲无间，是又成斯桥者之所深望欤。

福兴桥：县城中。邑人王福兴捐赀建。

映月桥：县城南。民国四年，知事余家骧、统镇张孝著捐赀并劝募重建。下有潭，深莫测，夜静江澄，月圆如珠。《县志》八景称为“龙潭映月”。

温江徐荆船记：

松城地脉由戌乾方来，四山围绕，皆高峻。惟崇山低而微凹，如半月形。城右踞崇岭，左凭大江，水由北径东入城，至大悲寺山脚，折而南出，甚如月形。乃于山水界处锁以桥，下流益阔，中峙圆墩，亦如月形，因以“映月”名桥焉。余数远游，所见江流数百里，率皆傍崖曲折行，未有豁如平原者。即有旷地，亦无有江水圜折如月者。而此则山水合抱，潆洄潴蓄，不其异哉！每当夜深月明，万籁俱寂，于桥上俯视，澄如晶石，旋如镫毬，其变幻不测，为何如也。桥与通远桥、古松桥相遥接，亦颇坚实。近今学校振兴，实业发达，伫见人文蔚起，商务益繁。临斯桥者，或唱大江东去，或咏月涌江流。即妇孺无知，亦将倚桥盘桓，望月而玩爱不置。正不独有志才人，诗题桥柱；远游骚客，月泛酒杯。始足为松城壮色，又奚让二十四桥之明月夜哉！是为记。

犍为张回诗：

碧潭浩渺万缘空，水面初看月影红。
擎出夜明珠一颗，应疑深处是龙宫。

邑人祁鼎丞诗：

青天有月圆如盂，点入潭心一颗珠。
未许潜龙吞得去，一飞出水上云衢。

迎恩桥：在县城南门外，明永乐中建。（《通志》）

积雪桥：在县东七十里，明洪武中建。（《通志》）

莫水桥：县城内大悲寺坎下，对金蓬山之溪水。相传有此桥，则溪水不涨。

凤鸣桥：县城北门外，今废。

通远桥：县城东门外。清光绪二十九年，同知黄汝楫募赀重建。跨岷江上游，每届雪消，虽水势汪洋，清澈见底。昔称“古桥春涨”，为八景之一。

温江徐荆船记：

天下有不通之路，恃桥以引其机；天下有致远之人，借桥以消其阻。松邑地偏西岷，与东龙、绵，北秦、陇，南茂、汶，均隔大江，亦行人障碍也。城东旧有桥，扼三路要冲，城乃不至陷于夷薮。辛亥之变，桥被番毁，商旅断绝，民咸苦之。次年，乃筹款鸠工，梁栅具备，由是东道复通，远人无滞。亦斯地之要害，因名以通远桥云。

通远桥觐阳古渡。上游桐梓坝，接连北寺。旧有河堤一道，原以修筑保障东北城垣一带沿河居民，日久废弛。民国七年，知事张典委李仁义、汤聘之、谭光辉、马逢祥、赵永德、马联升、马逢乐、马受荣、孙惠春等，拨款培修桥道城堤，俾江水不至泛溢为患。经县议会开会，征求意见，公同议决，以大桥铺租，拨为堤工、桥工两项之岁修的款，按年由县知事派绅商经管，收有成数，再由议会公举数人，将桥工、堤工接修坚固，沿河多种柳木，开辟蔬园。县公署立案出示，永远遵守。八年，大水，幸未成灾，居民感之。

犍为张回诗：

桥通远道水潺潺，路接松城任往还。
三月雪消风浪阔，始知春入万重山。

邑人祁鼎丞诗：

长虹远驾接西天，深锁岷江不计年。
塞外渐消千里雪，山中新涨百重泉。
滩头树老连云集，渡口花开夹岸鲜。
万里人归无病涉，且容驷马著先鞭。

迎仙桥：县东六十里。桥跨涪水，通黄龙寺、雪宝顶。

火石桥：县东七十里。

积雪桥：县东七十五里大湾。

伏羌桥：县东九十里。

上桥：县东一百里三舍关，桥跨白马河。

下桥：与上桥同。

松风桥：县东一百三十里。

合江桥：县东一百四十里三路堡。因中羊峒水至此与涪水合流，故名。

无病桥：县东一百五十里。清光绪末年，松中守备陈源济创建。

万年桥：县东一百五十里师家堡。清光绪末年，松中守备陈源济创建。

驷马桥：县东一百六十里虎威墩。

天顺桥：县东一百九十里吉安墩。

铁索桥：县东二百二十里木瓜墩。

石河桥：县南二十里，邑人柳恩、葛凤等募赀建。

上鸳鸯桥：县南二十里。嘉庆十六年，同知徐念高因遗址建修，今圮。

下鸳鸯桥：县南二十五里，今圮。

福兴桥：县南五十里，通牟尼、热雾等番地。

归化桥：县南九十里。

桂花桥：县南九十里。

浦江桥：县南一百二十里，通小姓四十八寨。

镇海桥：县南一百七十里。

会龙桥：县东南三百九十里白羊场。

笮桥，即溜索渡也。县南靖夷堡下至茂汶，凡山水阻隔处皆有之。两岸磊石为台，台上竖木桩，纽竹为大索二，以索之两端，一高一低，交互系于桩上。渡时用圆木二尺，空其中为筒，平分两半，合抱溜索上，外用绳紧系人腰间，自高处系定，向彼岸低处取势，用力推送，行如飞箭。土人往返，习以为常，粮食等物兼能渡之。虽云便利，然亦危险矣。

靖安桥：县北十一里，今圮。

圆坝桥：县北二十五里，附近番人建修。

古虹桥：县北三十里，通甘肃要道。清同治间，漳腊参将蔺朝举重建。宣统辛亥圮。民国十年，巴郎土官募捐，培修稳固。

灌县丁九如碑记：

古虹桥，昔之映虹桥也。或曰桥迤逦如虹，是即映虹桥所由名乎？曰不然。陈子昂诗云“虹飞百尺桥”，李白诗云“双桥落彩虹”，虹固桥之通称，此独名“映虹”者，殆以斯地赖有斯桥，若云霓之能慰大旱所望云尔。既经日久，不无摧塌之虞。有创于前，当继其后。是必徒舆丕变，济渡无忧。牵车者始可策马而驰，临河者不致望洋而叹矣。然沟深岸阔，非一木能支；功力殚巨，须多财乃足。所幸松潘总兵李公、同知周公、萧公发济川之仁，漳腊参将蔺公、邓公当作楫之任，督率绅耆，募化重修，而大贾富商亦复慷慨捐助，相与有成，厥功告竣。众善宜彰，利济及于无穷，仁泽流于靡暨。斯不可忘，因记之。

福善桥：县西北四十里，漳腊正西。庚申，毁于兵燹。邑绅汤兴顺、张崇礼、陈永春、文登儒、任必达等募捐修复。四十余年，岁修无间。辛亥之役，城乡屋宇被焚，此桥独存。民国九年，汤执中、文耀光募捐，培修完固。

东白桥：县西北五十里。

江源第一桥：县西北六十里，又名营定桥。距黄胜关十里，出关商旅必经之道。

雄黄桥：县北五十里，通南坪。

水清桥：县东北二百二十里踏藏。

郎寨桥：踏藏北七里。

通远桥：县东北二百三十八里永和塘。
上桥：县属藏咱西北。
下桥：同上。
羊峒桥：县东北二百五十二里分汛塘。
隆康桥：县东北二百六十八里。
新桥：隆康关东南三里。
沙坝上下二桥：县东北二百八十三里。
宁静桥：县东北宁静塘。
二道桥：宁塘东南五里。
黑河桥：县东北三百一十三里。
燕子桥：县东北三百四十八里。
条坝桥。
头道桥。
三道桥。
对长桥。
石门桥。
四道桥：以上俱在县北黑河塘附近。
玉瓦桥：县北三十八里玉瓦关，通甘肃洮州路。
汤珠桥。
抹地桥。
永顺桥：即南坪下桥。
安定桥：即南坪上桥。
凤凰桥、遇仙桥：以上俱在南坪附近。

《松潘县志》卷二

古迹

湔氐故道。《一统志》：在厅西北。秦置，改升仙[①]县，宋省。《水经注》：江水东径氐[②]道县北，县本秦始皇置，后为升迁县。

平康废县。《一统志》：在厅西南。三国汉置，属汶山郡。晋因之。宋省。后周复置。隋仍属汶山郡，唐属松州，宋省[③]。《蜀志》：延熙十年，汶山平康夷反，姜维讨平之。《唐志》：平康本隶当州。垂拱元年，析交川及通轨、翼针置。天宝元年，隶松州。《元和志》：平康县，西至当州六十里。显庆中，因古平康城置，在平康水西。属翼州，寻废。垂拱元年复置，属当州。

蚕陵废县。治属西南蚕陵山下。汉置，晋废。周改翼针县。隋徙治七顷城。唐武德初为翼州治，贞观改七里溪，天宝改卫山，徙今叠溪营西五里，后省。明洪武置叠溪所，清废。

兴乐废县。《一统志》：在厅西北。晋置，属汶山郡。按《宋志》：南晋寿郡兴乐县。《平康地记》云[④]：元年更名，本曰白马，属汶山，盖因白马岭为名。《华阳国志》：元康八年，汶山兴乐县、黄石等与广柔、平康羌有仇，遂叛，是也。宋时，侨置，非故地矣。

升迁废县。晋置，今县治。

嘉诚废县。《一统志》：今厅治，即古龙涸地，亦曰龙鹤、龙鹄。《华阳国志》：蜀时以汶山险要，自汶江、龙鹤皆置屯守。《魏书》：太和九年，仇池镇将穆亮帅骑次于龙鹄，击走吐谷浑，立梁弥承为后昌王而还。《益州记》：自龙鹄八十里至蚕陵县。《周书·武帝纪》：天和元年，吐谷浑龙鹄王莫昌率部落内附，以其地为扶州。《隋志》：嘉诚县，周置，并龙涸郡及扶州总管府。开皇初，府废。三年，郡废。七年，州废。《唐志》：松州，广德元年没吐蕃。其后，松，当、悉、静、柘、恭、保、真、乾、维、翼等为行州，以部落首领为刺史。《元和志》：松州南至翼州一百八十里，古西羌地。后魏

① 仙：嘉庆《松潘直隶厅志》和民国《松潘直隶厅志》中“沿革表”均作“迁”。

② 氏：当为“氐”。

③ 宋省：原志写作“〔宋省蜀志〕”，按原志版式，当为一部书。但无此书名，当为排版误。故改。

④ “按《宋志》：南晋寿郡兴乐县。《平康地记》云”句：嘉庆《松潘直隶厅志》作“按《宋志》‘南晋寿郡兴乐县’下引《晋太康地记》云”。

邓至王象舒治者，白水羌也。世为羌豪，因地名自号为邓至王。其后，子孙舒彭者遣使内附，拜益州刺史、甘松县开国子。后魏末，平邓至，统有其地。后周保定五年，于此置龙涸防。天和元年，改置扶州，领龙涸郡。开皇三年，废龙涸郡，置嘉诚县与扶州同理。大业三年，改扶州为同昌郡。隋末陷城。武德元年，改置松州。其龙涸故城俗名防浑城，在翼州卫山县北八十一里。城之北境，旧是吐谷浑所居，故曰防浑。《通典》：松州东南到通化郡三百里，西北到吐蕃界五十里。《明统志》：嘉诚废县，在松潘司城内。按，《隋志》：同昌郡，西魏逐吐谷浑，置邓州。开皇七年，改曰扶州。《旧唐志》：同昌县，西魏逐吐谷浑，于此置邓州及邓宁县。盖以平定邓至羌为名。隋初改置扶州。是隋之同昌郡，魏之邓州也。周之扶州于隋唐为嘉诚县。而《元和志》谓：隋改周扶州为同昌。误矣。

龙水废县。治属西南。周置，为清江郡治。隋开皇初，省郡，改清江县，十八年，改翼水县。

江源废县。《一统志》：在厅西。周置，属汶山郡。隋因之，唐废。按，《元和志》：江源镇在交川县西北三十里，盖即故县为名。

交川废县。《一统志》：在厅南。《隋志》：汶山郡交川县，开皇初置，有关官。《旧唐志》：后周置龙涸郡，隋废为交川县。《元和志》：县北至松州三十四里。本周天和中置，属龙涸郡。《寰宇记》：地通胡越，道路东西相交。《卫志》：在卫南五里，即今红花屯。

通轨废县。治属西南。周置，并置覃州、荣乡二郡。隋开皇悉省。唐贞观二十一年，置当州，属利川郡。仪凤二年，徙治蓬旧桥。天宝初，改江源郡。乾元复当州，后省。

废柘州。《一统志》：在叠溪营西。《旧唐志》：永徽后置。天宝元年，改蓬山郡。乾元元年，复为柘州。《元和志》：仪凤元年置，以山多柘木，为名。其城四面险阻，易于固守。治柘县，前上元二年置。又领乔珠县，东至州五十里，与州同置。《寰宇记》：州南至维州三百里。

废阔州。《一统志》：在厅西北境。相近又有诺州，俱唐贞观五年置，以处党项等降羌，属松州都督府。十五年，吐蕃破党项、白兰诸羌，屯松州西境，寻进攻松州，败州兵。阔州、诺州遂叛归吐蕃，寻复进属。后仍入吐蕃。

废诺州、废麟州。均唐贞观五年置，在松属西南边。

废剑州。治属西南。唐永徽五年置，后废。

废霸州。治属西南。唐贞观间置，仪凤后省。天宝初改信安县。乾元时复改霸州。

昭德废县。唐天宝初置。

鸡川废县。天宝二年置。均在县西南。五年，分二县地置真符县，升昭德为郡治。乾元初改真州，寻废。

悉唐废县。治属西南。地名悉唐川。唐显庆初置县，兼置悉州。咸亨初，改置南和州。天授改静州，又分县之静川地置静居县、清道县。天宝初改静川郡，后省。

峨和废县。《一统志》：在叠溪营北。《元和志》：县南至翼州六十里，本汉蚕陵县地。天宝十一年，置以县。有峨和山，为名。《明统志》：在叠溪所北六十里永镇桥。

废崌州。治属西北。唐贞观间，以党项地置崌、奉、宕、远等州。

废牙利县。治属西南小龙山下，唐置。旧有归化县城，号苻坚城。

废潘州。《一统志》：在厅北四百八十余里。《旧志》：相传汉武逐诸羌，渡河湟，居塞外，筑此城，置护羌校尉。唐广德初，松州以北皆陷于吐蕃。宋崇宁三年，秦招抚司言及阶州生蕃纳土，得邦、潘、叠三州。潘州盖属吐蕃，首领潘罗支，故名。又分潘州为上中下三州。元属吐蕃宣慰司。明初并设松州、潘州二卫，后并为松潘卫。今阿尖寨即上潘州，班班簇即下潘州。旧漳腊堡设于此二州之间，即中潘州也，去卫二百五十余里。

白岸城。在叠溪营西。《唐志》：冀州有白岸城。按，唐贞元中，韦皋破吐蕃论莽热兵，进屯白岸，西山诸羌皆降，即此。

鸡栖城。在叠溪营西南。《一统志》：唐贞元十九年，韦皋讨吐蕃，遣将邢玭出黄崖，略鸡栖、老翁城。《寰宇记》：鸡栖川，在悉州东南二百里。按，《元统志》：又有鸡栖村，在茂州东北一百七十里。有三路，一通茂州，一通龙州，一通绵州，皆吐蕃险要之地。今在石泉界，非此地也。

废轨州。在厅西北。《一统志》：本党项羌地。《唐书·西域传》：党项，汉西羌别种。魏晋后微甚。周灭宕昌、邓至而党项始强。其地古析支也。东距松州，西叶护，南春桑、迷桑等羌，北吐谷浑。山谷崎岖，大抵三千里，姓别为部。贞观三年，其酋细封步赖举部降，以其地为轨州。其后，诸酋长悉内属，以其地为踞、奉、岩、远四州。后拓拔赤辞亦内属，以其地为懿、嵯、麟、可三十二州，以松州为都督府。后内从[①]，地属吐蕃。

废翼州。《一统志》：在叠溪营西。《隋志》：汶山郡翼针县，后周置，及翼针郡。开皇初郡废。《元和志》：翼州北至松州一百八十里，西至悉州三百二十里，治翼针县。周武帝置，本汉蚕陵县也。周天和元年，讨蚕陵羌于七顷山下，置翼州，以翼计水为名。隋大业二年，省州，改置利山镇。唐武德元年，复置。其城西枕大江，南面临溪。《旧唐志》：翼州，隋汶山郡之翼针县。武德元年，分置翼州。六年，自左封移州治于翼针。咸亨三年，移就悉州城内。上元二年，移迁旧治。天宝初，改为临翼郡。乾元初，复为翼州，治卫山县，本隋翼针县治七顷城。贞观十七年，移治七里溪。天宝元年，改为卫山。《襄宇记》：翼州南至茂州一百二十里，西南至悉州一百五十里。《明统志》：翼州城在叠溪所城南，卫山废县在所西五里。按，隋、唐《志》皆作翼针，《元和志》作翼计，《旧唐志》《寰宇记》作翼针，今从隋、唐《志》。

废当州。《一统志》：在叠溪营西北。《隋志》：汶山郡通轨后周置县，及覃州并覃州、荣乡二郡。开皇初郡废。四年，州废。《旧唐志》：州初治利川镇，仪凤二年移治蓬白桥。天宝元年，改江源郡。乾元元年，复为当州。《元和志》：当州东北至松州二百十里，东南至翼州二百七十里。本蚕陵县地。贞观三年，置通轨县，属松州。二十一年，于县置当州，仍以羌首领为刺史。《寰宇记》：大历五年，移州入山险要害之地，以备吐蕃。《宋志》：茂州领羁縻当州。

---

① 从：或当为“徙”。

废悉州。《一统志》：在叠溪营西。《隋志》：汶山郡左封县，周置，曰广平，及广平郡、左封郡。开皇初，郡并废。仁寿初，县改名。又，周置翼州，大业初废。《元和志》：悉州东至翼州二百二十里，西南至静州六十里。显庆元年，分当州置，有悉唐川，因以为名。其首领任刺史领左封县，东南至州二十里，后于此置广平县。新、旧《唐志》：左封下置翼州。六年，移州治。二十年，属当州。显庆元年，置悉州于悉唐，以县属之。咸亨元年，移州来治。载初元年，移理东南五十里匪平川。天宝初，改归诚郡。乾元初，复曰悉州。盖显庆初治悉唐，非识臼[1]，与《元和志》不同。

废静州。《一统志》：在叠溪营西南。《旧唐志》：静州，本当州之悉唐县。显庆元年，于县置悉州。咸亨元年，于悉州置翼州都督府，移悉州理左封。仪凤二年，翼州还治翼针，于悉唐县置南和州。天授二年，改为静州，属陇右道，隶松州都督，后割属剑南道。治在悉唐川也。《元和志》：州东至悉州八十里，东北至当州六十里，西北至柘州三十里。本汉蚕陵县地。天授元年置，其城据山甚险，属治悉唐县。领静居县，西至州二十四里。又领清道县，并显庆元年，与悉州同置。天授元年，割属。《寰宇记》：州西南至恭州界六十里，西北至柘州三十五里。《宋史》：茂州诸部落有静州蛮。

废恭州。《一统志》：在叠溪营西南。《旧唐志》：天宝元年，改恭化郡。乾元元年，复曰恭州。《元和志》：州西南至维州二百五十里，东北至柘州一百里。开元二十四年，分静州部落于柘州西置。治和集县，旧曰广平县，属静州，天宝元年改名。领博恭县，至州二百五十[2]。又领烈山县，西南至州五十里。

按：以上诸州，唐广德后，皆陷吐蕃。

翼水废县。《一统志》：在叠溪营南。《隋志》：汶山郡翼水县，后周置龙求，又置清江郡。开皇初，郡废，县改曰清江。十八年，又改名焉。《元和志》：县北至翼州六十里，本汉蚕陵县地。

利和废县。《一统志》：在叠溪营西。唐置，属当州。《元和志》：县西南至当州三十里。周天和元年，于此置广平县，寻废。显庆三年，于广平旧城置。又有谷利县，东至州六十里。文明元年，开生羌置。

石臼故戍。《一统志》：在叠溪营。《元和志》：在卫山县北六十里，大江之西峨和县界。

按，以上废郡州县，悉依《四川通志·舆地汇钞》原本记载。历代废置改徙与见今之地址名称，虽各不同，然俱隶属于古松州治，故照全文附录，以备将来考古者之一助云。

羁縻二十五州考

岷州。唐贞观元年置，领县二：江源、落稽。

懿州。五年置，领县二：阔源、落英。

麟州。五年置，领县七：硖川、和善、敛具、硖源、三交、利恭、东陵。

---

① 识臼：应为“石臼”。

② 按文例，应脱一“黑”字。

雅州。五年置，领县三：新城、三泉、石陇。

橐州。五年置，领县四：都流、宁远、临泉、临河。

可州。四年置，领县三：义成、清化、静方。

远州。四年置，领县二：罗水、小部川。

奉州。三年置，领县三：奉德、思安、永慈。

岩州。五年置，领县三：金池、甘松、丹岩。

诺州。五年置，领县三：诺川、归德、篱渭。

蛾州。五年置，领县二：常平、那川。

彭州。三年置，领县四：洪川、归远、临津、归正。

轨州。二年置，领县四：通川、玉城、金源、俄彻。

盍州。四年置，领县四：湘水、河唐、曲岭、祐川。

直州。五年置，领县二：集川、新川。

肆州。五年置，领县四：归唐、方橐、盐水、磨川。

位州。四年置，领县二：位丰、西使。

玉州。五年置，领县二：玉山、带河。

嶂州。四年置，领县四：洛平、显川、桂川、显平。

祐州。四年置，领县二：廓川、归定。

阔州。二年置。

台州。六年置。

桥州。六年置。

序州。十年置。

嵯州。十年置。

右俱贞观之时，招慰党项羌者，旧属陇右道，改隶松州都督府。永徽以后，或叛或臣，制置不一。今并废省，聊备古迹而已。（《天下郡国利病书》）

炼丹台。治城赤松观后。高数丈，相传赤松子炼丹处。今圮。

青云塔。治城外东山顶。高三丈三尺，清同知何远庆建。宣统辛亥毁。

文明塔。治东小河。

鼓楼。治城内十字街。气象崇宏，为城中杰构。清光绪二十七年被焚。

抚松亭。治署东。番变毁。

永泉亭。治城东金蓬山下。明都督李安建，今废。

彩云亭。治城南门外。清总兵夏毓秀建，宣统辛亥毁。

瑞麦亭。有二，一在治城西，明正统中建；一在城南，清总兵夏毓秀建。均毁。

七层楼。治城内卫崖麓。唐李卫公筹边时建。清咸丰庚申毁。

灌县王泽皋诗：

筹边集议御羌戎，杰构争传李卫公。
百尺俯临江水碧，七层高映夕阳红。
天低北斗星辰摘，地控西陲壁垒雄。

俯视孤城盘马处，千秋遗憾未成功。

西来万里大荒秋，肃气寒光满戍楼。
马到塞边难驻足，人从天外独昂头。
群山奔赴留空影，一水喧豗任急流。
惆怅江关怀往事，斜阳衰草不胜愁。

邑人汤宝之《七层楼怀古》：

攀梯直上七层楼，瞰破羁縻廿五州。
德裕不来谁靖虏，章和以后几封侯。
江通湔汶今犹古，山接昆仑夏亦秋。
本是汉唐征战地，边防多在此间筹。

转经楼。治城中大悲寺内。楼中竖一轮，名曰金轮，贮藏佛经甚夥。高一丈，周二丈，中分八格。轴端上下相系，若户枢然。人居格中，用力推轮，则旋回如飞。每旋回一次，即如代念藏经一遍。番变毁。

徐中山第。明徐达数世孙，名佳胤。万历间，松潘指挥佥事，创建徐中山第。屋宇堂皇，有楼一座，供俸明太祖暨徐国公绘象。中悬开国元勋匾额，有联云：破虏平蛮，功盖古今人第一；出将入相，才兼文武世无双。两旁大柜内储御赐冠带各项宝物甚多。冬至节，聚族人祀之。咸丰庚申被毁，族亦零落。徐镐、徐连均其裔也。

城隍庙古松。治城城隍庙前。共十四株，围八尺，高约十丈。古干离奇，龙鳞遍体。屡经兵火，此树犹存。

黄龙洞。县东七十里黄龙寺内，相传黄龙真人胎息处也。洞深莫测，积年石乳，凝成佛像、龙蛇等状，时有水泉滴沥。朱晦翁诗云：一窍有泉通地脉，四时无雨滴天浆。此洞似之矣。

般若炉。治城内大悲寺殿前。凿石而成，龙文双纽，高四尺，不知何代物。清宣统辛亥，番变，炉口微损。

勇虎雄镇铜炮。重千斤，形如瓶，高七尺二寸，上刻“勇虎雄镇”字。明洪武十八年，松潘指挥使司造。番变，失所在。

金环刀。治城北山下。土人掘得，重四十斤，遂以此刀名山。清宣统辛亥之变，被人拾去。

丁大夫。明御史大夫丁玉平吐蕃，置松州、潘州二卫，召诸寨酋长约以誓词，铸银锞上。诸番得之，宝如神物，号为“丁大夫”。

铁兜鍪。县属北定关山后。相传前代某将军战胜夷人，遗此示威。至今夷人不敢亵渎。

备警梵音钟。治城大悲寺内。事详“八景”注。

义马坟。县东五里。事详“政迹”尧彧传。

唐李卫公筹边楼故址碑。竖卫崖麓，清同知何远庆书。

明罗司寇厚德碑。竖城隍庙侧，记列“文苑”。

安边政绩碑。为罗绮立。
清总镇张元佐保惠碑。大悲寺侧，记列“文苑”。
赤松观碑。城东南隅，碑文剥落。
文庙碑。有二，明物也。一景泰年立，一万历年立，均有记。清宣统辛亥毁。
参府题名记碑。县属东小河营城，记列“文苑”。
清振威将军原任广西陆路提督马元神道碑。
清建威将军江南提督沈洪神道碑。
清振威将军蒲尚佐神道碑。
清振威将军蒲昆神道碑。
清同知张中寅殉节碑。下水关祠内。清总督锡良撰记。宣统辛亥毁。
漳腊忠烈总墓碑记。详“坟墓”。
清同知刘廷恕社稷坛碑。北门外，记列“坛庙”。
清同知刘廷恕重修书院鼓楼碑。记列“文苑”。
威凤碑。城隍庙内。碑首刊凤形，下刊“松州城”三字，篆文年代不可考。
清同知何远庆德政碑。序列“文苑”。
清总兵陈济清德政碑。
清总兵夏毓秀威镇西陲德政碑。县属南坪夏公祠内，记列“文苑”。
清同知黄汝楫雪泥鸿爪碑。西门顶上，记附“崇山”。
重修文庙碑。
建修城隍庙碑。
重修高初两等学堂碑。
武侯祠碑。南城外。清光绪初，王世万撰记，宣统辛亥毁。
关帝庙碑。
映月桥碑。
通远桥碑。
古松桥碑。

松潘八景

温江　徐荆船

古桥春涨

小阅步城东，官桥番路通。
山危支怪石，江远送长虹。
急浪溜华雪，梯杨迎晓风。
莫谓来源细，敷利尽寰中。

炉峰晓烟

大造真如炉，铸石秀且整。

每值晴明晨，烟簇幻清景。
爨火逗林角，梵钟响西岭。
一缕直云中，已成天柱影。

金蓬晚照

金蓬本羌酋，曾此聚余族。
只今遗冢在，苍苔篆山麓。
古今谁英雄，时世迭往复。
夕阳隐西山，残晖挂林木。

龙潭映月

龙卧久不起，离乱谁为戡。
长留太古月，亭亭照幽潭。
万籁此俱静，群峰相对参。
何时现骊珠，一任游人探。

大悲梵钟

古梵岂灵境，间时留异踪。
能言住瓦雀，活爪嵌盘龙。
直烟望远鼎，皑雪连高峰。
可惜边警告，路遥不闻钟。

赤松古迹

赤松古仙子，不详何姓名。
相传数株树，依观盘郁生。
年代改秦汉，奇离存蜀岷。
谁氏薄帝师，往访游太清。

风洞秋声

大风何方来，无起亦无止。
雄关值山春，古洞当崖里。
绝无归鸟飞，应有啸虎起。
寄语行路人，日午须早已。

雪栏霁色

雄关直山半，雪积无路通。
万象一览尽，白云相与笼。
雨余银笋出，烟划玉庐空。

昂首卓天外，当有西王宫。

八景总咏

为探名胜陟松城，通远桥头水涨生。
晓望雪栏添霁色，夜闻风洞作秋声。
峰如玉鼎朝烟矗，冢记金蓬晚照明。
何事赤松觅西母，静歆潭水听钟鸣。

山泉总咏

羊膊蛇行岷岭横，兰花香处听钟声。
泉因济世中常热，山不依人骨自撑。
只有玻璃能映雪，岂惟弓杠碍行程。
平生不羡珍珠美，惟爱城南马迹轻。

八　景

成都　刘炯

古桥春涨[①]

松州徼外觉春回，江锁长桥霁色开。
列嶂犹凝残雪在，寒澌时带断冰来。
滥觞水自添新涨，题柱人谁扫碧苔。
徙倚栏干闲眺望，边城柳色傍楼台。

炉峰晓烟

双峰秀插碧云间，鬼斧谁劖此博山。
晓日初升鸡唱后，晴烟直上鹤冲还。
气连岷岭千寻翠，色映江源几派殷。
缥缈时从天外望，莫教人误作仙寰。

金蓬晚照

落照苍山起暮云，羌酋故宅古今闻。
夜惟狐兔眠荒冢，日见牛羊下夕曛。
崖挂飞泉谁斫剑，地寻镌石有遗文。
蛮花寂寞斜阳里，天际归鸦正叫群。

① 刘炯、王泽皋、马西乘、陈开黼的《八景》组诗，诗题原在诗末，今改为篇首。

龙潭映月

云净天空月影侵，戍楼人静碧潭深。
波光潋滟龙惊窟，夜色凄清鸟宿林。
隔水夷歌听近远，连宵兔魄看浮沉。
问谁涤尽尘寰事，到此安禅悟道心。

大悲梵钟

晓度蓬婆月色低，晨钟遥辨出招提。
殿前昔禁神龙走，楼外时惊犵鸟啼。
旅梦几番听戍客，梵音半夜起阇黎。
但须番汉烽烟靖，报警何劳幻说迷。

赤松古迹

古观劫灰只赤松，孰从边塞访仙踪。
空坛近日惟游鹿，老树经霜欲化龙。
残照常留红叶晚，吟涛不碍白云封。
未知辟谷当年侣，是否寻真此地逢。

风洞秋声

戍鼓蛮钲昼寂寥，惟闻古洞起寒飙。
洪涛骤听千山雨，绝磴惊来八月潮。
落日尘沙飞飒飒，长年木叶响萧萧。
东风玉垒重回首，万里晴空一雁遥。

雪栏霁色

千年积雪共云浮，极目雄关在上头。
万里寒光凝远黛，四围晴色净高秋。
玉峰环拥朝如洗，银汉遥通夜欲流。
料得当时图要隘，筹边尽入赞皇楼。

八　景

灌县　王泽皋

古桥春涨

通远桥边望不迷，雪消春涨水平堤。
绿波泛泛鸭头绉，红板条条雁齿齐。
泊岸有时杯欲渡，济川终古柱须题。

江源浩森长虹卧，风雨图中客杖蒹。

炉峰晓烟

两山对峙有炉峰，破晓清烟直上冲。
屏障四围青霭合，松杉万壑白云封。
螭盘古鼎疑无迹，鹤避遥天顿失踪。
不觉侵晨初炫彩，凌霄佳气郁葱茏。

金蓬晚照

薄暝苍茫景色多，时闻山下唱羌歌。
游人出眺筇携竹，樵客言归斧烂柯。
寒谷不吹邹氏管，军门初返鲁阳戈。
金蓬顶上情无限，犹借余晖映薜萝。

龙潭映月

莫测澄江水浅深，只疑潭底有龙吟。
月明上下波揩镜，珠漾中边影潋金。
浴兔晶光涵万象，探骊神照澈千寻。
观空悟到虚灵境，一掬清流鉴此心。

大悲梵钟

梵钟远彻雪山巅，不信前朝说备边。
半夜泠泠敲素月，一声隐隐破孤烟。
关心鱼钥城头听，人耳鲸铿殿角传。
悟得茵中消息透，只从寺里证因缘。

赤松古迹

子房一去久无踪，古观何年植赤松。
过客偶来谈汉事，大夫终不受秦封。
荒苔剥蚀秋烟冷，老树皴鳞间气钟。
抵胜谷成山下路，追寻黄石渺难逢，

风洞秋声

秋声飒飒满空山，万树阴森风洞关。
一窍突惊天籁发，几人相值俗尘删。
下从崖穴幽深处，上彻云衢咫尺间。
中有神灵司橐籥，元功及物济时艰。

雪栏霁色

积雪晶莹晓霁开，岚光缥缈若浮来。
寒堆阴岭连三戍，晴入遥峰照九陔。
矗顶已涵银世界，当头如见玉楼台。
凭栏四望虚无际，赢得凌空老鹤回。

八　景

邑人　马西乘

古桥春涨

舆梁百尺架鼋鼍，春暖冰融起碧波。
浪簇银花鱼著絮，沙飞玉片鸭眠涡。
芳洲云敛天光净，红板霜消日色和。
远溯江源由此上，岷山相去路如何。

炉峰晓烟

天工巧凿岭为炉，万缕晨烟绕玉都。
春霭博山开曙色，丹成宝鼎篆祥符。
岩花隐约红光暗，涧草迷离翠色无。
一气氤氲腾不散，漫疑仙子爇香厨。

金蓬晚照

金蓬山顶日西斜，一抹红光艳晚霞。
返照桥唇飞赤绮，半含石嘴灿丹砂。
荒烟蔓草羌酋冢，红树青山野老家。
际此夕阳无限好，寒林初见有归鸦。

龙潭映月

深潭澄碧净无埃，一粒金丸水底来。
几似龙宫悬宝镜，恍疑蚌腹剖珠胎。
空明境界诸仙领，浩荡乾坤万象该。
最是一番清趣味，令人神旷到瑶台。

大悲梵钟

神僧遗迹卫崖前，半夜钟声彻远天。
龙动欲飞岷水外，鲸鸣刚度雪山巅。
梦回情海昙方布，悟入灵根月正圆。

唤醒痴迷须猛省，当知人世有桑田。

赤松古迹

仙官突兀傍城南，紫气腾腾镇日涵。
鹤驾已曾飞上界，虬枝无复护灵龛。
千秋香火云生壁，一阵涛声月满潭。
旧迹丹瓢如可访，从游辟谷意诚甘。

风洞秋声

古洞幽深竟日风，临秋倍觉大王雄。
萧萧响避崖前鹿，发发惊飞塞外鸿。
林木摧残青盖尽，边关撼动白云空。
试研欧子形劳句，速远寒飙慎乃躬。

雪栏霁色

雪栏关外雪初晴，缥缈晶莹景象清。
半壁寒光银作障，三边曙色玉为城。
填平暗谷心无险，冷到豪门气不横。
试看戍楼檐溜结，冰心可鉴我平生。

八　景

湖南善化　陈开鼒

古桥春涨

数丈虹飞古渡横，春江水涨白波生。
东郊烟雨和畊钓，西塞关山接驿程。
为待题词留柱影，何须杭苇抵舟行。
城居省得阳和侯，好阔胸怀赋远征。

炉峰晓烟

峰如宝鼎城南峙，缕缕晴光带碧烟。
丹灶未曾留鹤驾，博山谁与爇龙涎。
回光试炼蓬莱药，结篆疑开华岳莲。
雪后寒山漫惆怅，春风吹绿草芊芊。

金蓬晚照

山巢聚族古时羌，五里邮亭吊北邙。
旧日牧耕依水草，只今原野下牛羊。

烽烟扫尽崖犹赤，壁垒消余[1]石已黄。
遗冢尚存一抔土，千秋樵采话斜阳。

龙潭夜月

明月如珠上下浮，澄潭时见蛰龙求。
须防睡去能常盗，好趁春来出细流。
虾蚌莫嫌同室处，风云遇合十洲游。
广寒宫殿遥相对，也听姮娥谱曲不。

大悲梵钟

城西古寺访禅宗，曲径幽深碧藓封。
幻梦不知身化蝶，遗踪犹见佛降龙。
九年面壁知凡圣，千日磨砖作冶镕。
尘世谁能参妙谛，雪山微听一声钟。

赤松仙迹

杖履闲寻古赤松，红羊刦过胜仙踪。
槎枒几树何时种，苍翠千年不改容。
却有涛声娱野客，只嫌虚禄避秦封。
功成懒佩黄金印，独美留侯辟谷从。

风洞秋声

万窍齐鸣远应鼍，谁思猛士起高歌。
时愁江海惊涛涌，转见园林落叶多。
宗悫少年期志向，醉翁晚岁赋蹉跎。
卷帘桂蕊飘香入，走马长安想玉珂。

雪栏霁色

万树梨花向日开，霓裳舞罢降瑶台。
疏慵高卧山中士，点缀先看岭上梅。
此际庙堂应献颂，谁知草野有遗才。
年年预卜昭丰稔，岩壑平铺玉作堆。

田　赋

清雍正六年奉行清丈，至乾隆五十七年征输止，报部原额：屯田粮二百石三斗一斛

① 余：疑为“除”之讹。

一勺九抄；地亩无可考，改征屯租银一百二十四两七钱八分七厘；下地二十八顷六十五亩，征丁条粮银三十一两五钱一分五厘；火耗银二十三两四钱五分五厘。乾隆五十八年，增入黑河沟下地二千五百五十六亩，征丁条粮银二十八两一钱一分六厘，火耗银四两二钱一分七厘。嘉庆十年，增入达舍沟下地六百九十六亩，征丁粮银七两六钱五分六厘，火耗银一两一钱四分八厘。嘉庆十七年，报部共征粮银一百九十二两零七分五厘，火耗银二十八两八钱一分零二毫。

一、包子寺、毛革、蛇湾等寨番民认纳青稞，折净仓斗米三十五石二斗五升，归松潘镇中营征收，散支兵食。又，峨眉喜、七布等番民认纳青稞，折净仓斗米二十二石五斗，照松潘镇兵米每斗折银一钱六分四厘例，折征银三十六两九钱，亦归中营征收，支散兵饷。

一、阿思峒、业架等寨番民认纳青稞，折净仓斗米六石七斗五升，归松潘镇左营征收，支散兵饷。

一、下坭巴等寨番民认纳青稞，折净仓斗米五石七斗七升五斛，归松潘镇右营征收，支散兵饷。

一、郭罗克、阿坝、郎惰等寨番民认纳青稞，折净仓斗米七十二石四升五斛，归松潘镇漳腊营征收，支散兵食。又，每年认纳贡马九匹，并折马价银二百六十五两一钱六分，亦归漳腊营征收，抵补各营倒毙马匹。

一、云昌、呷竹等寨番民认纳青稞，折净仓米二十二石五斗，归松潘镇平番营征收，支散兵食。又认贝母改征银七十三两八钱，亦归平番营征收，支散兵饷。

一、黑角郎、隆康等寨番民认纳青稞，折净仓斗米十七石六升，归松潘镇南坪营征收，支散兵食。又，兵丁王玺等地粮银四两零八分六厘八毫八丝，并抹地、杂八等寨番民折青稞银二两七钱五分四厘，亦归南坪营征收，支散兵饷。

嘉庆元年后，陆续报垦征纳田亩、赋银、粮石实数，详载于左。

松潘旧管地粮二百石三斗一斛二勺，征屯租银一百二十四两七钱八分八厘。下地、山下地六十一顷十八亩八分，征丁条粮银六十七两三钱七厘。

松潘镇中营征峨眉喜、七布等寨土千户五员，共青稞米折银三十六两九钱。

左营征阿思峒寨土千户青稞九石，折充兵米。

右营征下坭巴寨土百户青稞七石，折充兵米。

漳腊营征上撒路、木路等寨土千、百户十员，共青稞一百五十九石三斗，折充兵米。

平番营征丢骨、云昌寺、呷竹寺三土千户，共青稞三十石，又贝母折净仓斗米四十五石，改征银七十三两八钱。

南坪营估种六石五斗六升，征银四两零八分七厘；又征羊峒、芝麻、隆康等寨番民，共青稞折净仓斗米二十七石三斗六升；抹地、杂捌等寨番民稞粮三石，折银二两七钱五分四厘；共折净仓斗米一百八十四石九斗五斛。（以上《通志》。）

松潘向无税银，咸丰庚申以后，每年只征丁粮，时有增减。因辛亥番变，档案焚毁，经具文请财政司抄发，别为定额。

民国元年，松乱平后，奉文松潘县摊派正税银四百七十三两二钱三分一厘七毫。四年，奉财政部饬令，丁粮一律改作银元。向征库秤银一两，折收现行银元一元六角，照额加收征解费银一角六仙。是年七月，奉财政厅详准，川省收回军票案内，附加税每额银一两，加收银一元八角。自四年起，应解正税银七百五十七元一角七仙一星，应解附加税银八百五十一元八角一仙七星，应解征解银七十五元七角一仙七星。正税、附税、征解合计，每年共解银一千六百八十四元零五星。

民国二年，奉巡按使令调查县属地亩。因松潘无水田，概属旱地，播种青稞、小麦为大宗外，则有胡豆、豌豆、羊芋，余无别种。其地，土统名山地，习惯不以亩计。按种分别高山、平坝，定以价值。查民国四年，统计案内实查附近山地三千九百二十五亩，园圃二百八十四亩，东南西北四路计八千六百一十七亩，合计一万二千八百二十六亩。

屯　田

汉赵充国设金城一十二屯政，统十五万众，分十二屯营，松州屯兵一万有零，置护羌校尉。唐贞观总天下之屯，开府兵九百九十有奇。松州亦属府兵，设都督府统之。宋元属吐蕃地。至明景泰时，罗绮抚治松茂，复行屯田之法。成化时，尧彧为松潘指挥同知，开辟屯田以裕兵食。迨后改兵为民，屯田遂废，屯粮亦无可稽。清初平定关内外，松潘属境认纳地丁条粮，屯田尽为民地矣。至于关外，概属生番游牧草地，广袤数千里，无田可屯，国家仅羁縻之。此松潘屯制之原委也。

杂　税

松潘县属南路六关大小姓，每年额征贝母，折价银一百一十两零七钱。查此项，前清时由平番营征收，折充兵米。继后绿营裁撤，适值辛亥番变，档案焚毁。由财政司抄发数目，改由县征收局征解。

杂粮变价

拈佑七寨，每年应纳粮七石。

毛革十八寨，每年应纳粮二十七石。

蛇湾寨，每年应纳粮五石。

自木牛十五寨，每年应纳粮五石。

七布徐之河寨，每年应纳粮四石。

阿思峒十一寨，每年应纳粮六石。

下坭巴七寨，每年应纳粮六石。

深沟五寨，每年应纳粮六石。

和约九寨，每年应纳粮九石九斗。

元坝子寨，每年应纳粮三石。

隆康七寨，每年应纳粮八石四斗。

芝麻五寨，每年应纳粮八石二斗。
中田四寨，每年应纳粮三石五斗。
边山七寨，每年应纳粮十石零四斗。
勿各八寨，每年应纳粮十石。
噶支、叶衣、勿若塘，每年应纳粮十石。
后山五寨，每年应纳粮八石四斗。
上中下三包座，每年应纳粮六十一石二斗。
牟尼六寨，每年应纳粮六石六斗。
热雾十八寨，每年应纳粮三十石。
羊峒八寨，每年应纳粮二十六石六斗。
岩利四寨，每年应纳粮二石四斗。
以上每年总共额征番粮二百六十五石。

国家税

田房契税（附官契、契格、执据），约收银九百三十三元七角三仙。
田房典契税（附工本），约收银三十三元六角。
屠宰牛税，约收银一千五百七十六元。
屠宰羊税，约收银三百五十七元九角六仙。
屠宰猪税，约收银四百五十七元。
邮件统捐税，约收银三十一元七角六仙八星。
烟酒牌照税，约收银一百五十八元四角。
屠宰税执照工本，约收银二十九元一角。
猪税提加专款，约收银六十七元。
中资捐，约收银十二元九角。
以上系民国五年全年收数，但此税以后略有增减，不得据为常例。

地方税

羊毛，收钱三千二百七十一钏四百六十八文。
羔皮，收银二千零七十五元。
麝香，收银四百六十元零一角八仙。
鹿茸，收银五百二十元零二角。
鹿角，收银一百一十七元五角。
贝母，收银二百二十一元六角。
牛马羊皮，收钱七百七十三钏五百三十文。
出关牛马羊，收钱二百四十九钏五百四十文。
杂药，收钱四百九十六钏六百五十文。
干肉、青盐、酥油、马尾，收钱七十四钏六百四十二文。
米面，收钱二百八十钏文。

杂税，收钱三十一钏一百五十九文。

以上各项亦不得认为常年定数。

行政经费

知事薪俸，月支银三百元，办公费四百五十元。

案牍科，月支银五十元。

庶务科，月支银五十元。

统计科，月支银五十元。

实业科，月支银五十元。

承审员，月支银六十元。

征收局，月支银一百元。

管狱员，月支银三十二元，办公费二十元。

南坪县佐，月支俸银九十元，办公费一百一十元。

户 口

唐永徽五年，敕天下二年一定户口。松州四县户千七十六，口五千七百四十二。（《通志》）

清雍正六年，龙安府新收松潘卫彰明县，共四县一卫，实户七千七百五十。（《通志》）

嘉庆元年以后，松潘直隶厅报部户口全数于原额增添一万五百五十四户，男二万七千二百三十丁，女二万四千七百七十二口，共男女五万二千零二丁口。

宣统二年，具报松潘厅汉民五千七百八十七户，男女三万三千五百二十八丁口。

以上全系汉民，番民另载“土司志”。

盐 政

松潘无盐井，原额陆引二百六十九张。每张征正课银二钱七分四厘四毫，共征银五十九两六钱五分五厘二毫；每张征羡余截角银四钱二分七厘六毫，共征银九十三两三钱四分零四毫。定于直隶潼川州买盐回松行销，后潼川州升府，仍于潼川所属三台县水窄湾、水草坝、白云观等处盐井厂配盐。乾隆二十七年，增引七十一张，共额引二百九十张，征正课银七十八两九钱九分六厘，征羡余截角银一百四十二两零，合计共征银二百零三两。咸同以后，两次变乱，案牍被焚，无考。民国未有定额，各商由省买运官盐，暂时接济。

茶 法

唐建元中，税天下茶，川省税茶自此始。（《通志》）

宋建炎二年，成都路运判赵开主管川陕茶马，乃更茶法，用茶引使商人园户市

茶。（《通志》）

明嘉靖四年，定例每年布政司差官赴京请印引目五万道，送管茶官收贮。分别边腹等地，听商赴管茶官报明，给以引目，照买照卖。立限截角回缴，给引行销。松潘向未定额，迨隆庆三年，以川省每年户部关引五万道，定额边引四千道，行销松潘。

清雍正八年，定《川茶征税例》，向章论树之大小、园之广狭以定税额，未为允当。应将茶税照斤收纳，方得其平。四川巡按宪德疏交户部议准，定每斤课银一厘二毫四丝，随向章定额引税赴地方官照数完解。每引一道，运茶一百斤；每茶一千斤，准带附茶一百四十斤，外加耗茶十四斤。如有多带，照私治罪。应将行茶商人姓名，产茶州县税课，详细造册报部。（《通志》）

乾隆六年，四川巡按硕色奏请酌减松潘地方行茶边引，户部议覆，从之。（《通志》）

乾隆三十六年以后，川省行茶边腹土引，每张征课银一钱二分五厘。边引每张征税银四钱七分二厘，腹引每张二钱五分，土引每张三钱六分一厘。今将各府州县地方边引配正附茶斤运至松潘，发卖引张暨课税银两实数备载于左。（《通志》）

成都县行边茶引二千八百六十张，共征税银一千三百四十九两九钱二分。

华阳县边引一千二百九十张，其征税银六百零八两八钱八分。

崇宁县边引五百九十张，共征税银二百七十八两四钱八分。

灌县边引四千四百六十九张，共征税银二千一百零九两三钱六分八厘。

彭县边引二千五百三十张，共征税银一千一百九十四两一钱六分。

新津县边引六十张，共征税银二十八两三钱二分。

什邡县边引九十九张，共征税银四十六两七钱二分八厘。

江津县边引一百张，共征税银四十七两二钱。

广元县边引五十张，共征税银二十三两六钱。

平武县边引三张，共征税银一两四钱一分六厘。

石泉县边引四百一十六张，共征税银一百九十六两三钱五分一厘。

丹棱县边引一百张，共征税银四十七两二钱。

大邑县边引一千八百张，共征税银八百四十九两六钱。

合江县边引二百张，共征税银九十四两四钱。

安县边引一千七百八十四张，共征税银八百四十二两零四分八厘。

绵竹县边引二百四十六张，其征税银一百一十六两一钱一分二厘。

茂州边引七百九十一张，共征税银三百七十三两三钱五分二厘。

汶川县边引一千五百零六张，共征税银七百一十两八钱三分二厘。

又按：行茶边引每张征羡余银一钱二分四厘，各州县行销松潘引一万六千三百四十六张，共征羡余银二千零二十六两九钱四厘；各州县代销行松潘引二千六百七十七张，共征羡余银三百三十一两九钱四分八厘。

边引内各州县行松潘引每张征截角银一钱，共征银一千六百三十四两六钱；各州县代销松潘引每张征截角银一钱四分二厘，共征银三百八十两一钱三分四厘。

松潘向不产茶，亦无征收税课额引。上项税课银两，由商人赴本州县上纳征解，松潘于茶到收其引张，发还各州县缴销。各州县运茶至松，汶川茶关、兴文坪，茂州石榴关，松属平番关、东门关均设官稽查。茶进东门关卡，抓毁印花，由各商自行销售。

咸同之间，边引之外，复行票茶。安县则有副票、堰工票，茂州有增办照票。此项行销票茶，商人买配运松，由松潘厅征茶息，径解盐茶道。沿途关卡，照章开支，按季造报道署查核。

民国建元，改引为票，松潘各行商连环出保，公举总商一名，由四川财政厅具领。每票一张，征银一两，任各商于产茶地方采配。大包重一百二十二斤，小包重六十六斤。每票一张，配大茶一包，征银一两；每大茶票一张，配小茶二包，征银一两；全年约行三万余票。所有税课、杂征、羡截、余平，暨各项浮费流弊，一律禁除，由财政厅定章立案，永远遵守。

榷　政

明，松潘东北二门皆征杂税，城东建榷税厅三间，设监收通判一员管理。

清初，尚沿明旧例，每年门税额征二百五十两，充松潘镇标赏需之用。康熙四十三年，松潘镇总兵周文英以松潘地土寒冻，稀产货物，民间日用所资，皆藉东南二路商贾贩运货物入松接济，征收门税恐商贾裹足不前，详革二门榷税。乾隆三十九年，厅茶拨归商办，裁官办厅茶。于安县增副票三百张，灌县增堰工照票二千张，茂州增办照票二千张。每张征茶息银一两二钱二分二厘，于松潘行茶地方征收，共征银五千二百六十三两二钱。松潘于是复有榷征。照票不由部给，由盐茶道发给，商人领票运茶到松，松潘厅收票征银，将票缴回盐茶道。所征茶息银，惟安县副票茶息，准松潘厅及茂州盘查。吏目每年支月费银八十四两，石榴关巡役每年支工食银十四两四钱，索桥、澈底二关巡役每年支工食银三十六两，厅属西河、平定二处巡役每年支工食银二十四两，本厅书吏每年支工食银十二两，共支银一百两零四钱，余银尽收尽解，归盐茶道报销。行茶照票，松潘虽定额票四千三百张，然行销却无定也。民国成立以来，设征收局，分国家税、地方税，凡松潘县应收各款统归征收局。征收章程细数详“田赋志”。

仓　廒

原松潘卫小河所三路，额坐各仓粮九万九千三百八十一石。

明宣德十二年，征蛮将军蒋贵奏，比因番人作乱，松潘、叠溪诸处仓粮支销殆尽，别无储积。帝命行在户部于四川岁运之数量益二分给之。

清康熙十七年，定四川松潘等处，贮谷杂粮改为二分，以一分存贮，以一分遇粮贵时，借给兵民。将此谷按年出易，周而复始，永著为令。

覆准四川松潘卫存贮军糈米，作两年平粜，仍买新米贮仓，五年更换一次。

康熙六十年，奏准四川潘州、达建寺二处新设官兵，应支米折银，照普安营之例。将次年应支四季运折米价于本年秋成后，即全数领出，买贮散给。兼于潘州协贮米二千石，达建寺贮米五百石，每于青黄不接，酌量平粜借支，秋成买补还仓。

乾隆十四年，常平仓稞麦一万三千零五十二石，社仓谷一千六百九十七石九斗六斛二勺。

乾隆三十六年，碾办军米及郭罗克夷务。四十一年，凯还兵口粮，共米、谷、麦、荞、豆、粟、青稞二千九百六十一石三斗四升零。

咸丰庚申前，松潘常平仓约存粮一万七千数百石。此外，尚有武营中之左豫仓、中孚仓，存粮尚多。其时城中困守，悉数散赈，以济民食。

宣统辛亥前，松潘常平仓存青稞二千六百七十二石三斗三升三斛三勺，积谷仓存京斗青稞一百二十五石，广济仓存青稞一千一百二十石。城陷后，悉被损失。

徭役

松潘地方，向无徭役。自前清平定口内外番地，官兵分驻汛防，遇有口外草地夷务，由省宪委员，带兵出口办理。向例上三寨，寒盼、祈命、商巴，征调番兵三百名，每月给口粮银若干两，事竣作正开报。由松潘文武长官、会衔会印，酌量夷案轻重，调派若干，至多三百名为限，并先行通禀各宪批准备查。又下三寨，牟尼、大寨、坭巴，遇有汉、土官兵出口办理夷务，遵照向章，供支驮马、乌那若干，酌给脚银若干。其道路远近，往返期间，松潘文武长官会同酌定，不得由官兵格外索派。至派定名数、供支番户姓名，事竣，仍造报省城各宪查核备案，请领作正开支。

蠲政

清康熙二十六年，奉免地丁钱粮。三十三年，奉免地丁粮米。四十三年，奉免地丁各项钱粮。五十年，奉免地亩银、人丁银、历年旧歉粮米。雍正七年，奉免地银。九年，奉免各土地应纳各项银两。乾隆十一年，奉免地丁钱粮及土司夷粮米石折征银两。十三年，奉免地丁钱粮及土司夷粮折征银两。三十五年，奉免地丁钱粮。三十六年，奉免各土司夷粮米石折征银两。三十八年，奉免地丁米粮、各土司夷粮米石折征银两。三十九年，奉免缓征地丁钱粮及各土司夷粮米石折征银两。四十一年，奉酌免地丁钱粮及土司夷粮折征银两十分之五。四十二年，奉免地丁钱粮。四十三年，奉免地丁及各土司夷粮米石折征银两。五十六年，奉免地丁钱粮及各土司夷粮折征银两。嘉庆五六年，均奉免地丁钱粮及各土司夷粮米石折征银两。

民国元年十二月，邑绅马联升、沙掞藻请以收存番认罪粮拨广济仓，每年借放民间，作为籽种，春贷秋还，加一归仓，极贫酌免。仓首轮管，民多利之。

宣统辛亥，城陷，人民迁徙。民国元年克复，其时田土荒芜，饥馑荐臻。知事田兆文具详四川巡按使，批准在罪粮项下拨款平粜，并饬北川、茂、灌三县拨粮各二百石，以资赈粜，全活甚众。

学 校

学校官，原起汉武帝诏天下郡国立学校官。后魏献文帝天安初，郡置博士二人，助教二人。唐开元二十六年，县置博士、助教各一人。宋庆历四年，诏诸路州军监各立学，置教授以经术、行义训导诸生，掌其课试之事，而纠正不如规者。元世祖中统二十八年制，凡师儒之命于朝廷者曰教授，令于礼部及行省宣慰司者曰学正、学录、教谕。明制，府设教授，州置学正，县置教谕，俱设训导。清仍明制，教授则以本省进士、举人及学正、教谕之俸满者推升，教谕则以恩贡、拔贡、副贡铨用，训导则以岁贡铨用。松潘系府制，设教授一，训导一。乾隆六十年，裁训导，拨归秀山。清末变法，改建学堂，遂废教授，而设视学以掌学务。民国肇造，仍其制。

文庙：县城东街。明景泰三年，侍郎罗绮建。嘉靖、万历间相继补修。崇祯八年，副使史赞舜增修，后毁。清康熙中，总兵卓策、周文英相继重建。学政曾王孙有碑记，列“文苑”。咸丰庚申番变，毁。

大成殿：同治甲子年，同知邓友仁建。宣统辛亥，毁。民国辛酉年，官绅募资重建。

启圣祠：清同知周侪亮建。

东西两庑：清同知邓友仁建。

棂星门：清同知王葆恒建。

戟门：清同知周侪亮建。（均于宣统辛亥毁。）

附：典礼

清光绪三十三年三月二十九日，奉陆军部火票递到礼部咨祠祭司，案呈本部具奏遵议：先师孔子升为大祀，典礼事宜，奉旨依议，钦此。

中华民国三年九月，奉到祀孔典礼。

县知事祀孔子仪：凡县知事，每岁夏时、春秋两丁日，各于所驻地方主孔子庙祀，有故则以其属代。

四配、十二哲、两庑分献，以属官或公立学校校长，在城文武委任以上亦咸与祭。书祝版、视割、戒具、陈设、省齍，以其属官为之。纠仪亦以其掾属或学绅。执事以地方员绅、学校教员及学生之娴礼仪者选充。散斋二日，致斋一日。前一日，饬庙户洁扫庭庑，内外供张如仪，正献官率执事人入庙习仪乐舞，诸生入庙习舞习吹。祭之日，行礼仪节，均与各地方长官道尹祀孔子仪同。

右祀仪。

祝辞曰：

维某年月日，某官某致祀于至圣先师孔子曰：维先师德参化育，道贯古今。集群圣之大成，炳前知以垂宪。天下为公，中国一人之量；生民未有，六经千载之心。循宫墙而瞻富美，入室升堂；隆俎豆而奉馨香，先明后法。兹当上丁，祇率彝章。肃展微忱，聿将祀典。以复圣颜子、宗圣曾子、述圣孔子、亚圣孟子配。呜呼！声名所届，血气莫不尊亲；光景常新，礼乐明其禋祀。尚飨。

右祝辞。

迎神，乐奏昭和之章，辞曰：

大哉孔子，先觉先知。与天地参，万世之师。祥征麟绂，韵答金丝。日月既揭，乾坤清夷。

初献，乐奏雝和之章，辞曰：

永怀明德，玉振金声。生民未有，展也大成。俎豆千古，春秋上丁。清酒既载，其香始升。（舞干戚之舞。）

亚献，乐奏熙和之章，辞曰：

式礼莫愆，升堂再献。飨协鼗镛，诚孚罍甗。肃肃雍雍，誉髦斯彦。礼陶乐淑，相观而善。（舞羽籥之舞。）

终献，乐奏渊和之章，辞曰：

自古在昔，先民有作。皮弁祭菜，于论思乐。惟天牖民，惟圣时若。彝伦攸叙，至今木铎。（舞如亚献。）

彻馔，乐奏昌和之章，辞曰：

先师有言，祭则受福。四海黉宫，畴敢不肃。礼成告彻，毋疏毋渎。乐所自生，中原有菽。

送神，乐奏德和之章，辞曰：

凫绎峨峨，洙泗洋洋。景行行止，流泽无疆。聿昭祀事，祀事孔明。以化烝民，以育胶庠。

右乐章乐舞。

崇圣祠同时致祭，正献以国立或公立学校校长，分献以属官或地方员绅，执事以地方员绅或学校教员、学生，余陈设行礼并同。各地方长官祀崇圣祠祭仪。

右祭崇圣祠。

祝辞曰：

维年月日，某官某致祭于肇圣王木金父公、裕圣王祈父公、诒圣王防叔公、昌圣王伯夏公、启圣王叔梁公，曰：维王垂裕后昆，光开圣绪。为层冰之积水，作人辂之椎轮。既祖功而宗德，必有达人；亦木本而水源，不忘数典。兹届上丁，聿修祀事。配以先贤孔氏、先贤颜氏、先贤曾氏、先贤孔氏、先贤孟孙氏。尚飨。

右祝辞。

清咸丰八年，关圣升入中祀，改称武庙，建立宫墙。

中华民国三年十一月二十日，奉到大总统申令：关、岳合祀。典礼殿内，正位左奉关壮穆侯，右奉岳忠武王，均南向。两序奉历代忠武将士：张飞、王濬、韩擒虎，李靖、苏定方、郭子仪、曹彬、韩世忠、旭烈兀、徐达、冯胜、威继光，东位西向；赵云、谢立、贺若弼、尉迟敬德、李光弼、王彦章、狄青、刘锜、郭侃、常遇春、蓝玉、周遇吉，西位东向；均北上。岁以春秋分节气后第一戊日，由驻在该地方各文武推官职较高者一人亲诣敬祭。官职相等者皆为陪祭，如将军主祭，则巡按使为陪祭之数。官职较次者二人东西序分献，纠仪以军官、警官各一人，执事人各以其属及地方官绅、学校教员、学生之娴礼仪者选充。在该地方各军官、警官及兼有军警职各文官，一体与祭。其同城文官均不另祭。祭之日，陈设祭品、行礼仪节均与京师遣祭关岳庙礼同。

右祭仪。

祝辞曰：

惟某年日，某地方某官某敬祭于关壮穆侯、岳忠武王曰：惟神武功彪炳，伟烈昭垂。建大节于千秋，振英风于六合。忠诚正直，丽河岳而长流；智仁勇功，与日星而并耀。洁馨香而合祀，德量同符；肃俎豆以明禋，心源如接。惟祈龙享，克鉴精诚。尚飨。

右祝辞。

迎神，乐奏建和之章，辞曰：

懿铄兮神功，震华夏兮英风。义勇兮河东，惟汤阴兮与同。修祀典兮方州，伫降歆兮閟宫。（奠帛。）

初献，乐奏安和之章，辞曰：

神来兮格思，风马下兮灵旗。量币兮初陈，荐馨兮玉卮。瞻仰兮明威，俨如在兮轩墀。（舞干戚之舞。）

亚献，乐奏靖和之章，辞曰：

万舞兮洋洋，礼再举兮陈觞。灵昭昭兮既留，庶鉴诚兮降康。（舞同初献。）

终献，乐奏康和之章，辞曰：

名世兮钟灵，炳河岳兮日星。祀事兮三成，肃骏奔兮庙庭。（舞同亚献。）

彻馔，乐奏蹈和之章，辞曰：

告彻兮礼成，神其受兮苾芬。明德兮惟馨，播声威兮八纮。

送神，乐奏扬和之章，辞曰：

云驾兮高翔，神将归兮九阊。受福兮蒸民，导我武兮惟扬。

右乐章乐舞。

文　庙

清顺治二年，定谥“大成至圣文宣先师孔子”。十四年，改谥“至圣先师孔子”。康熙二十三年，御书“万世师表”匾额。雍正元年，御书“生民未有”匾额。乾隆三年，定孔子神位居中，正南面御书“与天地参”匾额。嘉庆七年，御书“圣集大成”匾额。道光三年，御书“圣协时中”匾额。岁春秋仲月上丁释奠。

大成殿正位（主高二尺三寸七分，阔四寸，厚七分；座高四寸，长七寸，厚三寸四分，朱地金书）：至圣先师孔子。

四配（主高一尺五寸，阔三寸二分；座高四寸，长六寸，厚二寸八分，赤地墨书）：复圣颜子、宗圣曾子、述圣子思子、亚圣孟子。

十二哲（主高一尺四寸，阔二寸六分，厚五分；座高二寸六分，长四寸，厚二寸；赤地墨书）：先贤闵子、先贤冉子、先贤端木子、先贤仲子、先贤卜子、先贤有子，以上东六位；先贤冉子、先贤宰子、先贤冉子、先贤言子、先贤颛孙子、先贤朱子，以上西六位。

东庑先贤四十位（主式同哲位）：先贤公孙子侨、先贤林子放、先贤原子宪、先贤南宫子适、先贤商子瞿、先贤漆雕子开、先贤司马子耕、先贤梁子鳣、先贤冉子儒、先贤伯子虔、先贤冉子季、先贤漆雕徒父[①]、先贤漆雕子哆、先贤公西子赤、先贤任子不齐、先贤公良子儒、先贤公肩子定、先贤鄡子单、先贤罕父子黑、先贤荣子旗、先贤左人子郢、先贤郑子国、先贤原子亢、先贤廉子洁、先贤叔仲子会、先贤公西子舆如、先贤邽子巽、先贤陈子亢、先贤琴子张、先贤步叔子乘、先贤秦子非、先贤颜子哙、先贤颜子何、先贤县子亶、先贤牧子皮、先贤乐正子克、先贤万章子、先贤周子敦颐、先贤程子颢、先贤邵子雍。

西庑先贤三十九位（主式同哲位）：先贤蘧子瑗、先贤澹台子灭明、先贤宓子不齐、先贤公冶子长、先贤公哲子哀、先贤高子柴、先贤樊子须、先贤商子泽、先贤巫马子施、先贤颜子辛、先贤曹子恤、先贤公孙子龙、先贤秦子商、先贤颜子高、先贤穰驷子赤、先贤石作子蜀、先贤公夏子首、先贤后子处、先贤奚容子箴[②]、先贤颜子祖、先贤句井子疆、先贤秦子祖、先贤县子成、先贤公孙子句兹、先贤燕子伋、先贤乐子欬、先贤狄子黑、先贤孔子忠、先贤公西子箴、先贤颜子之仆、先贤施子之常、先贤申子枨、先贤左丘子明、先贤秦子冉、先贤公孙子明仪、先贤公都子、先贤公孙子丑、先贤张子载、先贤程子颐。

东庑先儒三十四位（主高一尺三寸四分，阔二寸三分，厚四分五厘，座如先贤）：先儒公羊氏高、先儒伏氏胜、先儒毛氏亨、先儒孔氏安国、先儒后氏苍、先儒许氏慎、先儒郑氏康成、先儒范氏宁、先儒陆氏贽、先儒范氏仲淹、先儒欧阳氏修、先儒司马氏光、先儒谢氏良佐、先儒罗氏从彦、先儒李氏纲、先儒张氏栻、先儒陆氏九渊、先儒陈氏淳、先儒真氏德秀、先儒何氏基、先儒文氏天祥、先儒赵氏复、先儒金氏履祥、先儒陈氏澔、先儒方氏孝儒、先儒薛氏暄、先儒胡氏居仁、先儒罗氏钦顺、先儒吕氏楠、先儒刘氏宗周、先儒孙氏奇逢、先儒张氏履祥、先儒陆氏陇其、先儒张氏伯行。

西庑先儒三十四位：先儒穀梁氏赤、先儒高氏堂生、先儒董氏仲舒、先儒毛氏苌、先儒刘氏德、先儒杜氏子春、先儒诸葛氏亮、先儒王氏通、先儒韩氏愈、先儒胡氏瑗、先儒韩氏琦、先儒杨氏时、先儒尹氏焞、先儒胡氏安国、先儒李氏侗、先儒吕氏祖谦、

① 先贤漆雕徒父：按先贤书写体例，当为“先贤漆雕子徒父”。
② 箴：当为“蒧”。

先儒袁氏燮、先儒黄氏干、先儒蔡氏沈、先儒魏氏了翁、先儒辅氏广、先儒王氏柏、先儒陆氏秀夫、先儒许氏衡、先儒吴氏澄、先儒许氏谦、先儲曹氏端、先儒陈氏献章、先儒蔡氏清、先儒王氏守仁、先儒吕氏坤、先儒黄氏道周、先儒汤氏斌、先儒陆氏世仪。

崇圣祠：雍正元年，奉旨启圣祠更名崇圣祠。恭设五代王爵木主主式如四配：肇圣王木金父公位正中，裕圣王祈父公位东一室，诒圣王防叔公位西一室，昌圣王伯夏公位东二室，启圣王叔梁公位西二室。

配位（主式如十哲）：颜氏、曾氏、孔氏、孟氏。

东庑：周辅成、程珦、蔡元定。

西庑（主式如先儒）：张廸、朱松。

大成殿正位祭品：帛（白色，长二丈八尺）、牛（一）、羊（一）、豕（一）、登（一）、铏（一）、笾豆（各八）、爵（三）、炉（一）、镫（二）、尊（一）、祝版（一），疏布幂、勺具。

四配：各位帛（各一）、羊（各一）、豕（各一）、铏（各二）、簠（各二）、簋（各二）、笾（各六）、豆（各六）、爵（各三）、炉（各二）、镫（各二）、尊东西（各一）。

十二哲：东西帛（各一）、羊（各一）、豕（各一）、铏（各一）、簠（各一）、簋（各一）、笾（各四）、豆（各四）、爵（各三）、炉（各一）、镫（各二）、尊（各一）。

东西庑：二位共一案，各位爵（一）。每案簠、簋（各一），笾、豆（各四）。东西羊（各三）、豕（各三）、尊（各三）。统设香案二，每案帛（一）、爵（三）、炉（一）、镫（二）。

乐器：麾旛（二首）、金钟（十六口，即古编钟）、玉磬（十六口，即古编磬）、大鼓（一面，即古应鼓）、搏拊鼓（二座，即古鼗鼓）、柷（一座）、敔（一座）、琴（六张）、瑟（四张）、排箫（二架，即古凤萧）、笙（六攒）、箫（六只）、笛（六只）、埙（二个）、篪（二管）。

乐舞：旌节（二首）、羽籥（三十六副）。

佾舞数：唐乐用宫悬，舞用六佾。明初用六佾。成化十三年，增为八佾。嘉靖九年，仍为六佾。（佾舞生三十六人，乐工五十二人。）清因之。

乐谱：春夹钟（清商）立宫，倍应钟清（变宫）主调；秋南吕（清徵）立宫，倍仲吕（清角）主调。

迎神，昭平之章：

大哉孔子，先觉先知。与天地参，万世之师。祥征麟绂，韵答金丝。日月既揭，乾坤清夷。

初献，宣平之章：

子怀明德，玉振金声。生民未有，展也大成。俎豆千古，春秋上丁。清酒既载，其香始升。

亚献，秩平之章：

式礼莫愆，升堂再献。响协鼖镛，诚孚罍甗。肃肃雍雍，誉髦斯彦。礼陶乐淑，相观而善。

终献，叙平之章：

自古在昔，先民有作。皮弁祭蔡，于论思乐。惟天牖民，惟圣时若。彝伦攸叙，至今木铎。

彻馔，懿平之章：

先师有言，祭则受福。四海黉宫，畴敢不肃。礼成告彻，毋疏毋渎。乐所自生，中原有菽。

送神，德平之章：

凫绎峨峨，洙泗洋洋。景行行止，流泽无疆。聿昭祀事，祀事孔明。化我蒸民，育我胶庠。

初献，作宁平舞：

觉我生民，陶铸前圣。巍巍泰山，实予景行。礼备乐和，豆笾惟静。既述六经，爰斟三正。

亚献，作安平舞：

至哉圣师，天授明德。木铎万世，式是群辟。清酒维醑，言观秉翟。太和常流，英才斯植。

终献，作景平舞：

猗欤素王，示予物轨。瞻之在前，神其宁止。酌彼金罍，惟清且旨。登献既终，弗遐有喜。

仪注：纠仪官一员，礼生三十八名。前期二日，各署设斋戒牌，致斋二日。前二日，执事官补服，至牺牲所省牲。前一日，执事者举祝案，送致斋所。承祭官视毕，送至前后殿安设。一跪三叩头，退。执事官补服上香，监视宰牲并供毛血。

正祭日，主祭、分献、陪祭各官朝服入两旁门序立，（通赞唱）签祝版。（引赞唱）升堂（引各官从东阶上），序爵，序事，请祝（请祝版至），签名（各官书名），下堂（从西阶下）。（通赞唱）启户（各门大开）。乐舞生就位，执事者各司其事，主祭官就位，分献官就位，陪祭官就位（文东武西）。瘗毛血（司毛血生将毛血捧从中门出，埋于西北隅坎内）。启牲馔盖，举迎神乐奏昭平之章，乐作。（引赞唱）诣西北隅迎神（引众官至），神降，复位。（通赞唱）参神。（鸣赞唱）跪，叩首（行三跪九叩礼），兴，平身（众官俱立），乐止。（通赞唱）行初献礼，乐奏宣平之章。乐作，诣盥洗所浴手、净巾。诣酒尊所，司爵者举幂酌酒，升堂（导承祭官由东阶上，入殿门左）。诣至圣先师孔子神位前，跪（行一跪一叩礼），兴，奠帛。捧帛生（以帛拱举，立献案上）。献爵（执爵生以爵跪进，承祭官接爵，拱举立献正中），跪，叩首，兴。（引赞唱）诣读祝位跪。（鸣赞唱）众官皆跪。（引赞唱）读祝文（读祝生至祝案前，一跪三叩，捧祝版立于案左）。跪，读祝（读毕，捧祝版至正位前跪。安帛匣内，三叩首退）。乐作，（引赞唱）叩，兴（承祭官及各官行三叩礼）。（引赞唱）行分献礼，诣复圣颜子神位前跪，叩，兴（行一跪一叩礼），奠帛、献爵如前仪。跪，叩首（行一跪一叩礼），兴。（引赞唱）诣宗圣曾子神位前跪，奠帛、献爵如前仪。诣述圣子思子神位前跪，如前仪。诣亚圣孟子神位前跪，如前仪（其十二哲、两庑，分献官奠帛、献爵亦照承祭官行礼，毕）。（引赞唱）复位（承祭官从西门出西阶下，分献官各复位立）。乐止。（通赞唱）行亚献礼，举亚献乐，奏秩平之章。乐作，（引赞唱）升堂（如初仪）。（引赞唱）复位（各复位立）。乐止。（通赞唱）行终献礼，举终献乐，奏叙平之章。乐作，（引赞唱）升堂（如亚献仪）。复位（各复位立）。乐止。（通赞唱）饮福受胙。（通赞唱）诣饮福受胙位（承祭官至殿内立，捧酒胙二人，取正中一爵、羊左一膊，自正位案前拱举，至福胙位右旁跪。接福胙二人，左旁跪）。（引赞唱）跪饮福酒（承祭官受爵，拱举，授接爵执事）。受胙（承祭官受胙，拱举，授接胙执事，由中门出正阶送献官署），叩，兴（承祭官三叩首，兴），复位。（通赞唱）谢神。鸣赞唱：兴，跪（承祭各官俱行三跪九叩礼）。（通赞唱）彻馔，举彻馔乐，奏懿平之章。乐作（牲馔稍为移动），乐止。（通赞唱）辞神，举送神乐，奏德平之章。乐作，（鸣赞唱）跪，兴（承祭各官俱行三跪九叩礼），乐止。（通赞唱）送神。引赞唱：诣送神所（众官俱至戟门。众官打躬）。（通赞唱）捧祝、帛、馔各恭诣燎前（捧祝帛生至各位前，一跪三叩，捧起，祝在前，帛次之，捧馔生跪，不叩，捧起各送至燎所正位，帛、爵俱由中门出，承祭官退至两旁，候祝、帛、馔过，仍复位止）。（通赞唱）望瘗，举望瘗乐（与送神同）。乐作，（引赞唱）诣望瘗位，举柴焚祝、帛，（祝帛焚半）复位，乐止。（通赞唱）阖户。（鸣赞唱）礼毕散班。

祝文：

维先师德隆千圣，道冠百王。揭日月以常行，自生民所未有。属文教昌明之会，正礼节乐和之时。辟雍钟鼓，咸恪荐以馨香；泮水胶庠，益致严于笾豆。兹当仲春秋，祗率彝章。肃展微忱，聿彰祀典。以复圣颜子、宗圣曾子、述圣子思子、亚圣孟子配。尚飨。（雍正二年颁。）

崇圣祠：正位祭品五案，每案帛（一）、羊（一）、豕（一）、和羹（二）、簠（二）、簋（二）、笾（八）、豆（八）、炉（一）、镫（二）、尊（一）、祝版。

配位四案：东西帛（各一）、羊豕（各一）、簠簋（各一）、笾豆（各四）、爵（各三）。

两庑两案：东西帛（各一）、羊豕（各一）、簠簋（各一）、笾豆（各四）、爵（各一）。

仪注：或先期致祭，或遣官同时祭。朝服，三跪九叩，三献，无饮福受胙。

祝文：

维王奕叶钟祥，光开圣绪。盛德之后，积久弥昌。凡声教所覃敷，率循源而溯本。宜肃明禋之典，用申守土之忱。兹届仲春秋，聿修祀事。以先贤颜氏、曾氏、孔氏、孟孙氏配。尚飨。

名宦祠

文庙内戟门东。明景泰三年，罗绮建。明末毁。清初，总兵周文英重修。庚申番变，毁。宣统二年，同知丁寿芝重建。辛亥番变，毁。

隋：窦轨。

唐：梁建芳，孙仁献（松州都督），高适（西川节度使），李德裕（西川节度使）。

宋：张咏（知益州），赵抃（领益州牧）。

明：丁玉（平羌将军），耿忠（指挥使），高显（指挥），曹震（景川侯），陈怀（都督），方政（都督同知），蒋贵（都督同知、充总兵官），杨宏（总兵），王杲（指挥佥事），寇深（佥都御史），沈琮（御史），罗绮（刑部侍郎），许贵（总兵），林璧（签事），尧彧（松州驻守使），卢能（总兵），张鑽（四川巡抚），王存礼（松潘副使），范纯（四川佥事），陈思忠（松潘兵备），谢琳（卫指挥使），张伦（指挥佥事），何卿（总兵），徐佳胤（指挥佥事），李应祥（副总兵），吴荩臣（指挥佥事），史瓒舜（兵备副使）。

清：冯昌期（副总兵），王明德（副总兵），南廷鋐（松茂道），卓策（总兵），周文英（总兵），高荫爵（松茂道），岳钟琪（川陕总督），宋元俊（总兵），潘绍周（总兵）。

事实详“宦迹”。

乡贤祠

文庙内戟门西，其建、毁与名宦祠同。

明：尧彧（总兵），周满（壬辰进士），吴荩臣（指挥）。

清：江瑞图（举人、河南息县知县），张伟奇（拔贡生），周瑛（四川提督），张元佐（总兵），刘应标（湖广提督），蒲尚佐（提督），沈洪（提督），马元（提督），马济（副将）。

事实详“乡贤”。

忠义祠

文庙内戟门东，其建、毁与名宦祠同。

节孝祠

文庙内戟门西，其建、毁与名宦祠同。

名宦、乡贤、忠义、节孝四祠，遣官分祭。

祭品：帛（一）、羊（各一）、豕（各一）、笾（各四）、豆（各四）、尊（一）、爵（三）。

仪注：公服诣祠，致祭、读祝、望燎、行三叩礼，如仪。

名宦祝文：

卓哉群公，懋修厥职。泽被生民，功垂社稷。谨以牲醴，用申常祭。尚飨。

乡贤祝文：

于维群公，孕秀兹邦。懿德卓行，奕世流芳。谨以牲醴，用申常祭。尚飨。

忠义祝文：

维灵秉赋贞纯，躬行笃实。忠诚奋发，贯金石而不渝；义闻宣昭，表乡闾而共式。祇事懋彝伦之叙，性挚莪蒿；克恭念天显之亲，情殷棣萼。模楷咸推夫懿德，纶恩特阐其幽光。祠宇维隆，岁时式祀。用陈尊簋，来格几筵。尚飨。

节孝祝文：

维灵纯心皎洁，令德柔嘉。矢志完贞，全闺中之亮节；竭诚致敬，彰阃内之芳型。茹水蘖而弥坚，清操自励；奉盘匜而匪懈，笃孝传徽。丝纶特沛乎殊恩，祠宇昭垂于令典。祇循祀事，式荐尊醪。尚飨。

武　庙

雍正三年，诏加尊帝号为“忠义神武关圣大帝”。乾隆五年，颁定祭品、仪注。九年，颁定祭文。十年，诏加尊号“灵佑”。嘉庆十九年，诏加尊号“仁勇”。道光七年，诏加尊号“显赫”。岁春秋仲月上辛致祭。

祭品：帛（一）、尊（一）、爵（三）、牛（一）、羊（一）、豕（一）、登（一）、铏（一）、簠簋（各二）、笾豆（各十）、炉（一）、镫（二）。

仪注：迎神、三献、送神与文庙同。乐舞中祀。

祝文：

维帝浩气凌霄，丹心贯日。扶正统而彰信义，威震九州；完大节以笃忠贞，名高三国。神明如在，遍祠宇于寰区；灵应丕昭，荐馨香于历代。屡征异迹，显佑群生。恭值嘉辰，遵行祀典。筵陈笾豆，几奠牲醪。尚飨。

后殿：雍正五年，诏敕封三代公爵，建祠庙后，如崇圣祠。曾祖光昭公、祖裕昌公、父成忠公。

祭品三案：每案帛（各一）、羊（各一）、豕（各一）、铏（各一）、簠（各一）、簋（各一）、笾（各八）、豆（各八）、尊（各一）、爵（各三）、炉（各一）、镫（各二）。

仪注：同日先祭，行二跪六叩礼，余同前殿。

祝文：

维公世泽贻庥，灵源积庆。德能昌后，笃生神武之英；善则归亲，宜享尊崇之报。列上公之封爵，锡命攸隆；合三世以肇禋，典章明备。恭逢诹吉，祗事荐馨。尚飨。

文昌宫

嘉庆六年，诏列入祀典。岁春秋仲月致祭，春二月三日，秋诹吉日，祭品、仪注均如武庙之礼。民国元年废祀。

社稷坛

清修。坛制：累石为之，纵横各二丈五尺，高二尺一寸，陛各三级，缭以周垣。北向石主二：一埋坛南正中，一卧于地，长二尺五寸，径一尺。神牌二，以木为之，曰县社之神、县稷之神。临祭，设于坛。岁春秋仲月上戊日致祭。

祭品二案：各帛一（黑色）、簠簋（各二）、羊豕（各一）、铏（一）、笾豆（各四）、白瓷爵（三）、尊（一）。

仪注：前期三日斋戒，前期二日签祝版，前期一日补服上香，监视宰牲，并瘗毛血，设献官幕次。至日黎明，各官朝服行礼，前后各三跪九叩，三献，不受福胙，不谢福胙，望瘗，执事者以祝焚于坎中，以土实坎。

祝文：

维神奠安九土，粒食万邦。分五色以表封圻，育三农而播稼穑。恭承守土，肃展明禋。时届仲春秋，敬修祀典。庶丸丸松柏，巩磐石于无疆；芃芃黍苗，佐神仓于不匮。尚飨。

神祇坛

旧名山川坛。嘉庆十三年，奉部文更正。制木主三：中曰风云雷雨之神，左曰本境山川之神，右曰本境城隍之神。坛制、祭日、祭品、仪注均与社稷坛同，惟帛用白色，献礼分中、左、右三位，望瘗改为望燎，不以土实坎。

祝文：

维神赞襄天泽，福佑苍黎。佐灵化以流行，生成永赖；乘气机而鼓荡，温肃攸宜。磅礴高深，长保安贞之吉；凭依巩固，实资捍御之功。幸民俗之殷盈，仰神明之庇护。恭修岁祀，正值良辰。敬洁笾豆，祗陈牲帛。尚飨。

先农坛

雍正四年，奉诏各直省各府州县衙行耕耤礼。雍正五年，奉特旨颁行耤田坛位规制。坛在东郊，以官地四亩九分为耤田，田后建立坛位，高二尺一寸，纵横各二丈五尺。神牌高二尺四寸，宽六寸，座高五寸，广九寸五分，红牌金字填写。每年遵部颁，亥日致祭，祭毕，行耕耤礼。

祭品：帛（青色）、羊豕（各一）、铏（一）、笾豆（各四）、簠簋（各二）、爵（三）。

仪注：前二日斋戒，前一日省牲、扫坛、设幕、检视耕器。至期，各官朝服行礼，前后三跪九叩。不饮福受胙，与社稷坛同。惟献帛、爵，不升坛。

初献，时丰之章：

先农神哉，耒耜教民。田祖灵哉，稼穑是亲。功德深厚，天地同仁。肃将币帛，肇举明禋。厥初生民，莫汇莫辨。神锡之麻，嘉种乃诞。执兹醪斋，农功益见。玉瓒椒醑，肃雍举奠。

亚献，咸丰之章：

上原下隰，百谷盈止。粒我生民，秀良兴起。乐舞具备，吹豳称兕。再跻以献，肴香酒旨。

终献，大丰之章：

穈芑秬秠，维神所贻。以神飨神，曰予将之。秉耒三推，东作永宜。五风十雨，率土何私。

彻馔，屡丰之章：

於皇农事，自古为烈。莫敢不承，今兹忻悦。笾豆既丰，簠簋云洁。神视井疆，执事告彻。

送神，报丰之章：

麻麦芃芃，秔稻连阡。纵横万里，皆神所瞻。人歌鼓腹，史载有年。岁有常典，第福绵延。

望燎，庆丰之章：

玉版苍帛，来监来歆。敬之重之，藏于厚深。典礼由古，予行自今。乐之利之，国以永宁。

祝文：

维神肇兴稼穑，粒我蒸民。颂思文之德，克配彼天；念率育之功，常陈时夏。兹当东作，咸服先畴。洪维九五之尊，岁举三推之典。恭膺守土，敢忘劳民；谨奉彝章，聿修祀事。惟愿五风十雨，嘉祥恒沐于神庥。庶几九穗双歧，上瑞频书于大有。尚飨。

耕耤礼：祭日午时，各官俱换蟒袍补服，印官秉耒，佐贰执青箱播种，耆老一人牵牛，农夫二人扶犁。九推九返，农夫终亩。耕毕，各官更朝服望阙，行三跪九叩礼。

农具（赤色）、牛（黑色）、种箱（青色），子种（宜麦），农夫免役。

常　雩

乾隆七年，定每岁四月十八日举行。不另立坛，即于先农坛行礼，合祀社稷、山川、先农诸神。

帛用黑白青各一具，长一丈八尺。仪注同社稷坛。

祝文：

恭膺诏命，抚育群黎。仰体彤廷，保赤之诚。劝农勤稼，俯维蔀屋，资生之本，力穑服田。令甲爰颁，肃举祈年之典；惟寅将事，用申守土之忱。黍稷惟馨，尚冀昭明之受赐；来牟率育，庶伸丰裕于盖藏。尚飨。

禜　祭

祭城门也。乾隆七年定，旱则雩祭祈雨，涝则禜祭祈晴。行礼与雩祭同。

祝文：

恭承诏命临民，职司守土。惟兆人之攸赖，并藉神功；冀四序之调和，群蒙福荫。必使雨旸应候，爰占物阜而民安；庶几寒燠咸宜，共庆时和而岁稔。仰灵枢之默运，聿集嘉祥；襄元化以流行，俾无灾害。

八　蜡

雍正十二年定，每岁十二月上戊日，即先农坛致祭。

先啬、司啬居正位，余六神分设左右。常时，供先啬、司啬神牌于先农神牌之东西，余六神列两旁。

勾芒之祀：先立春一日，长官朝服率僚属于东郊，祀勾芒之神。礼毕，迎春归，驻署仪门外。至日，各官朝服，祭用牲果酒醴。四拜，礼毕。长官击鼓三声，执彩鞭率各官环击土牛者三，乡人各取其土以为宜年。

迎春祝文：

维神司令元春，参赞化育。祛除寒威，渐回温燠。雨顺风调，禾登麦熟。百谷顺成，群黎蒙福。今于某日恭诣东郊，先期迎神驾。敢告。

鞭春祝文：

化工造物，无私匆愆。雷动风散，雨闰日暄。以时宣布，岁则有年。民维邦本，食乃民天。四时之序，春今为先。敢告尊神，发动春鞭。

龙神祠

岁春秋诹吉致祭。
祭品：帛（一）、羊豕（各一）、果实（五盘）、尊（一）、爵（三）。
仪注：各官补服蟒袍，行二跪六叩礼、迎神、读祝、三献、送神、望燎。
祝文：

维神德洋寰海，泽润苍生。允襄水土之平，经流顺轨；广济泉源之用，膏雨及时。绩奏安澜，占大川之利涉；功资育物，欣庶汇之蕃昌。仰借神庥，宜隆报享。谨遵祀典，式协良辰。敬布几筵，肃陈牲币。尚飨。

火神庙

岁以季夏吉日致祭。
祭品、仪注与龙神祠同。
祝文：

维神德著离官，光昭午位；广阳享之运，象启文明；彰燮理之能，功参化育。土以生而水以济，丙丁之大用常明。府既修而事既和，虞夏之九功惟叙。丽兹万物，实赖化成。乂我生民，成资利用。仰邀神贶，虔答鸿庥。爰遵祀事之仪，式協春禋秋尝之典。肃陈牲币，敬布几筵。尚飨。

昭忠祠

岁春秋仲月诹吉致祭。
祭品：帛（一）、羊豕（各一）、果（五盘）、尊（一）、爵（一）。
仪注：各官补服，行一跪三叩礼。

贤良祠

岁春秋仲月诹吉祭。祭品、仪注与龙神祠同。

厉　坛

顺治年间定。雍正三年，添设饭米。每岁清明、中元、十月朔祭。先期一日，牒本州城隍，焚牒文。祭日，迎城隍行神于坛上，书本境无祀孤魂牌位立于坛下左右。城隍位及左右位各羊一、豕一，并设饭羹。

仪注：前一日，祭官诣城隍庙焚牒文，行一跪三叩礼。至期，补服于城隍神位前行礼，前后一跪三叩，中间三献爵，读告文。礼毕，以告文同纸焚之。

告文：

遵依礼部札，为祭祀本境无祀鬼神等众事，钦奉皇帝圣旨：普天之下，后土之上，无不有人，无不有鬼。人鬼之道，幽冥虽殊，其理则一。故天下之广，兆民之众，必立君以主之。君总其大，又设官分职，为府州县，以各长之。又于每百户设一里长，以统领之。上下之职，纲纪不紊，此治人之法。天子祭天地神祇及天下山川，王国及府州县祭境内山川及祀典神祇，庶民祭其先祖及里社、土谷之神。上下之礼有等第，此治神之道如此。尚念冥冥之中，无祀鬼神。昔为先民，未知何故而殁。其间有遭兵刃而损伤者，有死于水火盗贼者，有被人取财而逼死者，有被人强夺妻妾而忿死者，有遭刑祸而负屈死者，有天灾流行而疫死者，有为猛兽毒虫害死者，有为饿冻而死者，有为战斗而殒身者，有因危急而自缢者，有因墙屋倾颓而压死者，有远行征旅死未归籍者，有死后无子孙者。此等鬼魂，或终于前代，或殁于近世，或兵戈扰攘流移他乡，或人烟断绝久缺其祭。姓氏泯没于一时，祀典无闻而不载。此等孤魂，死无所依。精魄未散，结为阴灵。或依草附木，作为妖怪。悲号于星月之下，呻吟于风雨之时。凡遇人间令节，心思阳世，魂杳杳以无归；身堕沉沦，意悬悬而望祭。兴言及此，怜其惨凄。故勅天下有司，依时享祭。在京都有泰厉之祭，在王国有国厉之祭，在府州有郡厉之祭，在各县有邑厉之祭，在一里又各有乡厉之祭。期于神依人而血食，人敬神而知礼。仍令本处城隍，以主此祭。钦奉如此，今某等不敢有违，设坛于城西，以某月某日设备牲醴羹饭，专祭阖境内无祀鬼神等众。灵其不昧，来享此祭。尚飨。

文庙及山川社稷各坛祭祀银十六两。

武庙祭祀银十六两。

（文、武）庙续增祭祀银二十四两。

山川社稷各坛酌增祭祀银八两，内拨二两祭厉坛。

文昌宫新增祭祀银十四两。

昭忠祠祭祀银六两。

乡　饮

凡京府及直省府州县，岁正月十五、十月一日，于儒学行乡饮酒礼。前一日，执事者于儒学之讲堂依图陈设坐次，司正率执事习礼。至日黎明，执事者宰牲具馔。主席及僚属、司正先诣学，遣人速宾僎以下。比至，执事者先报曰：宾至。主席率僚属出迎于庠门之外，揖，入，主居东，宾居西，三让三揖而后升堂，东西相向立。赞：两拜。宾主[①]，执事者又报：僎至。主席又率僚属出迎，揖让、升堂，拜出[②]如前仪。宾、僎、介至，既就位。执事者唱：司正扬觯！执事者引司正由西阶升诸堂中，向北立。执事者唱：宾僎以下皆立。唱：揖。司正揖，宾僎以下皆揖。执事者以觯酌酒授司正，司正举

① 主：道光《茂州志》作“坐”。

② 出：疑当为“至”。

酒曰：恭维朝廷，率由旧章，敦崇礼教。举行乡饮，非为饮食。凡我长幼，各相劝勉。为臣尽忠，为子尽孝。长幼有序，兄友弟恭。内睦宗族，外和乡里。无或废坠，以忝所生。读毕，执事者唱：司正饮酒。饮毕，以觯授执事。执事者唱：揖。司正揖，宾僎以下皆揖。司正复位，宾僎以下皆坐。唱：读律令。执事者举律令案于堂之中，赞礼引读律令者诣案前，北面立。唱：宾僎以下皆立，行揖礼如前。读曰：凡乡饮酒礼，序长幼，论贤良，刖奸顽。其坐席间，高年有德者居上，谨笃者并之，以次序齿而列。其有违条犯法者，不许干预良善之席，违者罪以违制。敢有喧哗失礼者，扬觯者以礼责之。读毕，复位。执事者唱：供馔案。执事者举馔案至宾前，次僎、次介、次主，三宾以下各以次举，讫。执事者唱：献宾。主起席北面立，执事斟酒以授主，主受爵诣宾前至于席，稍退。赞：两拜，宾答拜，讫。执事各斟酒以授主，主受爵，诣僎前，置于席，交拜如前仪。毕，主退，复位。执事者唱：宾酬酒。宾起，僎从之。执事者斟酒授宾，宾受爵，诣主前，置于席，稍退。赞：两拜。宾、僎、主交拜，讫，各就位坐。执事者分左右立，介、三宾、众宾以下以次斟酒于席，讫。执事者唱：饮酒、供汤。又唱：斟酒、饮酒、供汤、供馔，毕。执事者唱：彻馔。候彻馔案，讫。唱：宾、僎以下皆行礼。僎、主、僚属居东，宾、介、三宾、众宾居西，赞两拜，讫。唱：送宾以次下堂。分东西行，仍三揖出庠门而退。

主以县长为之，大宾以致仕官为之，次宾以乡里年高有德者为之，介以次长，三宾以宾之次者为之，司正以教职为之，其僚属则序爵，执事以老成生员为之。

宾　兴

乡试岁之七月，长官蠲吉具启，遍告科举诸生，云：谨占某日行宾兴礼。其启用俪体，每科举一名，启一通，送儒学转致。至期，诸生齐集明伦堂，长官具公服继至。以鼓吹导诸生谒文昌中魁星，行四拜礼，酬以酒，名曰“酬魁”。拜毕，长官先行返署，教谕设筵席款待诸生于堂上。长官具柬相速，教谕乃率诸生往厅治。长官迎于头门外，相让而升，行宾主礼，入席。爵三。晋优人演出者三，诸生告行，优人以金花簪诸生，鼓吹送至头门外。诸生先行，长官与教谕各拟送出东门，备舆以待诸生，礼请返舆，始各回署。诸生遂乘舆以赴乡试。

按，《富顺县志》体例，祀典只载地方专祠。松播僻处边方，文明进化较内地为迟。自清光绪三十三年，孔子升为大祀。民国三年，奉到祀孔典礼、关岳合祀典礼。因革损益，散见法令、诸书暨公署文卷，普通学者无由观摩。今《松志》于“学校”附录前代颁定及民国更定，或仍旧未更之各祀典礼，使边方子弟习礼者家有其书，亦入庙问事之意尔。

清学署。文庙对门内，设明伦堂。宣统辛亥毁。

清书院。有二：一岷山书院，在城东文庙侧；一锦屏书院，在漳腊城南大街。均清初建。咸丰末，锦屏书院圮废。岷山书院，则于光绪二十九年改建学堂。

清学额。清初，原额八名，廪增各二十名，二年一贡。乾隆二十八年，裁学二名，廪增各五名，归资州。六十年，裁学二名，廪增各三名，归秀山。额进四名，廪增十二名，三年一贡。光绪二年，以南坪柴门关改土归流，增学一名，额进五名，廪增名额仍旧。光绪三十一年停止。

清义学。共两堂：一附设学署，一附设岷山书院。均同治间设。光绪二十九年废。

劝学所。清光绪三十二年，附设高等小学校内。辛亥被焚。民国三年，借用照磨废署遗址建设，为视学住所。

高等小学校。清光绪二十九年，朝议变法，停科举，设学堂。同知黄汝楫就岷山书院旧址并入张公祠地，改建学堂。规模阔大，校室完美。拟立中学，而松属辽僻，中学不宜，仍立为高等小学校，附设师范传习所。三十三年，并为高初两等小学校。宣统三年，番变，毁。民国四年，知事何光国另于学署旧址建校舍，设模范初等小学校。旧学校基址遂荒废焉。

邑人马鸿藻《高等小学校碑》：

国家之盛衰，视乎人才；人才之兴替，视乎学校。学校者，造就人才之具也。中国数千年来，号宗孔孟，而科举制兴，专究文艺，涉于空虚，何裨实用。清之末叶，海禁大开，外交日迫，治国无谋，御敌无勇，泄泄沓沓，媕婀成风。平日自命为高才绝学者，遇有大患辄皆屈伏，遗误多矣。清廷愤之，毅然改图，参酌欧制，与时变通。诏天下府厅州县改建学堂，专讲科学，以次递进，务在实事求是，不尚空谈，庶我国有富强之日乎！同知黄汝楫奉命办学，就岷山书院设校，规模颇宏，聘教员，增学费，榜曰“高等小学堂”。学子盈门，争先恐后，业已焕然一新矣。辛亥番变，倏化焦土，学舍榛芜，可胜叹哉！民国继起，首重学务，深知强国必赖人才，人才必由教育。譬之精金以冶炼成，良玉以琢磨就也。我邑地处边荒，夷人环伺，前此蹂躏已深，若再不思奋，且将沦于膻俗。都人士有鉴于此，仿昔年成规，更事建筑。从此讲学有地，造就可期，养成通才，共肩巨任，兴学之效或可见欤？

温江徐劲岑《高等小学校碑》：

松邑处万山中，大江发源，灵秀钟萃，代产奇杰。明清盛时，武员迭著丰功，而文人则鲜留姓字于史册，有之即若为希世珍者。岂僻处番夷，见闻素鲜所致欤？盖亦视乎培植人才若何耳。治城旧有岷山书院，岂无能膺造作人士之任者？自清中叶，往往以幕友主讲，其文行学识、课程矩矱、宽严美恶，姑不具论，而既以幕僚任教育事，势相凌，情相隔，道与权相悖，理与欲相违，政与教又相戾而不相合。难如所期，诚无足怪。虽间有腾达者，要皆成就于外，而院中则寂寂无闻，无惑乎为人所轻视也。咸丰庚申番变，书院竟毁于火，旋复重建。光绪丙午，改名中学校，一时从学者数百人，洗前此官制隔阂之习，既云盛矣。而宣统辛亥，又毁于番变，人以是伤之。不知除旧布新，事在人为，安知风会所趋，不将由晦而明耶？古代邹鲁，近时吴越，或今不古若，或今胜于古，足为龟鉴。不然，数千年之专制，胡一变为共和，故步甚易改也。民国元年，知事就学署旧基复建高小学校，规画完密，较昔尤宏，不事华丽，有古朴风，殆亦鹅湖、鹿洞之遗意乎！行见变空疏为实用，远驾前日之习武。诸贤不徒以一介名秩为乡里荣宠，则成效当倍蓰于书院，可立待矣。

城厢各初等学校地点：
一、附设高等小学校内。
二、下南街长生祠内，民国四年设。
三、南门月城内。
四、北街租民房，民国六年设。
五、城西真武宫内。此校专教女孩，民国五年设。
六、南城外玉真宫内，民国六年设。

东区各初等学校地点：
一、施家堡公舍，清光绪三十年设。
二、小河杨氏祠，清光绪三十年设。
三、龙韬堡租民宅，民国四年设。
四、风崖堡武庙，民国五年设。
五、杨柳坝租民宅，民国五年设。
六、木瓜墩公舍，民国五年设。
七、三舍堡武庙，民国六年设。
八、四望堡财神庙，民国六年设。

南区各初等学校地点：
一、归化堡东岳庙，清光绪三十二年设。
二、镇江关公舍，清光绪三十二年设。
三、石河桥武庙，民国五年设。
四、安顺关武庙，民国五年设。
五、得胜堡五显庙，民国五年设。

北区各初等学校地点：
一、漳腊武庙，清光绪三十一年设。
二、中街民房，民国七年设。
三、中街女校，民国七年设。
四、火烧屯公舍，民国五年设。

南坪镇各初等学校地点：
一、镇内文昌宫，清光绪三十一年设。
二、镇内武庙，清光绪三十一年设。
三、郭晏沟武庙，民国二年设。
四、燕子垭租民舍，民国二年设。
五、塔藏租民舍，民国二年设。
六、永丰乡武庙，民国二年设。
七、安乐坝租民舍，民国二年设。

学　款

明弘治时，都御史童轩置学田于城东，后被水冲刷。万历间，兵使杨一桂复于县南红花屯隔岸置学田，每年收麦租二石有奇。至清光绪初，水复冲刷。

清康熙间，总兵周文英于文庙附近余地建铺房五楹，每年收租银约五十两。庚申、辛亥，先后毁。民国二年，复建，每年收租银九十元。

同治五年，同知邓友仁划拨北街公有铺房一楹，鼓楼下公有铺房三楹，归并儒学。每年收租银约三十两。辛亥番变，毁。民国二年复建，每年收租银五十四元。

同治间，同知刘廷恕建筑鼓楼书院，余银二千两有奇，发商生息。嗣因年久，商务颓败，不无积欠亏挪。至光绪二十九年，同知黄汝楫追收历年逋息及本银并入漳腊义仓，余利银共三千七百余两，作建学堂费。外余二千两，发茶商生息，每年收利银二百四十两，归入学款。

是年，黄汝楫划拨东路叠台沟公地麦租一石五斗，及南路东胜堡公地麦租二石六斗，金瓶崖公地麦租二石，并入学款。

宣统二年，同知谢鹄显筹集牲畜、皮毛、香茸、杂药等捐，每年约进银二千余两。又设骡脚捐，每年约进钱四百余钏。三年，番变，均停废。

民国二年，知事田兆文恢复各捐，除骡脚捐暂停止外，余均划作地方税，以征收局代收。

是年，田兆文划拨东街药王庙铺房二间、文昌宫铺房三间、南月城武庙铺房六间归学务，除一间作国民学校外，余铺每年共收租银一百四十余元。

三年，田兆文于地方税项下划拨十之三归学务，每年约收银一千元。

四年，知事何光国于地方税项下改拨十之五归学务，每年约收银二千余元。

五年，知事余家骧于地方税项下改拨十之六归学务，每年约收银三千余元。

六年，知事张典于地方税项下改拨十之四归学务，每年约收银二千余元。

又，五年，张典划拨中街哈姓归公铺房四间归学务，内提一间作教育会事务所，余三间每年收租银五十余元。

学　费

劝学所经费，每年开支银一千六百余元。

教育会经费，每年开支银三百余元。

高等小学校暨附设模范国民学校经费，每年开支银二千四百余元，此项酌有增减。

城区各初等学校经费目：

一、长生祠校，每年七十五元，劝学所开支项内。

二、南月城校，每年七十五元，劝学所开支项内。

三、北门城校，每年七十五元，劝学所开支项内。

四、真武宫校，每年七十五元，劝学所开支项内。

五、玉真宫校，区立。

东区各初等学校经费目：

一、三舍堡校，每年本地基本息钱二十钏，劝学所补助二十元。

二、四望堡校，每年本地基本息钱五十钏，劝学所补助二十元。

三、施家堡校，每年本地公租玉蜀黍四石五斗，劝学所补助二十元。

四、龙韬堡校，每年本地基本息钱四十钏，公租玉蜀黍一石五斗（此系余知事划拨叠台沟公款），劝学所补助二十元。

五、小河镇校，每年本地包山城租玉蜀泰三石，提各庙常输玉蜀黍二石，杨氏祠捐给钱二十钏，牛羊关每牛一支[①]抽钱一百二十文、每羊百支抽羊一支，近因牛羊关衰，减免抽。劝学所补助二十元。

六、风崖堡校，每年本地基本息钱四十钏，劝学所补助二十元。

七、杨柳坝校，每年本地基本息钱三十钏，劝学所补助二十元。

八、木瓜墩校，每年本地基本息钱五十钏，劝学所补助二十元。

南区各初等学校经费目：

一、石河桥校，每年本地基本息钱二十训，劝学所补助二十元

二、得胜堡校，每年本地基本息钱四十钏，劝学所补助二十元。

三、归化堡校，每年六十元，劝学所开支项内。

四、安顺关校，每年六十元，劝学所开支项内。

五、镇江关校，征费，劝学所补助二十元。

六、龙潭堡校，征费。

北区各初等学校经费目：

一、漳腊城校，每年七十元，劝学所开支项内。

二、漳腊城校，每年七十元，劝学所开支项内

三、漳腊城女校，每年四十元，劝学所开支项内。

四、火烧屯校，每年本地息钱二十钏，劝学所补助二十元。

南坪各初等学校经费目：南坪学款每年抽斗捐钱一百钏，秤捐钱二十钏，药布捐钱三百钏。除本镇两校共三百钏外，余一百二十钏分助塔藏、燕子垭、郭晏沟、永丰乡四校各三十钏。

一、文昌宫校，每年一百五十钏。

二、武庙校，每年一百五十钏。

三、塔藏校，南坪补助钱三十钏。

四、燕子垭校，南坪补助钱三十钏。

五、郭晏沟校，南坪补助钱三十钏。

六、永丰乡校，每年公租玉蜀黍三石五斗，南坪补助钱三十钏。

以上各学校有劝学所额定经费者，有本地筹集经费者，有学子自出经费者，有经费不敷必待公款稍加补助者，此亦因地制宜，不能预算者也。

劝学所员额：视学员一、劝学员名誉职无定额、讲演员名誉职无定额、收支员一。

---

① 支：当为“只”。下同。

高等小学校员额：校长一、学监一、庶务一、各教员无定额，或校内各员兼任之，藉免靡费学款。

附[①]：实业

农　业

松属南坪小河，气候较暖，略有稻田，产谷无多。余则山高寒重，岁收一季，只宜冬麦。春麦、稞麦、豆菽、包谷，则东南北三区皆产。所谓冬麦者，隔年播种，次年秋收是也。视霜雪之早迟，定收获之丰歉。农民贫多富少，宜设农学研究会，就本处天时、地质、土性、人工讲求、耕耘收获、减少籽种、改良农器、试验肥料之法，以期日有进步，物产增加。

商　业

商货分输出、输入两种。输出品，购自成都、温、崇、彭、灌、江、彰、安、绵各县者，以大小茶包为大宗，绸、缎、绫、绉、洋、广匹头、毛绸、花线、土布次之，铜、铁、瓷器暨各杂货、各食品又次之，运往关外南北番部售销。输入品，易自关外生番部落者，以羔羊皮、野牲皮、羊毛为大宗，香、茸、贝母、大黄，甘松、虫草各药材次之，牛羊牲畜又次之，运入本省暨直隶、河南、上海及沿江海各埠售销。交易时期：每岁汉番运货，结队行走，大抵六七月皮庄登市，八九月鹿茸、贝母、大黄、甘松、牛羊登市，十月以后羊毛登市，麝香、杂药暨各山货则无定时。商帮有草地帮、西客帮、河南帮、陕帮、渝帮之别，若米面帮、森林帮，赀本较微细矣。各帮字号，以丰盛合、本立生、义合全、杜盛兴开岸最早，聚盛源、裕国祥、协盛全次之。老号二三百年，余皆百数十年不等。资本雄厚，交易和平，尤重信义，不似内地商场之刻薄，盖习惯使然耳。自有大商多家，货物之或产或运或销，需人工脚力较夥。有资本者，藉以营业。无资本者，佣工输运，亦可谋生。多增字号一家，生活贫民数百。实边以民，不如实边以商，有商而农工自然发达，其余各项实业随之。近五六年，渝帮迁去多家，羊毛、药材停滞，市面益形枯窘。宜广招徕而维持保护，设商务学堂，讲求商业专门。司牧者，曷注意焉？

工　业

土著向以农商为业，凡建筑、冶铸、缝纫、织造等工皆外县人，松人鲜操作者。所产土货如骨角、毛羽、金石、木革等类颇丰，因不讲求工艺，遂致天然物质，委输外境。如能兴设工厂，学习制造成品，必大可观。今所有者制革靴鞋、骨角器皿、毛织毡毯、粗细毪匹而已。推而广之，当俟异日。

---

① 附：原志无，今据“目录”补。

矿 业

北区对河寺、南区耳边三寨金矿开掘者稍著成效。惟矿师、资本之难，采法不善，且时有时无，得益较少。踏藏境内有银铜矿，惜无新法开采，又乏煤薪，难于熔化。地不爱宝，谁其启之。东区有磺矿，质色均佳，又三舍泛发见煤矿，惟地险艰于转运。如能平治道路，不惟便民，且获厚利。松尽煤出，斯言其验乎？

按，松属边隅，广袤数千里，山川发脉之源，宝藏丰富之说，容或不虚。然自清光绪初，中国讲求矿业、开办学堂、化验采探，迄今近四十年。政府委派员绅条陈绘图、贴说者不知凡几，未闻办有成效。推原其故有二：一在矿师无人。中国学生有矿业专门实学者少，即外国来华矿师精于矿务学者亦属罕觏。条陈图说不过纸上空谈，究其实指，某地确有某矿、苗深若干、采法如何、需费若干，实有把握者未之闻也。一在股本不济。外国开矿资本充足，有现用金、有准备金，或数年或数十年，收效愈迟，获利愈厚。不似中国浅尝辄止，半途废弃，所谓欲速则不达也。光绪末年，升允总督甘肃，以全省财力人力，不可谓不厚矣。乃西宁、大通一带，开采金铜各矿十余处，费帑数十万，汉番交涉，屡起争端，不闻获有余利，大都办事人员亦徒博虚名而已。松潘不如甘肃远甚，且矿产多属夷地，少一失检，动起边衅，利未得而害生，条陈图说转为酿祸之厉阶。故此时言松之实业，只能就现有之商农工矿维持保护，依据习惯法而徐图扩充，有百利而无一害。若欲推广各种矿业，则须俟矿师得人、资本大裕，通盘筹画，成竹在胸，正未可忽略，贻地方患也。

法 团

县议会：清末成立，事务所设中正街。正议长一、副议长一、议员二十八。

教育会：清末设，民国三年成立事务所，设中正街。正会长一、副会长一、会员无定额。

商务分会：清末成立，事务所设西府街。正会长一、副会长一，会员无定额。

农务分会：民国元年成立，事务所设东街。正会长一、副会长一，会员无定额。

兵 制

周武王伐纣，牧野誓师，有庸、蜀、羌、髳、微、卢、彭、濮人。（《尚书》）

汉武帝平西南夷，朝冉駹，立汶山郡，以益州刺史领之。宣帝地节元年，罢汶山郡，置北部都尉。（《汉书》）

晋武帝太康三年，以蜀多羌夷，置西夷府，以张牧为西夷校尉，持节统兵治之，置长史、司马。（旧《通志》）

武帝太康中，仍用蜀修屯牙门，以御夷徼。按，《华阳国志》：蜀汶山西五部常于险要置守。自汶江、龙鹤、冉駹，白马氐用五围，皆置修屯牙门。晋因仍其守。（旧《通志》）

惠帝永宁元年，罗尚为平西将军、护西夷校尉，以叟兵击流人李特、李骧等，破之。（《通志》）

唐太宗贞观时，松州交川郡、下都督府置松当军。（《新唐书·地理志》）

元宗开元二十一年，置边都节度使，管蓬山郡即柘州兵五百人，管交川郡即松州兵二千八百人。（《元和郡县志》）

文宗太和三年，以李德裕为川西节度使，德裕至镇，作筹边楼，图蜀地形，训练士卒，葺保障以备边。（《唐书》）

德裕在西川建筹边楼，按南道山川险要与蛮相入者，图之左；西道与吐蕃接者，图之右。其部落众寡，馈运远迩曲折，咸具召习边事者，与之指画商订，凡虏之情伪尽知之。又请甲人于安定，弓人于河中，弩人于浙西，由是蜀之器械，皆犀锐。率户二百取一人，使习战，贷勿事，缓则农，急则战，谓之雄边子弟。又作柔远城，以扼西山吐蕃。（《新唐书》）

宋神宗熙宁五年，王韶纳沿边蕃部岷、宕、叠、弄等州，皆补蕃官首领，共领九百三十二人，正兵三万，族长数千。（《宋史》）

神宗熙宁九年，诏四川经略使统番戍诸路，有事即以征讨。（旧《通志》）

哲宗元符二年，诏四川沿边州县，城池楼橹，务各修治，有不治者罪之。（《通志》）

元成宗大德七年，以行播州军民使杨汉英，为绍庆、南平等处沿边宣慰司，管军万户，佩虎符。（《通志》）

武宗至大四年，调蒙古汉军镇云南。按，云南八百媳妇、大小彻里作乱，调四川省蒙古汉军四千人，命万户囊加斛部，领赴云南镇守。其四川行省言，本地方东南控接荆湖，西北襟连秦陇，阻山带水，密迩番蛮，素号天险，古称极边重地，乞于存恤军内调二千人往，从之。（《元史》）

明太祖洪武初年，立大都督府节制中外诸军事，若有征讨之役，以公侯伯充总兵官，名曰挂印将军。在外镇守地方武臣置都指挥使司以领，卫所置总兵、参将、游击、守备以司攻守。诸军在外者谓之翼。（《明史》）

洪武中，改翼曰卫，设指挥使司而核其所部兵。五千人为指挥，千人为千户，百人为百户，五十人为总旗。度天下要害地，系一郡者设所，连郡者设卫。大率五千六百人为卫；千一百二十人为千户所；百十有二人为百户所，设总旗二、小旗十；大小联比以成军。于松潘设卫，旧为军民指挥使司，隶四川都指挥使司。所属长官司十七、安抚司四：

占藏先结长官司、蜡匝簇长官司、白马路簇长官司、山洞簇长官司、阿昔洞簇长官司、北定簇长官司、麦匝簇长官司、者多簇长官司、牟尼簇长官、斑斑簇长官司、祈命簇长官司、勒都簇长官司、色藏簇长官司、阿思簇长官司、思囊儿簇长官司、阿月簇长官司、潘干寨长官司、阿角寨安抚司、八郎安抚司、麻儿匝安抚司、芒儿者安抚司。

以上所列长官司十七、安抚司四，俱属松潘卫。有大征伐，或量调各土司兵，听官兵总领节制指使。（旧《通志》）

复立番僧二人为国师：曰商巴，曰绰岭；二人为禅师：曰黎巴，曰完卜；亦皆佩银章也。《西边记》云：国师商巴，佛教也；禅师黎巴，道教也。其寺观散居寨落，以主化导番夷。

清松潘镇总兵官统辖十二营：外属懋功五营，地近川边，距松一千四百里。乾隆五十五年，因道途遥远改归提督统辖。

维州左右两营，驻扎理番厅区域。

茂州、叠溪两营，驻扎茂州区域。

龙安一营，驻扎平武县区域。

以上各治区域《松志》不载。

松潘中左右三营，驻扎厅城，距省七百六十里。

漳腊营，驻扎漳腊城，距松北四十里。

南坪营，驻扎南坪城，距松东北三百六十里。

平番营，驻扎平番城，距松南一百二十里。

小河营，驻扎小河城，距松东一百八十里。

以上均厅治区域。

乾隆四十四年，懋功设立营制，裁拨松潘右营守备一员、左右二营千总二员、把总二员，中左右三营马战守兵二百四十五名，漳腊营马战守兵五十名，南坪营马战守兵三十二名，平番营马战守兵十八名，小河营马战守兵十二名，并归懋功。

乾隆四十六年，裁退名粮：中左右裁名粮一百三十一分，删除公费五十四分，实存额兵一千五百六十五名；漳腊裁名粮六十分，删除公费十八分，实存额兵五百一十二名；南坪裁名粮二十六分，删除公费十一分，实存额兵三百三十一名；平番裁名粮二十二分，删除公费六分，实存额兵一百六十名。

乾隆四十七年，增补实兵。总督福康安奏：中营添战兵十一名、守兵七名，左营添战兵七名、守兵五名，右营添战兵八名、守兵五名，漳腊添战兵三十五名、守兵二十五名，南坪添战兵九名、守兵六名，平番添战兵十四名、守兵八名，小河添战兵十七名、守兵十一名。

嘉庆十二年，绥定、通巴增添弁兵，裁拨松潘左营马兵一名、战兵三名，右营马兵一名、战兵三名，漳腊马兵一名、战兵三名，南坪马兵一名、战兵五名，平番战兵七名，小河战兵三名，分归绥定、通巴二营。

嘉庆十四年，马边、峨眉夷务善后移驻官兵，裁拨松潘中营把总一员、马兵五名、战兵十五名、守兵二十名，左营马兵三名、战兵七名、守兵二十名，右营马兵三名、战兵七名、守兵二十名，漳腊马兵一名、战兵一名、守兵三名，小河千总一员，均分归马边营。

嘉庆二十年，裁退役守粮，中、左、右、漳腊、南坪、平番、小河每营八分，共裁守粮五十六分。

道光十一年，因回疆经费，各营裁兵一次。（兵册被焚，名数无考。）

十五年，添设峨边等处，各营裁兵一次。（兵册被焚，名数无考。）

十九年，调拨屏山、茨竹坪、越嶲等处，各营裁兵一次。（兵册被焚，名数无考。）

是年，裁小河营守备，添设万全营，以中营把总二员分防小河汛。又改南坪营为松潘右营，该营都司、千把、马战守兵全行裁撤。（档册失散，名数无考。）

二十一年，调拨直隶天津海防，各营裁兵一次。（兵册被焚，名数无考。）

咸丰元年，调拨屏山各营裁兵一次。（兵册被焚，名数无考。）

咸丰二年，洪秀全等起事，由广西犯长沙、三江等处。三年，据江宁省城。川西松潘镇属营兵五次征调，出师东南，马战守兵二千余名，边防空虚。十一年，逆番叛乱，松镇及各营失守。同治二年，省兵、松兵分三路进取，剿抚兼施。五月，克复松潘镇城，陆续克复漳腊、南坪、平番、小河等城。变更旧制，酌量裁改营汛。松潘厅属地实在存留，松潘镇属松中、松左、松右即南坪、漳腊、平番五营。

松潘营制官额员数

松潘镇

总兵一员。驻厅城。

中　营

中军游击一员、中军守备一员、存城领哨千总一员、存城外委四员。

一分防岷山汛，千总一员。

一分防伏羌、三舍二汛，外委一员。

一分防羊角溪、流沙关二汛，把总一员。

一分防望山、雪栏、红岩三汛，外委一员。

一分防塘舍、羊芋、谭邪三汛，把总一员。

一分防小河上汛，把总一员。（小河营原设参将，改游击。乾隆二年，改守备。道光十九年，裁守备，属中营汛。）

一分防小河下汛，把总一员。

一分防小河，外委一员。

马战守兵五百三十七名。（驻防台藏塘汛在内。）

左　营

游击一员、守备一员、专城千总一员、存城外委三员。

一分防老熊沟汛，把总一员。

一分防谷粟屯汛，外委一员。

一分防风洞关汛，把总一员。

一分防雄鸡屯、东胜堡、红花屯三汛，把总一员。

马战守兵四百二十名。（驻防台藏塘汛在内。）

右　营

都司一员（驻扎南坪城。道光十九年，改南坪营为松潘右营），存城领哨千总一员，存城外委二员。

一分防会龙汛，把总一员。

一分防隆康汛，把总一员。

一分防黑河汛，外委一员。

一分防汤珠河汛，外委一员。

一分防四道城汛，外委一员。

马战守兵二百七十八名。（驻防台藏塘汛在内。）

漳腊营

参将一员（原设游击，乾隆十五年改为参将）、中军守备一员、专城把总一员、存城外委六员。

一分防黄胜关汛，千总一员。

一分防柏木桥汛，千总一员。

一分防踏骂汛，把总一员。

一分防虹桥关汛，把总一员。

一分防大石头汛，把总一员。

马战守兵五百六十名。（驻防台藏塘汛在内。）

平番营

守备一员、存城领哨千总一员。

一分防北路归化汛，把总一员。

一分防南路镇坪汛，外委一员。

一分防白羊汛，外委一员。

马战守兵二百一十名。（驻防台藏塘汛在内。）

松潘镇参、游、都、守、千、把、外委薪俸、纸红、养廉、米折一览表

职名	总兵	参将	游击	都司	守备	千总	把总	外委
薪银	每年四百四十两	一百二十五两	一百二十两	七十二两	四十八两	三十三两零三分四厘二毫	三十三两五钱二分九厘	无
俸银	六十七两五钱	四十五两	三十九两三钱四分	二十七两三钱九分四厘	十八两七钱零六厘	十四两九钱六分四厘二毫	十二两四钱七分	无
纸红	三百两	七十三两	七十二两	四十二两	二十四两	无	无	无
养廉	一千五百两	五百两	四百两	二百六十两	二百两	一百二十两	九十两	十八两
米折	无	无	无	无	无	无	无	每年三石六斗，每斗折银一钱六分四厘，合银五两九钱零四厘

续表

职名	总兵	参将	游击	都司	守备	千总	把总	外委
共数（马干在外）	二千三百二十一两五钱	七百四十三两	六百三十一两三钱四分	四百零一两三钱九分四厘	二百九十两零十钱零六厘	一百六十七两九钱九分八厘四毫	一百二十五两九钱九分九厘	二十三两九钱

额外马战守兵饷银、米折、马干

	额外马兵	战兵	守兵
饷银	二十三两九钱九分九厘九毫	一十八两	十一两九钱九分九厘九毫
米折	每年五两九零四厘（三石六斗，每斗折银一钱六分四厘）	五两九钱零四厘（三石六斗）	五两九钱零四厘（三石六斗）
马干	十两零一钱九分九厘九毫		
共数	二十九两九钱零三厘	二十三两九钱三厘	十七两九钱零三厘
备考	松潘总兵一员；中左右三营：游击二员、都司一员、守备二员、千总四员、把总九员、外委十五员，额外马兵共二百四十二名、战兵四百四十二名、守兵八百一十六名；漳腊：参将一员、守备一员、千总二员、把总四员、外委六员、额外马兵六十五名、战兵一百六十五名、守兵三百三十九名；平番营：守备一员、千总一员、外委二员，额外及马兵共三十名、战兵六十二名、守兵一百一十八名；南坪营：都司一员、千总一员、外委三员，额外及马兵共四十八名、战兵一百零四名、守兵一百八十八名；小河营：原设守备一员、千总一员、把总二员、外委一员，额外及马兵共二十一名、战兵五十名、守兵一百一十二名。		

同治初，川省奏请加练精兵，松镇各营练精兵一千二百名，即于绿营内之马战守兵挑选。除原营粮饷外，每名每月加饷银一两二钱。名曰精兵，常用操练。光绪初年，因饷绌，全裁。二十四年，总兵夏毓秀请设利字营马队一百名，在各营马兵内挑选，照《行军马队章程》编制。每名每月加马干银二两四钱。设管带一员、左右两翼哨官二员。给发哈乞开斯枪四十枝①，搭配前膛枪六十枝。分防黄胜关、两河口、弓杠岭、雪山等处，随时巡缉，每年护送茶帮两次。继因营哨官缺额被裁。

自同治以至光绪末年，绿营兵额递减，存余无几。宣统三年五月，川督赵尔巽奏请将松属各营官兵一律裁撤，官弁分遣回籍，兵丁汰弱留强，从新改编。松潘镇属及懋功等营官兵俸饷、公费、米折等项通盘合计，仅能成立五营。改总兵为统领，统部设马小队四十名，归统领率带，驻松潘城。设马队一营为第一营，曰巡防前路第一营，马队管带驻漳腊城，左右两哨分驻黄胜关暨松潘厅城。改编步队四营，曰巡防前路第二、三、四、五等营。第二营管带率中哨驻厅城，左右两哨分扎南坪、平番、叠溪、小河等处。第三营管带驻理番，中、左、右，分扎新保关、汶川、茂州等处。第四、第五两营管带分驻懋功、绥靖、崇化、庆宁等处。是年八月，同志军攻取汶茂，茂州官绅告急，巡防兵奉调赴茂堵截，番众乘虚谋叛，松漳失守。民国改元，巡防军奉文改编松茂陆军，随

① 枝：当为“支”，下同。

征松潘叛逆。五月，克复松潘城。民国二年六月，奉文改编兵制，松潘陆军易其名，曰汉军西路前五营。营制、饷章录后。

营制

汉军西路前五营统带，统辖汉军第一、二、三、四、五等营，统部驻县城。设统带官一员、书记官一员、会计官一员、执事官一员、司书二名、马弁二名、护兵十名、译字通事四名、伙夫二名，统部共设官、佐、弁、兵二十四员名。每营营部设营长一员、书记长一员、司书二名、护目一名、号目一名、护兵四名，营部共设官、佐、书、护十员名。营分中、左、右三哨，每哨设哨官一员、哨长一员、司书一名、护兵一名、号兵二名。哨分八棚，每棚设什长一名、正兵七名、伙夫一名。每哨官、长、书、护、号、什、兵、夫七十八名。一营总计官、长、书、护、号、什、兵、夫二百四十四名。

以上统部暨五营合计官、佐、书、护、号、什、兵、夫一千二百四十四名。

第一营，营部带领中左两哨，驻扎漳腊城，在县北，距统部四十里。其卫戍区域西至黄胜关外草地，界连甘肃，直通藏卫；北至柴门关，毗连甘肃文县。全川屏蔽，实基于此。右哨驻扎县城南门城楼，游击防剿，临时调遣。

第二营，营部带领左哨驻扎平番城，距统部一百二十里；右哨分防安化关，距统部五十里；中哨驻扎茂县，距统部三百六十里。其卫戍区域南至理、汶等县，东至北川、安县，西在[①]毛儿革、七布、杂谷等番地。

第三营，营部带领中、左、右三哨驻扎懋功县。在县西南，距统部一千二百余里。民国五年四月，该处番乱，溃散，未复。

第四营，营部带领中、左、右三哨驻扎绥靖屯等处。地方在县之西南，距统部一千六百余里。

第五营，营部带领中右两哨驻扎县城，系统带兼理营长事务。左哨分防三舍，在县东，距统部九十里。其卫戍区域东路一带至平武。游击防剿临时调遣。

① 在：按前后记载体例，似当作“至”。

松潘汉军统带、营、哨、书、什月支薪饷一览表

职名	统带	营长	书记官	会计官	执事官	书记长	哨兵	哨长	司书生	马弁	护目	号目	护兵	号兵	什长	正兵	译字即通事	伙夫
员数	一	五	一	一	一	五	十五	十五	二十七	二	五	五	四十五	三十	一百二	八百四	四	一百二
月支薪饷	一百九十一元八角三仙	九十八元二角九仙四星							八元四角五仙一星	十元一角四仙一星	六元三角三仙八星	六元三角三仙八星	五元四角九仙三星	五元四角九仙三星	五元九角一仙五星	五元零七仙	六元三角三仙八星	三元八角零三仙
月支公费	二百二十五元三角五仙二星	一百一十二元六角七仙六仙	四十元二角五仙	四十二元二角五仙	二十八元一角六仙九星	三十三元八角零二星	一十六元九角零一星											
备考	松潘汉军，直接四川督军管辖，统部及五营官佐兵夫每月共需饷银八千六百五十八元三仙，全年计算需银一十万零三千八百九十九元九角六仙，按月由督军署需处①给领。																	

① 需处：疑当为“军需处”，脱一“军”字。

川陕总督岳钟琪《议覆布置防兵疏》：

案准四川提督黄廷桂咨，称：潘州一境，东北遥通洮州、河州，其间横绕杂处者有竹利、铁布、鹿哨、甘家等番，西通贵德、西宁，中有合坝、上下竹革、播下等番及插汉、丹津等部落住牧，西南有阿坝、郎惰、郭罗克、毛儿革等种“悍夷”，是潘州实为边塞重地。若潘州无兵，不但西宁、松潘由草地一路声息相隔，即各处番夷，或久经内附，或剿抚方新，悉隶于漳腊一营管辖，诚恐鞭长莫及。且松潘譬之内户，黄胜关譬之堂奥，潘州譬之门庭，而专事堂奥，非计之得。其潘州安设官兵之处，实为一方屏障，似应仍照原议。惟两河口去黄胜关仅二十里，而距潘州三百八十余里，中横羊膊岭，路属迢遥。前议于两河口安设官兵，似与潘州声息，尚觉隔越。查包坐之达荐寺地方，距潘州一百八十余里，距黄胜关二百二十里，为潘州、黄胜关适中之地。且达荐寺绕东北由挖药而至羊峒仅一百二十余里，似应将议设两河口官兵改设达荐寺，声息乃为联络。并开辟达荐至挖药、羊峒路道，安设塘汛，以资控驭。而两河口虽逼近黄胜关，但系四通要隘，应即于黄胜关设驻扎之兵，酌量分防布置，更属周密。查文县等处去潘州计程只七八日，即至将来潘州营制设立之后，商民趋利奔集，其米粮食物自有担负运贩而来者。再为相地屯种，其及时积贮，自可接济兵食。至黄胜关，系漳腊、潘州之咽喉。查黄胜关原额设有漳腊营之汛兵五十名，未免单弱，须增兵以资声援。今潘州、达荐寺既已安设，则漳腊旧管之包坐五寨，并新抚之阿细、上下作革、合坝、屋藏、甲凹、播下、狎漫、铁布等处地方，自应统归潘州就近管辖。再将漳腊营分防流沙、东胜、雄鸡、红花、羊裕、唐舍、谭邪、谷粟、高縢等处塘汛兵丁尽行抽撤，添拨一百五十名归黄胜关，合之黄胜关原额设兵丁五十名，共足兵丁二百名。将漳腊营守备移驻黄胜关内，可为松潘之屏蔽，外可为达荐、潘州等营之犄角。其龙安营虽属内地，但查该营地方辽阔，且东北接壤南坪、阶、文，实为秦蜀之扼塞，必得参将弹压，似不宜议请移驻漳腊。再查南坪地方险要，番人出没不常，似应增兵稽查防范。而小河地方虽汛防二百余里，界在内地，无庸重兵，应如请将小河营游击带兵一百五十名移驻南坪，合之南坪现在设兵三百名，共四百五十名，足资弹压。再查漳腊营与松潘镇中右两营，向日所辖营汛参错，不便统辖，应分别就近管束，以专责成。如漳腊营分防之流沙关汛距松潘镇中营较近，应归并松潘镇中营管辖。而流沙关泛汛旧管之牟尼、拈佑、热雾、七布、峨眉、喜及，新抚之毛儿革、蛇湾等处一并归之松潘镇中营管辖，似属利便。其漳腊营旧管雄鸡、红花、东胜、谷粟、高胜、羊裕、唐舍、谭邪等堡以及元坝、坭巴等寨，去漳腊稍远，远则稽查地方、约束蛮番恐有不周，莫如就近归于汛少之松潘镇右营管辖，易于为力。其漳腊之旧管寒盼、商巴、祈命，并新附之鹊个、阿坝、郎惰、郭罗克仍隶漳腊管辖，以资控制。如此则弹压各得其便，军势倍觉联络，于边防似有裨益等因。

移咨前来，臣查龙安一营，虽系内地，但地方辽阔，为泰蜀四通扼要之区，必须参将一员方克弹压，不便议调移驻漳腊。惟查南坪一营地方险要，番人出没不常，似应增兵防范。查小河营界在内地，酌定兵额，足资汛防。应如前镇张元佐所议，将小河营游击移驻南坪。一转移间，于行伍俱属有益。臣等详加酌核，均属妥协。前因提督黄廷桂，正在领兵剿抚建昌等处，而钟琪上年因办理西路军务，是以暂缓会奏。今各番悉以归诚就抚，所在汛防自宜因时损益，斟酌变通，以期巩固边方于永远。但臣知识短浅，

应否如提督黄廷桂所议，增设驻防，归并管辖之处，非臣所敢擅便。谨议以覆。（《通志》）

又，岳钟琪疏称：

潘州与河州、松潘为犄角，潘州无兵则西宁与松潘声息相隔。请于潘州设副将一员、守备二员、千总四员、把总八员，兵一千二百名。两河口设守备一员、把总一员，兵丁三百名。令潘州副将兼辖松潘镇总兵统辖，每年粮饷，照松潘之例折给。雍正三年，清廷准如所议办理。（《通志》）

团　练

松潘向有团练，所以佐兵力之不逮也。清嘉、道间，迭次通饬各省厅州县实行编联保甲，办理团防，举本地正绅董其事，城乡内外别择数人以为之。副行保甲之法，十家联保，互出甘结，始准移居。匪类混迹，送官究治，良民团聚。家有几人，大小男女丁口若干，所操何业，田地若干，详驻册内，以备稽查。照章训练壮丁，每户抽壮丁一人或二人，编为部伍。鸟枪刀矛各习一技，官为筹备器械。每一团延教习一名或二三名，使之教导，勤加训练，有事则守御城堡，毋令出征。惟邻近堡寨告急，许其以半救援，张大声势，与官兵联络。民居自安，民志自定，立法非不善也，乃咸同以来，一苦于经费无出，一苦于办理不得其人，日久废弛。故庚申之变，临时编练壮丁，虽可用而饷械空虚。辛亥之役，军民联合，勇气倍增，惜兵力过单，寡不敌众，以致不能守御。镇城营堡均被逆番攻陷，官署民居焚毁尽净。民国元年，省军、松军分道进剿，克复城池，人民渐次归业。三年，中央公布《地方保卫团条例章程》，县公署查照办理，城乡共分六区：

第一，中区松潘县城；

第二，东区小河；

第三，南二区九关、六关；

第四，北二区漳腊、南坪。

以上每一区设团总一，保董、甲长、牌长由户口定之。十户一牌长，十牌一甲长，五甲一保董。城区每年办理冬防，常备团丁四十名，每丁月给钱四千文（平时不给）。城内总团局月支钱十六千文作办公之费，按年册报，由县监督核明，转呈省公署备核。

《松潘训练团防变通办法》

第一，中区，松潘县城练，团丁二百名。

第二，东区，小河城练，团丁五十名。

第三，南二区，平番、九关、六关练，团丁五十名。

第四，北二区，漳腊练团丁五十名，南坪练团丁五十名。

综计六区，共练丁四百名。每区设操场、讲堂各一所。星期集合团练局，操演、讲字、读歌，兼习礼仪。延教习一员、教练长一员。逢星期日，由团总召集本区团丁若干名，先上操场教以兵式体操，次上讲堂教以通俗文字，如爱乡爱国、保身保家、自强自治之道，编成俗语、歌诀，人各一册，依时讲授，学期以三个月为限。平时仅有奖资，不给口食。练成一班，分别优劣榜示。局所又查照团册轮班更换，选一半新丁，去一半旧丁。如此按四季轮流调补，五年之内所有全县壮丁尽能有勇知方。不费毫厘之饷，而得多数之兵。可以守土，可以防边，此民团之有益于地方也。乃近年大局未定，边地不宁，虽有团丁未，能实行训练，惜哉！

警备队

民国三年，中央以各省盗风未靖，劫案迭出，饬于冲要地方酌设警队。责成知事督练、调遣，以资保护。繁县酌设一百名，中县八十名，简县六十名。经费即就地方裁节各款，分别筹拨。松潘系属繁区，照章应设警队百名。只以地方极边、经费枯竭，设警备六十名。民国三年成立，由县知事督率训练，所需枪支子弹，向汉军统部借用，应支薪饷仍由地方税项下撙节开支。挑选合格退伍军士及各团保送有身家之农民，均经县知事详加考验注册，呈报省公署核准。

警备队长一名、分队长二名、什长六名、警队六十名。

薪饷：就地方财力酌定。

巡　警

宣统元年开辨[①]，辛亥番变，停。警佐一员，巡长一员，庶务，书记，警兵。

薪饷：就地筹给。

① 辨：当为繁体“辦”的误写，即“办”。

《松潘县志》卷三

边 防

边防总论

松潘毗连边塞，据岷江上游，北望河、湟，南通汶、灌，广袤数千里，昔皆氐羌、吐蕃部落。自汉武置郡而后领州属县，旋置旋罢，迄于宋元千余年间，仅羁縻之而已。明洪武十一年，御史大夫、平羌将军丁玉征服其地，先设松州卫，筑城驻兵。又设潘洲、茂州二卫，叠溪、威州二千户所。洪武二十年，并松、潘二卫为松潘卫，设军民指挥使司。宣德四年，调成都前卫后所，设小河千户所，添置城堡。复调成都利、保等卫所官军，更番戍守，其地遂属于内矣。成化初，以按察司副使总理松茂兵粮。后因东南地势悬阂，声援不通，分设松潘、威茂、安绵兵备。又设总兵官，以侯、伯、都统充之，挂平蛮将军印。又改分守副总兵、协守左右将军，南路、东路游击，俱以指挥委任。正德五年，添设石泉坝守备，以指挥体统行事。嘉靖十一年，巡抚宋沧创建靖虏墩，于松属之漳腊后山及西山二处严兵驻守，以断北虏入寇之路。嘉靖二十年，巡抚刘大谟、巡按王珩奏设漳腊守备，亦指挥体统行事，增官军二千名，修筑官厅、营房、城堡及边墙一万三千五百三十丈，坎阱二千五百六十四口，并于大坝建堡、筑城、修墩。官厅、营房具备，防御可谓周矣。万历六年，副使杨一桂以漳腊所属绝塞、谭邪等十七屯堡去松路远，支粮不便，议于漳腊旧基修建新仓，改运关支，卒伍称便。崇祯间，明祚告终，海内大乱，惟番贼不敢蠢动，慑于边防故也。

清既定鼎，八荒无事。顺治初，奉裁茂州卫叠溪、威茂、小河等千户所。十年，饬安绵道暂停推补，旋奉改松茂道为龙茂道，提调龙安。十八年，仍改为松潘道、威茂道，兼摄巡西道。康熙六年，二道俱裁撤。八年，题请复设松茂道，仍设分守副总兵，添设城守守备。龙安、威茂仍设参将，叠溪、小河、漳腊仍设游击，平番、石泉仍设守备。各要隘分兵防守，其重视边防如此。盖知兵可百年不用，不可一日无备也。松潘旧有四州，今阿迭寨即上潘州，斑斑簇则下潘州，二州之间则中潘州。其一惟松州北路屯堡阿思、羊峒诸寨与漳腊、寒盼、商巴、南坪、隆康、黑角犬牙相错，西北远通黄河、青海，附背之番族繁多。而虹桥关、靖虏墩、弓杠岭、黄胜关、两河口、红土坡等处，统扼口外北虏及毛革、郭罗诸番关隘。东路通龙绵右臂，而三舍堡、小河城、木瓜墩、铁龙桥统扼果子、白马、羊峒诸番关隘。松南叠、茂、威、灌，咽喉所寄，而麻答崖、蒲江关、石门堑、撒喇墩、永镇堡等处，统扼丢骨、云昌、黑水诸番关隘。平番、小河设营以防东南，漳腊、南坪设营以防西北。据其险而遏其冲，虽有六夷、七羌、九氐之众，其敢猖獗出巢以犯我边境哉！

考《唐书》李德裕克吐番，于维州路设五军，汶川地设三军，松茂路设三十六关堡。于松建七层楼，茂建镇岷楼，维建筹边楼，汶建七盘楼，以重边防。屡为叛夷所毁，而遗址尚存。盖松潘所扼吐番，叠、茂、威、灌为松之脉络。昔人谓吐蕃入寇必自沈、黎，吐蕃、南绍合入寇必于灌口，灌口失利则长驱蜀都矣。然则松潘为边地藩篱，东道龙安粮运之来源不竭，南界汶灌商货之销路可通。前代筹边者设都统于松潘，总制军务。其次龙安、维茂两路，分兵资为羽翼。明之挂印将军，清之挂印总镇，尊其位重，其权层层节制，指臂灵通。自康熙间总兵何德成，乾隆间提督岳钟琪，先后剿抚，诸番归诚，分遣汉土官兵各屯要隘。平时兵食足备，临事防范维严，究未闻启戎心而开边衅。惜咸、同而后裁兵减饷，征调频仍，祸乱相循，死亡枕藉。远则见于庚申，近则见于辛亥。是宜探本溯源，折衷今古，补充兵额，厚备饷需，思患而预防之耳，筹边事者盍鉴诸？

边防事略

西汉武帝元鼎六年，开冉駹夷地以为汶山郡，开白马氐，分广汉西部，合以为武都郡。

元封三年，氐人叛，遣兵破之。

昭帝元凤元年，氐人叛，遣执金吾马适建、龙额侯韩增、大鸿胪田广明将三辅太常徒，讨破之。

宣帝地节三年，夷人上言立郡赋重，乃省汶山郡，并蜀郡为北部都尉。（以上《前汉书》）

东汉世祖建武初，氐人悉附陇蜀。及隗嚣灭，其酋豪乃背公孙述降汉。陇西太守马援上言复其王侯君长，赐以印绶。后嚣族人隗茂反，杀武都太守。氐人大豪齐钟留为种类所敬信，威服诸豪，与郡丞孔奋击茂，破斩之。

灵帝时，复分蜀郡北部为汶山郡。（以上《后汉书》）

蜀汉后帝建兴九年，汶山羌叛，安南将军马忠督将军张嶷讨之。建兴十四年，武都氐王符健降蜀。（以上《三国志》）

唐太宗贞观八年，吐蕃弃宗弄赞，亦名弃苏农，亦号弗夜氏。居牂牁西，为人材雄，西域诸国皆臣之。至是，遣使来朝，帝遣行人冯德遐下书临抚。弄赞闻突厥、吐谷浑并得尚主[1]，乃遣使赍币求婚，帝不许。使者还，妄语曰："天子遇我厚，几得公主，会吐谷王入朝，遂不许。殆有以间我乎？"弄赞怒，率羊峒共击吐谷浑。吐谷浑不能抗，走青海之阴，因尽取其资畜。又攻党项、白兰羌，破之。勒兵二十万入寇松州，命使者

① 主：《新唐书·吐蕃上》作"公主"。

贡黄金[①]，且言迎公主。谓左右曰：公主不至，我且深入。帝乃诏吏部尚书侯君集为行军大总管，出当弥道，右领军大将军执失思力出白兰道，右武卫大将军牛进达出阔水道，右领军将军刘兰出洮河道，并为行军总管，率步骑五万进讨。牛进达自松州夜袭其营，斩首千级。弄赞惧，引兵去，以使者来谢罪，固请婚，并献黄金五千两，他宝称是，以为聘。帝许之，妻以宗女文成公主。（《新唐书》）

贞观二十二年，松州蛮叛。松外蛮数十百部，大者五六百户，小者二三百户，数十姓，赵、王、李、董为贵族。皆擅山川，不能相君长，有城郭、文字，颇知阴阳历数。自夜郎、滇池以西，皆庄蹻之裔。贞观中，巂州都督刘伯英上疏，松外诸蛮，率暂附亟叛，请击之，西洱河天竺道可通也。于是太宗以右武侯将军梁建芳，发蜀十二州兵进讨。酋帅双舍拒战，败走，杀获十余万。群蛮震骇，走山谷。建芳谕降者七十余部，户十万九千。蜀首领蒙和为县令，余众感悦。（《新唐书》）

高宗显庆元年，西洱河大首领杨栋附显，和蛮大首领王罗祁，郎、昆、黎、盘四州大首领王伽冲率部落四千人归附，入朝贡方物。厥后，茂州西南筑安戎城，绝吐蕃通蛮之道。生羌为吐蕃向导，攻拔之，增兵以守西洱河，诸蛮皆臣吐蕃。开元中，首领始入朝，授刺史。（《新唐书》）

显庆三年，吐谷浑内附，禄东赞怨忿，率锐兵击之，破其国。诏梁州都督郑仁泰为青海道行军大总管，率将军独孤卿云等屯凉、鄯，左武侯大将军苏定方为安集大使，为诸将节度，以定其乱。吐蕃使论仲琮入朝，表吐谷浑罪，帝遣使者谯让，乃使来请与吐谷浑平憾。求赤水地牧马，不许。禄东赞死，有子曰钦陵、曰赞婆、曰悉多干、曰勃论，兄弟并当国。自是岁入边，尽破有诸羌，羁縻十二州。（《新唐书》）

咸亨元年，入残羁縻十八州，诏右威卫大将军薛仁贵为逻娑道行军大总管，左卫员外大将军阿史那道真，右卫将军郭待封副之，出讨吐蕃，并护吐谷浑归国。师十余万至大非川，为钦陵所拒，王师败绩。遂灭吐谷浑，而尽有其地。（《新唐书》）

上元二年，进攻叠州，破密恭、丹岭二县。又攻扶州，败守将。诏命中书令李敬元为洮河道行军大总管，讨之。又敕益州长史李孝逸、巂州都督拓王奉逸发剑南、山南士卒。先战于龙支，吐蕃败。敬元率总管刘审礼击吐蕃青海口，审礼战没。敬元屯承风岭，碍险不得纵。吐蕃压王师，左领将军黑齿常之率死士五百夜砍其营，虏惊，自相蹦藉而死者甚众。（《新唐书》）

仪凤四年，赞普死，子器努悉弄立，钦陵复擅政。初，剑南道度茂州之西筑安戎城以保其鄙，俄为生羌导虏取之以守。因并西洱河诸蛮，尽臣羊峒、党项诸羌。其地东与松、茂、巂接，南极婆罗门，西控安西四镇，北抵突厥，幅员万余里，汉魏诸戎所无也。（《新唐书》）

玄宗开元中，吐蕃请交马于赤岭，互市于甘松岭。宰相裴光庭曰：甘松中国阻，不

---

① 黄金：《新唐书·吐蕃上》作“金甲”。

如许赤岭。乃听。以赤岭为界，表大碑刻约其上。（《新唐书》）

代宗广德二年，吐蕃入松、威、保等州及云山新笼城。明年，剑南节度使严武破吐蕃南鄙兵七万，拔当狗城。又拔盐州，战西山，取其众八万。（《新唐书》）

德宗贞元十七年，吐蕃据维州，韦皋督官军围攻。赞普使论莽热没笼乞悉蓖兼松州五道节度兵马都统、群牧大使，引兵十万援维州。皋率南诏兵薄险设伏以待，才使千人尝敌。乞悉蓖见兵寡，悉众追，堕伏中。兵四合急击，遂擒乞悉蓖，献京师。又拔峨和鸡栖城。（《新唐书》）

明太祖洪武十二年，命平羌将军、御史大夫丁玉定松潘。敕之曰：松潘僻在万山，接西戎之境，朕岂欲穷兵远讨？但羌戎屡寇边，征之不获已也。今捷至，知松州已克，徐将资粮于容州，进取潘州，若尽三州之地，则叠州不须穷兵，自当来服。须择士勇者守纳都、叠溪路，其驿道无阻遏者，不可守也。来降诸戎长，必遣入朝，朕亲抚谕之。遂并潘州于松州，置松州卫指挥使司，丁玉遣宁州卫指挥高显城其地。十三年，帝以松州卫远在山谷，屯种不给，馈饷为难，命罢之。未几，指挥耿忠经略其地，奏言松潘为番蜀要害地，不可罢。命复置。十四年，置松潘等处安抚司，以龙州知州薛文胜为安抚使，秩从五品。又置十三族长官司，秩正七品：曰勒都、曰阿昔洞、曰北定、曰牟力结、曰蛒匝、曰祈命、曰山洞、曰麦匝、曰者多、曰占藏先结、曰包藏先结、曰斑斑、曰白马路。其后复隶松潘者，长官司四：曰阿思、曰思囊儿、曰阿用、曰潘干寨。安抚司四：曰八郎、曰阿角寨、曰麻儿匝、曰芒儿者，后又以思曩日安抚司附焉。诸长官司每三年入贡，赏赐如例。十五年，占藏先结等土酋来朝，贡马一百三匹，诏赐绮钞有差。十六年，复命指挥耿忠经略其地。忠言：臣所辖松潘等处安抚司、属各长官司，宜以其户口之数，量其民力，岁令纳马，置驿而籍其民，充驿夫，供徭役。从之。既而松潘羌民作乱，官兵讨平之。甃松州及叠溪城。十七年，松潘八积族、老虎等寨蛮乱，官兵击破之，获马一百二十、犏牛三百、牦牛五百九十。景川侯曹振请择良马贡京师，余给军。其犏牛、牦牛非中国所畜，令易粮饷犒军。从之。十八年，松州羌反，成都卫指挥成信等率兵攻其牟力等寨，破之。兵还，又遇贼三千人于道，复击败之，追至乞刺河乃还。二十年，改松州卫为松潘等处军民指挥使司，改松潘安抚司为龙州。二十一年，朵贡生番则路南向等，引草地生番千余人寇潘州阿昔洞长官司，杀伤人口。指挥周昉率马步军同松潘卫军讨之。番寇率众迎战，千户刘德破之，斩首三十四级，获马三十余匹。贼溃，渡河四十余里，复收败卒屯聚。指挥周能追击之，斩首二百三十余级，获马六十余匹，溺死甚众，群番远遁。（《明史》）

宣宗宣德二年，置麻儿匝安抚司。麻儿匝族，去松潘七百里，有喇嘛著八让卜，聚众侵掠，遮遏八郎安抚朝贡。松潘卫指挥吴玮招之，让卜向化，使其兄三子完卜入贡，且言其地广过于八郎，请置宣抚以辖之，上乃置麻儿匝安抚司，以著八让卜为安抚使。既而龙州土官薛忠义请升龙州为宣慰，以镇番戎。不许。后改龙州宣抚司，隶布政司。（旧《通志》）

宣德二年，四川巡抚按等奏，松潘卫所辖阿用等寨蛮寇，拥众万余，伤败官军，请讨之。帝意边将必有激之者。既四川都司奏至，言并非番寇，实由千户钱宏因调发松潘官军往征交阯，众惮行，宏诡言番寇至，当追捕，冀免调。又领军突入麦匝诸族，逼取牛马，致番人忿怨。复以大军将致讨慑之，番众惊溃，约黑水生番为乱。帝命逮宏等，而责诸司怠玩边务，亟捕诸伤官军者，遣都指挥佥事蒋贵往同松潘卫指挥吴玮，招抚番寇，令调附近诸卫军二万人以行。时贼围松潘、叠溪、茂州，断索桥，官军与战皆败，出掠绵竹诸县，官署、民居皆被焚毁，镇抚侯琏死之。蜀王遣护卫官校七千人来援，命都督陈怀与指挥蒋贵等合师亟讨之。而枭宏于松潘以徇，并窜诸将之贪淫玩寇者。三年，陈怀等率诸军屡败贼于圪答坝、叶棠关，夺永镇等桥，复叠溪，抚定祈命等十族，又招降渴卓等二十余寨，松潘平。八年，八郎安抚司及思囊儿十四族朝贡之使还，陛辞，令赍敕谕其土官，俾约束所辖蛮民，安分循理，毋作过以取罪戾。九年，敕指挥佥事方政、蒋贵等抚剿松潘。政等至，榜谕祸福，威、茂诸卫俱听命。惟松潘、叠溪所辖任昌、巴猪、黑虎等寨梗化政令，指挥赵德、宫聚等以次进兵，平龙溪等三十七寨，班师还。命蒋贵佩征蛮将军印，镇守松潘十年。贵奏，比[①]因番人不靖，松潘、叠溪诸处仓粮支销殆尽，别无积储。帝命户部于四川岁运之数量拨二分给之。后巡按御史王翺上便宜五事：其一，谓松潘近边，去省城八百余里，番寇为害。都督陈怀居省城，缓急未便，虽委官领军，难尽约束，当令怀往彼镇守，以压边境。其二，谓松潘、威、茂诸卫所官军月粮，乃成都诸府州县所运，多被劫掠，若令暂于成都诸府州县等卫仓收贮，农隙之际，诸人齐力起运，而都司拨军护之，且命布政司委官交粮，则道路无虞而收受亦无弊。上曰善，遂敕陈怀镇松潘。正统四年，以王翺代怀，翺著威惠，番酋商巴等感悦，尽率诸部受约束，入贡者接踵。（《明史》）

英宗正统四年，松潘指挥赵得奏：祁命族番寇商巴作乱，官军捕擒之。其弟小商巴复聚浦江、新塘等关，据险劫掠，乞发大军剿除。帝命李安充总兵官，王翺参赞军务，调成都左卫官军及松潘土兵合二万人征之。已，翺知商巴为都指挥赵谅所陷，乃按诛谅而释商巴等，事遂已。九年，松潘指挥佥事王杲奏：比者黑虎等寨番蛮，攻围椒园、松溪等关堡，杀伤官民，欲行擒剿，恐各寨惊疑，应谕能擒贼者重赏之。报可。十五年，黑虎寨贼首多儿太伏诛。初，多儿太掠茂州境，为官军所获，诫而释之。未几，复纠诸寨人掠。帝命序班、祁全往谕诸寨，擒多儿太至京，枭其首。十一年，以寇深为佥都御史，提督松潘兵备，修饬营堡，平治道路，于叠溪迤上添设普安、靖夷、镇番三堡，又于麻答崖、青冈嘴、画佛崖、海螺洞、万江崖沿山凿石，架木悬栈，縻费钱粮巨万，军民胥困，而后人赖其利。时松潘皆已向化，惟歪地骨鹿族二十寨不服，命都督高广、王杲等剿之。设思曩日安抚司，以阿思观为之使，隶松潘卫。先是，阿思观父端葛，洪武中归顺，给金牌抚番，至阿思观又能招抚，故有是命。（《明史》）

景泰三年，镇守松潘刑部侍郎罗绮等奏：雪儿卜寨贼首卓时芳等、烟崇寨贼首阿儿结等，累年纠合，于安化关劫掠。臣会师抵其剿穴，斩首不计其数，生擒卓时芳、阿儿结等，枭斩于市。七年，提督松潘罗绮复奏：松潘土番王永习性凶犷，尝杀其官高茂林

---

① 比：按文意，似当作“此”。

男妇五百余口及故土官董敏子伯浩等二十余人，今又纠合番蛮攻劫地方，臣与指挥周贵等统领官军直抵桑坪，已将永等诛灭，边境肃清，降敕褒赏。初，诸蛮并起，罗绮檄悔罪，不听。乃招募材武，得禅师智中、牌头尤弄柯，皆豪健，各统精锐，乘夜衔枚，分道捣贼巢。绮介胄随之，破扑能诸寨，擒剧贼卓劳、阿儿结十余人，戮之。既定，治以简易，暇即与番人接杯酒欢，番人畏慕，终绮任，不敢叛。（《明史》）

英宗天顺四年，番羌攻劫石泉县治，出没烂柴湾、鱼滩子等处，烽火及于安绵。卫指挥曹敏以闻，饬参将周贵、都指挥李文会同副使刘清至县，修城垣，扼关隘。五年，番蛮邀截粮道，入龙州安泉等处，松潘总兵许贵会兵平之。（旧《通志》）

宪宗成化二年，太监阎礼奏：松、茂、叠溪所辖白草坝等寨番羌，聚众五百人越龙州境剽掠。白草番者，唐吐蕃赞普遗种，上下凡十八寨。部曲素强，恃其险阻，往往剽夺为患。四年，礼复奏：白草诸番拥众寇安县、石泉诸处，因各军俱调征山都掌蛮，致指挥王璟备御不谨，命副总兵卢能剿之。能遣指挥阎斌巡边至庙子沟，番贼三百突至，杀伤相当，斌以失机逮治。九年，巡抚夏埙奏：黑虎寨贼首夜合等劫攻关堡，左参将宰用、兵备副使沈琮督兵驰诣松溪堡，败之，斩获夜合等三十六级。松潘指挥佥事尧彧奏：臣与兵备沈琮分剿白马路、水土、茹儿等番寨，大克之。初，黑虎寨最强，相传有神术先知。官兵将至，即遁去，或潜伏要害窃发，屡败我众。按察使龚璲独曰：我自不密耳，彼何能知？夜半，密勒诸将统兵进，凡三十里，平明抵其寨，蛮大惊溃，斩缚各千人，得其首恶，余溃死无算。既而大征，破寨二十余，斩五百级，降者数千，皆编籍输粮。副使陈思忠于大石佛嘴凿山开路，人皆便之，乃复遍剿恶匝、平山诸寨，斩首百余级。（《明史》）

成化十一年，蛮势复张，按察司佥事林璧奏请文职重臣提督军事，乃敕巡抚四川、右副都御史张瓒兼理边务。十三年，瓒调汉土官兵五万，分布东南二路驻扎。十月，令都指挥沈运、李镐等分兵攻剿掇坪、懦弱、白羊岭、鹅饮溪、大白、饮马池、通林等二十一寨，进克木瓜、竹头坪等寨，斩蛮四百余人。于是商巴等二十六族诣军门，献马纳款，各谕以利害，遣之。十四年正月，佥事林璧进攻黄头、清水诸寨，俘馘三百余人。总兵尧彧领兵二万攻西阪等寨，都指挥谢琳等分兵为五哨进取，前后杀获男妇七百余人，赭其碉房九百，坠崖死者不可胜计。番蛮困惫，输款。（《明史》）

孝宗弘治二年，松潘番寇杀伤平夷堡官军，命逮指挥以下各官治之。三年，免思曩日安抚等十六族明年朝觐，以守臣言其地方灾伤也。七年，松潘空心寨番贼犯边，都指挥佥事李镐败之。十三年，番贼入犯松潘坝州坡，抵关，势益猖獗，命逮指挥汤纲等，敕巡抚张瓒调汉土官兵五万，由东南二路分剿，破白羊岭、鹅饮溪等三十一寨，斩四百余级。商巴等二十六族皆纳款。十四年，复攻黄头、清水诸寨，前后杀获男妇七百余人，赭其碉房九百，坠崖死者不可胜计，诸番稍靖。（《明史》）

武宗正德元年，巡抚刘洪奏：祈命族长官司所摄番众多至三十寨，少亦二十余寨，环布松潘两河。其土官已故，子孙自应承袭，今宜察勘，有愿降印信者方许袭。报可。（《明史》）

正德十五年，巡抚盛应期奏：绰头番犯松潘，总兵张杰克之。复犯雄鸡屯，指挥杜钦败之。烟崇等寨皆降。十六年，松潘卫熟番入大禳等作乱，同知杜钦平之。（《明史》）

世宗嘉靖五年，命都督佥事何卿镇守松潘，时黑虎五寨及乌都、鹁鸽诸寨番叛，卿次第平之。（《明史》）

嘉靖十一年，白草番寇坝底堡，都御史宋沧讨之，降其众，诸夷献侵地二千顷。（《明史》）

嘉靖十二年，土官节贵纠合陇东十二寨，远连青片、板舍、白草坝、白若、罗打鼓等寨生熟番数千人，从李坪后山径趋坝底堡，环攻三日、后七日、最后一日，凡三次，毁四山民居百余，男妇死者无算。卿御之，面中流矢。先遣锐卒朱朝用等截杀，斩首十级，复鼓励村民、军民殊死战，斩获甚众。蛮以木为巨柜庇身，挖城几崩。卿以石臼从上击之，柜破，蛮死。乘胜击之，遂奔溃。（《通志》）

嘉靖十四年春正月，白草坝蛮屡寇坝底堡，都御史马昊檄都督何卿，率部伍并募村民，以精兵八百人取道桃红转架，所过碉寨皆毁之，斩级八十有奇。蛮窜，匿走马岭。官军扎营五日，师次方由（地名）而还。（《通志》）

嘉靖二十五年，白草坝番陷平番堡。明年，劫石泉羊角、白坭、大方等处，巡抚张时彻、都督何卿讨平之，卿于二十三年以北警召赴京营。平番堡提督指挥邱仁无备，番众数千突至，攻陷之，执仁等数百人，军民商贾遇害者以千计，副总兵高冈凤被劾。署巡抚王大用、巡抚张时彻、巡按袁凤鸣，交章请卿还镇。二十六年，卿至，汰冗兵二万，提锐卒九千人。会时彻讨之，以三路进兵：一由龙州，一由石泉，一由坝底。卿乘雾直趋走马岭，大破之，擒渠魁黑煞、李保、白儿、撒哈等，俘斩九百七十有奇，克营寨四十七，毁碉房四千八百七十，获马牛、器械、储积各万计。先是，议兵四万人，粮四十万石，卿裁革过半，亟寝输挽，民困以苏。自茂、威迄松潘、龙安，夹道筑墙数百里，行旅往来，无剽夺患。卿素有威望，为番人所惮，前后莅任二十四年，民戴之若慈母，其去也，为之立祠。（旧《石泉县志》）

嘉靖二十九年，漳腊二十九部羌，元坝、潘咂、商巴、石嘴等与北庭小王子吉囊相通。吉囊寇河西，欲服属租而结白利，不从。吉囊死，其子插干儿及传蚌并富强，仍欲服属租而结白利，仍不从。会俺答念吉囊渡河，托言铁岭山有生佛出，欲遣他子宾儿往铁岭建寺，因尽得插干儿及传蚌马畜，而使传蚌诱租而结。使租而结诱白利，并岁奉贡献。万历三年，俺答亲渡河迎佛，入寇牟尼寨包子寺，与松城相去止二十里，而元坝、潘咂、商巴、石嘴四寨，并阑出物与俺答交易，且以二百骑寇尒尒坝，声言欲遍寇保定、撒喇、洮岷、松茂诸边。是时，副使来经济、兵备李丁并请于都御史李尚思，征天全六番、播州土兵，得六千人，以万鏊郭成、边之垣军漳腊、松林、西宁诸处以御之。部使李化龙上书曰：松潘者，全川之门庭也。臣按舆地，由松潘而北则为漳腊，漳腊之顶，北可望洮岷，西可望莽捏。以松潘而视西部，仅有此山为之间耳。其中崄巇高峻，尽属土番，土番外结则为患不小矣，是不可不早为备也。会俺答宾儿俱徙去，独火落、赤留、伏捏、工川如故，而兵亦旋罢。（《通志》）

嘉靖四十四年，龙州宣抚薛兆乾拒命伏诛。初，龙州薛文胜于洪武六年来降，命仍知龙州，既置松潘安抚司，命文胜为安抚使，既置松州卫，仍以松潘为龙州。宣德九年，升龙州为宣抚司，以土知州薛忠义为宣抚使。龙州者，汉阴平道也。宋景定间，临邛进士薛严来守是州，捍卫有功，得世袭。自文胜归附，其部长李仁广、王祥皆输粮饷有功，亦得世袭。及宣德中，以征松潘功升州为宣抚使，仁广为副使，祥为佥事，各统兵五百，世守白马、白草，木瓜番地。至嘉靖四十四年，宣抚薛兆乾与副使李蕃相仇讦，兆乾率众，围执蕃父子，殴杀之。抚、按檄兵备佥事赵教勘其事，兆乾惧，与母陈氏及诸左右纠白草番众数千人，分据各关隘拒命，绝松潘饷道。胁佥事王华，不从，屠其家，居民被焚掠者无算。是年春，与官军战，不利，求救于上下十八族番蛮，皆不应。兆乾率其家属奔至石坝，官军追击之，就擒。四十五年，兆乾伏诛，籍其家。母及其党二十人，皆以同谋论斩，余党悉平。遂改龙州宣抚司为龙安府，设立流官如马湖，而割保宁之江油、成都之石泉二县分隶之。（《明史》）

神宗万历七年，大征人荒、没舌、丢骨三寨，南路尽平。时自威茂达松潘，从小河、三舍、漳腊官道两旁，修筑边境，护诸往来，堵御窃发，一时称便。其后墙稍圮，随时补甃。议者谓南路后山，自雄鸡、西宁以达蒲江，北抵镇坪界，倚山为碛，筑城、设敌楼、建重关，以扼首尾。复增旧墙，联络相接，以防番寇，则轮班戍军可以尽革，岁省兵饷可数十万，其周遭屯种，岁之所入亦不下数百万，而其说未用。初，南路四十八寨，惟丢骨、人荒、没舌最大，兵备（一作千户）王诏巡边至三寨，三寨度诏至，必取道崖下，乃并伏伺。诏过，击诏坠马，死。副使林应节乘传到没舌，没舌人掠应节赀装，临行褫其衣。元年，寇安化关。二年，寇归化关。三年，击断我粮道，邀夺松潘诸转运军食。故事，岁正朔，抚赏诸夷，遣判官赍银币到三寨。至是，劫赏、杀官吏黄申等四人。于是御史摭前事奏，遣指挥曹希彬、徐承业、裨将易鹤阳剿之，殊死战，斩酋长白脸儿，而三寨俱起，希彬、承业乃统诸军军杨广墩、木瓜坪、锣锅岭诸处。十道并发，先破人荒寨，尽焚其窑房、碉房。两寨见火举，鼓噪，自相腾践。然后官军并乘之，贼大溃，死者甚众。其明年正月，复赏羌。会他寨娲娲、儿子、川盼匿三寨，导甲仲、牛儿等阴入城，以为耳目。赏羌者觉其奸，乃搜得四人，杀之。当是时，西有呷竹诸羌，东有林洞诸羌，为四十八寨，其外喇嘛番众耳阿、舍思、热浪、牢热等，皆同时请降，三寨尽平。惟叠溪诸羌为梗，及白草番议用兵已久，断舆梁，逃黄头山后，拒绝羌众，不与通。石泉令往谕，其酋纳麻舌皆降，且严除三寨需索陋例，曰：新班钱、热衣钱、架梁钱、躧草钱、放狗钱、挂彩钱、断酒钱。而其后白草复叛，白草、风村、野猪窝诸寨在武宗朝曾帅白若罗、打鼓寇坝底，指挥使何卿讨平之。其后嘉靖中陷平番，是时卿已为都督，都御史张时彻奏请，仍命卿捕斩黑煞、白石、撒喇等，于是风村一十七寨并匍匐、介肉、挂儿寨、饿柘诣军门请降，愿献马羊及脑包、哈喇、弓矢、番刀等物，都御史王廷瞻许之，方刻木盟去。亡何，他寨若番牌、大力、孙子皆请归降，效风村故事。且得通道大印，龙州期日诣军门，兵备使使石泉令李茂元受之。羌俗因首无冠，茂元具汉冠，易其名姓书冠间。届日，启军门，铙吹数部，扨树鼓，大钲，令诸羌鱼鳞入。诸羌闻鼓钲，望见汉冠及朱杆彩旗，乃大喜，举足跳舞，欢声震天，乃出汉冠冠诸羌，诸羌跪起，各互视其首，踊跃东西走，既而又跪，捧其首以谢，乃言愿岁输黄蜡一斤。元日长至赴县庭朝贺，寨树一白帜，削木祝皇帝万岁。编户得二千四百四十，男子四千二百五十六，女四千一百三十八。事闻，加赏赉。其后，杨柳羌寇普安，傍近白草、风村及小河、木瓜之间，闻白草导谷粟寨反，有据，都御史徐元太遽请兵击之。白草绝谷粟，往来自诉。岁，寨贡黄蜡一斤，赋菽粮二斗，如敕令；请益菽一斗，示不反。是时，周嘉谟为安绵兵备，遣龙安知府按验降册，实得坝底堡、白草、河西、风村、颠转架、孙儿挂、马鹿坪、桃桃、红椒、园子、龙藏、野猪窝、鹅燕溪、哑浪坝、照队、太白、白羊岭，落落坡等二十八寨，并新降独坪、大圤、召对、通宁口四寨，编户如例。（《通志》）

万历八年，雪山国师喇嘛等四十八寨勾北边部落为寇，围漳腊，守备张良贤破之。犯镇虏，百户杜世仁力战，城得全，世仁死焉。又犯制台，良贤复击之，追至思答弄，连战，大破之，火落赤之侄小王子死焉。十九年，巡按李化龙言：松潘为四川屏蔽，叠、茂为松潘咽喉，番戎作乱，松潘力不能支，宜移四川总兵于松潘，以备防御。是时，叠、茂诸番众纠结为乱，镇巡官率兵剿之，俘馘八百余级，番寇亦斩其部长黑卜、白什等献功赎罪。而松坪诸恶屯据大雪山顶，诸将卒搜讨，亦有斩获，以捷闻。遂设平武县于龙安府，松潘以孤城介绝域、寄一线，馈运路于龙州，制守为难。洪武时，欲弃者数，以形胜扼险不可，罢。乃内修屯务，外辑羌心，因俗拊循，择人为理，番众相安者垂四十余年。及宣德初，调兵起衅，致动干戈。自是置镇建牙，宿重兵，以资弹压，亦时服时叛。自漳腊以北即为大荒，斯筹边者之所亟图也。（《通志》）

万历十四年，杨柳、叠溪羌番牌财主儿子至太平堡，值鼓刀屠者击牛，番牌见之，垂口涎，索强山牛酒，强山与之饮，番牌死。杨柳疑强山鸩番牌，乃于河东邀东路窑沟、大小粟谷、丢骨、人荒、没舌诸羌；于河西邀思答、歪地，王答、甘燕、耳别、甘沟、牛尾诸羌；直犯金瓶堡，大索赏赐。赎番牌死，不与，遂大哄。指挥丰承业、张应时击破之，复合麻答、蝉蝉寨再寇金瓶，杀百户陈克勤去。时黄焯为兵备，请都御史徐元太追剿，且按诸指挥失军状。先是，指挥田赋曾称贷于杨柳叶儿这，得五百金，久不还。儿这每至堡，但饮酒去。儿这怒，与诸羌同入寇。至是，并逮讯田赋，而别遣偏将击树底、双桥、西坡、牛尾诸寨，俱胜之。乃调天全、大渡诸土兵，发楼船卒至搭鱼背，窥杨柳。杨柳方与牛尾、麦儿数百人张弓弩在河梁，见楼船卒至，弓矢齐发，我师逾河救，杀伤相当。副使刘禹谟复与偏将刘用光、边之垣议，先攻麦儿，以分其势，然后徐图泉水崖，则杨柳可擒也。命兵备黄焯重帅田赋、丰承业、张应时等，使戴罪杀贼。遂佯攻麦儿，旦日引兵至泉水崖，其酋长财主儿子出碉房所贮青稞、麦荞及蜂桶、牛羊诸畜以诱我军，我军不一顾，遽举燎烧土圈、碉房而杂用乌嘴、百子、火砖、喷筩诸药器，并击杨柳。杨柳出不意，返走，自蹂践。乘胜追北至后沟雪山，会日暮，度杨柳必且走麦儿、麻答，预令土官舍坤、安温卜引步兵渡河，伏道左。杨柳果以诘旦至，伏起，大败之，诸羌降。既而喇嘛机复起，犯蒲江关，将军曹铨等引兵堵御。会蝉蝉剽略，还自黄沙坝，遂逐蝉蝉，捣其巢，裨将边之垣等力战皆捷。其明年，窑沟、大小二姓复寇蒲江关，副将朱文达开关迎敌，多斩获。于是将军李应祥，兵备黄焯谋大征诸羌，而辨其向背。计：前杀戮我裨将赵世爵等及商民四百八十余人，实东路沟窑沟、丢骨、人荒，西北蜈蚣、龙溪，土官茹儿、阿孝、恶闹、王答、甘燕、戈腊、热溪、别柘、思答地诸羌；其杀我许九等八百二十余人者，实大小粟谷、北定、玉柱、阿牛、王龙、交舍、安贯、烟葱、列柯、歪地、西革、牛尾、鹿卜、石柱诸羌；他若次上、汉人、羊思定、鸡公、上牟泥、下牟泥、野和尚、亚寨、阿思洞、上泥巴、呷竹、呷二为熟羌，胡子、川羊、先给、阿让、腊梅、老虎为降羌，分别进剿。松边寒瘠，不生五谷，往往廪食他傍郡。他傍郡飞刍挽粟，佐军饷不给，于是上书请输饷，并调土官杨应龙、冉维屏、杨光祖统播州、酉阳、平茶、天全诸兵及叙马猡猓兵，合二万余。而国师喇嘛亦聚阿牛、丢骨诸寨兵屯装塘、铁炉沟待我军。于是郭成周、于德、边之垣等大战却敌，历破装塘、没舌、龙溪、恶闹、窑沟、蜈蚣诸寨，斩首四百六十余级，生擒酋长喇嘛、湾仲、腊腊、帐王、答儿、茹儿及番妇、番女、生口无算。时恶闹、歪头请降，而思答、歪地、干沟以阻河负固如故。既克河东羌，遂治浮桥击河西思答、列柯、歪地，黑水、干沟、大小粟谷，凡下十五寨，斩首三百一十余级，生获酋长黑让著儿、柘川、柯绒、柯及日者瞎子、合儿结，番妇女一百余口。先是，征杨柳时捕得生口白失结，既而逃去。会白泥和尚、杨柳归降，仍命捕白失结及树底、保保、儿子以赎罪。至是，诸羌愿降者当捕其酋长来献，如白泥和尚例。乃各献其酋长阎卜利、儿子等数十人，生埋之道旁，曰：复反者有如此冢。又，羌初发难，刻石为誓，其石一在庙子沟，一在牛尾寨。既命力士椎碎投于河，诸羌亦曰：所反覆不如将军命者，有如此石。其后，兵部稽功簿有云：夺得边轮首骨漆器一具。按之则嘉靖中茹儿寨羌曾斩指挥边轮首，以为饮器。至是轮子之垣于攻茹儿时夺其首归，盖之垣孝子，即轮亦烈士云。（《蛮司合志》）

清顺治九年，明安绵道据茂州，詹天颜引兵来援，时朱化龙已擒，遂剽掳茂州。松潘总兵王明德遣吕进功、关天爵大破之。敌见势窘，缚曹洪、张玉伯以降。明德问天颜：若干兵？对曰：万余人。明德佯曰：万余人，未可轻敌，且休兵，恐天颜袭我。降兵归以白天颜，天颜信之，未设备。是夜大兵直抵天颜垒。天颜遁走永平坝，大兵追及，天颜就擒，明德招降千余人。四川巡抚李国英疏上王明德功，移镇守松龙，斩天颜等，诸夷悉内附，川西始宁。

顺治十二年，威州龙蒲等寨逆番纠合贼党攻城掘冢，势甚猖獗。总督李国英檄行威茂监军道佥事程翔凤、松潘副总兵王明德，出其不意，六路进兵，歼其凶渠，扫穴平碉，剿抚并用，诸蛮乃服。（《通志》）

顺治十四年，杂谷土官桑吉朋、阿日土官阿必太合兵千余，攻围瓦寺土官曲翊伸番寨，未下。遂入内地，劫堡断桥，杀戮民人，掠去男妇四十余人。监军道佥事程翔凤调防威守备关天爵、林柯桂等领劲兵六百名，首尾夹攻，斩馘不计其数，生擒贼酋阿朋并贼番一十三人。桑吉朋、巴必太皆负重伤，逃回。六月内，吉朋输款纳甲，以图自新。各番控吁部院，愿献所掠男妇以赎阿朋。及释阿朋，归见吉朋，没其家赀，遂构衅。（《通志》）

康熙元年，阿朋纠阿姜济等逐土官桑吉朋于别思蛮地方，而立其侄。兵备道陈子达遣中军张士龙由董下援吉朋至省，寻带至汶川，示部番以有所归，并宣布朝廷恩威，抚谕阿朋迎故土司，以盖前愆。阿朋恃恶不悛，断绳桥、阻哨道，煽引水田、星上、会头三寨贼番作乱，威、保声息不通。威茂兵备道陈子达、松潘副总兵何德成奉令调剿，四路夹击，平其寨，斩其渠魁，各番始纳款输赋，听瓦寺、打喇二土司官约束。每岁量给赏需，以示羁縻，诸番悉平。（旧《通志》）

康熙二年，剿上下五族。先是，青片、上下五族等寨生番散居石泉、茂州后山地方，绵亘数千里，常为边患，日久稽诛。至是，松州副总兵何德成奉令进剿，于正月十七日分兵致讨，克平。下五族、上五族之番，畏威投顺，愿隶版图。合上下五族，每年俱输蜡认粮。番寨近茂州者责之茂州陇木土司管束，近石泉者责之石泉县唐李土司管束，边患以靖。（旧《通志》）

康熙二十四年，叠溪大定堡山后住牧巴猪五族逆番不法。四川巡抚韩士奇请调汉土官兵相机进剿，复檄松茂道佥事王鹭亲往列角、双马等寨，谕以安分住牧，免取株连。并招抚巴猪，令其归顺。逆番仍负固不服，卓沙、白卜、撮箕等寨均为胁从，反覆抗拒。松潘总兵高鼎领兵攻击各寨，翦其羽翼，斩逆番数百余人。给发令旗招抚，各寨俱畏威投诚，惟巴猪逆番诈降，复叛。巡抚韩士奇随分遣汉土官兵三路进发，逆番六七千人亦分三路迎敌。我军奋勇攻击，自辰至酉，临阵擒斩番蛮七百余名，获伪印一颗、伪敕一道、纱帽一具、角带一条。其首恶挖子焚死，余番尽奔大历日寨。大兵追至，复奔黄梁，走大定，我兵力追，抵黑水江岸，复擒斩一千余人。先后招抚番蛮共一十三寨，输赋纳粮，属大定堡抚夷管束，边患遂消。（《通志》）

康熙三十七年，松潘黄胜关外川柘等寨，系潘州故址，久没草地。番目绰尔济等夷抢去上下包坐人畜，经巡抚贝和诺委笔帖式尔吉图查询招抚，始输诚纳赋。松潘镇属之漳腊营西路包子寺、牟尼等寨，平番南路荣昌寺等寨及东路阿思洞等寨诸番，自昔梗化，野性靡常。迨康熙荡平吴三桂，恢复川西以来，始皆倾心向化。康照四十二年，总兵周文英宣布朝廷威德，加意抚之，西北两路土目每年输纳青稞、贝母，听充正项。（《通志》）

康熙五十九年庚子，口外恶洛西番劫掠兵民。提督岳钟琪、松潘总兵路振扬请兵，由松潘进剿。贼败，奔北河，悉还所劫以降，并阿坝土目旦增等俱降。许之。又西边苦苦脑儿、索罗穆等处被郭罗克、爱满肆行抢掠，朝命岳钟琪等即行带兵进剿，又派满洲兵数百名并插汉丹津兵协助，同漳腊游击周瑛，于冬十月率诸军进攻，取下郭罗克吉宜卡等处二十一寨，直抵中郭罗克那务等寨。贼番抗拒，官兵奋击，连破一十九寨，斩三百余级，擒获首恶酸他儿蚌、索布六戈，乘势复抵上郭罗克插六等寨，寨目旦增等缚首恶假磕，并贼从格罗二十二名以献。格罗等正法，首恶酸他儿蚌等三名解部，其投诚番众命杂谷土目囊索沙加布管理，留士兵一千名驻扎。自黄胜关至恶洛，俱安塘站，由是西番平服。（《通志》）

雍正元年，四川提督岳钟琪因西宁之役，带领游击张元佐、王刚，并汉土官兵由黄胜关出口，剿抚十二部落，招安阿坝、郎惰、毛革、麦杂等处，番目弯布桑顿、独赖林柯等纳土归诚。（《通志》）

雍正二年甲辰，下羊峒凶番拔那、刚让笑等复猖獗不法。松潘镇总兵张元佐率领游击刘屏翰、邱名扬进剿，擒获首恶，余寨投诚。番目牵慢、甲个札、实太等率各寨番人皆愿为编户，辟地二百四十里，得番民三十七寨，建城于南坪坝，为南坪营。川陕道路始通。雍正五年丁未，杂谷土官约束下郭罗克番人不严，仍行劫掠。川陕总督岳钟琪遣平番营守备宋宗璋领兵进剿，招抚下郭罗克、阿树等一十三寨，归并本营管辖。由是川陕各边，并阃内番属俱帖然，慑服大朝威德，各安住牧。（《通志》）

乾隆十七年，杂谷土官苍旺与梭磨、卓克基构衅，抢掠两土司所管部落。四川总督策楞、提督岳钟琪率松潘镇总兵马良柱带兵进剿，擒苍旺，伏诛，招降各寨番民，改土归流。（《通志》）

附 录

唐陈子昂《谏武后袭吐蕃书》：

臣闻乱生必由于怨，雅州羌未尝一日为盗，今无罪蒙戮，怨必甚，怨甚则群骇且亡，而边邑连兵，守备不解，蜀之祸构矣。东汉丧败，乱始诸羌，一验也。

吐番黠猾，抗天诛者二十余年。前日薛仁贵、郭待封以十万众败大非川，一甲不返；李敬元、刘审礼举十八万众困青海，身执贼庭，关、陇为空。今乃欲建李处一为上将，驱疲兵袭不可幸之吐番，举为贼笑，二验也。

夫事有求利而得害者。昔蜀与中国不通，秦以金牛、美女啖蜀侯，侯使五丁力士栈褒斜，凿通谷，迎秦之馈，秦随以兵而地入中州，三验也。

吐蕃爱蜀富，思盗久矣。徒以障险隘绝，顿饿喙不得噬。今撤山羌，开阪险，使贼得收奔亡以攻边，是除道待贼，举蜀遗之，四验也。

蜀为西南一都会，国之宝府，又人富粟多，浮江而下，可济中国。今图侥幸之利，以事西羌，得羌地不足耕，得羌财不足富。是过杀无辜之众，以伤陛下之仁，五验也。

蜀所恃，有险也；蜀所安，无役也。今开蜀险、役蜀人，险开则便寇，人役则伤财。臣恐未及见羌，而奸盗在其中矣。异时益州长史李崇贞托言吐番寇松州，天子为盛军师，趣转饷以备之。不三年，巴蜀大困，不见一贼，而崇贞奸赃已巨万。今得非有奸臣图利，复以生羌为货，六验也。

蜀士尫孱不知兵，一虏持矛，百人不敢当。若西戎不即破灭，臣见蜀之边陲且不守，而为羌夷所暴，七验也。

国家近废安北，拔单于，弃龟兹、疏勒，天下以为务仁不务广，务养不务杀，行太古三皇事。今狗贪夫之议，诛无罪之羌，遗全蜀之患，此臣所未谕。方山东饥，关陇敝，生人流亡，诚陛下宁静思和天人之时，安可动甲兵、兴大役，以自生乱。又西军失守，北屯不利，边人骇情，今复举舆，师投不测，小人徒知议夷狄之利，非帝王至德也。善为天下者，计大而不计小，务德而不务刑，居安念危，值利思害。愿陛下审计之。（《通志》）

唐李德裕《上维州事状》：

右臣顷蒙先朝授剑南西川节度使，其悉怛谋虽是吐蕃酋长，久乐皇风，将彼坚城，降臣当道。臣差行维州刺史虞藏俭便领兵马入据其城，飞章以闻，先帝惊喜。其时与臣仇者，望风疾臣，遽兴疑言，上罔宸听，以为与吐蕃盟约不可背之，必恐将此为词，侵犯郊境，遂诏臣却还此城，兼执送悉怛谋等，令彼自戮。复降中旨，迫促送还。昔白起杀降，终于杜邮致祸；陈汤见拔[①]，是为郅支报仇。感叹前事，愧心终日。

今者幸逢英主，忝台司，辄敢追论，伏希审察。且维州据高山绝顶，三面临江，在戎虏平川之冲，是汉地入边之路。初，河、陇尽没，惟此州独存。吐蕃潜将妇人嫁与此州门子。二十年后，两男长成，窃开垒门，引兵而入，遂为所灭，号“无忧城”。从此，得并力于西边，更无虞于南路，凭陵近甸，旰食累朝。贞元中，韦皋以经略河湟，此城为始，尽锐万旅，急攻数年。吐蕃爱惜既甚，遣其舅论莽热来救。雉堞高峻，临冲难及于层霄；鸟径曲蟠，猛士多糜于垒石。莫展公输之巧，空擒论莽热而还。及南蛮负恩，扫地驱劫。

臣初到西蜀，众心未安，外扬国威，中缉边备。其维州执臣信令，乃送款与臣，臣告之须俟奏报，实探情伪。其悉怛谋等寻帅城兵并州印甲仗，塞途相继，空垒来降，臣即大出牙兵，受其降礼。南蛮在列，莫敢仰视。况西山八国，隔在此州，比带使名，都成虚语。诸羌久苦番中征役，愿作王人。自维州降后，皆云但得臣信壤帖子，便相率内属。其番界合水、栖鸡等城，既失险阻，自须抽归，可减八处镇兵，坐收千余里旧地。且见此有莫大之利，为恢复之机，所以面许奏闻，各加酬赏。臣自与锦袍金带，永视朝旨。且吐蕃维州未降以前一年，犹围逼鲁州，以此言之，岂守盟约？况臣未尝用兵攻取，彼自感化来降。又沮议之人，岂思事实？犬戎迟钝，土旷人稀，每欲乘秋犯边，皆须数载聚食。臣得维州逾月，未有一使入疆，自此之后，方应破胆，岂有虑其复怨，鼓此游词？

臣受降之初，指天为誓，宁忍将三百余人性命弃信，累表陈论，乞垂矜舍。答语严切，竟令执还，加以体被三木、舆于竹畚。及将即路，冤叫呜呼，将吏对臣，无不陨涕。其部送者，更遭番帅讥诮，云：既以降彼，何须送来？乃将此降人戮于汉界之上。恣行残忍，周固携离，至乃掷其婴孩，承以枪槊。臣闻楚灵诱杀蛮子，《春秋》明讥；周文收送郑叔，简册致贬。况乎大国，负此异族，塞申款之路，快凶虐之情，从古以来，未有此事。

伏惟仁圣文武至诚大孝皇帝陛下，振睿圣之宏图，得怀来之上策，故南蛮申请朝之愿，北虏效款塞之诚。臣实痛惜悉怛谋等，举诚向化，解辫归义，而未加昆邦之爵，不赏庶其之功，翻以忠爱，徒为仇雠所快，身遭此酷，名又不彰，职由愚臣陷此非罪。虽时更一纪，而运属千年。臣所以具陈根本，不惮繁细，冀蒙睿鉴，追奖忠魂。伏乞宣付中书，各加褒增，冀华夷感德，幽显伸冤。警既往之幸心，激将来之峻节。臣德裕无任恳愿之至，谨录奏闻。（《通志》）

明张时彻《平番善后事宜》：

一、抚处漏残，以固藩篱。各番寨巢穴既扫，尽灭遗育，势亦不难。但埋奴砍狗，

---

① 拔：当为“徙”。

誓还地土，认办粮差，似可怜悯。况白草外即黄头、后水、勒都恶种，所以不得肆患于内地者，以白草为藩篱也。若尽殄其类，则无复障蔽，且将劳官军而守虎狼之穴，为患更甚。议将十八寨各立牌头，认守地方。仍立四保李从新为酋长，先年赏赐尽数革去。又，番中盐市仰赖于我，于三路大堡之外空地交易，严禁低昂强买及擅入番寨者，则羁縻有方也。

一、约束土官，以备缓急。龙州宣抚等使之设，子孙世袭，乃弃其弓马，恬于膏粱，以沉湎为生涯，用奸人为羽翼，无事则卖土兵以纳役钱，有事则盗兵饷以充囊橐，号令则偃蹇不从，提究则藏匿不出。如此不惩，后患何极！请敕兵备、守、巡及参将等官严加约束，如有不遵，轻则治罪，重则提参。再照今次征剿，多土官坤儿卜父子出力，后有警变，随宜调遣三长官司兵，一足当什，以夷攻夷，事半而功倍也。(《通志》)

明杨一桂《雕剿处置人荒等三寨议》：

万历七年，松潘兵备副使杨一桂议：松潘设居极边番种，近多为地方患。最桀骜者无如丢骨、人荒、没舌三寨，跳梁架寨，堵截粮运，时或默地装塘，劫掠财物，连年犯顺，未尝一创，以至肆恶横行，请相机剿抚等因。又按察司关行杨副使覆议：三寨跳梁，宜加诛剿，但大征恐滋别寨疑畏，未若雕剿，可以惩一戒百。巡抚王廷瞻看议：四川要地，莫重于松潘；番蛮悍戾，莫甚于三寨。狼贪无厌，出没无常。数十年来，内地苦其荼毒，盖以负山箐之险，挟羽翼之众耳。雕剿之议，允属可行。又据提督归化指挥曹希彬报三寨番蛮闻知委官放粮，聚众抢夺等情，即令希彬带领千户李世杰等奋勇对敌，斩番级五颗，获马匹器械，乘胜追之。番据险力战，因调大兵深入，擒斩四十五人，铳箭伤死无算，烧毁碉寨、平房七十八座，粮储一空。各寨哀词纳款，罗拜投降。奏上有功人员，分别赏赍。(《通志》)

明王廷瞻《处置风村、白草投顺等番奏议》：

万历七年二月，四川巡抚王廷瞻据兵备道黄德祥据石泉县报称：熟番全保领、肉儿卦寨番牌饿柘等说各番不曾窝戴丢骨、人荒、没舌三寨蛮子，今与齐风、村岭等十一寨备马甲前来投降，愿做百姓，随带番牌儿十书、饿柘等译审。又据守备宗绶呈称：热罗背报称白草、野猪窝等一十七寨说，近日村岭等寨投降，讨得安生，这白草等寨生番商量齐心，亦出马甲器械投降，愿做百姓，望赏白旗，任守地方等情。本道审得二十八寨，男妇八千四百九十四口，仍行各官译审，俱愿各换姓名。每年万寿圣节长至，各番俱叩头，每寨输蜡一斤以供灌烛之用等情。佥事黄德祥议得：各番在嘉靖三十二年僭称伪帝及李保将军、黑杀总兵等号，致烦兴兵征讨，今一旦回心向化，诚是奇事。巡抚王廷瞻、巡按虞怀忠看议：风村、白草等番素恃虎负，常逞鸱张，盘踞各番之中，密迩会城之地，部落既众，控御为难。因松潘三寨雕剿投降，又见威、茂诸羌议封纳款，一旦倾心甚众，愿为编氓者有之矣。而变易番姓，则前此未闻，愿贡方物者有之矣。而从习汉仪，至今始见，此二百余年蜀川之所仅有者也。奏上奉旨，黄德祥先行赏赍，通判李茂先仍以都司职衔管坝底事，专一抚化番夷，其风村、白草等番收入石泉版籍，自此边境宁谧。(《通志》)

清李国英《雕剿龙蒲等寨疏》[①]：

四川巡抚李国英具提塘报，雕剿逆寨大捷事。顺治十二年九月，牌行监军道官吏仰查：龙番自前砍狗盟誓，悔罪俯服之后，于某月日复于某处某所为某事不法应剿。要见侵犯者何地，受害者何人，作祟者是何情形，纠合黑虎生番，谁人眼见，有何凭据，今应当作何剿除，逐一开列详报，以凭裁夺。如系风影之言，或小人挟仇谎从希利，一面传谕各番守法安分，一面据实回报，严行查处，毋得再以模棱之语徒烦议论等因到道。该道将逆番通贼叛乱实迹逐一列款，呈详批行。松潘副将王明德调集官兵会同监军道进剿去后，随据监军道佥事陈翔凤具由呈报：十二月二十日，本道会同副将王明德奉令雕剿，六路进兵，捣其巢穴，焚斩其贼番不计其数，划平八十七碉。凶孽既除，余党奔溃。曲山、大寺等寨诸番望风投顺，各给白旗招安，许其自新。该臣看得龙蒲等三寨逆番逼处威州城外，相隔一衣带水耳。自献逆据蜀，恶番投逆受印之后，即大肆桀骜，恃其碉寨险峻，党羽繁多，阻截行商，焚烧关堡，威城外累累千冢，掘发无遗。人鬼含冤，欲食其肉而寝其皮，非一日矣。且阴与成、灌逆贼常相勾连，屡谋为内应，以我提备之严，不得发。该边道将屡请于臣，谓是心腹之患，宜先翦也。臣行查明确，密授方略，出其不意，乃馘其凶渠，焚其碉寨，逆番几无遗种，举百十年盘踞之窟穴，一旦荡为灰烬，踏为平陆，泄神人久愤之冤，除内地肘腋之患。余威所震，且使拘山、大寺、小寺等寨素称顽梗，作祟者莫不畏惧，乞降稽颡恐后，亦可谓快心之举矣。除漏网恶番，檄行道将严加缉捕，投顺各寨给旗安插，夺获伪印关防二颗，转赍肃王。同固山查验鸟枪、盔甲等项，收营存贮。所获牛羊分给有功员役，并优恤阵亡官兵外，至将军佥事程翔凤秘谋制胜，松潘副总兵王明德勇略超群，文武合同，以致克捷，并在事有功员役，所当一例纪录者也。谨会同督臣金砺、按臣高明瞻合词具题。（《通志》）

佟凤彩《雕剿处置星上、水田、曾头等寨疏》[②]：

四川巡抚佟凤彩为恭报：生番畏威归诚，率土输赋，并陈分管控制之法。据威茂道参政陈子达呈报：据西路保县乾通一带土民焦溥、袁明保等诉，为逆番造叛愈炽，杀戮残民难堪等事。奉总督、部院都御史李国英批：据逆番猖狂，阻道截杀，法无可宥，但前准提督咨报水田、星上各寨比附阿朋，作叛情形，业经咨覆，只俟招抚阿朋，不服即进兵，一同诛剿矣。奉此，该本道随于十一月二十四日会同松潘副将何德成俱到古城，察各寨之险易，并逆番为恶之首从，分布进剿。其进剿情形，斩馘贼级、获其器械节，经塘报在案。本道见番寨如鳞，逆番如蝟，虽一时官兵剿洗，而逃奔者，实繁有徒。我兵来而兽散，我兵去而蜂屯。祸根未绝，终非长策。遂定议招抚，即传唤牛、骡二寨番目朋之太、路必等，给以白旗，令往招抚。曾头寨仍唤活擒番目郭之太，本道亲解其缚，谕以国法，惕以兵威，亦给予白旗，令往招抚星上、水田各败番，并赤鸡寨等番目，俱赴本道投见。本道仰体本院，恩威并施，责其拒敌官兵之罪，仍许其改过自新，遂各认纳官粮一百一十五石，作我熟番。又再查曾头、星水各寨，原无统率，各自雄

---

① 乾隆《茂州志》作“雕剿龙沟等寨疏”，内容一致，题目、内容和格式稍异，可相互参阅。

② 乾隆《茂州志》作“雕剿处置星上、水田、曾头等寨疏”，题目、内容和格式稍异，可相互参阅。

长，乃就中查番头之最桀黠者，给以札符，提调诸番，催纳麦粮，而总辖则归之瓦寺土司与打拉土司分管。本年正月初四日，本道齐集随征将领千把领旗等官，并各寨归顺番目，大张鼓乐，犒赏已毕，即颁给铁刻粮牌，内书粮石数目并各官衔寨分，一给番寨为凭，一发威州存案，而各寨番目俱俛首悦服回寨。讫此，皆仰荷本院威略，远振遐迩，覃服之所致也。仍将本道自买茂州官店一所，每岁收店租银一十五两，捐作各番赏需，以示羁縻等因呈报到院。据此，该臣看得星上、水田等寨乃界连威州之生番也。当明季时，倚险为势，黠悍异常，从来未归王化。及杂谷土官番目阿朋驱逐本官桑吉朋，聚众称兵，而渠等辄敢附比作祟，屡犯内地。臣随移商督、提二臣，行令该道，先行招抚，各逆番仍怙恶不悛，后我兵捣剿破穴，始畏威归诚，率土输赋。除进剿斩获情形，所获器械，已经督臣详细提报在案。惟是各番地处深山穷谷之中，皆刀耕火种，素称穷苦。若免其输赋，恐番性犬羊、叵测不常，而向背无可稽考，故令认纳杂粮一百一十五石。虽为数无几，然不过见归诚之据而已。至于各番种类繁多，因将番头目朋之量加提调名色，威茂道给以印札，约束番寨，而总辖则分隶于瓦寺、打拉二土司。至各番既已归诚，输赋而岁赏，又系抚边之要道。据威茂道陈子达详议，自买官店一所，每岁约租银一十五两，捐作递年赏需，俾新附野番，既畏其威，复怀其德，应如所议。（《通志》）

李国英《清雕剿阿朋疏》[1]：

四川总督李国英题，为番目谋吞内地、提臣督兵剿平、恭报大捷事。康熙二年正月内，据威茂兵备佥政陈子达呈报：逆番阿朋结党，逐去土官桑吉朋，避之别思蛮地方，及接吉朋至省，阿朋仍攻据要隘，阻其归路等因到院。随咨移提督，相机剿抚。去后，随准提督咨移，亲统官兵，于二月十一日深入贼巢，攻破老硐，擒阿朋、阿姜济，当阵斩之，剿抚番寨一百二十有奇。桑吉朋仍安置维州等因，咨移到部院，该臣看得：逆番阿朋、阿姜济等擅逐土官，协谋不轨，纠连生番，窥犯内地，势甚猖狂。臣咨移抚、提，转行道将，屡为招谕，怙不知改。及臣具疏入告，奉有酌发官兵再行抚谕，如仍抗拒不服，即行剿灭之旨。臣准部咨后，即奉有会剿巨寇之命，随将抚剿阿朋。咨移抚、提两臣，转行道将，再加晓谕开导，以昭朝廷浩荡之恩。无奈阿朋、阿姜济等冥顽抗背，全无悛悔之心，尤且唆党肆劫，流毒滋蔓。臣咨移抚臣筹措粮糈，将进剿机宜密咨提臣，于十一月十四日檄令松潘副将何德成统领官兵，会同抚、提两标及威茂各将兵，相机进发，沿边各寨，抚者抚，剿者剿。而阿朋等犹据险丹这猛老寨，阻扼要隘，抗衡愈力。该臣于正月二十六日亲统士马前往，剿抚并用，至二月十一起日，阿朋等拥众拒敌，三路官兵出奇追杀，虽奔入老硐，尚未大挫凶锋。及十二、十三等日攻破头硐、二硐，犹有逆番救援，尽为击破。至攻破三硐，而阿朋等力穷势急，突围冲出，各将士奋力合击，阿朋、阿姜济当阵斩馘，各官兵追杀无遗，共计番寨一百三十有奇。元凶授首，诸番效顺，其杂谷土官桑吉朋仍归维州。一时声灵丕播，十数万之番蛮俯首纳款，千余里之岩疆奠如磐石。是役也，皆赖我国家威德远震，致报大捷。而师武臣力，其功良有足多者，均应照例议叙，奉旨依议。（《通志》）

[1] 乾隆《茂州志》作“题奉旨依议雕剿阿朋疏”，题目、内容和格式稍异，可相互参阅。

韩士奇《平定巴猪等寨逆番情形疏》[①]：

康熙二十四年九月，四川巡抚韩士奇题为恭报：平定巴猪等寨逆番情形等事[②]。该臣看得巴猪等寨逆番阻道劫营，抗抚拒敌情形，先经臣等一面会疏密题，一面抽调汉土官兵相机进剿。复念此等生番从古不庭，罔知汉法，先当示以兵威，继宜谕以招抚，使其畏威怀德、倾心向化，各安住牧，以仰体我皇上有好生之仁。臣是以缮写告示传牌，专员[③]松茂道佥事王鹭面领，亲往大定堡一带，责令安巡土司并通事人等，执持牌示晓谕列角、双马等寨，安分住牧，不许助恶，自取株连。并招抚巴猪逆番，悔悟归顺，亲到军前受抚，免其进剿。又经屡檄该道，并咨移松潘镇会同，多方招抚，不得妄行杀戮，致伤生命。去后，今据该道王鹭呈详，并准松潘镇臣高鼎咨，称差人化谕再三，镇道曲尽招抚，而巴猪逆番，留我往招人役作质。始议，数番前来投拜，愿献首恶人，交还抢去器械，送以退兵牛羊。该镇道随准其受抚，给示领赏，回寨擒首恶。而紧邻之卓沙、小历日、白卜等寨见巴猪已降，方赴军前受抚，各领告示赏需，令归本寨。去讫，嗣见巴猪逆番，诈称首恶挖子逃走，恃险复叛，致已经受抚之卓沙等寨亦变幻而抗抚矣。因思巴猪逆番，所恃双马、列角、庙山、小寨、大小历日、卓沙、白卜、撮箕等寨为之胁从，必先翦其羽翼，以示兵威。遂分遣官兵攻取小寨、老窝垛、列角寨，乃逆番敢以鸟枪箭石，恃险拒敌。我兵奋勇齐攻，斩杀逆番七十余名，烧死逆番数百余名。我兵屯营山顶，给发白旗招安，而白卜、卓沙、小历日、撮箕、双马、庙山、作力、合卜等寨及已破之小寨、老窝垛、列角三寨始畏兵威，投降恐后，愿纳粮差，永不侵犯哨道。惟巴猪寨逆番，诈降复叛，怙恶不悛，恶贯满盈，自干天讨。随分遣抚标游击冶秉孝、提标游击穆廷栻、城守副将贺双耀、松潘镇标游击李镇鼎、王世臣、瓦寺土司坦朋吉卜等，授以方略，统领官军三股进发。而巴猪逆番约有六千余名，各执弓矢、鸟枪，亦分三股前来迎敌。我兵奋勇攻击，当阵斩杀一千七百余名，生擒枭首及跟追杀死、搜出正法逆番共计一千余名，得获鸟枪、弓箭、长枪甚多，烧死番蛮二千三百余名，搜获伪印一颗、伪敕一道、纱帽一顶、角带一条，当同塘报咨解在案。尚有巴猪漏刃余孽尽奔大历日寨，见我兵追至，复奔黄梁，走往大定，我兵复至，大定逆番聚众拒敌，我兵奋勇力战，阵斩七百余名，焚死三百余名，其不能入寨者，我兵追至黑水江岸，逆番浮水过江者仅止百十余名，余皆落水溺死。我兵欲渡江穷追，但隔江乃系黑水生番之界，不便深入重地，是以回营。今历日、黄梁、大定俱已投降受抚，认纳粮差。至巴猪首恶挖子，业已被火焚死，验明首级无异等因，造具有功人员、伤亡官兵，得获器械，并白卜、撮箕、小历日、卓沙、作力、合卜、小寨子、老窝垛、列角、庙山、双马、大历日、大定、黄梁一十三寨，纳粮清册，呈赍前来。臣查此一役也，数百年不归王化之生番，一旦愿纳粮差，为我编氓；数百年不获清宁之官道，自此不烦送哨，边患永消。此皆仰赖天威遐震之所致也。虽所纳之粮为数无几，然借此以羁縻其野蛮之性，知有约束而不敢再行作乱为害矣。至在事有功人员，相机调度，剿抚并用，则松潘镇臣高鼎、松

① 乾隆《茂州志》题目与之同，内容和格式稍异，可相互参阅。

② 事：乾隆《茂州志》作“寨”。

③ 员：乾隆《茂州志》作“委”，疑是。

威道臣王骘也。其余有功人员并伤亡官兵及各寨纳粮数目等册，除送部查核，以听分别议叙赏恤，并将搜获伪帽、伪带等，即在外焚毁，止将伪印、伪敕送部查收销毁外，所有平定巴猪等逆番情形，理合题报。臣谨会同川陕总督席尔达、四川提督何传合词具题，伏乞睿鉴，饬部议覆施行。(《通志》)

四川将军赛冲阿《奏办郭罗克番案疏》：

嘉庆十九年八月，将军赛冲阿、总督常明、提督多隆武，查办中郭罗克，铪毙堪布，奏：以郭罗克贼番在尼牙木错住古地方，将接壤堪布之蒙古玉树番兵放枪抢劫，并将百长番兵伤毙，饬令遴带弁兵前往查办。当经多隆武带兵起行抵松潘，所有挑派各营官兵五百名渐次到齐，多隆武即带领由甲凹一带前进。维时松潘镇总兵福智已先期酌带本营官兵一百余名进发，其所调三杂谷、绰斯甲士兵于九月二十六七八等日，经游击曹兴邦、汤占先带领齐抵阿坝地方与官兵会合。多隆武当将各士兵传齐犒赏，谕以此时冰雪虽大，尚不致迷失路径，正可赶紧查办，若旷日持久，积雪封山，不能进兵，明岁春融，又须再来剿办，不如趁此办结，以免徒多一番跋涉。该头人等均能领会，踊跃直前。多隆武随会同福智督率各兵冒雪前进，直逼中郭罗克夷巢，察其稍有抗违，即拟痛剿。乃多隆武甫抵该处，即有三郭罗克土目索浪、丹巴等率领番众跪迎，据称：各贼番俱散处各寨，该土目等寨不知有这件事情。昨日前头来的官兵说知，我们已遣人到各处查问，不料大兵就至，实在害怕得很。只求不要动手，情愿打听明白，前去捉拿等语。多隆武察看该土目等情词极为恭顺，即饬令三日内务将赃贼擒献。去后，旋据土目等两次捆献番子喀蚌等六十六名，赔缴马八匹、牛五十六头到营。并据称：此案贼番连格尔次逃来娃子共有一百多人，系中郭罗克番子板登借、兀鸡二人为首。又七他尔结、折论蚌、七务他、戎布塔等俱系上前抢杀之贼，现俱聚集加拉寨上，恳请宽限，自带番兵，前往捉拿等语。多隆武恐该土目所称或系缓兵之计，即与福智会商，派令署参将德印督率土目索浪丹巴、参将苏勒当阿督率土目但借、游击余步云督率土目却尔俊，于十月十八日黎明齐抵加拉寨。该寨高踞山巅，地势陡峻，并有数十小寨围绕在旁。其时冰雪满山，不辨坡坎，该土目率领番兵攀跻而上。该贼番等并不出寨就缚，索浪丹巴等既攻扑入寨，并抛入火弹焚其巢穴。自辰至午，攻破大小夷寨十五座，烧死贼番八名，推墙压死十名，杀毙割回首级者三十五名，生擒板登借等七十七名。多隆武督同委员将活贼逐一严讯，据板登借供认商同兀鸡起意抢劫并上寨抗拒不讳，其百长番兵讯系七他尔结与折论蚌所杀。至枪伤番兵七名，据供，因放枪人多，不能指定何人所伤，随将各首级令其一一辨认，有首犯兀鸡并上前放枪之别咱羝娃、噶尔丹、了蚌等在内。复于活贼内认出七他尔结、折论蚌二名，又放枪抢劫之七务他、论蚌塔、蒙勒、戎布塔、格藏、角喀、彭错、折旺、戎蚌他四名，均系情罪重大之犯，一并解回审办。又索浪借、甲借、喀桑他、折丹蚌、同勒、波勒、纳凹、甲喇、哈乃、独角借十名，又格尔次逃来娃子、班漫、七咱物借三名，共十三名并未放枪，然讯系惯放夹坝之人，未便宽宥，当即传集各番环视行刑，枭首示众。又格尔次族番逃至郭罗克，投在板登借名下之甲赖等二十名，又郭罗克贼番纳拉等七名，共二十七名，均系背负锅、帐，并无抢劫情事，然留在该番地界，将来恐成惯贼，即分赏三杂谷、绰斯甲两路土目为奴，令其带回管束。其余喀蚌等九十一名，虽随同板登借一路打牲，实系各自行走，并未入伙，已于讯明后释放回巢。至已获贼番衣物，除加拉寨搜出原报失物单内开载各件及该土目赔缴之牛马应解松潘厅点收外，其各贼巢内搜出之牛、羊、马匹概行分赏出力之番子领回。多隆武于查办究结后，传集三郭罗克土目索郎丹巴口等面加训诫，谕以“尔等不能约束番众，致板登借等肆意抢劫伤人，本应治罪，姑念尔等此次尚能出力擒捕，是以不加深究。嗣后务须严管番子，安分守法，倘再听任番众仍前滋事，断不宽恕”。该土目等均各感悚，叩谢而去。赛冲阿、常明查郭罗克贼番僻处蛮荒，恃其险远，以剽掠为生计，实为西宁一路行旅之害。嘉庆十三年，前提督丰绅大加惩创，乃甫逾数载，又复有此重案，似此始终怙恶、愍不畏法之凶番万难宽宥。惟该番等往往不服内地水土，如照向例将情重要犯远道解省审办，不但有稽显戮且恐或有道毙，转致幸免刑诛。况在省行刑，番众不能亲见，似不如就地正法之足以示儆。各该犯供认确凿，似无须另行研鞫，即咨会福智，俟板登借十二犯解至松潘，即在该厅地方传齐附近番夷随看，将板登借凌迟处死，七他尔结等十一犯一并即行处斩。仍将以上各犯传首郭罗克各寨，使番众知所畏惧，所获赃物饬令松潘同知将牛马等会营照例连衣物解还青海给领。多隆武随于十一月二十一日回至省城，所有汉土官兵均已各归营寨，此次查办夷务，正值风雪严寒，自黄胜关以外千有余里，地面荒凉，绝非人境，在事官兵冒险冲寒，实与身亲矢石无异，而三杂谷、绰斯甲头人昂本汪结、班马得日、尔吉思布、思甲、思松等均能如期应调，克壮军威。此外文员筹备粮运、军火及设法驾驭开导，亦能不辞劳瘁，该土目等首先用命，于三月之内得以蒇事，查办尚属迅速。谨为合词具奏。(《通志》)

附录：《天下郡国利病书》载“松潘边防”原文

《西夷传》曰：西羌之本，出自三苗。其先为伯夷甫，炎帝之裔。帝母育于姜水，而以姜为姓，故西羌亦姓姜。其国始近南岳，及舜徙之三危，今沙关之西南羌地，是也。滨于赐支，至于河首，绵地千里。赐支者，析支也。王政修则臣服，德教失则寇乱，本无君长。夏末及商周之际，或从侯伯征伐有功，天子爵之，以为藩服。羌爰剑者，秦厉公时为秦所执，以为奴隶。羌人谓奴为无弋，故号为无弋。爰剑后得亡归，将其种人南出赐支河，其后子孙各自为种。或为牦牛种，越巂羌是也；或为白马种，广汉羌是也；或为参狼种，武都羌是也。至爰剑曾孙忍及弟舞独留湟中，忍生子研，故羌中号其后为研种。汉景帝时，研种留何求守陇西塞，于是徙留何等于狄道安放。及武帝西逐诸羌，乃渡河湟，筑令居塞，始置护羌校尉，从爰剑种五世至研，研最豪健，以研为种号。十三世至烧当，复豪健，其孙子更以烧当为种号。滇良者，烧当之玄孙。时王莽末，四夷内侵，及莽败，众羌还据西海。光武之世，以牛邯为护羌校尉，即此地也。及烧当至滇良，世居河北大允谷，种少人贫，而先零、卑湳并皆强富，数侵犯之。滇良父子积怨，从大榆中入，掩击先零、卑湳，大破之，掠取赋蓄，夺居其地大榆中，由是始强。滇良死，子滇吾立，附落转盛，常雄诸羌。在晋内附，以其地属汶山郡。宋、齐亦得之。后为西魏所有焉。《魏书·邓至传》：王像舒至者，并白水羌也，常为羌豪，自称邓至王。其子舒彭遣使内附，拜龙骧将军、益州刺史、甘松县开国子。邓至王请以封爵授子彭奋，高祖许之，拜奋健忠将军、甘松县开国子，即为小藩，朝贡相继。关中乱，乃绝。后魏末，平邓至番，始饶有其地。后周保定五年，于此置龙洞防。天和元年，改置扶州，领龙洞郡。隋初，废州郡，以其地并入汶山、同昌二郡。唐武德元年，置松州。贞观二年，置都督府，峿、懿、嵯、阔、麟、雅、丛、可、远、奉、严、诺、蛾、彭、轨、盖、直、肆、位、玉、璋、祐、桥、台、序等二十五羁縻州。永徽之后，生羌相继服叛不常。仪凤二年，复加整比，督文、扶、当、祐、静、翼六州都督，羁縻研州、剑州、探那州、忛州、河州、乾州、琼州、犀州、拱虬州、龛州、陪州、如州、麻州、霸州、礀州、光州，至凉州、蚕州、晔州、黎州、恩帝州、成州、统州、谷州、邛州、乐容州、达违州、卑州、慈州，凡三十州。据天宝之载簿，松州都督府督一百四州，其二十五州有额，户口颇多，但羁縻逃散。余七十九州皆生羌部落，或臣或否，无州县户口矣。天宝初，改松州为交川郡。乾元初，复为松州。按贞观之时，分十道，松、文、扶、当、悉、拓、静等州属陇右道。永徽之后，划属剑南道也。《寰宇记》云：于松州治嘉城县，即后魏白水羌像舒治所据也。其子舒彭遣使朝贡，拜龙骧将军，始置甘松县矣。后周之龙洞防，及改置扶州皆治于此。隋曰嘉诚，唐曰嘉诚，则为松州之所治也。

《唐书》：吐谷浑羌在益州西北，去青海二十五里，古析支之地，汉西羌之别种也。魏晋以降，西羌微弱。周灭宕昌、邓至之后，党项始强。南杂春桑、迷桑等羌，北通吐谷浑。其种每姓别自为部落，一姓之中复分为一小部落，大者万余，小者数千骑，不相统一。有细封氏、费听氏、往利氏、颇超氏、野辞氏。房当氏、米禽氏，拓跋氏最为强族。贞观克平，诏道遣使开其河曲地为六十州，内附者三十万口。有羌酋拓跋赤词者，甚为浑主伏元所暱，与之结婚，屡抗官军，后与其从子思头并率服，与诸首领归款，列其地为懿、嵯、麟、可等三十二州，以松州为都督府羁縻，存抚之。拜赤词为西戎都督，赐姓李氏。自是从河首积石以来并为中国之境。后吐蕃强盛，拓跋氏渐为所逼，遂请内徙，听移部落于庆州，因置静、边等州以处之。故地陷于吐蕃，不去者为其役，吐蕃谓之珥药。又有黑党项，在黑水之西。李靖之击吐谷浑也，浑主伏元奔于黑党项，居以空闲之地。及吐谷浑举国内属，其黑党项首领号孰善王亦贡方物。其雪山党项姓破丑氏，居雪山之下，贞观初亦常朝贡。又有白狗、春桑、白兰等诸羌，自龙朔以后并为吐蕃所破而服属焉。

《四夷考》云：宣德二年，松潘千户钱宏，闻有交阯之役，惮于远征，乃诱蛮族入寇，诈张奏报，得留不遣。蛮自是煽祸，攻围城堡。调官军五千讨之，至威州黄土铺失利，道遂不通。三年，命总兵都督陈怀等帅西军四万由洮州入，松潘解围，犹弗克靖。八年，复调川、贵官军协力从事，始克成功。正统四年，都指挥赵谅诱执蛮酋，国师商巴以犯边闻，遣都督李安征之。寻诛谅诬妄，蛮乃服，然犹二三。十四年，始设松潘巡抚都御史一员，以都御史寇深及侍郎罗绮相继临之，咸有成绩。绮还京提督，文臣不复更置，但以备兵使者整饬之而已。天顺五年，蛮截我粮道，入龙安、石泉等处。

成化十三年，势益猖獗，复敕抚臣张瓒调汉土官兵五万，由东南二路分道剿灭白羊岭、鹅饮溪等二十一寨，斩蛮首级四百余颗。于是，商巴等二十六族诣军门献马纳款，各谕以利害，遣之。十四年正月，复攻黄头、复水诸寨，前后杀获男妇七百余人，赭其碉房九百，坠崖死者不可胜计，亦一大创矣。弘治间，跳梁如故，南路梗阻。正德二年，副总兵杨宏诱杀绰岭寺国师雪郎王出，自后本寺小宛卜等动称报仇，松城之外不敢昼牧。嘉靖十一年，敕副总兵何卿来节制诸军，相机剿讨，乌都等十一寨皆次第平，而诣军门送款者日至矣。卿家视松州，诸所缮缉，百废俱兴，藩篱既固，兵威亦震，百蛮喘息不敢动。垂五十年来，生齿日繁，复萌戎心，时出杀人，剽掠行旅。万历八年，兵使者杨一桂是以有三寨之役。又雪山国师喇嘛等四十八寨勾结为患，边氓岌岌。十四年，都御史徐元泰是以有会剿之役。及丙申九月秋，高毅实由寒盼、黄胜草场分道驰入，围漳腊，守备张良贤率兵破之，斩首六级。又攻镇边，百户杜世仁死战，斩首四级，城得保全，世仁死焉。又攻制边台。前后斩首十一级，乃遁去。良贤追至思答弄，又大破之，斩首十六级，敌乃失利去。初，敌之入也，袭我无备，侦者不知其数，及遁去，巡视营垒，不上五千余灶。未几，番妇巡回，言所斩首级中有大落赤之侄小王子在焉，敌以此必欲报仇。故昔之松潘重在番，今之松潘重在边防矣。

《四夷考》云：南路自西宁关起，以至平定堡。河东大姓属牛毛土官管辖，河西小姓属羊毛土官管辖，即《志》所谓牛脑、羊脑也。不服冠带，不受约束，喜则同部落席地欢饮，怒则持刃彼此相击，尊卑之序荡然矣。万历初年，河东颇肆凭陵。十四年，征之，捣其巢穴，斩首二千余级，焚碉房千余座，始倾心向化埋奴，誓愿认守地方，迄今不敢犯。河西恃有长江之险，逆我文告，其时亦震詟，移遁深箐，隔岸罗拜乞降，许之。有国师喇嘛湾仲者潜献皮币于土[illegible]，乞师伏于铁炉沟，以牵制我，乘便邀击。事觉，就擒，其谋始破而胆落也。

书庚申番变事

松潘，自清康熙间征服，建设营卫，宁谧几二百年。逮至咸丰十年，番叛，逾年陷城，官民受祸剧惨。衅由松潘中、左两营，旧有该管各寨上粮之例，每年春季由掌堡首人，按照番册每粮一斗预给官价银一钱二分，秋收上纳，尖斗收入，浮收为经手所饱，番众苦之。初，咸丰七八年，各寨恳免尖斗，不允，含怨甚，几欲蠢动。九年，内地变起，松军远调，遂啸聚窑头坡，要胁豁免尖斗。中营游击常启禀总兵文升，言番性犬羊，非用威不可，请发重兵弹压。不得所请，遽托病回省。由是各番抗粮不纳，遍传木刻起事。十年，文升撤任。闰三月二十六日，联昌接任总兵，审知乱机已炽，急与同知张中寅会禀总督曾望颜，请将前调松军速檄归镇，以资防守，一面妥为抚驭。未报，盖由洪、杨肇乱，川兵东征；省内又有李、蓝之寇，不暇兼顾。逾月，木刻愈传愈宽，适小姓沟诡传活佛降世（名黑仓来）。生而能言，数月能行，周岁即解诵经典，逆番往朝，问以谋叛事，活佛许之，于是大举作乱。安顺堡乔农官获传木刻数人，言因斗尖激变，欲围城，乔报镇署，斩番以徇。不数日，松南北皆闻风鼓噪，各率番队占据要隘，四出焚掠。牟尼沟、石坝子番贼先逼松城，屯聚于城外山顶，藉便窥伺。雪布寺沟内贼番，出烧安顺关，乔农官阖室被害。南路贼番攻破九关，陷平番城，守备袁克明与妻干氏俱死，兵民死者无算。贼焚六关屯堡，下至沙湾，北路漳腊、南坪亦相继失守，官绅兵民男女死者不计其数。东路之贼遍扰三舍、小河、木瓜墩、果子坝、黄羊关一带。贼势披猖，四围联合，仅存松潘一城矣。九月，联镇令中、左营派兵二百名往流沙关驻扎抚办。官兵至，窑沟番众蜂拥而来，枪炮声震山谷，营兵知众寡不敌，全队奔回。各路番贼遂合队围城，松中文武飞章告急三十余禀，卒无一兵来援。同知张中寅召绅商集议，居民每户派一人守城，营兵分守要害，设团练局于陕西会馆，以陈月桂、马明远、李春华、冯登瀛、马如升、胡万年、魏崇直诸人董其事，四乡屯堡避难在城。年力精壮者，复募为乡男，约三百余人，日给口食，用备城防。贼众攻扑，兵勇屡战不利。窑头山一役，蒋文戴、许风没于阵；金蓬山一役，兵勇死伤十余人；大坝山一役，李大旗等二十余人被马队围裹，全数阵亡。十月二十八日，贼数百由西岷顶进攻，破大西门而入，中营守备马庆、外委黄占雄、军功马如良战死，贼劫仓街，入厅署，掠镇边存储银数万两，毁七层楼，居民哭声震天，男女投河死者数百。城防兵勇奋力出战，由前后山两路夹击，贼始溃败，追杀数十人，割首十七级。镇厅亲莅团练局奖励，城防愈加严密。究以孤城抗敌，四无援兵，势难久持。乃派人绕道东路，招募壮丁三百人，厚给薪饷，来城助守。十一月，候补通判陆玑、维州土目穆苏索浪奉川督檄委，带兵援松。兵至叠溪，见贼势强，不敢与战，使人议和，贼诈许之。官兵前进，甫至平羌沟，被围，逃出仅十余人，余俱遇害。穆闻报，奔回维州。嗣又委知州李延青、副将文升剿抚兼施，驻师茂州。数月，大路阻绝，文报不通。十二月，松军被调在叙府、泸州者，闻松围急，拔队回援。行抵平番，遇贼，奋力冲出，绕越山巅，至望沙关，与战失利。平番千总李占魁、松中把总张玉春、外委韩尚彩、张浩及马步兵丁三十余人阵亡。余众入城，松得旧军回防，兵气稍壮。贼番自西门被我军击退后，月余未敢薄城，防兵守御亦严。十一年，援兵失望，困守难待，官绅决议用木牌数十，上书被围惨状，投大江中，冀沿江人拾得，转呈省宪。或发兵驰援，殊阅三月之久，讫无一兵西上。加以城中粮匮，委平武县官徐万有代购米麦，延期未至。绅商各出存粮，以给兵勇，月余复罄。搜索农家牛羊、武营官马杀之，以济兵食。五月，兵民食尽，皮革及草根、树皮皆被括食，兵团饿死大半，人民相食。迨至六月下旬，贼知城中无粮，携稞麦于东南城下掉换民间衣物，声言让路，任居民出走，以各号茶包作买路之资。城中连日商议未决。七月初七辰初，悍贼十余人突上东城，打开东门，大股一拥而入，搬取茶包，搜掠财物。汉民男妇老幼争先出城，拥挤相蹈藉，死者甚多。既出，贼众拦途抢劫财货衣服，男女多投水死。总兵联昌轿至东门，不得出，下轿步行，贼执，褫其衣。会林波喇嘛救去，获免。联之妻伊尔昭觉罗氏、妾李氏、仆妇、使女同出东门，遇贼剥衣，大呼联救。联不敢应，驱马驰去，妻妾等走东桥下投水死，松潘同知张中寅城陷日死之，家属及幕友共计男女十余人同时殉节。先是，联镇欲偕张公出走，召之，公答使曰：今日惟有死耳，毋念我。（事详《专祠碑记》。）贼四门纵火，三昼夜弗熄，房屋无一存者。官绅兵民男女死者无数，暴骨原野，江中积尸累累，水为不流。其逃往东路龙安一带沿途病死者又千百余人，凡逆番攻陷松潘厅城一，漳腊、南坪、小河、平番、叠溪营城五，大小屯堡一百余，所过扰害、损失财产不可胜计，受祸之惨、死亡之多，较内地寇贼加甚焉。（《旧案》）

书癸亥克复事

同治元年，骆秉璋督川内地相继肃清，松潘尚为逆番所据。官绅吁陈三路进兵策，骆纳之。初，松城失守，联昌匿居林波寺，既恐番族加害，复虑廷议罪己，单骑走龙安，集旧部暂设行署。至是，亲赴省垣谒骆督，请议处。骆令以原任驻龙，立功赎罪。是年九月，联奉令统镇属各营制兵，同参将吴嘉春率诚字全军取道江油、平武，进取松潘。会天气严寒，雪封山顶，不能进，大营屯于小河。松中游击邓绍南驻施家堡。二年春，松兵协同吴军由扇子洞进剿，连战皆捷，大兵继进。三月，大营移驻镇原。骆督檄黄鼎、黎鸿钧将兵三千五百人助剿，至花椒沟，营垒未成，贼番突至掩袭。二军初到，不悉地利，吴兵不出，阵亡官兵二百五十余人。贼追至镇原，大营出御，杀贼七十余人，贼退走。是夜，复袭劫大营，各军夹击，毙贼百余人。黄、黎二军失利后，骆督调往陕西，松镇大营进屯三舍。贼合队围攻，官兵分道冲击，遂大奔溃。松兵追杀二十余里，破寨十余，毙贼无算。时茂州知州蹇寅将兵千余人由渭门关进取长宁，贼坚守险要，蹇半夜渡河而西，焚龙池寨贼巢。以数百人于河东诱贼出战，大队取道西河而上，搭浮桥东渡，夺小关子要隘，截贼为两断。叠溪附近贼闻风遁，蹇军遂克叠溪。北路周军门达武统武字全军，由青川绕道甘肃文县，进克南坪、羊峒，番贼震慑，不敢与战。周军约蹇军为南北进取计，联镇徇林波喇嘛之请，称番众愿投诚，南北两路即日停战，军民坚恳三路痛剿，联不听。五月上旬，迫令移营前行。六月二日，入松城，逆番皆退归原寨。联、吴报捷成都，筹办善后，受喇嘛嘱托，仅正法一番妇（即小姓沟活佛之生母），谋逆渠魁均置不究。周、蹇到松，以番逆未受大创，深抱不平，俱引兵去。吴嘉春立功奉调回省，由是番众无忌，强横如故。联恐生意外之变，与喇嘛密议，每年由茶票项下拨银二千余两充各寨土弁饷需（有土守备、土千总、土把总、土外委名目），暂事羁縻。保喇嘛为二品堪布，特准于城内旧松茂道署址建林波寺，由茶票项下每包抽钱二文作喇嘛常年食俸，喇嘛任番众五十年不叛。噫！此次番变，全城为墟，祸亦烈矣！乃联专事姑息，厥后口内外番案叠出，抢劫肆行，历任文武虽因时补救而积重难返，一日纵敌，数世之患，非由此遗之孽而基之祸哉！吾愿筹边者惩前毖后，慎勿狃于苟安也。（《旧案》）

附录：《追悼咸丰庚申殉难官民》松潘知事文道心演说词

今日是民国庚申七月七日，即前次吾松厅主张公忠寅与合城老幼男妇相率殉难之日，亦即道心与诸君钦佩张公暨当时殉难诸烈士，慨念不置而为之追悼，以尽微忱之日也。则是今日是一可悲可喜，可为吾松人民之奋勉之日，何则？前次庚申之今日，吾松城陷，官民殉节，死亡枕藉，河为断流，不堪回首，得毋悲乎！今年庚申之今日却不同前次庚申之今日，民安物阜，较内地尤靖，又逢今日追悼之盛举，岂非大可喜之事乎！前人殉难之惨状堪悲，殉难之忠义足效。逆番之前祸已去，后患之根株未绝。思前虑后，岂非吾松人民宜早奋勉者耶！道心初聆张公当时城存与存、城亡与亡之气概与诸烈士殉难之义勇，不禁废书一叹。今见诸君对于张公暨殉难诸烈士惓念不忘，令人起敬，益觉张公与诸烈士之正气凛然犹存，是死者殉难之义固堪嘉，而生者溯本之义尤堪佩也。张公与诸烈士得有今日，可以死而无憾。道心躬逢其盛，亦觉无任荣幸。虽然道心于此有不能已于言者，请为诸君进一说焉。凡人不患死，只患死不得其所。古人云：虽死犹生，生不如死。又云：死或重于泰山，或轻于鸿毛。盖可死者躯壳，不可死者精神。如张公忠寅者，可谓死得其所，重于泰山，其精神未尝死也。如云已死，则今日座上何得有张公其人，诸君何得有欢迎张公之举，人民何得有赞佩张公之说，更何得有追悼张公之事？天下之富贵豪杰死者多矣，求如张公之虽死犹存者能几何哉！惟是张公当日之忠肝义胆，出自天性，决非勉强沽名。所以先有城存与存、城亡与亡之言，然后有从容就义之事。则其殉难之心不过为国为民而已，岂望今日之有追悼哉！然不望今日之追悼是张公之本分，而必有今日之追悼是诸君之天职。盖追奖前人可励后生，追思已往可征将来。所谓前车后鉴，安不忘危者也。况今国家多故，灾害遍天下，民生凋敝，日甚一日。惟我松属人民安居无恙，未始非神天眷佑与庚申殉难诸烈士相与阿护使然哉！既蒙神天眷佑与诸烈士阿护之灵，则吾松人民应如何勉励为善，以答神天与诸烈士之厚意，而长保安宁也？然则吾侪今日之追悼会，是即人民之砥砺会，地方之维持会，若直以追悼会目之，不但道心不敢赞成，张公与诸烈士恐亦未忍承受，即诸君捐资礼忏之本心更未必能自信也。今张公与诸烈士之悲境已过，乐土重登，其忠义自与岷山并存，何待吾人追悼始克彰显哉！吾辈今日追悼之，亦不过略表感戴之微忱，藉作后人之宝镜。且当时殉难诸人，多系吾松人民之祖先戚友，揆诸慎终追远之理、涤耻雪憾之事，为其后裔者又当如何感伤、如何奋发，同谋永远之安宁，方不愧子孙天职、丈夫本色。然欲达此志，非同心奋勉，为善以挽天心，力图振作不可。故今日之追悼会，在道心鄙见决认为吾松人民之砥砺会，吾松地方之维持会，决不认为庚申殉难官民之追悼会。不惟道心期许如是，想张公忠寅与诸烈士闻道心之言亦无不赞同也。故道心逢此盛会，于感慨之余，不禁有如此希望，但感我松潘父老子弟藉今日之追悼为砥砺之一助，矢志奋发，敦孝弟、睦宗邻，广行方便，各安本分，见恶趋避，见善勇为，将见利兴弊除，祥气蒸集，灾祲自消，长享尧舜之天，是则道心所为馨香祷祝而不负追悼殉难与安民之本旨也。

附录：汤兴顺《上川督骆秉璋恢复松潘四条》

一、兵力宜厚集也。查小姓诸番始以妖言煽乱，有同谋者、有被惑者。其地东至木瓜墩、平武属火溪沟，南至茂州属渭门关巴猪村，西至松州属达革、毛革、麦匝、大小黑水等寨，北至甘肃文县属柴门关白马、夷河等处，东西距五百余里，南北距八百余里，道路崎岖，山寨险峻，雪岭数处，要隘綦多。宜先增兵分三路夹击：第一，由东路取三舍大道进攻，分兵七坐谷，夹击白马路三寨巢穴，至漳腊会合。第二，由南路叠溪大道进攻，分兵白草，由桦子夹击柙竹寺六关巢穴，至平番会合。第三，由北路文县卡南寨进攻南坪大道，分兵白马、夷河、羊角山，夹击窝谷、甲聪、罗夷坝巢穴，至南坪会合。但大兵一进，粮道维艰，务须择地，步步为营，声势联络，前后策应，庶无转运之优。夷人素性贪疑，得不让前，失不顾后，我军深入，更须多张旗帜布满山林，以夺其气，速行进剿，使彼首尾不能兼顾，自必瓦解。再抚驭口外之番各安住牧，将叛番名目分别首从，遍行传饬，则免串通远飏，互相负固，然后相机剿抚，定策成功，方可期其必胜矣。

一、恩威宜并用也。服心之道，惟宜赏罚严明，方能定其久远。查东南两路各番因逼处汉界，畏威投诚，未能制其心，难免日后反覆，服之犹未服也。今欲抚治投诚之番，似宜变其旧制。请将叛由条列罪名，分别轻重，出示晓谕。一面饬取该管土司头目将投诚番寨地方情形、户口名目造具清册，声明善恶，委廉明干练之员专司查察。胁从之番如果真心改悔，减等每户纳粮若干，照向章准其赎罪。限期上纳，解运军前，以助兵食。随时造报，并可以此辨别投诚之真伪。事平之后，严加开导，其能改土归流者，取具保结，层次请免罪粮，载入民册；不能改者永远输纳，使知惩戒。似此恩威并用，自无后患矣。

一、逆源宜清也。查松潘镇属各营所管番夷地方辽阔，人有四种，话有四类：松中所属牟尼、毛革、拈佑、热雾、漳腊属三寨一类之话系吐番一种；松中属七布、徐之河，接连叠溪、平番属小姓、大小耳别、六关、松坪，接维州属五屯、四土等处一类之话系猼猓子一种；松中属九关、东坝、腊枚、大寨，龙安属果子坝、黄羊关、白马路、火溪沟，松左、漳腊、南坪属上中下羊峒和约后山界连甘肃杨布等处一类之话系氐羌一种；漳腊属口外三十七部落一类之话系西戎一种，而字同音不同。有出家为僧道，约分四教：不蓄发，帽用黄者为正教；不蓄发，帽用白者为道教；有蓄发，帽用红者为花教；长发结成毡絮者为巫教，念佛口号有嘛哄、嘛喻之说，手持转轮有逆转、顺转之名，皆地方前创，何教后人因之。喇嘛、和尚之名，无论老幼，俱甚信服。又朝过西藏者，俗尊重之。萌叛妖言，系由戴红帽逆转佛者而起，伪名黑仑喇嘛，出于小姓大耳别寨，煽惑番心。今欲绝其萌芽，将伪佛罪名遍行番地，拿获者奖励，徇隐者连罪。如是则逆源自清，无再叛之由矣。

一、番力不宜用也。闻口外郭罗克等处之番甘愿出力由外进攻者，不过因贪之一念耳。夫以夷制夷，千古善计。殊不知尽心与人出力者，其将有所大欲也。纵至成功，必得其欲乃止；番人一聚，岂能尽遂其心？稍不如意，必滋事端，小而纷扰不休，大则鲸吞估霸。除之则无其名，释之则为大害，此谋之所以误也。且夷类相亲，性同情合，一旦反背，势必如火添薪，更遗边徼大患。查郭罗克部与关内各寨路距一千三四百里，所过番寨不无蠢动。夫治安易，治动难，欲计安靖之法，请先派员往谕如何调兵进剿、攻克若干处，兵力有余，传知土司，止其勿动，饬令将逆番逃亡按名擒获，不准部属附和。各番知威戒惧，取据寨落户口清册，事平之后，遵照部章认纳折征粮马，庶内外兼治、屏藩永固矣。

骆督批云：据禀四条内不为无见，仰即抄录，分饬联镇蹇牧暨吴参将、黎参将，就此审度情形，妥筹办理。

书辛亥番变事

宣统三年五月，川督裁兵节饷，改练巡防，松潘镇标自总兵、参、游、都、守暨马、战、守兵一律裁撤，改为巡防五营，内拨两营分驻懋功、松潘、漳腊、南坪、平番、小河口，内外数千里地仅留三营驻防，此计之疏也。七月，川路变生，远近响应，大局动摇，同志军蔓延各属，汶川、理番间集汉番二三千人，进取茂州。乡团不能御，驻州巡防哨长胡兴举率兵截堵，力竭被害，余降。茂州官绅飞文告急。适松潘统领赵国仕因懋屯改编事留省未归，书记官李朝柱代行职务，同知蹇念恒与书记官商定发兵援茂。进言者谓：松夷叵测，每乘镇兵征调，武备空虚，即聚众围城，当此内地军兴，防兵万不可动。议未决。谍传同志军距松益近，官吏不察事机，仍饬管带傅廷贵、王振邦各率所部出发，路遇同志军，两相牵制，松茂道路遂梗。匪首黄占鳌在归化沟传习邪教，乘隙谋乱。蹇官召绅商会议，一面团结汉番为固守计，一面派团总陈有余等赴南路演说，解散党徒，并催促各堡寨联合民团。殊番众一聚不散，逆谋遂成，时城内汉民不知防也。狡黠者声言，近年厘金、警察、肉厘等费，民力不支，闻同志军之来取销此项新政，为吾民轻担负，何拒焉？众信其说，返戈内向，祸遂构成矣。旋藉众要挟，呈请撤消各局，并将办事员绅交出，由众处治。地方官以其邀求无理，将递呈之土目尤珠等收禁。于是逆番遍传木刻，在茨坝、石河桥聚集五六千人，乘城内无兵，欲大举扑城。蹇官复集众议，募团勇百余名，檄守备马保国带领防御，又飞调赴茂松军回援。乃傅廷贵隐匿文报，众无由知变，松属各寺喇嘛出而调停，邀请暂撤各局，不许。时草地帮少壮请借镇署枪枝，愿助战守，亦不许。人无利器，气馁而散。窃库藏之械原以备非常，乃兵临城下而不假以御敌，卒致破坏。十月十八日，蹇亲至石河桥，大会汉番，推诚开导，乃逆焰愈张，坚执前请，势必得办事者而甘心。蹇严词斥绝，逆众呼啸散去。十九日黎明，诸逆进据山顶，蹇与书记官率团绅登城观贼，饬团勇施放开花大炮。讵射击不精，弗及伤贼，守城团民马正海反被贼击毙。贼噪围城，城中空虚，官民坐困，谣言四起，一日数惊。奸人乘机反间，南北街人心涣散，互相猜疑。官不得已，命马保国以准所邀求，往谕诸番，令解围。二十二日，保国诣贼营，被害。居民惊惶散走，城空无人，逃奔金蓬山者男女千余人。贼四面围杀，冯双喜弟兄挺身抗敌，力竭战亡。南路土匪，随贼陷城，劫外城、南街、中街。二十四日，北路番寨焚掠漳腊，率众逼松，劫北街茶号、民居、镇署，枪弹搬运罄尽。初，逆诈言进城但分黑白，白人悬白旗，毋恐。官署、民居皆挂旗门外，及后竟不分矣。二十五日，城厢内外同时纵火，经七八日始熄，人民死者无数。番疑城内有窖藏，掘土三尺，郊外新冢亦多被掘，毁四门城堞。伐各山树木及青云塔各碑碣，四顾荒凉，一片焦土矣。蹇官初不料出此，始终执一，至是携眷属同统部书记官逃雪布寺。松民散之四方，天气严寒，死亡相继。夫自庚申迄辛亥，两次番变，向使措置得宜，兵饷两足，人心固结，早戒不虞，则番夷之流毒未必如此其甚矣。（《旧案》）

同知蹇念恒诗[①]：

是谁甘揖盗，五日掷坚城。[②]
孱镇虚持节[③]，骄邻坐拥兵[④]。
质官徉不杀，傍佛总逃生。
一死何足道，此身未分明[⑤]。

---

① 辛亥事变诸诗，原《志》中以大字录正文，双行小字录注文，今为方便阅读，厘清正文与注文，故将注文改为脚注。

② 巡防两管移驻茂州不归，然团练枪械、粮饷尚足撄城固守。奸人外搧，棍徒内哄，空巷逃逸，番逆得以从容入城，肆其焚掠。

③ 镇军留省半年不归。

④ 飞函调防管回援，置之不理。

⑤ 时已微闻成都独立事。

得代将归，置酒与诸绅话别，即次韦苏州都斋下燕集诸文士《原韵》：

自我入东里，饱餐蔬鲭香。
避地暑亦逭，五月南风凉。
惜别展佳会，携尊君子堂[①]。
同罹叛乱苦[②]，未睹斯民康。
功罪会有归，恩怨两相忘。
宦蜀近十稔，此邦艰苦尝。
所幸二三子，义气干云章。
瓜代鹰脱鞲，天宇恣翱翔。
尚思历燕蓟，重泛渤澥洋。
去矣语来者，制夷在兵强。

邑人蒙春辉《松州行》：

中华尚武重备边，下维宁雅上松潘。
周代羌髳力助战，始列绥服殊百蛮。
秦汉专制变古法，怀柔乏术开兵端。
晋唐宋元及明清，历有兵将为防闲。
筹边设卫连营戍，要以松州为总键。
高建城池辟都市，金矿皮革商务繁。
官师弛张善抚驭，兵气销铄人民安。
一自庚申夷始叛，凶锋未挫任藐玩。
五十余年至辛亥，依然蹂躏入城县。
大寨三寨牟尼犹，群丑气焰冲霄汉。
九关八屯为间谍，茨坝扬戈首发难。
佯遣番僧说解和，明称内应暗窥探。
一日二日无转机，战垒星罗路先断。
虏帜飞扬列沿河，朔风厉寒爽愈悍。
总戎一去如黄鹤，托付非人适遗患。
松州司马才略疏，性情刚愎难应变。
防军遣赴古绳州，战守无兵失卫捍。
诸酋凶恶羽书飞，窥伺城空连约战。
枪弹如雨声如雷，居民惶骇心先乱。
长官愦愦不如人，耳岂无闻目无见。
伥鬼助虐噬及脐，六街三市焚掠遍。
群夷犷悍如虎熊，手持长矛并刀剑。

---

① 设座杨子钧茂才宅内。
② 同行有汤宝之，文显之、汤鸿恩。

欲杀则杀掳则掳，子弟悲哭父兄唤。
死别吞声生别苦，我亦潜行疾奔窜。
君不见携幼扶老离故乡，负囊裹甲无糇粮。
衣褐不备忍饿冻，老羸匍匐妇走僵。
云岚风洞尤险阻，冰雪塞径如窖藏。
一经陨越难援手，人固堪怜我亦伤。
世间最毒蛇蝎最贪狼，不如夷人很[1]肺肠。
膦脂吸髓犹未遂，其欲逐逐难为偿。
搔首问彼苍，何辜屡降殃。
理有盈虚与消长，汉族何弱夷何强。
吁嗟乎！强者自强，弱者自弱，哀我松民，供彼鱼肉。
蠢尔羌夷何太酷，一叛再叛戕我族。
未闻天兵动地来，剿杀夷巢如破竹。
献囚献馘奏肤功，要使故疆重恢复。
今我流离琐尾中，雪夜奔如走险鹿。
诸艰历试幸归来，作此长歌当一哭。

富顺吴极垓《哀松州》：

松州自古称雄镇，谁料猓夷频犯顺。
庚申肆逆逭天诛，辛亥乘间复开衅。
剑戟森森枪炮鸣，骈肩袒裼吼攻城。
官民束手各惊走，城阙金汤为虏营。
于时天地惨无色，对垒无兵谁杀贼。
重围潜出行何处，内顾有家归不得。
辗转南北复东西，侨讬他乡寄一枝。
室家老小皆零落，虎口余生愤且悲。
逾年恢复始旋里，疮痍满目愁未起。
官庐民舍尽成灰，黄金土地生荆杞。
吁嗟乎！宁为太平犬，不作离乱民。
昔贤言之极痛恨，松人处此诚不辰。
我来劫后已五载，黄沙白草为酸辛。
国家无计施挞伐，轻视边民如芥尘。
人民无力自保卫，番虏觊觎如鹰膦。
吁嗟乎！后此岁月无穷期，番夷蠢蠢当羁縻。
无使后车蹈前辙，离离禾黍不胜悲。

邑人赵羽仙《不平鸣》：

---

[1] 很：即“狠”，假借。整理者注。

庚申九月初，辛亥九月末。
夷叛围松州，城陷分迟速。
昔人志何坚，粮尽守陴哭。
被围三百日，贼劈东门入。
张丞举家亡，联镇幸解脱。
今人心不齐，罔思顾大局。
贼聚五百余，汉回齐溃出。
虽有边防军，远调出疆域。
府镇同虚设，难望支一木。
当时天地昏，论罪究谁属。
印委更痴聋，迂谈乏要著。
奸人尤可诛，忍心联异族。
贫富竞私谋，莫由辨清浊。
外敌犹未临，内讧祸已伏。
素与夷识者，身家死生托。
无聊流为匪，乘便肆攘夺。
狡虏破坚城，和议犹妄说。
临危炫黑白，愚氓误笼络。
流离寨堡中，男女悲零落。
广厦千万间，一炬付回禄。
深深密窖藏，所在咸被掘。
新茔被劫棺，衣尽露白骨。
尚为贼饰词，未忍恣杀戮。
嗟嗟盗跖行，不减虎豹恶。
搔首空问天，神灵罔知觉。
松民诚何辜，遭此贼荼毒。
痛定乃思痛，民死官仍活。
愤作不平鸣，留与后人读。

邑人马尧安《避难口占》：

松州僻远号边荒[1]，汉弱夷骄物反常。
一自警闻传木刻[2]，平安空自祝穹苍。

初闻省会联同志，那识松城势更危。
额束红巾持白刃，内奸外究助番夷。

---

① 松潘僻在西偏，距省七百余里。
② 番人刻木为符，持以调兵，立即响应。

共道夷人许议和[①]，森然城下列琱戈。
犬羊翻覆殊难信，诡计阴谋变诈多。

大斧长梯竟犯城[②]，人民惊散各逃生。
可怜无数流离苦，尽是萧墙自酿成。

往事惊心五十年[③]，者番浩劫降从天。
长官固执无成算，误却苍生实可怜。

扶携儿女避金蓬，弹雨枪云四面攻[④]。
化作沙虫相枕藉，难呼将伯到城东。

出城犹望故城中，火焰冲天彻夜红[⑤]。
廛市殷阗赊一炬，不知道路几时通。

屡问行期未有期，那堪蛮幕久栖迟。
何时脱险飞扬去，一夜羁愁只自知。

星月遇天夜色寒，乱山冰雪去松潘。
可怜同病邦人士，泪眼还将泪眼看。

回首家山路已穷，终朝鼠伏草楼中[⑥]。
只因丑类仇文弱，漏泄春光哪肯容[⑦]。

黑云黯黯几时开，愁逐层波去又来[⑧]。
自是欲归归不得，鹧鸪为我唤千回。

摧残如雨打桃花，流落江干度岁华[⑨]。
沧海桑田犹故我，莫悲离燕竟无家。

---

① 逆索牛酒言和。
② 逆劈城门，又以长梯驾城而上。
③ 五十年前庚申番变。
④ 逆围金蓬山，男女被杀无数。
⑤ 二十五，乘夜避走庙灵山，回望城中火起，风声、杀声、哀号声，天地为昏。
⑥ 日夜潜伏楼中，麦草覆身而泣。
⑦ 逆指绅学为黑人，见则必杀。
⑧ 逃寓平邑西乡，久不晴明，添人愁思。
⑨ 住晶乡任家坝，往来必过渡，除夕口占。

书壬子克复事（旧案）

辛亥十月，成都独立，改设军政府。松潘援茂之巡防马队管带傅廷贵潜行回藉，步队管带王振邦坠井死。时马队哨官何炳宽、步队哨官马受云、王光钧、王润，桑梓念切，不忍使松军解体。闻松城陷后，难民来茂寄居者多。于是集众会议，整队坚守茂州，待大局粗定，徐图进取。时胡尔康以安抚员来茂，同田兆文收集巡防，暂改为保安军。继闻省垣政府成立，何炳宽、陈朝玺等赴省谒都督尹昌衡，痛陈利害，准将驻茂巡防改编松茂陆军，委田充督带，给木质关防并抬枪三十杆、薪饷一月回茂。逮清廷逊位，民国建元，逆番出据叠溪、小关子。壬子正月，六关乡团告急，遣哨长王光钧、王润为前队，防守镇江关，俟省兵到再进。乃行至靖夷堡，获侦探，戮之。贼怒甚，松军抵关未及休息，大股扑营。松军亦愤极，勇气百倍，奈兵力单弱，战五昼夜，阵亡副兵蓝永清等四名、团丁二十名、受创三十余人。团众溃，力不能支，又兼子弹缺乏，暂退永镇。逆番乘胜追击，焚掠六关，人民夜逃，多死于路。田督带急禀政府调猼猓兵协助。二月初一日，贼纠热雾番迫茂属之麻达、皮袋、罗布等寨。省军、松军分头迎战，队官马受云率队赶至，前后夹击，贼解围去，官军追杀，焚麻达等寨。茂人恐战事波及，派瓦寺土司来关调停。而逆夷顽梗，土司几被害。于是绅商蒙春辉、马光远、陈朝玺、何炳宽、杨家澄、马玉琳、郭瑞廷等赴省条陈进兵策，尹督饬北伐支队司令官龚达、参谋张孝著、林焜青等率五标由茂州进取，八标陆军标长彭鼎新由平武进取，严饬各营固守，勿令越境。二月下旬，龚司令抵茂，进至沙湾，与参谋张孝著、林焜青、督带田兆文、营长何炳宽会议。松军受龚节制，愿当前敌，由河西而上。陆军由河东大路，步步为营。三月十六日，东西两路进攻，抵镇坪，贼伏要道，击毙陆军十七名、伤二十余名。松军闻警往援，毙贼八人、伤数十人，贼败退。次日，大队复进，贼死拒，陆军攻其左，松军攻其右。自辰至酉，毙贼三十余人、伤百余人，松军伤亡数人，陆军阵亡二名、伤二十名，贼退守平夷堡。十八、十九等日，官军攻平夷堡，未下，绕道进，复平番营城。贼守撒喇墩，啸聚益众，松军猛攻，陆军继进，鏖战一昼夜，阵亡陆军连长一员、士兵十八名、伤十余名，松军排长富长德受伤，正兵阵亡六名、伤十余名，取逆番首三十余级，生擒二人枭示。逆锋屡挫，乃胁屯堡各寨汉番万余人卷土重来，势复炽。官军粮饷、子弹不足，退守永镇。适猼猓土官率兵五百名助战，十标标长舒龙甲亦率所部陆军运到饷械，军威大振，甫三日，再克平番城及镇江关。撒喇墩守贼闻风遁，大营进屯归化，陆军、松军争先恐后，小有冲突。营长何炳宽极力弹压，请于龚司令，乃令第十标陆军同松军、猼猓兵扎镇江关，以防后路。贼自撒喇墩遁后，无险可据，标兵得以长驱直入，焚雪布寺，赭附近贼巢三十余寨。五月初二日，小姓逆番勾结热雾贼夜劫镇江关营，各队严拒，击毙贼十三名，伤二十六名。贼假猼猓兵语言，官兵昏夜不辨，松军阵亡正副目冯绍江等七名，伤正副兵十七名，阵亡猼猓兵五名，土官俄包孝亦受伤。此次夜战，贼挫败，胆裂，愿投诚。龚司令、张参谋、张标长、田督带移营归化堡。各处番目恳停战，委田见龙、王光培为夷情交涉员，自此南路弭平。东路彭标长鼎新以驻小河之哨官任光超、吴承恩率松军为先导，进取猫儿墩，阵亡士兵四名，毙贼十余人，夺关隘五处。贼闻南路官兵抵松城，连夜遁去。彭军、松军进驻三舍，龚司令捷音适至，遂函请将善后事宜归龚专办，以一事权。龚乃设司令部于红花屯，开军事会议，集松潘官绅田见龙、何炳宽、马光运，蒙春辉、马玉琳、汤执中、文光耀、文为富、马逢祥、胡尔康、马受云、马联升暨茶商各号之在松者筹议善后，颁发禁令，饬纳罪银罪粮。逆番听命，当即派人密捕乱首曾良典等三十五人枭示，惟但不拉等逃逸无踪，倖逃显戮，其余从犯均矜全免死。北路土官头人喇嘛拘留看守谋叛胁从，各寨堡按户每年认纳罪粮一斗，永远征收。派员绅招回难民，办理赈济、建筑等事。时松军亦奉文改编为西路汉军前五营，内拨懋功二营，松潘一镇，仅留三营，以张孝著为汉军统带，以田兆文为松潘知事。标兵奉调回省，猓兵遣发归寨，各寨焚林树木抵价归公。是时北路叛寨未加惩创，松人以庚申变乱善后草率，番众效尤，致有辛亥之变，条陈利弊，请诛其尤者，略示兵威。司令言既许投诚，不能失信番众，再加以兵事，遂寝，旋亦率兵回成都。善后事宜委张统带、田知事督同营长田见龙、何炳宽并绅商等办理。（是役也，阅时六七月地方克复，边境肃清，从前兵事无此迅速，皆司令官与各参谋之知兵，指受方略，克奏肤功，昔颂鲜于子骏一路福星何让焉。）自改革以来，时局变迁，边地兵单不足以资弹压。松潘汉军除拨懋功外，松潘至懋功千二百里，道经灌县索桥，无他路可通。地方数千里，仅三营驻防。使当日改编营制，以汉军三营分布境内，以懋功二营调拨龙安、维州、茂州等处，则南由叠、茂达汶川、灌县而商务之交通便，东由小河达平武而粮道之接济通。且威、茂毗连崇、灌、平武界，接江、彰，一旦内地有事，维、茂之兵可以直抵崇、灌而与成都联合，平武之兵可以直抵江、彰而为潼、绵应援。是松潘有此五营，可保川西极边州县，并可为成都、川北属县之屏障，岂特镇抚关内外数千里地已哉！后之筹边者，不可不讲求地舆，斟酌尽善也。

书征热雾十八寨事

民国二年，松南热雾番投诚复叛，不纳罪银罪粮，又恨拘留番首，复集数百人于阳历十月二十九日黎明入犯，一由城西南隅架梯而上，一劈临江门直入看守所，劫去罪番热雾土目邓用壬轻等五名。经汉军商团追击，生擒邓用壬轻、得哥他二名，击毙择旺、甲包他二名，均斩首示众。仅尤珠王曲之子赢征一名脱逃，番众伤亡数十人，余溃，回寨勾结南路各番约同报复。统带张孝著令平武游击司令、第一营营长何炳宽率队返松，又召绅商会议，呈请政府剿办。奉批，饬第四师兵团援松，并发枪弹。大军将到，先派员绅赴关外演说利害，散其胁从，给与良民白旗，为剿办时之区别。三年一月三号，汉军抵安顺关，前敌司令何炳宽由雪布寺进取，直捣贼剿，越险夺得交界大山；左队副官彭宏塾率陆汉军由镇江关、小姓沟乘夜攻山岭；右队营长田见龙率陆汉军及猓兵由牟尼沟进取。三路并发，番众尚扼要道，伏林中放枪，何营长挥军抵御，击毙十余人，贼败，窜去。彭营副官督同陆汉军攻山顶，贼不支，退入深山。田营长至后寺，率陆军、汉军、猓兵分路进攻，直达头关，与伏贼接仗，毙贼数十名。余溃逃，获枪枝刀矛多件，进克流沙关，官军受伤二名，此四号至六号事也。一月十号，何炳宽攻勒凹寨，彭宏塾率队来会，两路夹击，贼将寨房烧毁，败入深林。官军抵勒凹寨，灭火救得稞麦杂粮数十石，移营寨内。阵亡陆军龙占春，汉军什长洪占成，受伤李镜光等数名。次日平明，各营分道进剿，攻红土坡、大寨，机关枪、大炮合力攻击，贼自焚寨，入深林负固。官军拔寨，毙番数十。汉军陈泽生，陆军冯周盛、顾合林、范绍明等阵亡，受伤二十余人。张统带、王营长由雪布寺，开往浪盖寨督战。十一号，何营长、吴连长等身先士卒，攻克热雾较场坝，毙贼甚多。次日，分队仰攻。贼伏林中施放枪炮，弹飞如雨，陆军谢腾霄、汉军二营马如鸿阵亡，兵士受伤十余人。枪声不绝，官军逼贼垒，同时机关枪、大炮并发，鏖战半日，贼始窜去。官军入林搜杀，毙悍贼四十余人，受伤百余名，获器械、锣锅、帐房多件。追至白蜡山顶，天晚收队，张统带、王营长移营较场坝。时下九寨巢窟已破，上九寨恃险死拒，汉军、陆军分两路进攻，抵贼巢。何营长枪柄被贼击断，鏖战一昼夜未宿，兵士阵亡五名，伤二十余名。次日，下九寨之匇乃、咔咔二寨及叛番勒凹、杀利等寨，上九寨之煞代、二西、作坝等寨先后遣人来营乞降，汉陆军严为准备。逾日，川西观察使委知事田兆文、邑绅蒙春辉、陈朝玺、马光远及各法团议员等齐集行营会议善后办法，乃令獐猓土目见菜、牟尼土目折乃顿舟会同叛番，自请雪布后寺喇嘛为牙人，开说利害，晓以顺逆大义，热雾番众俯伏听从，承认罪银罪粮，邀恩宽限，当饬哨官冯善一、李再春。二月七号，捕获逆首作把、尤珠、王曲父子，解松，宣布罪状，明正典刑。土目头人出具切结，梱送首恶十名，就地正法。漏网之贼，设法擒献、罪银罪粮，限期照番规自行摊缴。挡兵银一千七百两系属旧规，未便减免，作陆汉军犒赏之赀。事竣，由张统带分晰造报，定禁令十二条，勒石竖碑。热雾较场坝为前代用兵划拨公地，约种稞麦数十石，荒芜已久，谕令附近番寨自向地方官署具结开垦，三年升科。番境肃清，善后完结，二月二十号，拔队凯旋。前一日，传集各头目，向岩壁施放开花炮、机关枪，该番等亲见既猛且速，退曰：今而后知国之威矣。自此次用兵剿办后，口内外番咸知陆军汉军之威，开花、机关火器之利，皆顺服无敢违言。然番性狡黠，胜不相让，败不相助，是在官斯土者随时控驭以羁縻之，厚集兵力以镇慑之，再与提倡实业讲求商务，设繙绎学堂融化汉番语言文字，教化普及，风俗自醇，而谓不能用夏变夷者，吾不信也。(《旧案》)

邑人蒙春辉诗：

无端热逆寇松边，蹂躏生民实可怜。
戎马倥偬劳岁暮，蛮乡龌龊过新年。
鸱声唤冷连营月，鸦背明分断灶烟。
元恶就擒征战罢，诸军齐唱凯歌旋。

金戈铁马起松州，战事年年总不休。
军士同仇临虎穴，番戎纳款界鸿沟。
一坡红土寒霜让，万点青山热雾浮。
到此儒生思献策，元宵灯火夺关头。

邑人马尧安诗：

遥望旌旗出大营，果然众志可成城。
岩疆路险烽烟紧，鼓角声悲夜月明。
那信野蛮骄不死，何堪民族苦逃生。

自维岁暮劳征战，催换桃符更一行。

杀贼频临虎穴中，胭脂谁点满坡红。
高悬赤帜威先树，直抵黄龙气倍雄。
漫道攻心为上策，但求战胜奏肤功。
伫看献馘歌旋凯，盛世仁风一体同。

从征急遽为安边，烽火摧残痛昔年。
雪窟冰岩关路险，金戈铁马阵云连。
擒渠好试楼兰剑，整队先操祖逖鞭。
自此夷氛应净扫，管教铭勒古交川。

何期擒献逆酋来，赢得全军笑口开。
旗帜标新还戍垒，河山依旧洗尘埃。
针州故郡犹能记，蛮幕丘墟亦可哀。
妙策安边同一揆，运筹如见卫公来。

书征包坐事

清光绪二十二年，川甘交界之打拉罩子沟等贼番，结连川属包坐、双寨、甲借等寨，出巢滋事，伤毙兵勇。并勾结铁布、阿虾等寨，肆行劫掠，大为边患。经陕甘总督杨昌濬咨请会办，松潘总兵夏毓秀禀请三路进兵，相机剿办。四川总督鹿传霖奏闻，奉寄谕饬令，妥慎办理。夏毓秀率汉土官兵，于四月二十日出黄胜关，先遣都司张崇礼、邹启贵分投晓谕，解散胁从。大军继进，副将韩国秀、参将黄仕明，叠克坚巢，复潘州城。乘胜破双寨、甲借、谷尔坝等寨，先后擒斩贼首三十余名，余寨乞降。未及两月，川境肃清。明定善后章程，规复旧日体制。包坐、铁布及十二部落，畏威慑服，不敢有异。

清四川总督鹿传霖疏

光绪二十二年六月十六日具奏：查得川甘交界之打拉罩寺等沟贼番，勾结川属包坐、双寨、甲借等寨，屡次出巢滋事，伤毙兵勇，并勾结铁布、阿虾等寨，大为边患。前经甘督杨昌濬咨请会办，并经松潘镇总兵夏毓秀禀，请酌带兵勇三路进兵，相机剿抚，当经具奏在案。一面督饬夏毓秀挑选中、左、漳、南四营步队并新练马队，添调土目弁兵，于四月二十日出关查办。据该镇禀称：带队出关，三路进兵，分驻相降寺、滋骂寨、达建寺三处。先派熟习夷情都司张从礼，译写招抚告示多张，亲往夷巢，分投晓谕，详加开导，晓以利害，解散胁从。大军随后继进，途遇委弁任必达、姜仕林带领就抚之上包坐、竹当等八寨土目牌头并黄、白两教十一寺院喇嘛先后来见，极为恭顺，擒献上年拒杀塘兵之匪首正巴笑，讯明正法。随将已抚各寨历年劫杀积案，逐一办结。惟伪称王寨之双寨贼首卜尔多及甲借、谷尔坝等寨贼番，自以迭次劫杀，拒毙官兵，罪无可逭，不遵开导，负固啸聚千余人，分堵要隘，势甚鸱张。当派副将韩国秀率带寿字后营与松左游击黄仕明带领营兵，近逼双寨。十一日，即有双寨贼番数百前来扑犯，黄仕明督率杨国栋等督队迎敌，枪毙红衣贼番二人，该贼仍前鏖战，黄仕明亲放抬枪，轰毙十余人，贼始败退。时该总兵闻炮声不绝，知有战事，复饬韩国秀带队绕道，策应追击。十一日辰刻，韩国秀亲带都司谬汝正等直抵潘州城贼寨察看，贼寨碉栅坚密，壕墙深固，贼番恃众踞险，死力相拒。我军鼓勇而前，火毬、喷筒一齐施放，枪炮、刀矛继之，登时焚寨栅，一涌而进，贼番四面奔逃。当将潘州城攻克，计杀贼番十余人，生擒一人，我兵仅伤毙勇丁一名。午后，乘锐进攻甲借寨，贼番悉力抵御，我军枪炮齐施，持至午刻，一鼓而登，贼势不支，纷纷奔窜，后将甲借寨攻克，天晚收队扎营。此带兵出关抚定上下包坐及五月十一二等日击退贼番、迭克贼寨之实在情形也。维时伪称王寨之双寨贼巢，恃其地险人强，并有各寨逃出悍匪千余麕集其间，负隅抗拒。韩国秀等会商进攻之策，该总兵以我军深入，猝难得手，复飞调营务处李承邺、周凤藻督同都司孙诏、徐钺等带领马步队中营精兵团勇驰往接应，并饬都司张辅舜等进攻喇嘛岭，堵隘贼番，牵制谷尔坝，以孤贼势。十四日卯刻，韩国秀、黄仕明、李承邺等军齐集双寨山梁，商议三路进攻：分派军功文致雄、马联芳等带领祈命、商巴、寨盼三寨番兵由双寨后山梁直下；韩国秀、李承邺亲督寿字后营弁勇及松营马步队团勇攻双寨之侧；黄仕明率守备杨国栋、千总刘超等带领马步攻双寨之前。黄仕明亲放抬炮，各军枪炮齐集，伤毙番贼十数名。该匪大股出巢，跃马冲突，势甚披猖，各军合力兜剿，鏖战多时，枪毙红衣番贼多人，贼始败窜。我军跟踪追击，施放喷筒、火箭，惟时风大火猛，立将贼巢焚毁，烧毙番贼无算。余匪力不能支，纷纷逃入深山。因林深箐密，未敢穷追。查点我军阵亡勇丁一名，受伤八名。先是都司张辅舜于十二日寅刻攻克则俊贼巢，乘胜进攻喇嘛岭贼隘。张辅舜与外委王瑞生、黎存诚、陈俊明、王文勋、姜怀、王文焘、孙承基、刘子昌等率领汉土兵勇团丁由中路登岭。都司张锡龄、外委徐昌龄率领汉土兵团由右路进，土弁杨官成、杨进才、八儅土目之子蚕高等率领番兵由左路进。贼众数百，分路抗拒，枪放如雨。我军奋力冲击，扑上山梁，相持二日夜，至十四日黎明始将喇嘛岭夺踞，伤毙贼番十余名。该匪等退保谷尔坝巢穴，我军跟踪追击，直抵谷尔坝。十五日卯刻，当将撒利、贻索、桃核三处贼巢攻破，烧毙贼番无算，余贼窜入老林。我军恐有埋伏，未敢穷追，收兵驻扎相降寺，查点兵勇受伤者十二人。至谷尔坝贼巢尚有六让、蒲哇、搬藏三寨未下，再当相机剿抚。当十五日攻克潘州城贼寨，收兵扎营之时，韩国秀即虑贼番乘我兵疲前来偷营，严饬各军小心戒备。是夜二更后，匪众果乘夜来袭，我军力为抵御，至十六日黎明，匪众鏖战不去。适黄仕明、李承邺闻信带队驰往应援，内外夹击，匪始散退，窜踞甲借、后山两寨。我军乘胜进攻，该匪负固死拒。午后，韩国秀等分督各军，不避枪石，薄寨而登，攻入贼寨，匪众逃散。当将后山、甲借两寨攻克，焚烧伤毙贼匪多人，斩获首级二颗，我军受伤六人。此又十四五六等日连克坚巢，夺踞要隘之实在情形也。该番贼迭经大创之后，其余胁从各番，如已抚之下包坐、竹当、答赖各寨无不闻风畏惧，始将上年抢劫黑河、伤毙勇团之贼首但三笑捆献来营，送交松潘厅监禁审办。其未下之六让、蒲哇、搬藏三寨及攻克之撒利、贻索、桃核三寨，逃出良番来营投诚，均经妥为抚恤。此外，求抚各寨十二部落，前饬令交出首匪，见据回报。

该匪逃窜山谷，恳请缓期进兵，设法擒献等情前来。当经批饬遵照，并令坚立营垒，加意严防，毋以屡胜之后稍涉大意。伏查该番积玩有年，久为边患，乃于大兵出关之后，尚敢不听抚谕，负固抗拒。今出兵未及一月，剿抚兼施，业已迭克坚巢，歼丑擒渠，番部胆落。将士用命，松潘镇夏毓秀调度有方，及前敌出力汉土官兵员弁勇丁一体酌量保奖，以励军心而作士气。此后军情，除俟该镇具禀到日再行奏报并咨部查明外，所有剿抚松潘番贼获胜并办理情形，谨会同成都将军恭、提督何，合词驰奏以闻。（《旧案》）

军机处寄谕鹿传霖奏剿抚松潘贼番获胜并办理情形一折

川甘交界之打拉罩子等沟贼番，勾结川属包坐、双寨、甲借等寨，屡次出巢滋事，大为边患。本年四月间，松潘镇总兵夏毓秀带队出关，先将潘州城克复，乘胜将甲借、双寨、喇嘛岭等处贼巢一律攻破，并将正巴笑讯明正法，击毙贼番无算。其未下之六让等寨逃出良番，现请缓期进兵，设法擒献首逆。该贼番积年稔恶，此次剿抚兼施，番部慑服，办理尚为迅速。松潘镇总兵夏毓秀及前敌出力汉土官兵员弁勇丁准其酌量保奖，毋许冒滥。仍著鹿传霖督饬夏毓秀等加意严防，总期边境乂安，一劳永逸方为妥善。将此由四百里谕令知之，此谕。

川甘番案始末记

松潘，在岷江上游，距成都西北七百余里，全川之屏蔽，甘陇之要冲也。阶、文、洮、岷暨黄河沿岸川甘番地疆界毗连，黄胜关内外五十二部落番夷环绕，种类复杂，野性难驯。前清定鼎之初，注重边陲，屡烦大兵征服。康熙四十二年，剿抚投诚，分设土千百户管理寨落。界在甘者甘省节制，界在川者川省节制。道光初，有甘肃循化厅属之拉卜浪寺，始以黄教念经诱聚僧徒于川属上阿坝，官兵驻防塞竹卡地方，创修骨磨寺院，煽惑番众。咸丰五六年间，附近寨落归入该寺熬茶。惟时内地军兴，不暇顾及，遂将骨磨寺地方据为己有，陆续侵占甲多、色凹二十四寨。光绪七年，该寺势愈强横，越界焚掠，占踞上中下三阿树一百余寨，逼投勒凹、札盖二十余户。又十三年，窝留川省逃逸匪首棒周，勾结贼番劫大帮茶商马炳南等牛马、茶包、银货，杀毙八命。十七年，又拥兵三千至上阿坝，焚毁择参巴寺，伤毙寺僧七命，并将辖慢、冷房草场五百余家概行烧毁。该寺历年霸夺川境番寨，先后共计一百二十五寨，擅设土官在彼管束寨落。各地方建修寺院，安置工擦布约束钳制，名为阐发黄教，实则扩张势力。招集流番以为爪牙，关外川番良善畏之如虎，倘不输诚纳款，辄称兵越界凭陵。班佑十二部落力不能支，纷纷上诉。经两省委员三次会办，不悉番情，案悬未结。至光绪十八年，松潘总镇夏毓秀亲赴省垣面恳，总督刘秉璋奏命两省会委查办。二十年六月，刘督委松潘同知武文源、参将杨茂林随带官绅兵勇四百余人出关，会同甘省委员同知洪翼、副将李临湘统带马队四旗先到上阿坝，驻兵三月，将上阿坝择参巴寺暨色凹等寨，勒令援照番例赔偿。九月，移营二道黄河，调集川甘两造土目番僧查讯侵占寨落。比时有逃回川境者，有住甘境日久不愿回川者，该土司等自认陆续招安收复，恳请饬令拉寺撤回假土官管理番寨，当由两省委员将匪首棒周并黑窝、卡周、相错等照例严办，以后各归原省住牧，拉寺不得再派假土官管理番民，侵占寨落。取具切结，两省委员于十二月各分道回省。

自是而后，川甘交界番部知所警惧，十余年来不闻称兵夺寨之举。惟土千百户征收银粮、贡马、给领土饷旧制未能恢复，亦系内地多事，边地辽阔，番性犬羊，不易安抚，不易用兵故也。（《旧案》）

四川将军恭寿、总督刘秉璋奏办川甘积案疏

光绪十九年八月二十四日，奉军机处字[①]谕杨昌濬、奎顺等奏会办川属番案、请饬川省一体严缉逃犯一折，逃犯棒周屡次滋事，上年六月间，谕令雅尔坚等饬拿归案，并著杨昌濬等派员查办。兹据杨昌濬、奎顺奏：棒周并未在拉卜浪寺藏匿，实在川属之西日加安木族内，请饬川省严缉等语。此案日久未结，该犯棒周无论在川在甘，亟应会同拿获归案审办，以杜后患。著杨昌濬、奎顺严饬派出文武各员，就川省所指地方密速查拿，并著恭寿、刘秉璋一体饬属严缉，务将该犯捕获惩治，毋任漏网。该将军等当凛遵迭次谕旨，会商妥办，不得互相推诿。杨昌濬等折著抄给恭寿、刘乘璋阅看，将此各谕令知之。臣等伏查：首犯棒周率同拉卜浪寺匪众，抢劫马炳南货物，经臣等于光绪十五年冬奏请饬拿，是为一案。十七年八月，拉卜浪寺僧香错黑阿等拥众至川境上阿坝，围攻色哇等寨，逼降妄杀，焚毁十二部落五百余家，且攻及中阿坝等处，是又为一案。经该部落纷纷禀诉，前松潘镇夏毓秀来省迭次面恳，万不得已，臣等始于十八年二月奏请连棒周一并饬甘肃查办，是并两案为一案办理也。嗣准陕甘总督咨开、据拉卜浪寺嘉木样具禀：实无棒周下落，闻在川属之西日加安木族内藏匿，并称该寺并未占踞阿坝各寨，至彼此争斗焚掠，已照番规了结等语。臣即檄松潘文武在西日加安木族内严密查拿，旋据松潘镇转据漳腊营参将江国霖查覆：川番部落皆以寨名并无族名，部中有案可稽。惟按部严查，实无棒周踪迹。棒周如匿在川境，川民恨之入骨，早已得而甘心，何须推诿。已据该番族各具，如果藏匿棒周，均甘认罪切结。至争斗焚掠之案，该拉卜浪寺并未派人来川议及等情。当又据情咨覆甘省，由杨昌濬派员至松潘，确查该寺所称已照番规了结之言，实无其事。杨昌濬所由勒令交出黑窝等四犯，押交西宁提讯也。查黑窝为十七年八月该寺越界侵占焚掠之首犯，现据嘉木样辄请释放，其蔑视奏案已可概见。况该寺窝盗，业已承认，乃听窝盗之僧妄指盗之所在，未免失当。然谓棒周现未藏匿在寺，尚可藉词支饰。前准甘咨嘉木样呈，称实未占踞坝寨，现又称阿坝之案曾专妥人前往该处了结，只未赴松潘文武衙门具呈销案等语。而松潘镇陈金鳌现据川番十二部落公禀，以此案尚未查办，哀恳咨催。臣等现又照禀咨催甘省各在案，据此以观，该寺专人了结之言，又属虚词欺诳，其为始终刁抗，不辨已明。今杨昌濬折称该寺念经、熬茶，寺院历年已久，并非该僧本身之事。查臣原奏，惟第二款上阿坝甲多寨被占二十四寨乃系咸丰年间之事，其余上阿树银达寨等处占去共七款均属光绪七年之事。且十七年八月，该寺香错、黑窝等率兵至上阿坝，围攻色凹等寨，焚掠折参巴寺院，逼降妄杀，并将班佑十二部落之辖漫各寨烧毁五百余家，迄今甫经两载，乃谓非该僧本身之事，其谁信之？杨昌濬又称国家设法羁縻，准其盖寺熬茶，崇以号名，原期藉资约束等语。夫既曰羁縻，是羁之縻之，非解其衔络，纵令咆哮吞噬之谓也。今该寺嘉木样恃有呼图克

① 字：因下文有“军机处寄谕”，“字”或当为“寄”。

图名号，侵占川番各寨，勒令川番赴寺熬茶纳款，其迭次越界凭陵，亦岂为国家羁縻之本意？似此支饰袒庇，并不追还侵地，撤回喇嘛，以杜乱萌，将见该嘉木样益无忌惮，肆意横行，势必养痈成患。而川番被其侵凌者，物极必反，困兽犹斗，边衅益开，犹其小焉者也。总之，该寺嘉木样窝藏棒周，串同抢劫，其罪一；嘉木样纵令黑窝、香错等率兵越界侵占焚掠，其罪二。迨查办后，竟谓棒周为藏匿川境，以掩其串劫之情；复以侵地为己所固有，以逞其横暴之势；罪更无可宽恕矣。如杨昌濬所奏，听其窝盗串劫，听其焚房杀人，听其称兵夺寨，概不之禁，而惟嘉木样之言是听，是长乱之道，非安边之策也。该寺既隶甘省，则川员无权，若贸然委员前往，不但无济于事，且恐如昔年派员陈周礼之事，徒被该寺称兵凌逼，任意勒结，无所忌惮。臣等前两次致书甘督，请先由甘派员办理，如果该寺应允，退回各寨，臣等再派员前往，逐层会商妥议以凭奏结，盖不欲川员再受辱而徒劳也。去年，杨昌濬初次奏覆，其词已多矫诬，臣恐迹涉纷争，未敢即行奏驳。当已切实咨覆并将此案应办事宜婉转函告，冀其和衷商办，庶几案有归宿。乃毫不加察，现复饰词奏渎，语更支离，不得不缕晰龥陈。应请饬甘督，勒令该寺退还各寨，撤回管寨之喇嘛，照例严办带兵焚掠之黑窝等，以警将来，而靖边疆，实所深幸。除将咨甘并致甘信函抄稿送军机处查核，并遵奉前谕檄行松潘文武，如棒周潜回，密速访拿外，所有甘省拉卜浪寺侵占川番各寨，焚房杀人劫物之案，并将该寺欺诳刁抗情形及非退还侵地，撤回喇嘛案无由结各原由，理合具奏报闻。（《旧案》）

军机处寄谕

据称甘省查办番案，拉卜浪寺嘉木样窝匪棒周，串同抢劫，纵令黑窝、香错等率兵侵占焚掠。杨昌濬等漫无觉察，以致案久未结。请饬勒令该寺退还各寨，撤回管寨喇嘛，并严办带兵焚掠之黑窝等语。此案前经谕令杨昌濬等派员认真查办，并令恭寿等会商妥办，不得互相推诿。兹据恭寿等奏各节，是拉卜浪等显有欺谎刁抗情形，亟应澈底查究，以遏乱萌。即著杨昌濬等按照川省所指各节，凛遵前谕，确实查办，迅速覆奏，不得稍涉回护，致干咎戾。恭寿等折著抄给杨昌濬、奎顺阅看。此谕。（《旧案》）

上川督鹿传霖边防策

邑人　汤兴顺①

窃查松镇为益州门户，漳腊为松潘藩篱。考之前代，或置司抚绥，或厚兵防御。只以番夷顽野，无异犬羊，叛服靡常，弗通声教，防御抚绥，各因其势。清初置卫所，复建厅营，层层节制，法良意美，二百年来汉番相安无事。自咸丰庚申，逆番谋叛，援兵不至，松潘失守，南北营汛次第被焚。同治二年，进兵恢复，虽经抚治投诚，究属效尤宽纵。内番应赋银粮，外番应赋贡马折征，概行裁去。另立新章，土司失权，番夷散漫，无所管束。始则不过偷盗细故，继而聚众抢劫。凡部落之强者，必霸夺部落之弱者。积案未结，枝节丛生。究其由来，实因同治初年办理善后，未能大加惩创，恢复旧制，慑服内外，番心始终一通，权之说误之也。幸近年内地安静，兼以历任文武随时控

① “邑人汤兴顺”原在题首，今改移至题目下，并变为小字。

驭羁縻，因势利导，虽横强霸夺，于大局尚无窒碍。现在时局日艰，内外番民，渐滋蠢动，正宜急早图治，否则酿成祸患，一发难收，欲治不能，欲罢不了。不但川甘边境终无宁日，而大局亦恐为之牵动。今谨具管见，条陈边防各事，是否，尚冀鸿裁。

一、变通营制，以肃军旅也。查各营额设制兵，除历次裁减外，所余无几。各营属塘汛节节皆通口外，分布不敷。且承平日久，士卒不习战阵，技艺不熟，军械不精。一旦有事，手足无措，诚为边地隐忧。今拟一营延教习二名，挑选精壮兵丁四十名，勤加训练，习满三月，考较优劣。技艺娴熟者奖之，怠惰者惩之。轮流调遣，统计一营，马步战兵不过三百人，及至三年，营中无不精之兵。而又随时教以兵法、忠义，编成俗语歌词，刊刻成篇，分散各队头目，每日训诫，使各兵均明大义，以亲上死长为念，熟技艺以壮其胆，勤教化以束其心。纵不尽成劲旅，亦可稍挽颓风，此营制之不能不变通也。

一、拨发枪炮，以壮军威也。查各营旧存土枪，初非不利于用，特以世变日亟，土匪边番所藏军械均属精美，非洋炮不足以胜彼之长。拟请每一营发后膛洋枪四十杆，以便轮流操习。精熟之后，再请添发。军器锋利，益壮兵胆。土匪边番闻风畏服，何致有抢夺焚杀之虞？此军械之不能不预备也。

一、清查奸匪，以靖地方也。查各营地处极边，古风夙尚。近年有外来奸匪勾结游民，诈欺取财，番亦相率效尤，浸酿祸阶。若不急早惩治，绝其萌芽，此风愈长愈刁，将来土匪贼番联结负固，万一煽动边衅，诚为川西大患，极难收拾。今拟请饬各营，如有此等外来不法匪徒，不事生业，合伙逞刁，寻方揞诈，联络番匪，抢盗为事者，由各营查明，确凭实据，送地方官尽法惩治。庶几销患未萌，地方宁静，此奸匪之不得不除也。

一、培修城垣关隘，以资防守也。查松属各营城居万番巢穴之中，山势崄巇，间有包山，城址年久坍塌，讫未修复，遇有祸变发生，敌人居高视下，势如破竹。溯自咸丰庚申，番叛受伤毙命者数千人，实由汉民未占山势，番众布满山头，枪炮齐施，故受伤者众，死亡者多。山城不固，防守难周。今不及时修复，纵有精兵利器，无所凭依，地利一失，断难期其必胜。至于西路之黄胜关、北路之金线塘，两处为内外番抢劫要害，不将关隘培修，派兵巡防，不但多劫民财，亦且大伤生命，来往商民受害匪浅，习为故常，久之酿成巨患，虽欲治而不能。是关隘急宜修复，庶防守有资，番匪知其有备，必藏身敛迹，保无抢夺之虞。此营城关隘不可不及时修复也。

一、储积粮糈，以备荒歉也。查松属向有义仓，存储多寡不等。近因频年荒歉，开放粮石未经收齐，扣银采买，又苦地产无多，不敷本处食用，粮价倍于往昔。应令秋收价平，一律完仓，永远封存。若遇年荒兵荒，轻则平粜，重则赈济，军民永无乏食之虞。此仓储之不能不设法，以期盖藏无尽也。

拟变通口外贡赋、土饷、巡游暂行章程

康熙四十二年，口外各番部投诚授职，认纳贡马银粮，部有定章。至同治二年，恢复松城后，未能照原案履行，殊为失政。窃国家柔远安边，薄来厚往，非必取诸夷类也，特以控制失权。番夷散漫，势必不知所主，朝东夕西，今此昔彼，往返迁移，毫无

限制，驯至侵夺，易客为主，转弱为强，种种弊端，殊难枚举。今拟安边长策，仍须照例设立贡赋，使各番知有所主，土司得以钳制。并按户口之多寡，约计每户每年征收银一钱，不得过取。由土司寨长催齐，交游巡官解营上纳，禀请地方官验收，作为口外土饷，按年据实报销。因其利而利之，既无损于番众，实有益于边防。如是土司寨长得其恩遇，势必认真整顿、实心从公，兼以游巡官兵每年稽查一次，事无巨细，不致壅于上闻，何致积案繁多、丛生枝节。此口外贡赋土饷之不得不变通也。

贡赋暂行章程

一、西路除上下包坐、川柘、双则、谷尔坝、阿细、巴细等向有应上罪粮外，其余铁布七寨及十二部落班佑等寨约计二千余户，每户征银一钱，责成土司按年催收，如某寨经征不齐，即将某寨土饷罚抵。

一、南路三郭罗克、三阿坝，除三阿树、小阿树、鹊个、郎惰等一百一寨逃亡未复外，余计户口四千有余，每户征银一钱，责土司按年催收，如某寨不齐，仍将某寨土饷罚抵。

以上西南三十六部，除包坐、巴细七寨，有应上罪粮外，计户口六千有余，贡赋每年约收银六百余两，由游巡官解营上纳。

土饷暂行章程

一、西路上十二部落土千户一员、土百户十一员；上下包坐土千户五员，铁布土百户七员。共土千户六员，每员年给土饷银十二两，共银七十二两；土百户十八员，每员年给土饷银八两，共银一百四十四两；又于每寨放充寨长二名，每名年给饷银二两，共四十八名，给银九十六两；总共土饷银三百一十二两。由西路游巡官解往散放。

一、南路下十二部落、三郭罗克土千户一员、土百户二员，三阿坝土千户三员，三阿树土百户三员，小阿树、鹊个、郎惰土百户三员。共土千户四员，每员年给饷银十二两，共银四十八两；土百户八员，每员年给饷银八两，共银六十四两；又每寨放充寨长二名，每名年给银二两，共二十四名，给银四十八两；总共土饷银一百六十两。由南路游巡官解往散放。

以上口外西南部落土千户十二员、土百户二十四员、寨长七十二名，总共银四百七十二两。此项即在征收银内支给，作正开报省署备查。

前项口外贡赋、土饷章程，沿清初旧制，略为变通，单简易行，是在后之治边者，合口内外而统筹之。口内饷章详“土司志”。

游巡暂行章程

一、西路游巡护送茶商出黄胜关，由噶赖山经班佑等部驻扎格达寺十日，移驻七戒寺十日，将上十二部落、铁布七寨、上下包坐户口人丁清册取齐，并饬土司等出具安静住牧甘结，由上包坐浪架岭或羊峒绕道回营销差。

一、南路游巡护送茶商出黄胜关，由噶冻山或由毛儿革经阿坝、中郭罗克驻扎十日，转上阿坝住五日，上阿树住十日，将下十二部落、三阿坝、三郭罗克、三阿树户口人丁清册取齐，仍饬土司等出具安静住牧甘结，由阿树绕二道黄河川甘交界，经上十二部落回营销差。

以上西南两路游巡，每一路马队二十名、官一员、书记一名、译司一名，护送茶商大帮。沿边游巡，取具册结，弹压地方，为紧要苦差。官弁兵丁专任差使，三年期满，择有劳绩者禀请保奖，以示鼓励。

抚办口外部落善后十条

一、各部落土司，有专管寨落之责。近来各番不受约束者，以该土司事权下移，番民藐抗，无力钳制。此后，将土司、千、百户等姓名、年貌造册，送部承袭。除中郭罗克土千户一员、铁布土百户七员有印信外，其余土千、百户二十八员，每员禀请饬发小图记一方，便于盖用往来夷禀公件，以昭信守。如办事勤能，由游巡官弁查明，禀请从优奖励，不称职者斥革更换。

一、各寨甲长，有稽查户口之责。口外辽阔，最易藏奸，寨长未能随时稽查，以致窝流外匪，贻累地方。此后各寨长各发执照一张，督同牌头将本寨户口若干、所执何业及有迁去移来一并查明。若汉民之保甲，每年由游巡官督令寨长，牌头造册呈报一次，以备查考。如寨内办公实心任事，禀请奖赏，不胜任者，斥革更换。

一、各寨宜仿内地，编联保甲之例。以土司为保正，以寨长为甲长，以牌头为牌首。即以一寨而论，千户为一保，百户为一甲，十户为一牌。每甲公举甲长一名，牌头十名。如每寨六七十户者亦作为一甲，每牌头六七名。每寨二三十户者仍作为一甲，牌头二三名。百户、甲长由土司公举，十户牌头由甲长公举，均由游巡官给发执照，以便约束本地坏人，稽查外来番匪，经理各处夫粮，听候官弁传唤。不遵调遣者，斥革更换。

一、番民各安生业，须听土司、寨长、牌头管束。如有肆意横行之番，准该土司送官惩治。倘该土司徇情容隐，酿出人命、抢劫、盗案者，惟该土司、寨长、牌头是问。

一、番民争斗，由牌头、寨长通知土司。查系口角细故，准牌头、寨长秉公理处；如案关重大，由该土司具禀游巡官转禀查办。不准私行争夺，逞兵劫杀。违者拿办不贷。

一、寨内不法匪徒，土司等未能先事预防，致酿巨案，该土司登时拿获者，免其失察之咎，如匪犯逃逸，照例限期缉获。倘有庇纵等情，定将该土司革办。该匪被别寨拿送者，将获匪之土司，优加奖赏。

一、茶商出口，经各寨地面，该管土司饬番民公平交易，实力保护。有藉别人欠项，阻拦引茶者，责成土司将为首惩办。番人入关，由土司给照，关上验明来历，放行。如无路票，不准入内，以杜窥伺之渐。

一、文武大小官员并游巡官弁出口查办案件，道经各寨，除照向章应当驮牛差使外，并无陋规什物。倘有藉端苛派，准该土司指禀，从严查办。

一、寺院喇嘛，原因化导番民从善去恶，间有藉端侵占寨落，土司宜严行查禁。如果经学渊深，人品端正，平时维持地方，调和种族，善行可嘉者，准上司禀请咨奖。

一、口外各部，西北界连甘省，西南直通瞻、藏，纵横数千里，山川钟毓，岂无特出之人才？土司各在所属地面随时调查，如有顾全大局，任怨任劳，保护商民，为人众所钦信者，准土司禀请褒扬，一以励贤能，一以资感化。

按《松志·边防》，自汉唐迄于明清，节录《通志》。至庚申、辛亥两次番变，用兵克复，并历年剿抚口内外番部，采录官署旧案甚详。此外，《善后章程》条件，择其有关法治者悉备录之。虽时局变易，今古情殊，然鉴往事之得失，知将来之利弊。后之君子览遗篇而考治法，自不虞应变无方矣。

《松潘县志》卷四

土　司

土司总论

沿边蕃部，在宋熙宁间设置蕃官，宋乾道间编置土丁。其意以汉管夷，不若以夷管夷之为便也。松潘僻界西夷，地方辽阔，前代置长官司十七、安抚司四，统领番众，护卫边防，土司之设，由来久矣。然年湮代远，添设者有之，省并者有之，兹合全境二千余里，照《四川通志》所载，次第调查，部落为七十二，土司亦七十二，管辖番寨若干，番户若干，男女丁口若干，逐一详列，庶无差讹。但土司阶级有三：曰土千户，正五品，与汉营守备同，旧例承袭必朝觐，三年入贡一次；曰土百户，正六品，与汉营千总同，承袭不朝觐，换部颁号纸一次；曰土目，与汉营外委同，有颁给号纸或委牌，世袭其职，亦不朝觐。此皆清康熙间，各部投诚分别授职。迨咸丰庚申，番乱陷松，既而平复，又就前项土司改授土守备、土千总、土把总、土外委，酌给土饷，以示羁縻。惟朝觐入贡，仍遵旧章。宣统辛亥之变，逮夫民国恢复，觐典饷需，均经停止，抚夷之术，寖见荒疏。所望筹边者，设法以善其后也。

附：寨落户口总数

中营旧属七部落，土司七名，管辖八十七寨，共二千二百一十八户，男女五千五百七十丁口。

左营旧属三部落，土司三名，管辖二十九寨，共三百八十八户，男女一千二百七十丁口。

漳腊旧属五十二部落，土司五十二名，管辖四百九十八寨，共一万二千七百六十四户，男女三万一千七百一十六丁口。

平番旧属四部落，土司四名，管辖一百零三寨，共九百十五户，男女二千八百零八丁口。

南坪旧属五部落，土司五名，管辖三十二寨，共六百六十户，男女二千八百四十一丁口。

黑角浪一部落，改土归流。

综计松潘全境，部落七十二，土司七十二，番寨七百四十九，番户一万六千九百五十五，男女丁口四万四千二百零五。

以上各类悉照旧有《四川通志》暨寨堡粮册钞录，若在今日，其数当不止此。

拈佑阿革寨土司：其寨主土百户折旺蚌之嗣扬德见错，系西番种类。其先个个柘，于清康熙四十二年归诚授职，颁给号纸，无印信。其地东境八十里交包子寺寨界，南境九十里交热雾红杂塘寨界，西境一百二十里交麦杂折革寨界，北境九十里交峨弥喜寨界，四至共三百八十里，管辖七寨：本寨、咔哑寨、达按寨、恶革寨、格碌寨、冻倚寨、塞贡寨。

以上番民共九十一户，男女二百丁口，向无认纳税银粮马。旧隶松潘镇中营及同知管辖，今归汉军统领第二营营长会同县知事管理。

热雾寨土司：其寨主土百户郎金札舍之裔噶罗借，系西番种类。其先甲杠地，于康熙四十二年归诚授职，颁给号纸，无印信。其地东境一百四十里交云昌山巴寺寨界，南境四十里交云昌来雾寨界，西境一百五十里交麦杂下抒折革寨界，北境九十里交拈佑恶革寨界，四至共四百二十里，管辖十七寨：本寨、作坝寨、恶爱寨、纳带寨、西格保寨、刺树寨、红杂寨、尔西寨、喇嘛镫寨、阿盖寨、屶沟寨、勒凹寨、峨宁寨、下纳乃寨、腊白寨、夿夿寨、勿来寨。

以上番民共二百七十九户，男女六百八十丁口，向无认纳税银粮马，其受县城文武管辖，与上同。

牟尼包子寺寨土司：其寨主土千户贡曲之裔择来钝周，系西番种类。其先噶竹，于康熙四十二年归诚授职，颁给号纸，无印信。其地东境二十里交县城山梁界，南境十里交河西扑爬寨[①]界，西境八十里交羊角溪拈佑寨界，北境二十里交老熊沟汛界，四至共一百三十里，管辖七寨：本寨、上寨、中寨、土官寨、石嘴寨、增喀寨、石坝寨。

以上番民共一百二十六户，男女三百一十丁口，向无认纳税银，每年征青稞八石三斗，交中营折充兵米。其受县城文武管辖，与上同。

附录：《旧案》

计拈佑、热雾、牟尼三部落，距县城西南数十百里不等。土千、百户三员，有号纸，无印信；外设土目八名，有委牌，无号纸。所管番民性情驯良，打牲、种稞麦、衣皮毪、嗜茶、住碉房或板房。有运茶赴草地贸易者，有出家为僧者。夷情由镇厅委员查照夷例办理。咸丰十一年叛，同治二年官兵恢复，筹办善后，设土弁给饷：拈佑土千总一名，外委二名，寨长七名；热雾守备一名，土千总二名，土把总三名，寨长十七名；牟尼包子寺土千总一名，土外委一名，寨长六名。三寨共土守备一名，年给饷银二十四两；土千总四名，每名年给饷银十五两；土把总三名，每名年给饷银十二两；土外委三名，每名年给饷银八两；寨长三十名，每名年给饷银四两。此皆清制。至清末宣统三年，内地军兴，各寨复叛。民国元年克复，着仍各安住牧，惟前代土饷一律停止，所有

① 扑爬寨：亦作“蹼爬寨”。

善后事宜经司令官暨汉军统领会同县知事办理。

峨弥喜寨土司：其寨主土千户索郎之嗣按那他，系㹚猓种类。其先观则笑，于康熙四十二年归诚授职，颁给号纸，无印信。其地东境四十里交七布寨界，南境一百二十里交梭磨河西后番寨界，西境九十里交杂谷白耳窠寨界，北境五十里交麦杂蛇湾寨界，四至共三百里，管辖十五寨：本寨、蛇脱寨、格溪寨、跨勒寨、磨多寨、刁务寨、劈石寨、雪花寨、深仑寨、乌木寨、无花寨、连闵寨、搭硪寨、热斯堕寨、希骨寨。

以上番民共五百二十六户，男女一千四百六十丁口，向无认纳税银，每年征青稞五石，交中营折充兵米。其受县城文武管辖，与上同。

七布徐之河寨土司：其寨主土千户琅卡格之裔宜吗，系㹚猓种类。其先巴弄日纪，于康熙四十二年归诚授职，颁给号纸，无印信。其地东境一百二十里交河西松坪和尚等寨界，南境九十里交梭磨黑水寨界，西境四十里交峨弥喜寨界，北境一百三十里交热雾峨宁寨界，四至共三百八十里，管辖八寨：本寨、金宝窠寨、落碑寨、徐布寨、徐硪寨、勿梯寨、毋乃寨、打苏寨。

以上番民共一百四十五户，男女四百二十丁口，向无认纳税银，每年征青稞四石，交中营折充兵米。其受县城文武管辖，与上同。

麦杂蛇湾寨土司：其寨主土千户琅柱借之裔宜麻借，系㹚猓种类。其先安布笑，于雍正四年归诚授职，颁给号纸，无印信。其地东境一百二十里交拈佑恶革寨界，南境五十里交峨弥喜磨多寨界，西境六十里交压达山梭磨河西后番寨界，北境一百八十里交毛革阿按寨界，四至共四百一十里，管辖十五寨：本寨、疙瘩寨、阿应寨、折革寨、克引寨、撒口寨、连栽寨、江湾寨、兹尔寨、塞思塘寨、勒挖寨、沕恩寨、感恩寨、阿多寨、勒膀寨。

以上番民共五百八十三户，男女一千三百丁口，向无认纳税银，每年征青稞四石，交中营折充兵米。其受县城文武管辖，与上同。

毛革阿按寨土司：其寨主土千户立阿亚之裔率浪，系㹚猓种类。其先王乍，于雍正四年归诚授职，颁给号纸，无印信。其地东境二百里交喀弄山岭包子寺寨界，南境一百八十里交麦杂折革寨界，西境一百八十里交维州梭磨河噶在寨界，北境一百四十里交独木龙山甲凹寨界，四至共八百里，管辖十八寨：本寨、索布寨、热藏寨、狭藏寨、克藏寨、金藏寨、磅藏寨、浊雾寨、阿公寨、阿矶寨、阿萨寨、重杂寨、雪垛寨、恶台寨、建康寨、隔垭寨、拿弄寨、帐房热浪寨。

以上番民共四百六十八户，男女一千二百丁口，向无认纳税银，每年征青稞二十一石，交中营折充兵米。其受县城文武管辖，与上同。

附录：《旧案》

计峨弥、七布、麦杂、毛革四部落，距县城西南二三百里不等。土千户四员，有号纸，无印信；外设土目八名，有委牌，无号纸。所管猓夷，性情驯良，打牲、种麦、衣毪，住碉房或板房，亦有住帐房游牧者，有出家为僧者。夷情向由镇厅委员办理。咸丰庚申同叛，同治二年恢复，设土弁给饷：峨弥土守备一名，千总一名，把总一名，寨长十五名；七布土守备一名，把总一名，外委二名，寨长十一名；麦杂土守备一名，把总二名，寨长十五名；毛革土守备一名，千总一名，寨长十七名。四寨：共土守备四名，每名年给饷银二十四两；土千总二名，每名年给饷银十五两；土把总四名，每名年给饷银二两；土外委二名，每名年给饷银八两；寨长五十八名，每名年给饷银四两。宣统三年，松、漳失守，四寨安静住牧。民国元年克复，着仍各安住牧，惟前代土饷一律停止，所有善后事宜经司令官暨汉军统领会同县知事办理。

阿思峒大寨土司：其寨主土千户桑作笑之裔但周王借，系西番种类。其先立架，于顺治十五年归诚授职，颁给号纸，无印信。其地东境二十里交雪栏关界，南境五十里交白马戎寨界，西境五十里交寒毛寨界，北境三十里交河东商巴五间房界，四至共一百二十里，管辖十二寨：本寨、公俄寨、上坭巴寨[①]、遏寨、红岩寨、羊思顶寨、麻子寨、腊米寨、深沟寨、溪寨、背定寨、卜洞寨。

以上番民共一百三十九户，男女三百九十丁口，向无认纳税银，每年征青稞九石，交左营折充兵米。旧隶松潘镇左营及同知管辖，今归汉军统领第五营营长会同县知事管理。

三舍羊峒和药寨土司：其寨主土百户甲借之裔宗俊他，系西番种类。其先甲利，于雍正二年归诚授职，由川督给以委牌一张，无印信号纸。其地东境一百八十里交独弄寨界，南境一百八十里交阿思峒寨界，西境五里交羊峒臧咱寨界，北境十五里交隆康寨界，四至共三百八十里，管辖九寨：本寨、则擦凹寨、尖盘寨、盘亚那寨、彭布寨、树正寨、盘信寨、黑角坝寨、故凹寨。

以上番民共一百二十户，男女五百四十丁口，向无认纳税银粮马。其受县城文武管辖，与上同。

下坭巴寨土司：其寨主土百户格让孝之裔札舍，系西番种类。其先林青，于康熙四十二年归诚授职，由川督给以委牌一张，无印信号纸。其地东境五十里交腊梅寨界，南境五里交石寨界，西境二十里交包子寺寨界，北境三十里交河西商巴八郎寨界，四至共一百零五里，管辖八寨：本寨、鸡公寨、寒摩寨、谷斯寨、谷砻寨、小寨子、元坝子寨、则思顶寨。

以上番民共一百二十九户，男女三百四十丁口，向无认纳税银，每年征青稞七石，交左营折充兵米。其受县城文武管辖，与上同。

附录：《旧案》

计阿思、和药、下坭巴三部落，距县城东北百数十里不等。土千户一员，有号纸，无印信；土百户二员，有委牌，无号纸；外设土副目九名，有委牌，无号纸。所管番民性情风俗与牟尼包子等寨同。夷情由镇厅委员查照夷例办理。咸丰十一年叛，同治二年进兵恢复，筹办善后。阿思、和药二寨改为土守备二名，每名年给银二十四两；下坭巴改为土千总一名，年给银十五两。此外设土把总二名，每名年给银十二两；土外委四

① 坭巴寨：亦作“泥巴寨”。

名，每名年给银八两；寨长十五名，每名年给银四两。宣统三年，内地军兴，各寨复叛。民国元年克复，着仍各安住牧，惟前代土饷一律停止，所有善后事宜经司令官暨汉军统领会同县知事办理。

寒盼寨土司：其寨主土千户喇嘛笑之裔彭错，系西番种类。其先占巴笑，于康熙四十二年归诚授职，颁给号纸，无印信。其地东境十五里交上东拜寨界，南境十五里交商巴寨界，西境十里交祈命寨界，北境二十里交柏木桥汛界，四至共六十里，管辖九寨：本寨、包日寨、麻湾寨、元山寨、安备寨、上东拜寨、水塘坝寨、川盼寨、重埊沟寨。

以上番民共一百六十一户，男女五百五十丁口，向无认纳税银粮马。旧隶松潘镇漳腊营及同知管辖，今归汉军统领漳腊营长会同县知事管理。

商巴寨土司：其寨主土千户占巴则之裔顿在王曲，系西番种类。其先罡让笑，于康熙四十二年归诚授职，颁给号纸，无印信。其地东境二十里交铁匠沟寨界，南境十里交祈命下小沟寨界，西境五里交祈命寨界，北境五里交寒盼元山寨界，四至共四十里，管辖十一寨：本寨、铁匠嘴寨、铁匠沟寨、长沟寨、长沟坪寨、巴郎寨、林坡寨、下商巴寨、八十沟寨、五间房寨、传子寨。

以上番民共一百一十七户，男女四百四十丁口，向无认纳税银粮马。其受县属文武管辖，与上同。

祈命寨土司：其寨主土千户惠同之裔茹借，系西番种类。其先龙伴架，于康熙四十二年归诚授职，颁给号纸，无印信。曾孙良哥于道光十二年、十八年、咸丰九年奉派赴京三次。其地东境十里交寒盼寨界，南境二十里交下商巴寨界，西境四十里交黄胜关宁西塘界，北境十里交商巴铁匠嘴寨界，四至共八十里，管辖十一寨：本寨、水桶寨、押哨沟寨、黑斯寨、石鯺寨、东湃寨、水井坡寨、南山寨、免耳寨、上小沟寨、下小沟寨。

以上番民共计一百七十二户，男女五百一十丁口，向无认纳税银粮马。其受县属文武管辖，与上同。

附录：《旧案》

计寒盼、商巴、祈命三部落，距县城北行四十余里，漳腊附近住牧。土千户三员，有号纸，无印信；设副土目六名，有委牌，无号纸。所管番民性情驯良，善打牲、种稞麦、衣皮毪、住碉房或板房，有牧牛运茶赴草地贸易者，有出家为僧者。夷情向由镇厅委员查照夷例办理。咸丰十一年叛，同治二年进兵恢复，筹办善后，设土弁给饷。改土千户为土守备，共三名，每名年给饷银二十四两。外设土千总三名，每名年给饷银十五两；土把总三名，每名年给饷银十二两；土外委三名，每名年给饷银八两；寨长二十名，每名年给饷银四两。宣统三年，内地军兴，各寨复叛。民国元年克复，着仍各安住牧，惟前代土饷一律停止，所有善后事宜经司令官暨汉军统领会同县知事办理。

羊峒踏藏寨土司：其寨主土目扪勒，系西番种类。其先甲六笑，于康熙四十二年归诚授职，颁给号纸，无印信。其地东境五里交踏藏汛界，南境五里交挖药寨界，西境五里交阿按寨界，北境十里交押顿寨界，四至共二十五里，管辖三寨：本寨、自杠寨、错日寨。

以上番民共一百六十九户，男女三百八十丁口，向无认纳税银粮马。旧隶松潘镇漳腊营及同知管辖，今归汉军统领漳腊营长会同县知事管理。

阿按寨土司：其寨主土目叭克巴，系西番种类。其先六笑他，于康熙四十二年归诚授职，颁给号纸，无印信。其地东境五里交踏藏寨界，南境五里交挖药寨界，西境一百二十里交东丕寨界，北境荒山无里数，四至共一百三十里，管辖四寨：本寨、巉藏寨、捏藏寨、利马杠寨。

以上番民共一百五十八户，男女三百九十丁口，向无认纳税银粮马。其受县属文武管辖，与上同。

挖药寨土司：其寨主土目擢勒，系西番种类。其先旦折笑，于康熙四十二年归诚授职，颁给号纸，无印信。其地东境五里交踏藏汛界，南境荒山无里数，西境一百二十里交东丕寨界，北境五里交阿按寨界，四至共一百三十里，管辖二寨：本寨、遮雾寨。

以上番民共三十一户，男女一百一十丁口，向无认纳税银粮马。其受县属文武管辖，与上同。

押顿寨土司：其寨主土目鲁克布塔尔，系西番种类。其先拈争笑，于康熙四十二年归诚，授以土目，颁给号纸，无印信。其地东境十五里交竹自寨界，南境十里交踏藏寨界，西北境皆荒山无里数，四至共二十五里，管辖二寨：本寨、塔弄寨。

以上番民共一百一十户，男女三百三十丁口，向无认纳税银粮马。其受县属文武管辖，与上同。

中岔寨土司：其寨主土目丹怎沙木，系西番种类。其先捏盼目，于康熙四十二年归诚，授以土目，颁给号纸，无印信。其地东境十里交和药寨界，南境荒山无里数，西境十里交踏藏汛界，北境五里交郎寨界，四至共二十五里，管辖三寨：本寨、上唐日寨、下唐日寨。

以上番民共一百一十六户，男女三百零八丁口，向无认纳税银粮马。其受县属文武管辖，与上同。

郎寨土司：其寨主土目出且他，系西番种类。其先郎那亚，于康熙四十二年归诚，授以土目，颁给号纸，无印信。其地东境五里交永和塘界，南境五里交中岔寨界，西境十里交踏藏寨界，北境五里交押顿寨界，四至共二十五里，管辖三寨：本寨、播弄恶寨、恶凹寨。

以上番民共一百一十八户，男女三百零四丁口，向无认纳税银粮马。其受县属文武管辖，与上同。

竹自寨土司：其寨主土目阿塔尔，系西番种类。其先札布吉，于康熙四十二年归诚，授以土目，颁给号纸，无印信。其地东境五里交臧咱寨界，南境五里交永和塘界，西境十五里交押顿寨界，北境荒山无里数，四至共二十五里，管辖三寨：本寨、柴曲寨、革鸭寨。

以上番民共八十七户，男女一百一十二丁口，向无认纳税银粮马。其受县属文武管辖，与上同。

臧咱寨土司：其寨主土目雍中岔，系西番种类。其先出亚，于康熙四十二年归诚，授以土目，颁给号纸，无印信。其地东境五里交分汛塘界，南境十五里交和药寨界，西境五里交竹自寨界，北境荒山无里数，四至共二十五里，管辖三寨：本寨、押董寨、盘信寨。

以上番民共一百一十户，男女三百丁口，向无认纳税银粮马。其受县属文武管辖，与上同。

东拜王亚寨土司：其寨主土目哒他，系西番种类。其先点进笑，于康熙四十二年归诚，授以土目，颁给号纸，无印信。其地东境一百二十里交阿按寨及挖药寨界，南境二百里交上包坐寨界，西境荒山无里数，北境六十里交恶坝寨界，四至共三百八十里，管辖二寨：本寨、呀弄寨。

以上番民共一百一十五户，男女三百二十丁口，向无认纳税银粮马。其受县属文武管辖，与上同。

达弄恶坝寨土司：其寨主土目本布笑，系西番种类。其先达喇笑，于康熙四十二年归诚，授以土目，颁给号纸，无印信。其地东境荒山无里数，南境六十里交东拜王亚寨界，西境六十里交咨马寨界，北境二十里交香咱寨界，四至共一百四十里，管辖二寨：本寨、撒雾寨。

以上番民共一百一十一户，男女五百丁口，向无认纳税银粮马。其受县属文武管辖，与上同。

香咱寨土司：其寨主土目八克巴沙，系西番种类。其先辖六，于康熙四十二年归诚，授以土目，颁给号纸，无印信。其地东境荒山无里数，南境二十里交达弄恶坝寨界，西境二十里交八顿寨界，北境三十里交黑河沟界，四至共七十里，管辖七寨：本寨、黎凹寨、药凹寨、木藏寨、西藏寨、劳仲寨、达寨。

以上番民共五百三十七户，男女五百七十三丁口，向无认纳税银粮马。其受县属文武管辖，与上同。

咨马寨土司：其寨主土目绰矮沙木，系西番种类。其先尤仲笑，于康熙四十二年归诚，授以土目，颁给号纸，无印信。其地东境六十里交达弄恶坝寨界，南境荒山无里数，西境三百里交下包坐寨界，北境十里交八顿界，四至共三百七十里，管辖二寨：本寨、作仲寨。

以上番民共三百二十四户，男女六百八十二丁口，向无认纳税银粮马。其受县属文武管辖，与上同。

八顿寨土司：其寨主土目阿亚克，系西番种类。其先格甲，于康熙四十二年归诚，授以土目，颁给号纸，无印信。其地东境二十里交香咱寨界，南境十五里交咨马寨界，西境荒山无里数，北境二十五里交黑河沟界，四至共六十里，管辖二寨：本寨、阿卡寨。

以上番民共二百八十五户，男女三百八十二丁口，向无认纳税银粮马。其受县属文武管辖，与上同。

附录：《旧案》

计羊峒等八部落、后山五部落，距县城北行偏东二百余里，与县属南坪、甘省阶文连界。土目十三员，有号纸，无印信。所管番民性情风俗与寒盼等寨同。咸丰十一年，附和同叛。同治二年，周军门达武由阶州文县克复南坪，进攻羊峒各寨。因总兵联昌咨请停战，乃许其投诚，筹办善后。羊峒踏藏寨土目改为土千总一名，每年口粮银十五两。此外各寨设土外委六名，每名每年口粮银八两；寨长三十八名，每名每年口粮银四两。宣统三年，逆番谋叛，松、漳失守。羊峒、后山十三寨安静住牧，未及附和。民国元年克复，停止土饷，所有夷情由汉军统领漳腊营长会同县知事查照旧例办理。

上包坐佘墒寨土司：其寨主土千户六笑亚，系西番种类。其先札卜盼，于康熙四十二年归诚授职，颁给号纸，无印信。其地东境三百里交黄胜关汛界，南境三百里交班佑寨界，西境一百里交下包坐竹当寨界，北境二百里交羊峒后山东丕寨界，四至共九百里，管辖九寨：本寨、搭连寨、恶思寨、恶杂寨、麻湾寨、喇格寨、押利寨、革自寨、出杂寨。

以上番民共二百六十六户，男女三百三十二丁口，向无认纳税银粮马。旧隶松潘镇漳腊营及同知管辖，今归汉军统领漳腊营长会同县知事管理。

下包坐竹当寨土司：其寨主土千户琅加笑，系西番种类。其先本布笑，于康熙四十二年归诚授职，颁给号纸，无印信。其地东境四百里交咨马寨界，南境一百里交上包坐佘墒寨界，西境一百八十里交仁坝寨界，北境一百二十里交川柘寨界，四至共七百里，管辖十寨：本寨、不务寨、岩沟寨、熟药寨、簸弄寨、阿撒寨、桑易寨、达喇寨、夻夻寨、麻亚寨。

以上番民共一百八十七户，男女三百八十二丁口，向无认纳税银粮马。其受县属文武管辖，与上同。

川柘寨土司：其寨主土千户阿旺顿，系西番种类。其先桑仲，于康熙四十二年归诚授职，颁给号纸，无印信。其地东境据河西，无里数，南境一百二十里交下包坐竹当寨界，西境八十里交双则红凹寨界，北境一百四十里交谷尔坝那浪寨界，四至共三百四十里，管辖七寨：本寨、谷仲寨、罗利寨、床藏寨、甲借寨、出利寨、阿子寨。

以上番民共三百二十二户，男女五百五十四丁口，向无认纳税银粮马。其受县属文武管辖，与上同。

谷尔坝那浪寨土司：其寨主土千户札舍占巴笑，系西番种类。其先郎借，于康熙四十二年归诚授职，颁给号纸，无印信。其地东境荒山无里数，南境一百四十里交川柘寨界，西境一百六十里交双则红凹寨界，北境五百里交甘肃洮州属杨土司界，四至共八百里，管辖七寨：本寨、班藏寨、唐儿寨、易宋寨、撒奈寨、出岫寨、革陋寨。

以上番民共二百六十五户，男女五百二十四丁口，向无认纳税银粮马。其受县属文武管辖，与上同。

双则红凹寨土司：其寨主土千户阿浪，系西番种类。其先郎那笑，于康熙四十二年归诚授职，颁给号纸，无印信。其地东境八十里交川柘寨界，南境一百里交阿细拓弄寨界，西境荒山无里数，北境三百里交甘肃洮州属杨土司大那寨界，四至共四百八十里，管辖七寨：本寨、纵凹寨、竹弄寨、单中寨、穷凹寨、细梗寨、押估寨。

以上番民共三百十一户，男女六百三十二丁口，向无认纳税银粮马。其受县属文武管辖，与上同。

附录：《旧案》

计口外包坐等五部落，距县城西北行三百余里，与甘肃洮州属杨土司连界。土千户五员，有号纸，无印信。外设副土目十名，有委牌，无号纸。所管番民性情风俗与羊峒、后山等寨同。夷情轻者，土司头目自行判决；如遇重案，禀请文武长官委员查办。

上撒路木路恶寨土司：其寨主土百户阿夏，系西番种类。其先学赖，于雍正二年归诚授职，颁给号纸、印信。其地东境五里交中撒路界，南境二百里交合坝寨界，西境二百里交热当寨界，北境荒山无里数，四至共四百零五里，管辖八寨：本寨、黑沟寨、阿补寨、吉故寨、说务寨、墨杠寨、隆埚寨、阿妥寨。

以上番民共七十七户，男女二百四十丁口，向无认纳税银，每年征青稞七石七斗交漳腊营折充兵米，今停。

中撒路杀按杠寨土司：其寨主土百户贡布劳顿，系西番种类。其先隆笑，于雍正二年归诚授职，颁给号纸、印信。其地东境十里交下撒路界，南、西、北三面皆荒山，无里数，管辖八寨：本寨、札什郎寨、杂碌肆寨、散纳卡寨、项垛寨、八彭寨、穆鲁寨、押鲁寨。

以上番民共九十八户，男女二百八十丁口，向无认纳税银，每年征青稞九石八斗交漳腊营折充兵米，今停。

下撒路竹弄寨土司：其寨主土百户亦旦，系西番种类。其先迫带，于雍正二年归诚授职，颁给号纸、印信。其地东境一百二十里交洮州属杨土司卓尼羊疆界，南境三百里交谷尔坝寨界，西境十里交中撒路界，北境十五里交荒山界，四至共四百四十五里，管辖十四寨：本寨、达弄寨、率捏寨、胜旺寨、抹塘寨、当模寨、当路寨、麻洛寨、竹杠寨、沙岸寨、兜罗寨、尼买族寨、寒锁寨、唐吾寨。

以上番民共一百七十四户，男女四百八十丁口，向无认纳税银，每年征青稞一十七石四斗交漳腊营折充兵米，今停。

崇路谷谟寨土司：其寨主土百户尼吗噶顿，系西番种类。其先札务革柱，于雍正二年归诚授职，颁给号纸、印信。其地东境十里交下撒路界，南境五十里交荒山界，西境十里交作路寨界，北境二十五里交洮州属杨土司卓尼羊疆界，四至共八十五里，管辖二十四寨：本寨、甲让寨、水直寨、浪搦寨、漫杠寨、捏寨、阿旺寨、白勒寨、革卡寨、押六卡寨、鲁直寨、擦杠寨、墨桑寨、纳郎寨、各凹寨、本有寨、出驾寨、恶陀寨、磉磴寨、撒按寨、哑藏寨、纳固寨、艮止寨、勒固寨。

以上番民共四百二十三户，男女八百八十丁口，向无认纳税银，每年征青稞四十二石三斗交漳腊营折充兵米，今停。

作路森纳寨土司：其寨主土百户炊忠加尔森，系西番种类。其先郎道，于雍正二年归诚授职，颁给号纸、印信。其地东境四十里交洮州属杨土司卓尼羊疆界，南境十里交崇路寨界，西境五十里交荒山界，北境一百二十里交上勒凹寨界，四至共二百二十里，管辖八寨：本寨、担卡寨、果钝寨、恶棒寨、古垛寨、杀鸡寨、白雾寨、牛拉寨。

以上番民共一百零一户，男女二百二十丁口，向无认纳税银，每年征青稞十石零一斗交漳腊营折充兵米，今停。

上勒凹贡按寨土司：其寨主土百户藏旺顿住，系西番种类。其先借勒，于雍正二年归诚授职，颁给号纸、印信。其地东境一百八十里交洮州属杨土司卓尼羊疆界，南境一百八十里交作路寨界，西境七十里交荒山界，北境二十里交下勒凹寨界，四至共四百五十里，管辖六寨：本寨、露共寨、蹈路寨、辖藤寨、资答寨、执弄寨。

以上番民共一百一十八户，男女二百八十丁口，向无认纳税银，每年征青稞十一石八斗交漳腊营折充兵米，今停。

下勒凹卜顿寨土司：其寨主土百户折顿，系西番种类。其先林革秀，于雍正二年归诚授职，颁给号纸、印信。其地东境荒山无里数，南境六十里交上勒凹寨界，西境二百里交热当寨界，北境二百五十里交洮州属杨土司麦顿林坝寨界，四至共五百一十里，管辖六寨：本寨、七隆寨、八弩寨、贝贡寨、押沌寨、独冲寨。

以上番民共一百五十户，男女三百丁口，向无认纳税银，每年征青稞一十五石交漳腊营折充兵米，今停。

附录：《旧案》

计目铁布、撒路等七部落，距县城西北四百余里，与甘肃洮州属杨土司连界。土百户七员，有印信、号纸。外设副土目十四名，有委牌，无号纸。所管番民性情稍悍，打牲、种麦、衣毪。夷情轻者，土司头目自行判决；如遇重案，禀请文武长官委员查办。

班佑寨土司：其寨主土千户班柱之裔纳借，系西番种类。其先独觉笑，于雍正元年归诚授职，颁给号纸，无印信。其地东境一百二十里交黄胜关汛界，南境一百六十里交阿革寨界，西境六十里交上作尔革寨界，北境一百里交巴细舌住寨界，四至共四百四十里，管辖一寨：本寨。

以上番民共一十八户，男女四十五丁口，向无认纳税银，每年纳青稞一石八斗交漳腊营折充兵米，今停。

巴细蛇住坝寨土司：其寨主土百户踏爱，系西番种类。其先连再笑，于雍正元年归诚授职，颁给号纸，无印信。其地东境九十里交上包坐余塆寨界，南境一百里交上作革寨界，西境八十里交阿细寨界，北境二十里交双则红凹寨界，四至共二百九十里，管辖十七寨：本寨、纳卡寨、浓阴寨、坎多寨、同庆寨、杨恶寨、纳特寨、阿顿寨、杨武寨、陆赠寨、昔赠寨、隔卡寨、索弄寨、床台寨、唐尔寨、索弄卡寨、达赖寨。

以上番民共二百七十四户，男女六百五十二丁口，向无认纳税银，每年征青稞二十七石四斗交漳腊营折充兵米，今停。

阿细柘弄寨土司：其寨主土百户谭蚌，系西番种类。其先哈惰，于雍正元年归诚授职，颁给号纸，无印信。其地东境八十里交巴细舍住寨界，南境二百里交上作革寨界，西境二百里交上撒路寨界，北境一百里交双则红凹寨界，四至共五百八十里，管辖十寨：本寨、唐美寨、夹谷寨、恶谷寨、押美寨、押纵寨、阿慈寨、巴可寨、铜刁寨、唐突寨。

以上番民共一百六十八户，男女三百五十二丁口。向无认纳税银，每年征青稞十六石八斗交漳腊营征收折充兵米，今停。

上作尔革寨土司：其寨主土百户桑卓，系西番种类。其先辖顿，于雍正元年归诚授职，颁给号纸，无印信。其地东境一百里交班佑寨界，南境三十里交荒山界，西境一百八十里交下作尔革寨界，北境一百四十里交阿细柘弄寨界，四至共四百五十里，管辖一寨：本寨。

以上番民共五十七户，男女二百一十丁口，向无认纳税银，每年征马价银四两五钱六分交漳腊营备补倒毙马价，今停。

合坝独杂寨土司：其寨主土百户土庆保，系西番种类。其先谷六笑，于雍正元年归诚授职，颁给号纸，无印信。其地东境一百里交上作革寨界，南境一百五十里交下作革草场界，西境一百二十里交热当寨界，北境二百里交中撒路项惰寨界，四至共五百七十里，管辖一寨：本寨。

以上番民共六十六户，男女二百一十丁口，向无认纳税银，每年纳马价银五两二钱八分交漳腊营备补倒毙马价，今停。

辖漫寨土司：其寨主土百户更顿札舍，系西番种类。其先额旺，于雍正元年归诚授职，颁给号纸，无印信。其地东境三百零五里交上作革寨界，南境二十里交黑河边界，西境二十里交甘肃黄河边界，北境一百六十里交下作革寨界，四至共五百五十里，管辖一寨：本寨。

以上番民共一百二十四户，男女三百九十丁口，向无认纳税粮，每年征马价银九两九钱二分交漳腊营备补倒毙马价，今停。

下作革寨土司：其寨主土百户札实彭楚克，系西番种类。其先郎纳他，于雍正元年归诚授职，颁给号纸，无印信。其地东境一百八十里交上作革寨界，南境一百六十里交辖漫寨界，西境二百一十里交黄河河南插汉百胜索赖寨界，北境一百五十里交牧下寨界，四至共七百里，管辖一寨：本寨。

以上番民共一百一十三户，男女三百八十丁口，向无认纳税粮，每年征马价银九两零四分交漳腊营备补倒毙马价，今停。

物藏寨土司：其寨主土百户独足顿住，系西番种类。其先郎加蚌，于雍正元年归诚授职，颁给号纸，无印信。其地东境一百五十里交磨下寨界，南境二百里交墨竹河边界，西境二百二十里交黄河河东插汉百胜喇嘛寺界，北境二百八十里交洮州属桑杂寨界，四至共八百五十里，管辖一寨：本寨。

以上番民共四十一户，男女一百三十丁口，向无认纳税粮，每年征马价银三两二钱八分交漳腊营备补倒毙马价，今停。

热当寨土司：其寨主土百户阿朵，系西番种类。其先折用架，于雍正元年归诚授职，颁给号纸，无印信。其地东境一百二十里交合坝寨界，南境五十里交墨竹河边界，西境一百八十里交磨下寨界，北境四百里交洮州属林坝寨界，四至共七百五十里，管辖一寨：本寨。

以上番民共七十二户，男女二百五十丁口，向无认纳税粮，每年征马价银五两四钱六分交漳腊营备补倒毙马价，今停。

磨下寨土司：其寨主土百户望斗佶，系西番种类。其先的那，于雍正元年归诚授职，颁给号纸，无印信。其地东境一百八十里交墨竹河东热当寨界，南境一百五十里交竹革寨界，西境一百五十里交物藏寨界，北境三百里交洮州属桑杂寨界，四至共七百八十里，管辖一寨：本寨。

以上番民共二十一户，男女七十八丁口，向无认纳税粮，每年征马价银一两六钱八分交漳腊营备补倒毙马价，今停。

甲凹寨土司：其寨主百户丹怎宗，系西番种类。其先格柯，于雍正元年归诚授职，颁给号纸，无印信。其地东境一百四十里交黄胜关汛界，南境二百四十里交毛革寨界，西境一百里交阿革寨、鹊个寨界，北境二百里交班佑寨界，四至共六百八十里，管辖一寨：本寨。

以上番民共五十四户，男女二百二十丁口，向无认纳税粮，每年征马价银四两三钱二分交漳腊营备补倒毙马价，今停。

阿革寨土司：其寨主土百户沙克加，系西番种类。其先甲亚，于雍正元年归诚授职，颁给号纸，无印信。其地东境一百里交甲凹寨界，南境一百里交鹊个寨界，西境三十里荒山界，北境一百六十里交班佑寨界，四至共三百九十里，管辖一寨：本寨。

以上番民共六十户，男女二百六十丁口，向无认纳税粮，每年纳马价银四两八钱交漳腊营备补倒毙马价，今停。

鹊个寨土司：其寨主土百户择凌沙水，系西番种。其先罗六，于雍正元年归诚授职，颁给号纸，无印信。其地东境一百里交甲凹寨界，南境一百二十里交郎惰寨界，西境一百二十里交中阿坝寨界，北境一百里交阿革寨界，四至共四百四十里，管辖四寨：本寨、长囊寨、高登寨、小绿树寨。

以上番民共二百六十一户，男女四百一十丁口，向无认纳税粮，每年征马价银五两五钱八分交漳腊营备补倒毙马价，今停。

郎惰寨土司：其寨主土百户额布策凌，系西番种。其先阿出，于雍正元年归诚授职，颁给号纸，无印信。其地东境一百里交鹊个寨界，南境一百八十里交维属卓克基界，西境一百里交下阿坝寨界，北境五十里交荒山界，四至共四百三十里，管辖八寨：本寨、肯登寨、郎柯寨、郎他寨、江谷寨、克贼寨、恶刺寨、阿朵寨。

以上番民共一百四十三户，男女六百九十丁口，向无认纳税粮，每年征马价银一十一两四钱四分交漳腊营备补倒毙马价，今停。

附录：《旧案》

计口外班佑上十二部落及鹊个、郎惰二部落，住牧距县城西北远近不等，大约七八百里，与甘肃洮州桑杂各番地连界，又与维州卓克基连界，纵横三千余里。土千、百户十四员，有号纸，无印信。外设副土目四十名，有委牌，无号纸。所管番民性情同一，嗜茶、打牲、衣皮毪。游牧草地概用黑帐房，逐水草而居，迁徙无定。冬住土墙房，上覆毡帐。其地不分寒暑，不生五谷，六月飞霜。夷情轻者，土司头目自行判决；如有重案，禀请文武长官委员查办。

上阿坝甲多寨土司：其寨主土千户仑昆之裔独顿文包，系西番种类。其先折达架，于雍正元年归诚授职，颁给号纸，无印信。其地东境一百六十里交郎惰、班佑二寨界，南境一百里交中阿坝寨界，西境一百六十里交小阿树寨界，北境一百五十里交甘肃黄河边界，四至共五百七十里，管辖三十七寨：本寨、欲仲寨、遵达寨、茨香寨、扒磝寨、洗艾寨、芳树寨、卡作寨、色凹寨、勒子寨、粗弄寨、虎树寨、夹树寨、默毋寨、开把寨、甲顿寨、挟纵连寨、甲地寨、阿陋寨、押罢寨、拍亥寨、亚树寨、坐堵寨、麦重寨、杠凹寨、小自寨、塞洼寨、唱郎寨、塞磴寨、抗打寨、坭马寨、阿更寨、押哥寨、脖子寨、蜡树寨、喀纳寨、林杠寨

以上番民共一千一百五十八户，男女三千三百一十一丁口，向无认纳税银。每年征马三匹交漳腊营军用，今停。

中阿坝墨仓寨土司：其寨主土千户噶让札舍之裔甲丹蚌，系西番种类。其先革杜亚，于雍正元年归诚授职，颁给号纸，无印信。其地东境六十里交郎惰寨界，南境八十里交下阿坝寨界，西境一百七十里交中郭罗克寨界，北境一百里交上阿坝寨界，四至共四百一十里，管辖四十六寨：本寨、克殊寨、阿动寨、空戈寨、藏郎寨、特则寨、阿亚寨、摩骨寨、阿嘛寨、拉杂寨、闻不寨、树长寨、合郎寨、阿重寨、格轮寨、亢明寨、动将寨、阿贡寨、罗达寨、墨个寨、日地寨、藏咱寨、不瞒寨、挖个寨、不多寨、畜藏寨、元慢寨、东谷寨、墨娄寨、北思寨、哒唻寨、该宋寨、革利寨、元撒寨、立角寨、革勒寨、卜则寨、沓那寨、峦藏寨、捏柯寨、骂藏寨、白杂寨、毕杂寨、达马笼寨、利哥寨、恶树寨。

以上番民共一千七百九十四户，男女三千七百二十丁口，向无认纳税银，每年征马三匹交漳腊营军用，今停。

下阿坝阿强寨土司：其寨主土千户札舍，系西番种类。其先顿坝，于雍正元年归诚授职，颁给号纸，无印信。其地东境一百八十里交草地甲凹寨界，南境四十里交维州属卓克基界，西境一百八十里交下郭罗克寨界，北境一百五十里交中阿坝寨里，四至共五百五十里，管辖三十九寨：本寨、甲白寨、纳亚寨、葛惰寨、甲竹寨、藏杂寨、各达寨、阿豆寨、尕坝寨、受徊寨、达坝寨、竹化寨、唐凹寨、达格寨、阿把寨、层达寨、纳旦寨、纳日寨、隆达寨、动柯寨、独角寨、不二务寨、时母寨、得革寨、让革寨、色那寨、模路寨、麻利寨、革弯寨、自赖寨、革那寨、棒格寨、日记寨、羊人寨、错力寨、顽坝寨、贡坝寨、衲衣寨、达自寨。

以上番民共八百八十二户，男女二千一百一十丁口，向无认纳税银，每年征马三匹交漳腊营军用，今停。

附录：《旧案》

计口外三阿坝部落，住牧距县城西南约八百里，与甘肃黄河沿边各番地及维州卓克基连界，纵横一千五百余里。土千户三员，有号纸，无印信。外设副土目九名，有委牌，无号纸。所管番民性情同一，半游牧、半种麦、住土碉房、衣毪、嗜茶，亦有往来贸易者。夷情轻者，土司头目自行判决；如有重案，禀请文武长官委员办理。

上郭罗克车木塘寨土司：其寨主土百户泽楞查什，系西番种类。其先噶顿，于康熙六十年归诚授职，颁给号纸，无印信。其地东境一百里交上阿坝寨界，南境一百里交中郭罗克寨界，西境四百里交阜和营所属番寨界，北境一百里交小阿树界，四至共七百里，管辖十寨：本寨、郭思寨、鸡塘寨、耿搭寨、叠凹寨、格塘寨、唐坝寨、麻谷寨、押可寨、亚动寨。

以上番民共二百五十一户，男女一千五百一十丁口，向无认纳税粮，每年征马价银二十两零八分交漳腊营备补倒毙马价，今停。

中郭罗克插落寨土司：其寨主土千户索浪丹坝，系西番种类。其先丹增，于康熙六十年归诚授职，颁给号纸，无印信。其地东境一百八十里交中阿坝寨界，南境四十里交下阿树界，西境四十里交上阿树寨界，北境五十里交上郭罗克寨界，四至共三百一十里，管辖十七寨：本寨、刚骂寨、噶多寨、芜杂寨、押里寨、鸭六寨、由日寨、甲勒寨、门探寨、卡赖寨、旺鹿寨、屋梁寨、疏落寨、绵羊寨、罗洞寨、握放寨、本用寨。

以上番民共四百八十五户，男女一千六百四十丁口，向无认纳税粮，每年征马价银三十八两八钱交漳腊营备补倒毙马价，今停。

下郭罗克纳卡寨土司：其寨主土百户折抡札舍，系西番种类。其先彭措，于康熙六十年归诚授职，颁给号纸，无印信。其地东境一百八十里交下阿坝界，南境一百里交维州属卓斯甲界，西境一百二十里交上阿树寨界，北境五十里交下阿树寨界，四至共四百五十里，管辖二十九寨：本寨、东来寨、协约寨、阿崇寨、那务寨、成塔寨、罡踏寨、射狼寨、安宁寨、检榻寨、磨岗寨、张捕寨、察望寨、雄特寨、落叶寨、阿石寨、阿鸟寨、阿命寨、木顺寨、克浪寨、管家寨、管家杠寨、波利寨、达拉寨、挞拉杠寨、擦屋寨、沃纳寨、定国寨、秃树寨。

以上番民共三百三十三户，男女一千一百一十丁口，向无认纳税粮，每年征马价银二十六两六钱四分交漳腊营备补倒毙马价，今停。

附录：《旧案》

计口外三郭罗克部落，住牧距县城西南约千余里，与甘肃、玉树、打箭炉阜和营、维州卓克基各番地连界，纵横千五百余里。土千户一员，土百户二员，有号纸，无印信。外设副土目六名，有委牌，无号纸。所管番民性情同一，住高石碉房，不好耕种，专务打牲，亦有游牧往来贸易。夷情轻者，土司头目自行判决；如有重案，禀请文武长官委员查办。

上阿树银达寨土司：其寨主女土百户折汪漫，系西番种类。其先夏架亚，于康熙六十年归诚授职，颁给号纸，无印信。其地东境一百二十里交下郭罗克界，南境五十里交中阿树界，西[①]接甘肃番界，无里数，北境一百里交上郭罗克界，四至共四百二十里，管辖三十五寨：本寨、绿浪寨、鼎各寨、郎乃寨、纳柘寨、克耐寨、捱耐寨、从化寨、六象寨、克大寨、披过寨、不阿寨、纳鸦寨、独柯寨、不泞寨、郎日寨、亚包寨、出布寨、班坐寨、唐坷寨、角凹寨、质自寨、甲押寨、扼格寨、扪沙寨、一多寨、谷曲寨、丁格寨、由多寨、尤凹寨、卓旺寨、落冬寨、苏众寨、塞旺寨、噶色寨。

以上番民共二百五十七户，男女八百一十丁口，向无认纳税粮，每年征马价银二十两零五钱六分交漳腊营备补倒毙马价，今停。

中阿树宗个寨土司：其寨主土千户登好郎借，系西番种类。其先卜他，于康熙六十年归诚授职，颁给号纸，无印信。其地东境一百五十里交下郭罗克界，南境二百二十里交维州属卓斯甲界，西境五十里交上阿树界，北境六十里交下阿树界，四至共四百八十里，管辖二十七寨：本寨、牛挞寨、揩坝寨、开凌寨、酒溪寨、日尤寨、酿霜寨、六格寨、长戈寨、插蜡寨、纪应寨、大库寨、锦塘寨、熊踏寨、杂沓寨、霍坝寨、恶纳寨、上高寨、胡达寨、七洞寨、革地寨、许属寨、岩路寨、夺甲寨、阿邦寨、常旷寨、拉里寨。

以上番民共四百八十八户，男女一千零二十丁口，向无认纳税粮，每年征马价银三十九两零四分交漳腊营备补倒毙马价，今停。

下阿树郎达寨土司：其寨主女土百户折旺健，系西番种类。其先郎加札舍，于康熙六十年归诚授职，颁给号纸，无印信。其地东境一百八十里交下阿坝界，南境五十里交下郭罗克界，西境七十里交中阿树界，北境一百三十里交中郭罗克界，四至共四百三十里，管辖二十六寨：本寨、琅坷寨、琅那寨、叠弄寨、叠动寨、夜战寨、夹蜡寨、六棱寨、阿斯寨、增大寨、夹戈寨、墨镫寨、拉鹿寨、鸦哺寨、葛接寨、东野寨、亦可寨、莙莛寨、盖期寨、多折寨、马得寨、张戈寨、树戈寨、纵达寨、噶钾寨、南柯寨。

以上番民共二百四十户，男女八百七十丁口，向无认纳税粮，每年征马价银十九两二钱交漳腊营备补倒毙马价，今停。

小阿树寨土司：其寨主土百户丹怎，系西番种类。其先达尔吉，于康熙六十年归诚授职，颁给号纸，无印信。其地东境一百五十里交上作革寨界，南境六十里交上郭罗克后山界，西境七十里交上郭罗克界，北境一百里交黄河边界，四至共三百八十里，管辖一寨：本寨。

以上番民共一百三十六户，男女五百四十二丁口，向无认纳税粮，每年征马价银十两零八钱交漳营备补倒毙马价，今停。

---

① 西：按体例，“西”后当缺“境”字。

附录：《旧案》

计口外三阿树部落，住牧距县城西南约八百余里，与黄河沿边并甘肃达子各番连界，纵横千里。土千、百户四员，有号纸，无印信。外设土目八名，有委牌，无号纸。所管番民性情、风俗与三郭罗克同。道咸同光时，被拉布浪寺陆续侵占，光绪十年，川甘两省总督奉朝命委员查办，勒令拉寺撤回管寨喇嘛，退还侵地，严惩首恶。后因内地多事，节饷裁兵，未能规复旧制，随时分部抚绥，以致退还寨落复被侵占，番民无主，分散各寨住牧。

大姓丢骨寨土司：其寨主土千户屈信布，系西番种类。其先沙乍模，于康熙四十二年归诚授职，颁给号纸，无印信。其地东境二百里交木瓜塘界，南境九十里交雪谷寨界，西境三十里交云昌腊卜寨界，北境五十里交阿思峒纳梅寨界，四至共三百七十里，管辖二十四寨：本寨、垩诺寨、鹅公寨、土官寨、乾宴寨、王登寨、上窑沟寨、下窑沟寨、扒城寨、卑填寨、锅纳上寨、锅纳下寨、日晞寨、茹儿寨、希拍寨、泷溪寨、空心寨、空心寺寨、大姑庐寨、小姑庐寨、大寨子、下寺寨、呐呐寺寨、杨光墩寨。

以上番民共一百八十四户，男女四百八十丁口，向无认纳税银，每年征青稞五石、贝母银十八两四钱五分折充兵米。旧隶松潘镇平番营及同知管辖，今归汉军统领第二营长会同县知事管理。

大姓云昌寨土司：其寨主土千户页西折他，系西番种类。其先格都判，于康熙四十二年归诚授职，颁给号纸，无印信。其地东境三十里交丢骨恶闹寨界，南境七十里交雪栏沟界，西境五十里交包子寺寨界，北境五十里交下坭巴国师寨界，四至共一百五十五里，管辖二十九寨：本寨、鸦吼寨、绿石沟寨、烟材三寨、蜡坡寨、扑扒寨、囊盖寨、擦棍寨、咕鲁寨、牛腊寨、白马寨、拔木寨、雪布寨、隔溪寨、本石寨、牛溪寨、冰岩寨、小姓大耳边寨、小耳边寨、大耳边上寨、中耳边寨、平安寨、萝卜寨、柴溪寨、纳溪寨、白茫寨、白柱寨、料杠寨、背古楼寨。

以上番民共二百八十一户，男女八百一十丁口，向无认纳税银，每年征青稞五石、贝母银一十八两四钱五分折充兵米。其受县属文武管辖，与上同。

呷竹寺寨土司：其寨主土千户，其先于康熙四十二年归诚授职，颁给号纸，无印信。其地东境四百八十里交石泉县界，南境二十五里交茂州番杨柳沟寨界，西境三十五里交松坪牛尾巴界，北境五十里交丢骨窑沟寨界，四至共五百九十里，管辖三十二寨（内十八寨，六关小姓沟管辖，其余十四寨改土归流。居民三百六十户，男女一千二百丁口。六关小姓寨土司，其寨主土千户所管辖。十八寨即旧《通志》呷竹寨属境内）：蜈蚣寨、雪栏寨、姑姑寨、雪姑寨、西坝寨、歪地寨、大地寨、大小沟寨、骆坝寨、乔坝寨、石抓寨、树灰寨、麻塔寨、双桥寨、平坝寨、山巴寺寨、格蚤寨、东路寨。

以上番民共一百户，男女三百一十八丁口，向无认纳税银，每年征青稞粮石、贝母银两交平番营折充兵米，久经停止。自清咸同以来，呷竹寺所管百草、风材等十余寨与石泉接壤，早有汉民迁住其间，习俗相移，土民遂变为汉族。本年，县知事张委员查勘，发给告示，区分地段，设定团总、甲长，乡约照九关汉民一体治理。然土司管束习惯已久，不易就范。宜多设学堂，俟其自化也。

附录：《旧案》

计平番属大姓丢骨、云昌、小姓六关、呷竹等部落，距县东南二三百里不等。土千户三员，有号纸，无印信。外设副土目十一名，有委牌，无号纸。所管番民除呷竹寺东路早改汉制外，其余性情风俗与中、左两营所管番民同，夷情由镇厅委员查照夷例办理。咸丰十一年叛，同治二年恢复，筹办善后。改设土千总二名，每名年给饷银十五两；土把总二名，每名年给饷粮十二两；土外委八名，每名年给饷粮八两；寨长八十名，每名年给饷银四两。宣统三年，内地军兴，番叛。民国元年克复，着仍各安住牧。惟前代土饷一律停止，所有善后事宜经司令官暨汉军统领会同县知事办理。

中羊峒隆康寨土司：其寨主土司名由仲盖，系西番种类。其先林柱，于雍正二年归诚，委以寨首，无颁给号纸、印信。其地东境五十里交芝麻寨界，南境一百里交和药寨界，西境四十五里交上羊峒踏藏汛寨界，北境一百三十里交臧咱寨界，四至共计三百一十五里，管辖七寨：本寨、峨峒寨、重厓寨、材柞寨、丹布寨、丹种寨、叱若寨。

以上番民共一百二十四户，男女六百九十八丁口，每年每户征麦一斗交南坪营收储。旧隶松潘镇南坪营及同知巡检管辖，今归汉军统领一营长会同县知事、县佐管理。

下羊峒黑角浪寨土司：其寨主郎尖布，系西番种类。其先六孝，于雍正二年归诚。委以寨首，无颁给号纸、印信。至咸丰、同治间，其地有汉民迁住，习俗相移，早经改土归流，地方事务与南坪城乡一律查照汉制办理。

芝麻寨土司：其寨主杨生荣，清同治时由松镇禀请委任土守备职，有委牌，无号纸印信。其地东境三十里交中田寨界，南境一百里交和药寨界，西境四十里交隆康寨界，北境一百四十里交洮州杨土司番寨界，四至共三百一十里，管辖五寨：本寨、南岸寨、霞雾寨、决那寨、黑雾寨。

以上番民共八十六户，男女三百零三丁口，每年每户征麦一斗交南坪营折充兵米。其受县属文武管辖，与上同。

中田寨土司：其寨主杨观成，清同治时由松镇禀请委任土守备职，有委牌，无号纸、印信。其地东境一百二十里交甘肃文县属番寨界，南境十五里交南坪营城界，西境三十里交芝麻寨界，北境二百里交甘肃杨土司番寨界，四至共三百六十五里，管辖四寨：本寨、半山寨、潘溪寨、安乐寨。

以上番民共七十二户，男女三百一十七丁口，每年每户征麦一斗交南坪营折充兵米。其受县属文武管辖，与上同。

勿谷寨土司：其寨主土目抽西踏清，同治时由松镇禀请委任土千总职，有委牌，无号纸、印信。其地东境三十里交会龙汛界，南境一百里交白马路界，西境五十里交羊峒界，北境八十里交南坪营城界，四至共二百八十里，管辖八寨：本寨、甲勿寨、札作寨、玻璃寨、南干寨、苗周寨、阳山寨、草坡寨。

以上番民共一百九十六户，男女七百八十二丁口，每年每户征麦一斗交南坪营折充兵米，其受县属文武管辖，与上同。

边山寨土司：其寨主雷登云，清同治时由松镇禀请委任土守备职，有委牌，无号纸印信。其地东境八十里交甘肃文县番寨界，南境七十里交白马路界，西境六十里交南坪界，北境四十里交中田寨界，四至共二百五十里，管辖八寨：本寨、罗坝寨、葛坝寨、罗家林寨、曲连沟寨、碟子坪寨、大月南寨、小月南寨。

以上番民共一百八十二户，男女七百四十一丁口，每年每户征麦一斗交南坪营折充兵米。其受县属文武管辖，与上同。

附录：《旧案》

计南坪所辖隆康、芝麻、中田、勿谷、边山五部落，距县城东北三四百里不等。清雍正二年，隆康寨首林柱归诚，委管一十二寨；黑角浪寨首六孝归诚，委管二十二寨。乾嘉道咸间，番寨分散，屡有变更，黑角浪寨已改汉制。咸丰十一年，番叛，南坪各寨附和，营汛关塘失守。同治二年，提督周达武由阶、文进取，迭克坚寨，复南坪城。番众胆落，献首恶以降，周军原拟剿办，松镇联昌因林波喇嘛之托，在东路会同游击吴嘉春，许番众投诚，南北各路停战，阻周军进攻，筹办善后，设立土弁。南坪营管辖五大寨土司，改为土守备四名，每名年给饷银二十四两，土千总一名，每名年给饷银十八两。外设副土千总三名，每名年给饷银十八两；土把总六名，每名年给饷银十二两；土外委五名，每名年给饷银八两；寨长三十一名，每名年给饷银四两。宣统三年，内地军兴，番叛，县城及漳腊、平番失守。南坪正欲响应，赖中田土司杨观成召集各寨头目，晓以利害，极力镇压，始将南坪数百里地保全。民国二年大兵进剿，以杨土司深明大义，特嘉优奖，立石记功焉。

按：松潘《土司志》依据前清嘉庆年间重修《四川通志》暨道、咸、同、光以来旧有成案编纂成书，凡土司土目授职年代、番部寨落、疆界里数逐一详细载明。虽时局变更不常，而因革损益究有本源，讲边防者镇勿忽诸。

夷俗类志

治体：川西夷族，在汉时冉駹最大，又有月支胡、白马氐、发羌等（《西汉四裔图考》），散处西北边外江岷河湟间。南北朝及隋，吐谷浑并有其地（《隋四裔图考》）。唐贞观初，吐蕃寖强，破吐谷浑，取羊峒、党项及诸羌地，陷陇西、河西州镇，东抵剑南，大渡河西皆为所有（《唐四裔考》）。宋元迄明，部落分散，渐次衰弱，有随畜迁徙而为游牧者，有碉居寨处而不移徙者。地气严寒，盛夏冰犹不释。土酋各部自相雄长，其君与臣为友，尊严不足而亲爱有余。王侯世袭，父死子继，绝嗣则选近亲承袭，非其种类不相服从，法令极严，罪重置土牢，不令见日。兵器坚利，刀枪、弓矢、甲胄俱备，历代以来，数为边寇。明洪武十二年，以松州为川西边地要隘，遂并潘州于松州，城其地，设重兵镇守，置军民指挥使司。夷地分置安抚使、长官司统治众番，计其户口多寡，量力纳赋，三年入贡，赏赐如例。明末叛乱，清康熙四十二年，各部落投诚授职，土千百户土目归松镇标各营分别管辖。口外游牧各寨令纳银马，口内种植各寨令纳稞麦。各寨土官按年酌给土饷，以示羁縻。民国改元，废除此制，凡遇夷案轻者，由寨主解决，重者仍由县城文武会办。夷人崇奉汉官，亦如往日。然无兵威饷需以镇抚之，终难就范围也。

宗教：番民崇信佛教，其经典皆藏文。有黄教、红教两派，大喇嘛以朝西藏归者为上等。每部落必建大寺院供俸释伽牟尼、金刚、观音诸神，每寺番僧动以千计，至少亦二三百。每年大会，僧人咸集，先期念经，至期出神像演舞作乐，亦祈福佑民之意。番俗，兄弟三人必以一人为僧，四人则以二人为僧，以故寺院大者，僧多至三四千。又大寺院必有转生佛，与达赖、班禅相类，凡转生佛死，必遍访降生处，俟周岁时，该寺大管家僧取佛生前所诵经典暨常用器俱带往降生之地，择期斋戒于大经堂内陈设之，并杂以各方器物，迎周岁佛伏案认取，逐件不差，乃与生佛父母留供养费若干。俟满三年，派僧迎回本寺，父母愿往者听。又僧人入寺，量力布施，各寨念经工资，本僧独得。其经学深者，每年坐静几次，即参禅入定意也。不食烟火，不与人接，其苦修佛法如此。

衣服：男子戴毡帽或皮帽，或用红色绸布裹头。夏衣毪，冬衣皮，富者亦以丝绸为服。僧人衣尚黄红色，外加披禅，平民尚青蓝色，外加套衫。衣之周围及领袖俱饰豹獭皮，足着革鞋。女子首结发辫，缀以琥珀、珊瑚，耳垂大环。身服长衣，周镶花边，亦有短衣系长裙者。足下仍以革为履，与男子无异。狮猓男女赤足，拖发辫，衣毪。有声望之土司头目、寺院管家，服皮、呢、绸缎，择料高尚，价值数倍汉衣。

饮食：口外番多畜牛羊，取其乳制酥酪，和入青稞面屑，名曰“糌粑”，用茶调饮。或生啖牛羊肉。好饮酒，用沸水渍青稞于小瓮，加以曲，数日成酒，有黄白二色，用细竹管吸饮。口内番食麦面，亦饮酥茶。富者由汉地购米面蔬菜，食法与汉人同。

居住：草地生番制大毡毪帐，逐水草而居，迁徙无常。内地熟番住居碉房，其制，或石，或土，或木，峙立如楼，三四层不等。上设经堂，中卧室，下饲畜，皆依岗据险而成。上层四面开窗，可以远望。若遇战事，枪弹弓矢即由窗内施放。凡立寨，必审势，受敌之地决不建筑，防人攻袭故也。

婚姻：男女两族，先由媒妁通辞，父母主之。亦有男女自由结婚，父母曲从其意者。向例，索取财礼，自一宝至十宝不等（银五十两为一宝）。牛马称是，因两家之贫富为差。成婚之日，婿亲至女家迎妇，近则步行，远则乘马，亲友往贺，置酒为欢，主客皆唱歌、跳舞。其后生子相贺亦如婚时。

丧葬：凡父母亲属死，有衣衾，无棺椁，不殓不殡，家人伏尸号哭。即日请喇嘛念开路经，送银物牛马若干于寺，谓之布施，为死者忏度也。葬日，复请喇嘛卜之，或天葬（置山中），或火葬（埋灰土中），或水葬（置江中）。此等恶俗，大悖人道。近年番众亦多有用棺殓葬者，足见良心之不泯也。

习惯：见尊长脱帽鞠躬，如西礼。亲朋乍见，趋前握手，以表亲爱。男女俱喜拜佛，或等身朝拜，或稽颡朝拜，并先发愿拜若干日。又喜打猎，枪法颇精。有力耐劳，牧畜之暇，兼采薪劚药，并有以牛运茶，往来草地贸易者。惜性质顽梗，好与人斗，若遭杀毙，索取牛羊、布匹、银茶等物以偿命价。捕盗致死，亦令失主赔偿。遇有争执，集众论辩，援引数十百年成案为例，藉以解决往来交涉。除僧人外，无文字纪事，余皆不知书、不识字。有事惟以口授，听者默志，转授他人，习俗相沿，不知变通，无惑乎久于荒陋。司牧者宜设汉文学堂，通语言文字，习俗相移，久而自化也。

关内关外土族人物

年札文包：中果洛克土千户。乾隆年间，攻取金川，文包助兵千人攻其要害，事平，清廷奖叙功绩，授二品顶戴。

莪北：阿细土司。光绪初年，保护商旅，约束番民，草地赖以安靖。与夷人交涉尤重信义。

独顿文包：上阿坝土司。祖某，道光初年殁，其父承袭，尚幼，全赖祖母经理土务。时有骨磨寺僧来上阿坝建寺，其祖母召集土民逐之出境。数年，祖母殁，番僧又于其父所属土目威迫利诱，建寺于色竹卡地方。咸丰五六年间，附近寨落并归该寺熬茶。光绪七年至十三年，该寺势益强横，占并愈宽。十七年，拥众数千至上阿坝，焚择参巴寺及番寨，伤毙颇众，并逼寺僧、土民归降。是时，独顿文包适承袭，与其兄纳旺德年壮有勇，一面率众拒守，一面赴松告急。镇军夏毓秀禀请川督刘秉璋出奏，上谕川、甘两省派员查办，退回寨落，惩办带兵焚掠之番僧黑窝等。该土司独顿文包、纳旺德收回寨落，具结完案。

纳旺德：独音土司。独顿文包之兄。事迹详上。

顿　朱：山巴土官。性忠厚，敦信义，尤尊重汉官。地方大小事件，出而调停，守正不阿，汉番悦服，称道弗衰。

纳　借：班佑土司。为人忠诚，处事精敏，为十二部落之领袖。本部当茶商出口要道，纳借约束番人，保护商旅。上尊汉官，下饬士弁，任职经数十年，毫无过失。

杨观成：中田土司，本属汉族。职任土官，深明大义，胆识俱优。辛亥，松潘城陷。该土司调集南坪上下番众，晓以利害，不准附和为叛，保全地方，汉番感德。民国二年，大兵克复松潘，以观成保障一方，大加优奖，立石记功焉。

陈佛裔：雪布寺喇嘛。光绪中，随同汉官办理口内外夷案，均能勤慎蒇事。提督夏毓秀题奏，奉旨办理川边巴里塘夷务，佛裔著有劳绩，奖二品堪布。

格　孝：对河寺喇嘛，清道光时人。澄静仁慈，深通经典。常劝汉番和睦，息事宁人。边地数十年安堵无患者，皆喇嘛之功德也。

哈　亚：小西天喇嘛。经学渊深，终年趺坐，不闻外事。每年夏秋，雪霜冰雹，损失禾麦。喇嘛诵经祈祷，为民禳灾，竭尽心力。又善占吉凶及地方安危事，多著灵异，所谓一诚有感者也。

知事张典按：松潘关内外番地纵横数千里，自西汉开辟边疆，隋唐用兵西北，番族种类虽獉狉如故，而秉彝降衷，亦岂无一二杰出者？第前代皆以域外视之，无论贤否，概摈而弗录。今既五族共和，急宜破除成见。故于《松志》将成之际，访诸父老传闻，举土司中有功地方及喇嘛之博通经典、热心公益者，汇列人名、事实，附“土司”后，以为将来者劝。庶几观感有自，勉企贤能，裨益边方，良非浅鲜矣。

谨按：《大清钦定历代职官表》内载土司各官：土千户，正五品；土百户，正六品。承袭朝觐，各有年限。松潘属土司应遵旧例，承袭朝觐，并应酌给土饷，尊其位、重其权，番众知有所主，节制调遣，指擘灵通。至土司、喇嘛，品行端正，有功地方，没后二十年，照汉制举扻，由该管文武，胪列生平事实，呈请附入贤良祠侧。春秋二季，一律享祀。俾后来观感兴起，番族贤才众多，边防巩固，文明进化，畛域消除，是在当道者慎择留意焉耳。

《松潘县志》卷五

坊　表

指挥坊：为徐星槎建。
功垂桑梓坊：为尧彧建。
江水灵源坊：书院前。
岷山撷秀坊：学署前。
保障边隅坊：为张元佐建。
进士坊：为周满建。
五世同堂坊：为马铭建。
西陲保障坊：为参府蔺朝举建。
升平人瑞坊：为马瑞昌百岁建。
贞节坊：为马隆妻建。
节孝坊：为米兴德妻建。
节孝总坊：名氏详“列女”。
忠烈总坊：庚申漳腊殉难名氏，详“忠节”。
三孝坊：为易起渭、史应诏、张应时建。
源流渊海坊：厅同知徐念高为清真寺建。
福庇西陲坊：为总兵夏毓秀建。

坟　墓

明敕授奉国将军徐佳胤墓：县东塔子山麓。
明敕封明威将军尧彧墓：县北朱家沟。
明果勇将军徐方墓：县东塔子山麓。
明授明威将军徐巨选墓。
明万历举人推官韩鹏墓。
明乡善士徐承训墓。
清授武显将军刘国纲墓：县东塔子山麓。
清授振威将军马文才墓：县东三里黄埿坡。

清授怀威将军冯聚墓。

清笃学醇儒范仰墓：县北漳腊河西。

清乡善士路子庄墓。

清武翼大夫刘藩墓：县东塔子山麓。

清武翼大夫苗春华墓。

清骠骑将军杨国栋墓。

清同知殉节张中寅墓：县东三里黄坭坡。

清南坪巡检胡榛墓：南坪武圣宫后。

清南坪都司马懋勋墓：南坪武圣宫后。

清庚申殉难漳腊忠烈总墓：有碑记。

金莲山义冢：清道光时众善捐置。

坛 庙

武庙：治城南月城内，明总兵何卿建。庚申番变，毁。同治间重修。光绪十四年，总兵夏毓秀因规模狭隘，复于城西崇山下改建。辛亥复毁，民国壬戌年，官绅募资重建。

修武庙序①

夏毓秀

光绪十七年，承乏松镇，下车之始，见有缺略，即欲补苴。然彼时营规颓废，百弊丛生，赴诉吁请者，悉以苦乐不均为辞。予乃按券逐层稽核，去偏枯，补亏短，不如例者裁之，恪遵职守者奖之，章程酌定而兵弁安和。制府丁文诚公善其法，俾将条规勒石营门，永示遵守，并檄通省著以为令。越二年，恭承简命，莅镇斯土，事无巨细，胥照旧章，故不劳而理，罔有陨越。自时厥后，兵民乐业，屡获丰年，家给人足，彩云迭见，麦穗双歧。凡此嘉祥，皆圣天子至德充周，克享天心所致。予小臣，戴履高厚，随分尽职，竟得躬逢其盛焉，诚大幸矣。然而歌舞太平，不可有废坠之功；鼓吹休明，所宜修美备之事。每值朔望，祭祀各神，见他庙虽未壮丽，尚足妥庇神灵。武庙狭隘不度，拜谒之余，辄愀然难安，从不解其何故。乃集绅耆而讯之，绅耆曰：松州武庙旧在南关外，不知创自何年。越时既久，陷于榛芜。庚申之岁，适罹兵燹，遂至片瓦无存。肃清之后，移南关内，苦于无资营造，是以荒陋至此。予曰：关帝忠义，超越古今，扶汉鼎，辅昭烈，史有明文，不待言矣。我朝受命以来，屡著灵异，率土蒙庥，因以载在祀典。内而京师，外而行省，以逮海澨山陬，殊方异域，靡不崇奉维谨，而松州乃亵慢若此乎？迨十三年春夏之交，乃会商太守周君侪亮、绅耆、队目，出前办营务存款千余金，与中左两营弁兵捐资千余金以为始，复募资于茶号各行，附近士民以为继。不足则更属各营弁兵量力资助，又不足则自捐廉俸以竣其事。于是购地基，选材木，督工匠，

① “夏毓秀”原在题首，今改移至题目下，并改为小字。

克日兴工而庙已成。初予之议，修武庙也，岂惟是沾沾焉为事神之计哉？我国家重熙累洽，庆赏大典，遐迩钦承，向来朝贺常于神庙择地举行。屋宇既卑，又系仓猝布置，常惧无以尽诚敬、备礼仪也。乃并创建会府堂阶，牖户、左右廊环，悉如其制。于正中虔设万岁亭一座，衣冠会聚，足昭济济翔翔之盛，与武庙同日建造。惟取给群力而不费公家之资，遂令祀飨拜飏之地无缺，亦云备矣。然吾窃有感焉：夫官位者，宦途之逆旅耳。今岁南辕，明岁北辙，谁同南阳老朱勃哉？吾愿后之君子镇抚于兹，俯念地瘠民贫，措置不易，一砖半瓦、竹头木屑，罔非从艰难得来。无令风雨所剥蚀，愚顽所轻亵，随时加意而护惜之。俾年深日久，金碧常新。人之称之者，当不仅归美创始之人也。特记其缘起如此。

文昌宫：治城东街，明正德时建。清咸丰庚申，毁于番。同治间，同知刘廷恕重建。宣统辛亥，毁。

社稷坛：治城北门外，明总兵何卿建。中设木主二：一书社神，一书稷神。番变，毁。

重建三坛碑

清　同知　刘廷恕①

社为五土之祇，其配为勾龙氏；稷为五谷之祇，其配为周弃氏。风师为箕，雨师为毕，其祀尚矣。唐初，令郡国得通祀社稷风雨云雷。明初，令郡县均得置社稷坛，又云雨风雷山川城隍同一坛。清初因之。至先农坛为耕藉重祀，别有坛壝。松潘则合而置之北关外，年久坍塌，无议修者。基址虽存，皆菜畦麦地，人不知为坛壝所在。窃以食土者民，而司土福民者神，神无凭依，民其获安乎？则食德而思报者，礼也。余守郡两年，瓜代有日，与岐山军门捐廉重建一坛，合祀以祈民福。奉区区之诚，力所能为而为之，事所可具而具之，非所谓尽礼以补前人之阙者欤？此地仅种一季稞麦，夏间冰雹，不时有伤禾黍。初秋飞雪，难期有成。余于孟夏朔日诣西门城顶祭五海龙君，祝止冰雹，连岁丰稔。吾民以为诚敬所召，岂知为神福斯民哉！从此修洁馨香，使阴霾之气化为阳和，旱潦之虞休征协瑞。苟明禋不替，斯受福无疆矣。

神祇坛：治城南门外，明总兵何卿建。内设三木主：中曰风云雷雨之神，左曰本境山川之神，右曰本境城隍之神。番变毁。

先农坛：治城东门外，明总兵何卿建。番变毁。

龙王庙：治城北门外。宣统辛亥毁，民国丁巳年，修复。

火神庙：治北月城内。宣统辛亥毁，民国辛酉年，修复。

东岳庙：治南外城内。宣统辛亥毁，民国五年，募资重建。

城隍庙：治城崇山上，明指挥耿忠建。清咸丰庚申，毁于番。同治五年，同知吕绍裔重修。宣统辛亥，全城烧毁，此庙岿然独存，亦诸番崇信神道之故也。内有古柏十四株，盘根错节，苍秀参天，屡经兵火无恙，殆千余年物也。

---

① “清同知刘廷恕”原在题首，今改移至题目下，并改为小字。

建修本郡城隍庙碑

自古建国，范土为城，傍城凿池曰隍，《易·泰六》云“城复于隍”是也。又按《三礼图考》：伊耆氏祀八蜡，其七曰水庸。庸训为墉，城也；水训为池，隍也。今之城隍盖即古之水庸。汉高帝封纪信为城隍神，所以辅郡国而庇人民，故列在祀典，天下后世皆主焉。松邑之有城隍，相传明建文逊国后曾居之。至成祖敕建，规模宏廓，藻饰华丽，实较他郡为胜。清咸丰十年，番乱，城陷被毁。同治四年，克复厅城，联镇军创建三楹以续时祀。至七年三月，神诞届期，邦人云集，见其湫隘，乃举首事赴省募捐，刻神像，置舆服，归而祀之。十年正月，首事恳知厅事何君设各项公德局，抽收百货厘金，以次修建祀典祠庙，复委绅督理。于是修正殿、内殿、过厅、乐楼、山门，并装塑大小神像。其有不敷，复颁印簿广化，军民皆踊跃捐助。至光绪二年三月蒇事，虽未能复旧制，而奉神有堂，斋宿有室，陈设有庭，内外具备，焕然一新，亦足以妥神灵而光祀事。倘值水旱疾疫之灾，人有所祷，神必阿护，岂第壮观瞻已哉！工既竣，集众清算，即同新议首事二十人举所置产业文约，并历年制造器用并交妥人经管。若能继起前工，以复曩时之宏廓华丽，实所厚望。因述崖略，勒之贞珉。

厉坛：治城北门外，明总兵何卿建。番变毁。

忠烈祠：治城南街江西馆址内。民国二年，知事田兆文、统带张孝著新建。

昭忠祠：旧建城隍庙侧，清道光十年迁外南城，辛亥毁。

贤良祠。

水灵祠：治南城内。宣统辛亥毁。

药王庙：治城东街。

玉虚观：治南城内，明总兵何卿建。清咸丰庚申，毁于番。同治间重修，宣统辛亥复毁。民国四年，汉军营长田现龙、何炳宽、李再春捐赀重修，楼阁崔巍，可以远眺。

真武庙：治城西崇山下。宣统辛亥毁，民国三年郭长富捐赀重建。

五显庙：有二，一在治西崇山上，一在西下水关。一毁于光绪二十七年火灾，一毁于宣统辛亥番变。

川主庙：治南外城内。清同治间重修，宣统辛亥毁。

陕西馆：治城北街。

巧圣宫：治东南隅城上。同治间重修，宣统辛亥毁。民国五年，募资重建。

观音堂：有二，一在治城东，一在治城南。均同治间重修，辛亥毁。民国五年，城东复建。

武侯祠：治南外城内。宣统辛亥毁。

萧曹馆：赤松观侧。

土主祠：治城内崇山上，明洪武时建，祀平羌将军丁玉。后以侍郎罗绮、都御史寇深，副总兵蒋贵、指挥耿忠同祀。清咸丰庚申毁。

张公祠：治城东书院侧。清光绪中，同知黄汝楫改书院为学堂，遂并其地，移建公祠下水关街。辛亥毁。

清同知吕绍衣诗并序：

咸丰庚申，张公中寅守是邦。值番夷叛，誓与城同殉。十阅月，无援兵至。次年七月七日，城陷，夷人胁降，公不屈，率残兵出战，举家皆死，官绅士庶同难者众，碧血满城。恢复后，朝廷旌节建祠，不佞承乏有司，瞻其遗像，不禁慨然，爰赋七律四章以志忠烈。

松城七夕烬烽烟，蒿目荆榛痛昔年。
满地疮痍真惨淡，万家骨肉苦颠连。
乞师空洒秦廷泪，嚼指谁为汉使怜。
惟羡张公真壮烈，丹忱千古镇西川。

匹马单刀雪夜天，孤军困守一心坚。
胡笳声冷三更月，烽火光消万灶烟。
夷狄性情真似犬，官民泣泪有如鹃。
孤城十月无兵饷，可恨当途尽梦眠。

频年战伐未班师，聋聩当途故不知。
泣写木牌无处告，饿余刀械有谁持。
千秋庙宇供薪火，一带城垣剩鼓鼙。
惟见半轮孤月皎，流光犹自照西陲。

睢阳往事竟相同，步武张巡不愧公。
紫诏幸蒙奇节赠，丹书几见令名终。
关山枯骨悲何极，塞草冤魂恨未穷。
今日松州诸士女，瓣香争献旧祠中。

附楹联云：君家苦节千秋见；边地名祠百代留。同治五年吕绍衣题。

又一联云：十二月绝粮乏援，忠义一门光史册；亿万姓报功崇德，灵祠千古傍岷山。同治八年何远庆题。

雹神祠：治城内西岷顶上。辛亥变，毁。

祭雹神祝文

清　同知　蔡懋康①

伏以调元赞化，非守牧敢自为功；捍患御灾，惟神明斯专其柄。敢肃祷祀之典礼，用祈燮理之祥和。恭维雹神座下，权配风云，职符雷雨。实司冱寒，能泯浸厉。乃者既值东皇协律，仍张北陆严威。凌空遍洒，皆半粒以为珠；匝野横飞，复三出而成实。落惊硬雨，藏少坚冰。披注礼于《大戴》，阴包阳固刁为常；证说经于《谷梁》，阴胁阳终归于异。窃虑变起剥庐，等无禾于大水；兆成伤谷，若杀菽而陨霜。主降格者，故示明

① “清同知蔡懋康”原在题首，今改移至题目下，并改为小字。

征；修政刑者，敢忘内省？伏冀大神布恩民物，抑阴则阴无或专，扶阳而阳有所泄。无扎夭无瘥昏，净扫夫冬愆夏伏；不鸣条不破块，潜消乎秋苦春凄。一洗神羞，同襄吏治。维我邦人，实利赖之。谨告。

牛王庙：治城西临江门外窑坝。清同治间重建，宣统辛亥毁。

马王庙：治南外城。

赤松观：治城东南隅。赤松子，神农时仙人也，栖真于此。明洪武时，钱塘羽士顾道昇始就地筑观，诣蜀献王请额。适荆南道士刘虚舟在王府进赤松子画像及诫经，而道昇忽至，王韪其请，命教授张景辰隶“古赤松观”四字及虚舟所进经像以归。后道昇复筑玉皇阁。庚申变，毁。

犍为张回诗：

劫火烧残观几回，独留根本不成灰。
赤松能语千年事，欲把兴亡问去来。

邑人祁鼎丞诗：

道能入火任烧频，信有仙人已化身。
留得贞松三五本，枝柯尽作老龙鳞。

大悲寺：治城西崇山上，明洪武二十六年，僧宝玉建。正统十年，敕颁佛经，置藏经阁。景泰时，禅师智中重修。智中夙通鸟语，一日闻詹雀呼曰：麻和尚，龙走矣。出视，殿柱雕龙飞舞摇动，水已上阶。亟钉其爪，水遂退。后一方士为寺铸钟，既成，嘱曰：我去十日，方可扣，其声可备边警，勿急也。僧恐为所欺，去日即扣。方士仅行抵雪山，闻声叹曰：钟声仅及此耳。后果然。又僧刚司某复傍崖为七层楼，直上与寺通，相传为唐李卫公筹边故址。清咸丰庚申毁于番。同治时重修，仅一层，名观音阁。宣统辛亥番变，复毁。民国五年，募赀重建。《边防考》：城西大悲寺，唐天宝间僧智广建。明初，设僧刚司。景泰改元，僧刚司智中抚慰吐蕃向化，明帝封为崇化禅师，赐银印、冠帽、袈裟、藏经。智中，浙之仁和人，姜姓。光绪二十一年，总兵夏毓秀于松潘地得大悲寺崇化禅师印，送成都昭觉寺保存焉。

南溪王建棠诗：

雪山人去一声钟，知在遥峰第几重。
漫欲边关传警信，却输猿鹤识仙踪。
百年兵燹犹留迹，满殿烟云欲化龙。
莫道老僧常近佛，由来觉道自尘封。

灌县叶惠三诗：

西南城角大悲寺，景泰年间崇化僧。
庙祝不通山鸟语，殿楹都变海龙腾。
犹留钉迹夸神异，更铸钟声扣上乘。
莫怪人间难悟彻，错疑方士语无凭。

邑人祁鼎丞诗：

羽人一去杳无踪，禅院空留警世钟。
不是雪山云雾隔，声随岷岭到临邛。

明建文帝撰大悲寺联语：

宝塔挂珠帘，演法幢于大地，思大地离性离相，即色即心，跳出葛藤窝，方见舍利子，圆陀陀，活泼泼，觉照觉照证觉照，且看作何景象；

金光飞彩耀，布佛日以长空，这长空非青非白，弗有弗无，当显第一义，向上主人翁，赤条条，孤炯炯，刹那刹那重刹那，便知最胜工夫。

清真上寺：治城卫崖下。同治间重修，宣统辛亥毁。民国二年，募赀重建。

清真下寺：治城内中街，祁有德捐赀建。同治间重修，宣统辛亥毁。民国六年，募赀重建。

清真北寺：治城北门外，清光绪二十二年，茶商马鉴创修。宣统辛亥毁。民国六年，募赀重建。

隐仙拱北：拱北者，回人祠宇之称也。治东门外三里许。辛亥毁。民国五年，重修。事迹详《外纪》。

光照拱北：治东门外二里许。辛亥毁。民国五年，重修。事迹详《外纪》。

县属东区各堡坛庙

黄龙寺：在县东七十里，明兵使马朝觐建，亦名雪山寺。相传黄龙真人养道于此，故名。有前、中、后三寺，殿阁相望，各距五里。山顶清泉层叠而下，至山腰则散如溅花。随地荡漾，潴成沼池。方圆不一，澄清澈底。寺前一洞，深不可测。岩泉滴沥，石髓凝聚。其状如佛、如龙、如虎，下有石屑如面，细腻可食，携出则坚矣。沿山产松柏，苍翠蔽天，复有波罗花，生香不断，洵人世之嫏嬛也。气寒地僻，游人绝少，惜哉。

附：黄龙寺考

黄龙寺者，昔谓黄龙真人修道处，遂为像奉之。附会小说，荒杳不待辩也。按《蜀水考分疏》云：古传载有黄龙助禹开江事。史鉴亦载禹导江，乘舟至茂州，黄龙负舟，禹仰视天，龙遂为前导。据土人云：寺侧有洞，通松潘下流归化城之观音崖。同治四年，有喇嘛遗帽洞中，由此崖冲出。虽其事未可必，而黄龙之助禹，史传固可信，况有功德于民，则祀之。黄龙导江应与巫山瑶华神女授禹治水书，及宋封六神将为妙用真人者同不朽焉。弃有据之黄龙而托诸伪说，殊失典矣。

黄龙寺述览

马尧安[1]

松俗，六月十六日为黄龙寺酧神期。黄龙寺者，盖隐士黄真人栖隐之处也。亦名白鹿寺，即《通志》雪山寺，距城东七十里，峻岭数重，雪山其最著也。每届会期，士女多赴寺游览，布帐炉烟，行歌互答，岁以为例。今夏，厅视学蒙君及同学邀与偕游，乃策马出郭门，循东山而上。甫及顶，闻胡笳声，清彻霄汉，盖尼巴寺番僧皈依时也。降至水草坝，野花满地，顾而乐之。路稍北折，麦穗油油然，东西冈峦对峙，时闻农歌，饶有田家风趣。前行十里雪栏关，为《厅志》八景之一。居民数户，颓垣仅存，乃从村右绕越而过。路渐欹斜，尚闻鸡犬声自重雾中出，行经风洞关，亦属八景之一。旧筑石城，周数百步，今已半倾。有旅店二三家，为行客宿所。从此山益峻，路益高，势益逼，风益寒，种植亦渐少矣。又五六里至雪山脚峭壁，不能用骑，乃步登。绝顶如出天外，东望龙、绵，南瞻威、茂，如在云烟飘渺间。然后知宇宙之大，不可以道里计。惟上多歧路，番人出没为害，商旅困焉。东南眺雪宝顶，孤高插汉，积雪皑然，至此乃见真面，惜可望不可即耳。山之下名三岔子，仅一野店。迤逦前行，童山突兀，狂风卷沙，若当隆冬积雪时，更不知如何萧瑟。松林堡东岸，山皆挺秀，云树连天，如送如迎，心目为爽。上草湾里许至寺前，忽然空旷，帐棚分布如连营，炉火明灭如星光。各部酋长率诸蛮排列大围，环跳互唱，声应山谷，谓之跳歌庄。乃鞭马入茂林，行绿阴中，凡数转乃出。金沙射目，水声活活，即寺之洞口也。洞前五里，古坊欲倾，苔藓中埋木刻楹联，乃司马张古虔书法。递过迎仙宿、云雨桥，禅林中宫殿隐约，是为中寺，建自前朝。山门三楹，前有照墙，内为金粟殿，次即正殿，巍峨雄壮。殿之四周有回廊，可容游人散步。后殿重檐复阁，高三丈有奇。全院缔造宏廓，为今人所不及。又五里，为后寺，不甚开展，惟神像森严。左右后皆环山麓，前面高峰滴翠，拱卫如屏。即经来之处计，入洞口，上斜坡，循路至后寺，纵十五里，横或三里或不及一里。薜萝松柏交错，其幽邃若在世外。是夜，宿寺中，与道士为长夜谈。侵晓出观，寺右石洞平地，凹深二丈余，阔五六丈，旁有岩穴，频滴天浆。咸更蓑笠芒鞋，使人然火导前，初直下行百余步，有石如鲸背，滑腻似鳞甲，上下转折，旁皆深渊，殊危险。有白气腾出，火即随灭，逡巡入内约一里许，云抵佛前矣。侧有清泉，掬以洗眼，倏然明朗。古佛三尊，皆石浆绣成。四围石壁形如莲瓣，顶盘有龙，谛视之，实宝晶结成，亦奇迹也。佛前有石面，细腻如粉，云清初程生食之仙去。其后尚有洞中之洞，益深邃，风浪时涌，作澎湃声，未敢探险，且阴气袭人，急循故道而出。次览五色池，其池数十百所，望如明镜，澄净无尘，各有陂堤，纡回如砌，大抵成自天然，不假人力。池之形有似葫芦、钟鼎、瓶壶者，有似蕉叶、莲瓣、菱角者。水色则潆红、漾绿、泼墨、拖黄，甚或似蓝非蓝、似白非白，五色分陈，艳如杂锦。掬而视之，不复有他色，此殆水含珠而川媚欤？游览既遍，仍与诸人乘马而归。峰回路转，风景依然，窃自喜曰：夫人久居廛市，殊甚抑郁，一旦散步郊垌，不禁愉神快志，有如鸟之脱簌笼而翔云汉。虽岱、

[1] “马尧安”原在题首，今改移至题目下，并改为小字。

华、衡、嵩、匡、庐、天目，未克远游名胜，睹此差可自慰。况与二三知己，登高啸傲，放浪形骸，彼天仙海客之乐，无以加此，尚复何求哉？抑有望者，诸君子如能布施，加以经营，宝塔禅房，重兴轮奂。俾山辉水媚之乡，益成金碧世界，是则此邦光也。时在光绪纪元六月十八日述。

汤德谦诗：

话到名山兴便赊，禅林深处避繁华。
草幽树密行踪少，路转峰回望眼遮。
古洞飞浆溶石乳，清泉滴水煮松花。
无端风雨添秋景，权卧僧房作故家。

攀崖踏涧越林陬，古寺黄龙六月游。
活水同源分五色，层峦积雪峙千秋。
洞中绣佛金沙细，桥畔迎仙碧树幽。
尘俗有时能摆脱，清修长此占灵丘。

汤子青诗：

真人已驾黄龙去，山势蜿蜒似昔年。
古寺千秋凝积雪，灵池五色溅飞泉。
天浆滴下都成佛，洞府居中便作仙[①]。
香火万家朝六月，羌歌氐舞杂喧填。

赵宇仙《游黄龙寺》诗：

为访名山纪胜游，偶来松径曲通幽。
豁然开朗岫云出，突兀撑空峰雪浮。
仙洞蝠飞穿奥境，龙池鳞次绕清流。
从欣福地超尘俗，我辈怡情竟日留。

一蜂矗起西山西，岱宗衡岳无与齐。
上有古寺与古洞，天然名胜真人栖。
我来适逢长夏日，草木葱茏山如滴。
翠柏苍松叠障排，彩禽翔举鸣飘逸。

道人携步历高原，风送奇芬花正繁。
拍手池头笑泉涌，水华吐秀霞气翻。

洞口闲云变幻起，洞中清响滴如雨。
欲穷灵迹入深深，几多斜转无底止。

---

① 原注：程生居此，仙去。

且观佛像出迟迟，石笋参差尽倒垂。
忽忆旧名黄龙洞，真人抱道此修持。

黄龙寺初入山口半里许，当路有坊，不知建自何年。今已倾倒，楹联尚可辨认，故附录之，其联云：龙德秉正中，蛰蟄潜渊乘利见；山灵宏育孕，出云降雨庆丰享。道光辛卯夏月，长白伊萨布题。又一联云：玉嶂参天，一径苍松迎白雪；金沙铺地，千层碧水走黄龙。道光辛卯夏月，皖江胡世荣题。坊首嵌“洞天福地”四字，系王梦庚书。中寺殿内柱上一木刻长联云：名山初辟，化成新人，其中慧日长光，须识皈依有地；彼岸诞登，尘劫远当，此际法雷丕震，要知及第何人。康熙庚辰孟秋月，山阴周文英题。

邑人沙瑞庆诗：

连床风雨话良宵，对佛开樽破寂寥。
雅共闲云还自出，来如野鹤不须招。
洞中道士今何处，山外行人第几桥。
如此奇花兼异草，仙家有路定非遥。

邑人王文藻诗：

百鸟争鸣送好音，我寻隐逸入山林。
雅循流水穿芳径，为采名茶陟远岑[①]。
道院废兴原定数，主宾潇洒喜同心。
到来慰我烟霞癖，自笑闲如出岫云。

邑人马贡三诗：

世外桃源岁月长，好花时送雪莲香[②]。
穿林野鸟惊人散，冷寺闲僧迓客忙。
览胜会须穷洞府，寻幽偶尔宿禅房。
暮春风浴偕童冠，放浪形骸兴欲狂。

邑人张培兰诗：

空明境界背山城，梵宇疏钟偶一声。
地远尘嚣堪避俗，天随人愿值新晴。
就中宾主忘胡越，槛外林峦吐秀明。
但惜光阴如逝水，为欢能几感浮生。

陈玉波诗：

仙境清奇势不侔，景行行止共闲游。
金沙巧砌流层沼，玉树交罗豁远眸。
万壑飞帘如喷雪，满林疏雨若经秋。

---

① 原注：山中产雪茶。

② 原注：浓冬雪积，其花始开。

只因胜迹非凡趣，欲画幽情意未休。

邑人杨楫舟《重游黄龙寺（拟古）》：

五年不到雪山东，风景依稀入梦中。
重理吟鞍出城阙，雪霁山明刚六月。
龙蜒数峰浓于染，涪源一曲何清浅。
长松夹岸碧笼烟，山桃结实红可怜。
峰睽涧隔疑无路，前有仙桥迎我渡。
寺经黑虎追旧踪，山光仍是昔年浓。
悬岩犹有秦汉雪，道旁密林际天碧。
云开忽现宝楼阁，此是黄龙修真屋。
自昔真人跨鹤游，只余山水空悠悠。
五色仙池照眼来，水光滉漾金银台。
我闻怀珠川自媚，此中恐有鲛人泪。
又闻昆仑五色池，列仙掬水煎琼芝。
我今须鬓湿寒绿，欲借灵泉洗凡骨。
蜀山自昔夸峨眉，以此方之未足奇。
吁嗟哉！山川显晦亦有缘，不遇高人名不传。
君不见兰亭修禊春如海，右军一游便千载。
又不见柳子作记马退山，茅亭一石播人间。
自古文章能华国，布之山水便生色。
如何此山名不垂，白云长封寂尔为。
空伤松柏迎天刺，销尽凌云无限志。
萋萋芳草怨夕晖，试问王生归不归。
春去秋来暮复朝，水自无情山自遥。
我来此处空悲吊，飒飒风声如长啸。

关帝庙：共三处，一在伏羌，一在三舍，一在峰岩堡。
王爷庙：在木瓜墩。
雷祖庙：在木瓜墩。
观音庙：观音岩。
古回龙寺：施家堡。
五显庙：叠台沟。
县属小河城各坛庙：距县城一百八十里。
城隍庙：城内大街。
东岳庙：城内。
天爷庙：城北门外。
观音阁：城外水吹坝。
关帝庙：南城上。

西来寺：城内。

邑人杨树芬诗

萧寺鸣钟晓色开，声声西透白云隈。
乍惊佛子三生悟，应醒痴人一梦回。
面壁有功难再定，留春无计忍相催。
世情逐逐如流水，好与山僧证果来。

县属南区各堡坛庙：

五显庙：红花屯。

关帝庙：石河桥。

观音庙：石河桥。

财神庙：石河桥。

五显庙：东胜堡。

观音庙：石河桥。

五显庙：雄鸡屯。

关帝庙：雄鸡屯。

五显庙：西宁关。

八蜡庙：云腾堡。

黑虎庙：云腾堡。

武庙：安顺关。

财神庙：安顺关。

关帝庙：得胜堡。

关帝庙：新塘堡。

关帝庙：龙潭堡。

东岳庙：归化堡。

观音堂：归化堡。有二，一在城垒，一在山后。清嘉庆十二年，平番营守备何玉超建。

文昌宫：靖夷堡。

关帝庙：白定关。

五显庙：白定关。

三官庙：镇江关。

五显庙：镇江关。

观音庙：镇江关。

县属平番城各坛庙：距县城一百三十里。

武庙：城内正街。

城隍庙：城内正街。

东岳庙：城内。

文昌宫：城内。

观音庙：城外河西。

武庙：平夷堡。

娘娘庙：平夷堡。

观音庙：金瓶岩。

武庙：金瓶岩。

东岳庙：镇坪。

观音庙：镇坪。

文昌宫：靖夷堡。

山王庙：靖夷堡。

奎星阁：靖夷保。

山王庙：平定关。

县属北区各堡坛庙：

财神庙：治北羊裕屯，距城五里。

观音庙：共三处，一在治北火烧屯山右，一在大屯堡，一在黄胜关山岭。

五显庙：治北高屯堡，距城二十里。

武庙：治北大屯堡，距城二十里。

镇江庙：治北虹桥关山麓，距城三十里。

圣贤庙：治北黄胜关桥头。

县属漳腊城各坛庙：距县城四十里。

玉皇阁：城东南锦屏山麓。

三皇庙：城西北隅。

文昌宫：东门外玻璃泉上，明神宗时建。清咸丰庚申，番变，毁。光绪初，官绅捐费重建。宣统辛亥复毁。

昭忠祠：南门外锦屏山下。清同治四年重建，宣统辛亥毁。民国壬戌重建。

城隍庙：城内。宣统辛亥毁，民国八年重建。

武庙：城内。宣统辛亥毁。

玄祖庙：北城上。宣统辛亥毁。

财神庙：东城上。

火神庙：北城。宣统辛亥毁。

东寺庙：城内东南隅，古普禅寺。

观音堂：城西北隅。

观音庙：城东半山中，明万历间筑包山土城时建。清庚申、辛亥两次番变，毁。民国三年，官绅捐赀重修。

三圣宫：城东北锦屏山后。乾隆间，汤姓购山场十里为牧地，独力创修，咸丰庚申被毁。同治十三年，汤遂斋重建。辛亥复毁。

万圣宫：城内中街南向，李茂轩先生授经处。

江西馆：东北隅营盘街西向。

五显庙：城内南大街，古锦屏书院旧址。

白马庙：南门外。相传明宪宗时，白马路水土茹儿等寨番众滋扰，居民苦之。卫指挥同知尧彧充参将，与兵使沈琮率兵分剿。彧每次作战，多选白马为先锋，夷人见白马即退，大克之，民赖以安。后立祠祀，彧呼为“白马将军”，榜其祠曰“白马将军祠”。咸丰庚申毁于番。同治十三年，汤兴隆、张从礼倡建玉皇楼。宣统元年，汤执中建正殿、两楹。辛亥复毁。

陕西馆：城内正街路东。番变毁。

湖广馆：东门内城侧。番变毁。

县属南坪城各坛庙：距县城三百六十里。

南坛：在昭忠祠后。久废。

北坛：在灵觉寺后。久废。

文昌宫：城内东南隅。

武圣宫：城外西南隅。

城隍庙：东门城内。

昭忠祠：城外武圣宫左侧。

龙王庙：东门外大街。

药王庙：南门外西山下。

灵觉寺：城北里许。

观音阁：共二处，一在南坪上桥水扶舟口，一在下桥东岸。

萧曹馆：城西。

夏公祠：城外里许，上桥之西。

清真寺：药王庙后。

玉皇楼：在聚宝山。

祖师殿：在聚宝山。

灵祖殿：在聚宝山。

三霄殿：在聚宝山。

蓥华庙：在平坝蓥华山东北角，与平武薛土司交界。

白马庙：在溜索头上山八里。

观音庙：在老林口。

附：县属各夷寨喇嘛寺

上泥巴寺：县治东十里。

雪布寺：县治南四十五里。

后寺：县治西四十五里。

川珠寺：县治北三十五里。

宁波寺：县治北四十里。

附：富顺吴极垓记

宁波寺距松四十里，在北山之麓，喇嘛所建。每岁四月十六日，演盲哑会，观者甚众。民国丁巳，余备员公署，适值会期，因知事出巡之，便攀舆偕往。先至漳腊，借寓茂才文君显之家。次日，知事与余乘马莅会。寺距漳腊十里，顷刻便至。活佛喇嘛寺主肃客，一番僧，身佩金制领甲，两袒其肩，下蔽番裙，腰束蛮刀，鞘饰黄金、珊瑚，首着毛制黄帽，手握长棍，左右交舞，口中作啰喃语，意似会场之巡风，叱众辟道者也。入寺，就经堂小憩，傍列经籍若干，翻阅之，不能识一字。中龛灿列舍利小塔，或金制或银制，皆铸神像。讯之，乃一活佛逝世，番僧踵四处募化所得而为之也。少顷，汉军统领营长及垦殖书记官先后莅止，会遂开。活佛导余等诣会场左侧，依序罗坐。场广约百余丈，覆以布帐，居寺当中。上即寺之祈福处，作三层楼，演会者于此预备。周围绕经数百转，俗传经转一周如诵一遍，即此也。下横瓦屋数间，盘坐番僧十数，喇嘛居中，余则周匝击鼓、敲铙、弄小笳、吹觱篥，遥与祈福处相峙。将开会时，僧众先引活佛居楼上层，其经过处，番人老幼男妇无不俯伏地下，希活佛一摩其顶，似非此不能得福者。时约十二，钟铙鼓笳声杂作。番服色多红黄，兼有紫录。男则狐貉，沿帽作高檐，女则玛瑙、琥珀、珊瑚与银制碗盖，罗络满头，而胸前例系银宝，袒左臂，有言装饰之贵值千金者。会中扮演，极类汉之古衣冠。闻笳声则按次出舞，手举足蹈，皆循乐声，缓急动止一致，而服之翻飞均作圆伞形，一出毕续演二出。乐声与舞蹈仿佛相似，惟服饰变更，或面上假具作三头及牛鹿等兽状，而各以每出之取义而异。余以远来，总其所演，十不一解，讯及侪辈，亦然。就中演者，有彩狮一出，众皆称善。自余观之，狮身特彩缎裁制，足作五爪形，二人被之，璀璨鲜明，闪灿炫目，他无异者。第狮前一贵人着青袍黄马褂，长面赤须，闻汉军某官云，即清咸丰守松之镇军联昌。庚申变收复后，认缴罪银，联镇加恩豁免，戮一番妇结案，诸番感之，岁必演此以纪惠。噫！番人崇信之深有如是欤！知事、统领兴辞而返，余亦偕归。活佛等送于寺外，敬礼亦如来时。沿途坡峦起伏，路极崎岖，幸快马如飞，转瞬已至漳腊。夜仍寓文宅，回忆会中情形，喟然兴起曰：今日中国非合五族为一家乎？何汉番之不侔如是？番习素朴实而信心深，乃不数十年辄一蠢动。政府虚糜多金，调重兵以征服，从未弭其患而获其利。岂斯土终不为汉有欤？抑驭之未得其道耳？彼欧西诸国，辟一土、并一国，必湔灭其言语，消融其界限，混合其种族，必普及教育、相与同化而为一体之国民，休戚相关，顿忘其覆国之耻。故不假兵力而人自服从，国亦坐收其利，其熔铸之功非一朝一夕也。今中国不欲得番人之利则已，苟欲得之，则当改变驾驭之策，如西人所谓同化者斯可矣。否则，如家人乖戾，不获其助，转受其扰，欲家之日即隆盛，其可得耶？况番人又非不可以礼导，其性情驯谨，俗尚勤俭，皆远越汉人，驭之有术，吾知必为国家利，永久不叛有断然者。行将以此说进之议会，见诸实行，而惟恐或失也。爰记之。

对河寺：县治北四十里。

商巴寺：县治北四十五里。

噶昧寺：县治北五十里。

达荐寺：县治北二百二十里。

七戒寺：县治北三百里。

格达寺：县治西四百里。

色支寺：县治西四百里。

宗 教

古之圣人以神道设教，祭祀皆有典礼，无所谓宗教也。自汉以还，佛与回、耶递入中土，而神仙家附会老子，道教亦与焉。说虽互异，要其劝善惩恶，旨趣同归，有足辅政治所不及者，因附录之。

佛教：佛教为印度迦维罗国王子释迦牟尼所创。释迦生于周昭王二十四年四月初八日，以贵胄披薙入山，主张平等，反对婆罗门教阶级之说，大抵以虚无为宗，尚慈悲、贵悟澈，上乘邃入哲学，下乘则为众人说法。谓人死精神不灭，随复受形，善恶皆有报应，轮回不已。故创为修养法，割恩舍爱，使本心常明，以至为佛。奉其道者曰沙门。汉明帝时始入中国，流传日广，喇嘛教其支派也。松潘除番寺外，所有寺宇率多佛教徒，然能阐其旨者罕觏焉。

道教：道教由方士附会而成，与老子无涉。老子姓李，名耳，字伯阳，楚苦县人，为周柱下史。学主清净，著《道德》五千言，盖九流之一也。其所谓“谷神不死，是为玄牝。玄牝之门，是为天地根”，亦不过言道所由起，而神仙家缘饰之，以为即《丹经》所谓玄关，非其旨矣。大抵道教胚胎于方术，汉张道陵出，渐集其成。元魏寇谦之，在平城起天师道场，遂与佛教对峙，寖为国教矣。其说不外符箓、丹鼎、引导，而言及心性，亦有可取者。松潘道院之多，殆亚于佛寺云。

回教：宗教有天堂地狱说，释氏创之，回教亦同其说焉。其教肇自天方，穆罕默德继承道统，后尔撒六百十年，即当中国南北朝时。穆罕默德生于阿剌伯，生有圣德，入山著书，土人弗信，几为所害。书名《可兰经》，垂为教典，是名天方教，一曰伊斯兰教。中国人见回纥奉之，因目为回教，非其本名也。教条有五功说，颇得惩劝之旨。当时，并威德以行教，拓地日广，东达葱岭。唐贞观初，教入中国，流行玉门关外，寖及内地，建礼拜寺。清道咸间，松潘回民二千余户。迭遭兵燹，今只千余户。县城有礼拜寺三：一在中街，一在鼓楼西巷上坡，一在北关外，其来久矣。寺名“清真”，以认主为第一义。所谓主者，即造化万有之真，主宰无形无方、独一无二、奥妙莫测者也。质言之，即信仰上帝是矣。

喇嘛教：喇嘛教行于西藏，流入蜀西南番境，佛教之余裔也。其说亦以慈悲为宗旨，尊活佛如天神，最信生死轮回说，盖得佛教之下乘者。番人谓觐见达赖、班禅一次，即可升灵魂、脱苦海云。余见《夷俗志》。

基督教：基督教旨与佛教下乘为近，而崇拜上帝，其所揭橥者也。经典有新、旧两《约》。《旧约》系基督以前史，《新约》系基督以后史。括其主义：一为平等，二为博爱，三为大同，四为忏悔，五为赎罪，六为精神，七为牺牲，八为进步，九为完人。又坚守上帝十诫，颇有裨于道德焉。基督生于犹太之拿撒勒，当中国汉平帝元始元年。其后，教徒日耳曼人路得马丁始改仪式，于是判为新、旧两教：新曰耶稣，旧曰天主。自明以来，并入中土，边邑、岩疆皆有其迹。县城之有圣修堂，始于清咸、同间，在南街，旋迁将军河坝巷道。福音堂则始于光绪间，在真武街。番变均毁，教民寥寥。

慈善会：于民国七年成立，地点玉真宫，创办人李仁义。照办事，分经常、临时两项：

一、经常十项。

一立义学，二讲格言，三惜字纸，四助婚葬，五施医药，六施棺板，七施义地，八收覆露，九赈孤贫，十春社秋报，建醮度幽。

二、临时无定项。

一赈济灾荒，二培修庙宇、桥梁、道路及其他公益。

第一，经常费。由众会员捐资，开设同济源杂货铺，以每年红息作为经常费用，其有不足者，众会员量力捐助。

第二，临时费。凡地方发生临时灾荒，由行政长官召集法团，开会议决，或请款，或措款，或募捐办理。

民国八年，北区漳腊设分会，承办人文耀光、吴承恩。十年，叠溪设分会，承办人杨成之。十一年，镇江关设分会，承办人杨芳亭。又小河成立分会，承办人杨维棣。十二年，北街观音堂成立分会，承办人张必森。会内章程因各处情形不同时有修改，不及备载。

官 师

晋置升迁令。唐贞观二年，改松州都督，设二十五州刺史。明洪武十一年，改卫。二十一年，改置军民指挥使司，领小河守卫千户所一、安抚司四、番族十三。后置副总兵。嘉靖末，复为卫，设同知一员，隶松茂道。清仍为卫，设总兵，统十二营。雍正间，裁卫，移龙安同知驻此，设教授、训导各一员。乾隆间，裁训导，改直隶同知，设巡检一员驻南坪，照磨一员。光绪末，设视学一员。民国改同知为县知事，设县佐一员、管狱一员、视学一员。

松潘道开府松潘卫，与副总兵官一员，分域而居。参将一员，旧驻小河千户所，今移驻龙安城。游击将军一员，驻扎漳腊堡。守备都指挥一员，驻扎平番堡。其余把守练兵官各有差。按：《后汉书》建武九年，司徒掾班彪上言：旧制，凉州部置护羌校尉，持节领护，理其怨结，岁时巡行，问所疾苦。又数遣释徒通导动静，使塞外羌夷为吏耳目，州郡因此可得儆备。今松潘兵备，即古护羌使者之职也。

晋县令

费　恕：南安人，为李特所杀。

隋刺史

纪士腾：上邽人，翼州刺史。

唐都督

韩　威：贞观中任。
安中敬：武威人。
孙仁献：开元中任。

唐刺史

崔行集：清河人，翼州刺史。
柳　赞：襄阳人，翼州刺史。
薛伯林：汾阴人，静州刺史。
长孙知人：洛阳人，翼州刺史。
和逢尧：岐山人，柘州刺史。
浑　徽：皋兰人，潘州刺史。

唐参军

韦令先：京兆人，翼州参军。

宋刺史

阿令骨：熙宁十年，为松州刺史。

明副使

王存礼：成化十四年，松潘副使。
范　纯：成化中，松潘兵备副使。
陈克宅：正德中，松潘副使。
祝　咏：嘉靖中，松潘兵备副使。
章　润：万历中，松潘兵备副使。
史瓒舜：天启中，松潘兵备副使。

明　卫

耿　忠：凤阳人。洪武十三年，以指挥佥事兼摄卫印。十九年，迁左府都督。入“名宦”。

明指挥

谢　琳：成化间，征番寨，殁于军。入“名宦”。
张　凤：弘治间，遇番贼，中流矢，殁。
边　轮：嘉靖初任。
谢世源：万历二十四年，率兵救援，遇番贼，中矢，死。
胡　宁：征番僧，遇害。
张学诗：兼任小河防御，遇番被害。
汤　铭：嘉靖庚子，提督指挥。
张良贤：万历八年，指挥。
赵　德：正统三年，指挥。

指挥佥事

徐佳胤：万历初任。
吴荩臣：本卫人，天启间任。详“乡贤”。
尧　彧：本卫人，详“乡贤”。
王　杲：正统九年任。

指挥同知

万　鳌：字用甫，号梅轩，云南人。万历二十年任。
曹　彬：二十四年任。
张　宏：字汝太。二十四年任。
周国柱：二十七年任。

明正千户

冯昌期：本卫人，崇祯间任。详“乡贤”。

副千户

张　伦：巩县人，正德十一年任。
李　棣。

百　户

吴　光：本卫人，洪武间任。
边　辅：正德六年任。

史　宽：正德六年任。
刘　贤：正德六年任。
方　犍：正德六年任。
孟　皋：正德十年任。
张　果。
李　傲：正德十五年任。
范伏三：嘉靖十三年任。

明仓官

田春秀：嘉靖十三年任。
张　珪：百户，万历间任。
杜世仁：百户，万历二十四年任。
尹　崇：百户，嘉靖十三年任。
吴　政：千户，嘉靖十三年任。
都连芳：小河百户，天启元年任。

清松茂道

南廷铉：字鼎甫，陕西渭南人，顺治丙戌举人。康熙八年任。
王　骘：山东福山人，顺治乙未进士。康熙十九年任。
高荫爵：字澹庵，镶白旗人，荫生。康熙四十五年任。
郑其储：湖广石首县人，壬辰进士，分巡松茂道布政使司参议。雍正八年任。
周　彬：云南昆明县人，进士，分巡松茂道按察使司副使。雍正间任。
黄思宸：河南商城县人，已未进士，松茂龙杂兵备道。嘉庆间任。
吉升保：满洲正白旗人，松茂龙杂兵备道，升两淮盐运使。嘉庆间任。

清同知

二　格。
马吉安。
于学谦。
盛　暹：江苏昆山人，监生。乾隆九年任。
滕兆肇：汉军正白旗人，监生。乾隆二十六年任。
钱　浦：浙江建德人，监生。乾隆三十三年任。
华　琛：满洲正红旗人，官学生。乾隆三十七年任。
永　灵：蒙古正黄旗人，官学生。乾隆四十八年任。
沈　琏：浙江山阴人，监生。乾隆四十九年任。
洪　范：安徽歙县人，附生。嘉庆三年任。九年，升同州府知府。
徐念高：广东德庆人，拔贡。嘉庆十一年任。道光二年，升夔府。
杨英灿：江苏金匮人，监生。道光三年任。

陈大镕：江苏娄县人，附生。道光七年任。旋升知府。
曾逢吉：湖北京山人，举人。道光八年任。
陆　机：道光年间任。
王梦庚：道光十一年任。
邱　隅：咸丰二年任。
吕伟莱：咸丰四年任。
李忠青：湖北人。咸丰六年任。
张中寅：直隶大兴人，举人。咸丰九年任。
文　桂：满洲人。同治四年任。
吕绍衣：江西人。同治五年任。
邓友仁：浙江人。同治六年任。
刘廷植：湖北人。同治八年任。
何远庆：湖北人，拔贡。同治九年任。
周侪亮：贵州人，举人，内阁中书。同治十一年任，光绪十六年复任。
萧　锦：湖南人。同治十四年任。
刘廷恕：湖南人。光绪元年任。
何亮清：贵州人，庚申翰林。光绪三年任。
熊自勋：湖南人，举人。光绪四年任。
秦云龙：湖北人。光绪五年任。
康为善：陕西人，拔贡。光绪六年任。
路　瑄：贵州仁和人，举人。光绪七年任。
蔡懋康：湖北人，副榜。光绪八年任。
夏世柏：光绪九年任。
邵炳文：福建侯官人，监生。光绪十一年任。
陈周礼：湖南人，监生。光绪十四年任，二十八年复任。
武文源：山东人，附生。光绪十六年任，二十一年复任。
杨　铎：满洲人，举人。光绪十九年任。
王葆恒：直隶通州人，监生。光绪二十二年至光绪二十四年任。
英　溥：觉罗正黄旗人，举人。光绪二十五年任。
周　溱：河南人，监生。光绪二十六年任。
李中敷：山东人，附生。光绪二十七年任。
黄汝楫：云南赵州人，进士。光绪二十九年任。
王克镛：山东登州人，贡生。光绪三十一年任。
罗香豫：福建人，附生。光绪三十二年任。
丁寿之：浙江山阴人，监生。光绪三十四年任。
杨　润：山东淮县人，附生。宣统元年任。
谢鹄显：湖南人，三品荫生。宣统二年任。
蹇念恒：贵州人，举人。宣统三年任。

民国县知事

田兆文：陕西人。民国元年任。
何光国：安岳人，清举人。民国三年任。
傅崇榘：成都人。民国四年任。
余家骧：浙江人。民国四年任。
张　典：富顺人。民国五年任。
文道心：资中人。民国九年任。
高介廉：灌县人。民国十年任。
牛锡光：成都人。民国十一年任。
谢森隆：安县人。民国十一年任。
赵鸿泽：茂县人。民国十二年任。

明教授

李逢期：雅州府人。明末任卫学教授。详《通志》。
穆世楷：雅州府人，贡生。
高尚事：夔州府人，贡生。

清教授

杨中秉：雍正元年任。
齐　骙：大邑人，举人。乾隆十六年任。
黄徽章：绵竹人，拔贡。乾隆十六年任。
祝　岷：洪雅人，进士。乾隆二十年任，三十四年复任。
唐上武：茂州人，拔贡。乾隆二十七年任。
李宗勉：三台人，举人。乾隆三十八年任。
王道溥：苍溪人，拔贡。乾隆四十二年任。
王知止：蓬溪人，拔贡。乾隆四十六年任。
吴懋仁：荣县人，进士。乾隆四十七年任，后复任。
高文芳：新都人，举人。乾隆五十八年任。
刘　兆：万县人，进士。嘉庆十一年任。
罗扬对：邻水人。嘉庆十三年任。
白双南：成都人，进士。咸丰间任。
徐云衢：温江人，进士。同治间任。
宁倬云：成都人，恩贡。同治间任。
吴泽棠：铜梁人，举人。光绪七年任。
张运春：光绪九年任。
杨之新：西充人，贡生，理番教谕，代理松潘厅教授。光绪十二年任。
杨宗典：彭县人，进士。光绪十三年任。

廖季平：资州人，进士。光绪二十四年任。

萧开瑞：邛州人，举人。光绪二十五年任。

周盛祺：灌县人，廪生。光绪二十七年任。

欧阳瑞：什邡人，廪贡生。宣统元年任。

清训导

刁之桢：重庆人，岁贡。

胡　纵：梓潼县人，拔贡。

韩衍盛：重庆人，岁贡。

朱象璠：崇庆州人，岁贡。雍正十一年任。

陈起云：苍溪人，岁贡。乾隆十五年任。

阎树镛：渠县人，岁贡。乾隆二十六年任。

秦元凤：隆昌人，岁贡。乾隆二十九年任。

王克用：大宁人，拔贡。乾隆三十四年任。

吴登甲：巴州人，贡生。乾隆三十七年任。

彭　儒：永宁人，岁贡。乾隆四十二年任。

张勤恕：遂宁人，岁贡。乾隆四十三年任。

尹有成：三台人，岁贡。乾隆四十四年任。

姜时珍：安县人，举人。乾隆四十八年任。

李同贵：永川人，岁贡。乾隆四十九年任。

李熙和：绵竹人，贡生。乾隆五十五年任。

穆世楷：名山人，贡生。乾隆五十六年任。是年，裁拨秀山县儒学。至宣统二年，裁教授，改视学。

县视学

蒙春辉：本县人，廪生。光绪三十一年任。

谢秉章：灌县人，增生。宣统二年任。

杨芳培：理番人，附生。民国三年任。

杨家澄：本县人，拔贡。民国五年任。

李景澄：北川人，廪生。民国六年任。

刘　勋：富顺人。民国七年任。

董万祺：灌县人。民国九年任。

马玉琳：民国十年任。

祁光第：民国十一年任。

清巡检

赵孝基：江南人。同治三年任。
郭维城：榆林人。同治六年任。
松　简：浙江人。同治八年任。
朱炳辉：江西人。同治十一年任。
舒静安：陕西人。光绪元年任。
李绍赓：成都人，光绪四年任。
谢庆恩：山阴人。光绪六年任。
王　铠：陕西人。光绪七年任。
彭兆铨：成都人。光绪九年任。
李树荣：重庆人。光绪十年任。
方　静：陕西人。光绪十二年任。
茅颐承：浙江人。光绪十二年任。
杜　廉：成都人。光绪十三年任。
黄荣基：湖南人。光绪十五年任。
娄世淦：浙江人，光绪十六年任。
李　英：大梁人。光绪二十二年任。
德　盛：宛平人。光绪二十五年任，民国四年复任，更名关德盛。
李　泽：遵义人，岁贡。宣统元年任。

民国县佐驻南坪

马文彬：成都人。民国四年任。
关德盛：民国五年任。
文耀光：民国六年任。
李景澄：民国七年任。
胡国清：民国九年任。
车秉衡：理番人。民国十年任。
文为富：民国十年任。
张　骥：民国十一年任。
马源清：民国十一年任。

清照磨

胡世荣：浙江人。道光间任。
陈　湘：咸丰间任。
唐楚翘：湖南人。咸丰间任。
李保辰：贵州人。同治间任。
张　星：贵州人，同治间任。

郭慎行：同治间任。
丁召棠：陕西同州人。同治间任。
徐焕章：直隶人。同治间任。
胡文斌：同治间任。
张　炳：陕西人，同治间任。
朱　和：浙江人。光绪间任。
沈伯珍：光绪间任。
谢　廉：湖北人。光绪间任。
陆物礼：直隶大兴人。光绪间任。
黄荣基：湖南人，监生。光绪间任，后复任。
欧阳尚忠：浙江绍兴人，监生。光绪间任。
许世英：浙江人。清末任。旋裁照磨缺。民国改管狱员。

民国管狱员

樊　恺：新繁人。民国二年任。
姚鹤俦：成都人。民国四年任。
敬文游：民国五年任。
傅兴灼：民国六年任。
沙掞藻：本县人。民国七年任。
汪景福：灌县人。民国十年任。
马逢乐：本县人。民国十一年任。
孙鸿年：本县人。民国十一年任。

武　秩

明副总兵

徐　凯：洪武二十七年任。
梁　福：永乐四年任。
李　敬：永乐十三年任。
侯　琎：宣德二年任。
蒋　贵：宣德九年，佩征蛮将军印，留守松潘镇。
王　翱：正德四年任。
陈　怀：宣德间任。
许　贵：天启五年任。
梁　瑶：景泰三年任。
翰　雄：山东人。
卢　能：天启间任。

尧　彧：松潘人。成化十二年任。
周　贵：江南人。正统间，协守松潘。
昌　佐：山右人。弘治间任。
朱　廷：江东人。弘治间，由宁川指挥使升任。
张　杰：陕西人。正德间任。
张文渊：江东人。正德间任。
牛　桓：嘉靖七年任。
杨一桂：嘉靖初任。
吴　鲸：嘉靖七年任。
何　卿：合肥人。嘉靖五年任。
高冈凤：嘉靖三十三年。
石邦宪：嘉靖三十二年任。
杨　显：万历三年任。
刘　显。
张邦铉：万历十年任。
李应祥：万历七年任。
马孔英：万历间任。
曹　铨：万历十四年任。
杜文焕：天启初任。
王守忠：天启初任。
猛如虎：崇祯十三年任。
李维新：天启初任。

清总兵

王明德：顺治间任。
高　鼎：山西五台人，康熙十九年任。
冯昌期：康熙八年任。
周文英：浙江永嘉人，武进士。康熙三十六年任。
卓　策：福建惠安人。康熙三十三年任。
程孝李：陕西长安人。康熙四十五年任。
路振扬：陕西长安人。康熙五十六年任。
张元佐：本厅人，武举。雍正三年任。
周　瑛：本厅人，武举。雍正元年任。
冯　义：雍正十一年任。
潘绍周：本厅人。乾隆四年任。
邵　铨：乾隆八年任。
杜　凯：乾隆六年任。
宋宗章：乾隆十一年任。

哈攀龙：武状元。乾隆十三年任。
马良柱：乾隆十五年任。
董　孟：汉军正黄旗人，武状元。乾隆十九年任。
杨朝栋：乾隆二十二年任。
托　云：满洲镶黄旗人。乾隆二十四年任。
德　兴：满洲正黄旗人。乾隆二十九年任。
永　昌：满洲正蓝旗人。乾隆三十二年任。
董天弼：乾隆三十二年任。
福　昌：满洲镶黄旗人。乾隆三十三年任。
宋元俊：江南凤阳人，武进士。乾隆三十六年任。
五　福：满洲镶白旗人。乾隆三十九年任。
刘　俸：永宁人。乾隆四十三年任。
穆克登阿：满洲镇红旗人。乾隆五十五年任，嘉庆四年复任。
张芝元：清溪人。乾隆五十六年任。
达音泰：满洲镶黄旗人。乾隆六十年任。
李绍祖：顺天人，武进士。嘉庆五年任。
吕朝龙：广元人，嘉庆六年任。
马国锐：山西阳曲人。嘉庆十年任。
福　智：蒙古镶黄旗人，侍卫。嘉庆十五年任。
罗升高：双流人。嘉庆十九年任。
卢廷璋：广东东苑人，武探花。嘉庆二十年任。
阿昌阿：满洲人。道光间任。
世　泰：满洲人。道光年间任。
伊萨布：满洲人。道光间任。
万　福：满洲人。道光年间任。
双　福：满洲人。道光年任。
文　祥：满洲人。咸丰间任。
高克谦：汉军旗人。咸丰间任。
瑞　琳：满洲人，咸丰间任。
联　昌：满洲人，一等子爵。咸丰十一年任，同治三年复任。
文　升：满洲人。咸丰间任。
奎　林：满洲人。同治元年任。
赓　良：满洲人。同治八年任。
李德泰：湖南人。同治十年任。
陈济清：湖南人。光绪三年任。
夏毓秀：云南昆明县人。光绪七年任，九年任，二十一年再任。
吴中奇：贵州人。光绪十七年任。
陈金鳌：湖南人。光绪二十年任。

况文榜：贵州人，光绪二十三年任。
闪殿魁：直隶人。光绪二十六年任。
何长沄：广东香山县人。光绪二十七年任。
丁鸿臣：湖南人。光绪二十八年任。
初发祥：湖北人。光绪二十九年任。
张世昌：河南怀庆府人。光绪三十年任。
何　鉴：温江人。光绪三十一年任。
缪汝正：云南昆明县人。光绪三十二年任。
开　泰：满洲人。光绪三十三年任。
赵国士：直隶人。宣统三年任。
许国贞：四川人。宣统二年任。

清镇标中营游击

李镇鼎：陕西人，武进士。康熙三十年任。
林国元：福建人。康熙三十五年任。
刘　职：福建人，武进士。康熙四十一年任。
姜和璧：江南人。康熙四十四年任。
马印鉴：陕西西安人。康熙间任。
岳钟琪：陕西人。康熙五十一年任。
龚　琸：本厅小河人。康熙间任。
陈尊玉：陕西人。康熙五十八年任。
周开捷：浙江人。雍元年任。
颜清如：陕西人。雍正三年任。
刘屏翰：云南人，武举。雍正五年任。
孔文彬：雍正十三年任。
赵之禄：乾隆三年任。
张久敬：乾隆十年任。
骆文镇：乾隆十六年任。
富　刚：乾隆十九年任。
任开甲：乾隆二十四年任。
宋元俊：乾隆二十七年任。
噶尔萨：乾隆三十三年任。
龚学盛：乾隆三十七年任。
官　宾：乾隆四十二年任。
陈大刚：阆中人，乾隆四十四年任。
袁国璜：保县人，乾隆四十六年任。
宋　鼎：乾隆四十九年任。
侯国雄：乾隆五十一年任。

扎郎阿：蒙古镶黄旗人。乾隆五十二年任。
张志林：绵州人。乾隆五十八年任。
马登朝：嘉庆元年任。
杨遇春：崇庆州人，武举。嘉庆二年任。
周荣廷：成都人。嘉庆三年任。
王万寿：武榜眼。道光间任。
罗思举：嘉庆七年任。
萧太和：华阳人。嘉庆七年任。
翰　皋：成都人。道光间任。皋于康熙戊辰科由文生中武会元，能诗，工书。
景　辉：满洲人。道光间任。
霍隆武：满洲人。咸丰间任。
常　启：满洲人。咸丰间任。
刘大志：四川人。同治元年任。
常　连：满洲人。同治六年任。
戴廷超：四川人。同治四年任。
赵定邦：同治十年任。
富　廉：满洲人。同治八年任。
吴楚雄：四川人。同治十二年任。
林耀龙：四川人。光绪元年任。
蒋名标：光绪间任。
范永福：四川人。光绪间任。
张希周：光绪间任。
张文朝：光绪间任。
李祥椿：湖南人。光绪间任。
杨凤均：光绪间任。
周天柱：四川人。光绪间任。
吴嘉春：四川人。光绪间任。
荣　恒：满洲人。光绪间任。
唐志林：四川人。光绪间任，后复任。
徐　钺：四川人。光绪间任。
冯云汉：四川人。光绪间任。
何廷珍：四川人。光绪间任。
黎瑞刚：广西人，武进士。光绪年间任。

清中营中军守备

赵勔鼎：山西人，武进士。康熙二十一年任。
王　玉：陕西人。康熙三十八年任。
苏国思：陕西人。康熙三十九年任。

于　门：四川人。康熙四十三年任。
胡　灏：四川人，武举。康熙五十三年任。
王朝诏：四川人，武举。康熙五十六年任。
李　青：四川人，武举。康熙五十七年任。
马　光：四川人，武举。雍正二年任。
高含略：陕西人。雍正三年任。
余自成：四川人，武举。雍正八年任。
段开诗：雍正十三年任。
岳　琨：雍正十三年任，乾隆三年复任。
杨树森：武进士。松潘守备。
马汉成：乾隆十六年任。
永　成：乾隆十九年任。
二　格：乾隆二十四年任。
苏凤麟：乾隆二十九年任。
张韩元：乾隆三十七年任。
余忠鸾：乾隆四十二年任。
马光祖：乾隆五十一年任。
李正华：华阳人。乾隆五十一年任。
张志林：绵州人。乾隆五十三年任。
德清额：蒙古正黄旗人。乾隆六十年任。
戴文星：成都人。嘉庆元年任。
何化龙：雅安县人。嘉庆三年任。
兰国馪：成都人。嘉庆七年任。
曾连元：嘉庆七年任。
陈裕林：云南人。嘉庆十二年任。
达胜超：华阳人。嘉庆十九年任。
雷泽普：四川人。咸丰间任。
马　庆：松潘人。咸丰间任。
武廷英：四川人。同治间任。
傅鸿勋：四川人。同治间任。
严九皋：四川人。同治间任。
刘大鹏：崇庆州人，武进士。同治间任。
杨树森：四川人。武进士。同治间任。
吴学成：四川人。同治间任。
廖昌奎：咸丰武举。松潘中营守备。
张奇炳：绳州人。叠溪营参将。
张鹏翼：平番营守备。
周　杰：四川人。同治间任，光绪间复任。

达玉元：四川人。同治间任。
陈源济：四川人。光绪间任，后复任。
向福源：四川人。光绪间任。
冯国胜：四川人。光绪间任。
刘国清：四川人。光绪间任。
刘炳勋：四川人。光绪间任。
黄　林：四川人，光绪间任。
李治国：四川人。光绪间任。
姜　珍：本厅人。光绪间任。
张辅舜：西昌人。光绪间任。
吴以忠：四川人。光绪间任。
张洪泰：光绪间任。
李春华：光绪间任。
李　润：光绪间任。
姜敬武：四川人。光绪间任。
马保国：松潘人。光绪间任。
马国融：四川人。光绪间任。

清镇标左营游击

王世臣：陕西人。康熙二十一年任。
何　德：陕西人。康熙二十八年任。
姜和璧：江南人。康熙三十九年任。
王之俊：陕西人。康熙四十四年任。
纪成斌：陕西人。康熙五十五年任。
贾天锡：山西人。康熙五十七年任。
邓国栋：四川人。雍正二年任。
马良柱：雍正十一年任。
王　勇：雍正十三年任。
张宏仁：乾隆元年任。
张云汉：乾隆六年任。
阿兰泰：乾隆八年任。
萨穆哈：乾隆十九年任。
沐特恩：乾隆二十七年任。
那　黑：满洲镶黄旗人。乾隆三十二年任。
宋　鼎：山西介休人，武进士。乾隆三十八年任。
赵秉彝：汉军镶黄旗人。乾隆四十五年任。
特通阿：满洲镶蓝旗人。乾隆四十八年任。
关连升：成都人。乾隆四十九年任。

德清额：蒙古正蓝旗人。嘉庆二年任。
赵　琴：新都人。嘉庆十二年任。
定　全：满洲人。咸丰间任，同治间复任。
琦　忠：满洲正白旗人。嘉庆二十年任。
杨应刚：四川人。咸丰间任。
丁秉胜：四川人。咸丰间任。
刘占超：四川人。咸丰间任。
何玉春：四川人。同治间任。
富　濂：满洲人。同治间任。
张文朝：四川人。光绪间任。
孙廷槐：四川人。光绪间任。
蔡占超：四川人。光绪间任。
唐占彪：四川人。光绪间任。
鲁绍武：四川人。光绪间任。
杨鸿卿：四川人。光绪间任。
潘　仑：四川人。光绪间任。
独锡勋：四川人。光绪间任。
杨世昌：四川人。光绪间任。
徐　钺：四川人。光绪间任。
宋朝恩：四川人。光绪间任。
昝永寿：四川人。光绪同任。
马隆武：四川人。光绪间任。
陈炳欣：四川人。光绪间任。
陈开祥：四川人。光绪间任。
李朝柱：四川人。光绪间任。
董绍云：四川人。光绪间任。
黄仕明：四川人。光绪间任。
王兆雄：四川人。光绪间任。
王德明：四川人。光绪间任。
王振邦：四川人。光绪间任。

清左营中军守备

冯　春：陕西人。康熙二十一年任。
李　彦：直隶人。康熙二十二年任。
戴家谟：浙江人，武进士，康熙二十七年任。
苏国勋：四川人。康熙四十一年任。
梁明珍：四川人。康熙四十三年任。
吕倘尚：陕西人。康熙五十一年任。

徐维扬：陕西人。康熙五十四年任。
张朝良：四川人。雍正二年任。
唐国泰：陕西人。雍正六年任。
段开诗：雍正十一年任。
黎炳良：雍正十三年任。
范忠楷：乾隆元年任。
杨　惠：乾隆九年任。
马绍蛟：乾隆十二年任。
刘天德：乾隆二十年任。
向正禄：乾隆二十六年任。
刘　俸：永宁人。乾隆三十年任。
孟洪翼：平武县人。乾隆三十二年任。
马天雄：昭化县人。乾隆三十八年任。
白玉升：乾隆四十一年任。
龚应魁：乾隆五十二年任。
胡　琏：乾隆五十二年任。
龙云会：乾隆五十五年任。
徐　琼：本厅人。乾隆五十五年任。
马瑞图：华阳人。乾隆五十七年任。
倪占鳌：广元县人。乾隆六十年任。
苏云焕：清溪人。嘉庆二年任。
宋吉典：湖南人。嘉庆四年任。
马宇光：嘉庆六年任。
魏国相：华阳县人。嘉庆十年任。
黄河清：嘉庆十二年任。
赵　浩：成都县人。嘉庆十五年任。
路扶云：本厅漳腊人。咸丰间任。
胡必昭：松潘人。咸丰间任。
江之林：四川人。咸丰间任。
杨步青：茂州人。同治间任。
杨继昌：四川人。同治间任。
洪占春：四川人，同治间任。
向福元：四川人。同治间任。
王廷敏：四川人。同治间任。
朱开林：四川人。同治同任。
张鹏飞：四川人，武举。光绪间任。
傅桂芳：四川人。光绪间任。
陈绍江：四川人。光绪间任。

高永福：四川人。光绪间任。
姜　珍：松潘人。光绪间任。
黄　林：云南人。光绪间任。
王升高：松潘人。光绪间任。
马忠骥：成都县人。光绪间任。
穆　溶：成都县人。光绪间任。
徐国祥：四川人。光绪间任。
徐长富：四川人。光绪间任。
李朝柱：四川人。光绪间任。
李承恩：四川人。光绪间任。
林世元：四川人。光绪间任。
李玉琏：崇宁人。光绪间任。
陈祖虞：彭县人，武进士。光绪间任。
刘永福：四川人。光绪间任。
本　福：满洲人。光绪间任。
马保国：本厅人。光绪间任。
帅登沄：仁寿人。光绪间任。
杜维城：光绪间任。
刘甸臣：光绪间任。

清镇标右营都司

哈攀龙：乾隆二十二年任。
雷　基：乾隆二十六年任。
瑚图礼：乾隆二十九年任。
延　九：乾隆三十三年任。
张　维：乾隆三十五年任。
刘　贵：乾隆三十七年任。
张正邦：乾隆四十一年任。
年　镛：乾隆四十六年任。
叶　华：乾隆五十年任。
何元卿：乾隆五十五年。
叶攀凤：乾隆五十九年任。
洪君得：嘉庆四年任。
刘满贵：嘉庆五年任。
薛国相：嘉庆六年任。
李胜林：嘉庆八年任。
丁永安：嘉庆九年任。
三　格：嘉庆十五年任。是年，裁缺。

清镇标原设右营游击

施　裕：福建人。康熙三十八年任。
汪　蛟：江南人。康熙四十一年任。
高天宠：河南人。康熙四十八年任。
陈尊玉：陕西人。康照五十五年任。
郭寿域：山西人。康熙五十七任。
周开捷：浙江人。康熙六十六年任。
刘屏翰：云南人，武举。雍正元年任。
董之俊：四川人，武举。雍正五年任。
虎成壮：陕西人。雍正六年任。
萨穆阿图：乾隆六年任。
杨世璋：乾隆十六年任。
本进忠：乾隆十八年任。是年，裁缺。

清原设中军右营守备

段登闱：山西人。康熙二十九年任。
李　悌：山东人，武进士。康熙三十七年任。
刘雄勇：陕西人。康熙三十九年任。
王时亨：四川人。康熙四十三年任。
陈　英：四川人。康熙四十七年任。
周　瑛：本厅人，武举。康熙五十七年任。
高得禄：陕西人。康熙五十八年任。
洪　扬：四川人。康熙六十一年任。
王作所：四川人，武举。雍正三年任。
郭九皋：乾隆六年任。
余光图：乾隆十七年任。
伸　保：乾隆十九年任。
刘汉臣：乾隆二十年任。
赵　祥：乾隆二十六年任。
广　著：乾隆二十九年任。
田种玉：乾隆三十二年任。
蓝田玉：乾隆三十九年任。
张占魁：乾隆四十四年任。是年，裁缺。

清漳腊营参将

陆天德：乾隆十五年任。
保怀志：乾隆十九年任。
本进忠：乾隆二十年任。
宋元俊：乾隆二十九年任。
薛　琮：乾隆三十四年任。
寄古奇：乾隆四十年任。
魁　麟：乾隆四十三年任。
马应诏：乾隆四十五年任。
赵秉彝：乾隆五十一年任。
富桑阿：乾隆五十二年任。
吕　玟[①]：乾隆五十六年任。
张志林：嘉庆四年任。
沈宗文：嘉庆八年任。
苏勒当阿：满洲正白旗人。嘉庆十六年任。
德　印：满洲正蓝旗人。嘉庆二十一年任。
琦　忠：满洲正白旗人。道光二年任。
托精阿：满洲人。道光六年任。
王映雄：甘肃凉州府人，云骑尉。道光十一年任。
秦　耀：咸丰十一年任。是年城陷。
王有品：同治三年任。
江国霖：同治四年任。是年恢复。
白玉明：同治间任。
宋泽坤：同治间任。
德　茂：旗人。同治间任。
蔺朝举：成都人。同治间任。
黄德耀：同治间任。
邓全胜：广东茂名县人。同治间任。
宋朝恩：同治间任。
余德贵：光绪间任。
叶浓盛：光绪间任。
周泽浦：光绪间任。
杨茂林：光绪间任。
王显廷：光绪间任。
黄仕明：光绪间任。

---

① 玟：此字疑误，按常理名字一般不会带有“玟”字。或当为“玫”“枚”“汶”等。

瑞　璞：河南驻防旗人。光绪间任。
张俊才：光绪间任。
万邦孚：泸州人。光绪间任。
苏元泰：成都人。光绪间任。
陈忠良：光绪间任。
何炳蔚：光绪间任。
李朝柱：宣统二年任。
王德明：宣统三年任。
傅殿卿：河南人。宣统三年任。是年，裁制营。设巡防马队管带。

清漳腊营原设游击（乾隆十三年裁，改设参将）

冯天惠：陕西人。康熙二十三年任。
张尔增：山东人。康熙二十八年任。
赵勔鼎：陕西人，武进士。康熙三十一年任。
陈安国：福建人。康熙三十一年任。
王通明：陕西人。康熙三十六年任。
刘雄勇：陕西人。康熙四十六年任。
边士英：陕西人。康熙五十一年任。
周　瑛：本厅人，武举。康熙五十八年任。
张元佐：本厅人。雍正元年任。
马纪师：陕西人。雍正二年任。
邱名扬：本厅人。雍正三年任。
刘屏学：云南人，武举。雍正四年任。
张圣学：四川人。雍正五年任。
张朝良：四川人。雍正六年任。
臧绍文：四川人。雍正八年任。
马良柱：雍正十三年任。
贾国良：乾隆八年任。
纪万年：乾隆十三年任。是年裁缺。

清漳腊营中军守备

任世爵：陕西人。康熙二十年任。
马化蛟：陕西人。康熙三十二年任。
柳得胜：山东人。康熙五十一年任。
徐泽深：四川人。康熙五十四年任。
沈国卿：四川人。康熙五十五年任。
邱名扬：本厅人，武举。雍正二年任。
王　刚：四川人。雍正二年任。

武应洪：四川人。雍正四年任。
治成福：雍正十四年任。
王秀成：乾隆八年任。
席　雄：乾隆十三年任。
傅　明：乾隆十九年任。
秦名愈：乾隆二十三年任。
张万魁：乾隆二十九年任。
许如龙：乾隆二十四年任。
谭世俊：乾隆四十年任。
陈大刚：乾隆四十三年任。
关连升：乾隆四十五年任。
王重品：乾隆五十一年任。
阿克登阿：乾隆五十六年任。
吴廷刚：嘉庆四年任。
曹兴邦：嘉庆五年任。
马永栋：嘉庆六年任。
张　佐：成都人。嘉庆二十一年任。
虎正川：成都人。道光二年任。
王连元：道光六年任。
伍得胜：重庆人。道光十一年任。
徐国瑸：咸丰十一年任。
张从礼：本厅人。咸丰间任。
耿世忠：同治间任。
袁进选：同治间任。
王光耀：同治间任。
王登华：同治间任。
吉玉贵：同治间任。
梁占春：同治间任。
江国安：同治间任。
毓　秀：满洲人。光绪六年任。
陈锡盈：光绪间任。
李朝柱：光绪间任。
谭春臣：光绪间任。
盛国廉：光绪间任。
周国钧：光绪间任。
刘思恭：光绪间任。
李承恩：光绪间任。
张振麟：光绪间任。

陈忠和：光绪间任。
马国融：光绪间任。
李焕武：光绪间任。
马保国：本厅人。光绪间任。
刘　超：本厅人。光绪间任。
李裕连：光绪间任。
冉正金：酉阳人，武进士。光绪间任。
任必达：本厅人。光绪间任。
田现龙：本县人。光绪间任。
吴承恩：本厅人，侭先都司。宣统三年任。

清平番营原设都司（雍正九年改设，嘉庆十二年裁）

王作所：雍正九年任。
张怀元：四川人。雍正十一年任。
贾国良：雍正十三年任。
宋宗璋：乾隆五年任。
拴　柱：乾隆十一年任。
张　琪：乾隆十七年任。
图桑阿：乾隆二十五年任。
孟仕魁：乾隆三十年任。
陈玉凯：乾隆三十六年任。
四　格：蒙古镶黄旗人，乾隆四十二年任。
胡仕杰：乾隆四十八年任。
巴扬阿：满洲正黄旗人。乾隆五十六年任。
马瑞图：乾隆五十八年任。
荣　义：直隶遵化人。乾隆六十年任。
马　济：松州人。嘉庆四年任。
塔清阿：蒙古正黄旗人。嘉庆六年任。
沈文同：安县人。嘉庆八年任。

清平番营原设守备（雍正九年裁，改都司）

刘国俊：陕西人。康熙十九年任。
蒋国玉：陕西人。康熙二十四年任。
薛士琏：福建人。康熙二十八年任。
柳建勋：陕西人。康熙四十二年任。
王时亨：四川人。康熙四十八年任。
王　鼎：四川人。康熙五十三年任。
王　极：贵州人。康熙五十八年任。

魏兴张：四川人，康熙五十九年任。
宋宗璋：甘肃武威人。雍正四年任。
马　龙：陕西人，雍正七年任。

清平番营守备（嘉庆十二年裁都司改设）

岳廷春：嘉庆十三年任。
张鹏翼：嘉庆间任。
马　彪：咸丰间任。
杜芝芳：同治元年任。
宋泽坤：同治间任。
周　斌：同治间任。
杨步青：同治间任。
达裕元：同治间任。
严德高：同治间任。
黄玉林：光绪间任。
吴以中：光绪间任。
孙　泰：光绪间任。
贾国忠：光绪间任。
李定国：光绪间任。
张辅顺：光绪间任。
张洪泰：光绪间任。
杨德喜：光绪间任。
李国治：光绪间任。
徐安平：光绪间任。
马玉德：光绪间任。
李良辅：云南人。光绪间任。
李汉臣：四川人。光绪间任。
蒋晳光：光绪间任。
文致祥：光绪间任。
王光裕：光绪间任。
聂登山：光绪间任。
田现龙：光绪间任。

清叠溪营游击驻茂州叠溪城

姜逢彩：汉军镶红旗人。康熙十九年任。
邵　进：浙江人。康熙二十一年任。
吴　杲：陕西人。康熙三十二年任。
王　玉：陕西人。康熙四十年任。

马良灿：河南人。康熙四十二年任。

卓升云：陕西人。康熙五十四年任。

胡　灏：四川人。康熙五十六年任。

郭寿域：山西人。康熙五十九年任。

常力行：山东人。雍正元年任。

实　德：满洲正红旗人。乾隆三十二年任。

曹永言：浙江人。乾隆三十七年任。

诸神保：满洲正红旗人。乾隆三十九年任。

杨洪义：贵州人。乾隆四十三年任。

黄　琨：广元人，武举。乾隆五十四年任。

刘国刚：广元人。乾隆五十六年任。

王得胜：成都人。嘉庆六年任。

汤占先：华阳人。嘉庆八年任。

造　喜：满洲镶黄旗人。嘉庆十五年任。

曹兴邦：巴县人。嘉庆十七年任。

张万林：华阳人。嘉庆二十年任。

祥　云：同治间任。

马　喜：同治三年任。

李正春：同治间任。

何占魁：同治间任。

杨洪清：光绪间任，后复任。

张联升：光绪间任。

铁　珍：光绪间任，后复任。

白明玉：光绪间任。

杨茂林：光绪间任。

张友胜：光绪间任。

江品有：光绪间任。

马应喜：光绪间任。

陈进国：光绪间任。

潘　仑：光绪间任。

昝永寿：光绪间任。

董克勋：光绪间任。

徐长富：光绪间任。

李长胜：光绪间任。

裘成全：光绪间任。

穆德隆：光绪间任。

马世俊：光绪间任。

万邦孚：光绪间任。

吴迺成：光绪间任。
何兆元：光绪间任。

清叠溪营中军守备

栗大本：陕西人。康熙二十一年任。
祝　苞：直隶人。康熙二十七年任。
汪　蛟：江西人。康熙四十年任。
任大成：四川人。康熙五十五年任。
徐　宾：直隶人。康熙五十六年任。
杨玉先：平武人。康熙六十一年任。
颜清如：陕西人。雍正二年任。
邓国芳：云南人，雍正四年任。
张奇炳：雍正间任。
段起贤：陕西人。雍正六年任。
王国相：雅安人。乾隆三十七年任。
游起云：华阳人。乾隆四十二年任。
李　茂：广元人。乾隆四十七年任。
杨正春：同治间任。
郭　通：同治间任。
于海晏：同治间任。
李友清：光绪间任。
杨玉林：光绪间任。
冯国胜：光绪间任。
黄玉林：光绪间任。
谭春臣：光绪间任。
张庆元：光绪间任。
马德勋：光绪间任。
张洪泰：光绪间任，宣统复任。
何世才：光绪间任。
黄廷臣：光绪间任。
马保国：光绪间任。
彭洪胜：光绪间任。
刘应棠：光绪间任。
马廷贵：光绪间任。
易　得：光绪间任。
李得耀：光绪间任。

清龙安营都司

马绍祖：咸丰间任。

扎克丹：咸丰间任。

佟顺祖：同治间任。

陈进国：同治间任。

朱鼎寿：同治间任。

恩　禄：光绪间任。

马应龙：光绪间任。

李定国：光绪间任。

蒋玉琪：光绪间任。

荣　恒：光绪间任。

封文华：光绪间任。

朱克辉：光绪间任。

赵登弼：光绪间任。

卢锡年：宣统间任。

清原设小河营守备

道光十八年，裁守备缺，拨驻于万全营，仅留左右司把总二缺。专城千总、外委缺于宣统三年全裁，改巡防。

马光祖：甘肃人。乾隆八年任。

李维统：四川人。乾隆八年任。

陈其援：贵州大定人，武举。乾隆十四年任。

胡大经：广东德顺人，武举。乾隆十七年任。

郭　旺：山西盂县人，乾隆二十年任。

常文俊：直隶安肃县人。乾隆二十五年任。

徐　超：湖北善化县人，武举，乾隆三十四年任。

王　锦：云南昆明县人。乾隆四十四年任。

马世清：陕西三元县人，武举。乾隆四十四年任。

赵永成：甘肃平凉府人。乾隆五十四年任。

王朝伸：松潘人。嘉庆元年任。

郭　成：郫县人。嘉庆十年任。

清旧设小河营游击（乾隆二年裁，改守备）

苗正元：陕西人。康熙二十二年任。

任世爵：陕西人。康熙四十一年任。

冶大正：陕西人，康熙四十二年任。

沈　祥：四川人。康熙五十三年任。

王　鼎：四川人。康熙五十九年任。
徐维扬：四川人。雍正元年任。
孔文彬：贵州人。雍正七年任。

清旧设南坪营守备

高攀蟾：山东人，武进士。雍正三年任。
冯开元：山西人。雍正七年任。
冯良弼：雍正十三年任。
周洪谟：乾隆六年任。
秦秉礼：乾隆十三年任。

清南坪营都司

王　增：乾隆十六年任。
何应洪：乾隆二十年任。
李中谟：乾隆三十年任。
薛　琮：乾隆三十二年任。
彭子亮：乾隆四十三年任。
陈维耀：乾隆四十八年任。
徐南鹏：乾隆五十三年任。
沈宗文：乾隆六十年任。
阿克东：嘉庆五年任。
珠隆阿：嘉庆十年任。
刘元明：嘉庆十五年任。
高联升：同治三年任，六年复任。
张文朝：成都人。同治四年任。
马登富：本县人。同治六年任。
范永福：苍溪人。同治九年任，光绪三年复任。
钟明远：重庆人。光绪元年任。
曾茂兰：华阳人。光绪二年任。
李良辅：云南人。光绪十三年任。
封文和：湖南人。光绪十五年任。
奎　光：长白人。光绪十六年任。
吴以忠：乐至人，武举。光绪十七年任。
杨得喜：双流人。光绪十九年任。
张辅舜：建昌人。光绪二十一年任，二十三年复任。
黄　麟：华阳人。光绪二十二年任。
车志道：成都人。光绪二十四年任。
刘应槐：成都人。光绪二十六年任。

聂登山：崇庆州人，武进士。光绪二十八年任。
王飞龙：湖南人。光绪二十九年任。
赵花凤：陕西人，武进士。光绪三十年任。
曾国栋：灌县人。光绪三十三年任。
马家驹：浙江人。光绪三十四年任。
帅登瀛：成都人。宣统三年任。

民国汉军西路前五营统带（元年裁总兵缺，改汉军统带）

张孝著：灌县人，武备学堂毕业生。民国元年任。
陈朝玺：本县人，清附生。民国五年任。
何上林：湖南人。民国五年任。
张　典：富顺人。民国七年兼任。
何炳宽：本县人。民国九年任。
郑世斌：安县人。民国十一年任。
谢森隆：安县人。民国十二年任。

民国汉军一营营长

何炳宽：本县人。
中哨哨官：王光均，本县人；任光超。
左哨哨官：吴承恩，本县人。
右哨哨官：王润，本县人；刘华国，本县人。
中哨哨官：陈兆麟，本县人；高文发，本县人。
左哨哨长：张俊，川北人；郭玉书。
右哨哨长：杨万铭，茂县人；胡瀛洲，灌县人。

二营营长

田现龙：本县人。
李再春。
杨志荣：茂县人。民国十一年任。
邓显廷：茂县人。民国十二年任。
中哨哨官：朱佩铭，茂县人；王光桢。
左哨哨官：马受云，马寿康。
右哨哨官：富长德，陈锦裳。
中哨哨长：田在龙，文有章。
左哨哨长：冯善一。
右哨哨长：万世杰，张文富。

第五营营长（原由统带兼任，民国六年改委）

任光超：民国六年任。
中哨哨官：王开源，陕西渭南人；李逢春。
左哨哨官：文维辅，吕天爵。
右哨哨官：郭树声，汶川人；冯肇麟。
中哨哨长：周庆恩，灌县人；刘子卿。
左哨哨长：文伟堂；蒋宗汉，灌县人；马俊朝。
右哨哨长：王光昭，李腾。

汉军统部护卫营

哨官：马联升。
哨长：马兆乾。
哨长：马耀墀。

松潘职官表：

	三代	秦	汉	后汉	三国	晋	宋齐梁陈	北魏	北齐
分守道									
分巡道									
兵备道、水利屯田等道	大夫监								
	分守、分巡、兵备、水利、屯田各道，掌佐藩臬、核官吏、课农桑、兴贤能、砺风俗、简军实、固封守，以倡所属而廉察其政治。清初，设布政司左右参政、参议，曰守道；设按察司副使、佥事，曰巡道。有通辖全省者，有分辖三四府州者。四川川西旧设松潘道，乾隆十八年，改分巡松茂龙杂兵备兼理新疆（即今懋功）屯政道。后设通省盐茶为一道，驻省城。分巡成绵龙茂松理懋兵备、水利、屯田为一道，驻省城。民国建元，改成绵龙茂松理懋，属川西道。								

	三代	秦	汉	后汉	三国	晋	宋齐梁陈	北魏	北齐
同知		丞、长史	丞、治中	长史	丞	丞	丞	丞	丞
	同知分掌捕盗、军粮、理番、抚夷、抚民、理民、水利诸务，以佐知府之政治，其有兼理民事。直隶于各省道者，其职如各府、直隶州之制，而品级则同。松潘旧为龙安府同知，后改直隶同知。民国建元，改县。								

	三代	秦	汉	后汉	三国	晋	宋齐梁陈	北魏	北齐
照磨									
	各厅照磨掌守文移、磨勘卷宗，以分理所属之事。松潘照磨监察狱囚。民国改管狱员。								

	三代	秦	汉	后汉	三国	晋	宋齐梁陈	北魏	北齐
知县	县正、邑宰	令长、相	令长、相	令长、相	令长、相	令长、相	令长、相	令长、相	令长、相
	知县掌一县之政令，平赋役、听治讼、兴教化、砺风俗，凡养老、祀神、贡士、读法，皆躬亲厥职而勤理之。民国，松潘同知改县知事。								

	三代	秦	汉	后汉	三国	晋	宋齐梁陈	北魏	北齐
巡检									
	巡检掌缉捕盗贼、盘诘奸伪，凡府厅州县关津要隘，并设之。松潘南坪巡检兼理民抚番。民国，改为县佐分知事。								

	三代	秦	汉	后汉	三国	晋	宋齐梁陈	北魏	北齐
厅儒学教授			郡文学	学官、祭酒	蜀典学从事、魏文学祭酒	儒林祭酒	儒林参军、文学祭酒、儒林祭酒	郡博士	郡博士
	各府厅州县儒学教授、学正、教谕、训导，分掌其学校生徒训迪之事，例用本省人，同府者避不用。松潘初为训导，后设教授，今改为视学员。								

	三代	秦	汉	后汉	三国	晋	宋齐梁陈	北魏	北齐
松潘镇总兵	周师帅	郡长史	郡丞长史	军营校尉军司马	吴前都督	都督司马	领兵司马	四中郎将镇戍大都督左右都督	镇将
	各镇总兵官各掌其镇之军政、统辖本标官兵及分防各营协将弁而受成于提督。四川松潘镇总兵兼理防务，提调汉土官兵，节制口内口外各土司。民国，制营裁撤，改汉军统部代行职权。								

旧《通志》

后周	隋	唐	五季	宋	辽	金	元	明
		采访支使、转运副使		转运副使、同勾当转运使	转运副使，同知转运使	同知转运副使、副使	同知宣慰使、副使	布政司左右参政、参议
		观察副使			观察副使	按察副使、佥事	廉访副使、佥事	按察司副使、佥事
		观察支使、团练使、防御使	团练使、防御使	提举茶民三百渠诸司	团练使		屯田使、团练安抚、劝农使	派管粮储驿传屯田水利抚民等事、派管兵备巡海清军招练等事

后周	隋	唐	五季	宋	辽	金	元	明
郡丞	赞务丞	少尹		长史	同知府事	同知	同知	同知

后周	隋	唐	五季	宋	辽	金	元	明
							提控按牍	照磨

后周	隋	唐	五季	宋	辽	金	元	明
令长、相	县令	县令	县令	知县、县令	县令	县令	达噜噶齐、县尹	知县

后周	隋	唐	五季	宋	辽	金	元	明
						巡检	巡检	巡检

后周	隋	唐	五季	宋	辽	金	元	明
	郡博士	府文学		府教授	府博士	府教授	府教授	府教授

后周	隋	唐	五季	宋	辽	金	元	明
大都督	都尉行军司马	节度使行军司马、镇将	路分都监、都铃辖	同	兵马都总管府副总管	总管府同知都、总管统军司、副统军	宣慰使司都元帅府同知、都元帅府副元帅	都指挥使司、都指挥同知、总兵官

续

	三代	秦	汉	后汉	三国	晋	宋齐梁陈	北魏	北齐
副将	周旅师			别部司马	蜀开府门下督、吴偏将军	南蛮等校尉、平越中郎将、都督帐下督	同	镇副将、镇城都督	同
	副将各掌其分治之军政，以整饬行伍，参将以下在其分内者胥隶焉。松潘镇，清初属懋功、维州两副将。乾隆间，因懋功距松遥远，节制不便，改归提督，由省统辖。镇属维州一协。民国裁撤，为汉军二营分驻区域。								
	三代	秦	汉	后汉	三国	晋	宋齐梁陈	北魏	北齐
参将游击	周卒长		亚将、骑将、行司马、军司马		蜀参军	西戎等校尉司马	中郎司马、校尉司马	都将、别将、镇司马、统军	
都司守备	周两司马		队师	大将军侯	魏裨将军、部曲督	牙门将、都战帅	城大戍将	于都将、都军主	
	三代	秦	汉	后汉	三国	晋	宋齐梁陈	北魏	北齐
千总把总	周伍长		材官挽强、校长、校丞侯	屯长	魏部曲将	郡将督	军主、军副、戍主、戍副、防主、防副	队主	
	各营参将、游击、都司、守备、千总、把总，各掌其防汛之军政，练饬营伍，以听于其长。凡游击之为总兵统理营务者，称镇标中营游击；都司为副将统理营务者，称中军都司；守备之为参将、游击统理营务者，称中军守备。有都司、守备单立营制者，千、把以下悉归其统辖。松潘镇标，漳腊参将一，中、左两营游击二，南坪都司一，平番守备、千总、把总分防各地。详载《兵制》。民国裁撤营汛，各营、参、游、都、守、千、把由汉军营长、哨官、哨长代行职权。								

表

后周	隋	唐	五季	宋	辽	金	元	明
帅都督	副都督	节度使副使、镇副	同	路分副都监、副铃辖	兵马都总管府同知	都总管府副都总管	宣慰使司都、帅府副使	都指挥使司指挥佥事、副总兵官
后周	隋	唐	五季	宋	辽	金	元	明
		同节度副使、马步军都虞侯、马军都将、兵马大使、都知兵马使		诸路副将	兵马都总管府兵马判官			参将、游击将军
	开府督武侯	兵马使、押将、牙将	牢城遏后指挥使	诸路部将、队将				外卫所指挥使、都司、守备
后周	隋	唐	五季	宋	辽	金	元	明
峰帅	镇将、镇副、戍主、戍副、防主、防副	同	踏白将、踏白副	诸路训练官		诸府镇都军司、都指挥使、诸防刺州军辖、诸府州兵马铃	把总	千总、百户

《松潘县志》卷六

宦　迹

隋

窦　轨：字士刚。大业中，迁益州道行台左仆射。党项引吐谷浑寇松州，诏轨与扶州刺史蒋善合援之。善合先败之，至钳川。轨进军临洮，击其左部，走之。度羌必为患，始屯田松州。轨为人性极严明，军民感德。崇祀名宦。

唐

梁建芳：《唐书》：贞观二十二年四月，右武侯将军梁建芳击松州蛮，下其部落七十二所。崇祀名宦。

孙仁献：《新唐书・玄宗纪》：开元四年二月，吐蕃寇松州，松州都督孙仁献与战，败之。崇祀名宦。

高　适：四川节度使。上疏言：松州当吐蕃冲要，粮道险远，输运艰难。广德元年，领兵数万从陕西路控制松州，其功甚巨。崇祀名宦。

李德裕：剑南节度使。克平吐蕃，建筹边楼于维州，广集谋略。时方饥馑，蠲粟赈济松、叠、威、茂，饥民赖以全活。崇祀名宦。

宋

张　诚：崇祀名宦。

赵　忭：崇祀名宦。

明

丁　玉：《明史》本传：初名国珍，河中人。洪武十年，为右御史大夫。四川威茂土酋董贴里叛，以玉为平羌将军，讨之。至威州，贴里降，承制设威州千户所。十二年，平松州，玉遣指挥高显等城之，请立军卫。帝谓：松州山多田少，耕种不能赡军，守之非策。玉言：松州为西羌要地，军卫不可罢。遂设官筑城如玉议。会四川妖人彭普贵为乱，焚掠十四州县，指挥普亮等不能克，命玉移军讨灭之。帝手敕褒美，转左御史大夫。师还，拜大都督府左都督。崇祀名宦。

薛文胜：洪武初，率兵征松州，沿途凿险修桥，转输粮饷。克服后，遂留驻松潘，招抚生番甚众。以功升龙安郡太守，汉夷悦服。崇祀名宦。

高　显：《通志》：洪武十二年，平羌将军丁玉并潘州于松州，遣宁州指挥高显即其地筑城。崇祀名宦。

耿　忠：《通志》：洪武十三年，帝以松州卫远在山谷，屯种不给，馈饷维艰，命罢之。嗣命耿忠经略其地，奏言：松州为番蜀要地，不可罢。命复置，并建松潘指挥署，即今知事公署。又建西南北城楼营垒及城隍庙。崇祀名宦。

宁　正：《明史》本传：字正卿，寿州人。洪武十五年，迁四川都指挥使，讨平松茂诸州。

周　昉：《明史》：洪武二十一年，朵贡生番则路南向等引草地生番千余人寇潘州阿昔洞长官，杀伤人口。指挥周昉率马步军同松潘卫军讨之，斩首三十四级，获马三十余匹。贼溃，渡河，收败卒屯聚。昉复进击之，斩首二百三十余级，获马六十余匹。贼远遁。

曹　震：《明史·蓝玉传》：濠人，封景川侯。洪武二十一年，诏疏永宁水道。震凿石削崖，令深广以通漕运。又辟松茂陆路，架桥立栈，以通运贩。先是，行人许穆言：松州地硗瘠，不宜屯种，戍卒三千，运粮不给，请移戍茂州，俾就近屯田。帝以松州控制西番，不可远移。至是，运道既通，松潘遂为重镇，帝嘉其劳。崇祀名宦。

陈　怀：合肥人。宣德元年，代梁铭为总兵镇宁夏。时军官征交趾者屡败，诏发松潘军援之。将士惮行，千户钱宏与众谋，诈言番叛，帅兵掠麦匝诸族。番人震恐，遂反，杀指挥陈杰等，陷松潘、叠溪，围威、茂诸州。指挥吴玉、韩整、高隆相继败绩。诏遣鸿胪丞何敏、指挥吴玮往招之，而命怀统刘昭、赵安、蒋贵帅师数万随其后。玮等至，贼不顺命，玮与龙州知州薛继贤击贼，复松潘。比怀至，仍用伟[①]先锋，遂复叠溪，降二十余寨，招抚复业者万二千二百余户，归所掠军民二千二百余人，事遂定。进左都督，厚赉金币。六年，松潘勒都、北定诸族暨定郎、龙溪诸寨番复叛，怀遣指挥安宁等出战，败绩，死者三百余人。怀乃亲督兵深入，破革儿骨寨，进攻空郎乞儿洞，番贼大败，斩首多名，坠崖死者无算。革儿骨贼复聚生番邀战，怀击破之，剿戮殆尽。于是任昌、中心诸寨闻风乞降，群寇悉平。崇祀名宦。

方　政：《江南通志》：全椒人。勇略过人，以靖难功累迁都督同知，充总兵官，出镇松潘。叛番听命，逋亡复业。崇祀名宦。

蒋　贵：《明史》本传：字大富，江都人。宣德二年，四川松潘番叛，充左参将，从总兵官陈怀讨之。募乡[②]导绝险而进薄其巢，一日十数战，大败之。进都督指挥同知。七年，复命为参将，佐怀镇松潘。进都督同知、充总兵官，协方政镇守。又明年，诸番叛，贵督兵四千攻破任昌、大寨，会都指挥赵得胜聚兵，以次讨平龙溪等三十七寨。进都督同知、充总兵官，佩平蛮将军印，代政镇守松潘。英宗即位，贵以所统皆极边地，奏增兵士月粮。正德元年，召还为右都督。崇祀名宦。

---

① 伟：前句三处均写作“玮”。

② 乡：与“向”通。

刘　昭：《明史·史昭传》：全椒人。宣德二年，副陈怀讨平松潘寇。累进都督同知。

赵　安：《明史》本传：狄道人。宣德二年，松潘番叛，充左参将，从总兵陈怀讨平之。进都督佥事。

杨　宏：《陕西通志》：智勇过人，博览群史。升总兵，镇松潘。平大盗鄢本恕、廖林子，斩首数百级，降二万余人。崇祀名宦。

王　翺：《明史》本传：字九皋，盐山人，进士。宣德五年，巡按四川松潘。正统二年，都指挥赵谅诱执国师商巴，掠其财，与同官赵得诬以叛。其弟小商巴怒，聚众剽掠，翺及都督李安率军二万征之。巡按御史白其枉，诏以审机进止。翺至，出商巴于狱，遣人招其弟，抚定余党，而劾诛谅。松潘遂平。

李　安：《通志》：明总兵官。正统三年，调成都左卫官兵及松潘土兵合二万人征小商巴。知商巴为赵谅所陷，乃按诛谅而释商巴。事遂平。

赵　德：《通志》：松潘指挥。正统三年，祈命番族结商巴作乱，官兵捕擒之。其弟小商巴复聚蒲江、新塘，据险劫掠。赵德乞发大兵剿除，帝命总兵官李安征之。乱遂平。

王　杲：《通志》：正统九年，松播指挥佥事王杲奏：比者黑虎等寨番蛮围攻椒园、松溪等县堡，杀伤官民，欲行擒剿，恐各寨惊疑，应谕能擒贼者重赏之。报可。十五年，黑虎寨贼首多儿太复掠茂州境，为官军所获，诫而释之，未几，复纠诸寨入掠。帝命杲击之，遂擒多儿太，至京枭其首。崇祀名宦。

寇　深：《明史》：字文渊，唐县人，监生。正统间，以佥都御史提督松潘兵备，瞻视有威，将士事之如神。完城堡，修边路，单骑巡督，诸番凛然。叠溪无井，深于山后数里外凿石引水入城，军民汲饮，至今利赖。又添永镇等堡，蜀之门户始固。景泰初，诏还，迁左都御史。死于曹钦之难。谥庄肃。崇祀名宦。

沈　琮：《明史》：字廷器，江宁人，正统戊辰进士。以御史出为四川佥事。松潘番叛，朝议擢琮副使往镇之。期月，遂下黑虎诸寨，乱平，玺书褒美。崇祀名宦。

宰　用：《明史》：正统时，松潘黑虎寨贼首夜合等劫攻关堡，左参将宰用、兵备副使沈琮督兵驰诣松溪堡，败之，斩获夜合等三十六级，诸夷悉定。

周　贵：《明史》：景泰三年，土番王永性凶犷，杀其土官高茂林、男妇五百余口及故土官董敏子白浩等二十余人，又纠合番蛮攻击地方，指挥周贵与镇守松潘左侍郎罗绮统领官军直抵桑坪，执永等诛之，边境肃清。

罗　绮：《明史》本传：磁州人，宣德五年进士。景泰七年镇松潘。贼首卓劳纠他寨阿儿结等入寇，绮擒斩之。土官王永、高茂林、董敏相仇杀，守将不能制，绮捣永穴，诛之。又败黑虎诸寨，斩馘三百五十。在镇七年，威名远震。崇祀名宦。

程　信：字彦实，休宁人，正统七年进士。景泰中，任四川参政，理松潘饷，同侍郎罗绮破黑虎寨，屡积大功，玺书嘉劳。

孙　仁：《江南通志》：字世荣，贵池人，景泰辛未进士。以右副都御史巡按四川，平松潘黑虎及茂州诸巴等寨，据险设城，递相控制。寻入为户部侍郎。

许　贵：天顺四年，任松潘总兵。番羌攻击石泉、安县，又截粮道，入龙州，贵会兵讨平之，崇祀名宦。

林　璧：《湖南通志》：字廷美，武岗人。天顺进士，迁四川佥事，陈《时政六事》，有戡定松潘功。

朱　贞：《江南通志》：字惟正，天顺丁丑进士。知邓州，进四川参议。松潘诸地故险远，输粮者多侵牟。贞惟勤以率之，弊尽革。长于抚驭，境内桴鼓不鸣。

尧　彧：字孟章，松州人。成化十四年，为松州驻守使，肃清边境，功绩尚多。事详“乡贤”。

卢　能：《明史·四川土司传》：成化二年，镇守松潘太监阎礼奏：松茂叠溪所辖白草坝等寨番羌聚众五百人越龙州境剽掠。白草番者，唐吐蕃赞普遗种，上下凡十六寨，部族强悍，凭恃险阻，剽夺商旅，为边境患。四年，礼复奏：白草诸番拥众寇安县、石泉诸处。因各寨俱调征山都掌蛮，致指挥王璟备御不谨，命副总兵卢能剿之。能率指挥阎斌巡边至广子沟，番贼三百突至，能击杀之，乱遂平。崇祀名宦。

龚　璲：明按察使。成化九年，黑虎寨番叛，诈称有神术预测，官兵至即遁去，潜伏要害，狙击我军，人皆信怖不敢犯。璲独曰：我自不密耳，彼何知？夜半密勒诸将统兵进，凡三十里，平明抵其寨，蛮大惊溃，斩缚各千人，得其首恶，余溃死无算。既而大征，破寨二十余，斩首五百级，降者数千，皆编籍输粮。

张　瓒：字宗器，孝感人，进士。成化十年，以副都御史巡抚四川松州，以母老告归。会松茂番寇边，诏起复视事。先是，佥事林璧言：松茂曩时，都督御史寇深、侍郎罗绮常假便宜，专治其地，故有功。今虽设两参将，以副使居中调度，事权轻，临敌禀命制府，千里请战，谋泄机缓，未有能获利者，宜别置重臣弹压。或即令瓒兼领，专其责成。十二年七月，命瓒兼督松茂、安绵、建昌军务。瓒至军，审度形势，移大坝。旧设副使于安绵，而令副总兵尧彧军松潘，参将孙暠军威叠，为夹攻计。乘间修河西路，作浮梁，治月城，造偏桥、栈道，军获安行，转饷无阻。十四年六月，进攻白草坝西坡，擒斩贼魁撒哈等及荡平余寇，连破五十二寨，斩获无算。寻又破茂州叠溪所属曲山三寨。综计前后讨平一百五十寨，诸番悉定。留兵戍要害，增置墩堡，乃班师。帝嘉其功，征拜户部左侍郎。崇祀名宦。

沈　运：明都指挥。成化十三年，四川巡抚都御史张瓒令运等分兵攻剿掇坪、懦弱、白羊岭、鹅饮溪、大白、饮马池、通林等二十一寨，进克木瓜、竹头坪等寨，斩逆四百余人。于是商巴等二十六族诣军门献马纳款，各谕以利害遣之。

李　镐：明都指挥佥事。成化十三年，同沈运攻剿掇平[①]、白羊、懦弱、木瓜、竹头坪等寨，降商巴等族。弘治七年，松潘空心寨番叛，镐率兵平之。

王存礼：《甘肃通志》：阶州人，成化十四年进士。升松潘副使。询民疾苦，杜科敛，定更番转戍法，地方称治。崇祀名宦。

范　纯：《江南通志》：字诚夫，嘉定人。成化中，为四川佥事，以计败蛮兵于威州。转松潘兵备，会镇守内臣藉供俸索各卫金，纯止之，怒，劾纯，去。崇祀名宦。

陈思忠：《陕西通志》：字进伯，华州人，成化丙戌进士。升松州兵备。内修政事，

---

① 掇平：“沈运”条作“掇坪”。

外整兵旅，诸番莫敢侵边。松潘孤悬万山，输运艰险，斗米数金，主藏吏多侵牟。思忠尽剔其弊，仓廪充实。又严减克之禁，正私鬻之罚，茶马有序，外衅不生。又于大石佛嘴凿山开路，以便转输，至今赖之。甲辰、乙巳，两出兵剿逆，直抵贼巢，所获军器牲畜无算。西徼士民倚为长城云。崇祀名宦。

张　鸾：《陕西通志》：字应祥，咸宁人，成化进士。出按四川。先后奏议松潘等处及内地诸郡县添设裁革事宜，卓然皆经远之绩。累迁佥都御史。

谢　琳：松潘卫指挥。骁勇善战，威慑群夷。成化间，从巡抚张瓒征双桥树，抵毛牛尾等寨，临敌奋勇，手刃番目数人，佥呼“谢老虎”。夜袭番寨，战殁。崇祀名宦。

刘　缨：《江南通志》：字与清，吴县人，成化进士。累擢右佥都御史。出抚四川，遍巡边境，调度精明，威震诸番。

钟　蕃：《通志》：字廷芳，崇德人。弘治九年，以副都御史巡抚四川，兼提督松潘军务。宣布威信，蛮夷畏服。单骑行松茂，人莫敢犯者。《明史》本传作“潘蕃”。

卢　翊：《江南通志》：字凤翀，常熟人，弘治庚戌进士。历御史，出按四川，兼视水利，凿都江堰，连岁大熟，抚降天全六番招讨司。迁副使，守御松潘，更定戍法，禁戍长苛敛，修铁锁桥及葺治栈阁以通道，行者便之，人名“卢崖阁”。进云南参政。

陆　深：《明史》本传：字子渊，上海人，弘治十八年进士。屡官四川左布政使。松茂诸番乱，深主调兵食，有功，诏赐金币。

刘　洪：《明史》：正德元年，巡抚刘洪奏：社族八长官司所摄番众多至三十寨，少亦二十余寨，环布松潘两河。其土官已故，子孙自应承袭。今宜察勘，有原降印信者方许袭。报可。

张　伦：巩县人。松潘前所副千户。正德十年，边酋侵犯松潘之黄胜草场等处，伦率兵斩获甚众。巡抚吴昊具奏：四川西北，危处极边，一但闻贼，人心摇动。张伦独能拒敌，大有斩获，俾逆番远遁，厥绩良多，宜用优赏，以鼓励边鄙将士。进指挥佥事，寻升小河参将，殁。祀名宦。

张　杰：明总兵。正德十五年，贼番绰头犯松州，杰率兵克之。

杜　钦：明指挥。正德十五年，绰头番犯雄鸡屯，钦败之，烟崇等寨皆降。十六年，松潘卫熟番大穰等作乱，钦复次第讨平。

汤　沐：《江南通志》：字新之，江阴人，弘治丙辰进士。嘉靖初，巡抚四川，平松潘寇。入为大理卿。

宋　宜：《陕西通志》：鄜州人，嘉靖丙辰进士。升四川参政。岁饥，请赈，活数万人。白草番作乱，宜督兵擒巨魁，降其众。捷闻，赠银币嘉劳。

陈克宅：《明史·陈有年传》：父克宅，字即卿，正德九年进士。出为松潘副使，累迁右副都御史，巡抚贵州。

祝　咏：《湖南通志》：字鸣盛，衡阳人，嘉靖进士。升四川松潘兵备副使。抚视筹画，切中利弊。

宋　沧：明都御史，巨鹿人，进士。嘉靖十一年，白草番寇坝底堡，沧讨之，降其众，诸夷献侵地二千顷。

何　卿：字荩臣，合肥人。嘉靖间总兵。先是，松潘南路番叛，夺踞七堡，劫掠行人，道路梗阻者数十年。卿至，攻破诸番，克复七堡，改河修路，以运粮饷、通行人。继平茂州十一寨，进中府都督佥事。仍镇松潘，复修长宁马路，于师家、永平各险要增筑御寇、靖虏诸墩，沿边夹道筑墙一千余里。又平浑水寨番乱，进同知，旋进总督京营总兵。松人戴其功，崇祀名宦。

曹希彬：明指挥。万历元年，丢骨、人荒、殁舌[1]三寨为乱，劫杀官吏黄绅等。御史奏，遣希彬同徐成业、易鹤阳剿之，斩酋长白脸儿。三寨拥众俱起，希彬檄诸军，十道并发，先破人荒寨，尽焚其窑户碉房。两寨见火举，鼓噪，自相腾践，官兵乘之，贼大溃，死者其众，三寨平。

徐元泰：明都御史，宣城人，进士。杨柳羌寇普安、白草、风村及小河、木瓜之间，并胁白草、导谷、粟寨同反，有据。元泰请兵击之，白草遂绝谷粟往来，自诉未尝与谋，贡黄蜡，赋菽粱，示无反意，诸番闻风悉降。

边之垣：《通志》：明游击。父轮，官指挥。嘉靖中，攻茹儿寨，阵亡，羌漆其头骨为饮器。至万历初，之垣复攻茹儿，始寻获以归。盖轮为忠臣，之垣亦孝子也。

李化龙：《明史》：字于田，长垣人，进士。巡抚西川。万历三年，俺答入寇牟泥包子寺，与松相去二十里。而元坝、商巴、石嘴四寨与俺答交易，声言欲遍寇诸边。化龙上疏曰：松潘者，全川之门户也。臣按舆地，由松潘而北则为漳腊之顶，北可望洮岷，西可望莽捏。以松潘而视，西部仅有此山为之间耳。其中险巇高峻，尽属土番，土番外结则为患不小矣，是不可不早为备也。会俺答宾儿俱徙去，独火落赤留如故，兵亦旋罢。万历十九年，化龙言：松潘为四川屏蔽，叠茂为四川咽喉，番戎作梗，松潘力不能支，宜移四川总兵驻松潘，以备防御。

王廷瞻：《明史》本传：字雅表，黄冈人，进士。万历五年，以右佥都御史巡抚四川。时番变频仍，廷瞻令副使杨一桂、总兵官刘显剿之，歼其渠魁，群蛮纳款，风村、白草诸番率二十八寨男妇八千余人来降，松夷遂定。

徐佳胤：松潘卫指挥佥事。万历六年，剿丢骨等寨，擒获国师喇嘛及大姓叛番，平定南路。升平番守备，进遵义游击。崇祀名宦。

李应祥：《明史》：湖南九鸡卫人。万历七年，擢松潘副总兵。先是，松茂诸番四十八寨，岁为吏民患。王延瞻抚蜀，遣副将吴子忠击破丢骨、人荒、没舌三寨，诸酋乃降。故事，诸番岁有赏赉，番恃强要索无已。其来堡也，有上马、下马、解渴、过堡酒及热衣、气力、编手钱。戍军更番，亦奉以钱，曰新班、架梁、放狗、躧草、挂彩。廷瞻一切除之，西陲稍靖。仅六年，势复猖獗。是年夏，杨柳番出攻普安堡，犯扫水崖、石门槛，遂入金瓶堡，杀守将。巡抚雒遵属应祥讨之，提卒三千人，由茂州前后夹击，斩获无算。番人献牛马以降，应祥还镇。崇祀名宦。

王　诏：《通志》：万历七年，巡边至丢骨、人荒、没舌三寨。番度诏至，必过崖下，乃并伏伺。诏过，突出击，诏坠马死。

曹　铨：《通志》：明将军。万历间，喇嘛诸羌等犯蒲江关，诠亲堵御，督率神将边之垣力战，皆捷。

---

① 殁舌：亦作“没舌”。

张良贤：《通志》：明指挥守备。万历八年，雪山国师喇嘛等四十八寨，勾结北边部落为寇，围漳腊。良贤率百户杜世仁出战，世仁阵亡，良贤独击退贼。又犯制台，良贤复击之，追至思答弄，连战大胜，火落赤之侄小王子死焉。

章　润：《江南通志》：字实甫，江都人，万历丁丑进士。迁松潘兵备副使。甫至，部下骑士谋为乱，润廉得其主名，擒斩之。升广东右参政。

吴莐臣：松潘卫人。高祖佐洪武立战功，擢松潘卫百户，世袭，数传至莐臣。天启二年，奉调援成都，讨蔺贼。事平，升松潘指挥佥事，世袭。凿险开道，惠利群黎，进云南腾越协副将。崇祀乡贤。

史瓒舜：天启间兵备副使，平羊峒诸逆番。由右所屯经沙山、鹿海开新东路，通叶塘、木瓜墩之旧路，约七十里，至今行人称便。崇祀名宦。

冯昌期：松潘卫人，以祖重兴功世袭松潘卫正千户。崇祯末，献贼入蜀，全川震动。昌期控制诸番，保民守城。至清顺治八年，昌期率众平定东南两路番乱，进松潘副总兵。崇祀乡贤。

清

王明德：松潘副总兵。顺治十二年，逆番纠合贼党，攻城掘冢，势甚猖獗。总督李国英檄明德会监军道程翱凤，六路进兵，剿抚并用，诸蛮平服。

何德成：松播副总兵。康熙元年，阿坝煽诱贼番作乱，德成会兵备道陈子达，四路夹攻，斩获甚众。各番纳款输诚，每岁量给赏需，以示羁縻。

南廷铉：字鼎甫，陕西渭南人，顺治丙戌举人。累迁礼部郎中。康熙八年，蜀抚请增设四道，擢廷铉分巡松茂道按察司佥事。松潘居岷山之阴，高山大谷，汉番杂处。廷铉抚以恩信，缓赋省刑，松民戴之。崇祀名宦。

高　鼎：松潘总兵。康熙二十四年，巴猪五族番叛，巡抚韩士奇调汉土官兵相机进剿。松茂道佥事王骘往列角、双马等处，谕以安分住牧，免取株连，并招抚巴猪，令其归顺。乃逆番负固不服，率众抗拒。鼎领兵攻击卓沙等寨，翦其羽翼，斩逆番数百人。给发令旗，招安各寨，始畏危投诚。

卓　策：福建惠安人。康熙三十三年，任松潘总兵，捐廉修文庙，延师设教，民知向学。崇祀名宦。

周文英：字谓轩，山阴人，武进士。康熙三十五年，授松潘副总兵。礼贤下士，奏请保举沿边俊杰，以登仕版。修葺明伦堂，振兴教化。崇祀名宦。

贝和诺：四川巡抚。康熙三十七年，草地番目绰尔济抢去上下包坐人畜，和诺委笔帖式尔吉图查办招抚，输诚纳赋如初。

周　瑛：字奇育，号和庵，松潘卫武举。任松潘总兵，迁四川提督。事迹详“乡贤”。

高荫爵：字澹庵，镶白旗人。由荫生历升四川松茂道按察司佥事。康熙四十五年，疏浚都江堰水利，转运松潘黄胜关储粮，兵民交感。崇祀名宦。

岳钟琪：汤阴人。四川提督，迁川陕总督。康熙五十七年，口外恶洛西番劫我民兵，钟琪会松潘总兵路振扬，率兵由松潘进剿，数败贼番，阿坝等归降。又驻藏之厄鲁特贝勒拉锡言西边郭罗克爱满肆行抢劫，请派兵往剿，朝命钟琪带兵进剿。冬十月，攻取下郭罗克二十一寨，直抵中郭罗克，连破一十九寨，斩首三百余级，擒获首恶酸他儿蚌、索布六戈。乘势复抵上郭罗克，番目旦增等缚首恶假墙并贼从格罗二十二人以献。正法首恶酸他儿蚌等三名，余投诚免罪，交令杂谷土目管理。留土兵千名驻扎，自黄胜关至恶罗俱安塘站，西番平服。崇祀名宦。

张元佐：松潘卫人，武举。雍正三年，任松潘总兵。事迹详“乡贤”。

宋宗璋：雍正五年，郭罗克番人劫掠不法，川陕总督岳钟琪遣平番营守备宋宗璋领兵进剿，招抚下郭罗克阿树等十三寨。于是川陇边番帖然慑服，各安住牧。

宋元俊：江南怀远人，乾隆元年武进士。以攻克小金川之功超授松潘镇总兵。时贼据喇嘛寨，阻兵进取。元俊设伏寺左右，突出攻破之。遂分兵三路取卡了、郭松、甲木等处，贼遂平。崇祀名宦。有传列“文苑”。

潘绍周：乾隆四年松潘总兵。初，雍正间，松潘置恩济仓，贮青稞二千五百零三石四斗五升，额例每年以一千一百七十七石四斗存仓，以一千三百二十六石于三四月时借给兵食，每斗扣饷银一钱四分五厘，后向各番寨采买还仓。绍周计松潘兵多，每年仅以一千三百二十六石按给兵食，尚不甚敷，详请预将米折银两，隔年采买青稞与恩济仓同时散给，兵食始裕。崇祀名宦。

马良柱：松潘镇总兵。乾隆十七年，随提督岳钟琪征杂谷、梭磨、卓克基部落，剿抚兼施，擒杂谷土司苍旺诛之，招降各寨，番民改土归流。

福　智：松潘总兵。嘉庆十九年，郭罗克贼番在尼牙、木错、住古地方与护堪布之蒙古番兵等混合抢劫，并伤毙百长。川督常明命福智带兵查办，攻破夷寨，生擒板登借等七十七名，讯明正法，番贼遂平。

赓　良：字赞廷，满洲人。同治初，任松潘总兵。松潘自庚申变后，防务废弛，夷人猖獗，居民归里，初复旧基，岌岌不可终日。良乃整顿营制，实行请领；土弁饷项，分季散给；土司未承袭者，悉皆查明报部承袭；番民有事，先由土司理落；重大夷案，呈请镇府委员查办。以故，部落有所统率，番民知所畏服，绅商复业，边境乂安。

蔺朝举：字才甫，成都人。同治年间，署漳腊营参将。明察果断，严正有威，番夷畏服。设营学、义学，造就人才，绅民竖德政碑以志爱。

邓全胜：字冠军，广东茂名县人。同治年间，补授漳腊营参将。练兵振武，兴学化夷；建仓储麦，捐廉赈贫。在漳腊十余年，营政边防，克尽厥职。

陈济清：光绪初镇松。时值杂谷头人狼梭勾串诸夷肇乱，边防岌岌。济清请师挞伐，中衡张希周在茂阻兵，济清愤怒辞职去。临行，父老祖饯，济清曰：夷性犬羊，畏威不怀德。今与言和，边防自此多事矣。后果常出劫掠，为边地患。

陈金鳌：湖南善化县人。以武功官记名提督。光绪二十年，由贵州调补任松潘镇总兵。整饬营伍，筹备边防。镇松三年，地方宁谧，商务流通。暇时召集属官或绅耆之有品行者，相与论道德及因果事，感人尤深。举止语默，庄严和厚，有儒将风。忆鳌在任三载，边患不闻；即其去任，衅端叠起；因有是德，而有是福；是儒将而兼福将矣。松人不忘，至今称之。

夏毓秀：字琅溪，云南昆明人，刚介有勇。咸丰滇乱，由偏裨累功至统将。每战身先士卒，积伤如鳞。光绪中，署松潘镇，实心图治，百废俱举。黑水、松坪诸番作乱，毓秀派员往谕解散。甘肃拉布郎番僧屡劫川商，毓秀禀咨川甘两督，派员三次划界，毋相侵扰，如遇抢劫，以该寺僧论罪。丙申，包坐生番构衅，毓秀带兵深入，经十余战，斩首数百级，剿平双则、甲借、谷尔等寨，诸夷悉定。募设利字马队百名，巡游边地，保护商旅。初，统兵入关日，西南彩云见，毓秀曰：此云主占大有。秋收，麦果双穗，遂建瑞麦、彩云二亭，创修广济仓、文武庙、武侯祠、相国祠。任松十余年，谦逊和平，未尝以显贵傲物。常集诸生会课，优给膏火，嘉惠寒畯。升任四川提督，迁广西提督、湖北提督。去之日，松、茂、理、汶士民，合建生祠于茂州。

附录：夏毓秀西征记

松潘，为西蜀一大边防。所属口内诸番，自咸丰庚申之变陷据，营城克复后，未经大创，致口外番效尤负固。各土司弱者失权，强者恣肆，遂尔残暴凶横，无所不至。其最肆行无忌者，莫如伪称王寨之双寨、甲借、噶尔坝寨贼番卜尔多等，屡次纠结甘属打拉罩子沟匪众，大股出巢，肆行焚掠，汉番百姓受其荼毒者不可胜数。光绪丙申春，总镇禀闻，大府奏准，率带汉土官弁兵勇查办，始委熟习夷务员张崇礼、邹启桂、任必达入夷巢，推诚开导，继以文告，散其胁从。仅有下包坐从贼各寨首先悔罪献贼投诚，当经妥为抚驭。惟双寨、甲借、噶尔坝等寨恃其地险族强，负隅抗拒。四月十七日，总镇视师较场，部署诸军。十九日，命李都司朝柱、绅士杨光国等带兵从浪架领先行。二十日，黄游击仕明领松左军同帮带寿字后营封文和继之。二十一日，饬韩副将国秀统寿字营勇丁又继之，复札张都司锡龄带兵由羊峒、黑河会同张都司辅舜，领南坪兵团筹粮堵隘。壬辰昧爽，毓秀偕营务处茂州知州李承邺、都司徐钺、文案周孝植、汤聘之、汤自新、王文明、李润、徐皞、管带利安、马队杨国栋、帮带刘超、张福申等统领大军起行。五月三日，直逼贼巢，营扎达荐寺地方。下包坐土目擒献首匪正笑巴，伙逆为奸，讯明正法。余匪啸聚千余，据险死拒。壬寅，命黄游击率守备刘思恭、千总杨汝翼、陈华、弁绅文致雄、米家书、马正刚、马联芳等带松漳兵及祈命、寒盼、商巴三寨番兵，驰抵竹藏寺安营。夏至日，命韩副将率封都司扎古潘州，一面檄张都司辅舜由黑河进扎喇嘛岭下。其岭极高险，众匪悉力守之。乙巳，别遣韩、黄会军围双寨，营务处李承邺督率都司李良辅、王德明、外委田现龙、程光彩、陈光明、郑遇春、陈光辉等带领马步队及中营亲兵团勇接应。该匪潜匿寨中，施放枪炮，我军力战，将晚，枪毙贼番十余人，始收军还。丙午黎明，复会兵往攻。时值大雾，对面不相识，仿佛山势潜往。雾将退，贼寨已在目前矣。匪见我军，出其不意，弃寨逃，遂一鼓而双寨下，再战而甲借下，斩首数十级，烧毙者无算。都司张辅舜、张锡龄、哨弁戴觐光、外委陈浚明、粟五秉、马骏良、陈光耀、刘子昌等督带营勇团丁，士弁杨官成、杨进才、八当、土目蚕高率领羊峒、和约、芝麻、中田番兵，合力进攻，贼不能支。丁未，贼弃喇嘛岭，退回噶尔坝。我军夺其岭，乘势攻焚噶尔坝，伤毙贼番不计其数。其余未下各贼寨，望风慑服，献贼投诚。事既定，复立善后四条：一曰循旧章，二曰严约束，三曰禁械斗，四曰戒并吞。刊刷成册，分给各土司，永远遵守。六月辛巳，将先后捆献首匪旦三笑等一十四名枭示，兼购眼线将卜尔多毙命，班师奏凯。是役也，起于四月壬辰，成于六月己酉，不两月而克奏肤功。其时，多智善谋者李承邺也，筹粮者副将何鉴、知县陈开黼也，搬运军械药弹者都司陈祖虞、吴承恩、外委张宗煜也。

按：松潘自汉武帝元鼎六年开边域、戍重兵，厥后或以政绩著，或以战功闻，或筹谋而民被其恩，或清廉而民歌其洁者，指不胜屈。而夏总镇先后镇松十余年，其政绩、战功，不亚于丁、耿、何、岳诸人，真西陲保障也。邑人文为富记。

附录：颂夏毓秀德政诗

张鸿明

间世天生拨乱才，筹边昔感卫公来。
北门锁钥金汤固，西徼烽烟玉垒开。
誓翦黄巾清部落，力扶黔首上春台。
而今顶祝灵光殿，德颂岿然仰化裁。

马尧安

十年仁爱十年春，上将星晖照蜀岷。
勘乱雄才功卓著，迎人善气炙相亲。
独钟滇水声名洁，况是庐山面目真。
庠序诸生歌咏集，投壶犹见祭公身。

马尧安

离情已付碧云隈，畴料旌麾去复来。
幕府两迎新节钺，仁风重拂旧楼台。
威扬草塞名应勒，氛靖岩疆毂许推。
旋报荣膺专阃任，提封千里阵图开。

哈恕田

谦尊元老爱群英，开阁重延送复迎。
南诏勋臣真不忝，西方佛子最多情。
高骞云路叨宏奖，得上春台感再生。
未报深恩聊进祝，德门世世继公卿。

米春芳

祠宇岿然喜落成，瓣香都为祝长生。
斯民三代犹存直，大德千秋不朽名。
李赞皇楼高耸出，鲁恭王殿独支撑。
不虞后日传青史，已卜身前口领荣。

杨子钧

山环六诏起祥云，具有边才出建勋。
梓里运筹寒贼胆，松州用武靖夷氛。
铁衣上将推元老，金粟如来是使君。
戎马书生思献策，追随何惮历辛勤。

杨子钧

千秋功业记西征，杨柳依依赋此行。
秉钺建勋原有胆，竖旗降虏共输诚。
棠甘满树风行惠，瓜苦三年雨洗兵。
自愧愚忱无报称，心香几瓣祝长生。

何　鉴：字贡三，湖南邵阳县人，入籍温江县。由行伍立功，累官至副将。光绪二十三年，松潘总兵夏毓秀出征包坐，川督鹿传霖委鉴筹办粮务。事平，保奏总兵记名。二十八年，署松潘镇总兵。抵任，惩压冒、清积弊，复土弁饷额，卸番官马币，设仓储饷，建碉筑堡。镇松年余，无不为边地计久远，军民咸感戴焉。

徐念高：广东德庆人，拔贡。嘉庆十一年，任同知。是年，大冰雹，民乏食，几酿乱。念高发仓廪、捐稞麦以济，全活甚众，民皆感德。

张中寅：字古虔，直隶大兴人，举人。咸丰九年，任同知。次年庚申，夷叛，中寅坚守孤城。十阅月，援兵不至，城中粮尽，掘草根树皮为食，力不能支，逆夷遂陷城，中寅率家属殉节死。邑人立庙祀之。

吕绍衣：江西人。同治二年，署任同知。松自庚申变乱，居民逃避。绍衣莅任，重修坛庙、公署、城垣，整顺书院，四民复业，松人感之。

何远庆：字冕之，湖北人，拔贡。同治三年，任同知。晓畅边务，夷人畏服。创修文庙，建青云塔于东山顶，修常平仓，建张公祠。亲书“唐李卫公筹边故址”，笔画劲遒，竖石七层楼畔。

周侪亮：字西屏，贵州麻哈人，举人。同治八年，任同知。详请督、学两宪转奏：松属柴门关土番归化，增广文武学额各一名。修启圣祠、戟门并小河营城垣、河堤。

刘廷恕：字仁斋，湖南人。光绪元年，任同知。培修县城，创修岷山书院，筹捐膏火，作育人才。又建城内鼓楼，高可瞭望，以备边警。

附　录

岷山书院落成，颂仁斋太守诗

赵如鸿

大启攸居石室成，弘敷声教聚群英。
移风振铎兴文里，学道挥弦比武城。
厦广庇贤仁浃洽，堂高崇术德昌明。

希踪蜀守文翁化，士庶歌功政治清。

天心未忍坠斯文，再造人材赖使君。
取法东林敦雅化，将同鹿洞扩多闻。
登龙准拟皆邦彦，吐凤何难媲子云。
从此岷山恒毓秀，儒林戴德树奇勋。

鼓楼落成，颂仁斋太守诗

赵如鸿

百尺危楼旧有基，茫茫胜迹孰新之。
崇观忽仰峥嵘出，盛举咸钦踊跃为。
射斗文光昭气象，凌云峻势壮威仪。
居中一旦恢雄镇，善政兴邦制得宜。

市井经营楼定中，纵横拱卫四衢通。
高张琼宇怀柔远，回出尘寰望道隆。
媲美灵台民乐役，运筹画阁使图功。
安边策善巍然矗，不朽芳名纪我公。

熊自勋：字树臣，湖南人，举人。光绪三年，任同知。勤政爱民，镇属各营城垣坍塌，自勋禀请由茶票项下，拨款修复漳腊、南坪、小河、平番四营城垣，边防赖以永固。整顿书院，月课士习，藉资鼓励，军民感之。

路　瑄：字幼清，贵州人，举人。光绪七年，任同知。严于治匪，勤于治民。书院月课，亲临考试，随即批改。每召文人讲论治边策，以兴学为根本，其他武备、商业，亦谓非学问不能成功。由是县中文化溥及，风俗一变，士民均知读书之益。

陈周礼：字晋生，湖南荫生。光绪十四年，任同知。二十一年复任，二十八年又任。素娴武略，颇悉边情，先后奉委出关办理夷务二次。时南路镇江堡教案发生，提倡捐薪俸集款了结，绅民未受株连。

武文源：字西崑，山东人，附生。光绪间，两摄厅篆，精明强毅。时川甘交界之拉卜浪寺侵占松属阿坝、阿树等部落，致启战争，阻碍商务。文源奉饬，同参将杨茂林并绅商等，会同甘肃委员洪翼、副将李临湘，前往二道黄河适中住所，勒令该寺退还侵地，赔偿人命失物，具结立案，竖石划界，永杜侵扰。

王葆恒：字仙玖，直隶通州人。光绪三十年，任同知。慈惠廉明，严于驭下，吏役率分，盗息民安。下车伊始，亟增修文庙东西两庑、棂星门、泮池等，每日亲临督工。是年，筹办昭信股票，厅治派银三千两，葆恒以松属地瘠民贫，何堪派累，捐廉一千七百两，备文申解，力陈地方凋敝情形。大府知公直道爱民，大计卓异，并准豁免。去任时，广积仓贷出稞麦籽种，贫民无力偿者约二百石，公悉采买填仓，免予追缴，至今父老称道不衰。

王克镛：字叙东，山东登州人。光绪三十一年，任同知。清廉勤政，嫉恶爱民，刚正不阿。卒以忤同寅意，去任，舆论惜之。

选 举

进 士

明

周　满：嘉靖壬辰科。

举 人

明

韩　鹏：万历丙子科。

清

江瑞图：顺治甲午科，任河南息县知县。
李钟璠：康熙四十四年乙酉科，任河南商丘县知县。
郭传世：戊子科，任陕西三原县知县。
毛之琇：戊子科，任湖广汉县知县。
傅贞吉：甲午科。
刘瑞凤：丁酉科。
程　琼：庚子科，任保县教谕。
邢振翼：丙午科，任资阳县教谕。
张　翊：乾隆四十三年丁酉科。
王中振：己亥科。
龚　埙：字元甫，乙卯科，任资阳县教谕。
孙　澍：咸丰二年壬子科。
杨士荣：光绪二年丙子科。
陈　箴：壬寅科，任湖南知县。

恩 贡

清

徐其龙：乾隆三年贡。
张起麟：乾隆六年贡。
罗　炌：江津县教谕。
汪沛然：乾隆十二年贡。
李永贵：乾隆十五年贡。

曹　义：乾隆十六年贡。
邹龙翔：乾隆二十年贡。
张文适：乾隆三十八年贡。
周鸿恩：乾隆四十年贡。
曾作楷：乾隆四十三年贡。
陈　籍：乾隆四十七年贡。
葛　阜：乾隆五十一年贡。
何文明：乾隆五十六年贡。
陈无染：乾隆六十年贡。
李乘珠：嘉庆四年贡。
蒲上达：嘉庆十四年贡。
唐　麟：道光二年贡。
孙　展：咸丰元年贡。
周光裕：同治元年贡。
程永钧：光绪二十八年贡。

拔　贡

清

张伟奇：康熙十一年拔。
范　灿：雍正己酉年拔，任宜宾县教谕。
王　冕：雍正辛酉年拔，任湖广江夏县知县。
周卜世：乾隆辛酉年拔，任三台县训导。
韩　瑾：乾隆癸酉年拔，任隆昌县训导。
郭廷臣：乾隆三十年拔。
洪　晟：乾隆乙酉年拔，任直隶丰润县知县。
陈　惠：乾隆丁酉年拔。
洪嘉穟：嘉庆己酉年拔，盐亭教谕。
洪用舟：咸丰辛酉年拔，授山东东昌府知府，在任候补道。
杨士荣：同治癸酉年拔。朝考留京，中式顺天举人，议叙知县，分发湖北。
傅徵源：光绪乙酉年拔。
陈　箴：光绪丁酉年拔。
杨家澄：宣统己酉年拔，签分云南直州判。
马玉琳：宣统己酉年拔，签分云南直州判。

岁　贡

清

蒲　冕：乾隆十一年贡。
龚廷谟：乾隆十五年贡。
李　鲲：乾隆十六年贡，任资阳县训导。
邱茂林：乾隆三十二年贡。
李廷材：乾隆三十六年贡。
夏在寅：乾隆三十八年贡。
夏廷掞：乾隆四十年贡。
白宗舜：乾隆四十二年贡。
周尚义：乾隆四十五年贡。
马成骏：乾隆四十七年贡。
陈　宪：乾隆五十一年贡。
陈文玉：乾隆五十五年贡。
邢启升：乾隆五十六年贡。
陈有为：嘉庆元年贡。
江德容：嘉庆四年贡。
周廷澍：嘉庆八年贡。
刘大川：嘉庆十一年贡。
林汉章：嘉庆十四年贡。
田泽霖：嘉庆十七年贡。
葛之覃：道光三十年贡。
樊　炳：咸丰四年贡。
曹鉴周：咸丰四年贡。
古玉祥：咸丰七年贡。
周道怀：咸丰十年贡。
曾秉忠：同治四年贡。
王兰廷：同治七年贡。
张焕齐：同治十年贡。
罗用中：光绪九年贡。
刘家瑞：光绪十二年贡
赵　湘：光绪十五年贡。
罗理中：光绪十六年贡。
闵孝先：光绪二十二年贡。
李鼎铭：光绪二十五年贡。
张兆麟：光绪二十八年贡。

马光远：光绪二十八年贡，签掣府经。
汤自新：光绪三十年贡。
蒙春辉：光绪三十年贡，蓝翎县丞。

议　会

第一次选举县议会议员

正议长：陈朝玺。
副议长：马光远。
议　员：杨光国，哈秉忠，米家书，汤执中，文耀光，胡万镒，马忠英，汤自新，蒙春辉，妥体仁，文成章，魏光裕，常得明，张泽润，马赓飏，王治平，马贞贤，赵永德。

第二次选举县议会议员

正议长：马玉琳。
副议长：胡尔康。
议　员：文耀光，马光远，马受云，汤执中，汤自新，胡万镒，谢鸿恩，张鹏翼，苗学藩，马庚飏，妥体仁，文成章，马　光，米家山，米餐云，赵文渊，马贞贤，赵永德。

民国六年临时选举县议会议员

正议长：汤聘之。
副议长：马逢乐。
议　员：杨正邦，张大林，李义亨，马受云，赖焕章，文耀光，赵永德。

学校毕业生

赵岷钊：四川法政学校别科毕业。
祁光第：四川通省师范学校毕业。
汤鸿钧：甘肃官立中等矿务学校最优等毕业。宣统二年，议奖拔贡。
王联升：宣统三年，成都商业学校毕业。
马兆乾：宣统三年，成都商业学校毕业。
蒙永江：宣统三年，成都商业学校毕业。
汤鸿奎：甘肃官立中等矿务学校优等毕业。宣统二年，议奖优贡。
杨光灏：龙安中学校毕业。
杨家祺：龙安中学校毕业。
杨家骥：龙安中学校毕业。
杨家埣：龙安中学校毕业
杨光清：龙安中学校毕业。

马可斌：民国十一年，成都附设中学校毕业。
王联奎：附设中学校毕业。
赵仁溥：附设中学校毕业。
马毓贤：附设中学校毕业。
哈心源：民国十二年，成都附设中学校毕业。

武进士

明

程　规：号伯循，字虹川。嘉靖间，任绵州游击，转龙州左参将。

清

杨永和：康熙甲辰科，任广东高雷总兵。
李天祚：康熙癸巳恩科。

武　举

清

柳芳荣：康熙癸酉科解元，官夔州府都司。
蒋　萃：康熙癸酉科。
程象贤：康熙癸酉科。
李芳徽：康熙丙子科。
周　瑛：康熙己卯科，任四川提督。
张元佐：康熙壬午科，任松潘镇总兵。
董之骏：康熙壬午科，任游击。
韩　伟：康熙乙酉科。
邱名扬：康熙乙酉科，任云南普洱镇总兵。
沈国卿：康熙乙酉科，任游击。
赵应骐：康熙乙酉科。
杨　蕃：康熙戊子科，任守备。
陈光先：康熙戊子科。
陈建章：康熙戊子科。
余自成：康熙辛卯科，任守备。
李天祚：康熙辛卯科。
姜义曦：康熙辛卯科。
王仕忠：康熙辛卯科。
杨永和：康熙辛卯科。
陈锡吉：康照辛卯科。

张起麟：康熙癸巳恩科。
李国良：康熙甲午科。
孙必荣：康熙甲午科。
余自修：康熙甲午科。
俞　经：康熙甲午科，任茂州营参将。
赵　环：康熙丁酉科。
岳　琨：康熙丁酉科，任千总。
苟若璠：康熙丁酉科。
茹连举：康熙丁酉科。
姜乂联：康熙庚子科。
李如桧：雍正丙午科。
周鸿业：雍正丙午科。
郑德玉：乾隆丁卯科。
马汉龙：乾隆庚午科。
马　瑄：乾隆己卯科。
江　嵘：乾隆庚寅恩科。
邵念徽：乾隆甲午科。
马　[illegible]：乾隆丁酉科。
江发本：乾隆己酉科。
赵　瑾：乾隆壬子科。
马负图：乾隆甲寅恩科。
刘登俊：乾隆乙卯科。
成　钧：乾隆乙卯科。
赵良璧：光绪乙酉科。

文　秩

清

郭传世：陕西三原县知县。
邢振翼：资阳县教谕。
王瑶尊：湖南知县。
汤廷杰：贡生，候选训导。
洪用舟：山东东川府知府。
夏启扬：分发安徽，候补知县。
陈　銮：江苏知县。
王瑶佐：山东知县。
马　珍：号儒修。由藏务保同知，任福建厦门同知，漳州、泉州知府，补延平府，升汀州道，颇著循声。事详“乡贤”。

颜海飏：安徽寿州知州。
胡万年：太平县训导。
蒙春祺：通判。
杨士荣：湖北知县。
傅澄源：直隶冀州州判。
吴　恺：通判。
马良基：号德溥。援例知县，历任福建南靖、福清等县，著有政声。
谭忠恕：以军功议叙福建候补同知，运同衔。
汤聘之：曾任绵州学正，改官知州，判议叙盐提举，任甘肃红水县、漳县盐局。
朱　珖：汉州学正。
陈　箴：湖南候补知县。
魏宝儒：巴县教谕。
汤执中：附贡生，候铨训导。
哈秉忠：廪生，保举县丞，捐升知县。
杨树芬：廪贡生，候选训导。
杨光国：增生，保县丞。
米家山：廪生，保县丞。
米家书：廪生，保县丞。
傅　湘：巴县教谕。
傅　铨：巴县训导。
傅　霖：候选教谕。
杨维荃：附贡生，候选训导。
王文藻：附生，保县丞。
马绍融：射洪县教谕，在任候选知县。
傅泰煓：彭山县教谕。
李鼎元：荥经县教谕。
傅泰仪：巴县教谕。
傅泰翀：剑州训导。
傅泰敏：彭山县训导。
李丽生：县丞。
祁光第：民国十二年，官平武县知事。
陈朝玺：附贡生，署茂县知事、理番知事。
文耀光：附贡生，署南坪县佐。

武　秩

明

尧　彧：官松州指挥驻守使。事详“乡贤”。

清

周　瑛：武举，历官泰宁营化林协副将。雍正元年，任松潘镇总兵。三年，任四川提督。事详“乡贤”。

张元佐：武举。雍正三年，官松潘总兵。事详“乡贤”。

周鸿鼎：雍正六年，以父瑛功赐蓝翎侍卫。

洪　扬：雍正十年，官叙马营游击。

沈国卿：雍正十一年，官泸宁营参将。

刘应标：乾隆二十五年，官湖广提督。事详“乡贤”。

苟　兴：乾隆十年，官靖远营守备，升永定营都司。

徐克猷：乾隆十一年，官越嶲营守备。

凌朝英：乾隆十三年，官建昌右营守备。

黄金玉：乾隆十四年，官绥宁协参将。

夏尚寅：乾隆十六年，官建昌右营守备、阜和都司。

张　铨：乾隆十七年，官泸宁营守备。

罗国贤：乾隆十九年，官建昌镇中营守备。

马忠林：乾隆十九年，官松潘镇中营守备。

朱国勋：乾隆二十一年，官靖远营守备。

景　贤：乾隆二十六年，官峨边营守备。

富联升：乾隆二十九年，官会盐营守备。

路连英：乾隆四十一年，官督标左营游击。

涂应仲：乾隆四十一年，官会盐营守备。

张文遇：乾隆四十三年，历官建昌中营守备，提标后营守备。

刘国刚：乾隆四十四年，官城守左营守备。

徐　琼：乾隆五十五年，官松潘左营守备。

杜得成：乾隆五十五年，官靖远营守备。

苟若元：乾隆五十五年，官普安营守备。

马登云：乾隆五十七年，官建昌中营守备。

母之恭：乾隆六十年，官泸宁营守备。

洪君德：乾隆六十年，官松潘左营都司。

官启文：嘉庆元年，官庆宁营守备。

蒲尚贤：嘉庆元年，官龙安营都司。

蒲尚佐：嘉庆二年，历官陕西汉中镇，甘肃提督。事详“乡贤”。

马　济：嘉庆三年，官建昌左营游击。

王廷刚：嘉庆三年，官龙安营都司。

袁绳祖：嘉庆四年，以云骑尉署龙安营都司。

张绍绪：嘉庆五年，历官泸州都司，顺庆游击。

刘心裕：嘉庆五年，官泸宁营守备。

马明德：嘉庆五年，官懋功营都司。

沈　洪：嘉庆五年，历官江南省提督。事详“乡贤”。

冯继坤：嘉庆七年，历官通江守备，马边都司。

马　元：嘉庆间，任广西提督。事详“乡贤”。

王朝伸：嘉庆十年，官小河营守备。

袁朝暹：嘉庆十年，历官建昌中营游击。

王仕雄：嘉庆十年，官靖远营守备，升督标中营都司。

马文贞：嘉庆十年，官普安营守备。

黄廷相：嘉庆十一年，官冕山营守备，维州右营都司。

葛　遂：嘉庆十一年，官绥宁协右营守备。

马登榜：嘉庆十二年，记名提督，历官虎白口参将。智勇巴图鲁。

赵国柱：嘉庆十九年，官平番营守备。

杨　恺：嘉庆十九年，官小河营把总，代理守备。

胡克绳：嘉庆二十年，官会川营中军守备。

杨　清：蓝翎千总。嘉庆二十年，官新都县把总。

严登第：嘉庆二十年，官军标中营中军副将。

马登朝：道光间，历官杀虎口参将。

马　彪：道光间叠溪营游击。

赵醴泉：云骑尉。道光二十一年，署龙安营都司。

李春发：咸丰间，官龙安营千总，平番营守备。

马登富：副将衔，官阜河营都司。

马　良：佋先游击，历署保安营都司。

杨景泰：云骑尉。同治间，官小河营把总。

陈进国：光绪间，官顺庆营游击。

马应喜：光绪间，官川北中营游击，护理川北镇总兵。

孙　泰：花翎守备。光绪间，官平番、懋功等营守备，茂州营都司。

张从礼：花翎三品衔，世袭云骑尉。光绪间，历署漳腊营守备，补广元营守备，署漳腊参将。

马朝玉：花翎都司衔。光绪间，历官松潘中、左营千总。

杨维萱：蓝翎守备。历官松潘中、左营千总，代理守备。

马应祥：花翎参将。光绪间，历官川北右营都司，升察木多游击。

邹启桂：花翎都司。光绪间，历官松潘中营千总、左营专城千总。

任必达：花翎都司。光绪间，署漳腊营守备。

刘自受：光绪间，历官永宁营参将，委前藏统领。

马玉得：历官松潘中、左千总，升松左守备。

汤兴隆：出师云南，以军功官把总。

马有俊：官叙马营都司。

姜　珍：云骑尉。光绪间，历官松潘中、左营守备。

马如超：光绪间，历官漳腊营千总，派藏，叙升统领。
王升高：历官松潘左营守备。
刘　超：官漳腊营守备。
孙　琦：出师酉阳州，授松中把总。
吴承恩：云骑尉，参将衔。光绪间，署漳腊营守备。
李　润：文生，兼袭云骑尉。光绪间，官松潘中营守备。
马俊良：花翎，乐山汛千总。光绪间，官前藏守备，保游击，兼马队统领。
程　达：蓝翎把总。
杨占春：蓝翎千总。光绪间，官松左把总。
程　禄：蓝翎守备。
马成麟：光绪间，漳腊营守备。
米正阳：花翎。光绪间，海棠营部司。
马忠敏：蓝翎守备，松左专城千总。
妥有志：松中营把总。
唐有发：维州左营把总。
冯登升：蓝翎把总。
梁正书：蓝翎守备。以军功，分省补用。
汤占先：蓝翎把总。
洪　禧：蓝翎千总。
杨维蔚：云骑尉，保花翎都司。
苏阳春：蓝翎千总。
张永寿：光绪间，茂州营把总。
李仁义：蓝翎千总。光绪间，松中把总。
谭光辉：蓝翎千总。光绪间，松左把总。
王文彬：松左千总，保守备。
王文明：松潘中、左营把总。
陈浚明：光绪间，漳腊营千总。
马受云：专城千总。民国元年，汉军二营中哨哨官。
文致雄：平番营守备。
文为富：廪生，兼袭云骑尉。光绪间，漳腊营千总。
王文焘：五品蓝翎。光绪间，松中把总。
王光均：茂州西汛把总。民国元年，官汉军二营哨官。
王锡章：武生。光绪间，漳腊把总。
刘照炳：五品蓝翎。官维州左营专城把总。
易　德：云骑尉。光绪间，官叠溪营守备。
马保国：武生。光绪间，历官松潘中营守备、平番营守备。
胡尔康：光绪间，历官漳腊营专城把总、小河营把总。
陈　选：蓝翎把总。官小河营把总。

熊　魁：蓝翎守备。光绪间，漳腊营把总。

季大章：蓝翎千总。

徐春发：蓝翎千总。光绪间，漳腊营把总。

陈应禄：蓝翎千总。

张福申：武生。光绪间，官松中把总。

尹松林：蓝翎把总。

刘春发：蓝翎千总。历官小河、南坪营把总。

刘子昌：光绪间，松中千总。

民　国

何炳宽：民国元年，汉军第一营营长兼游击司令官。武功详“边防志”。八年，升任统领。

田现龙：民国元年，任汉军第二营营长。武功详“边防志”。

王光培：民国二年，官汉军第三营营长。

陈朝玺：文生。民国五年，官汉军第五营营长，升汉军西路前五营统领。著《筹边十策》，惜佚。

李再春：民国五年，官汉军二营营长，后升统领。

任光超：文生。民国六年，官汉军第五营营长，后升统领。

冯肇麟：民国元年，官汉军第五营中哨哨官。

王　润：民国元年，官汉军第二营左哨哨官。

李逢春：民国二年，官第二营哨官。

文维辅：民国五年，官汉军第五营哨官。

刘华国：民国五年，官汉军第一营左哨哨官。

马俊朝：民国五年，官汉军第一营哨官。

冯善一：民国五年，官汉军第五营哨官。

郭玉书：民国五年，官汉军第一营哨官。

胡国清：民国二年，官西藏汉军第一营营长。

马　鼎：武生。民国二年，保陆军少校。

马联升：民国七年，任汉军统部护卫营哨官。

封　荫

张伟奇：以子元佐贵，赠荣禄大夫。

易朝荣：以曾孙明贵，赠骁骑将军。

易起凤：以孙明贵，赠骁骑将军。

易自强：以子明贵，赠骁骑将军。

何其志：以子存义贵，赠武信佐郎。

胡连捷：以子耀贵，赠武信佐郎。

蒲　崐：以子尚贤贵，赠武略骑尉。
祁文耀：以子长志贵，赠武略骑尉。
富有明：以子荣贵，赠奋武郎。
萧廷佐：以子登魁贵，赠武信骑尉。
沈国彦：以子如意贵，赠奋武郎。
徐振翼：以曾祖维新从征巴里坤阵亡，荫千总，追袭恩骑尉世职。
江　海：以祖廷栻从征缅甸阵亡，追袭恩骑尉世职。
景之璋：以父贤从征缅甸病故，荫七品监生，以把总用。
张　湜：以父元佐功，荫拖沙喇哈番，袭二次。
周元龙：以父之德从征金川伤亡，荫把总。
黎　奇：以父仁龙从征金川病故，荫把总。
何正国：以父仕荣从征金川阵亡，荫把总。
冯之景：以父维秀从征金川阵亡，荫把总。
方元庆：以父连从征金川阵亡，荫把总。
赵启升：以父宏训从征金川病故，荫把总。
张文遇：以父澍从征金川阵亡，荫把总。
萧廷元：以父成从征金川阵亡，荫把总。
马定元：以父汉凤从征金川阵亡，荫把总。
罗　镳：以父腾龙从征金川阵亡，追袭恩骑尉世职。
韩世发：以祖登甲从征金川阵亡，追袭恩骑尉世职。
张　富：以祖斌从征金川阵亡，追袭恩骑尉世职。
黄朝庆：以祖凯从征金川阵亡，追袭恩骑尉世职。
孟有熊：以祖怀玉从征金川阵亡，父金龙从征教匪病故，承袭恩骑尉世职。
富恩裕：以祖成从征金川阵亡，追袭恩骑尉世职。
徐应龙：以祖刚从征金川阵亡，父振富从征楚匪病故，承袭恩骑尉世职。
杨　德：以父连通从征金川阵亡，追袭恩骑尉世职。
王凤翥：以父朝贵从征金川阵亡，追袭恩骑尉世职。
陈　凤：以祖明德从征金川阵亡，追袭恩骑尉世职。
许怀远：以祖之茂从征金川阵亡，追袭恩骑尉世职。
余　麟：以父芝连从征金川阵亡，追袭恩骑尉世职。
李生发：以父永奇从征楚匪病故，荫八品监生。
方启龙：以父元吉从征楚匪病故，荫八品监生。
杜　全：以父之贵从征金川阵亡，追袭恩骑尉世职。
唐丙绶：以父出师滇省病故，荫监生。
王　钦：以父出师病故，荫监生。
蒲世发：以父尚德从征廓尔喀病故，荫八品监生。
马天贵：以父登云从征廓尔喀病故，荫八品监生。
赵万年：以父仁从征廓尔喀病故，荫八品监生。

邵全忠：以父春从征廓尔喀病故，荫八品监生。
杜天明：以父成德从征廓尔喀阵亡，承袭云骑尉。
柳国柱：以父成锦从征廊尔喀阵亡，承袭云骑尉。
路维章：以兄维文从征楚匪阵亡，无子，以维章承袭云骑尉。
路永隧：以祖公举从征回逆阵亡，追袭恩骑尉世职。
马登升：以父明德从征教匪阵亡，承袭云骑尉世职。
袁文成：以父启贵从征教匪阵亡，承袭云骑尉世职。
陈尚义：以父宽从征教匪阵亡，荫八品监生。
赵体全：以父耀武从征教匪阵亡，承袭云骑尉世职。
陈长春：以祖启林从征教匪阵亡，承袭云骑尉世职。
李万蓁：以父登俊从征教匪病故，荫八品监生。
张得富：以父登玉从征教匪病故，荫八品监生。
母毓兰：以父之恭从征教匪阵亡，承袭云骑尉世职。
买承恩：以祖通全从征苗匪病故，荫七品监生。
官　和：以父遇春从征教匪病故，荫七品监生。
张丰瑨：以父秀从征教匪阵亡，承袭云骑尉世职。
马　奇：以兄济从征教匪阵亡，无子，以奇承袭云骑尉世职。
刘　勋：以父永清从征教匪阵亡，承袭云骑尉世职。
徐自禄：以父得玉从征教匪阵亡，承袭云骑尉世职。
吴栖凤：以父玉从征教匪阵亡，承袭云骑尉世职。
陈　志：以父启龙从征楚匪病故，荫七品监生。
涂大品：以父应伸从征楚匪病故，荫八品监生。
田富荣：以父斌从征苗匪病故，荫七品监生。
冯应扬：以祖继玉从征苗匪病故，荫七品监生。
马应乾：以父定元从征教匪阵亡，承袭云骑尉世职。
邱　伦：以父世贵从征楚匪阵亡，承袭云骑尉世职。
葛如芳：以祖之覃咸丰庚申番叛御贼阵亡，荫云骑尉。
马　庆：以父登榜出师金川阵亡，荫云骑尉。
王肇棠：以父王庆出师征苗匪阵亡，荫云骑尉。
萧　瑄：以祖声扬咸丰庚申番叛阵亡，荫云骑尉。
唐光裕：以父有成咸丰庚申番叛阵亡，荫云骑尉。
罗廷超：以父金声咸丰庚申番叛阵亡，荫云骑尉。
罗有章：以祖润基咸丰庚申番叛阵亡，荫云骑尉。
富长德：以父富印咸丰庚申番叛阵亡，荫云骑尉。
姜　瑞：以父延富出征苗匪阵亡，荫云骑尉。
袁钟瑞：以父覲选出征苗匪阵亡，荫云骑尉。
姜　珍：以兄瑞咸丰庚申番叛阵亡，荫云骑尉。
刘　瑄：以父遇春出征苗匪阵亡，荫云骑尉。

沙文龙：以叔映泰出征苗匪阵亡，荫云骑尉。
马保廷：以父彪出征苗匪阵亡，荫云骑尉。
马云延：以父应升出征苗匪阵亡，荫云骑尉。
徐　奇：以父步升咸丰庚申番叛阵亡，荫云骑尉。
杜天恩：以父世禄出征苗匪阵亡，荫云骑尉。
蒲连喜：以父勋咸丰庚申番叛阵亡，荫云骑尉。
岳建明：以祖占先咸丰庚申番叛阵亡，荫云骑尉。
张从礼：以兄从桂征南省阵亡，荫云骑尉。
吴承恩：以祖世魁南坪城陷阵亡，荫云骑尉。
李桂林：以胞叔遇春城陷阵亡，荫云骑尉。
丁长春：以父永泰金川阵亡，荫云骑尉。
文致达：以胞兄致章江南宁国府阵亡，荫云骑尉。
路登明：以胞兄登科城陷阵亡，荫云骑尉。
范　炳：以父恩桐松左守备城陷阵亡，荫云骑尉。
赵锦文：以父元贞云南宾川州阵亡，荫云骑尉。
黄春林：以父成富以祖金川阵亡，袭云骑尉。
陈国祚：以父遇春恩骑尉病故，承袭云骑尉。
李如萱：以父德福咸丰庚申番叛阵亡，荫云骑尉。
樊占雄：以父炳咸丰庚申番叛阵亡，荫云骑尉。
陈　鉴：以父月桂咸丰庚申番叛阵亡，荫云骑尉。
富　刚：以父恩元出征苗匪阵亡，荫云骑尉。
杨维蔚：以祖怀出师贵州阵亡，荫云骑尉。
杨维桢：以父景芳出师瞻对阵亡，荫云骑尉。
严德恩：以祖裕咸丰庚申番叛阵亡，荫云骑尉。
罗定国：以父廷显出师甘肃阵亡，荫云骑尉。
罗定邦：以叔廷炤出师西藏阵亡，荫云骑尉。
李仲元：以父发春出师苗匪阵亡，荫云骑尉。
铁忠林：以兄忠从征教匪阵亡，无子，以忠林承袭云骑尉职。
陈廷彪：以祖启龙从征金川阵亡，荫把总。
宋　锜：以父朝元从征苗匪病故，荫七品监生。
孔文晟：以父学海从征苗匪病故，荫七品监生。
刘　刚：以父魁从征金川阵亡，追袭恩骑尉世职。
郭得胜：以父明宗从征教匪阵亡，承袭云骑尉世职。
何定国：以父连升从征教匪阵亡，承袭云骑尉世职。
董思魁：以父其福从征教匪伤亡，承袭云骑尉。
汪联升：以祖凤集出征阵亡，承袭云骑尉。

乡 贤

明

尧 彧：字孟章，松州人，生于元末。父应喜，母氏周。家贫，寄居武庙。夜梦伟人入庙，金甲荧荧，黑面紫须，目光如炬，醒而异之。是年十一月，彧生，貌奇伟，十岁，能挽弓射猎。及冠，入伍充马兵。有胆略，每出关收贡马银粮，不畏艰险。西番寇青海松茂道，陆宣奉命出关安抚，彧随之。诸酋逆命，囚陆宣及彧于土牢，彧设计救陆宣出，乘番马疾驰，日数百里，返松州。陆宣奏彧功，朝命破格录用为松州驻守使。历平番乱，边境肃清。叠茂番叛，围叠溪城，彧率兵由坝底铺进攻，诸番势不支，败溃，围遂解。后彧卒，马亦触石亡，即青海救陆宣所得之良马也。瘗马县之东郭，俗称马坟坡。彧殁，松人建祠于城隍庙侧，呈请入祀乡贤。

周 满：明嘉靖辛卯举人，壬辰进士。博洽经史，尤工古文。官礼部员外郎。生平淡泊，不以才名炫世。年六十归乡里，恒以砥砺廉隅，崇尚节气，勖后进。著有《边防切要》万言，惜年远，迭遭兵燹，著作散失。崇祀乡贤。

吴荩臣：松州指挥佥事，进云南腾越副将。事详“宦迹”。

清

冯昌期：世袭千户，进松潘副总兵。事详“宦迹”。

江瑞图：顺治甲午举人，官河南息县知县。德洽生民，政尚清肃。息县历遭兵荒，训练民团，坚壁清野。复捐俸建学校，以敦风化而正人心。邑人感戴，为之立祠，崇祀乡贤。

李钟璠：康熙乙酉举人，官河南商丘县知县。为人刚介廉直，任县事十余年，振兴教育，抚恤灾黎，吏民畏服。及丁忧归里，不入城市二十年，讲朱程学，士风为之一变。卒年六十有五。

张伟奇：字素臣，康熙十一年拔贡。性孝友，喜读书，尤长于言兵。母疾，躬侍汤药。不就选，献策当道，抚绥蛮部，远人率服。以子元佐贵，诰封荣禄大夫，崇祀乡贤。

周 瑛：《锦里新编志》：字奇育，号和庵，松潘卫人，康熙己卯武举。赴营效力，历升漳腊营游击。时西陲用兵，运粮多梗，瑛条陈抚军：一曰改长脚为短运，二曰弃浑脱（系整脱牛皮吹气，浮渡，甚险）而造木船，三曰先剿铁布劫贼，以通大道。抚军善之，委瑛总其事。瑛先密调祁命、班佑等寨番兵，自率轻骑冒险而进，连夜攻击，直捣贼巢，擒其首恶铁布，道路以靖。又郭罗克贼番恃险行劫，势猖獗，瑛奉命征剿，直抵中郭罗克，调集杂谷蛮兵，用大木炮（系木包铁心，取其轻便）攻破虎头、腊务等一十三寨，擒其渠魁唆他儿布、索布六戈、哥贾盍等解赴京师，擢授化林协副将。进剿羊峒，瑛率汉土官兵剿抚并用，不阅月，峒蛮平，遂设南坪营防守。由是路通陕西，商贩往来不绝，松漳军民世享其利。事竣，赴化林任。雍正元年，叛贼罗布藏丹津青海会盟，廷议以察木多西藏要地，不可无防兵，特授瑛松潘镇总兵官，统兵镇守。旋奉大将军密札云，奋威将军岳已剿平罗布藏丹律，余孽窜入准噶尔，欲谋取西藏等语。瑛即率兵兼程进至噶尔藏胡，擒斩逆党之宰桑、虾谒、塔拉、魏正、沙不隆等贼，边境悉宁。以功赏世袭骑都尉，赐戴孔雀花翎，并人参、貂皮等物。师旋，顺路招抚克树、余树、锁戎、霍耳等寨，户口一万三千有余。朝命授四川提督。雍正五年，奉命至察木多，指授赏给达赖喇嘛地方，勒石定界。节旋召见，上谕兵部差司官一员迎接，赐鞍马全副，擢授銮仪卫銮仪使，旋晋散秩大臣，赐紫貂塔护。雍正六年，西藏阿尔布巴戕害康济鼐，藏地大乱。上以瑛熟悉藏情，命统领川、陕、云南三省官兵进藏，赐黄带子、撒袋、玄狐帽、帑金、蟒缎、腰刀等物，并赐其子鸿鼎为蓝翎侍卫。回川次年，起节进藏，行至打箭炉，达赖喇嘛先差人迎接，并称合藏唐古忒人民仰天子威灵，莫不踊跃欢呼，发誓静听。是以兵不血刃，直抵西藏，凡逆贼蚁聚之众，靡不畏威服罪。因将首恶阿尔布巴等在藏正法，地方复宁。瑛三襄藏务，均立大功。后与同事不合，对揭镌级，命以副总兵职衔往北路军营总理屯田粮饷。瑛暇辄从事吟咏，藉以自适。阅七年，致仕归。年七十二卒。崇祀乡贤。

张元佐：松潘卫武举。康熙五十七年，关外番叛。岳钟琪以征西兵进讨，总督年羹尧命元佐运粮，备经艰险，卒平诸峒番。雍正元年，西宁之役，随钟琪同王刚率兵出黄胜关，剿抚十二部落，招安阿坝等处。二年，下羊峒关番不法，元佐率游击刘屏翰、邱明扬剿平之，余寨投诚。建修南坪坝为南坪营，以通川陇道路。三年，擢元佐总镇，下车即以靖边安民为急务。时郭罗克、杂谷、黑水、峨眉、七布等番皆洗心归化。每月朔望，延文士讲信义节孝等书。又捐俸修东南一带道路桥梁，人民受赐者众，为之立保惠碑，以志不朽。崇祀乡贤。

刘应标：字伟功，号啸峰，松潘卫人。由行伍出征郭罗克、热当十二部落及西海、棋子山、苦苦脑儿、棹子山等处，以军功擢蓝翎侍卫。雍正七年，发往四川，以游击补用。八年，瞻对用兵，奉派出师，分剿擦马所、擦呀所，直捣贼巢，战功第一。师旋，调重庆镇标中营、黎、雅营三处游击。乾隆六年，升会川营参将。九年，奉旨补授黄州副将。十二年，调补湖南沅州副将。十四年，奉旨简授湖北襄阳镇总兵。二十三年，调湖南镇总兵。二十五年，委署湖广提督，嗣回任。三十年，卒于镇篁。应标虽武人，谦恭和雅，有儒风。历任三十余年，与同城文武员弁交，从无闲言。生平爱惜士卒，尤善抚夷人，所莅，各苗疆无不感戴。尝言抚绥夷民之道，姑息则长玩，滋扰则生疑，当不激不随，顺其性之所适，示以威，怀以德，处以公，谕以理，自然动其天良，化其枭悍，同享升平之福矣。殁后，镇篁人怀思不①。置肖像南华山祀之。崇祀乡贤。

马　济：副将。崇祀乡贤。

蒲尚佐：字辅廷，幼业儒，兼习骑射。乾隆间，随父昆出征金川，立功，奖武秩。嘉庆教匪之乱，转战川鄂陕甘各省，迭克名城，擒斩巨匪。嘉庆六年，升维州协副将。八年，升总兵，授陕西汉中镇。调凉州镇，补甘肃提督。事迹详家传，庚申被毁。惟南门外东山下，《神道碑记》尚存。

---

① “不”后当有一字，或当为“已”，即“不已”。

马　元：生而俊伟，抱负不凡，通书史，善骑射，勇力绝伦。乾隆四十五年，入松潘镇标中营马兵。四十九年，出师甘肃，攻克石峰堡，奖头等军功。五十二年，随松镇穆赴台湾，攻斗六门等处，擒首逆林爽文、庄大田，赏行营外委。五十三年，赴西藏，拔额外。五十五年，拔外委。五十六年，随福督安康攻擦木那吉，赏蓝翎，补阜和左营把总。六十年，出师湖南，解永绥围，攻克滚牛坡，左膀受伤。嘉庆元年，拔懋功抚边营千总。二年，调往达州，剿捕教匪，收复东乡县，腰受石伤。六月，拿获高明贵，攻克苏麻寨，平陇乾州，列功超等。三年，在陕西三岔河歼首逆姚之富，追贼回川，擒首逆罗其清等四名。十一月，又攻克大鹏寨，补维州协右营守备。五年正月，由褒城追贼至甘肃两当、秦州，擒首逆冉添元，赏库吉推巴图鲁，补云南督标中营都司。五月，攻斩股匪多名，川督题奏，补直隶正定镇左营游击。六年，在太宁二郎坝歼首逆高二，左膝受伤。补陕西延安参将，升绥定协副将，调四川维州协副将。十月，在巫山县生擒伪元帅陈侍学并股匪五百余人。又剿除开县马家营贼五百余名，毙首匪劳之秀，调阜和协副将。奉派赴楚剿灭刘喳须子，全股荡平。十一年三月，署重庆镇，保卓异，交军机存记。十二年，奉派会建昌道郑成基查办里塘番案。十三年，剿办长老山、二道坪，焚烧象鼻子贼巢四十余所、夷居二十七所，毙贼数十，生擒三十余，夷寨全行扫荡，余众投诚，勘定全局，朝命授陕西宁陕镇总兵。十九年正月，在陕西南山剿灭陈四万。十二月，用地雷攻破滑城，杀毙贼目宋元帅等犯。又奉直督那调剿河南匪，两月荡平，调补甘肃凉州镇总兵。二十年三月，署广西提督。由镇南一路搜捕万五、吴抓等匪，生擒首逆尹朝贵，奉命补授广西提督。任内振军经武，边境乂安二十四年，卒于任所，年六十八岁，谥壮勤，一等轻骑都尉，命四川总督蒋攸湉致祭。乾庆武臣，战功元推巨擘。因松潘原籍地方，番匪不时蠢动，遂寄籍郫县，葬郫东高店铺侧里许。

附碑文：

奉天承运，皇帝制曰：朕闻弧矢宣威，爰藉鹰扬之佐；鼎钟纪徽，用酬虎旅之勋。载念前劳，式崇懋锡。尔原任广西提督马元，出身军校，久莅戎行。从车骑于石峰，下楼船于台海。道通擦木，搴旗而番落归诚；围解永绥，传檄而苗顽格化。恩沾雨霈，屡沐宠纶；感激风生，更扬鸿伐。渠魁叠缚，旌麾周三省而遥；邪孽全消，况瘁阅七年之久。彤缨是赉，勇号爰颁。既专戎阃于泸维，旋总军枢于陕右。乃者蚁屯滑邑，临冲则拉朽功成；迨乎虎拜彤廷，舍矢而穿杨艺熟。牙璋特锡，隆膺帝眷于枫宸；铜柱可铭，聿振军威于桂岭。方资专阃，忽怆沉星。谥以壮勤，昭兹恩礼。於戏！风凄雕俎，弥怀麟阁之功；云护丰碑，丕焕螭文之采。钦兹嘉命，式是后昆。

附祭文：

道光元年岁次辛巳蒲月望四日，皇上命四川总督、部堂蒋攸湉致祭于力勇巴图鲁、原任广西提督马元之灵，曰：朕维棨戟重疆场之职，士贵知兵；鼓鼙思将帅之臣，人惟求旧。是以蜕旌著绩，允怀尽瘁之忱；兕爵叨荣，宜贵酬庸之典。尔原任广西提督马元，志奋戎行，胸罗武库。始执殳于虎帐，力效前驱；旋摧阵于龙堆，功膺懋赏。自海国澄波而后，洎天朝振旅之余。乃仗策湖南，衔枚黔楚。扬军威于两陕，矢石身冲；戢风气于重洋，鲸鲵手缚。会以畿南，小丑偶肆鸱张；幸资岭北，元戎式参豹略。综良将生平之伟绩，荷先皇稠叠之恩纶。锡以骁名，辉之吉羽。黄靡试射，挽强而技奏雕弧；文绮颁彝，被宠而温逾挟纩。但移镇于桂郡，冀长资夫兰锜。方倚壮猷，俄闻奄溘；特加优恤，备奖成劳。於戏！珠铃垂百粤之名，兜鍪载德；玉节卷卅年之伐，俎豆铭勋。沛厥殊施，阐兹茂烈。

沈　洪：字射堂。幼孤贫，读书未第，投笔入伍，以勇略闻。时甘肃回变，奉调出征，擒获渠魁。受伤，立功头等。继廓尔喀之役，随营出力。乾隆乙卯，贵州苗民叛，川督福安康以洪有杀贼功，擢松潘中营外委，递升千总。嘉庆元年，出征黔楚教匪，历升都司。十二年，转兵平川乱，升游击。起兵至此，计歼毙贼首姚之富等八十余人，擒获贼目罗其清等三十余人，搜捕余匪不计其数。屡著勋劳，升江宁城守参将。复平宿州蒙城匪李正士等，剿灭海口洋盗蔡牵等，授狼山镇总兵，交军机存记，赏赐极优。戊辰，丁母忧回籍。服阕，补授江西南赣镇总兵，调任徐州镇守。十八年，统兵平滑县教匪，授江南提督。自乾隆以迄嘉庆三十余年，经六百余战，克复城池一百四十余处，杀贼无算。在军抚恤士卒，临阵亲冒矢石，秉性忠勇，积劳成疾。戊寅冬，卒于江南提督任，年六十岁。遗命以忠孝训子孙。事闻，封建威将军，御赐祭奠治丧银五百两。

附祭文：

嘉庆二十五年，岁在庚辰孟夏月中浣，御祭病故原任江南提督沈之洪之灵，曰：鞠躬尽瘁，臣子之芳踪；赐恤报功，国家之盛典。尔沈洪性行纯良，才能称职。方冀遐龄，溘闻长逝，朕用悼焉。特颁祭葬，以慰幽魂。呜呼！宠锡重墟，广沐匪躬之报；名垂信史，聿昭不朽之荣。尔如有知，尚克歆享。

樊　炳：岁贡生，敦行力学，有经济材。道光三年，入学。十年，补廪。乡试四次不售。咸丰六年，出贡，以训导铨选。十一年，番叛，练团守城。七月初七日，城陷，督率民团在东门外力战，阵亡。入祀昭忠祠。

孙　澍：举人，品行端方，学问纯粹。乡居，淡泊自安，博识经史，设学课徒，至老不倦。古文词章，为士林所推重。

马　珍：字儒修。赋性明达，果毅有为。读书观大义，以诸生入军营。咸丰十年，奉调赴福建，历平乱事。以功奖同知，历署厦门、漳州、泉州，补授延平知府，升汀州道。每经一处，必先抚恤难民，全活甚众。为人廉介不阿，士民悦服；政声卓著，有循吏风。

知事张典按：段玉裁修《富顺县志·乡贤》一则，采录甚多，其间博学醇儒，著书行世，固详载之。间有武功政绩，足资观感，亦备志。其人但于事实之未遇，已经题报者则书“崇祀乡贤”字，未报则否。今松旧志失考，乡贤题报年限，概不可知。惟核其人之事迹，乡望久孚，众论翕合，且与部章相符。故仿《富顺志》例备载于此，以待后起者知所取焉。

行　谊

明

安　白：《明史·四川松潘传》：正统三年，岩州长官司让达作乱，侵杂道诸边。杂道长官司安白诉于朝，帝命四川三司往谕之，皆归降。白乃统筹善后，边境肃清。

丰　爵：旧《通志》：松潘卫学诸生。多识治体，晓畅边务。所著有《筹边策》。

易文卫：旧《通志》：叠溪千户。习韬略，遇敌果敢。历升游击将军。

清

范　仰：康熙间文生。品行端正，设学训徒，三十余年不倦。寿八十五岁卒，乡人赠“笃学醇儒”碑。

范　敏：康熙间文生。家贫，喜读书，敦行诚悫，教读终身，门下成就者众，寿八十，遗训以耕读勖子孙云。

郭传世：康熙四十七年戊子科举人。品学端方，著作甚富，家训尤多。任陕西三原县知县，政声卓著。怀远将军调赴军营赞襄军务，功绩最优。后因病辞归。卒于成都，年六十八。子周翰，邑廪生。后江西进士衷以埙主讲芙蓉书院，深佩其著作家训。今已失传，惜哉！

邢振翼：字图南，雍正四年丙午科举人。博通经史，尤精于《易》。登贤书，后任资阳县教谕。未几，去官，流寓温江县，以友教为业，尝开教于温邑天王寺。生平著作极富，见今《温江县志》。城东二十二里天王寺有图南授经处，古迹在焉。

汤铭清：字道箴。先世陕西咸宁县人，清初入蜀，居泸州，迁漳腊。周瑛任漳腊游击，平上下羊峒，设南坪营，通陕西路，铭清任转运。事竣，保同知衔。倡议开茶路，请部引行茶由灌、茂至松堡。民运茶瞻[①]家，全活者众。广边民生业，辟国家利源。有司呈川督，奖以“利国便民，见义勇为”匾额。

马永胜：嘉庆末，随父世美由陇贸易至松。性情诚朴，宽厚忍让。人有侮之者，笑不与较。一日，拾遗金于道，访而归之。谢以金，不受。

任运昌：字霭堂，道光间镇署文案。品学优长，著有《治边要略》一册、《九九消寒图说》《漳腊璃泉考》，惜遭番变，焚毁无存。

祁有成：字绳武。性刚果，道光间入武庠。咸丰庚申，番变，围攻厅城。绳武率兵团守御，数毙逆番。治城大小西门为番所陷，绳武督团力战，击退，斩获甚众。同知张中寅、总镇联昌迭加奖励。事平，赏给蓝翎军功。

李春华：字炳江，一字丽生。十岁丧母，父再娶，事继母以孝闻。咸丰庚申，夷乱，华毁家纾难，在事出力。寇平，总镇联昌保文职，力辞不受，都人士皆义之。卒年七十。子寿昌，邑文庠。孙桢，甘肃宁县知事。

① 瞻：或当为“赡”。

汤兴顺：字遂斋。孝友仁慈，博通经史。历游戎幕，多所赞襄。咸丰庚申变后，条陈进兵恢复，见“边防志”。川督骆秉章纳之，批发松潘统兵各员，审度情形办理。既而寇平，集乡人讲求治安策，亟亟以兴学为务。培植后进，成就多士。复修城垣、仓储，重建文武庙、昭忠祠、福善桥，工[1]尤著。川督丁宝桢奖“乐善好施”匾额。光绪中，总兵夏毓秀屡延入幕，筹办边事。著有《筹边策》，见“边防志”。又著有家训一编传后。卒年七十八。

洪用舟：字兰楫，咸丰辛酉年拔贡。博学能文，尤精书画。为人通才远识，谙练政治，恒侃侃谈天下事，为当途所推重。宦游山东，层次得保，授东昌府知府。清慎勤劳，政绩昭著，府属十县民皆感德。大计卓异，保荐升任督粮道。子孙继世蕃衍，代益昌炽云。

杨士荣：同治癸酉年拔贡。朝考留京，中式顺天举人。天性仁慈，生平以存心立品为主。家本寒素，崇尚朴实。为文雍容华贵，名噪一时。议叙知县，分发湖北。以病归，卒年六十六。子孙仍居乡守耕读，善能继后。家藏书籍亦颇丰富。

张从礼：字克恭，留心边务。咸丰庚申番变，招集漳腊营兵驻龙安，以遥应官军。既而松寇平，从礼与有力焉。在营办理番案，历著劳绩，由漳腊守备，升署参将。

刘家瑞：字晓帆。其先由湖广入蜀，隶籍松潘。四传至曾祖先第，迁居灌县中兴乡，世业农务。父三超入国子监。瑞生而失母，幼岐嶷若成人。事父竭志，奉继母如所生。性特嗜学，弱冠补松邑博士弟子员，旋食饩，从游者众。已而居父丧，庐墓三载。弟卒，念不可重累犹子，则为营葬先墓侧。弟妇议析居，瑞止之不得，即推让沃产，人以为难。其周旋邑里间，亦未尝辞劳怨。玉成人美，匡救其急，人尤以此贤之。有子三：伯承宽，本增生；仲鉴民，以吏登仕籍；季定康，肄耕读；皆能继述者。瑞得明经，例授教职，竟以中年逝。虽然，彼固有足以式世者，不必宦也。

邹启桂：字燮之。信义有为，办理戎务，屡出入番寨，汉夷皆倚赖焉。保花翎都司、参将衔。筹修城垣、仓廒，川督丁宝桢奖“急公好义”匾额。光绪二十二年，总镇夏毓秀平包坐乱，启桂在营，积劳病故。恤八品荫监，封武翼都尉。

陈永春：字嵩年，性刚正不阿。漳腊自庚申变后，百事废弛。永春倡修城垣、仓廒、桥、庙。漳人有争斗者，亟为排解，不令成讼。至今人犹称道。

陈进国：字聘之。英伟卓特，胆略过人。咸丰初，江南军兴，叹曰：今天下多事，尚囿于笔砚间耶！随营出征，积功保花翎、侭先游击。庚申糜烂，趋回省亲，遂留松潘镇标服务。会川督刘文襄公秉章巡阅川西，优礼有加，语及进国：曩在江皖为国出力，岂可久遗屈抑？奏补顺庆府游击。抵任以来，整行伍、剔旧弊，协保公安，同城府尊亦资臂助。嗣调叠溪营游击，卒于任。还葬松东，军民悼惜。

陈凤楼：字修五，邑廪贡生。天性刚直，学问渊深。咸丰庚申变后，同乡人士探访殉难男女忠节，请恤入祀，阐潜德之幽光。晚岁所作诗文，理法清正。课读十余年，邑中文学之士多出门下。年六十，卒于灌。

马朝玉：为人有智略。以武职外征，闻逆番陷松，兼程回川，带松、龙兵为前锋，

---

① 工：或当为“功”。

进取东道关隘，所向有功。适川军统领黄鼎、黎鸿钧与番战于花椒沟，失利被围，朝玉闻警赴援，击退逆番。松城恢复，功绩独多。

王文瀚：字瀛州。好读书，性刚果。办理镇署文案三十余年，佐疆吏饬营伍、筹军需。娴韬略，议论纵横，动关大体。至今人犹称道之。

米东阳：庠生，字旭初。与同邑监生沙瑞明、处士李含春、赵世华友善，幼以道义相勖，长以公益相勉。庚申番变枚平，疮痍满目，三人倡办善后，造桥梁、建书院、修圣庙、立鼓楼。又以书院乏膏火，捐数千金置产，为常年经费。办事纯尽义务，不惮烦劳。

文登儒：字席珍。性爽直，乐善好施。漳腊城垣、仓廒、庙宇、桥工，无不竭力赞助，相与有成。

陈海春：字贡琛，刚直好义。光绪九年，城垣坍塌，出助长官筹捐培补。工竣，川督丁宝桢奖以“急公好义”匾额。

任必达：字明远。事亲至孝，友爱昆弟；处事有识，待人以诚；性尤慷慨，力谋公益。官漳腊守备，办口内外夷案数十次，卓著劳绩。庚申变后，修城垣、兴学校、造桥、建仓，屡与绅董合力，底厥成功，至今利赖之。卒年六十八。子侄：光裕，官把总；光超，汉军营长。

马映喜：字吉庭。性朴实，有胆力。江南之役，从松军出征，陷阵攻坚，身先士卒。以克复江陵功，保花翎、侭先都司。枚[①]平回川，制府骆文忠公檄委助剿番逆，冒险前驱。旋部铨黔彭营都司。在任十年，练兵弭盗，地方以安。历署城右叠溪营游击，升补川北中营游击，以功晋副将，代理川北镇总兵。年老致仕，侨居阆中。

沙万全：性诚实孝友，乐于为善。以货殖起家，地方公益多所赞助，乡里称道弗衰。

妥有志：松中把总。性刚直果断，长于兵事，晚年尤好善。有子三人，俱成名体仁。入邑庠设学课徒，至老不倦。

马　铭：字新安，邑处士。和平正直，人所矜式。兄弟互友爱，至老弥笃。子孙繁衍，教有义方。生平慷慨好义，不吝千金，成人之美。治家以礼，待人以宽。地方善举，捐助颇多。五世同堂，一乡钦仰。

马俊麟：字玉书。读书能见其大。性刚直，不随流俗。遇事敢言，多有验。凡培修城垣、创建仓储、交涉夷务、筹办团防一切要公，有司皆资倚畀。治家教子，尤有古风。川督丁宝桢给奖匾额，俊麟与焉。

苏阳春：字锦屏，蓝翎把总。性豪爽，见义勇为，指陈地方利弊、夷务情形，确有卓见。光绪九年，城垣破坏，力助官绅捐修，川督奖匾额曰“急公好义”。

马　伦：字笃常。恭俭有礼，勤于耕读，无事不出户庭。历任文武知其纯谨，屡邀办公，无不黾勉从事。川督丁宝桢给予“急公好义”匾额。卒年七十有四。

王文治：字光廷。性和介，处心任事，一秉大公，素为长官器重。协助镇府葺城垣、设仓廒，卓著劳绩。川督给额曰“急公好义”。

---

① 枚：或当为“敉”。

朱宝源：字性山。素耿介，沉默寡言。世仰名门，循分守礼，尤喜公益，监修城垣、广济仓，任事无懈容。川督给额曰“急公好义”。

赵如鸿：字宇仙，廪贡生。敦尚品行，博通经史，工篆、隶、草书。设学课徒，从游者多成名。卒年七十有二。

沙瑞庆：字鹤汀，邑廪生。博学能文，事亲至孝。与庠生王文藻友善，以德行相砥砺。松邑庚申乱后，学校废弛。同光之间，重建文武庙，改修书院，设立城乡各义学，培植后进，二人与有力焉。

李锦堂：松中副总府文案。天性诚朴，不喜浮华。工书画，乡人咸师法之。

汤兴发：天性仁厚，读书明大义，友爱弟兄，和睦乡里，喜谈因果事。凡桥庙有坏者，捐赀培修；亲族贫苦者，倾囊相助；人皆称善。弟兴夔，邑处士。庚申之变，能防患未然，先使家属同乡人束装远避。后城陷，闻避难者居陇右，夔由草地走甘肃成县接济，乡人、家属俱赖保全。

哈玉发：清廪生，哈秉忠之父，幼而孝友。咸丰庚申之变，负父出险，人皆称道。后业商致富，自奉俭薄，待人宽厚，乡党之贫困者多方提挈，使安生理。性好施予，岁饥，贵籴贱粜，全活甚众。其他培修城垣、创设义仓、襄办学校，举凡关于公益事务，莫不首先捐金提倡，期底于成。有司嘉其贤行，额之曰“乐善好施”，并具案申详；督宪又赠以“急公好义”匾额，以旌其德。玉发夙知番性，先后奉委交涉各部，动合机宜，事遂冰释。汉夷如有纠纷，一经排解，无不悉化。松城之所以安谧者，赖公之力居多。辛亥之乱，流民咨嗟道路曰：哈公如在，必能消患无形，免罹斯祸。其见追思如此。

马　泰：字少伯，忠厚老成。在乡排难解纷，毫无偏袒；经理城工、仓廒，实心任事。邑人称之。

蓝映泰：字香圃，武生，性豪迈不羁。捻匪之乱，从征湘鄂，闻番变，督松军回援，冒锋刃入围城。番逆旋由大西门入犯，抢掠官署、仓街，映泰率民兵巷战，斩首二级、射杀三人，逆溃遁。癸亥之役，迭著劳绩，叙功奖官职，不受。以骑射教授生徒，多所成就。松故边地，多暴戾之徒，泰见辄呵斥，无敢忤者。于良懦则礼之，恂恂如也。晚年邃于医，活人无算。

胡尔康：字伯安。性情直爽，书法尤佳。少即留心边务，总府延充文案，多所赞襄。任松潘中、左、漳腊各营员缺，壁垒一新。办理夷案，皆臻妥协。乡里遇有争端，直言排解，处理公平。辛亥乱后，忿桑梓糜烂，偕士绅赴省请恢复，情词迫切。旋经特派安抚员为大兵先道。乱平，选充县议会议长，地方善后，与有力焉。

李仁义：字性生。家世耕读，由行伍充镇辕巡捕。赋性简素，不矜华贵；好行慈善，喜说阴骘。于乡党宗族间，情谊尤厚。晚年提倡松茂慈善会，赖以成立，尽心规划。邑中士女多薰其德，功果无量。

马逢祥：字瑞廷。赋性谦冲，热心公益。历奉文武长官委办口外番案。培修城垣，营建仓储，颇资其力。遇汉夷交涉，尤能调剂。光绪九年，川督丁宝桢奖“急公好义”匾额。年八十余，精神矍铄。其子钟英入邑庠。

赵玉成：字琢堂，为人温厚老成。迭经兵燹，仍以农商起家。其于善举尤多热忱，以是为乡里钦仰。至与人交，恭而有礼，人亦爱之敬之。子二人：长永德，邑庠生；次永忠，克承先绪。孙仁溥，升专门学校。一门和顺，有足称者。

杨树芬：字仲香，邑廪生。性孝友，博雅工诗。提督夏琅溪聘就戎幕，以母老辞。晚年更无意仕进，筑室藏书，诱掖后进，以诗酒自娱。著有《翠微山房集》。光绪二十五年，邻村叶塘保失慎，捐谷赈灾。邑令拟为请奖，不从。众论高之。

蒙春辉：字煦斋，别号卧龙山人，邑岁贡。性豪迈，能文善画，工行书、精隶篆。主讲岷山书院，造成颇多。任本县视学，创办城乡高等初小学数十所。松属教育发达，辉有力焉。辛亥番变，举家迁平武。壬子，龚司令克松城，延辉襄办善后。热雾逆番复叛，辉赴省乞援，亟言番势猖獗，图绘山川要隘，同援师往办，遂平逆番。将军巡按使保准以文官录用。旋办上下三寨夷务，奖一等劳绩章。白匪犯陇，奉命筹防。清理口外包坐夷人积案，俱合机宜。民国五年，卒于里。

知事张典按：《松志·乡贤》后列“行谊”一门，明以前无人，岂果无其人哉？记载之阙也。今仿《富顺志》，锐意搜求，详叙前人生平事实。俾后起者仰见乡先辈德行事功，感兴奋发，是则纂述之志也。

孝友

明

史应诏：明舍人。母陈氏病剧，医弗瘳，应诏割股煎汤以进。是夕，电绕房帷，母寻愈。万历三十一年，兵使蔡守愚表其门。

易起渭：家贫，与妻周氏事母尽孝。万历三十八年，兵使陈锦表其门。

张应时：明典史。父母相继病笃，应时割股治之，皆愈。兵使史赞舜表其门。

米登恒：字心斋。早失恃，与其弟登全事父先意承志。父病，侍汤药，衣不解带。焚香吁天，愿以身代。父殁，兄弟甚友爱，食必同席，出入相随，乡党称之。有司额其门曰“天性纯笃”。遇贫苦者，必资助之。庚申城陷，夷不加害，曰：二老平日公道。反导之逃亲戚邻里，藉以全活者数十口。卒年五十八。子孙繁衍，洵乐善之报云。

汤兴隆：事亲至孝，笃于友爱。习柳公权书法，人颇重之。尝捐资建桥修路，培补庙宇，亲身督工。在家教读，后进多成名者。

文致信：字子孚。事母至孝，为人谨厚敦朴，乡里称之。长子为富，邑廪生，世袭云骑尉，漳腊营千总；次子为辅，汉军第五营哨官。

文占鳌：字禹门。事母至孝，好行阴骘。子承恩云骑尉，保侭先都司，署漳腊守备。

米登第：字少宾，邑处士。幼孤，母教养以成。及长，家中落，与弟登龙苦力养母，甘旨无稍缺。母殁，庐墓期年，哀思不已。登龙性刚直，恒面斥人非，于兄则和顺恭敬，怡怡如也。未几，复以商致富。厩中马被盗，官获盗者，弟请惩治，登第则请释之，谓家人曰：盗者渠兄，非渠也。累及无辜，与子孙遗孽，吾所不为。其他行事多类此，邑人义之。

李寿魁：天性孝友，容止矜庄。地方公益善举，如建修庙宇、培补桥梁、接济族戚、矜恤孤贫，无不尽力资助，乡人称之。胞兄寿海、堂弟寿昌，住居灌阳，寿魁每于年终，必由松至灌，团聚一堂，叙天伦之乐，其亲爱之情，有非寻常所能及。卒年五十五。

路登全：性和蔼，好修洁。孝友于家，喜谈因果；教训子孙，谨守礼法；乡党称善。孙春培，设学十余年，训课生徒，颇多成就。

任必惠：字锡恩，居家孝友。署漳腊把总，精明干练，民安盗息。又培修城垣、桥庙，多所赞助焉。

文占富：字禹廷，邑处士。幼年废学经商，以信义待人。其处家也，爱亲敬长，教子有方，邑人善之。卒年六十二。子耀光，官南坪县佐。

冯万春：字熙台。为人谨厚纯朴，喜谈因果，劝导乡民。年方三十，节欲养生。后享寿七十有六。

米万丰：事亲孝谨，亲殁，既葬，早夜诣墓拜，如生前定省，二十余年风雨不懈。年八十八岁，辛亥番变，殉难，葬雪山，立有墓碑。

赵泗海：幼失恃，事父孝。双目失明，以卖卜诵经自活。或饷果肉，必怀归奉父。日过街巷，以杖导行，归虽劳倦，必歌咏入门，以慰父心。值父怒，跪地婉劝，怒解乃起。苦力供膳三十余年，父殁，倾资殓葬。哀毁病卧，邻人馈药，却之曰：已矣，吾将事亲于地下矣。辍食数日，无惨容，卒时犹诵经数卷。

魏光裕：字书田，松左把总。性孝友，事亲能得欢心。光绪六年，父病，光裕割股和药以进，遂愈。母年八十有七，光裕年六十余，犹依依膝下，孺慕弥笃，乡人钦之。宣统辛亥番变，殉难。子照明，庠生。光裕病，照明仍两次割股治愈，人皆以为纯孝云。

陈绍宗：性纯孝。母赵氏，中年失明，每行动，绍宗躬负出入，饮食亦必亲奉。二十余年孝行不衰。邑宰周公侪亮以“永言孝思”匾额旌其门。

赵元章：母早殁，父鳏居三十余年，元章奉养不违。辛亥，父故，致尽哀礼，庐墓三年。

文伟堂：天性孝友，处世谦和。聪颖精详，尤工书画。民国九年，任汉军营排长，驻防松、平交界之叶塘。因徐朝彬谋提枪枝，伟堂同吕连长天爵二人被执，独伟堂一人不屈而死。松、平两县官绅为之追悼，请恤竖碑，入祀昭忠祠，以表忠烈焉。

马寿荣：十岁丧父，事母至孝。读书未就，年十六入武庠。母病，亲侍汤药，衣不解带。弥月，沐手焚香，割股以奉，母病获痊。此外如沙掞藻之母病、马受康之母病，均吁天割股和药以进。一诚感格，乡人称其孝焉。

李载春：事亲至孝，母病，医药罔效，载春割股和药以进，遂愈。其父病，兄载阳仍割股进，病愈。此外，马世富之母病、李鸿发之母病、赵永德之母病，均割股合药治愈。一孝格天，洵足风世矣。

知事张典按：割股疗疾，亏体事亲，非人子所宜。清光绪改正，部案免旌。惟是其行虽鲁，而志实可嘉。故志中“孝友”录此，后之览者其审择焉。

耆　寿

清

赵玉玺：寿一百一岁。地方官禀闻，如例赐寿衣，给予建坊银两。

张　青：寿九十七岁。

邹显桂，姜国安，马应元，马世德，葛有德，罗廷超，赵如鹄，马俊喜，汤占伦，寿俱九旬以上。

杨维萱：蓝翎千总，署松左守备。寿八十三岁，五世同堂。

高兴隆，谭光辉，蒙春祺，骆启祥，马如喜，常占华，张发顺，马成祥，阮正金，杨春发，陈鉴，陈锦春，张永发，文登锦，汤兴武，李凤鸣，汤占雄，曹秉国，萧文泰，姜印，谢廷栋，聂世发，刘继模，陈康顺，刘永喜，陈大宾，张应福，龚家声，路长兴，马如麟，米世裕，马呈祥，汤兴和，汤如和，吉德胜，沙瑞映，马正刚，沙瑞兰，米宝盈，李生林，文登凤，任必禄，汤兴义，李正魁，刘春发，寿俱八旬以上。

杜兴顺，骆长青，常占华，常占雄，蒙春林，蒙春芳，马逢登，米应祥，刘应邦，李发荣，李兴林，铁占金，马殿元，萧茂常，马森喜，赵逢胜，马逢昌，马逢明，张兴李，蓝世兴，苗尚友，李正和，马良耀，葛万发，马光明，魏正玉，赵延珠，李朝喜，马应祥，吴应才，米聚山，马文运，李朝宗，汤全桢，妥体全，寿俱七旬以上。

寿　妇

清

谢岳氏：谢祜妻，寿一百八岁。同知周侪亮题额曰“宝婺扬辉”。

马张氏：寿一百七岁。

马韩氏：寿一百五岁。

哈汪氏：哈玉发母，寿一百三岁。

马夏氏，马马氏，杨蔡氏，袁杨氏，刘罗氏，邝刘氏，吴张氏，杨孔氏，李陈氏，寿俱九旬以上。

杨李氏：贡生杨树芬母；蒙马氏：贡生蒙春辉母；汤李氏：贡生汤执中母；马冯氏：马葆莱妻；陈汤氏：陈全盛母；陈赵氏：陈绍宗母；李谢氏：贡生李春芳母；汤宋氏，阮李氏，米杨氏，高汤氏，陈冯氏，寿俱八旬以上。

列　女（节孝烈）

明

冯徐氏：千户冯政妻，都指挥佥事徐贵女。年二十守节，抚六月子昶成立。都御史表其门。

马刘氏：诸生马既佶妻。佶早卒，氏守节，课子成立，孀居四十年，年七十卒。

李白氏：指挥李恩妻。恩亡，氏年二十。守节，寿九十五卒。万历间旌表。

徐蔡氏：徐琮妻。琮阵亡，子甫一岁。氏守节，抚子成立。年六十卒。

张黄氏：张勋妻。勋早卒，氏守节，育子晓成立。正德十六年，巡抚旌表其门。

徐路氏：指挥徐承邺妻。承邺卒，氏年二十二岁，守节六十年。有司旌表其门。

徐何氏：徐仁妻。仁早卒，氏矢志靡他，抚子成立，守节三十年。

陈常氏：诸生陈其策妻。夫亡守节，教子女成立。女适夏之良，夏亦早卒。母女同室孀居。有司旌其门曰“双节”。

王朱氏：诸生王扬忠妻。王卒，氏青年守节，历五十年卒。

严张氏：年十七适严，生育二子：明兴、明谟。严卒，氏苦节教子，兴、谟俱入泮。崇祯间，建坊旌表。

谢吴氏：松潘卫镇抚谢郁妻，指挥吴伟女。正统癸亥秋，郁以疾卒。阅三日，氏自缢。事闻旌表。

谢尧氏：指挥佥事谢世源妻。痛夫阵亡，自刎，被救，不得死。守节三十五年卒。抚按以事闻，旌表。

黄王氏：廪生黄尚义妻。适黄甫期年而尚义卒，与姑同帷守节三载。服阕，姑怜其少，欲令改醮，氏闭门自缢。事闻旌表。

韩徐氏：千户韩钟英妻。崇祯丁丑，钟英援茂州，战死。氏年二十，割耳自誓，奉翁姑，育孤子成立。年八十二终。奉旨旌表。

清

郭陈氏：廪生郭周翰妻。翁传世以举人拣发陕西，署三原县令，夫妇尝往省亲。传世已为怀远将军，调赴军营。周翰在署病危，氏吁天割股以进，竟不起。誓不欲生，而仆婢伺察之，不得间。期年后，扃户缢于寝室。捡其奁中，有上翁血书，求继胞侄侍臣为夫后。舁柩回籍，与夫同穴。有哭夫自悼诗，情词凄恻，读者下泪。诗云：

痛切愁深泪万行，前生岂燕断头香。
般般悲惨难言诉，事事凄惶乏救方。
累我残躯关陇外，葬予枯骨锦城旁。
金钗破后终须合，免向人前道未亡。

附：云南曲靖府知府衷以埙《挽诗》：

当年采荇赋河洲，淑女仙郎结好逑。
岂意蒿砧悲逝水，翻成燕子泣空楼。
金钗破处肠应断，白练悬时志已酬。
寄语兰台挥翰客，好题彤管播千秋。

灌县叶惠三《读烈妇郭陈氏绝命诗题后原韵》：

沥血书成字几行，至今展诵齿生香。
投缳犹嘱承祧事，割股空求续命方。
青冢不留荒徼外，芳魂常恋故夫旁。
磨笄山上秋风烈，我亦吟诗代悼亡。

余徐氏：生员余英妻。青年早寡，守节不渝。乾隆三十七年旌表。

赵方氏：赵之正妻。年二十二夫亡，苦节自励。历六十八岁终。

汤陈氏：宁越游击陈建平之女，汤维翰妻。夫故，氏年二十八岁。家贫，奉姑育子，备极艰辛。后三子铭清、铭爵、铭灿成立，家颇裕，捐资助修三圣庙、陕西馆、锦屏书院。守节六十八年，寿九十六。同知洪范手撰墓志，赠“玉洁冰清”匾额，为之请旌焉。

马魏氏：嘉庆五年，遇教匪高二、马五于红崖关，与子马伸龙同时被执。母子骂贼，皆受害。旌表，建坊，入节孝祠。

龚万氏：龚英妻。嘉庆五年，遇教匪高二、马五于三舍堡，情迫自刃。旌表建坊。

张蒲氏：生员张元妻。嘉庆五年，遇教匪于东胜堡，逼污不从，被害。旌表建坊。

徐许氏：徐佐清妻。嘉庆五年，遇教匪于东胜堡，被害。旌表建坊。

王陈氏：王之林妻。嘉庆五年，遇贼于新正堡，被戕。旌表建坊。

米马氏：米兴德妻，庠生米东阳之祖母。年二十八，夫故，遗二子。上奉衰翁，下抚弱息，克勤克俭，族党称贤。道光十二年，孙东阳生。越二岁，失怙，氏以养以教，入邑庠。有司以节上闻，奉准建坊。守节五十三年，卒年八十有一。

汤焕然《题米节妇》诗：

不愧南宫族，冰操励寝门。
墨庄遗二子，黉序入孤孙。
荻画贻家法，芝纶荷帝恩。
萱龄逾八秩，德并雪山尊。

周马氏：周文郁母。年二十，夫故，遗子仅三岁。立志抚孤，苦节自励。道光三年旌表。

吴冯氏：诸生吴永捷妻。夫早殁，氏欲殉，姑力阻之。抚子廷彝入泮，苦节十九年而卒。

刘包氏：年十七归刘兴邦。次年，邦由平番营派赴西藏，驻防察木多，病故。氏守节六十二年，艰苦备至。寿八旬而卒。咸丰甲寅年，旌表，建坊，赠以匾额。

马米氏：马隆妻。咸丰庚申，番变围城，隆助官守御，战亡。城破，氏挈子女于颠沛流离中，卒能脱险，不堕宗嗣。子三：光联、光裕以商复业，光远身列胶庠，皆赖氏教育。守节三十一年，茹苦含辛，乡里钦仰。光绪间旌表建坊。

马节妇墓志铭

罗德舆[1]

节妇姓米氏，生而慧淑，甚见爱于父母。年十九归马君隆，瑟琴静好。上事舅姑，中处妯娌，下抚卑幼，孝慈和顺，人无闲言。马故望族，以商雄松、灌间，节妇善治生，相助为理货益殖。然好行其德，不吝多金，而自奉泊如。当析居时，节妇恐伤亲意，每厚人而薄己，群季欢焉，此尤人所难者。先是，海宇承平久，边备寝弛，松潘僻在西陲，物力丰牣，番族垂涎，灾变攻城，马君率众御寇，创甚，嘱节妇以子女逃，曰：吾当与城同存亡也。节妇涕泣，不忍去，马君竟死，群季亦相率遁。逾年，城陷，节妇赖其兄力间关挈子女出。寇平，乃收夫骨而改葬焉。嗟夫！人当危急，死生间不容发，即免犹属恒情，况又托之以后事者耶！节妇不背所天，视死如归，更不识有生之可乐，然终不得死，并全其子女，岂天欲存奇节，故示人以不可测欤？节妇生于道光某年，卒于光绪十六年，寿六十有六。长子光联，工心计，能世其业；次子光远，邑庠生，依母教成立。越七年，大吏题奏节孝，得旌表，建坊如例。门人祁生婿于马氏光远介之请志，为书厓略并系以铭，铭曰：

岷源滥觞，锁钥西羌。山川磅礴，郁郁苍苍。灵秀诞钟，维阴匪阳。卓哉节孝，孰与主张。能父能母，何必姬姜。番戎豕突，祸烈昆冈。有才而德，履变若常。如古烈女，庄严矞皇。死慰生顺，险阻其忘。寿之贞珉，与天地长。英英正气，接于混茫。

汤德谦《马节妇》诗：

天地有正气，人得之以生。
忠孝及节义，生而与性成。
卓哉马氏母，超然女中英。
结褵年十九，慈惠益贤明。
事舅姑以孝，待妯娌以诚。
宗族与邻里，相让无相争。
相夫理家政，货殖为经营。
自奉甚俭约，疏食而菜羹。
群季析居日，人重己为轻。
不以财物故，偶伤手足情。
依依数子女，竭尽鞠育忱。
无何番变起，日闻风鹤惊。
欲战无劲旅，欲守无坚城。
良人愤义气，率众堵贼兵。

① 原作“罗德舆　马节妇墓志铭”，今将作者列于题目下。

被创分必死，嘱母携子行。
母泣不忍去，夫死城旋倾。
居民避乱走，母幸得其兄。
仓皇扶以出，日行百里程。
逾年救兵至，虏逆甫剿平。
母乃返乡邑，残毁荒榛荆。
收瘗夫遗骨，矢志抚孤婴。
二子善贸易，一子耽科名。
名利两成就，报母同请旌。
德比雪山峻，心如江水清。
完人出巾帼，远继欧柳声。

陈景氏：陈杰妻。夫故，氏年一十九。现守节五十年。

张姜氏：张明德妻。夫故，氏年二十九。现守节四十九年。

周王氏：氏适周。夫故，氏年二十二。冰霜苦节，教子成人。现守节五十一年。

刘黎氏：刘元福妻。二十七岁夫故，矢志守节。庚申番变，扶姑避难，备尝辛苦。现守节四十九年。

李谢氏：李芃秀妻。年二十八夫故，氏守节不渝，上孝翁姑，下抚孤子，勤劳备至。光绪二十三年旌表建坊。

邑人马贞吉《李节妇》诗：

青年节烈凛冰霜，鞠抚遗孤苦备尝。
自古柏舟留美誉，于今彤管获褒章。
帘前露冷精神爽，江上风清姓字香。
莫兢有才夸道韫，要留巾帼百年芳。

葛马氏：葛常山妻。庚申夷变，常山御贼阵亡。氏年二十九，矢志守节。抚养遗孤，勤俭持家，教孙入泮。邑人赠以“傲霜植叶”匾额。

葛徐氏：葛仲元妻。年二十八夫故，苦志守节，矢死靡他。事亲以孝，教子成名。咸谓“冰雪清操”。

邑人马贞吉《葛门双节》诗：

妇姑心事共冰壶，先后从容似合符。
家世一门传苦节，书香三代付遗孤。
辟纑相继空房火，课读长陪晓树乌。
若是当年同誓死，于今何以慰亡夫。

陈常氏：陈文钜妻。夫故，氏年二十九，孀居自励，始终不渝。守节四十一年，子孙蕃衍，足征厚德之报。

陈郑氏：陈世春妻。庚申之变，漳腊城陷，春战死。氏年二十八，抚孤守节三十二年。

任王氏：任运华妻。夫故，氏年二十八，有二子三女，苦节守志，抚育辛勤，并教养二侄成名。历四十四年，旌表建坊。

刘杨氏：氏适刘。夫故，年二十八。教养三女，茹蘖含冰。守节立志三十五年。

魏杨氏：魏崇元妻。性贤淑，事姑至孝。年二十二，庚申夷变，夫殁。氏以苦工教养儿女，俱克成立。邑人士仰其节孝，以“寿征贤孝”表其门。守节五十一年。

张陈氏：张从智妻。夫故，氏年二十七。矢志靡他，克勤克俭，抚子成立。守节三十七年，旌表建坊。

马马氏：马有成妻。光绪七年，夫故，氏年二十四。冰霜励志，辛苦备尝。现守节三十六年。

文胡氏：文登选妻。咸丰庚申，漳腊城陷，登选阵亡。氏年二十八，守节抚孤，备历艰苦。光绪十二年，乡人士为之立传请旌，准建坊。卒年七十一。孙为富，廪生，云骑尉，为辅汉军五营哨官。

旌表文胡氏事实

文胡氏，德阳胡正兴女。漳腊处士文登选，字兰亭，聘为继室。性端肃，寡言笑，奉姑相夫唯谨，抚前室子致宽如己出。旋生子致信。兰亭愤时艰，励志从戎。咸丰庚申番乱，攻漳腊，城陷战殁。氏甫二十八岁，乘夜蒿葬夫尸，立志以殉。投水仅没胫，不得死，家人强扶以行。行正危，闻贼骑声，急惊谓姑，曰：姑携孙勉逃，媳将从姑子。奋身坠崖，深莫测。祖孙绕寻，见葛藤绷体，离地数尺，解下移时，睁目曰：其泉下乎？相向哭失声。所亲勉以大义，谓：姑老子幼，一发千钧，宁以一死塞责耶！乃蓬首垢面，夜行昼伏，饮水啜蒿，旬余至平武。长子已冠，命从军；次子幼，教之读。己则浣濯缝纫，一家赖以不馁。逾年，姑逝，葬如礼。又为子完婚，备极劳瘁。同治甲子，恢复故里，举家归，四望荒凉，一片焦土。除荆棘，垦荒田，教俭教勤，家声复隆隆然起。抚孙维富，读书至廪贡；次孙维辅，五孙延基，习武为军官；其食报如此。世谓守节难，守节而能有宗祀于颠沛之余，振家业于离乱之后，则难之尤难。光绪辛卯，公议为作传请旌，氏夫亦入昭忠祠，列名《四川忠义录》。一门忠节，日月同休。遐迩士大夫征诗成帙，以光其传。氏寿至七十，无疾而逝。

星沙蒋兆奎题《文节妇旌表征诗集》：

柏以坚耐岁寒，竹有节拂云端。
嗟俗靡与波随，视孺人颜忸怩。
沐天恩大于门，型徽远贻子孙。

广汉黄卓然《文节妇》诗：

乾坤正气扶贞烈，松柏之坚冰雪洁。
茫茫世界惯磨磷，一点真心经百折。
忆昔求归慎容止，弋凫戒旦相夫子。
夙娴内则笃性天，白发高堂奉甘旨。
松州番虏乱王章，旌旗耀日戈耀霜。

良人投笔从戎事，誓扫欃枪靖跳梁。
何意兵机偏失策，战死疆场尸裹革。
天地为愁草木悲，水沈沈兮云默默。
姜女寻尸泪不干，蒿葬山头云影寒。
胡骑蹂躏浑未息，崎岖鼠窜备辛酸。
寄迹重关叹艰食，况复双雏是弱息。
较他抚育倍劬劳，手口拮据自食力。
乡关三载息妖氛，还家栋宇劫灰焚。
荒田一片丛青草，三时锄雨复犁云。
子孙教耕兼教读，芹藻香时兰桂馥。
风霜历尽不知寒，苦去甘来增五福。
吁嗟乎！忠臣烈妇萃一门，从来守义鬼神尊。
试看淑人今何似，煌煌天语荷殊恩。
人生未有百年在，千古芳名终不改。
生色惟有玻璃泉，一滴清流到沧海。

邑人汤焕然《文节妇》诗：

良人马革裹尸归，妇失所天子失依。
四十三年冰蘖苦，九重有诏锡霜帏。

孙王氏：孙万春妻。夫故，氏年二十七。遗子继光，仅七岁。誓节抚孤，教养成人。苦志三十六年，旌表建坊。

陈袁氏：陈湖春妻，文生陈朝玺母。夫故，氏年二十九。矢志守节，教子成名，苦历二十三年。子朝玺，任理番、茂县知事；媳汤氏，贞静贤淑，教子有方；足征苦节之报云。

陈李氏：陈松山妻。夫故，氏年二十。家贫子幼，坚志守节，纺绩谋生，苦辛备受，抚子成立。历三十五年。

陈周氏：陈启茂妻。夫故，氏年二十七。抚育遗孤，坚心忍性。守节五十六年。

魏张氏：魏国理妻。理出师浙江，阵亡，氏年二十八。事姑教子，备历艰辛。守节五十五年，旌表建坊。

程井氏：程光裕妻。夫故，氏年二十。教子成立，守节三十八年。

孙吴氏：孙泰妻。因乏嗣，劝娶妾，泰不许。氏以宗祧为重，自尽，遗嘱劝娶，情词哀切。时泰任懋功守备，人士嘉其义烈，禀请旌表建坊。

附：孙烈妇传

凡人之行，有至不难而视为甚难者，有至难而处之若甚不难者。难其不难者非其难，其难而出于非常之难者为奇难；非常之难非奇难，非常之难而不失其正者为奇观。夫前清旌表之吴氏夫人可贵焉。夫人松潘人，幼适平番千总孙泰，以贤孝闻。泰乏嗣，氏屡劝置妾，不从。泰升懋功守备，十余年不归，氏代夫奉姑尽妇道，朝夕侍养不怠。

数遗书于懋功同寅内眷，转嘱更娶妾，亦不应。氏以身既就衰，不能育，而夫固无后，不忍以伉俪之笃，陷夫于不孝。无计可挽，乃寄血函为尸谏，而自仰药死。呜呼！氏不惟不妒而屡进言置妾，其难能者也。代夫行孝，而至老以死谏，为更难。死而在不能育之时，上无累、下无依，不预为愤激之行，至从容就义，则尤难，试求千万巾帼中有若是之难，能而不失其正者乎？兹得之侄孙承恩所云，因列以传。

沙黎氏：沙瑞昌妻。夫故，氏年二十七。志凛冰霜，心坚金石。教子事姑，克尽慈孝。民国四年，有司具以上闻，案准内务部咨，送褒章证书匾额，准予建坊。现年六十岁。

杨楫舟《沙节妇》诗：

岷山灵气贯宇宙，不钟男儿钟闺秀。
沙母苦节留清名，巍然高出岷山右。
忆昔桃夭下嫁时，簪蒿裙布无艳姿。
弋凫戒旦相夫子，不愿画眉愿齐眉。
何意罡风秋瑟瑟，并蒂莲花忽摧折。
命宫磨蝎将奈何，缱绻深情付逝波。
姑老儿幼家寒素，百计撑持内外顾。
姑今下世子成名，妇道母道两无负。
膝下佳儿沙见平，头角峥嵘莫与京。
昔日曾订山林友，为母征文何其诚。
褒章旌门荣万古，能扬节母苦中苦。
岷山西望慈云深，何日登堂同拜母。

王周氏：王国泰妻，团练总长王锡璋之母。年二十一，夫故。矢死靡他，现守节四十年。

阎杨氏：阎国恩妻。夫故，氏年二十九。家贫无依，专恃手工自活。现守节三十二年。

王李氏：生员王文藻妻。夫故，氏年二十九。坚贞自誓，教子成立。现守节三十九年。

姜刘氏：姜珍妻。夫故，氏年三十。矢志冰霜，现守节五十一年。

许姜氏：许占魁妻。夫故，氏年二十九。矢志靡他，教子成名。现守节三十二年。

赵黎氏：赵维一妻。夫故，氏年二十一。针黹育孤，立志不二。现守节三十三年。

黎薛氏：黎万年妻。夫故，氏年三十。抚子成人，守节三十四年。

岳姜氏：岳增荣妻。夫故，氏年二十。矢志不二，育子成立。现守节四十二年。

岳黎氏：岳永清妻。夫故，氏年二十六。誓抚遗孤，以承宗祀。现守节三十七年。

邹徐氏：邹文福妻。夫故，氏年二十八，矢志不易。遗孤炳南，甫三岁，抚养成立。现守节三十八年。

洪张氏：洪兴妻。夫故，氏年三十。不易其志，现守节三十四年。

魏张氏：魏光焕妻。夫故，氏年二十二。家无儋石，恃十指度活。现守节十八年。

李谢氏：贡生李春芳母。夫故三月，春芳始生，氏守节教子成名。光绪己亥，奏准旌表建坊。

唐陈氏：唐成典妻。夫故，氏年二十四。守节二十四年殁。

孙赵氏：孙庆妻。夫故，氏年二十九。现守节四十八年。邑人仰其操，赠“名标女史”额。光绪二十六年，奉礼部咨，准给表扬（执照）。

附：孙节妇传

天下之至难能而足贵者，其惟中庸之德乎？不矫强，不激烈，而第尽其当然之分。见若甚易，行则甚难。若孙太夫人之节孝，能教子成名，光厥门户，即周姜、孟母不是过此，所以为妇德之全也。太夫人氏赵，生于清道光己亥年。及笄，归孙庆恒，以义烈相勖。庚申之变，夫以克复松州，保侭先把总。太夫人如不经意，克勤克俭，以尽妇职。同治戊辰年，遽丧所天，时年仅二十九。殓葬如礼，不倚借人力，亦足征其能矣。遗子三：长惠春，次沛春，三麟春，女一。均教以读，或课习为商，循循然以孝友闻。光绪二十年，寿六十，厅同知王葆恒详请旌表，部咨准建坊，太夫人亦无矜色，以为此不过毕妇职耳，不足异也。年七十，绅耆贺祝，以“贞定延年”匾致庆。今丁巳年，进七十有九，尚康健如故，亦可谓仁者矣。厥孙承恩以事闻，因欣然列以传。

苗陈氏：苗春富妻。夫故，氏年二十九，守节三十二年。光绪六年，奉礼部咨准，给表扬（执照）。

灌县叶惠三《题苗节妇》诗：

松州一曲岷江水，母心清白有如此。
幼小生长武人家，庭训亦曾及书史。
长适良人亦武人，韬略而外讲伦理。
可知节义由性生，能识经常重纲纪。
咸丰庚申贼攻城，兵败城陷夫婿死。
是时母年廿三春，儿孤女弱家无人。
徙家避难适平武，日操女红以养身。
贼平城复返乡里，经营重振事业新。
儿课诗书女针黹，婚嫁相逼甘苦辛。
幸哉克家有令子，弱冠黉序领青巾。
自此蓬荜增辉彩，衣食丰足生齿臻。
母年六十犹矍铄，性好持斋日绣佛。
邑中旧有大悲寺，兵燹毁败须修筑。
慷慨乐捐多数金，鸠工复建新禅林。
又或桥梁或道路，一切公益皆热心。
倘闻邻里有急难，倾囊泻橐诚所愿。
平生自奉极俭约，济施独不吝慈善。
晚岁姓名题大府，天语煌煌旌节母。

巾帼之中有丈夫，苦节清操卓千古。

柳晋氏：柳春林妻。夫故，氏年二十八。霜居茹苦，守节四十年。

李黄氏：李元生妻。夫故，家贫子幼，氏夜雨寒灯，泪湿机杼，抚子成立，恢复先绪。守节三十五年。

贾童氏：贾文富妻。夫故，氏年二十四。守节三十年。

夏宋氏：夏光斗母。夫故，氏年二十岁。守节三十一年。

魏周氏：魏崇道母。夫故，氏年二十四。守节四十年。

陈周氏：陈荣贵母。夫故，氏年二十五。守节三十八年。

王高氏：王绍先妻。夫故，氏年二十三。守节三十年。

马蒙氏：马德骥妻。夫故，氏年二十五。抚孤成立，事翁姑以孝闻。现守节二十五年。

赵何氏：赵世铭妻。夫故，氏年三十。遗子一岁，立志抚育。现守节四十二年。

姜苗氏：姜应升妻。夫故，氏年二十六。遗子女各一，矢志靡他，教养成立。守节二十三年。

赵唐氏：赵逢松继室。夫故，氏年十八。立志不二，抚前室子文渊、文钦如己出，乡党称贤。现守节三十三年。

徐杨氏：徐正都妻。结褵甫三日，正都赴中坝贸易，卒于旅舍。氏年十八，已有身矣。生子名青殷，勤课读，入邑庠。现守节四十五年。

汤焕然《徐节妇》诗：

百年夫妇才三日，且喜征兰已有身。
誓死抚儿儿入泮，苦心足以对良人。

赵冯氏：赵文成妻。守节十五年，辛亥番变死。

杜刘氏：杜兴顺妻。守节三十年，辛亥番变死。

汪屈氏：汪民第妻。夫故，氏年二十九。现守节三十二年。

祁虎氏：生员祁光汉妻。夫故，氏年二十一岁。遗子女各一，教养成人，备历辛苦。守节二十八年。

铁马氏：铁继宗妻。夫故，氏年二十三，守节不渝。

蒙金氏：蒙春潘妻。夫故，氏年二十八，守节不渝。

铁蒙氏：铁有才妻。二十九岁夫故，氏誓死守节。

吕范氏：吕兴发妻。二十六岁夫故，遗子女各一。家贫，针黹度日，教子成立。现守节三十八年。

毕赵氏：毕有福妻。夫故，氏年二十九。家贫甚，一子三女均教养成立，受尽艰辛。庚申、辛亥，两次避难，几濒于死。守节四十三年。

陈刘氏：陈宗文妻。夫故，氏年二十九。矢死靡他，言笑不苟。光绪三十二年，有司详请总督咨部，颁给褒扬执照，准予建坊。守节四十二年。

汤李氏：汤怀瑾妻。夫故，氏年二十二。苦节自励，教子鸿钧成立。清光绪二十九年入庠，宣统二年中学毕业。现守节三十八年。民国十年，奉令旌表。

灌县叶惠三《题汤节妇》诗：

君不见蓬婆万仞山，山势峭拔峰巉巉。
又不见玻璃一勺泉，泉光皎洁流潺潺。
山川磅礴炳灵气，灵气常钟闺阁间。
陇西家世谪仙后，有女及笄年嫿幼。
桃华三月赋于归，宜室宜家无怨诟。
一梦熊罴兆此身，悬弧门左子生辰。
赤肤黄发解啼笑，提携保抱甘苦辛。
维时妇方廿二岁，良人跨鹤辞世尘。
儿女数龄悲失怙，家政撑持赖节妇。
翁姑孝顺妯娌和，针黹盘匜勤职务。
待人诚悫复宽平，处事能将大义顾。
篝灯夜半读书声，和丸教子子成名。
青衿一领光门户，少年头角尤峥嵘。
迄今孑居四十载，世变沧桑人事改。
北堂孀母身健康，寿如山兮福如海。
吁嗟乎！兰蕙之质淑且贤，松柏之心贞而坚。
自昔完人出巾帼，芳型懿范千古传。

杨王氏：杨维藻妻。夫故，氏年二十八。上事衰姑，孝养无间；下抚孤子，课读尤严。现守节二十六年。

姜杨氏：姜怀妻。夫故，氏年二十七。贫不能自养，依胞兄以居。针黹度日，抚子女成立。现苦节二十八年。

刘宋氏：刘万祥妻。夫故，氏年二十三。家计甚窘，以女红抚养孤子。现苦节三十二年。

王李氏：王举贤妻。姑老，常患病，医治无术。氏年二十四，昼夜祷祝，愿以身代。后病势垂危，乃引刃割股和药以进，姑竟获痊。邑中咸钦慕之。

陈张氏：文生陈思九妻。夫故，氏年二十八。奉姑抚子，和顺孝慈。尤工书画吟咏，惜辛亥番变，旧稿全失。

汤焕然《陈节妇诗》：

雪山冷峭岷江清，灵气磅礴生娥英。
妇初生长鸣珂里，经史词赋涉猎精。
佥云家有女博士，兰英道韫齐其名。
及笄许字太丘子，秦筝晋管相和鸣。
良人家世本寒素，愿同甘苦无怨声。
日操井臼夜纺绩，上事翁姑下育婴。
无何舅夫相继殁，痛哭有如天摧崩。
姑嫜年老子女幼，泪眼相顾难为情。

兼以家贫无儋石，两次殡葬劳经营。
是时妇方廿八岁，矢志柏舟完节贞。
糊口自凭十指力，食则糗粝饮菜羹。
妇云饿死不改节，我身岂类鸿毛轻。
忍饥耐冻安所遇，惟期膝下子长成。
未几姑又谢世去，百计营厝心哀忱。
嗣及辛亥番变起，仓皇挈子出险行。
幸蒙天眷获无恙，归来老弱虚忧惊。
迩者三子俱成立，昔苦俭啬今丰盈。
或则懋迁或研读，行见门户生光荣。
吁嗟乎！节孝之门有令子，惟天阴骘如权衡。

祁米氏：祁光炜妻。夫故，氏年二十四岁。遗三子一女，教养成立，坚苦不渝。守节二十八年。

李陈氏：李玉林妻。夫故，氏年二十八岁。现今五十四岁，计守节二十六年。

张陈氏：张宗武妻。夫故，氏年二十八岁。现今六十一岁，计守节三十六年。

岳徐氏：岳廷章妻。夫故，氏年二十九岁。现今七十五岁，计守节四十五年。

王李氏：王李珍妻。夫故，氏年十九岁。现今五十八岁，计守节三十九年。

文范氏：文致诚妻。夫故，氏年二十七岁。矢志守节二十四年。

刘郭氏：刘诚妻。姑病，百药罔效，氏割左股和药以进，病立愈。乡人称为孝妇。

赵薛氏：赵锦武妻。夫故，抚三子成立，守节二十六年，现年五十三。

苗陈氏：苗锡藩妻。光绪三十二年，夫故，氏年二十四岁。抚子女各一，避难流离，苦节自励。民国七年病殁，守节八年。

贞（孝烈）

张么姑：年十八，番变，恐污，自缢而死。

文贞女：已字姜瑞，未婚，瑞亡。女守贞不二，独居六十六年。

灌县叶惠三《题文贞女》诗：

心已许为妇，郎死不改心。
六十六年节，苦情沧海深。

孙银凤：孙开智女。母衰多疾，朝夕侍奉不离。及母终，以礼殓殡。立志不字，守贞三十六年。

孙全贞：孙开智女。见姊守贞尽孝，愿效之。有问名者至，女忿激欲缢。母不敢强，守贞四十五年。

汤次庵《题孙氏姊妹双贞》诗：

孙氏有两女，侍母朝夕随。
誓死靡他适，年华俱及笄。

偶有问名者，诟厉以逐之。
忿激欲自缢，母亦难强为。
在家习操作，勤苦逾男儿。
定省与温凊，孝道各无亏。
既而母病殁，殡殓如礼仪。
守贞志益笃，艰苦无怨辞。
愿为老处女，双题贞孝碑。

姜德贞：姜应升女。父母亡，过于悲痛，双目失明。矢志不字，助嫂抚侄，守贞三十八年。

陈星辉《姜孝女》诗：

孝女哭父母，泪尽继以血。
血枯目失明，矢志不他适。
依恋兄嫂居，闲则抱其侄。
无何番寇来，举火焚其室。
女盲安所逃，遂死红羊劫。
嗟嗟冰玉躯，天胡不怜恤。

曹媛秀：秉性清烈，守贞不字。有议婚者，辄拒之。日诵《金刚经》，为亲祷寿。辛亥番变，逃难茂州，生计甚窘。秀不忍累亲，投江死。

周申甫《题贞烈曹媛秀》诗：

有女不如死，死免长累亲。
一心贞与孝，到此是完人。

姜贞女：姜应祥次女。幼字邹氏子，未过门而邹子故。女年仅十四，矢志守贞。父母以其青年，阴字罗氏，婚有期矣。女闻之，夜沐浴焚香，吞金自尽。

灌县叶惠三《姜贞女》诗：

女年仅十四，贞烈实可嘉。
宁殉邹郎死，不肯适罗家。

刘贞女：刘春发女。已许廪生杨树芬作继室。未婚，树芬故，女矢志过门守节。束身以礼，事姑以孝，勤于治家，严于课子。寡居三十年，言笑不苟，乡人士咸敬重之。

灌县叶惠三《刘贞妇》诗：

为妇犹为女，守贞三十年。
孝慈完大节，内外合称贤。

陈贞女：邑贡生陈凤楼女。幼字廪生赵岷钰。未婚，岷钰失踪。女年十八岁，矢志不二，备历艰苦。守贞三十五年。

周申甫《陈贞女》诗：

一点贞烈心，操持五十年。

不怕冰蘖苦，要同铁石坚。

杨楫舟《陈贞女传》：

贞女姓陈氏，邑廪生陈凤楼女也。幼娴《诗》《礼》，字同邑赵岷钰。赵固聪颖，髫龄入庠，旋食饩，亲串咸为女庆，婚有日矣。赵君忽失踪，或言已死，事无证验，莫能辨也。女闻耗恸绝，复苏，矢不他适。赵故寒士，家计赖笔墨耕耘。自钰去后，几不能存活。女凭针黹奉亲，食贫作苦无怨言。并长斋绣佛，为亲祈寿。至是三十五年始终如一，言笑不苟，乡人咸敬重之。慨自欧风东渐，自由之说浸渍人心，礼教日偷，廉耻道丧。如贞女者，可谓丹山之凤矣。予故乐为之传。

杨楫舟《陈贞女》诗：

秋夜虫唧唧，寒檠对孤月。
动我愁肠百感生，千回万转心如结。
陈门有女貌如花，幽居远隔岷江涯。
芳龄十五字赵氏，桃夭未及赋宜家。
郎因负笈离乡里，脉脉春愁隔山水。
倏闻入泮采芹香，遮莫蓬门识罗绮。
悠悠三载眄郎归，天涯咫尺不相违。
有时亲戚悦情话，琐琐姻娅亦生辉。
如何游子已还乡，春闺日短道路长。
等是有家归未得，渺如黄鹤去何方。
偶传噩耗半疑信，世事茫茫由天定。
鱼沉雁杳竟无端，堪叹红颜多薄命。
归来一哭欲寻夫，食无粗粝衣无襦。
甘旨何人供子职，日勤针黹为奉姑。
君不见程婴存赵孤，诸葛辅后主。
有孤可存主可辅，忠义犹足照千古。
矧女无子慰膝前，一曲离鸾竟甘谱。
只缘节义重如山，遂教女尝苦中苦。
不续飞鸟诗，不和黄鹄歌。
请以女例士大夫，存心难易竟如何。
吁嗟乎！岷山之高岷水洁，中有一女贞且吉。
原来古井已无波，不解望夫犹有石。
只此冰心一片海样深，百千精卫填不得。

《松潘县志》卷七

忠　节

明

侯　琏：松潘镇抚侯。
曾　贵：指挥佥事。
谢　玲：卫指挥。
张　凤：卫指挥。
梁　昱：千户。
边　轮：前锋游击。
许　贵：副总兵。
张邦铉：副总兵。
谢世源：卫指挥。
田秀春：卫仓官。
杜世仁：卫千户。
胡　宁：卫指挥。
张学诗：卫指挥。
吴　政：卫千户。
施千瑞：受金吾指挥。
王懋烈：通判。
边　辅：卫百户。
史　宽：百户。
刘　贤：百户。
方　犍：百户。
孟　皋：百户。
张　果：百户。
李　敖：百户。
范伏三：百户。
尹　崇：卫百户。

李　栋：千户。
都连芳：百户。
张　瑆：百户。
杨　鸾：卫总旗。
高　照：诸生。
以上均先后死难，入祀昭忠祠。

清

徐维新：松潘镇左营千总。雍正八年，出征巴理坤镜尔泉，贼番夜袭，战殁。
吴锦江：漳腊参将。乾隆十年，从征金川，阵亡。
罗国贤：以战功擢建昌中营守备。从征金川，攻博堵山贼，阵亡。
李德明：平番营外委。攻金川色底左山梁，战死。
方　连：松潘守备。战殁于金川陡物党噶。
冯维秀：松潘外委。战殁于卡卡脚木。
张　澍：提标把总。战殁于卡卡脚木。
何士荣：松潘把总。攻金川八达，战殁。
汪廷栻：平番营外委。从征缅甸，战殁于独索山。
陈启龙：维州协左营把总。战殁于金川。
黄　凯：漳腊营外委。战殁于金川资里。
许之茂：叠溪营把总。攻金川甲金达，战殁。
张　斌：松潘左营外委。战殁于金川松克。
徐　刚：维州左营把总。战殁于金川木果木。
陈明德：维州左营把总。战殁于金川木果木。
孟怀玉：南坪营把总。战殁于金川木果木。
富　成：维州左营把总。战殁于金川金甲山。
余芝连：松潘中营外委。战殁于金川昔岭。
唐天祚：松潘左营外委。战殁于金川。
周之德：重庆左营把总。战殁于金川。
王朝贵：叠溪营外委。战殁于金川古丫口。
韩金甲：松潘外委。战殁于金川泽恩满力。
罗腾龙：松潘外委。战殁于金川孙克尔宗力。
杜之贵：松潘外委。战殁于金川泽恩满力。
杨连通：普安营把总。战役于金川荣噶尔力。
马汉凤：永宁营千总。战殁于金川勒乌围力。
刘　魁：由行伍历擢云南临元营守备。战殁于金川得乌尔力。
周绍文：冕山外委。战殁于金川札乌古。
以上均乾隆三十六年至四十年，恤荫如例。

路公举：懋功外委。出征甘肃逆回，战殁于华林山。

柳成锦：平番把总。出征廓尔额，战殁于巴郎古。

官启文：庆宁营守备。出剿湖南逆苗，战殁于莲峰。

马天辅：松潘左营外委。出征黔楚逆苗，战殁于沙兜寨。

以上均乾隆六十年，恤荫如例。

马如家、刘顺才、韩天德、王应虎、赵成、陈凤、张元成、马登华、谭云甲、王朝元、胡海、朱登成、文锦魁、范魁、李良玉、路朝廷、周廷吉、左应奉、王刚、夏得庆、胡克盛、罗中璠、杜玉金、田福、王泌、高淮、叶成名、梁成、佟美云、张唐学、李尚贵、李蕃、王奉、刘尚忠、傅顺遂、杨文泰、谢国云、陈嗣昌、李兴、姜福海、王祥、赵国祥、陶云伯、张云川、苟廷柱、陈公应、陈元宝、姜建文、张正礼、熊文得、陈惠、张功、彭号、高海、薛丕奉、李应禄、袁虎、王成、高启文、张云廷、郭云、苟廷良、任尚福。

以上六十三名均松镇属八营兵，于乾隆末年从征金川阵亡。

胡之富、郭奇、马天辅、兰发开、易中奇、马国伟、李国才、韩天荣、张富、葛本林、梁之春、唐学贤、李康祥、李康福、何成通。

以上十五名，松中、左、右、叠溪四营兵，于乾隆六十年从征黔楚苗匪，阵亡。

丁有寿、杨天思、铁忠英、李仲罗、周朝富、刘全仁、蒲文福、罗登秀、李文科、葛伸、陈富、李景龙、张得、杨伸、刘廷贵、吴淮、韩廷贵、冯太、陈友贵、黄建才、胡瀚、白天得、王启宗、王德功、胡连贵、雷升、赵启、杨萧成、张周云、龚兴龙、胡俊、胡连登、何明富、黎超元、张友志、米如山、马大轻、刘国富、姚文敬、陈富、刘永华、马登云、马兴邦、铁良、虎伸。

以上四十五名，松中、左、右三营兵，从征黔楚苗匪，阵亡。嘉庆元、二、三年均入祀昭忠祠，恤荫如例。

邱世贵：邱镇标外委。出剿湖北邪匪，战殁于来凤县。

刘永清：淳化营千总，加克屯巴图鲁。出剿楚苗，战殁于莲峰。

赵耀武：松左外委。出师湖北，战殁于来凤县。

吴　玉：漳腊外委。派剿川省邪匪，战殁于巴州。

马定元：建昌右营把总。战殁于怀抱窝。

骆维文：平番营把总。战殁于吴家湾。

郭朝宗：山西杀虎协左营都司。战殁于巴州。

何联升：绥靖营把总。战殁于老鹳河。

铁忠才：松中外委。战殁于陕西华阳镇。

袁启贵：叠溪营千总。战殁于达县陈家山。

陈　宽：松中外委。战殁于青子垭。

董其福：龙安营把总。战殁于陕西中毛坝。

袁　龙：叠溪营外委。战殁于八石坪。

张　秀：松中外委。战殁于花桥子。

母之恭：泸宁营守备。战殁于老虎岩。

徐德玉：建昌中营把总。战殁于甘肃秦州。

陈启珠：阜和协左营把总。战殁于乌龙寨。

席福荣：茂州营外委。战殁于长池坝。

张联呈：建昌把总。战殁于湖北花石沟。

马　济：建昌游击，给伊特巴图鲁。战殁于巴东匾川口。

李永奇：龙安都司。战殁于奉节县土门子。

马明德：崇化营游击。战殁于奉节县土门子。

张　元：监生。随征邪匪，战殁于新正堡。同死难者有马伸龙、王国灿、王国臣、王有奇、龚伏元、龚英、何思朝、任少书、任步瀛、徐左青、徐臣青、王之林、兰兴玉等。

徐尚青：武生。邪匪窜至松潘，被执，不屈死。

陈宣国：平番营都司。

叶攀凤：右营都司。

马　彪：道光间叠溪营游击。出征苗匪，阵亡。

黄　恺：漳腊营守备。

马登云：副将衔。出师湖南，阵亡。

马什泰：左营守备。

刘天德：中营守备。

谭世俊：漳腊营守备。

董　璠：中营千总。

张从智：漳腊营外委。出师云南，阵亡。

张从桂：南坪营外委。出师江南，阵亡。

孟怀玉：南坪营把总。

海之茂：叠溪营把总。

丁元公：漳腊营把总。

李元春：漳腊营外委把总。

以上俱嘉庆、道光、咸丰年间先后从征各处阵亡，入祀昭忠祠，恤荫如例，载《四川忠义录》。

冯子卓：松潘外委。

文成林。

张　斌。

朱相国：叠溪营外委。

顾大佺。

余国有：小河营外委。

文　铨：松潘左营游击。

倪占鳌：松潘中营守备。

李启贵：叠溪营千总。

马应举：漳腊营千总。

秦廷玉：南坪营千总。

卿宣国：松潘右营把总。

罗　纯：松潘把总。

岳占魁：小河营把总。

张大升：叠溪营把总。

丁荣泰：漳腊营把总。

马应魁：松潘外委。

陈　华：松潘外委。

张　秀：松潘外委。

吴　玉：漳腊营外委。

王得胜：漳腊营外委。

袁龙泰：叠溪营外委。

以上咸丰年间从征金川阵亡，均入祀昭忠祠，恤荫如例。

咸丰庚申番变阵亡官绅兵民

张中寅：号古虔。松潘同知，直隶大兴县举人。守城十月，援绝粮尽。次年七月初七日，城陷死之，全家殉难。详《建专祠记》。

曾棣华：成都举人，主讲岷山书院。全家死节。

汤　公：直隶举人，松潘同知幕友官亲。咸丰十一年七月，城陷，全家殉难。

樊　炳：候选训导。城陷日，力战阵亡。事详乡贤。

石镇岭：松左额外。血战阵亡。

王万升：武生。带团防剿，战殁。

蒙春秀：有司委劝番众，宣示国威。春秀同长子至番垒，被番脔割死，子亦投河，同时殉难。

葛常山：武生。带团防剿，手刃数贼，力竭阵亡。

葛之覃：贡生。城外与贼血战，阵亡。袭云骑尉。

以上九员均入祀昭忠祠，恤荫如例。

郑逢年：字有庵，松贡生。庚申殉难。著有《樊溪诗集》，乱后无存。

王国宾：廪生，世袭长官司。咸丰十一年，奉调率领番团援松，至望山关血战阵亡。议袭云骑尉。

王国卿：武生。咸丰十一年，同堂弟王国宾率领番团援松，至望山关血战阵亡。议恩骑尉。

以上三员均入祀昭忠祠。

张　煐：南门城兵。

马明训：东门城兵。

吴成业：北门城兵。

曹昭辉：东门城兵。
郭廷奎：东门城兵。
易　昌：维右千总。
李　友：保火药局。
易　普：本县良民。
谢德贵：东门城兵。
王永成：北门城兵。
以上十名，咸丰十一年四月朔阵亡。

王　庆：外委。
萧　成：把总。
蒲　勋：把总。
范　炳。
杜　廉：外委。
富　印。
杜世禄：把总。
陈玉贵。
马应升：把总。
赖鸣鹤。
以上十名，均咸丰年间番乱阵亡，入祀昭忠祠。

马如良：松中外委。西岷顶阵亡。
米国祥：松中外委。北门外阵亡。
蒋文戴：良民。窑头山阵亡。
荀尽忠：良民。窑头山阵亡。
许　凤：良民。窑头山阵亡。
刘万福：松中外委。窑头山阵亡。
马世荣：专城千总。东门外阵亡。
马世昌：四海坪山岭阵亡。
魏光前：松左把总。望山关阵亡。
赵　鼎：松左外委。南门外阵亡。
古柏鹤：甘肃洮州人。望山关阵亡。
张玉珍：松中把总。同子浩在望山关阵亡。
胡保国：松中蓝翎马兵。望山关阵亡。
陈　满：蓝翎马兵。三舍阵亡。
黄占雄：松中外委。西岷顶阵亡。
马　隆：西岷顶阵亡。
韩尚采：松中外委。望山关阵亡。
张遇春：望山关阵亡。

马成云：望山关阵亡。
杜　孔：战兵。金蓬山阵亡。
李占魁：平番营千总。望山关阵亡。
张　浩：望山关阵亡。
李大旗：乡勇。大坝山阵亡。
富恩元：云骑尉，署中营把总。在北门阵亡。
富　刚：南门外阵亡。
谭　伟：小河外委。在三舍阵亡。
李发春：侭先守备。南门外阵亡。
刘春发：维州外委。红花屯阵亡。
胡万年：太平县训导。西岷顶堵御阵亡。
胡必昭：漳腊守备。北门堵御阵亡。
易尚元：把总。东门外阵亡。
韩尚朝：松中额外。西岷顶阵亡。
韩　升：军功。在溜沙关阵亡。
韩　玉：军功。在溜沙关阵亡。
杨廷富：望山关阵亡。
冯登榜：松左外委。石河桥阵亡。
徐国春：松中把总，侭先守备。南门阵亡。
严　裕：文生，小河人。逆番围城，裕带乡团数百人援松，至望山关与贼战，力竭阵亡。议袭云骑尉。

马世泰、马世华、余登瑞、马映瑞、马铁哥、马瑞泰、季长安、王万福、马朝元、马钊、刘芳。

以上四十八员名，均入祀昭忠祠，恤荫如例。

陈月桂：从九品。北门外战亡。
冯登朝：九品。率团击贼北门外，战亡。
谭芳选：六品军功，湖南永州府东安县人。马坟坡战亡。
宛象贤：文生。防堵二道城，战亡。
张应元：文生。带团防堵大石头，战亡。
江凤集：文生。随军官招抚逆番，被害。
李荣贵：文生。招抚逆番，割舌死。
朱九俊：文生。大石头阵亡。
杨天柱：文生。南坪城陷，被逆番擒杀。
李如高：监生。东山战亡。
江映云：武生。带团在下桥战亡。
王世雄：武生。大石头战亡。
齐　玉：武生。大石头战亡。
刘全忠：武生。带团在大石头战亡。

以上十四员名，均入祀昭忠祠。

陈嘉福、王有才、许得魁、徐有年。
以上四名，在薛家坝阵亡。

王四喜、杜应超、金美、高俊德。
以上四名，在北门外阵亡。

曹占鳌：军功。咸丰十一年二月初三日在较场坝阵亡。
赵永丰：大石头阵亡。
朱焕章：带团阵亡。
朱金祥：带团，下桥战亡。
张鹏祥：北门外战亡。
以上五名，均入祀昭忠祠。

汪凤魁、唐廷明、谢得荣、余五桂、黄焜明、张煜。
以上六名，在城外下桥与逆战亡。

张辉、姜永兴、马明刚、许有年、秦撞成、余得富、张发吉、曹猷崐、田珍、吴式金、李长青、黄文庆、李盈、王元喜、陶万聚、蔡长青、蔡长发、叶福保、陶贵、袁发春、杨兆鹏、韩廷俊、欧阳辉、雷永福、雷永富、王仲甲、王仲第、唐廷华、朱暐。
以上二十九名，均在大石头与逆战亡。

唐廷谟、朱有富、汪凤鸣、许富、朱自得、朱有成、罗天元、王银祥、张耀武、唐廷奎。
以上城兵十名，在各城门堵御逆阵亡。

朱光绚：禀生。遇逆番突至，自将房屋焚毁，死。
杨得华：在东城上拒番，战死。
杜芳华：武生。逆番窜扰里河桥，奔走不及，自将房屋焚毁，死。
以上三名，均入祀昭忠祠。

唐廷揖、朱丙成、朱九峰、朱九洲、王仲任、白玉锡、姜佐周、张步云、韩长泰、马明东、张自有、赵思抃、徐升、黄国祥、陈贵、杜文华、金保或、王永吉、周万福、谢登云、刘玉兴、郭元贵、岳廷连、朱体发、李荣发、黄焜耀、张自元、谢登明、刘闰祥、张兆林、张训。
以上三十一名，于咸丰十一年八月二十一日在野猪关同时阵亡。

罗润基（增生）、罗金声（附生）、马如胜（武生）、葛廷玺（附生）、樊绍基（监生）、曹思瑢、杨洪、高万林、马永寿、马永喜、萧文盛、谭文、洪有发、洪有福、马世、李伸、李元、萧正洪、倪远学、赵逢瑞、李占彪、王文章、徐春国、徐长喜、张应龙、胡六六、李贡生、陈喜、马六（十五）、冯璲、李有禄、李兆兰、陈应升、冯聪、李先春、贾生得、唐天长、罗永和、兰桂华、王恩有、王恩长、王白才、谭诜、谭琰、唐芳印、唐禄印、王玉林、马玉福、海天长、王正强、王忠、陈富、陈铭、马春贵、李占延、李占龄、张光烜、吴占鳌、张廷先、唐东海、李仕正、李仕暴、罗朝发、张升保、张正清、赵明枢、张鳌、陈启祥、白占喜、刘应泰、聂长富、聂维喜、马才、孙瑞、马忠林、马志、苗上勇、赵世荣、苗春林、杨子坤、牟有年、李长儿、周天能、乔正魁、洪登科、张计儿、赵玉玲、罗成元、张志、黄张斌、郭喜、郭富春、李锦章、祁有升、杨进才、李三元、赵逢得、马有富、李廷俊、钱恭礼、蔡维新、聂维才、聂维新、黄得义、萧文进、白占魁、白占友、白占云、韩国忠、马洪友、祁生顺、孟占才、王占喜、雷应喜、余成、马天才、马富、赵国喜、阎永明、吴泰祥、冯登信、何得元、何得林、袁学英、杨国春、铁维龙、李七耳、阎有才、阎天喜、米国元、马胜川、张珍、许占印、马官保、马木撤。

以上一百三十七名，皆咸丰十一年七月初七日与逆战，同时阵亡。同治五年，奉准旌恤。（载《四川忠义录》）

乔元达、乔永发、乔永才、乔永旺、乔永祯、乔永梁、乔永安、乔克昌、乔富生、乔四、浦士旺、蒲四九、蒲四长、蒲和尚、蒲三贵、蒲臈保、蒲保长、蒲二元、魏长保、叶楚山、叶满堂、叶毛苟、张兆玉、张应贵、张应才、张应富、张应双、边登选、边珍保、张春发、张来昭、张登发、张登富、张和尚、张志安、张志钧、张登奉、张瑞林、张臈苟、周明志、杨三长、杨童童、马二蛮、马许、马文禄、马福全、伊布纳、马式子、杨有达、杨有成、杨斌朋、杨斌元、杨福全、杨五（十八）、蒲世忠、黄得林、黄得贵、黄得辅、张尚吉、张五（十八）、张大（和尚）、张五更、张受长、张登奎、张芝秀、张芝成、张芝玉、张宗受、张宗禄、张二蛮、张满堂、张春长、张三（树保）、张崇村、蒲世祥、蒲应庆、蒲映立、蒲长保、蒲存寿、张思和、张乔（官保）、吴三哥、王五（十八）、蒲映谷、蒲金有、蒲保长、杨有富、杨仕龙、杨仕凤、杨仕奇、张尚才、周张（保长）、周四庚、杨五受、杨和尚、张思品、张受儿、张四喜、张保、张二蛮、张呵呵、李三（季保）、李臈苟、李映蒲、张志成、张毛根、张思胥、张杨（保长）、张保长、蒲映聪、蒲映祺、蒲六斤、张思有、张景、张五（十四）、王勇、王长命、史朝林、史四（十九）、史官保、史天（地保）、张尚荣、张思金、张思满、张和尚、周志元、周九长、刘有受、刘有喜、刘登喜、刘三喜、蒲映成、张益（存保）、张天喜。

以上一百三十四名，均于咸丰十年九月十八日逆番窜安顺关，团首乔元达等协同剿贼，同日阵亡。（载《四川忠义录》）

张思林（监生）、贾士聪（团首）、王占荣、王联纪、张思应、张思琮。

以上六名，于咸丰十年九月二十日镇江关率团攻击失利，阵亡。

王占先：咸丰十年十月初五，在平番南门剿贼，阵亡。

王联登：十月初五日，在平番南门剿贼，阵亡。

王联刚：十月十三日，随团在平番凉水井，战亡。

张全川：十一月二十七日，在平番下坝堵剿，阵亡。

梁起禄（从九）、梁时柱、张宗泗（文生）、张忠孝（武生）、张忠义、郭忠孝（武生）、向联升（把总）、陈宗喜、张仕雄、张仕元、张仕选、张翠凤、张荣富、包恩裕、包恩朋、包恩训、包恩圣、刘祚宾、郭安康、杨连、董天才、胡正川、胡万年、胡永得、胡永贵、胡占超、董倖三、刘元通、包恩贵、包恩荣、包廷选、包美、包登云、张凤元、李成荣、曾君龙、曾朝辅、曾启满、田得胜、张朝喜、张朝库、张廷立、张廷山、梁登定、梁登盛、张登鳌、梁登榜、梁登桥、张兆相、曾占先、曾占春、张兆满、张兆信、张大川、张长寿、刘光清、刘玉璋、张君济、张占功、王上才、王永恭、雷万朋、雷应时、雷应甲、雷霈云、赵桂林、赵桂发、赵桂章、雷万桢、雷应举、雷应华、梁登成、梁登寅、郑登朝、雷应祺、梁凤先、梁凤典、张君孝、郑启友、郑登第、郑启盛、雷应龙、雷霈霖、王上选、梁凤科、梁登甲、梁登佐、梁正国、梁国清、张朝珠、张朝宾、曾启元、郑登伸、张遇桥、张遇才、郑双喜、张朝宗、张兆伦、张方发、郑廷寿、郑登保、郑观音保、梁国桢、张朝仲、张朝举、张朝科、张遇成、郑登美、郑登桂、张朝鼎、张朝遂。

以上一百一十五[①]名，于咸丰十年十二月十四日，逆番窜平番，候选从九品梁启禄等率众堵御，杀贼多名，失利阵亡。（载《四川忠义录》）

马曼寿：咸丰十年五月十六日，奉派带团前往朱家沟攻剿逆番，受重伤死。

杨　恺：六月初四日，在小河城外堵御逆番，受重伤，投河死。

习如禄：七月初七日，在松城西门外，受伤身死。

杨含英：咸丰十年十二月十四日，在平番遇逆，被杀。

马国选：咸丰十一年七月初七日，城陷身死。

刘　升：松潘镇联昌仆。庚申七月初七日，与主母同时遇害。

以上六名，于同治七年十二月初二日奉准旌恤。（载《四川忠义录》）

吴宾、陈永章、陈永得、何登进。

以上四名系民团，在安顺关阵亡。

丁永受：咸丰十年九月二十六日，在西岷顶阵亡。

聂　科：咸丰十年十月初四日，在金蓬山阵亡。

吴　峻：咸丰十年十月二十五日，在金蓬山阵亡。

杨进才、葛润、葛本贵、易太平、李占禄、马朝奇、王聪、马光喜、马麻哥、韩永福、韩学成、苟朝映。

以上十二名，于咸丰十年十一月初八日在小西门协力攻剿，战亡。

王有福：团民。于咸丰十年十一月十六日，在望山关阵亡。

米应喜：团民。于咸丰十年十一月二十六日，在北门外阵亡。

糜万益：团民。于咸丰十年十二月十一日，在城外堵御阵亡。

刘继宽、刘述熙、韩永忠、易诚、罗占彪。

以上五名系团民，于咸丰十年十二月十六日逆番纷扰各寨阵亡。

萧六斤、曹桢、萧成勋。

---

① 一百一十五：应为“一百三十五”。

以上三名，在城外窑头山与逆战亡。

王延喜、王廷富、王国富、王国贵。
以上四名系团民，于咸丰十一年二月初二日在西岷顶窑头山分剿，阵亡。

李正德、李八儿。
以上二名系团民，在大窑坝血战阵亡。

陈宗林：团民。于咸丰十一年二月十六日，在红花屯御贼战亡。
杨金友：团勇。咸丰十一年三月初七日，在金蓬山攻逆阵亡。
杨金升：团勇。咸丰十一年三月十一日，在窑头山与逆战亡。

刘春禄、张福元、赵仕才。
以上三名团勇，于咸丰十一年三月十六日，在金蓬山等处阵亡。

吉世恩：咸丰十一年四月初一日，在漳腊攻逆阵亡。
萧茂宽：咸丰十一年四月初九日，在西岷顶阵亡。

张凤应、王万朝。
以上二名团勇，咸丰十一年四月十五日，在小西门等处战亡。

李金华、范永康、王万顺。
以上三名团勇，于咸丰十一年四月十六日，在厅属各关隘与逆战亡。

张文荣：咸丰十一年四月二十四日，在东路投公文，助剿阵亡。
张　喜：咸丰十一年四月二十五日，在中止山阵亡。
母光斌：咸丰十一年四月二十八日，在西岷顶阵亡。
陈宗绮：咸丰十一年五月初六日，在上泥巴战亡。
张文德：咸丰十一年五月初十日，在红花屯阵亡。
王国喜：咸丰十一年五月十四日，在下泥巴阵亡。

张文富、张文志、郭林、郭应彩、杨六（十三）。
以上五名，咸丰十一年五月十八日，在金蓬山阵亡。

马金全、马再六、王玉春、韩三娃、贾麻哥、贾福祥、陈宗惠、陈宗儒、赵仕有、杨玉清、杨春、杨顺、杨四（十九）、张国龙、张兴、王玉麟、虎占林、冯登章、高喜。

以上十九名团勇，均于咸丰十一年，在石河桥、红花屯等处与逆战阵亡。

官占魁、马六（十五）、王庆、冯长毛、龚玉喜、陈玉元、陈六、孟儒春、冯登全、冯四（十九）、黎友、黎仕发、黎万瀛、黎国才、杨廷柱、杨廷明、杨廷才、杨延喜、杨廷栋、杨廷受、杨宗忠、杨宗义、杨润、杨泽、杨发、袁洪顺、聂登元、聂登寿、丁锐、张登元、周木匠、刘廷喜、梁富奇、张洪泰、周瑞林、边承恩、蔡国喜、李华兆、蒙世荣、张文清、王升、王怀、王永喜、马万成、刘福清、赵铣、郭万春、陈秉东、王仲振、李时荣、李时秀、李时珍、李时贵、苟荣、佑安玉、官受喜、高祥、萧成勋、萧八儿、冯马（保长）、冯寿长、郭永忠、王锐、蒙春先、郭浩、熊富贵、罗兴仁、马天奇、李呈祥、马福祥、富长春、刘喜、张七金、徐福玉、王全仁、马俊才、高王富、李洪有、董占超、董成得、蒲万有、贾俊、王登季、马俊华、马腾骧、马腾驷、刘玉山、刘玉成、谢明和、谢宗孝、赵希儒、张仕庆、萧茂崇、高朋、高福、王登第、王五六、聂登魁、马成祥、郭永福、郭应昌、吴锦、吴春禄、聂受喜、骆忠才、骆忠喜、张仕吉、蒲映连、蒲映宣、蒲燮庚、蒲长青、骆登清、骆登福、高和尚、高二哥、周仕恩、李春先、李崇保、蒲万喜、马天孝、马天喜、夏荣福、夏荣禄、杨崇富、杨永章、杨名遇、杨名达、刘祥、刘魁、曹思靖、曹存保、曹宗国、冯升、陈钊、张有禄、刘春发、萧蒲倚、陈宗文、陈宗富、陈宗魁、季礼芳、陈春元、王登受、袁学才、袁学英、袁学伏、袁寿长、蒙世先、蒙发其、蒙发钱、王友庆、何玉珍、周仕伏、刘受长、马有得、孙寿、孙玉、冯登荣、冯登贵、冯登第、蔡荣、蔡华、王永通、葛仕得、葛有贵、王应龙、罗永昌、罗永康、王寿长、罗福（寿长）、王伏兴、易光宗、刘万福、何庆、段长生、孙华、孙福、马保川、冯寿长、陈再鼎、陈金鼎、王春和、何旺国、李廷玉、王福、曹思勇、赵遇桢、易伟、高林喜、冯登桂、罗四（十九）、郭荣昌、李永和、杨伦。

以上一百九十四名，于咸丰十一年七月初七日，在厅境各隘与贼血战阵亡。同治五年，奉准旌恤。（载《四川忠义录》）

李耀、王登云、刘华光、刘继恭、刘永贵、刘金相、张义、韩启恭、张志、袁武、冯登富。

以上十一名，均于咸丰十一年，在厅境各隘先后阵亡，奉准旌恤。

艾茂廷、毕有福、杨子友、马魁、何正国、杨福兴、刘长命、马拜可、马应福、景映魁、何登选、郭杨受、马春喜。

以上团勇十三名，于咸丰十一年，在厅属各山堵御阵亡。

马五十、马文耀、马乃（木撒）、吴春富、艾长松、唐福喜、高应有、孟如英、郑玉年、马受喜、马受禄、马化其、何登华、苏玉福、陈白友、马昭、冯子云、米得喜、徐成章、马怀良、马逢仁、杨怀道、张澍、马儒梁。

以上二十四名，于咸丰十年，在土主庙西岷顶阵亡。

龚得福、梁官受、冯连云、刘伏顺、袁喜、王德、马朝云、张玉雍。

以上八名，于咸丰十年十二月二十六日，在望山关阵亡。

苏春容、官富贵、萧文思、杨子眉、徐长信、虎占鳌、祁生玉、吴春宣、刘春禄、张福元。

以上十名在金蓬山阵亡。

兰桂云、孔连喜、海保珍、季长安、郭崇惠、申用品、马荣、苏全恭、罗永通、马万林、杨耀、马韩喜、陈占春、杨和、张登发、马化奇、张福受、陈有福、申用节、秦天才、李启受、严玉喜、米应才、杨发、申用仲、虎玉林、王思佑、袁进朝、王恩德、王进、王忠、杨万成、马应福、刘应雄、袁发、乔正芳、乔正发、刘光景、严裕、孙荣耀、申用国。

以上四十一名，均于咸丰十一年，在厅属各关隘血战阵亡。

马俊武、马俊德、马晋三、马晋臣、马晋仁、马晋由、杨松林、米春和、米国正、马国雄、常万喜、杨殿元、冯登第、葛廷元、张蛮哥、吴福祥、马春和、马春贵、马玉才、李占荣、陈得胜、陈润保、陈应长、萧保、汪得全、汪喜、聂占雄、聂长春、聂四喜、金万成、王占雄、马之禄、马林、马友、李永吉、李春宣、马登受、马登其、李乃（木洒）、乔有福、曹正贤、王邦国、李廷华、李得樊、马应长、杨志、陈宗鼎、朱瑜、朱璲、朱张、佑幼子、祁寿、赵和尚、段仕楷、刘得胜、福生、李伸、余得贵、雷应长、何登荣、陈润儿、万挑水、王炉匠、曹思训、刘福升、罗永受、罗喜、罗贵长、孙学贵、洪向之、洪永安、洪永贤、洪瑞、杨仕荣、王登第、胡太平、刘噶他、刘万福、杨尹发、丁万才、丁存保、丁五（十六）、廖启贵、廖启元、马良仁、马良福、李焕章、赵忠泰、赵恩禄、马如泰、马国正、谢超、海会、海有庆、马俊有、陈仕俸、秦相荣、龚老五、石启华、石瑞、葛本致、何登发、赵国安、赵万江、赵万林、冯庆、铁成富、铁成金、糜保存、蒋明德、康济、赵国祥、马长狗、张余庆、吴玉林、杨伦、杨二娃、杨狗儿、洪登科、申道古、马伸、王贵、马秉乾、马富、李成祥、李成喜、唐受长、唐连生、唐柱儿、王恩隆、刘大成、刘学浩、陈起祥、贾俊、洪永安、张发元、文俸、王朝升、李登全、刘福全、葛仕发、马洪富、马玉春、马全得、季以（四骂）、贾全顺、马乃（木撒）、贾全才、贾全得、贾全胜、腊苟、贾如祥、张源海、张源昌、张洪瑞、张洪其、庄直林、张银匠、谢福元、谢长寿、祁安贵、祁有才、马应禄、刘天奎、刘朝全、胡大才、梁玉春、王太和、李成有、马有才、徐春荣、曹思安、冷万和、李存、李阿八、李狮子、王登举、王正川、武志、吉映凤、卢元兴、卢松林、喻国春、喻文通、夏得庆、马福、李成喜、蓝兴彩、蓝以（四骂）、王有贵、张受云、姜廷荣、马恩、傅元超、张得成、张德福、张得禄、张得林、洪幼子。

以上一百九十九名，于咸丰十一年七月初七月，番乱，殉难死。（载《四川忠义录》）

松潘镇标中营官兵

马　彪：署守备，云骑尉。

富恩源：署把总，恩骑尉。

陈玉玺：署把总，七品监生。

徐步升：署把总，恩骑尉。

石镇川：署外委，蓝翎额外。

蒲映桐：蓝翎外委，马兵。

谭　伟：署外委，马兵。

母受禧：蓝翎马兵。

石　魁：六品军功，马兵。

黎光照：六品军功，战兵。

袁敬先：蓝翎战兵。

聂维禄：蓝翎马兵。

邢　涌：蓝翎马兵。

周万春、马荣福、马仕福、郭长胜、韩玉、刘章福、杨耀、杨黎喜、赵顶、王万友、王印、王喜、袁子洪、余国春、洪仲、骆长青、王升、王鼎、樊万锦、韩尚位、杨国全、王得升、姚宗寿、苗春贵、许维泽、苏元春、魏崇置、胡万年、赵芝禄、苟敬忠、赵廷俊、萧廷友、陈铭、杜发祥、郭明德、夏承泽、马有禄、范永康、杨富、梁如桂、马万诏、萧长春、张国镒、张国锐、余庆、马兴泰、李占彪、何玉祥、夏永昶、黄映升、郭万春、易普、马林祥、李先春、李富贵、周永禄、黎呈祥、聂登禄、张福迪、胡宝国、宋发祥、李占伸、石万春、乔友发、许占荣、刘泽、田登科、张得胜、王吉祥、喻有福、宋喜、夏荣禄、余登瑞、贾得寅、鲁珍、贾得安、罗永祥、王有禄、罗得、罗墉、王荣、宋喜泰、张寿、罗延召、王铣、刘述照、王锐、李荣升、杨能、胡保国、杨仕福、陈永喜、王永安、张玉祥、马万林、高林贵、杨宗庆、袁福、陈超群、高林才、冯占才、杨宗贤、箫文斌、梁定国、周占先、刘先春、马春、范有梁、严占云、祁有发、马魁、黄国富、徐玉国、马仕泰、毕辅廷、聂安富、赵春发、梁诗敏、张福泰、王玉恩、王兆林、铁占金、马朋川、岳黄增、魏自举、夏荥阳、杨名遗、马怀珍、杨玉林、张禄、夏国瑞、张晋、魏自环、李如伸、魏全忠、孙瑞、余强、赵升、聂维庆、马永禄、吴恺、吴占鳌、陶光隆、尧伸、张庆春、李占受、王槐、张宗福、韩义、母光永、张受、王永和、晏廷栋、高正喜、祁发、高林喜、张成、黄福、蔡友、姜玉春、张润、冯长敏、张任、冯登云、刘福、许占先、罗长云、马如彪、聂永贵、蔡禄、吴祥云、骆忠喜、石瑞、徐振业、洪登才、艾长泰、余刚、夏国珍、王成、石镇海、赵锦富、王正章、祁荣、王玉林。

以上一百九十八员名，均前敌阵亡。（载《四川忠义录》）

松潘镇标左营官兵

范思桐：署守备，六品把总。

何登科：署把总，云骑尉。

罗廷喜：署把总，恩骑尉。

韩尚朝：署漳腊把总额外。

杜文举：署外委额外。

何映春：蓝翎马兵。

唐秉鉴：蓝翎马兵。

马伸奇：六品军功，马兵。

王占雄、张金贵、余国泰、姜宗横、刘万顺、冯万才、赵廷璧、何文锦、李占鳌、冯义、母寿山、邢锐、王宽、罗永安、何永庆、张崇富、米映芳、景映奎、魏自明、马有龙、杨远龙、魏自元、马如彪、林占春、贾生玉、苗春荣、徐斌国、周占岐、张占彪、张魏春、李有贵、徐进国、马登富、马俊文、王良桂、王璲、王有才、李发、夏永受、龚泰、魏忠玉、邢继昌、王启富、马忠林、杨万受、邹连升、党永刚、李生龙、韩俸祥、陈通、萧凤鸣、骆明贤、韩俸华、谭宗孝、王恩才、陈宗器、韩尚春、谭宗友、马正川、张发春、张玉林、谭仑、夏永发、徐柱国、冯登榜、张玉春、张金元、邓万受、杨占鳌、陈作伸、刘永兴、芮起俸、祁祥、胡万才、余兆喜、李洪喜、王顺、马有才、张占喜、马化祥、袁凤祥、赵玉祥、黎才、许占岭、包荣升、林明清、张永苗、杨春、曾玉贵、冯登伦、马如俊、何顺国、柳长荣、谭富有、谭忠正、路长受、夏诏庚、段文福、袁觐连、米有才、徐步忠、杨名达、洪映受、陈启泰、萧逢春、胡春元、艾长安、袁自喜、萧茂昭、张受元、韩成名、周占明、张永康、王玉、张林、徐容、张逢春、张殿元、陈启禄、梁玉春、马忠义、王才要、夏国柱、胡廷祥、王家泽、季映喜、张三级、张忠胜、李长印、马进朝、萧茂环、晏福兴、夏永贤、夏国刚、陈超华、洪永全、韩俸金、杨仕青、张登福、李朝龙、黄黎祥、梁和贵、蒲映华、罗映超、马天喜、谭春元、张九如、杨万青、张宗福、赵占雄、许占云、李华春、李洪、马金得、杨万喜、王英、杨宗顺、葛世勋、萧文通、边成锐、党辅、晏光玉、夏永志、夏永和、陈占春、艾喜、柳荣山、季如成、熊万喜、史通、冯占鳌、萧茂常、吴保国、袁学富、罗得胜、牟友顺、晏廷标、乔恒泰、李俸春、袁学效、顾怀俊、季长林、洪占禄、张正川、王永和、赵登山、张大贵、贾忠林、周占喜、龚友禄、余俸刚、路名芳、张印、季如海、张茂春、郭喜、郭树荣、范友、兰桂云、徐义国、徐超华、陈殿超、杨国英、范永柱、萧俸山、萧长青、谢玉华、文新元、孟文林、张贵林、李天治、歌元发、李彪、陈占杰、夏启贡、王登科、龚友福、黎世发、黎永发、王珍、唐福喜。

以上二百三十员名，均系前敌阵亡。（载《四川忠义录》）

松潘镇标右营官兵

张文寿：护都司千总。

季长源：署把总，云骑尉。

吴世魁：云骑尉。

王应得：副千总，马兵。

郭　升：署把总，马兵。

马保国：署外委，马兵。

王万升：武生。署外委，马兵。

宇应升：六品军功，马兵。

张玉成：六品军功，战兵。

刘朝升、张廷武、王吉泰、张成吉、李永清、梁元徐、欧永清、侯进禄、毛得林、王连、刘富、张顺成、郭明德、张复吉、王玉祥、毛羽朋、卢占彪、董全、毛羽林、马千祥、王运连、刘正邦、张祥、江朝喜、胡泰、夏承恩、郭连、薛富国、谢登升、冯天贵、吴世凯、张君才、刘永寿、窦洪春、徐应选、李含英、王运昌、贺清泰、刘俊达、白明兴、叱永茂、李升、张庆、周进喜、张应禄、王应升、黄映福、李玉秀、陶世魁、贺清辉、王万义、张绍吉、叶茂林、沈国祥、林万发、王万喜、江朝禧、茹应仕、杜效儒、赵吉、尹嘉禄、汪赞元、赵启宗、杨天福、余世有、沈永祥、张建基、梁时章、张登云、赵永新、刘福元、张荣盛、梁占春、赵绍宗、蒲世清、叱全信、刘世福、王建元、沈清、杨万发、张兆龙、夏文光、白明义、胡兆祥、杜应祥、张玉龙、唐暄、王连宗、雷友、朱永禄、江溢源、陈继章、朱清、陶明俊、赵兴友、赵洪兴、齐国义、王万林、高献智、白绪先、张万魁、余世春、周定元、黄朱元、高凌云、叱永盛、白得元、朱会山、蔡长有、萧得魁、王万才、冯万全、戴正和。

以上一百二十二员名，均系前敌阵亡。（载《四川忠义录》）

胡　臻：巡检。
马懋勋：都司
齐　玉：武生。
余学义。
方云京。
姚华臣。
贾国昌。
徐维新。
以上八员名，均于南坪城陷阵亡。

殉难良民

马俊兴、马福玉、马俊其、马俊林、马天祺、马月祥、马永清、马玉才、马士子、张复兴、张旭、张有受、张振扬、张占雄、郭承基、郭兴才、郭玉喜、兰七、兰时荣、祁有才、祁有兴、赵国全、赵忠泰、赵福应、董有庆、董清和、徐富贵、徐贵、徐绍基、贾生惠、贾生发、陈仁、陈六戒、谭在兴、彭大应、李松柏、罗永发、姜福、韩俸仪、杨光洪、高保、杨凯龙、敬恩臣、吴福升、铁敏、米登朝、丁启福、洪银念、杜伟、胡成有、海晏、何国庆、晏得富。

以上五十三名，均于咸丰十一年七月初七日城陷同时殉难。（载《四川忠义录》）

漳腊营咸丰庚申番叛阵亡官绅兵民

徐国瑸：署守备，侭先守备，督中千总。
徐治廷：徐国瑸次子。见父阵亡，营城失陷，随母徐蒲氏等自焚殉难。
路登凤：署把总，恩骑尉。
文登选：军功，守署文牍。在漳腊西门血战阵亡。
张从仁：护把总，六品军功。
李得福：六品蓝翎，外委。
岳占先：六品蓝翎。
杨　禄：千总。
黄春林：恩骑尉。

路登科、张玉珍、李荣春、黄占雄、尹兴发、路永兴、王兴寿、冯继祥、杜发春、任运发、徐步祥、张景富、唐玉喜、白长有、李遇春、吴祥云、吴凤鸣、陶逢春、杨向荣、汤盘、文治铨、韩登荣、李朝福、张复春、罗明玉、冯焜、冯继林、张泰福、徐岱田、张承业、陈得春、文登瑞、韩文海、乔云夏、王有得、陈长寿、陈文遂、张福恩、路黄春、史永清、冉长青、李先春、范思训、范春全、杨智、路春秀、李长林、文有福、张廷凤、陈石春、张廷功、文占春、文占林、冯福祥、任运祥、杨孙喜、路登锐、杨向洪、宋福顺、王占登、朱登俊、韩怀玉、马尚德、陈长禄、赵仕义、黄德富、龚田富、薛廷朝、尹志品、张焕然、武占魁、熊玉喜、尹朝庆、杨映庚、李珍、李元珍、范春满、尹升、马如龙、李福、聂长贵、陶占鳌、张廷柱、范春美、何福荣、张祥发、冯福志、吴应升、柳仁兴、王国兴、周步云、张文德、景焜、李升祥、张定元、叶春发、萧洪顺、马兴发、卞登高、魏国泰、董青元、黄应福、杨荣品、刘有、韩玉林、王国泰、李肇基、李占彪、王国龙、宋登贵、周长安、李得胜、马占彪、罗炳金、李如琛、王耀、罗明远、朱登富、陈国刚、马金荣、叶有元。

以上一百三十一员名，系咸丰十一年四月初九日，在漳腊各关御逆阵亡。（载《四川忠义录》）

谢承恩：松潘附贡，委充团总。协同营员，力筹经费，筑坚守险，不惮辛劳。于咸丰十一年四月初九日，督率团勇助官兵剿贼，在东关外手刃恶酋多人。自寅至未，因逆麇至，重伤阵亡。

王朝元：团首。率团屡战，同日在东关外助剿，血战阵亡。尸未获。

路开云：百户长。自逆番叛乱，协理局务，尽心竭力。同日在东关外随官兵奋战阵亡。尸未获。

李怀清：六品军功，团首。竭力守城，同日随官军打仗阵亡。尸未获。

史永通：六品军功。事母至孝，委充团首，不辞劳瘁。同日协助官军在西门陷缺处血战阵亡。尸未获。

陈世春：团首。自番叛乱，经理局务，捐助钱粮，堵御尤为出力。同日随官军在北关外血战阵亡。尸未获。

陈永安：百户长。办公不遗余力。同日督团在北关外血战阵亡。

李锦春：百户长。

陈树森：百户长。

路登第：百户长。

李发、魏福寿、岳才志、萧福昌、李喜寿、王永康、任运科、朱登榜、刘得胜、方有才、文如会、张得富、张元、任必寿、曾思义、陈殿义、陈三春、陈玉照、杜兴志、陈光耀、李义昌、魏三成、李道生、张延年、江朝远、何有福、岳朝喜、路登富、路永顺、冯兴邦、陈朝贵、金长铨、溥玉恩、陈卿蹇、赵仕发、李平、敖吉庆、李教安、秦青云、范旭、李松朝、陈得春、文如伦、张义、李忠、杨长春、高谦、张永文、党五子、文登如、陶启升、何顺、文得舟、汤廷桂、陈得芳、路朝文、萧盛典、刘魁、汤文和、汤兴益、文登才、朱登科、段登贵、陈殿科、杜发达、陈洪春、李志才、史永新、李玉、陶泽有、杨惠、汤承玉、路朝有、李发富、米天魁、杨向春、王金、吴应云、萧茂、萧荣、李尚智、宋兴荣、萧义兴、王永喜、赵清、周桥梁、刘天寿、袁登凤、陈典、白云福、宋有陈、蒋洪春、朱大有、王阶、李志景、李志才、刘德芳、何申、张金全、路永佑、李怀德、刘高、谭得福、冯兴国、王文富、冯国云、何大中、杨存得、周绍志、何玉喜、杨松、刘华、黄才元、高正顺、高有、陈得喜、傅至忠、杨应春、尹士成、刘云彦、李澍、范初旭、张占春、张登喜、陈登富、詹有才、赵万春、赵俊、段子长、任兴才、善文明、张高、吉祥生、黄王富、袁占龙、段士义、路更生、杨玉英、徐发祥、侯金满、卓林保、李国昌、赵廷珍。

以上共一百五十三员名团勇，奉调助剿，于咸丰十一年四月初九日在漳城堵御，随官军分路血战，同时阵亡，被逆支解，尸多未获。同治三年三月，奉旨旌恤。（载《四川忠义录》）

陈永寿、路开泰、李信、刘喜庆、薛有才、陈祥、张得有、陈国清、薛敬、张五十、邓裁缝、高三儿、文天贵、张玉春、马尚得、陈礼先、陈殿选、杨福春、李云、周凤翔、黄玉富、范长受、刘大富、文登有、路登第。

以上二十五名，同日随官兵在漳腊营东关外堵剿阵亡。

徐先承、徐二、李登魁、柳兴泰、路么么、胡长春、文顺舟、党七十、文平安、文登云、文登喜、刘么么、白永清、李锦华、陈树敏、陈定长、萧亦富、陈芳春、陈元喜、李上达、文登绣、陈四、陈有凤、刘得义、陈复志、胡学春、金万镒、杨应朝、杨春发、尹世华、王有顺、杜高儿、高才立、陈中保、何存儿、赵春发、何哈儿、路登有、徐继武、史王保、金有才、徐长生、潘双双、刘六四、秦集福、徐有才、何兴元、张子明、路丹池、文如锦、王凤举、陈国兴、黎寿儿、史桥梁、陈春、李锐、冯登科、路得春、岳朝喜、夏朋程、魏哈哈、段文富、何春金。

以上六十三名均团勇，于咸丰十一年四月初九日在漳腊各关外阵亡。（载《四川忠义录》）

平番营咸丰庚申番叛阵亡暨殉难官绅兵民

袁克明：署平番营守备。伊母及妻，男女四口全行遇害。

许占鳌：署平番千总。

韩逢春：署把总，恩骑尉。

姜尚德：平番营半俸恩骑尉。

李占魁：把总。

韩　升：额外。

刘天寿、白永惠、张绩、张宗忠、杨天禄、杨春和、李清、冯正泰、张文、宋选、张宗榜、姜占喜、张希圣、王喜龙、张发、敖永发、田种玉、何定安、张得胜、向长遂、张加兴、许占琼、茹成邦、李进胡、王永明、陈喜、许超、许占纬、白万全、刘明昇、许占朝、许进、黄玉春、王登富、李玉成、张崇礼、何自达、张忠义、张凤翠、陈禄。

以上阵亡官兵四十六名，均奉准入祀昭忠祠。（载《四川忠义录》）

张凤翩、余登先、余得云、余天禄、黄禧、张友、张仕雄、冯万禧、张廷儒、许占朋、李得福、李加胜、谢超、许占伦、王福贵、何廷富、许仕发、丁元福、李得升、陈继贤、张启福、张崇富、黄吉祥、孔星祯、袁怀德、宋逢恩、张天福、张希祥、张忠国、许占美、张宗理、黄延德、张荣显、李家级、杨映宗、姜文昭、张希魁、贺廷章、王连品、黄延魁、戚万荣、郭永盛、宋瑗、郭安贫、余天福、雷占魁、许占斌、郭安邦、马正川、张宗顺、刘元升、张希伟、陈耀宗、敖永贵、周继芳、刘天恩、张志美、李加连、赵长升、刘天瑞、何定国、许占拔、李占雄、李禄、宋万岐、袁尚朝、董占魁、王文新、李珍、严文德、张永川、张忠义、张青云、张映彩、陈禄、张凤翠、许占春、王连福、张宗汉、张凤仙、党永盛、白永亮、宋怀、张映时、党永钱、冯登祺、张映福、张映科、杨开平、唐开成、刘天银、黄勉。

以上员弁兵丁共九十二名，眷属人等男女五百余口，因平番营城失陷，除打仗阵亡外，概行被屠。（载《四川忠义录》）

宣统三年番叛城陷抗节力战阵亡官弁团勇

马保国：字寿芝，邑人，官左营守备。辛亥番变围城，奉委往火烧屯威营晓谕解散，不听。保国怒骂，遂遇害。

王光增：松右外委。在窑坝地方遇敌，力战，受伤死。

谢宗贵：佽先守备。年七十五，奋勇杀贼，阵亡。

魏光裕：蓝翎把总。城陷，殉难死。

何　发：蓝翎马兵。

马正海：在北门阵亡。

牛　印：甘肃秦州良民。

闵永升、佟应寿、马世德、刘映照、冯双喜、冯保长、马九儿、朱映堂、冯占喜、冯占禄、马家骥、王春发、马镛、赵良相、叶保臣、陈福兴、刘念高、马生才、张洒儿、杜文喜、何毛象、赵文卿、谭中正、王永泰、赵玉瑞、杨秉紫、路占雄、陈逢清、陈凤鸣。

以上死难者共三十六员名，均入祀昭忠祠。

民国元年克复松城阵亡兵士姓名地点

张文礼：镇江关

刘举惠：靖夷堡

安思聪：镇江关

赵瑜清：小姓沟

李廷荣：镇江关山巴寺

赵光林：镇江关山巴寺撒那墩

唐世昌：逆壳

何家贞：镇江关

申继林：红土坡

蓝水清：镇江关

申青山：镇江关

卿代云：镇江关

夏光宗：镇江关

萧文第：镇江关山巴寺

闵德成：镇江关山巴寺

杨清泰、高万镒：莲花岩

马祯祥：镇江关

张绍华：镇江关

陈必溶：镇江关

崔万福：逆壳

王凤义、程光照、黄忠明、王埰、吴金山、马怀清：叠溪

冯绍江：镇江关山巴寺

姚文友：镇江关山巴寺

张祥祺：镇江关山巴寺

猓　兵

见莱他、浪架飘、二母鸡、泽乃他、泽汪保、满满且。

以上死事者共三十七名，均入祀昭忠祠。

剿办热雾沟阵亡汉陆士兵

马如洪、陈泽生、洪占成、何国隆、龚占鳌、龙古春、顾合林、冯周盛、范绍明、谢腾霄。

以上死事者共十名，均入祀昭忠祠。

忠节殉难妇女

伊尔根觉罗氏：松潘镇联昌妻。咸丰十年十月，逆番攻城，饷顶支绌，典售衣饰接济。至十一年七月初七日，城陷，挟匕首刃伤剧贼二名；逆众围逼，投河死。

李　氏：联昌妾。同日，襁负乳子避匿山中，冻饿死。

杏　花：联昌婢。与主母同时殉难。

胡郭氏：太平县训导胡万年妻。

胡王氏：漳腊营守备胡必昭妻。

韩冯氏：额外韩尚彬妻。

赵袁氏：贡生赵如鸿母。

杨王氏：杨廷富妻（及其子女）。

易乔氏：易普妻。

马赵氏：维州新保关汛千总马良母。

马兰氏：马良妻。

史陈氏：漳腊团首史永通母。

路徐氏：漳腊路永美妻。

张桂英：漳腊把总张崇惠女。

以上死节妇女载《四川忠义录》。

张赵氏：张徽妻

朱张氏：朱焕章妻

朱高氏：朱大文妻

李方氏：李元魁妻

张闰女：张赵氏侄女

杨舒氏：杨喜嫂

杨　氏：杨万喜婶母

虎杨氏：虎得才母

洪何氏：何文章姐

米妥氏：米国全妻

米刘氏：米国福媳

李常氏：李永发母

李常氏：李永发婶母

马马氏：马光泰祖母

马铁氏：马有得母

袁冯氏：冯登升姐

虎贾氏：虎得才妻

萧冯氏：萧珍母

罗雷氏：罗纲嫂

罗张氏：罗纲妻

何吴氏：何登高母

何李氏：何登高妻

徐唐氏：徐长兴婶母

林官氏：林明清妻

王晏氏：王印妻

罗张氏：罗永桢妻

罗周氏：罗永被弟媳

罗刘氏：罗永桢弟媳

张周氏：张三元祖母

张赵氏：张三元婶母

陈王氏
米存女：米国福侄女
王　氏：王文斌姑
杨熊氏
杨苏氏：杨禄母
胡箫氏：箫伦姑
胡金环：胡华女
周韩氏：周映堂妻
马丁氏
徐陈氏：徐长兴婶母
唐余氏：唐有余嫂
蔡朱氏：蔡鼎婶母
何张氏：何春母
杨杨氏：杨世顺母
徐余氏：徐长兴妾
季王氏：季如山婶母
余　氏：徐锐外祖母
鲁祁氏：鲁苟儿母
岳季氏：季启云妹
冯蔡氏：蔡鼎姑
姜姜氏：姜发女
季白氏：季启云母
张袁氏：张三元妻
朱张氏：朱丙成妻
谢张氏：谢登升妻
马马氏：马曼寿妻
刁李氏：刁金华妻
马马氏：马曼寿媳
陈绣女
陈绣兰
黎范氏
虎李氏
苏马氏：苏四金母
王袁氏：王义妻
马马氏：马仕清母
李杨氏：李代先妻
丁洪氏
徐贺氏：徐长兴祖母
杨王氏：杨振基妻
罗范氏：罗永春婶母
杨曹氏：杨林道婶母
铁党氏：铁维惠嫂
徐　姑：徐长兴妹
张毛儿子：张赵氏女
李　氏：徐锐表妹
张吴氏：张洪元婶母
杨杨氏
唐　氏：唐国印媳
蔡满满：蔡鼎侄女
王张氏：王双娃婶母
张何氏：张三元婶母
罗罗氏：罗刚侄女
李鄢氏：李森妻
朱唐氏：朱林妻
张么么：张宗典妹
高彭氏：高顺妻。

以上死节妇女于同治四年五月具题，七年十二月奉准旌恤。（载《四川忠义录》）

王王氏：王应升弟媳
刘张氏：刘继绪妻
韩　氏：韩学鸿母
龚周氏：龚登才母
曹萧氏：曹占鼎婶母
刘　氏：刘万洪母
王杜氏
米满氏
李铁氏：李升母
刘张氏：刘继禄母
韩王氏：韩学鸿叔祖母
韩熊氏：韩学鸿妻
曹李氏
白袁氏：白占春母
刘哈氏
米兰氏：米国福弟媳
赵杨氏：赵万胜妻
李噶氏

苏马氏：苏荣恩母
赵曹氏：赵万顺嫂
唐尹氏：唐国印媳
马马氏：马成庆妻
何余氏：何春婶母
罗周氏：罗刚侄媳
聂杨氏：聂万春妻
张赵氏：张礼和妻
罗李氏：罗永春嫂
马马氏：马有伸母
赵乔氏：赵万顺妻
刘吴氏：刘福祖母
陈张氏：陈金元妻
余　氏
骆富氏
赵徐氏：赵国母
赵曹氏
吴柳氏：吴兆林祖母
高王氏：王春元祖姑
富赵氏：富强母
张保姐张吉祥女
夏杨氏：夏名扬叔母
米王氏：李仕元外姑
聂蔡氏：聂成立婶母
王二姑：王双桂女
铁张氏：铁受嫂
唐杨氏
王张氏：王有媳
王杨氏：王林道母
刘杨氏：刘定邦母
路杨氏：路名扬母
周张氏：周禄母
周篆儿：周禄姐
徐袁氏：徐世发母
王闰哥：王印妹
孙张氏：孙庆母
孙魏氏
萧马氏：萧廷喜妻

马　氏：苏荣恩姨母
杨王氏：杨世清姐
马葛氏：马成富母
梁马氏：梁正书叔祖母
张高氏
李张氏：李先母
马米氏
何徐氏：何春婶母
罗刘氏：罗永春妻
铁马氏：铁受母
虎马氏：马应福姑
艾杨氏：艾玉珍婶母
骆郭氏：骆忠义母及其弟媳
骆张氏
赵陈氏：赵国妻及其媳
孙　氏：孙庚女祖母
吴洪氏：吴兆林母
王杨氏：王富基嫂
萧胡氏：萧文远祖母
赵马氏：赵万发母
李米氏：李仕元妻
铁马氏：铁受婶母
苏刘氏：苏连春婶母
赵魏氏：赵如鹄母
唐徐氏：唐有贵母及其媳
马杨氏：杨登魁姐
陈董氏：陈治国母
林　氏：林名清姨母
曹巧巧：曹恩桂侄女
路贞姐：路名扬孙女
周郑氏：周禄婶母
路聂氏：路长喜母
王桂姐：王印女
王昭昭：王印妹
孙王氏：孙庆嫂及其侄媳
海马氏：海国富祖母
萧马氏：萧延喜妾
罗曹氏：罗永贞母

米杨氏：米国福嫂
彭徐氏：徐世发妹
赵马氏：赵万胜母
买安氏：买金富母
余张氏
马　氏：铁云姨妹
陈包氏：陈云堂嫂
聂赵氏：聂印祖母
聂桂兰：聂印侄女
刘满姐：刘万洪妹
赵赵氏：赵万魁媳
赵马氏：赵万发嫂
李马氏：李时才母
李杨氏：李时才婶母
马杨氏：杨登魁姐
李张氏：李代先祖母
徐朱氏：徐长兴婶母
曹汪氏：曹恩柱媳
冯何氏：冯登秀嫂
冯蔡氏：冯登秀媳
萧汪氏：萧会母
萧昭儿：萧会侄女
杨李氏：杨仕荣妻
王宋氏：王怀印舅母
赵李氏：赵仕全母
萧包氏：萧登升媳
陈余氏：陈作珍妻
郭杨氏：郭永禄母
余陈氏：余锐舅母
王罗氏：王应升嫂
余陈氏：余锐舅母
王罗氏：王应升嫂
马兰氏：马天禄母
马李氏：马天禄婶母
曹袁氏：曹洪国母
汪罗氏：汪自发母
冯郭氏：冯登贵母
马马氏

王叶氏：王富基母
韩　氏：韩玉春姐
冷刘氏：冷登朝妻
唐洪氏：唐国印婶母
陈王氏：陈荣嫂
陈崔氏：陈云堂弟媳
陈保姐：陈李氏女
聂萧氏：聂印婶母
刘　氏：刘万洪姐
徐陈氏：徐长兴祖母
杨马氏：杨登发祖母
徐萧氏：徐国富媳
李马氏：李时才婶母
李马氏：李时才妻
刘沙氏：刘福得母
马苏氏：苏连春妹
曹张氏：曹恩柱妻
萧张氏：萧茂春妻
冯李氏：冯登秀媳
刘杨氏：刘定升母
萧龚氏：萧会嫂
萧招子：萧会侄女
李王氏：王应升侄女
王金莲：王怀印女
萧张氏：萧登升妻
余张氏：陈作珍外姑
马毕氏：马永寿妻
郭刘氏：郭栋林婶母
王王氏：王应升婶母
聂杜氏：聂维受母
王王氏：王应升婶母
聂杜氏：聂维受母
马杨氏：马天禄婶母
杨郭氏：冯登贵舅母
曹　氏：曹洪国嫂
汪王氏：汪自发妻
赵郭氏：冯登贵表弟媳
陈冬女：陈余氏女

陈高氏：陈余氏媳
段刘氏：龚玉元外姑
祁夏氏：祁永安妻
王萧氏：王玉弟媳
曹曹氏：曹保国母
曹满存：曹保国妹
赵　氏：赵瑞祥妹
袁史氏：袁贵妻
赵聂氏：赵洪顺母
佑幼女
赵王氏：赵逢胜母
王钱氏：王应升侄媳
董杨氏：王万友妻嫂
刘燕子：刘春荣妹
马马氏：马春元祖母
陈蒲氏：陈治国婶母
张长命姐：张环女
王　氏
姜　氏
龚汪氏：龚登福祖母
聂谭氏
孟杜氏：孟永通婶母
马乔氏：乔正元姐
乔燕燕：乔正元侄女
马马氏
买王氏：买忠义婶母
张申姐
兰李氏：兰廷耀婶母
赵马氏：赵万链婶母
吕韩氏
冯周氏：冯登瀛祖母
许刘氏：许贵母
萧刘氏：刘锦庆侄女
张　氏：张玉伏母
韩葛氏：韩璋母
谭　氏：袁有金表妹
李丁氏：李永林妻母
阎王氏：阎永清嫂

段吴氏：龚玉元妻婶母
王葛氏：王玉妻
宋曹氏：曹保国姑
曹王氏：曹保国婶母
赵邹氏：赵瑞祥母
赵穆氏：唐定邦外姑
袁　姐：袁贵女
佑王氏
赵王氏：赵逢胜祖母
冯张氏：冯登秀嫂
杨保姐：杨闰喜妹
董昭子：王万友姨妹
牟张氏：牟有喜嫂
马　氏：马春元母
张余氏：张环母
徐谭氏：徐长新祖母
朱　氏
张　氏
王杨氏
杨　氏：杨万喜婶母
祁刘氏：祁申母
乔存存：乔正元侄女
陈　氏
买马氏：买忠义母
买马氏：买忠义妻
田　氏：田占喜姐
马赵氏：赵万镒姑
侯张氏
杜　氏
胡艾氏：胡金环母
冯　氏：冯登瀛姑
刘徐氏：刘锦庆嫂
袁谭氏：袁有金母
王李氏：王九长母
韩　氏：韩璋妻母
丁蒲氏：李永林妻母
李丁蒲氏：李永林妻
祁马氏：祁占春嫂

祁杨氏：祁占春妻
马存姐：马成富妹
赵　氏：赵万顺姑
胡　氏
贾常氏：贯存保婶母
马海氏：马如宽嫂
李樊氏：李含春母
李路氏：李含春媳
谢余氏：谢宗贵母
郭陶氏：郭长德嫂
许李氏：许维林母
许张氏：许维林妻
舒张氏：舒张庆母
杜景氏：杜联芳婶母
杜　氏：杜联芳姑
朱韩氏：韩玉春妹
侯萧氏：侯有福妻
马　氏：马明妻
胡刘氏：胡永庆婶母
董　氏：董青云母
杨　氏
张　氏：张礼和妹
陈张氏：陈荣媳
谭满女
王李氏：王有得嫂
张刘氏：张金氏婶母
穆　氏：唐定邦妻母
李　氏：李马氏女
马张氏：马玉祥妻
何黄氏：何树棠母
赵王氏：赵成婶母
徐闰姐：徐杨氏女
李陈氏：李萱母
马李氏：马祯祥嫂
马存福：马祯祥女
张刘氏：张洪元嫂
季杨氏：李启云嫂
陈李氏：陈云堂弟媳

祁乔氏：祁占春妾
马　氏：马俊先母
马　氏：马万和女
马李氏：马如宽妻
马妥氏：马如宽嫂
李罗氏：李含春婶母
曹李氏：李含春姑
陈沈氏：陈荣妻
郭陈氏：郭长德弟媳
许马氏：许维林嫂
赵李氏：赵万镒嫂
杨周氏
杜谢氏：杜联芳婶母
郭周氏：郭栋林祖母
侯刘氏：侯有福母
马　氏：马明母
马祁氏：马清母
胡张氏：胡永庆婶母
洪杨氏：洪春媳
张　氏：张占鳌母
谭　氏
谭　氏
谭春女
杨　氏
王高氏：王有得弟媳
朱韩氏：朱鹏婶母
马杨氏：马胜龙母
张马氏：张万受母
马兰氏：马玉祥媳
赵孟氏：赵成母
徐杨氏
任刘氏：刘兴盛女
马米氏：马祯祥母
马贾氏：马祯祥妻
张周氏：张洪元母
祁徐氏：祁新母
李骆氏：李元生嫂
李遇贞：李元生女

李白氏：李元生妻
赵包氏：赵元生姨母
徐　氏：徐昌国姑
李　氏：李树堂婶母
何　氏：何树棠妹
何　氏：骆忠义妻母
洪徐氏：洪春妻
官李氏：官国清婶
兰　氏：马祯祥姨母
马　氏：马清嫂
马毕氏：马成富婶
唐萧氏
刘　氏：铁受表嫂
杜张氏
兰张氏：兰延富母
马沙氏：马俸祖母
马马氏：马玉母
宓艾氏：艾玉珍姊
余赵氏：余贵弟媳
王余氏：余贵妹
达马氏
刘陈氏：陈得姑
马　氏：马化龙婶母
陈郑氏：陈逢泰姐
杨袁氏：杨喜弟媳
冯龚氏：冯万盛妻
毕祁氏：毕应祥母
张英英：张三元妹
邓张氏：邓成魁庶母
冯孟氏：赵逢泰表嫂
海马氏：海瑞祥婶母
米李氏：米国珍妻
买兰氏：买韩氏姑
洪马氏
萧杨氏：萧文泰嫂
谢　氏：谢庆贵妹
白昭弟：白占春女
郭张氏：魏崇富妻祖母
李马氏：李永林舅母
聂曹氏：聂敬氏姑
何高氏：何树堂婶母
王陈氏：王肇基祖母
陈黄氏：陈应禄妻
马阎氏：马细科母
马马氏：马成庆母
马萧氏：马有德妻
王雷氏：王马氏母
贾马氏：马成富妹
徐刘氏
聂谭氏
韩路氏：韩春阳叔祖母
董李氏：董青云祖母
张米氏：张朝升妻
马贾氏：马成庆婶母
余韩氏：余贵母
梁余氏：余贵姊
阎张氏：阎永清妻
萧杨氏：萧福泰妻
陈洪氏：陈发春母
马　氏：马乔氏姑
郑长姐：郑逢泰女
冯李氏：冯万盛祖母
冯袁氏：冯万盛婶母
毕贾氏：毕应祥妻
邓王氏：邓成魁母
邓雷氏：邓成魁妻
马马氏：马定国母
米安氏：米国珍母
张郭氏：张训之母
马洪氏
兰马氏：买韩氏外祖母
王张氏：王肇基婶母
冯马氏：冯登瀛妻
唐刘氏
党翟氏：党兴妻
兰张氏：兰廷富妻

唐何氏
黄张氏：黄天恩祖母
徐冯氏：徐昌国嫂
张李氏：张礼和母
杨聂氏：杨芝茂母
余房氏：余正国弟媳
张　氏：张光垣妻
马袁氏
田王氏：田永泰母
刘王氏：刘成训妻
袁　氏：袁觐贤姑
陈陈氏：陈荣婶母
张存存：张元妹
余满女：余贵女
阎三儿：阎永清女
铁马氏：铁荣妻
景余氏：景玉春婶母
唐史氏：唐得胜母
马祁氏：马忠明妻
谢周氏
张刘氏：张永明祖母
吴李氏：吴占元母
刘穆氏：刘振江祖母
鲁杨氏
马常氏
艾张氏：艾玉珍嫂
马　氏：马仕清妹
马　氏：马清嫂
苗李氏：苗春华媳
马米氏：马如超婶母
马　姑：马如超妹
李母氏：李树母
铁买氏：铁受妻
魏陈氏：胡魏氏母
萧冯氏：萧伦母
阎马氏：阎永清母
张马氏：张占鳌妻
聂杜氏：聂维受母

徐易氏：徐昌国嫂
徐梁氏：徐秉国嫂
谭景氏：谭光辉婶母
余王氏：余正国母
陈张氏：余正国表妹
石赵氏：石俊母
杨王氏
马马氏：马万福母
邓张氏：邓云章母
海马氏：马海姐
赵润莲：赵逢恩妹
张篆篆：张元妹
李马氏：李永发妻
袁冯氏：袁发妻
铁　氏：铁荣妹
米马氏：米国玉母
张唐氏：唐得胜姐
马李氏：马忠明弟媳
陈李氏：陈萱母
赵杨氏：杨万喜姐
马杨氏：杨万喜姐
刘唐氏：刘振江婶母
赵马氏：赵玉贵母
杨马氏：马国安妹
刘马氏：刘春荣母
马　姑：马仕清侄女
李穆氏：李得嫂
虎李氏：李志元姑
马　氏：马如超嫂
吴李氏：吴占先母
冯聂氏：冯万胜嫂
刘铁氏：铁受侄女
苗沙氏：苗春华侄媳
阎兰氏：阎永清祖母
张岳氏：张占鳌婶母
张姚氏
聂陈氏：聂维受婶母
王张氏：王印俸婶母

王吉氏：王印俸母
何聂氏：王应俸妻婶
唐联莲：唐有余女
马张氏：马正魁媳
谢玉英：谢廷栋妹
黄李氏：李俊姑
何　氏
高氏：张吉祥妻母
孙李氏：孙琦婶母
萧赵氏：萧文泰嫂
黄袁氏：黄章母
樊魏氏：樊绍绪媳
洪陈氏：洪凯伯母
罗洪氏：洪凯姑
陈洪氏：洪凯妹
杨赵氏：杨宗明叔母
杨金氏：杨宗明妹
杨赵氏：杨宗明嫂
杨年年：杨宗明妹
王李氏：王瑞祖母
蒲刘氏：蒲万和母
李杨氏：谭怀表嫂
赵杨氏
李郭氏：李万清媳
李闰莲姐：李万清女
秦王氏：范和舅母
胡洪氏：郭长德表姐
曹昭昭：曹觐国侄女
石郑氏：石简发母
周金环：周廷光妹
曹张氏：曹钧国母
唐玉春：唐定邦女
刘马氏：刘邹氏孙媳
赵王氏：赵昂婶母
王董氏：王万友妻
何张氏：何庆妻
曹　氏：曹思良嫂
吴李氏：孙泰妻母

何徐氏：王应俸妻婶
马夏氏：马正魁妻
梁杨氏：梁正书婶母
李郭氏：李俊婶母
冷杜氏：冷登朝母
杜张氏：冷登朝妻母
罗周氏：罗永春嫂
冯程氏：冯登启母
樊何氏：樊绍绪婶母
樊长英：樊绍续侄女
黄洪氏：洪凯姑
洪刘氏：洪凯嫂
杨萧氏：杨宗明叔母
杨方氏：杨宗明叔母
杨曹氏：杨宗明嫂
杨朱氏：杨宗明嫂
杨毛英：杨宗明嫂
王罗氏：王瑞母
李谭氏：谭怀姑
李易氏：谭怀表嫂
赵骆氏
李刘氏：李万清媳
秦杨氏：范和外祖母
唐洪氏：郭长德表姐
曹郭氏：曹觐国嫂
石张氏：石简发祖母
周王氏：周廷光母
李何氏：何文秀姐
曹闰喜：曹钧国妹
刘路氏：刘邹氏媳
袁梁氏：袁有才母
赵张氏：赵联升母
王冯氏：王万友嫂
苟李氏：苟保长妻
吴程氏：孙泰妻祖母
高徐氏：高云程婶母
高余氏：高云程婶母
高存儿：高云程女

高徐氏：高云程婶母
高昭儿：高云程女
苟刘氏：龚成妻母
许曹氏：曹占喜姑
聂朱氏：聂长受母
马陈氏：孙琦妻母
曹郭氏：曹占鼎婶母
郭徐氏：杨名通表嫂
马郭氏：马有才母
马刘氏：马有才弟媳
官邓氏：官国清婶母
马杨氏：马万超母
刘王氏：刘成训妻
谢周氏：熊飞姨母
周熊氏：周永昌母
马马氏：马伸伏母
马姑姑：马伸伏妹
王润女：王春元妹
魏李氏：魏崇光婶母
魏李氏：泸州营把总魏崇惠妻
马马氏：马良佐母
喻杜氏：杜逢春女
马长毛：马金女
马武氏
徐白氏：徐春贵祖母
陈吴氏：韦陈氏母
李常氏：李永发母
杨李氏：杨如松妻
杨桂英：杨如松女
刘陈氏：刘玉春婶母
贾　氏：刘玉春舅母
陈王氏：陈耀采母
陈郑氏：陈耀采嫂
陈春春：陈永禄姐
马苏氏：马邵阳妻
哈马氏：哈映瑞妻
卢曹氏：曹觐国侄女
喻王氏：喻得喜母

曹李氏：曹占喜祖母
王曹氏：曹占喜姑
聂冬女：聂长受妹
萧田氏：曹占鼎外祖母
郭徐氏：杨名通妻母
杨昭从：杨名通侄女
马郭氏：马有才弟媳
何边氏：何登高族嫂
官金姑：官国清妹
马昭儿：马万超女
徐闰莲：徐富国女
杜刘氏：杜国全婶母
周包氏：周永昌妻
马马氏：马伸伏妻
马　氏：马乔氏母
王昭昭：王春元妹
魏张氏：魏崇光媳
毕马氏：毕甫廷母
杜梁氏：杜逢春妻
杜长英：杜逢春孙女
刘王氏：刘福母
马马氏：马武氏媳
徐杨氏：徐春贵婶母
杨　氏：杨世清母
马　氏：马明母
杨李氏：杨如松媳
刘　氏：刘玉春母
刘贾氏：刘玉春妻
马铁氏：马成明母
陈杨氏：陈耀采婶母
陈王氏：陈永禄婶母
马关氏：马绍阳母
王　氏
马　氏：马如庆弟媳
马　氏：马玉祥祖母
李袁氏：李时发妻
喻杜氏：喻得喜媳
马谭氏：马春荣婶母

雷赵氏：雷先珍妻
许　氏：聂成立舅母
赵董氏：赵万顺婶母
郭蔡氏：郭克昌继祖母
郭连玉：郭克昌妹
母杨氏：母映雄母
母福姐：母映雄姊
吴洪氏：吴丁氏婶母
李田氏：李绍先婶母
吴李氏：吴兆林母
李赵氏
葛徐氏：葛有才母
兰米氏：兰耀廷嫂
杨　氏：杨环芳嫂
张周氏：张荣母
噶　儿：洪典妹
张马氏：张万林母
冯严氏：董清元外祖母
贾马氏
王陈氏：王禄母
马杨氏：马有得弟媳
何唐氏：何登高婶母
张赵氏：张长青妻
马马氏：马安国嫂
陈白氏：陈金元母
贾马氏
袁夏氏
常巧姑：常万才侄女
夏何氏：夏有安堂嫂
傅杨氏：傅吉玉母
谢艾氏：谢保树母
徐杨氏：孙琦表弟媳
马海氏：马瑞祥嫂
李杨氏：马安国表弟媳
朱贾氏：朱崔伸母
马阎氏：马细科母
周刘氏：周建程母
郭魏氏：郭克昌母
丁乔氏：丁永和母
母聂氏：母映雄嫂
陈　氏：陈葛氏女
葛梁氏：葛仕祥母
陈邹氏：陈炳寅母
贾马氏
李马氏
贾马氏：赵祥龄外祖母
杨　氏：杨环芳婶母
杨长受姐：杨环芳妹
胡　氏
贾　氏：洪典妻母
洪　氏：洪典妹
张马氏
张马氏：张万林婶母
贾马氏
贾　氏
吉李氏：吉绍清母
武贾氏：武定朝母
罗岳氏：罗荣母
李马氏：李占先母
王谢氏：谢庆贵妹
吴杨氏：吴耀光婶母
常刘氏：常万才嫂
夏　氏：夏有安婶母
夏徐氏：夏有安堂嫂
傅王氏：傅吉玉媳
徐杨氏：孙琦舅母
王么么王振基妹
马存姐：马瑞祥妹
马萧氏：马有得妻
谭朱氏
贾马氏。

以上死节妇女咸丰十年、十一年番变，于松城殉难。同治五年十二月，奉准旌恤。（载《四川忠义录》）

徐蒲氏：署漳腊营守备徐国瑸妻　　徐李氏：徐国瑸媳
徐赵氏：徐国瑸媳　　徐大姑：徐国瑸女
徐二姑：徐国瑸女　　无名氏：徐国瑸使女
无名氏：徐国瑸使女　　杨夏氏：漳腊营千总阵亡杨禄妻
张陈氏：漳腊营把总张占春妻　　黄冯氏：恩骑尉黄春林母
张文氏：漳腊营把总张从仁妻　　徐黎氏：漳腊营世袭八品监生徐祥云母
陈张氏：署漳腊营千总恩骑尉陈国祥妻
韩范氏：漳腊营阵亡兵韩文海妻　　尹张氏：尹廷栋母
尹李氏：尹廷栋妻　　黎秦氏：黎昌祖母
黎萧氏：黎昌母　　范文氏：范明山祖母
范李氏：范明山母　　吴凌氏：吴禄三祖母
吴张氏：吴禄三母　　任冯氏：任喜元婶母
任路氏：任喜元嫂　　韩陈氏：韩国珍祖母
韩文氏：韩国珍母　　岳冯氏：岳保长祖母
岳李氏：岳保长母　　周罗氏：周金贵母
周龚氏：周金贵婶母　　李文氏：李清母
文赵氏：文占明母　　文李氏：文占和母
刘　氏：刘春秀家族　　汤　氏
薛尹氏　　路汤氏：路元存母
包路氏：包占鳌祖母　　冯路氏：冯继春母
徐王氏：徐玉泰祖母　　汤文氏：汤秉德母
史罗氏：史应喜母　　路陈氏：路金山母
路王氏：路玉春母　　路任氏：路全春母
黄李氏：黄凤爵母　　罗赵氏：罗春发母
韩范氏　　张梁氏：张宗耀母
路黎氏：路登惠母　　路文氏：路登蓬叔母
文赵氏：文致达母　　文葛氏：文惠基祖母
李尹氏：李树堂祖母　　文　氏：文占采妹
汤祁氏：汤长生祖母　　李　氏：李定海母
冯陈氏：冯国元母　　王周氏：周玉姑母
任刘氏：任必惠祖母　　萧文氏：文占云姑
史陈氏：史德元祖母　　陈妥氏：陈进国母
周路氏：周文顺母　　汪文氏：文丕基姑
文徐氏：文占富祖母　　李徐氏：李玉堂母
刘张氏：刘俊母　　路范氏：路登高母
杨赵氏：杨武禄叔母　　路朱氏：路寿长母
季路氏：季元黄母　　侯陈氏：侯平安祖母
任文氏：任喜林嫂　　任范氏：任光宗母

刘任氏：刘万喜母　　任文氏：任必禄婶母
徐黄氏：徐吉泰婶母　　史任氏：史应禄妻
刘冯氏：刘定儿母　　金李氏：金沛母
季张氏：季官保母　　文杨氏：文登发母
王谭氏：王有福嫂　　陈黎氏：陈迎春妻
范金氏：范闰保祖母　　文谭氏：文元祥叔母
路　氏：路金凤姑　　范路氏：范春林母
李张氏：李朝春妻　　白陈氏：白喜长母
文　氏：文天长姑　　陈张氏：陈际兴婶母
路范氏：路永明叔母　　冯朱氏：冯占春祖母
史范氏：史应喜祖母　　任张氏：任得春母
袁李氏：袁有才母　　路汤氏：路登采叔母
韩李氏：韩志顺祖母　　张徐氏：张洪烈母
夏魏氏：夏良有母　　史范氏：史定长祖母
潘刘氏：潘兴符母　　冯钟氏：冯万春祖母
冯张氏：冯万春母　　王汤氏：王长春母
王吴氏：王玉春母　　陈　氏：陈长发嫂
郑高氏：郑兴发妻　　路丁氏：路凤祥母
路马氏：路登全母　　尹杜氏：尹廷华母
韩　氏：史应喜外姑　　胡余氏：胡长寿母
李文氏：李国栋母　　妥张氏：妥有志母
徐富姐：徐春发妹　　黄文氏：黄双喜祖母
刘冯氏：刘禄四母　　王谭氏：王有福嫂
冯张氏：冯有福叔母　　李陈氏：李朝宗叔母
李文氏：李庆母　　张杨氏：张从云母
杨薛氏：杨春锦母　　杨路氏：杨德芳母
宋陈氏：宋福泰嫂　　张龚氏
薛尹氏　　何祁氏
周高氏：高正喜妹　　刘杨氏：杨喜侄女
刘赵氏　　范汤氏：范清源母
雷柳氏：王义表嫂。

死节妇女咸丰十年、十一年番变，于漳腊营城殉难。同治三年十月具题，奉准旌恤。（载《四川忠义录》）

米张氏：米炳信妻　　欧米氏：欧阳辉妻
张赵氏：张儆妻　　朱高氏：朱大文妻
李方氏：李元魁妻　　朱唐氏：朱林妻
朱张氏：朱炳诚妻　　唐余氏：唐聘贤妻。

以上死节妇女，咸丰十年、十一年番变，于南坪营城殉难。同治间，奉准旌恤。

（载《四川忠义录》）

袁干氏：署平番营守备袁克明妻
白余氏：白永璲妻
白胡氏：白万山母
余张氏：余登先媳
黄张氏：黄栋梁母
宋崔氏：宋联母
张冯氏：文生张凤翮母
张张氏：张有才叔祖母
王曾氏：王友安母
何许氏：何定国妻
张李氏：张仕雄妻
陈刘氏：文生陈凤楼母
陈宋氏：陈凤楼弟媳
张李氏：张瑞叔母
包文氏：包凌云叔母
董蒲氏：董凤先叔母
刘张氏：刘继元妻
刘　氏：刘继元女
胡何氏：胡遇春母
郭张氏：郭安庆叔母
郭张氏：郭安庆婶母
许杨氏：许仕达嫂
曹陈氏：曹风章母
宋张氏：宋廷耀母
张张氏：张朝品母
张白氏：张朝品嫂
张梁氏：张朝品嫂
张史氏：张朝品妾
徐朱氏：徐福寿母
曾郑氏：曾占盛祖母
曾张氏：曾占盛叔母
曾闰姐：曾占盛妹
张张氏：张廷嵩母
张张氏：张廷嵩嫂
梁郑氏：梁和尚叔祖母
梁陈氏：梁和尚叔祖母
梁郑氏：梁和尚叔母

白雷氏：白永璲母
许黄氏：许仕昌母
余张氏：余登先妻
余史氏：余天禄妻
黄梁氏：黄栋梁妻
黄杨氏：黄吉祥母
张黄氏：张有才伯祖母
张史氏：张友妻
何王氏：何定国母
刘陈氏：刘占科母
王张氏：王占先妻
陈王氏：陈凤楼妻
张李氏：张进母
包陈氏：包凌云叔母
包张氏：包福云母
董文氏：董成章母
张李氏：张锐母
刘韩氏：刘天富母
杨庞氏：杨有成母
郭陈氏：郭安庆叔母
许杨氏：许仕达母
许陈氏：许任达妻
宋邓氏：宋廷耀祖母
宋张氏：宋廷耀妻
张杨氏：张朝品嫂
张梁氏：张朝品嫂
张张氏：张朝品妻
杨张氏：杨占和母
郑何氏
曾梁氏：曾占盛母
曾刘氏：曾占盛嫂
曾张氏：曾占盛媳
张梁氏：张廷嵩叔母
梁张氏：梁和尚祖母
梁党氏：梁和尚叔祖母
梁张氏：梁和尚母
梁刘氏：梁和尚叔母

梁刘氏：梁和尚叔母
梁徐氏：梁和尚嫂
曾杨氏：曾占朝母
梁张氏：梁苟儿叔母
梁郑氏：梁苟儿叔母
张郑氏：张玉龙母
张白氏：张玉龙嫂
张杨氏：张昇发母
刘张氏：刘占有母
刘么么：刘占有妹
张杨氏：张占先弟媳
王余氏：王上举母
王张氏：王上举嫂
王孟氏：王上举叔母
王张氏：王上举叔母
雷王氏：雷应田叔母
雷张氏：雷应田嫂
雷张氏：雷应田嫂
雷余氏：雷应田弟媳
赵张氏：赵春桂弟媳
雷郑氏：郑玉清姑母
郑曾氏：郑玉清弟媳
郑曾氏：郑玉清弟媳
雷张氏：雷应魁母
雷梁氏：雷应魁弟媳
梁曾氏：梁占发婶母
梁潘氏：梁占发婶母
雷梁氏：雷应宏嫂
梁王氏：梁玉福祖母
郑熊氏：郑银长嫂
郑大女：郑银长妹
张王氏
张马氏：张兆伦母
曾王氏：曾占强婶
梁赵氏：梁占功婶母
张马氏：张上宗嫂
郑党氏：郑登品母
郑王氏：郑登品妻
郑徐氏：郑登品嫂
张刘氏：张克超祖母
张张氏：张朝盛母
雷梁氏：雷应朝母
雷梁氏：雷应朝嫂
姜转氏
黄二女：黄延寿次女
何纳宝姐：何定国女
陈昭容：陈仕尧次女
陈石寿姐：陈继贤女
陈喜英：陈继贤次女
宋润莲：宋琯女
冯二女：冯万喜女
张玉枝：张宗贵女
张凤舞：张宗智女
刘芳芝：刘元升女
杨素兰：杨春和女
张张氏：张朝通弟媳。

以上死节妇女，咸丰十年番变，于平番营城殉难。同治间，奉准旌恤。（载《四川忠义录》）

张刘氏：张登甲母
张赵氏：张登甲嫂
张王氏：张登甲媳
张崇姐张登甲侄女
周张氏：周文才母
周刘氏：周文才妻
张照女：张登科女
杨景氏：杨世海母
杨蒲氏：杨世海妻
马马氏：马云贵母
马长命：马云贵姐
马闰女：马云贵姐
张徐氏：张登科母
周王氏：周志成母
周杨氏：周志成妻
史乔氏：史丁氏母

史刘氏：史丁氏媳
史冬姐：史丁氏妹
王黄氏
蒲张氏：张福儿妹
张季氏：张尚友嫂
张党氏：张尚友嫂
张蒲氏：张尚友嫂
张保姐：张尚友妹
郭仪贞：武生郭忠孝女
张赵氏：张登甲婶母
张乔氏：张登喜嫂
张白氏：张登科妻
张陈氏：张登科弟媳
张王氏：张登科弟媳
张长英：张登科女
张王氏：张登科弟媳
杨陈氏：杨福顺母
刘马氏：刘登喜祖母
杨王氏：杨福顺叔母
杨蒲氏：杨福顺叔母
杨张氏：杨福顺叔母
杨冯氏：杨福顺妻
乔李氏：乔永第
乔张氏：乔永第嫂
乔梁氏：乔永第妻
乔陈氏：乔永第媳
乔莲英：乔永第侄女
蒲徐氏
蒲长命姐
魏同氏：魏自受侄媳
叶赵氏
张张氏：张尚晋嫂
张陈氏
张白氏：张尚晋嫂
刘赵氏：刘登明祖母
刘腊姐：刘登明妹
张蒲氏
张王氏：张登喜侄媳
张许氏：张登文祖母
张雷氏：张登文弟媳
李叶氏：李春元叔母
蒲杨氏：蒲映田嫂
张王氏：张思广嫂
张黄氏：张福儿母
张万氏：张福儿嫂
杨长命：杨福顺女
杨崇姐
张　氏：福儿姐
张　氏
许　氏
何　氏
王　氏
蒲余氏
蒲景氏
边马氏
蒲张氏
边雷氏

以上死节妇女，咸丰十年番变，于安顺关殉难。同治间，奉准旌恤。（载《四川忠义录》）

张茹氏：张志华母
刘党氏：刘芳之母
刘党氏
王张氏：王联刚妻
王金环：王联刚女
张韩氏：张恩琮妻
刘王氏：刘双全妻
刘张氏：刘一海妻
王桂莲：王占品女
张金崇姐：张良山女

以上死节妇女，咸丰十年番变，于镇江关殉难。同治间，奉准旌恤。（载《四川忠义录》）

贾马氏：贾海麟母

马杜氏

赵马氏：赵壁城妻

骆左氏

徐大姑：徐安国妹

马冯氏：马永禄妻

马杜氏：马金安妻

冯朱氏：冯占禄妻

杨朱氏

赵冯氏

徐李氏：徐文顺妻

马马氏

杨胡氏：文生杨苑华妻

徐存英：杨苑华婢

蒲张氏

杨刘氏

张韩氏

马蓝氏：马金安母

马李氏

李　氏

周　氏

以上死节妇女，宣统三年番叛，于城陷日殉难，均入祀昭忠祠。

《松潘县志》卷八

文苑

岷山赋

温江　徐荆船

浮云万叠，佳木千春。圣贤里域，仙佛缘因。仰维胜迹，古记二岷。岷夹崇山，低界突起。体象月弦，势如石几。青龙东环，白虎西峙。后倚金刚，前横塔子。四固苍峦，一湾白水。尔其远接临洮，近宗羊膊。连隋高撑，郎多上廓。骨石盘云，红崖产药。羊角扶摇，马鞍踊跃。谷粟送迎，胡芦联络。屯结火烧，气钟龙涸。若夫冈出分陇，弓杠连甘。岭能走马，陵不浴蚕。赤翘火焰，白拥雪莲。金蓬附属，玉垒中参。七盘倚北，九顶横南。锦屏日落，石镜烟含。至于西天右臂，毛耳外罗。秀连笔架，高挹峨和。红花遍岭，白土盈坡。马头雄立，熊耳斜拖。青城列障，赤岸成阿。野狐有峡，飞凤无窠。黎崃迤逦，蒙蔡嵯峨。一坊金马，七顷烟螺。其余娘子浴头，巨人竦骨。须弥圣灯，龙泉神窟。蛇浴开途，雁门列阙。剑阁千仞，巴山万笏。巫峡朝云，峨眉秋月。系在余支，零如毫发。回忆昆仑肇脉，溢乐发踪。二千差里，卅六作峰。女几基枕，衡阳当冲。夔崖内锁，敷浅率从。势陵华夏，气肃春冬。瑞钟白鹿，灵集黄龙。所异圣哲间生，贤豪辈出。神禹施功，道陵炼术。迹记赤松，真寻太一。扬雄草亭，苏轼书室。白玉多才，青莲有笔。君平垂帘，老子委质。维岷之精，占井之吉。下俯蓉城，沧海浴日。

江源赋

徐荆船

伊大江之奔逝兮，赴巨海而不回。翻浪花而驰电兮，掀石块而震雷。始湍激以广纳兮，继澎湃以相摧。乍信其地中涌兮，又疑为天上飞来。试为溯其源，穷其腹，并驾黄河，亦称巨渎。女儿山之阳，斜尔坤之麓，铁豹岭之舆，羊膊石之谷。出泉则众涧皆趋，分水则一手可掬。如星布于敖敦，如瓴建于高屋，如天外之翻瓢，如云中之飞瀑，如群龙之奔临，如万马之追逐，如车辙之就途，如机丝之在轴。络井度参，会昌建福。其始滥觞，近北极卅三度；其继顺轨，计流域五千筹。浪架岭为蓄势，喇哈纳为上游。天彭甘松经其道，牟尼羊角纳其湫。或合以东胜水，或注以云昌沟。或归化北定三水均集，或长宁小姓黑翼并投。或魏门关而左右受，或茂县界而东西收。或经草坡而龙潭天赦沙派往汇，或逾娘子而纳凹慈姥白沙同流。乃遂析于二千年之离堆灌口，而普溉夫十四县之天府平畴。他如左翼惟沱湔之殊，右翼有雅泸之异。嘉陵张其北流，澜沧为其南臂。涪渠皆属细支，黔彭有如列侍。襄汉会于鄂中，湘沅带于楚地。渐大汇夫浔淞，更远容夫淮泗。湖泽视若赘疣，徐扬特其别帜。终出崇明之辰方，遥应松州之戊位。窃忆神禹敷土，后稷效庸。先谋水利，卒无病农。始原潘嶲，继及漳松。雪资流液，泉列朝宗。岭不寻乎白马，舟乃负以黄龙。鳖灵蒙其余利，李冰继其芳踪。郭景纯第为扬榷，郦道元详为折冲。莫不远仰玉垒，而上寻雪峰；彼有徒以水流长短，遂定江源趋附。不明《禹贡》经文，又昧《水经》疏注。以鸦砻江由外徼，认打冲河为正路。乃妄尊夫金沙，且杂混夫大渡。元可汗已失钩稽，清仁皇更滋谬误。徐宏祖虽袭其说，张邦伸特明其故。非只地脉之远差，亦忘人民之急务。是以粗按之新图，而详为之拟赋。

筹松赋（并序）

徐荆船

子云、太冲赋蜀都，物类备矣，而不及时务。心向慕之，久欲扩充。兹抚松邑形胜，不惜才薄，聊步后尘，以供当事之鉴焉。

维西蜀之创域，始人皇之辟疆。经宿上联参井，世居半集氐羌。松州势丁要隘，《禹贡》服列绥荒。守卫近资龙茂，交通远接秦凉。人民习安，土著兵勇，夙称刚强。欲枭桀之悉化，须控驭之有方。观夫岷岭西环，雪山东峙；面逼金蓬，下凭玉垒。据漳腊则压伏百蛮，出黄胜则游牧千里。兰花则香遍崖间，火焰则峰出云里。骨石弓杠为险途，黄龙朝阳皆仙址。虽深入乎夷巢，实式临乎江水。至于大江肇源，羊膊支流，并纳小河。上划二岭之分水，左荡九道之白波。涪涨乃近连建始，安戎亦外接蓬婆。龙潭交映夫秋月，马蹄隐溷夫苔窠。玻璃之温凉可爱，珍珠之溅沸非讹。文武试李安之剑，阔流回党巧之戈。其为产也，园蔬以芹韭蒜葱，农业以芋荞菽黍。养生有芝菌胡麻，采料惟苍松翠柏。金银藏山，雄硫盘石；药重参耆，食资酥液；劚药盈千，摘花累百。青稞为晋获之粮，红稻仅数仓之积。其为货也，贩载牛乳羊乳，服用猕皮狐皮。土狗野貂非异，鹿茸麝獐为奇。家畜追风之马，牧牵卧雪之犛。美饰以毛毡绣毯，佐食以野雉山麋。虫草乃老人之宝，雪莲原孕妇所宜。猎兽俟九秋之令，行商须六月之时。惟是地处边陲，人严武备。汉族习文，虓夷肆志。筹边劳宰相之谋，树戟崇将军之位。唐宋犹重视羁縻，明清乃大为创治。西土番帖耳甘奴，大小姓洗心就义。一百零寨均范以土司，五万余人始安于乐地。若夫飞空走旷，水族昆虫，佥名异物，亦禀化工。《尔雅》虽详品类，《山经》莫辨雌雄。牲畜只供宰割，鹰鹊无取樊笼。犹征风俗醇厚，内外和同。无机智之相尚，无奢靡之是从。方今天下为家，共和建国。人道是尊，宪纲立则。更宜修道途，劝垦殖，广畜牧，修文德。工业以纳游民，枪丸以重武力。习统一之语言，通五族之货食。要使归化者编户输租，有能者奉公尽职。夫何有防备之足云，而经营之维亟。

雪　山

宋　进士　范成大

大面峰头六月寒，神镫收罢晓云斑。
浮空忽涌三银阙，云是西天雪岭山。

雪　山

明　薛曾

雪岭高寒井络边，千年积雪尚依然。
层楼直接三城戍，悬磴西连万里天。
琪树笼晴光夺目，银潢垂练午生烟。
玉京咫尺琼楼在，应有飚车载列仙。

雪山歌

明　杨慎

君不见雪山玉立天西头，使君新起迎仙楼。
粉霞垩翠天尺五，恍如方壶与瀛洲。
又不见楼中仙人雪山子，质抱琼黄服金紫。
夕服沆瀣吞沧阴，朝茹灵芝和石髓。
楚国湘累蜀谪仙，光焰日月悬千年。
沉醉《大雅》怜湘素，枕藉《离骚》拾蕙荃。
因思谢朓吟红药，玉湖亦动兰池作。
澜翻笔底涌波涛，磊落胸中著丘壑。
瑟瑟秋风迎初商，碧霄如拭鲜飚凉。
塞垣鸿雁来千里，河汉文章仰七襄。
天籁为歌露为酒，弄玉传杯飞琼走。
还赓白雪郢中篇，遥指群仙为君寿。

雪山天下高诗

明　长宁　周洪谟

巨灵擘断昆仑山，移来坤维参井间。
内作金城障三蜀，外列碉硐居百蛮。

自昔蚕丛始开国，千岩万谷积寒雪。
疑有五城十二楼，玉色玲珑界天白。

光联银汉霏素虹，六月大暑飘寒风。
俯见五岳在平地，遥窥三岛皆冥蒙。

此去石纽无几许，昔钟灵秀生大禹。
当时自此导江流，至今名垂千万古。

雪　山

明　朱廷立

谁将和氏玉，妆点蜀山尖。
野戍三城白，边庭六月寒。
天开云母障，日照水晶帘。
挂笏看收处，公余兴未厌。

有峰夸九顶，无雪不千秋。
便觉通霄汉，还将傍斗牛。
泉飞云忽起，彩散日初浮。
最喜当窗近，时时得坐游。

雪　山

明　方象瑛

未是峨眉境，何来入座看。
蛮中晴亦雪，徼外暑偏寒。
云散千峰白，霜凝万壑丹。
鳞鳞望不断，指点是松潘。

题包子寺

明　万尊

绿树重阴覆碧峨，斜阳嘶马下层坡。
喇嘛僧静风声软，包子寺寒月色皤。
七校枕戈无战垒，八良司铎有夷歌。
天涯尽处皆王化，何事骁骑出塞多。

天柱山绝顶望见岷山诗

清　王士祯

鞍马众峰头，苍茫万里收。
岷山横塞外，灌口接天流。
要害三城戍，边防八月秋。
大荒飞鸟外，眼底尽洮州。

岷 江

清 刘绍放

江声如万鼓，日日诧惊雷。
急浪迎风立，盘涡触岸回。
顿令裘葛异，频觉燠寒催。
夷汉居相杂，安边仗俊才。

松州即事

清 王梦庚

六月飞霜五月裘，墨云黑浪古松州。
不辞走马来天外，为要看山到尽头。
雪拥蓬婆城外垒，云开滴薄戍闲楼。
中山遗像还留在，为酌香醪荐素秋。
（明徐中山王后有袭松潘指挥者，遗像尚存。）

松州即景

清 徐竞存

远稽岷水到玻璃，百道泉流合众支。
地僻已当天缺处，秋寒又届雪飞时。
岭循白马犹征信，寺奉黄龙尚阙疑。
逝者如斯川上望，禹功谁为刻残碑。

庄严民国建神州，艳说人权与自由。
试设商场精织造，广兴学校化薪槱。
殖民莫与分群党，开矿先须释怨仇。
四海一家同进化，好将东亚胜西欧。

松州行

清 徐竞存

忆昔少时披图记，亚洲西有帕米尔。
踞高俯视小八极，至今俄人竟雄起。
中华自古肇蜀山，蜀之要隘惟松潘。
上通甘凉下成都，万货群集饶商廛。
审缅地势，上出云天。
西踞岷岭，东望雪山。
北守黄胜，南戍平番。
四塞筑城，十里设关。

山高水险，无虑筹边。
胡为在昔庚申辛亥岁，夷人突然起烽烟。
觊由守军被调遣，全城一炬真堪怜。
对河金蓬为贼有，人民逃生伤摧残。
西门顶上亦失备，官守走死奚益焉。
省军两次幸克复，凋敝犹未还本原。
惜不改番归流籍，较胜西藏非孤悬。
噫嘻！试问彼苍生万物，岂谓羌氐非民族。
古曾助周战牧野，抑何向化甘绥服。
迄今秦汉专制严，竟视外人皆凶恶。
竭力征剿二千年，何以至今尚强倔。
我今远游松州城，时见夷性多和平。
只因教育未普及，文字语言各生成。
况尔夷人务谨信，并无权利与竞争。
寄语守斯土者，先以兵镇后以德化，要令天下一家无异情。

颂夏琅溪

双流　王鉴洲

天遣元戎靖蜀疆，金戈铁马寓慈祥。
是真名将心无忝，如此奇勋面独当。
保障远屏唐古忒，生祠高建鲁灵光。
我今幸作依刘客，亲见英雄老更强。

颂夏总戎歌

邛州　伍肇龄

苍山洱海西南徼，金马碧鸡通蜀道。
江山盘郁灵气钟，倔起伟人真国宝。
身经百战卫乡邦，肤如刻划曾无挠。
死生一致出艰难，大似尉迟立功早。
丹墀诏对天语温，龙颜惊喜嘉忠抱。
昔年作镇莅松州，和辑民夷善运筹。
士卒怀恩同挟纩，春风被泽不知秋。
锦城移节尤尊重，营务全川运量周。
前年鞠旅历边隘，决胜遐荒征黠酋。
三寨从来恃隅负，途阻行旅森戈矛。
连营并进诛不法，崩角稽首皆诚投。
文报自兹无复梗，西通藏卫尽庚邮。
维茂连疆皆忭舞，四民安乐遍歌讴。

我今识公二十稔，知公特操非常流。
忠勇性成志敌忾，熊罴之士宜公侯。
是翁矍铄古所诩，令德寿考承天庥。

赠夏琅溪

关中　杨承起

武侯已往卫公死，旷代雄才谁继美。
筹边楼畔胜斜阳，古柏祠前空流水。
闻道南中见彩云，勋名今让夏将军。
丁年不睹妖氛起，午夜长怀待旦勤。
一朝欻构花门乱，洱海滇池蹂躏遍。
兵骄师老战无功，鹤唳风声魂欲断。
将军威武迈天神，誓扫欃枪不顾身。
廿七伤痕终不死，九重褒赞宠长新。
百战威名垂金碧，将军驰马入蜀国。
十年松岭宣壮猷，千里岷山顿改色。
振武兴文善政多，夷人忭舞汉人歌。
天命锦官开帅府，留公不住奈公何。
西人欲绘益州像，朝日鸠材夕命匠。
古绳祠宇启嵯峨，遐迩军民齐仰望。
吁嗟乎！郇伯黍召伯棠，千秋万世共流芳。
我今重入元戎幕，笑嚼梅花赋短章。

松潘总兵宋公传（《随园诗文集》）

钱塘　袁枚

公姓宋名元俊，字甸芳，江南凤县人。以武进士任四川城守营守备，迁阜和营游击。乾隆三十六年夏，金川酋索诺木袭杀革布土司，其党小金川酋僧格桑亦发兵侵明正土司，据斑斓山，阻官兵进路，被害者相继告急。总督阿尔泰知公素得夷心，命抵贼巢，责问原委。公至刮耳崖，索诺木迎谒，诡以革番内变为辞。公知其诈，归告阿公曰：两酋犄角为奸，虽阳恭顺而阴怙恶，非一大创不可。如兴师，当先取小金川。即献三路进兵之策：一从斑斓山直探小金门户；一从尧碛截取甲达金山梁，救达围而趋美诺；一从小金川尾闾，由约咱进攻逊克宗。阿公以其计奏闻，上命副将军温福、提督董天弼分路进兵，总督阿尔泰驻扎后路，居中控制。当是时，蜀敉平日久，文武恬熙；一旦军兴，相顾啃嚄。两金川地势奇险，碉卡柴立，兵将未言色沮。公独能聚米借筹，历历指画，于是诸将军运粮出战，一切惟公是询。公探知小金川所占明正之达顶山梁与巴底巴旺毗连，密令参将薛琮挟巴酋暗击山顶，而自统兵从甲楚河攻之。贼腹背受敌，大惊，奔溃。收复纳顶碉寨百余，即用纳顶土百户为前导，直捣约咱。贼愈困，闻天兵至，即走登时。提督董公破甲金达，副将军温公收复斑斓山，再克卡了。上嘉之，擢松潘镇总兵，赏花翎，时三十七年正月十日也。计进剿小金川，未及五月而侵地全收。圣谕褒美，公愈感奋，将直捣贼巢。旋奉将军命调回，筹办什咱事宜，受代而行。方攻夺河东，时小金川求救于索诺木，索诺木许之，将袭我后路。公得巴酋密报，遣使至刮耳崖骂责之。索诺木知情虚，撤回原兵，于要隘处增硐固守。公请于制府曰：大金川逆形已露，不可不诛。然犯险强攻，徒损士卒。不如即用革布逃酋，其人有报仇雪耻之心，尤悉地形，可使也。遂密遣番民乘夜逾山，约诸酋连结各寨为内应，而自率游击吴锦江等由节木郭渡河，据勺藏桥，举炮为号。革番从内突出，与官兵合力夹攻，斩千余人，进围丹东角洛，收复革境三百余里。事闻，上愈嘉奖，赐荷包，宠异之。先是，公别遣守备陈定国潜赴绰斯甲布土司，屯兵甲尔垄坝上，听候调遣，人莫知其意。及革境全平，金酋畏绰土司之蹑其后，不敢倾巢出战。大兵虽在东南，而制胜则在西北甲尔垄上；虽按兵不动，而金、革两处已扼咽喉。公算略深沉，皆诸将所莫及。时上意大兵乘胜，即可擒去索诺木，而公言兵少未可轻进。为制府所劾，调回大营，随即革职。郁郁不得志，病卒于军，年五十八。公长身卓立，音响如钟，髯长尺许，望而知为伟人。料敌审势，毫忽不爽。初，收复革番，所用兵不过千许。及进攻金川，公建议北路必需三万人，当事者疑公怯，不听所请，卒无成功。后副将军明公广集汉兵土兵三万人，先通路，后进兵，其言始验。公待士卒，信用法严。与参将薛琮交最厚。攻小金川时，制府重公，命以游击领兵，节制诸将。公磨利刀，与薛约曰：某地某日会，我后至君斩我，君后至我斩君。及公至所期处，而薛逾二刻始来，公遣飞骑持刀呼取薛参将头。薛望见，笑曰：薛头与贼不与公也。奋前夺数硐反[①]，公犹手缚之请罪于制府。以公论赎，乃已。先是，驭番者平时视如草芥，及蠢动又畏如虎。国家所赏缯帛，易以窳滥，酋叩头领谢去，归视，大恚，笑掷于路。公有赏，必佳物，其人辄喜相告。或舁公抵其巢，率妻若女环侍左右，公赐以茶烟簪珥。儿子畜之，小不循法，立加笞呵，咸悚息听命。打箭炉边关以外，官将行李俱畏夹坝出没。惟公与果齐盛太守之箱箧，蛮天争为背负。或遗于路，必擎送行幄。诸番小有动静，先来告公。以故凡所料判，动合机宜。死之日，番人剺面环哭，声振岩野。平居以忠义自许，思立功名。然性刚，能恤下，不能事上。偶有议论，慷慨迅厉，旁若无人，以致谗忌者众。身后，家籍没，两子戍边。有张芝者，以走卒隶公麾下，拔至参将。四十一年春，大将军阿公桂平定金川。凯旋时，芝书公战状，抱一册哭陈军门，代为奏闻，邀恩赦其子。归人莫不叹张能报德，公能知人。

马节妇家传

罗德舆

天下之不可测者，其事变乎？苟非发于至性，虽士夫有不能坚持者矣，况巾帼哉！予以观马节妇行谊，又何绰然也。节妇米氏，蜀之松潘人，生十九年而嫔于马隆府君。条理精密，家无废事。舅福祥府君，姑卢孺人，顾而乐之。益豫以顺，诸娣姒次第入门，节妇一率以勤俭，罔逾礼则。群从子女，燠之，甘之，洁之，亦几忘其母而母节妇

① 反：同“返”。

焉。卢孺人性慈，多善举。节妇曲礼亲意，见称里党。而析居时，内外无间，相与翕然。其所以委曲求全者，尤非恒情所能喻。清咸丰庚申，番变，围松城急。松固蜀之奥区，筦钥西陲，华夷互市者麕集，总兵驻焉。世方多难，狼子蹈瑕，以故及祸。马隆在围城中助官防守，战甚力，创亦甚剧。以家事属节妇，谕之逃，曰：徒俱死，无益也。节妇泣不可仰。所天死，群季皆遁去，乃权厝于宅。逾年，城陷。又逾年，寇殄，乃返夫骨于先茔。当是时，流离颠沛，十室九空。节妇出入兵燹间，全其弱息，不坠宗祀，亦若行所无事者。殆天之所相与，抑其性所发耳。虽然，可为流涕矣。节妇有子曰光联，复以商起家。光远幼失怙，母课之读，补博士弟子员。寖昌且炽，能亢厥宗。光绪十六年，寿六十有六，以节孝旌于朝，建坊如例。至今过其地者，沧桑更变，犹称道节妇不衰云。

论曰：曾文正公有言：清高宗于疆吏题旌妇女，凡烈妇殉夫，别具一疏者，尝下诏非之，以为行不贵苟难也。然世俗以矫激卓绝之行为难，持论诚过。若马节妇从容履道，常变如一，庸德之行，何所矜异？而执是以求于人，吾见亦罕，此乃天下之至难者耶？

清松潘镇总兵何公传（《温江县志》）

曾学传

何公讳鉴，字贡三，湖南邵阳县人。道咸间由行伍投川军，立功累官至副将，入籍温江。光绪初，署城守游击。有告谋逆者，词连巨绅数十人。护督文格将兴大狱，鉴请往按，卒无左验。叩院力白其诬，格犹豫。鉴慨然以身保之，并缮具印状，事始息。成都府试，知府李德良派勇入院弹压，众愤罢考。文督命鉴率精兵一营往谕。鉴曰：文童非匪，何须兵为！徒行入府院，反复开譬，并请改员典试。大吏韪其请，事遂息。寻补城守营游击，加总兵衔。后有巡兵赵云鹏，与某要人部下博戏，龃龉械斗。某要人以此，害鉴罢官，云鹏逃逸。鉴复镌职，有亲友来告云鹏所在。鉴曰：彼罪不应死，若被获必杀。杀人以复官，吾不忍为也。其仁厚若此。光绪二十二年，松潘夷叛，总督鹿传霖委鉴筹办粮务。事平，复原职，署阜和协副将。先是，三岩夷叛，统领韩国秀往征之，三年未下。制府委鉴率师挞伐，鉴单骑入境，反覆谕之，勤恳如训子弟，诸夷解甲罗拜请降。事闻，赏给三代正二品封典。奎俊督川，奏署松潘镇总兵。鉴抵任，惩压冒，清亏空，杜供给馈遗，复土弁饷额，卸番官马币，设仓储饷，建碉筑堡。镇松年余，无不为边地计久远。三十一年，总督锡良奏署川北镇总兵。适拳匪初平，州县查禁习教事綦严。会渠县差役诬乡民某习拳教，往捕，伤毙其女，众怒聚抗。渠县令遂诬禀民变，鉴闻报，密禀大府。大府委鉴检员相机剿抚，鉴曰：数人聚众，非真乱也。动兵则众骇而事成东乡，前车可为殷鉴。乃檄绥定游击岑成元，就近单骑入境，风使解散，果帖服。鉴为人风裁严峻，造次必以礼治营务。析及纤微，不落深刻。对亲友喜谈阴骘及先哲遗言，恂恂若老儒。事亲孝，父疾，常左右之，自卧起以至饮食溺器，皆躬自扶持。及卒，痛绝而复苏者再，坐卧不离枢侧。葬归，伏地不能起，枕上渍泪如膏。事孀母，甘旨必腆，虽小事必禀承而后敢为。自外归，见母言笑则喜，怒则长跪引咎，既解乃起。母病，蓬垢侍汤药，夜礼北斗，呼吁愿以身代。比殁，擗踊长号，旬日骨立，哀恸之情久而不忘。娣适罗，早寡，迎归同居，视甥若己出。甥卒，又恤其嫠而养其孤。凡戚友贫乏者，馈助无虚日。绝嗣则为祭扫，岁节并祭于家。有屋数十间，来租者贫，减之，或概免不纳，有时反馈以钱米。岁饥，任赈恤尤力。其他慈善事无不在，施棺药衣米不可殚述。川中大吏初至者，无不钦其为人。卒年八十七。子安澜，附贡生，试用训导，历署井研教谕、广元训导、顺庆府教授。孙邦著，附生，游学日本十年，精数学，见成都高等学校教习。

论曰：何公以兵弁起家，位至总戎。观其所为，恂恂然有儒风，虽深于学者未之及也，岂可仅以将校目之哉！盖卓然其为贤者矣。

清封奉政大夫汤公传

罗德舆

公讳兴顺，字遂斋。先世籍陕西咸宁，始祖文宇入蜀，由泸而灌，转徙松州。祖铭清，以军功授同知。父廷楹，生子四，公其仲也。幼聪慧，有智略，通书史，娴骑射。既冠，勤治家人生产业。母李太宜人勖之，曰：汝有经世才，琐琐为贸迁事，殊可惜。盍宦游乎？公谢不敏。咸丰初，太平军破武汉，据江宁，东南震动。提督双福檄营务处马应泰率川兵赴援。有荐公者，得入襄戎幕，驻师巴东。由襄阳规进取，拔潜江、天门等县。公与有劳，保六品衔。幕中方倚为重，会得家书，以母病危，焦劳甚，疾作假归终养。逾年，庚申番变，围松城，公以乡团助有司调度。八阅月，无援兵，力竭城陷，挈家走陇右。倡三路进兵策，孑身归，上书川督骆秉璋，奉批留营效用。越癸亥，乱平。兵燹之余，荊棘弥望。尸于野者瘗之，烬于火者新之，商贾则闤阓之，子弟则学校之。百废俱举，多资擘画。而漳腊善后，捐金复巨。事闻，丁文诚公奖以“乐善好施”额。松地夷落错综，屡起蛮触争。公随总兵夏毓秀三次出关办理，夷人服其信义辄款服，然非德行夙著，岂易致哉！殁后，遗《筹边策》若干条，见“边防志”，又著有家训一编传后。卒年七十八。有子三人，贤明和翕，能恢厥家。孙七人，互相友爱，后益昌炽云。

论曰：世有托迹市廛，崛起而尽瘁国事、利及民生者，昔人盖难之。如汤公，岂徒一乡之贤欤！若获大用，当与先正媲烈，惜哉！其以地限而啬于遇也。虽然，迹其行事，亦足以传矣。

重修鼓楼岷山书院碑

清　同知　刘廷恕

松潘，在《禹贡》梁州之域，周氐羌地，自汉迄明沿革不一。雍正七年，设抚民直隶厅。居民汉少于夷，俗好争斗，非善教以移之，殆不足平嚣凌之气也。城中旧有鼓楼，道光二年被回禄，民物因之寖衰。岷山书院则焚于咸丰庚申，盖城陷所致。虽历任诸君子，志切举废，然皆议而不果行，惜哉！予来守是邦，巡阅厅城，形势宛如斗柄，负山带水，秀轶尘氛。固知无鼓楼不足以启文明，无书院不足以兴教育。良图既坠，故址就湮，私心为怦然动者久之。爰与岐山镇军谋以是举不可缓，毅然捐廉俸，令营属筹金为之倡。绅耆米东阳、邹启桂、沙中聚、赵世华、李含春相与董其事，城乡士民商贾皆量力醵金，共襄善举。先成鼓楼，重叠三层，以壮瞻视，即以余金修复书院。于光绪元年七月经始，九月落成，共需二千四百余金。巍然焕然，远胜畴昔。是役也，镇军力为之，民不劳而事成，费不糜而功毕。盖镇军安边有年，番畏其威，民怀其德，如唐李卫公风度，是不啻筹边之有楼也。为语邦人士，其益砥行励学，发名成业，将见文修武饬，庶于边陲有□。

夏毓秀辖夷口修路碑

清　王世万（代作）

辖夷口者，旧传为古人御夷要地。悬崖叠嶂，下阻溪流，山麓径路尤险。然东达龙郡，西达松州，实行旅必由之道也。夏秋山水暴涨，横截冲刷，每令行人踟躅。向来驾木为桥，雨淋日炙，旋修旋败。俯而窥之，深邃幽暗，渺不见底。偶然失足，人畜皆无幸。冬春冰雪凝冱成块，累挂峰巅，几若巨石。日映冰坠，时复伤人，往来经过，视为畏途焉。数年以来，屡议兴修，而事冗不果。迨己丑春间，余往小河营查修城工堤工，取道于此，踏勘山势，以期化险为夷。爰集居民筹议，胥愿输力，惟饷工乏赀，无由措办。余捐俸廉银七十五两以倡，中营游击陈君时霖董之，亦捐银二十两为继，以后捐赀接济不绝。自春徂秋，遂竣其事。虽佽助有多寡，而向义则无异同。兹值告成，未忍湮其美意，用勒贞珉，以为乐善者劝也。

李道人修路碑

夏毓秀

蜀西道极艰险，自灌历汶、茂至松，凡六百余里。其间穷崖陡绝，怪石嶙峋，以致行人多所损失，仕宦商旅视为畏途。有道人者，慨然引为己任，募赀培修，积十余年，而险道尽坦途焉。道人姓李名本善，崇庆州籍。故习石工，尝佣蜀西诸郡邑。目击险阻，即欲从事修凿，以亲老，未遑他顾。惟日勤工作，备饔飧，承菽水欢。既毕养，乃售器物，倏然出尘，思偿其夙愿。同治三年，遂倾囊积，并募赀鸠工，兼以躬作。审曲面势，于途之横阻者通之，悬绝者补之，务使归于坦荡。红崖等处则傍岩架木，缒险凿幽，所费尤巨。盖途平而力亦殚矣。予以辛巳仲夏来镇松州，询之士人，备悉道人事。其募集之赀，日给工食，自奉则甚薄也。嗣道人晋见，草履黄冠，无纷华气，而事切利济，情见乎辞，洵乎舆论之称道弗虚。自后凡数见，仍募修无懈志。壬午冬，予奉公锦里，道人来谒，后遂远行，不知所终。其功成而羽化耶？抑或功更有大于此者，故不遑此处耶？嗟乎！吾川之官吏富绅大贾多矣，往往征逐酒食，不惜巨费，至婚丧酬应，益竞胜不止。间有以利人济物事劝之者，则吝甚或不予一钱为问。有穷乏而又苦卓如道人之历久不渝者乎？固知其怀抱别有在也。近日杨玉海、王启有诸人尚承道人余绪，迭加修葺，而又得见大府捐廉培修，蜀西一带道途自后无复虑其艰险矣。但道人往矣，道人之功德不可没，用缀数语，以志其梗概云。

同知何远庆德政碑

徐云衢

朱子曰：德之犹言得也，行道而有得于心；政之为言正也，所以正人之不正。有其心无其政，是谓徒善；有其政无其心，是谓徒法；二者皆不足以仁覆斯民也。我松地处边徼，万番环绕。自咸丰十一年兵燹后，番性顽梗，掳掠频仍，商旅往来，常怀戒心，民生日蹙，几无乐趣。其间非无廉能官吏，而此邦人士从未有享磐石之安者。抚绥诚难言哉！何公于庚子之冬来守是邦，洞悉舆情，下车伊始，恩威兼济，斩土酋而悍夷慑志，布清声而荒裔纳粮。且单骑捕土安寨劫贼，擒红土坡猾虏。一时匪焰肃清，商旅通行。继以培文风，振学校，建青云塔，兴义学馆。天和感召，雨旸时若。岁则大熟，讫无凶告。复建仓廒，储麦稞，用备不虞。此皆公之竭虑殚精，拨乱为治。以故军民戴德，汉番从风，洵难能矣。尤可美者，生道杀民，虽杀不怨；佚道使民，虽劳不辞。猗欤休哉！其善政善教，寓于仁爱，实非词笔所能尽也。今公去任有日，返辔无时，士民感佩弗忘，爰为勒石，撮其大端，以志不朽云。

夏公祠碑

清　李尚昆

於戏！仁义之政不修，治民者之于民，犹秦人之遇越人也久矣。若其分不相率，其休戚不相及，则心尤恝焉。方咸同之际，重臣宿将接踵于天下，戡暴底乱之功伟矣。观其师旅所至，往往以厉称，岂不以为恤民非将帅职，而遂恣然以自肆哉！至于声名不彰于世，则又诿罪于民之性情之薄。然则彼之性情固独厚也欤哉！夏公镇松潘先后十余年，遂以上命晋提督。昆辱公知爱，恒以闲暇与清燕杂论古今事。连类语及松潘患者，则若有忧容；如某事已解，则其容怡如也。昆退思自叹，忆公居松潘之日，诚不可谓不久，于其地，宜相习。然固有牧之者，幸安辑，非总兵劳；即有不利，大吏不以责总兵也。休戚无所与，而忧与怡若不自制者，其殆天予之性，有异于人哉？其真知朝廷建官之意，固不问文武，胥以奠百姓为归。提督以下诸职，不专为修备御设也。公不忘松潘人如此，而松潘人来者自缙绅士民以逮部吏伍卒，但言及公事，若靖松坪乱，划四川甘肃界，伏拉布郎寺，克谷尔坝夷，纾台兵，创谷储，立孔子庙诸事，务求有利于松，皆若慈母之于赤子，不忍须臾离者。其诚之感人为何如哉！前乎公镇松潘者几人，今之父老犹多及见之，或不能举其姓字，犹此民此性情也。不当于今乃忽增厚，则宁有所阿好而然。而公之持性情以鞭策人，其术诚神。其化之所讫，且旁及理、茂，举熙熙然安耕凿而无意外之扰也。丁酉岁，松潘稟生马光远、蒙春辉、汤自新、文为富，茂才米家书、文成章、任光超、文耀光，太学生哈玉发、邹启桂、文登儒，都司张从礼，茂州学博王锡绶、赵树清、茂才张兆麟及军功蒋宗汉、理番廪生雷震修等以边陲不靖，赖公力无敢蠢其事，始松潘而茂州、理番亦获敉宁，军民欢呼，无识与不识，胥铭诸肺肝弗能谖，佥议建祠以祈公之寿于天。又以其人皆思慕公，不能挽靳公之无去也。镌长生木主于堂，其老其稚、无贤与不肖，苟思公有愿见之者，瞻于此，拜于此，庶几足偿松、理、茂士民无穷之望也。以此意告昆，丐记祠非古也。昔钱镠王吴越，杭州父老列状请为锣建生祠，太祖宠之。碑文，锣之世无非锣者，公之得人艰于锣。固知世之君子，不责礼而累德也。虽然，不厚性情，以予人越制侵分，以公为祖者，公之罪人也。于是本公之所由得人，人所由德公者碑于祠，以榜后之来此邦者。祠经始丁酉三月，至己亥八月成。费若干，不备及。

忠烈祠序

清　举人　徐劲岑

国家设政教以保民，人民仗武勇以捍国。昔鲁童汪犄执干戈以死社稷，葬不以殇，孔子嘉其志，礼也。维人受天地之中以生，形赋即理畀，有纯一理为主宰与至诚性为保存，即有坚忍力以操动静。是故，阴阳其气，刚柔其性；仁义其德，恻怛果决其情。辨别报施，其理昭之以信，而人道以立。苟有违拂，则本所畀，赋发纵驰，赴自卫国而情不能禁。富贵福泽皆泡影昙花，孝义忠贞乃英光浩气。文明者，完其自有；武毅者，作其固然。虽捐生命，仍葆灵神。又况名延后世，荫及子孙。死不如死，较与草木同腐者，奚啻霄壤。以正气所钟之伟人，尽其所得以还天地，而建不朽之功烈。此在坊表，何可少哉！今共和建国，凡有勋劳在民者，罔不加褒。松属居民，素称强健。虽专制时代，犹以忠烈受殊荣，况今日尚武，尤不宜听其湮没。明明在天，赫赫在地，当有以凭之矣。兹采忠烈志士，胪列置祠，非但一邑光，抑亦全国幸。吾愿来者鉴古如今，芳流百世也。

节孝坊序

徐劲岑

金石匪坚，轩裳匪贵。系维节烈，万古支撑。精神丽乎日星，气魄钟于河岳。有坤德之不贰，亦乾性之同光。周姜以胥宇开基，孟母以断机勖教；乳姑仰唐氏行孝，刃仇全小娥洁贞；月寒孙氏之江，云黯岳家之井；湘灵斑竹犹新，曹女碑词绝妙；秋岭则青枫染血，春闺则赤组销魂。历代女型固云烈矣，矧维近世尤可风焉。平时娴内助之仪，临变表真诚之性。或寡居苦节，教子成名；或嫠处勤工，奉亲归葬。或幼龄已嫁失谐，柏舟明志；或童养许笄未适，彤管全身。此皆人生至不幸之遭，抑亦自古至难言之痛也。虽云远徼边陲，文明或逊；屡见行芳志洁，义礼自全。有曾经褒美，瞑目九原；有未及表章，含悲永世。自经采访，悉入坊祠。非惟可励世风，更宜大彰里俗。是宜仰止，其可忽哉。呜呼！地老天荒，海枯石烂；灵鳖虽戴，野马难回。钟鸣鼎食，问几辈到底荣华；玉皎冰清，赖斯人千秋彪炳。谨勒孺珉，详稽姓氏。岷山岷水，同此绵延。

重修松潘文庙序

苟春培

东山泗水，开千古入室之基；圣域贤关，肇四科得门之路。苟不美其宗庙，何贵望其宫墙。我松州文庙，左倚青门，右邻重镇。创造逢羊劫之余，半归潦草；奏公值鸣嗷之集，徒茂池芹。风销雨蚀，殿中既瓦碎垣颓；物焕星移，庑下将墙倾屋圮。将使孔颜失寻乐之处，庚子无陈经之堂。欲延凤起蛟腾之瑞，气象增新；宜妥金声玉振之灵，文明丕焕。是以鸠工而庇材，其如欲炊而无米。作新之告功甚伟，经费之生息无多。财拟取诸探囊，裘须成乎集腋。为告合属官绅商农，实心振作，量力捐输。有能胜任之家，自当慷慨；如可拨用之款，亦许通融。或因地制宜而兴自然之利，或备物致用而应经始之需。土木之费几许，瓦石之费几许，子母宁爽乎锱铢；经营之时伊何，成终之时伊何，辛勤无辞于旦夕。从此歌寝庙之安，文风日上；储栋梁之器，文运聿新。翼能用展，天地飞六月之霜；羽可为仪，皇路奋九逵之雁。谨序。

山川形胜记

明　彭韶

蜀之地，南抚蛮獠，西抗土番。上络东井，下锁巫山。岷嶓镇其域，汶江出其徼。褒斜为前门，灵关为后户；峨眉为城郭，南中为苑囿。缘以剑阁，阻以石门。面越负秦，地大且要，诚天府之国也。杨子云[①]《益州箴》曰：岩岩岷山，古曰梁州。华阳西极，黑水南流。秦作无道，三方溃叛。义兵征暴，遂国于汉。拓开疆宇，恢梁之野。列为十二，比美虞夏。牧臣司梁，是职是图。经营盛衰，敢告士夫。《集记》云：禹别九州，八曰华阳、黑水为梁州。岷嶓既艺，沱潜既道，蔡蒙旅平。又曰：岷山导江，东别为沱。《汉·地理志》言：蜀郡湔氐道。《禹贡》：岷山，在西徼外，江水所出，东南至江都入海。过郡七，行数千里[②]。按：岷山在茂州直西北最后，番曰列鹅村，其村有岷山。山之右有岭，曰铁豹，则分水之上源也。水二派：其一西南，入尖囊大渡河；其一正南，入溢村[③]，至石纽，过汶川，则禹之所导江也。铁豹一名羊膊，盖夷语不同耳。任豫《益州记》言：江出羊膊岭，经甘松至灌千余里，是也。大抵蜀之山近江源者，通谓之岷山。峰连冈属，千里不绝，今俗谓青城为岷山者，以此。《续记》云：凡曰岷嶓，该众山言也；凡曰沱潜，该众水言也。盖蜀山之居左者皆曰岷，居右者皆曰嶓。水出于岷者皆谓之江，出于嶓者皆谓之汉。或谓之漾，或谓之沔。出于江而别流，别而复合，概谓之沱；出于汉而别流，别而复合，概谓之潜。古今论岷嶓沱潜者，众矣。然参差不齐，莫得其真者。盖由不知蜀山之居左者，皆得为岷；蜀山之居右者，皆得为嶓。而独指茂州之汶山为岷山，金牛之嶓冢为嶓，隘矣。

漳腊新记（《天下郡国利病书》）

明　罗绮

距松卫治之北百里曰漳腊，即古潘州也。城之故址尚存，其下有岩穴、空洞，邃广可容列骑，深亦不知几许。旁有玻璃泉，冬夏渊然不涸。其土地膏腴，山川秀丽。盖自唐盛时所开拓，虽隶版图而土番酋长犹然窃据，所谓但羁縻之而已。宋元以来无复中国有。我朝混一华夏，极天极地，莫不臣服。洪武十一年，王师至下潘州，入与编民，赋役无殊。乃于其地建置屯堡，使士卒且耕且守。累数十年，足食足兵，边人安堵。宣德

① 杨子云：当为“扬子云”。

② 过郡七，行数千里：《汉书·地理志》作“过郡七，行二千六百六十里”。乾隆《保县志》、乾隆《茂州志》和同治《直隶理番厅志》均作“过郡凡，行七千七百六十里”。

③ 溢村：乾隆《保县志》和乾隆《茂州志》均作“溢洛村”。

丁未，守将失驭，氐羌蜂起，梗我饷道，燹我关塞，而潘州复为所据者凡二十有八年。景泰辛未，予奉命来镇斯土，不自揣思，欲平复之。乃大集诸酋，陈以逆顺祸福，无不稽颡听命。于是复增置城池楼橹，战守之具，视昔有加。不殚一石之粟，不劳一人之力，而数百顷沃野遂复为我有。又晏然置城于其间，俾兵民杂居。累岁丰获，边人安枕。实朝廷威德所及，予何功之有焉。或者以潘州之城与唐世筹边楼相颉颃，予亦岂敢多让？景泰六年记。

曹学佺曰：今之漳腊去松州一舍而遥，非百里外之漳腊矣。前张后弛，势使然也。予以庚戌署潘司事，料松边兵食，闻鞑靼住牧于漳腊城内，有百五六十帐，殊骇听闻。乃檄漳腊游击何奋武，得回牒云：谨按，漳腊一镇，五隘、九屯、一十八墩堡，延袤一百余里，襟带山河，杂居夷鞑，所由来久矣。前不具论，万历二十四年，火落赤人寇，彼时内有守备张良贤救应以截其锋，外有合坝犄角以牵其势，虽敌众攻围镇边，三昼夜而不能破。于时掌堡百户杜世仁也，岂异人任，而其父子督兵数百人，乃能射死小王子，斩首数十级。松漳卒赖以无事，而合坝遂因之住牧焉。续在三十三年，废将李宗望代庖漳腊，又有合儿顿、夺咱、毛儿捐等鞑接踵投居。会治兵使者亦署官也，侈然有张伐之意。辄抚赏安歃，牛马羊只布满山溪，毛帐毡房星列草地。犹肘腋间眠虎豹，门庭内牧犬羊。逐之恐衅端自此发，听之恐祸本无所终也。彼其往来松漳之间，岂非共我水草，利我盐茶？凡仓库之虚实，军兵之强弱，道路之冲要，无不尽知。万一生心，何以制而御之？惟是高屯堡者，在虹桥之内，御寇之下，谭屯之西，正适中之要地，实乃松镇以北之藩屏也。议设把守一员，拨唐顺等军五十名，以耀威武而坐搤其吭焉，诚为长策矣。第当展筑、屯基、宽包、隙坝、贯路于中，不惟容众，且可据险。缘由到司，覆看得：松潘者，蜀西之门户；漳腊者，松潘之咽喉也。自土鞑合坝、合儿顿等住牧于中，毡房毳室以百五六十计。贪狼之性，驯扰无常。非我族类，其心必异，岂非他日之隐忧哉！昔者隋唐之祸可鉴也。但即既来之则安之，可以理而谕也；方来者所当拒，可以势而禁之。惟是漳腊之镇边堡，原设把守一员，地方辽阔，势本孤悬。今且伏戎在内，万有一变，声息不相闻，何暇左右顾？议以高屯堡要害之处，添设把守，以遏其冲，且与漳腊为犄角，诚策之善者也。该堡事务，仍令本官兼摄巡视，军兵即在各营抽选，亦无所靡费矣。若夫厘行伍，除戎器，绸缪未雨，有备无患，此该道将之事也。时当事者如议行之。

西征记

郭子章

松潘，古氐羌地，自洪武十一年御史大夫丁玉讨平之，设松潘卫。卫故有二路：东路由江油抵龙州，西路由灌口、威、茂抵叠溪。鸟道羊肠，莫逾咫尺。山势盘错，羌居环列，共寨四十有八。当事者羁縻之，每岁元日饵以金缯，岁不下数十万镪。羌饱，日骄狂，逞叵测。万历初，鲁宾兔建寺五王城，距松潘千里余。羌有白利者述宾兔，建寺番地，蹂躏作儿革，作儿革慑伏而传宾兔语，叩寨以告。于是边吏虑宾兔氛恶。有羌中国师喇嘛者，黠且健，连于宾兔，恫喝中国，勾引部落，杂沓松城，内外以千计，势益张。诸族牛脑、羊脑、湾伸、占柯等咸附焉。锯木刻，合大小姓，诅石歃盟。时时团结黄沙坝，潜伏涧壑中，掳掠行旅转饷及残杀吏卒，膏血涂野草，至邀夺总帅车旗，杀千夫长、百夫长二人。乙酉夏，杨柳番至太平堡解羊佣市，肉食而毙，诡云堡人酖之，啸聚诸番。六月，攻普安堡，劫扫水崖，掠石门坎，拥入金瓶堡，要增岁币，格杀百户陈克勤。中丞雒公闻于朝，则以兵属都督李将军应祥，将军提三千人马趣茂州，与副使刘禹谟、黄焯计攻克杨柳、庙子、哔嗶吔诸寨。十月，都御史徐公元泰至蜀，三驰檄往谕之，不听。筑墙浚沟，以绝东南声援。及李军至，见战卒不盈数，相顾笑曰：南人磨子，兵奈我何！磨子，谓其旋转数不益也。十一月丁巳，拥众五千突犯平夷堡，官军与战，却掠我人去，刳其肠，绕二牛角上，急驱牛奔，肠寸寸断。报至，公上疏得请，乃征潘州、酉阳、平茶、马湖诸土兵，檄右布政朱孟震主军与参议王凤竹监诸军，副使谢诏核功罪。羌乘大兵未集，丙戌正月既望，拥万众围蒲江关，驾七稍炮环击城，城几陷。参将周文达出，与贼死战，杀伤贼数十人，始解去已。诸路兵络绎至，公出，视师永康，召诸将立帐下，指授方略曰：河东西吾力未能毕举，西阻于涧，东连五堡，祸在剥肤，汝等并击东，勿失。又曰：贼败必泥首归命，惟是我众降贼尚夥，汝等勿妄杀降，毋辄掳。众皆唯唯，乃行。游击周于德将潘州七千人营锣锅岭，游击边之垣将酉阳兵五千人营荞坝脑，参将郭成将叙马兵七千人直抵黄沙，参将周文达将平茶兵四千有奇营茨沟，而一统于李将军。二月庚寅昧爽，将军誓师镇坪，分道进兵。三月丙申，国师喇嘛率湾仲、占柯等犯归化，于德伏击铁炉沟，一战擒喇嘛、湾仲，守备曹希彬、牙将刘继祖擒占柯、绰儿拓等，军威大振。戊申，破丢骨，又破人荒、阿牛、阿用、卜洞、玉琢等寨。壬子，文达兵由间道袭克阿孝，擒其率刑儿柯、东儿柘。是日，边之垣各出兵，拔龙溪、鹿卜。乙卯，于德兵围没舌、斗绝，贼据险自固，我兵四面火攻，贼尽燔死。丙辰、丁巳，诸兵合攻蜈蚣、茹儿，东路沟尽克之。之垣于茹儿获其父纶髑髅。始，嘉靖初，纶以松潘卫指挥守北定关，遇害。茹儿令镂其首，漆为饮器。至是归骨，松人诧焉。四月戊辰，破恶闹、窑沟、石柱，余贼奔雪岭，复聚茨崖。会诸路进兵至，贼悉委牛马辎重啗我。我兵斩关入，贼辟易死崖下，河东平。公驱诸将战河西，克思答地等恃水涨，画江而陈，待我。公与将军策曰：彼恃河为汤池，我诚出不意，夜绝江击之西，贼必不支。我既西，粟谷必解。回戈东指，势若从天而下，此所谓首尾如截，应接自难也。诸将争言卜吉。将军曰：羌未见我兵，恃河为固。稍迟，兵形露，贼空壁遁，我即渡无为也。函诫诸将如期，鸡三号，悉引兵乘筏渡河，薄贼所。迟明，贼骇窜，犹出死力斗，我兵扼而杀之，克思答地。标下士唐万兴射杀前锋一人，即手刃百户陈克勤者。诸将纵发，分击西坡、西革、歪地、乾沟、树底、双桥、挖撇等寨，羌贼走，尽拔之。甫收兵会食，大雨如注。竟三日，江水涨，筏荡，诸将始服将军先见云。粟谷以兵既西，备果懈。五月壬戌夜既半，成兵袭破其上中下三寨，斩首数十级。余党遁，追至白草乃还。甲辰，克牛尾。牛尾最狡，酋合儿结，善占卜，竖栅自雄。将军分兵三路：之垣遮后，文达左拒，刘用光右拒，宣慰杨应龙以所部靖兵从中击之。贼据栅垒，石下如奔马，诸军奋勇先登，纵火焚栅，斩合儿结父子。贼溃，我兵追击之，连战松坪、黑松林、黑水河，贼大败，半赴河死，得所积稞食军。军留十日，烧其寨，余稞以归。时东西河俱下，残羌窜崖谷中，依偏头结寨。通译者诣军门降，请罢兵，埋奴受降。先后埋者凡二十三人。牛尾又出丁平羌所予银镙质于官，以示款诚。且指示庙子沟所建结盟石碎河中。郭成率众垒营于黄沙，改名平番。隐若石城，比之无忧焉。乃疏诸将功次于朝，上嘉公功，晋兵部右侍郎，荫一子，诸大夫将士升赏有差。

明司寇罗绮德政记

松潘，古荒服地。皆吐蕃羌猓之俦，髡骨毳裳，鸟语垢面。历代有国者惟羁縻之，使无为边患而已。洪武初，置祈命等十四族，冠带酋长，岁贡方物，重译来王。正统壬戌，虏构乱阻兵，经平蛮将军方政、蒋贵歼之。丙寅，复命都御史寇深抚治之。景泰辛未，虏复叛，少司寇罗公寔任提督松潘兵备，幕下连帅十一人，统兵数万计，历战而群校一心，入守而百雉齐固。首擒渠魁，肆以大戮，军民安堵。于是设学校，用夏变夷；储盐粮，充实边备。给衣鞋而济贫寒，资药饵以扶疾患。营设既终，咸遂栖止；屯田归复，得以耕获。赈青川出俸廉之银，立御所为守边之计。招集生番数万，咸入边氓，追缴杂谷安抚司印信。其余诸益，殆难悉数。余闻周之中兴，申甫作辅；方召平夷，见于雅歌。今公振英武、安社稷，莫大之功，诚西南柱石矣。镇守都指挥使周贵聴公行事，请勒金石，用彰厥德。昔寇准决策澶渊，以重望镇大名。北门锁钥，非准不可。富弼使北虏，面折契丹，不许割地，争献纳、崇国体，卒定南北。公之勋与方召同符，公之望与寇富并驾。顾兹西南柱石，岂有异于北门锁钥乎？蜀民瞻德威，佩恩惠，维高且深，有如岳海。然则欧阳公所谓德被生民而功施社稷者，其惟公之志欤！余与公同朝，稔知其出处，故为之记。

参府题名记

明　检讨　王元正

国朝制驭羌番，其法甚周：以维茂为松潘南路，设右参将主之；以龙绵为松潘东路，设左参将主之；协赞松潘总兵守要害，遏远人。于是乎参将之职甚重。关中蒋君敬夫以书来告山人曰：某守东路，栗栗恐弗胜。乃往搜前人名目，自成化癸卯至于今嘉靖丙戌，共得一十五人。谨以姓氏履历镵诸石，俾我观法云耳，幸题一言于端。山人以罪累辞，伻再至，意恳不能违。乃略言曰：夫主东路者凡几人，今已既往矣。其仁其暴，其廉其贪，其勇其怯，其攻其守，其建功，其偾事，行履之迹，人言历历乎，耳可闻也。又乃加诸石，则赫赫乎！姓氏之昭白，目可睹矣。闻诸耳也，复观诸石，人焉廋哉！是则可畏已也。夫畏焉而思齐，则可。苟若小人之无忌惮也，人之言弗我恕，石肯为我揜欤？斯不又无穷之畏也！夫敬夫尝为茂州游击将军，爱下而廉，去后人思之。今主东路，汲汲用心，若此盖非徒畏者也。谨记。

西岷保障图记（《全蜀艺文志》）

明　周洪谟

蜀为坤维大都会，三面邻蛮僰蕃羌，南则夜郎、靡莫，西南则邛、笮[①]，西北则冉駹。冉駹有六夷、七氐、九羌，即威、茂二州地也。又其西乃为松潘，松潘之西北为吐

---

① 邛笮：乾隆《茂州志》作“邛笮都”。

蕃，东南杂氐羌。种落既繁，险扼弥固。群夷据岩嶂以为邛笼碉巢，善制坚甲劲弩，行[①]岩壁捷如猿猱。凡蜀民之转输松潘者，常掠于道。其为蜀患，从来久矣。然而松潘竟能深入而坚其壁垒者[②]，盖以据群夷之奥室而杜其门户。故群夷不敢觊觎成都，以有松潘在也。四川都司指挥使周公贵，往岁奉敕备兵，其地方蛮酋董布等出没，公屡御之[③]，而夷党劫夺军饷，公又能亲督矢石，捣歼其众。公闻于朝，遣使赏劳，由都指挥同知进今职[④]。士君子有绘图献之者，题曰“西岷保障”，盖以嘉公之功而系之曰“西岷”，以松潘在岷之西也。虽然，蜀边要害，固莫若松潘[⑤]。松潘既靖，则全蜀靖矣。是西岷所保障者，岂非全蜀之保障也哉。继自今，尚其益，殚厥[⑥]心，益远乃筹，使吾蜀永倚公为长城可也。公有勇略，善抚士卒，自藩宪大夫及闾巷士庶，皆称其贤。公之先君子有功太宗朝，积官如公今职。宣德间，公荫补成都后卫。正统间，征麓川孟养有功，擢官都司。公不惟克树忠烈，又可谓克绍先美矣。公以《图》来，属为记，故书以归之。

文庙碑记

清　学政　曾王孙

蜀自文翁启化，俗比邹鲁。贼焰既炽，变动所在，文庙皆不可问。今年冬十月，松潘教授张其赤率诸生张良佐等以《重修文庙碑记》来请，曰：卫旧有学，垂二百载。乱后鞠为茂草，盖数十年于兹矣。总戎卓公来镇斯土，慨然以修复为己任，于是率将校及卫守与其赤、良佐等共襄厥成。经始于康熙三十四年春二月十有九日，成于秋八月朔日。自大成殿、启圣祠及东西两庑、棂星门、月台、角屏，焕然更新，足以示瞻仰于边陲，明声教之远讫。微总戎，无以致是也。余于是叹总戎崇儒重道，能以身先之，所谓修明樽俎之间，折冲千里之外者，非耶？考诸图志，松潘为古氐羌，自汉通西南夷，叛服不常。明初始平，至景泰三年建学宫，由是置博士弟子员，登圣人之堂，为圣人之徒，岂不幸甚！顾地极寒薄，不产嘉谷。闻士子读不废耕，以供事畜，盖异常辛苦矣。夫生瘠土者，劳而思之，即善心生。今诸生入庙而思，敬奉庠序之教，朝夕黾勉，求不诡于圣人，将进此邦以礼义，不既灿然君子哉！夫表章兴学明伦以启学者，学臣之责也。而总戎乃首崇是举，是诚不可以无记。卓公名策，闽之惠安人。卫守备为贾尚谋，博士弟子张良佐而下凡五十八人例得备载。

西行记[⑦]

清　刘绍颁

乾隆九年三月十三日，制府庆上公偕余赴松潘。出成都西门三十里，过犀浦，一望

---

① 行：乾隆《茂州志》作“走”。

② 然而松潘竟能深入而坚其壁垒者：乾隆《茂州志》作“然而松潘之所以深入而垒者”。

③ 公屡御之：乾隆《茂州志》作“公累能御之”。

④ 职：乾隆《茂州志》作“秩”。

⑤ 虽然，蜀边要害，固莫若松潘：乾隆《茂州志》作“虽然，蜀徼之要害者，莫若松潘”。

⑥ 厥：乾隆《茂州志》作“乃”。

⑦ 西行记：乾隆《保县志》、同治《直隶理番厅志》作“西征记”。

平畴，沟洫夹道，流水潺潺，澄澈可鉴。或砌堰灌溉，或竹竿接引，或浸淫横界。岸上杨柳排列无际，垂绿千条，依依拂人。树下月季吐红，丁香布素，与绿草相映。盈渠野卉，圆茎长叶，似葠而花白，土人不能名。二十里曰郫县[①]，少陵诗“酒忆郫筒不用沽”者是。逾县经崇宁境，水木清华，风光如昨。时维暮春，菜甲豆肥，荞繁麦穗，烂如云锦。人居浓阴中，微露屋角。茅茨傍沟塍，薜荔延其上，周篱种木槿、芭蕉为蔽。馌妇饷童，迟回陇畔，因诵邠诗《七月》，怡然乐之。将近灌县，忽青城耸翠，灌口流声，不觉耳目一异。县城半倚山，不五里有二郎庙，祀秦守李冰、子二郎，史称“凿离堆，辟沫水之害”，今为都江堰。蜀人德之，岁时歆享。离堆在其南，从公不获往。沿江行崖壁间，自是无平壤矣。三十里为尤溪沟，树木茂密，多佳茗，叶细味清[②]。过松罗沟，上娘子岭[③]，曲折陡峻，四人肩舆，八人执索牵之。望硬头湾，山愈高，水愈壮，径愈仄，阴森不日，居者迫山趾水次，不能一亩。历兴文坪，抵飞沙关，黄尘迷目，大风几挟人去。到汶川，蛮酋列阵来迎。酋长衣冠如中国。其卒衣皮铠，绘虎文，帽以毡，装绵数寸，庞然大也，云可避刃。插羽其上，以多寡有无别贵贱。其器：执矛则操弓，小如弩，镞旁有钩，入肉不可出；执盾牌则操刀，锋尖而直，能刺不能击。其人瘦小黧黑，轻健似猿猱，善走而少力。其民往来各州邑，负竹兜，衣鞲、童稚纳焉。男垢面，女袒裼，赤足，耳垂铜环，大于掌，或系之腕。每以十月出佣，三月归巢。汶茂皆有之，而保县独多。县城旧在江南，有李德裕筹边楼，圮于水。里籍不满三百，一都司，守令寄治威州佛寺。以事过江，度藤桥，其桥缚藤索十数，绵亘江上。覆以版，甫履即动，风来益荡。又有溜索，攒竹编成，双股横江，首高尾低，作斜坡形。渡者于竹版，摩极滑，双手按索上，亦极熟。藉高下势，滑而迅走，要须腕力，否则坠。诸土司来谒。皆袭于明，一袭自唐。考谱牒，良然。孔子言“夷狄有君”。论者以为[④]一时感慨，讵知万世后犹不爽耶？唐至今千余年，中夏易几主而土官如故，因与上公喟[⑤]叹者久之。须臾过雁门关，左倚山，右傍江，一夫扼险，可敌百人。晚宿文镇。次日至茂州。一副将与牧并治，人稍密，然地寒不植物，唯雪梨、苹婆、牡丹甲于蜀。人家垒小石为墙，泥封其顶，不蔽雨，雨后挥木搥四五次，乃坚。前经叠溪，游击居焉。中间当路，不十里一堡，堡以石。明季献贼不到，故完好。官道两旁，犹有颓垣，云筑边墙护诸往来，堵御窃发，当时称便，见古防边之严。过镇江关，山势忽开豁，是为松潘，即唐松州。或曰产松，或曰赤松子游，今有赤松观。潘州在郭罗克，明失其地，退而并名，一总兵镇之。俗贵牛羊，牛性不驯，见人辄触，常以索系之楯，可食不可使。毛尺余，作缨，名曰牦牛。羊经冬乃肥，春夏疾瘢蠡。无他蔬，惟苦荬可茹。自兴文坪至此，风气略同。山高而童，状不一，或土或石，或石戴土，或积沙，望若朽腐，多穴罅类蚀，凛凛惧仆。江心乱石槎枒，水不能竟过，涌而立，抟而沸，盘洄而破碎；激而鸣，如万鼓，如惊雷，人行岸上，对面语不闻。无五谷，独青稞。青稞，麰麦也，未熟

① 二十里曰郫县：乾隆《保县志》、同治《直隶理番厅志》作“去犀浦二十里曰郫县”。

② 叶细味清：乾隆《保县志》、同治《直隶理番厅志》作“细如枪，味清新”。

③ 娘子岭：乾隆《保县志》、同治《直隶理番厅志》作“杨子岭”。

④ 以为：乾隆《保县志》、同治《直隶理番厅志》作“第谓”。

⑤ 喟：乾隆《保县志》、同治《直隶理番厅志》作“感”。

而寒，故不黄。米自灌县运入，味多变。沿江为路于山腰，凿孔横受木，架板，旁立木以支，空其下，古云栈阁，俗呼偏桥。夏秋水涨，飘没不可寻，攀崖谷趦趄而已。过午风起，居者阖户，犹有飞沙击牖。行者瞑目，早行避之。其地惟沿江一道通行旅者，属中国。两旁山上，虽声教所及，而隶于番。松潘亦一城，城四围皆番，真所谓“一线望中原”者。是孤镇，宜益兵，上公曰善。①

通远桥记

叶惠三

“古桥春涨”为松州八景之一。在东关外，有桥曰“通远”，古名也。下接茂汶，上连吐番。雪山对峙，岷岭拱环，玉垒罗后，金蓬列前。睥睨炉峰，咫尺龙潭。二十五州之要道，四百余寨之关键。长桥卧波，江水潺潺。古松映月，鼎足而三。惟惜乎经营缔造，不知始自何年。其在上古，蚕丛辟国，神禹导江。初启鸟道，未成徒杠。下逮周秦，及于汉唐。相度地势，创建舆梁。中朝用兵，挞彼氐羌。将军靖虏，可汗归王。往返士卒，辎运械粮。宋元迄今，多事西方。既有斯桥之利济，自不兴叹于望洋。甚至夷汉互市，商贾驰骤。孺子进履，丈夫题柱。送客万里，骖騑上路。过斯桥者，不知其数。是故以地理言之，则有取乎通；以年代言之，则有取乎远。古人以“通远”名其桥，诚名实两副也。虽屡经兵燹，而桥名仍旧，亦存古意耳。辛亥番变桥毁，邑人醵金重建。功既竣，爰约略为之记。

物　产

植物类

谷　属

稻：即饭谷。产县属南坪、小河。

秫：即酒谷。性粘，可酿酒。产南坪。

小麦：有二种。秋九月种，次年八月收者，名冬麦，颗圆，色红；春三月种，秋八月收者，名春麦，颗条，色淡红。均宜种平原。

青稞：颗圆，头尾尖，色深青。宜种山原，各番寨地广种之。官仓储粮以此为最。

小青稞：一名蓝麦。颗似青稞而条，色蓝。秋九月种，次年秋七月收。平番以下及大小姓各番寨多种之。

芋麦：一名包谷。色白者产小河，色黄者产南坪、平番。

荞麦：一名荞子。有甜、苦二种。产南坪、小河。

膏粱：一名蜀秫，一名芦粟。产南坪、小河。

油麦：一名雀麦。产南坪、小河、平番。

---

① 是孤镇，宜益兵，上公曰善：乾隆《保县志》、同治《直隶理番厅志》作“上公曰：是孤镇，宜益兵”。

菜子：脂即清油，渣为油枯。杂粮中之上品。产南坪、小河、白草。
荏子：白苏也，可榨油，产南坪。
粟米：一名龙爪粟。产南坪。
糜子：一作穈。产南坪。
漫穗：俗呼干穗子。产南坪、小河。
山麻：产县属各夷地。可制为布，作衣囊适用。

豆　属

胡豆：一名蚕豆。有红、白二种。
豌豆：有白、麻二种。
黄豆：有大小二种。产南坪、小河。
绿豆：有皮绿及穿心绿二种。产南坪、小河。
黑豆：大者名羊眼，小者名药豆。产南坪。
爬山豆：蔓生，一名小豆子。产南坪、小河。

蔬　属

萝葡：一名芦菔。有枇杷叶热萝葡、花叶子冷萝卜二种。
菠菜：一名菠薐。
莴笋：一名莴苣。有青、白二种。
蒝荽：一名胡荽。
葱：一名芤。叶中空，色青，根茎白。有羊角葱、大葱二种。
蒜：气臭而辛。嫩为蒜苗，老生蒜苔。蒜，其根之结瓣者。
白菜：一名菘。有黄芽白菜、青皮白菜二种。
韭菜：有线韭、马练韭二种。线韭叶细窄，马练韭叶宽厚。味皆清香。
苋菜：有红、白二种。县产惟白苋，南坪则产赤苋、紫苋。
恭菜：一名莙蓬，俗呼圆根菜。
芹菜：有青、白二种。白者其味清香。
羊芋：一名马铃薯。有红、白二种。近有洋羊芋一种，尽红色而味劣。
莲花白菜：一名包包白菜。经霜始熟，味最美。
胡萝葡：即红萝葡。根叶似参，有红、黄二种。
蒟蒻：俗呼鬼芋。磨作黑豆腐始能食。产南坪、小河。
海椒：番椒也。味辣，俗呼辣子。产南坪、小河。
花椒：一名蘐。产南坪、小河。
茄子：一名落苏。产南坪、小河。
青菜：红者为诸葛菜。产南坪、小河。
羊蹄菜：一名秃菜。产南坪。
南瓜：形匾，色深黄，老则味甘。产南坪、小河。
白瓜：南瓜之别种。形长，色青白。子与南瓜子同，边有线纹。产小河、平番。

豇豆：一名姜豆。其荚必双生，长尺余。产南坪。

二季豆：一名豆角。有红米、白米二种。产南坪、小河、平番。

刀豆：形似小刀，长五六寸。产南坪。

苦瓜：别号癞萝葡。产南坪、小河。

黄瓜：原名王瓜。《月令》：孟夏之月，王瓜生。老则皮色黄，故名黄瓜。产南坪、小河。

冬瓜：一名枕头瓜。形似枕头，皮色青，老则生白灰。产南坪。

越瓜：一名菜瓜。产南坪。

丝瓜：一名蛮瓜，一名天罗。产南坪、小河。

金瓜：一名京瓜。形似南瓜而秀，色金红。嫩时刺字皮面，即长成纹，可供玩品。

以上皆家蔬。

蕨苔：嫩时独茎直生，其叶未舒，曲如鸡爪，因名蕨鸡苔。

苦菜：季春季秋之月，多生麦地中。味苦咸，熟则清香。

鹿耳葱：生山麓间。叶形似鹿耳，味似葱，故名。

黄花菜：一名地丁草，其味苦。《月令》：孟夏之月，苦菜秀。即此。

碎米菜：叶似黄花菜而细，其味淡，仲春之月可采食。

灰灰菜：叶微圆，青色，生白灰，味似菠菜。

苦马芽：叶长曲，其根如豆芽而肥大，色纯白，味生苦，熟甘。

椿芽：即椿枝初生之芽，气味香厚。

枸蒂芽：即枸杞枝初萌之芽，亦可采食。

以上皆野蔬。

木　属

松：干直枝疏，叶锐如针。皮厚生甲者名铁甲松，皮光润青色者名青松，枝干微小、叶如细丝下垂、长数寸者为马尾松。老山大林皆有松木，高百尺者极多。

杉：枝干与松略同而叶稍秀。皮细色红，木心含香气者名香杉；皮粗苍老，心无香气者名药杉。多杂松林中。

柏：干高耸，枝繁叶细密。皮薄，顺丝起层。木心及叶焚烧，吐清香气，俗呼柏香。黄龙寺山林，此木尤良。

桑：干直，枝抽条。叶圆大而尖，气清香，宜饲蚕。产南坪、小河。

白杨：干高直，枝疏叶圆，皮青光润。多生山阴及溪涧处。

杨柳：干空挺，枝多斜，稍垂条，叶细长，花开如絮，多生堤岸。又一种枝干皆逊，生水边，名水杨柳。

椴：枝干荣茂，质纹细致，作器具之良材。产小河、南坪老林中。

桦：干高直，枝叶细小。皮色黄，有小斑，柔韧。用途甚广。

榆：有荚如钱。木有赤、白二种，白者别名枌。产南坪。

桫罗树：枝干斜曲，高五六尺。叶似枇杷。背有毛，花开白色，大如茶盖。

香柞树：细小丛生，高二尺余，叶圆长，气香如檀。名树香花，尝采入贡。

槐：干高，枝叶茂密，花似蝶形，实为长荚。产南坪。

椿树：枝干高直，质坚细，色红气香。叶初生时名椿芽，可采食。产小河、南坪。

桂树：即木樨。有银桂、金桂二种。秋八月开花，香气闻远。产南坪。

漆树：枝叶粗散，干拥拔。皮多汁，割取之，名漆。用以髹器，坚滑而光。产南坪、小河。

青枫树：质坚实，有大叶、细叶二种。产平番、小河、南坪。

皂荚树：干高耸，枝密多茨。其荚有强质，退油垢，名皂角。产南坪。

竹　属

箭竹：高长八九尺，大如巨指者名拐棍竹，小如笔管者名月月竹。

筋竹：有黑白二种。节促而坚，体圆而劲。产南坪、小河。

慈竹：小者一种，产南坪。

草　属

黄风草：高尺许，叶如毛，有汁。

香灵草：高二尺许。叶茎最香，揉放蒸饼中，胜于桂滷。

青苹草：叶长尺许，如茅，可饲畜。

醉马草：高八九寸，叶似兰而窄，无花无实。

鬼灯盏：高二三尺，圆茎大叶，花小而红，结实如灯盏形。

五朵云：高七八寸，茎中有汁。

指甲蓬：生于墙崖瓦缝间，又名马齿苋。高三四寸，花与叶最小，开时色黄如金。

水灯心：高五六寸，一茎直上，无枝叶。

土羊藿：高七八寸，叶形如青枫，多刺，结实如钮。

荨麻：名蝎子草。茎叶有芒，误触之如蜂虿。通名毛茛。

白蒿：八九月开小黄花，成簇，遍山谷，气香如菊。

花　属

牡丹花：为花中之冠，产县属南坪。灿烂可观，花色有数种。其最佳者惟白色，花繁而气香。根即丹皮，入药品。

芍药花：一名殿春花，有缕金囊、最香丝等名。根即赤芍，入药品。

兰花：兰为王者香，有春兰、夏兰、秋兰、雪兰等名。县属小河城有兰花山，兰遍山谷。花放时，香传数十里。

蟾花：花叶似兰而茂大，无香气。产小河。

梅花：有数种，县属南坪只产红、黄二种。

海棠花：有春、秋两种。

鸡冠花：有红、白二种。

水仙花：一名金盏银台，盖水仙单叶者，中有一盏深黄。而金色若干叶者，乃真水仙也，甚少。

玉簪花：古名蓿蓉，一名白鹤仙。花中空而色洁白，香最清幽。花形似白玉簪，故名。

茉莉花：茎高三四尺，叶如卵而稍尖，单瓣白花。夏日盛开，以之沁茶，香可耐久。

芙蓉花：木本。花开于秋，甚艳。花瓣有粘汁，能解疮毒。

玫瑰花：花红色双瓣者，其香清烈，可以蒸露浸酒。

黄罗伞：叶尖，花小如豆，每枝数十朵，攒立于茎之上，色黄如金。

棋盘花：高四五尺，叶如土苋，花色红，单瓣。

菊花：百三十余种。临秋始开，枝能傲霜。县产惟红、紫、白三种，六月菊一种，产南坪。

蔷薇花：有黄、红、白数种。枝节多刺，又名刺红藤。春夏盛开，香馥迎人。

灯盏花：高尺余，花形如灯盏。又名金盏花。

蝴蝶花：高数尺，花形如蝶，有红、蓝、紫三色。

串枝莲：藤生，叶似菠薐，花层复，色白微红，最娇媚。

荷包花：高八九寸，叶如芍药花，色淡红，形如荷包，两旁有二雄蕊，下垂如緌然。

石竹花：茎叶皆似竹，花紫色。

凤仙花：即指甲花。有红、白二种，结实名急性子。

大黄花：即药品大黄之花也。

西天花：高尺余，叶如蒿艾，花开红、白、黄三种，单层四瓣，亦有复层者。

水苗花：即野芍药，花瓣单层。

糯米花：木本，树高丈余。花如糯米，每枝数十朵攒簇而成，气清香。即野桂花也。

金钩莲：高尺余，叶似荷，花开四瓣，金黄色。

萱花：一名忘忧草。叶长如兰而宽，花如卷筒，色黄。俗名绿葱花，又名土黄花。可食。

卷筒花：形似龙爪，金黄色，中有黑点。

雪莲花：生于崇崖积雪处。花大如盘，系叶片簇合而成；片上生白毛，似棉而软；形与莲无异。可充药品。有雌雄相配成对之说。

狗舌花：叶细而尖，花红色，四瓣倒垂如狗舌，故名。

革故花：俗呼肾囊花。叶细长，花红色，中有甘汁。

果　属

林檎：俗呼花红。秋熟，味甘，色红鲜。县城及平番甚多。

杏子：一名酣梅。赤大而匾，谓之金刚拳。其仁味苦，能泻肺气，入药品。

延寿果：俗呼足麻。苗高二三寸，生山野间。根中储最富之养质。春二月，苗初萌，掘其根干之，即延寿果也。

枇杷：秋九月开花，次年初夏结实。产小河。

桃：有红桃、绯桃、白桃数种。产南坪、小河。

胡桃：俗呼核桃。产南坪、小河。

梨子：有雪梨、鹅梨、香水梨等名。产南坪、小河。

石榴：结实下垂，形若赘瘤，故名。产南坪。

樱桃：一名荆桃，又名含桃。产南坪、小河。

苹果：形似林檎而倍大，味纯甘，亦清香。产南坪。

葡萄：大者名马乳，又名牛妳，尖者名鸡心，圆者名钮子。产南坪。

枳椇：俗呼拐枣，一名木枣。解酒。俗云：园中有枳椇，家中无好酒。

柿子：生食甘滑冷利，去皮干之则名柿饼，甘寒而濇。

羊枣：即羊矢枣，俗呼软枣。大如拇指，初熟味涩，经霜则甘。

木枣：叶如卵形而色黄，有红黑二种。产南坪。

无花果：不花而实。人多种之，治痔。产南坪。

药　属

鹿茸：鹿之初生血角也。在伏日得者，元气充盛，名嫩血茸。甘温壮阳，为温补之峻剂。外有鹿筋、鹿葱、鹿胎等品，俱能助阳。

麝香：公獐之脐也。纳虫蚁、蛇头酿结而成块粒者，香气逼人。其性开经络、通诸窍。李东垣谓：能搜骨髓之风。

牛黄：生犏牛、牦牛胆中。牛有黄，必多吼唤，惟生吐出者最佳。性甘冷，祛风利痰。

熊胆：苦寒，凉心平肝。

党参：甘温，补中益气。夷寨阿坝产一种，形如佛掌。

黄芪：夏开黄花，结荚如赤豆。根入药品，补中气。

当归：补血、和血。

大黄：大苦大寒，能下有形积滞。

贝母：一名蝱。三月生苗，七月采根。有剪刀夹、树儿子、灯笼花、一匹草四种。惟灯笼花开红花，其余不花。甘寒，泻心火，散肺郁。

泡参：一名沙参。甘温，能表能补。

羌活：甘温，散肌，表八风之邪。

秦艽：苦辛，燥湿散风。

甘松：味甘而香，丛生山野，叶细如茅，根极繁密。《光明经》谓：为苦弥多，理诸气、开脾郁。

大母药：俗名雪莲花。生雪山石块上，有雌雄二种。大补元气，妇科要药。

蓝布群：能治脚气，壮筋骨。

五加皮：县北红桥关出者佳。皮尽细刺，色红，名红毛五加。尝采入贡，能治风湿、脚气。

虫草：春在土中，身活如老蚕，能动。初夏则尾出土为苗，身化为根。保肺益肾，止血化痰。

茵陈：蒿类，化痰。经冬不死，利湿热，去诸黄疸。
细辛：辛温，散风寒。
麻黄：发汗峻品。
柴胡：发表，升阳，解郁。
前胡：气香味輭，解风寒。
赤芍：泻肝火，散恶血。
木贼：一名笔管草，能去翳膜。
土茯苓：俗名冷饭团。
天花粉：清热解毒。
土枸杞：味酸，远逊西产。根即地骨皮。
蒿本：辛温性烈，能去风寒。
五味：性温，敛肺涩精。
泽兰：行血。
黄精：补中益气。
丹皮：凉血。
猪苓：行水。
远志：能通肾气，上达于心。
菖蒲：通窍，一寸九节者佳。
牛膝：其茎有节，似牛膝。性下降，补肝肾，散恶血。
杜仲：壮腰膝。
升麻：升阳解毒。
甘葛：发汗止渴。
紫苏：发表散寒。
黄芩：夏开紫花。根入药品，解热。
薄荷：方茎，叶卵形而尖。发表止咳。
荊芥：气香而散，一名假苏。
小茴：有家野之别。实圆而长，清香，可理气。
藿香：去恶气，止呕逆。
厚朴：平胃理气。
黄檗：清三焦火。能染衣。
威灵仙：行气祛风。
茺蔚：即益母草。行血。
夏枯草：性凉，治瘰疬。
桑寄生：壮腰膝。
骨碎补：坚肾行血，治折伤。
何首乌：敛精气，养血祛风。
旋覆花：消痰下气。
款冬花：化痰止嗽。

金银花：蔓生。清火解毒。

白附子：燥毒之品，祛风湿。

香薷：俗呼地胡椒。清暑退热。

车前草：芣苢也。《诗》云“采采芣苢”，即此。利小便。

牛蒡子：一名大力，一名鼠粘，又名恶贯。

陈艾：名冰台，形似蒿。纯阳之性，通十二经，逐寒湿。陈者入药。

王不留行：俗名吹吹草。行血下乳。

野百合：根似众瓣合成，形如蒜。亦能清肺。

瞿麦：利水破血。

苁蓉：马精坠地而生。补肾。

老鹳草：俗名铁鸡公，又名刘季奴。详见《晋代事略》。其草蔓生，稍类牵牛，结实甚小，若鸡嘴。金疮用药。

雪茶：产县属黄龙寺。性凉退火。

大救驾：梗叶俱香。跌打要药。

万年青：叶长大，无茎，结红实。一名菖。泻热。

蒲公英：一名地丁草，一名黄花菜。清火解毒。

菌　属

香菌：即白笔菇。盖圆秀，茎细，色纯白，气味甘芳。产口外者名白口毪，尤佳。

毪菇菌：盖圆厚大，茎肥短，味鲜美，生草山聚阳气处。

松菌：盖圆茎直，色深黄，味淡有松脂气，生松林外浅草内。又一种略似松菌，盖有白毛，其味辛，名辣辣菌。

黄丝菌：盖尖圆而阔，茎长，色金黄，味甘滑，生深山茂草地。

獐子菌：盖平大，色青黑，里生细毫如獐毛，味甘细嫩，生深林当阳地。

羊肚菌：圆长似枣，中空，皮纹如羊肚，味甘鲜。产南坪。

鸡爪菌：一名刷把菌。头分细条如爪，茎并生，有白黄二色，味甘似鸡肉，生林间朽木边。

松耳：形似人耳，色黑，较云耳阔大坚厚，生朽松木上。

动物类

羽　属

鸡：一名德禽。雄者首有红冠，羽多彩色，尾长色青，能司晨；雌者有黄色、黑色、麻白色三种。又有雌雄尽白羽者，名白鸡；骨尽黑者，名乌骨鸡。

鹅：一名舒雁。头顶色黄，身圆长尾，短爪连趾，有白、麻二种。善叫，声洪，能避蛇虫。

鸭：一名家凫。蹼趾短足，嘴平匾。雄鸭头方色绿，身羽色青；雌鸭羽多麻色，常生蛋；性皆喜水。

以上皆家禽。

雉：一名野鸡。雄者脸红，羽多红绿彩色，尾直，长尺许；雌者羽尽麻色，尾稍短。

马鸡：雌雄无辨，羽皆蓝色，脸红，耳际有白羽寸余，竖生，爪红尾长，有翎线，尾四茎。

贝母鸡：形大于鹅，羽毛青白相间，产草山中。常啄食贝母，体肥壮。入食品，能滋补。

雪鸡：形似野鸡，微小，麻色，近尾际有红绿花羽，尾短直，仅三四寸。产积雪山野。

半雉子：羽色青麻而尾短，其形仅有野鸡之半，因名。

燕：一名紫乙，一名鷾鸸。春来秋去，巢于人家梁壁。《庄子》：鸟莫智于鷾鸸。又有一种石燕，常栖崖边。

鹊：俗名喜鹊，亦称乾鹊。

鸤鸠：布谷鸟也。谷雨始鸣，夏至乃止，其声如“割麦插禾”。县属南坪始有。

乌鸦：纯黑，反哺者谓之乌；小而腹下白，不反哺者谓之鸦。

鹡鸰：俗名点水雀。似燕而青灰色，喜食害虫；常住水边，止则动摇其尾。

鹁鸽：有家野二种，家鸽乃野鸽之变种。性恋旧，飞行甚健，越千里不迷故巢。

鸔鷍：俗名黄脰雀，一名挑虫。善斗。

檐鹊：即麻鹊。

鹈鹕：俗名渔老鸦，一名淘河。渔人用以捕鱼。

䴕：俗名斫木官。嘴直而锐，舌端有钩；足四趾，前后各二。雄者身有斑纹，雌者褐色。常斫食树木之害虫。

鹰：猛禽也，一名爽鸠。猎者用以捕禽雉兔。

鸮：猫头鹰也，一名鸺鹠，俗呼鬼登歌。眼圆似猫而巨耳，生长毛。昼伏夜出，捕食小鸟与鼠。

鹞：猛禽也。食小鸟及鸡雏。

雕：鸷鸟也。似鹰而大，体长三四尺，全身暗褐色，嘴壮大而钩曲，平展两翼可达丈余，常攫食山羊等物。又有一种稍小，名岩雕。

凫：水鸭也。于水面飞行啄食。

拜天雀：较鹂雀小。其飞倏上倏下，故名。

鹏鹏雀：又名花脸雀，大者名胡敬德。

土画眉：亦如画眉，而音不及。

朱衣鸟：全身红色，其音云“贵妃醉酒”。

鹗下红：大如鹂雀，全身褐色，惟鹗下红灿可观。

麻蒿雀：全身麻褐色，大如麻雀。眼如画眉，有白线纹。

相思鸟：大如麻雀，色红。

阳和鸟：麻斑色，大如鸠，常飞水边。

凌波鸟：俗呼打渔郎。大如鸠，灰色，嘴长二寸，能入水。县属小河有之。

泥丸鸟：较偷仓鸟更小，棕色，性好斗。又呼为牛屎雀。常栖崖罅。

以上皆野禽。

毛　属

马：马为地精，乘骑善行。县属内外地广产良马。

骡：驴马相交所生，负物之力最大。

驴：似骡而小，耳颊特长。其力则逊于骡，亦能负物。

牦牛：一作犛牛。毛黑深厚，尾毛甚多。其性不驯，亦能耕驮，但未尝专用之。

犏牛：牦牛与黄牛合则生犏牛，或牦牛、黄牛与犏牛合亦然。言得一偏之气也。其性驯，其力大，专用驮负，行冰天雪窖中不畏冷，虽数日无水草，犹驮二百余斤，行走不衰，真边地之宝畜也。

黄牛：性极驯，可耕可驮，惟力较犏牛稍逊。

绵羊：一名跳羊。毛皆环丝，色白，角如螺旋而长。县属夷地养畜以此为最，户有养千头者。以之产小羊，尝剥羔皮为业。又一种似绵羊而小，近地汉夷多养之，名当地羊。

石羊：一名山羊。身小，毛顺长，有黑、黄、白数种，角直，短项，下有须。亦惟近地汉夷多养之。

犬：俗呼狗。敏于嗅觉、听觉，用以守夜，极灵。夷地产者大而猛，倍于常犬，声洪壮，名闹狮狗。

豕：通谓之猪，小者为豚。性浊，无所任用，惟饲肥供人宰食。

猫：一名家豹。其头大、毛深长者名狮子猫。性驯，见鸟鼠则攫食之。

以上皆家畜。

豹：状如虎而小，其毛文，有红春、艾叶、金钱三种，常捕食他兽。

鹿：性善惊。头生肉角为茸，在伏日者极贵，至秋冬则老为角。惟牡鹿有之，牝鹿则无。又一种名麋，亦生茸，不甚贵。麋角冬至解，鹿角夏至解。

猑猇：野马也。似马而小，日行数百里。

獐：似鹿而小，无角。牡獐之脐内酿结者为麝，牝獐则无。

麂：獐属，喜跳越。革柔韧，可拭物。

熊：猛兽也。有马熊、人熊、狗熊、猪熊数种，县产仅马熊、狗熊。

猿：小者名猴，状类人。县属产芋麦之地常有之。

狐：似犬而瘦，毛深温厚，背金红，腹白。性多疑，穴居山野不轻出。又有一种沙狐，其毛稍逊。

狸：野猫也。有数种，一种尾毛黑白钱文相间，名九节狸；一种俗名麻罗子，毛稍次。

貉：形似狸，头锐鼻尖，毛斑色，深厚温滑。俗呼兔儿牲。

虎狸：一名地虎。其油能去风湿。俗名土狗。

线狨：似猴而小。背毛长数寸，制褥毯最佳。

豺：状类犬，体瘦毛长，贪残之兽也。

狼：大如犬，身瘦头锐，口尖喙长。性残忍，食人畜。

犎牛：野牛也。项上肉隆起，身极大，家牛莫能及。

兔：其毛白黑黄褐不一，县属所产惟麻色一种。

鼬：俗名黄鼠狼。喜攫鸡鸭，吸食其血。尾毛长健，可制笔。

屎鼦：一名貂鼠。居岩穴间，能直上树。尾大于身，军士用以饰帽，名貂尾。

鼠：毛色灰褐。昼伏夜出，性善盗窃。

鼴：俗名田鼠，一名隐鼠。善积蓄，穴中常有粮。

貒：俗呼雪猪。其皮可避风湿。

貛：野猪也。

以上皆野兽。

鳞　属

鲚鱼：即细鳞鱼。形似鲤鱼而条大者，尾淡红。

鲦鱼：一名白鲦子。身无甲，白青色，微有斑点，大者仅六七寸。

鳙鱼：即石斑鱼。形似鲢鱼。俗呼石巴子。

鳕鱼：味佳，与松江鲈鱼同。俗呼牙鱼。产南坪。

虾：节肢动物，体多环节。产南坪。

蛇：毒虫。筒形长尾，全体有鳞，舌两歧，齿如钩，伸缩行动以脊。

水獭：恒居水边穴中，夜出捕鱼。俗呼水猫子。

青蛙：俗呼田鸡。背光平，色绿，目精突出。夏夜辄鸣，其声如鼓。

蟾蜍：俗呼癞蜞蚂。背多磊块，眉间有脂，挤出之即蟾酥。

虫　属

蝴蝶：种类甚多，形色大小不一。常飞舞花间。

蜻蜓：六足四翼，腰尾细长。产县属南坪。

蜘蛛：节足动物。常于空中结网，捕食飞虫。

蜈蚣：多足虫。也有毒，螫人。

壁蟢：黑褐色，巢于墙壁间，形如钱。

蚜虫：种类形色不一，吸食植物液。

瓢虫：半边形，食蚜虫以为生活。

蚯蚓：体有环节，圆而细长。“上食槁壤，下饮黄泉”，即此物也。

蜗牛：一名蛞蝓，软体动物之一种。身藏螺旋形之壳中，有肉角二，常食树叶、苔藓。

蛾：蛹所化。亦常飞舞花间。

蜂：有畜于家者，有巢于岩者，均采花酿蜜。又一种名黄蜂，作房树上，不酿蜜，尾有毒如针，螫人。

萤：腐草所化。尾部发磷光。

蚁：蚂蚁也。一种有翅，能飞，名曰蛩。

蝇：飞虫，种类甚多。卵落肉上即化蛆。

蚊：夏秋出而啮人。县属南坪产。俗呼蚊虫。

矿物类

砂金：产县属对河寺、小姓沟等处。

铜矿：产县属北路踏麻等处，未开采。

雄黄：生山之阳，色似朱砂稍逊，解毒杀虫。

硫黄：大热纯阳，能化铅为水，修炼家制为金液丹。

煤：产县属东路三舍等地，未开采。

雪晶：积雪凝成。长圭形，或六楞，或五楞，亮如水晶。产雪宝顶山上。

土货类

鹿角：鹿至秋冬其角自解。岁产出万斤。

野牲皮：狐皮、狼皮、狸皮三种为上，兔儿牲、麻罗子、沙狐次之。岁出千余张。

牛皮：县属内外地所屠之牛。

骡马皮。

老羊皮：凡屠宰绵羊之皮。岁出万余张。

羔皮：小羊儿皮也。为普通制裘之用。岁出三十万张。

羊毛：即绵羊之毛。为县属特产，岁出二百余万斤。

酥油：取牛乳之精制成。《元和志》：松州贡牛酥。

奶饼：亦牛乳之精制成，较酥油更佳。

奶渣：即取过酥油之渣滓也。细嚼有味，补性毫无。

土盐：即潮盐。县属夷地有小海，其水潮溢，遂结成盐。

青盐：一名戎盐。颗成棱形，味较土盐更佳。产青海。

蜂蜜：产于岩间最多。

祥　异

明万历十二年闰九月，地震。

十六年冬十一月，东方一星形如刀环，先启明星见，光耀如昼。

三十三年夏五月，天火坠。

三十五年秋七月，地大震，数日乃止。

三十八年夏四月，地震。

泰昌元年冬十二月，昼暝，自辰至酉。逾年春三月，西山林木自焚，几三十里，冰雪皆化。

天启三年，大雪，深三尺许。

崇祯二年冬十二月甲寅，地震，声如雷，一日一十二次，小河营同日亦震，山崩，城塌一百二十丈，压死军民数人。次日乙卯，地复震三十余次，小河亦然，城垣又塌三十余丈。

十七年甲申，日中有赤气数道，下阔上锐，自东指西。是年秋七月，张献忠入川。

清顺治六年秋七月初七日，一日一月一星以次顺行，至晚乃没。

康熙五十五年秋八月地震。

雍正元年，大有年。

嘉庆十一年冬，县属南坪犀牛出自黑河，游白河两岸。次年，大稔。

咸丰庚申夏六月，彗星见于井。是年，夷叛。

光绪五年夏五月，地震，有声，瓦屋皆落。

是年冬，县属南坪犀牛出游，亦如嘉庆十一年状，岁大稔。

十一年秋，大熟。未获，为螣所害。

十二年夏四月，彩云见；秋七月，麦出两穗。总兵夏毓秀建“彩云”“瑞麦”二亭于城南，以纪瑞。

十三年春二月，地震。三月，地再震。夏四月，乡农畜牛产犊，双舌双鼻四目四耳。六月，旱虫食青稞。冬十月，地震二次。

十四年夏六月，地震二次。

二十三年夏五月初五日，暴雨，平地水深数尺。黑云迷漫山谷，隐约有红灯双竖，识者以为蛟蟒云。

二十六年，镇署突来一兽，羊首牛蹄驴尾马鬣，双角敖岸。群集惊视，不识何名。镇军以为异，铸铜牌系角上，释之。

二十七年冬十二月十七日，县城内火灾，由北城门至古松桥止。

三十年夏六月，麦一茎两穗，间有一茎三穗。

宣统二年春三月，彗星见于井。次年，番变，陷城。

民国二年癸丑夏六月，大雪，损麦。

六年丁巳夏四月，大雪雹，自申至酉，积深盈寸。

民国十一年七月初六日夜半，县城内火灾，上自陕西馆，下至清真寺。八月，漳腊火灾，粮架被焚。松城乡每年秋收后，将粮架近傍房屋竖立，麦草则贮藏楼上。因其取用便宜，故亦习惯成风。城中两次火灾俱由草楼发起，延烧甚广，损失亦巨，元气大亏。此后民间粮架草楼当距离住宅五丈以外，即有火警，易于救灭。地方有司亦应禁止，防患未然，设消防局，购置器具，多掘水井，以期有备无患。前车可鉴，官民胥留意焉。

松潘附近地产，每年仅收一季。立秋前后十余日，禾稼将熟未熟之时，白昼则虑大雨寒凝冰雹，夜晚则虑天晴露积为霜。禾苗受冰雹则籽散满地而包壳亦空，经霜雪则籽尽枯槁而生机立绝。此二者实农民之大害也。故习惯上制止之法有四：

一曰请番僧念经；

二曰禁止挖药驮药；

三曰安设大炮于山顶，冲散黑云，雹雨立止；

四曰收积各种骨头、柴草、柏枝，多处燃烧，烟合成云，寒退霜止。

以上四法，请番僧念经作法以止冰雹霜雪，虽事属荒渺，然虔心求神，禳解灾厄，亦古人祈祷之遗意。至于禁止挖药驮药，说者谓惊动山神，冰雹霜雪立至。不知此数月内，贫民不能上山，生活窘矣；奸民借查山劫夺药夫，流弊生矣。此等系毫无理由之迷信，不足为法。惟安设大炮冲散黑云雨止雹消，与夫烟火成云寒退霜止二法实为可行。究其事实，因冰雹霜雪乃寒气积成，白昼无阳光则阴云合而寒气重，冰雹立至。有大炮以震动之，则阳升阴降云散雨止，冰雹随之而消。夜晚天晴，空气愈高则寒气愈重，露积为霜。火烟布合，温气随之，露珠仍旧，不至变为霜雪矣。能于后二法筹一的款；年中多备火药，多购柴草，或于清理道路之便，拾各种骨头、柴草，择旷地磊积，派人专任其事。并于南北城堡，上至柏木桥，下至北定关，立一联合会所，捐会底若干，举会长一人，会员每处二人。自四月初一起至七月三十日止，就庙宇设坛念经，共同经理。白昼山顶之大炮，夜晚旷地之火烟，事前预备，临时勿稍疏懈，则止雹止霜确有把握。此实际上之制止阴阳消长，寒热降升，前人试验成效可必，办理认真，可保年年丰稔。国以民为本，民以食为天。所望官绅提倡，农民尽力，荒年永杜，乐岁长歌，功德无量矣。

外纪

清康熙二十五年夏四月十六日，有虎喀索统那细者（译音），西域人也。由甘肃河州游历至松，居邑东山麓榆树下。土人以为有道术，师事之。未几，辞欲去，众叩所往，云与川北镇马子云有约，遂之保宁。子云延入署，留数载，颇有神异。至康熙二十八年春三月，忽然坐逝，葬阆中蟠龙山，松人不知也。羽化之日，松门人忽见师至，坚留数日，又辞去，不言所往。逾日，子云函至松，言羽化日期，始知丹成解脱矣。松人感其异，就初来时榆树下建拱北亭，名曰“光照”。水旱偏灾，辄祷之。守土者亦多有额赞云。

康熙间有马光祖老人者，亦西域人也，东游遍吴、鲁、燕、秦、晋、陇，由陇入蜀，居松城之山麓。不食烟火，惟啖枣栗。人求见者，辄教以敬事上帝，或言及性理。乾隆元年冬十一月二十五日，忽尸解，寿一百二岁。遗命葬于庐侧。葬之日，各省弟子不期而来会者数十人，亦异事也。松人为建隐仙亭，以祀之。嘉庆初，白莲教匪入松境，欲攻城。见老人身着绿袍，高与山齐，率白甲将士弥满山谷，遂骇遁。县急乃解，厅同知洪范以老人显灵退敌，亲书“保我黎民”字额诸亭。

庞国桢，湖广人。清初居松之雄鸡屯，性好道，不慕名利，专以济人利物为事。后弃家，入云屯堡九龙山，木石同居，安之若素。作诗云：

独上高峰望八郎，黑云散尽月轮孤。
茫茫宇宙人无数，谁破迷关出幻途。

羽化后，堡人立庙祀之。

乾隆间，邑人有程世昌者，偕妻高氏隐黄龙寺。殁，葬寺侧。后住持常见程夫妇乘白鹿来游，心疑羽化已久，何以尚在人世？近冢视之，寂无一物。傥亦如萧史夫妇耶？

嘉庆初，张阿洪讲道松邑，适沿边数百里皆旱，军民交病。阿洪设坛县东马龙沟内，四隅竖白旗，硃书回经，持箭作法。顷刻黑云密布，滂沱立至，平地水深一尺，官民感之。后阿洪至彭，亦祈雨有验。犹留桃箭、金砖等迹于清真寺云。

庚申未变前数月，邑人曹某朝夕狂呼兵至，众以为魔。后夷叛围城，果如所言。

又，未变前有僧人击石而歌曰“化个布遮身体”云云。及城陷，男女逃奔，由通远桥过，尽被夷人剥去衣服，殆应歌矣。

咸丰时，黄龙寺道士范教明，剑州人，有道术。庚申之变，教明遇夷于途，枪矛环刺，屹然不动，夷惊而退。

光绪时，黄龙寺道士田本元，遂宁人。每寝息，神游四方，能道数千里外事。门人惊疑，袖出异域物以示之。

县治西岷岭外四十里二道海，阴霾最盛，内一虾蟆大如箕。每夏日骄阳，辄仰浮水面，口吐白光，群小蟆各衔水一点集腹上。须臾，白光化为云，水点化为雹，洒沥遍山，击伤稞麦。邑中每年四月朔日，即上西岷顶安炮，守土官亲临祭祀，延番僧诵皇经。如见云起，即作佛法，云辄飞散。否则炮向云头冲击，乃止。历代相沿已久。傥有韩文公其人，效祭鳄故事，庶几雹息而年丰乎？

按：段玉裁修《富顺县志》载：前县令熊向葵创修旧志，原序曰：事有为分所应为，复为时不可不为；乃又为势所难为，因勉强以为之者。此中曲折以赴，劳瘁以成，纵有几微之憾，应亦谅良工之用心弥苦矣。此修志之难，为躬亲其事者能言之。松潘僻处西陲，其人材、款项、时势远不逮富顺，而又苦无旧本依据，洵难之又难也。兹幸年采月访，集众人之心思材力，以成一邑之传书。本年春，同人刊印未决，恐尤有疏漏也者。质诸前辈先生，乃曰：《松志》已数易稿，徐经澄、陈辛眉两先生草创于前，罗伯济、叶惠三两先生删润于后，综计二十余万言，边地有此文献足征。见今时局板荡，倘再延缓，原稿散失，同人心血虚耗，犹其小焉者也。后之来者补救无繇，传述无据，咎不可胜言矣。即此时而付之梓人，间有不纯不备之处，世之览者当亦曲谅纂修之苦衷耳。夏六月，乃决议刊印。是役也，起前清同光，至民国六年草稿成，中间删削订正又六七年，十二年书始成。后贤继起，再能阙者补之，讹者正之，新者续之，则又同人所厚望也夫。

边政设计委员会 著

松潘概况资料辑要

民国二十九年铅印本

提　要

《松潘概况资料辑要》属《川康边政资料》二十九种之一（以下简称《辑要》），于民国二十九年（1940）刊刻，有时任成都行辕主任贺国光序。贺国光1935年任参谋团主任期间，即注意川康边事之整理，爰烦边政设计委员会甄综搜采，“都凡二十九县，详其区域，条其风俗，推表山川，胪列士官，宜名之曰某某县资料辑要，发交各部分研讨”（贺序）。1939年任成都行辕主任时复曰：“前所辑资料一书，虽未足言详赡，但大体已具梗概，堪供讲求边区政治、教育者及各地军政人员之探索寻绎。”遂于1940年刊印。

《松潘概况资料辑要》分上下二册，“目录”后附有“地图”，正文分“疆域”“沿革”“山脉”“河流”“气候”“建置”“种族”“户口”“官制”“交通”“民政”“司法”“财政”“教育”“警团”“军备”“储蓄”“垦务”“物产”“礼俗”“生活情形”“宗教”“名胜古迹”“大事记”等二十余门类，与方志体制相仿。《辑要》后附《四川陆军测量局考查记》。

《辑要》资料主要来自实地调查，辅之以松潘县历代志乘典籍，内容充实，条例分明，保存了民国修志之后若干重要文献史料。

目　录

松潘縣
1:1000000

疆　域

壹. 经纬度

一、以中等子午线计：《松潘县志图说》：松潘属地，东西起地球经度，偏京师北平西十一度三十分，止西十四度三十分，南北起纬度赤道北三十一度五十二分，止北三十四度十分，县城居地球经度，在京师偏西十二度五十八分，纬度赤道北三十二度四十二分。

二、以万国子午线计：谢培筠《川西边事辑览·松潘草地分类纪》：约当东经一百零三度五十五分，北纬三十二度四十二分。

贰. 四至

《松潘草地分类纪》：东至木瓜墩，与平武县叶塘连界，距城二百一十里；西至黄胜关口外五十二部落，与甘肃属番鞑子连界，距城约一千里；南至平定关，与茂县永镇连界，距城一百九十里；北至口外包座铁布，与甘肃临潭县属杨土司属地连界，距城约三百五十里；东北至南坪柴门关，与甘肃文县哈南寨连界，距城四百二十里；东南至北草，与北川县连界，距城二百六十里；西北至口外上十二部落二道黄河物藏乔柯，与甘肃属番拉不楞寺连界，距城约八百里；西南至口外三果洛，与西康德格及咱溪喀连界，距城约二千里。

补：四川陆地测量局地形科科员彭飞、邹世明《调查报告》：松潘县属之西北隅，东北与甘肃接壤；西北以积石山脉为界，与青海接壤；西南以巴颜哈拉山脉为界，与西康接壤。四川疆域实已越过黄河北岸，积石山脉间之土官，向属松潘之漳腊镇管辖，有证件可考，教科书载黄河流域无川地，实错误也。

叁. 面积

补：《松潘县志图说》：兹就经纬度直线每方格边线十五分五十里，四方格线为一度（二百里），以东西南北起止度数分数，与方格里数较算，约全县面积为十九万二千七百零六方里。汉地，城镇乡关，占三分之一；番地，关内关外部落占三分之二。图之纵横地面四正四隅，道路多有山水曲折，里数未能密合。东西距一千二百一十里，南北距五百四十里。

《四川省政府档卷》：面积：48439 方里。

肆. 形势

一、地势

民国二十五年《川边季刊·松潘社会调查松潘草地分类纪》：松潘为川西北之一大高原，超出海面四千公尺，形如蝙蝠，崇山绵亘，东北部较延缓，东南部峻峭突兀，岷涪两江发源于斯，西北与甘青康接界，为一极大高原。纵横千里，全境多天险，屏藩蜀都，诚有建瓴之势。草地多山峦起伏，原隰相间，每越一横亘之浅山，必有一较大之平原，宽广数十百里不等。地理学家谓：四围群峰耸峙，中央低平若盆者，谓之盆地。若草地殆可谓为西藏高原之尾间，而有无数盆地生成其间，地势既平，可耕之地亦多。因河流多未经疏浚，兼之沟渠，水无所归。春夏之间，任丛草之自然生长，秋冬凋零，就地腐朽，积年既久，几成腐植土沼，臭味时扑鼻际。且水于地面，渐次浸淫，受夏季烈日之作用，自然形成龟裂。水潴于罅隙之间，草积于泥沼之上，既显凹凸，遂成沮洳，马行其上，地面亦为之动摇（按，据杨委员抚权报告：通过草地，必用毛[①]牛，因毛牛能识路径，纵令溺水，亦善泅也），此草地平原之状况。至于山峰之间，则倾斜既缓，坡际亦复延长，绝少树木。只浅草平铺杂以药材，如大黄、秦艽、贝母、甘松之属，土人资之，以事牧畜。毳幕毡房，星罗棋布，牛羊马千百成群，莘莘蒸蒸，自动觅食，颇有生动气象。但地广人稀，无论为山谷、为平原，既未耕垦，亦无牧畜，听其一片荒芜，所在皆是，重可惜也。

二、高度

《川边季刊》一卷一期，陈济涛《四川边地与开发松潘草地分类纪》：松潘境内，有广阔达 110000 方里之草地，高度在海拔 7500 公尺以上，山之大者，曰洋膊岭[②]，为岷山主峰，高出海面，可一万五千六百余尺。

伍. 地质

《川边季刊》一卷一期，陈济涛《四川边地与开发松潘草地分类纪》：四川地质，大部为冲积期产物，岷江流域，石灰之岩石，散布至广。

① 毛：当为“牦”。

② 洋膊岭：阿坝州现存旧志常写作“羊膊岭”。

沿　革

《松潘草地分类纪》：本区为《禹贡》梁州西北境。商周为氐羌地。秦分蜀郡。汉置湔氐道，属蜀郡。后汉因之，更置平康县。晋改升仙[①]县，属汶川郡。后周置扶州总管府，龙涸郡嘉城县，即今[②]县治也。唐武德间于嘉城县置松州，此松州之名所由始。及广德初，陷于吐蕃。宋仍为吐蕃地。元始内附，属吐蕃等处宣慰司，寻叛。明洪武十一年，御史大夫平羌将军丁玉讨平之，置松州、潘州二卫，寻并为松潘卫，其后亦有因革。清初置总兵镇守其地。雍正间，移龙安同知驻之。乾隆二十七年，改置松潘厅，称曰：松潘直隶理民抚夷府，与松潘镇同城而治。更置漳腊营参将，隶于总兵，专管关外五十二部落。民国三年，改厅为县。西番称松潘曰绒清。至昔之潘州，据志乘所载，参以前人纪录，在今之包座川柘寨。以宋崇宁间，取邦、潘、叠三州，初属吐蕃首领潘罗郡，故名。此松潘沿革之大略也。

---

① 升仙：当为“升迁”。
② 今：原作“令”，据《勘误表》改。

附：松潘县沿革表

	两汉	三国汉	晋	宋齐	魏	周	隋	唐	宋	元	明	清
松潘县			**升廷①县**：改置属汶山郡	省	吐谷浑地	**抚州龙涸郡**：天和初置。	**抚州龙涸郡**：开皇二年废郡，七年废州，郡嘉诚县，属同昌。	**松州交川郡**：武德初置州，贞观二年置都督府，属陇右道。永徽后改属剑南道。天宝初改交川郡，乾元初复曰松州，广德初没于吐蕃。嘉城县广德后废	吐蕃地	属土蕃等处宣慰司	**松潘卫**：洪武十一年置松州及潘州，寻并为松潘卫。二十一年改松潘等处军民指挥使司，隶四川都司。嘉靖四十二年，复改松潘卫	**松潘卫**：雍正九年裁卫移龙安同知驻此。乾隆二十七年，改置松潘厅，直隶四川布政司
	湔氐道：属蜀郡											
		平康县：属汶山郡	**平康县**	省		**平康县**：复置	**平康县**：属汶山郡	**平康县**：属翼州，天宝省				
							交川县：开皇初置，属汶山郡	**交川县**：后废				
						江源县：属汶山郡	**江源县**：属汶山郡					
			兴荣县：属汶山郡	省								
									潘州：崇宁三年置，又分上、中、下三州	**潘州**：属吐蕃等处宣慰司	**潘州卫**：初设，寻废	
	蚕陵县：属蜀郡	**蚕陵县**	**蚕陵县**：属汶山郡									

① 升廷：当为“升迁”。

续表

	两汉	三国汉	晋	宋齐	魏	周	隋	唐	宋	元	明	清
松潘县						**翼针郡**：周置	省					
						翼针县：天和九年平蚕陵羌于七顷山，并置翼针郡	**翼针县**：属汶山郡。复徙置七顷山，改置利山镇。利山镇，大业三年改置。武德初为翼州治，贞观间徙七里溪					
								卫山县：天宝改置，徙今叠溪营西五里，后省。				
											叠溪千户所：洪武十一年置，属茂州卫。后改溪千户所，隶四川都司	省，以其地属茂州
						清江郡。**龙水县**：置属清江郡	**清江县**：开皇初废郡改置，十八年改翼水，属汶山郡					
							翼水县	**翼水县**：属翼州，后废				
						覃州郡。**荣乡郡**。**通轨县**：置州郡治。开皇初郡废，四年州废	**通轨县**：属汶山郡					

续表

	两汉	三国汉	晋	宋齐	魏	周	隋	唐	宋	元	明	清
松潘县						**广平郡**。 **左封郡**。 **广平县**：隋开皇初省郡，仁寿初改左封县	**左封县**：属汶山郡	**当州江源郡**：贞观二十一年置，初置利山镇。仪凤二年移置蓬归桥。天宝初改郡江源。乾元初复曰当州 **悉州归诚郡**：显庆元年置，分当州置于悉，徙置左封，属剑南道。左封县初置，会州后属翼州，后为州治。垂拱二年析置归诚郡，后俱废 **柘州蓬山郡**：仪凤初置，属剑南道、治柘县。上元二年又领乔珠县，俱废 **恭州恭化郡**：开元二十四年置，属剑南道，治和集县，又领博恭、烈山二县，后俱没吐蕃 **羁縻轨州**：贞观三年置，后又开置岷、奉、岩、远四州，又置嵯麟州等三十二州，属松州都督府 **羁縻阔州**：贞观五年置诺州，后入吐蕃 **翼州临翼郡**：武德元年置，咸亨三年移置悉州，上元二年复旧治属剑南道				
								霸州：贞观置，义凤①后省。天宝初改信安县，乾元改霸州 **鸡川县**：天宝二年置 **昭德县**：天宝初置 **真符县**：天宝五载分二县地置为昭德郡治，乾元初改真州，寻省 **峨和县**：武德初置 **悉唐县**：显庆初改。咸亨改置南利和州，天授初改静州，分县之静川地置静居、清道二县，天宝初改静川郡，后废。 **利和县**：显庆初置，属当州，后废 **静州静川**：仪凤元年置曰南和州，天授二年改静州，属陇右道，隶松州都督府，后割属剑南道				
民国因之，三年废厅改松潘县												

① 义凤：当为“仪凤”。

山　脉

《松潘社会调查》：全县万山丛杂，不可胜纪，其主要之山脉如下。

一、岷山：位于县西北二百二十里，为东昆仑北岭支脉，主峰曰羊膊岭，高一万五千六百丈。

二、雪山：距县东七十里，山势起伏，横亘东西，积雪不消，皎如玉节，俗呼“雪宝鼎”，亦岷山所宗也。

三、金蓬山：县南五里，与岷岭对峙，形势巍峨，为东西要隘，入夏青翠欲滴，为县中八景之一，昔羌酋金蓬居此，故名。

四、西岷山：在县城西北隅，自羊膊岭发脉，万山朝拱，俗以为岷山之祖云。

五、弓杠岭：在县北一百里，东岷之高，至此乃极。孤峰凌虚，四面俱下，北东走南坪。诸番于此出没，时有劫夺，行旅视为畏途。

《县志·山川篇》所列如左。

一、崇山：即西岷山。

二、庙灵山：山麓大路通漳腊，逆番有变，宜于此设兵，免致松漳道阻，策救无从。

三、玉带山：在现城西南隅。庚申之变，贼据此山窥城，总兵联昌与战失利，系无兵预为扼要故也。

四、老营山。

五、雄墩山。

六、白虎山。

以上为松邑要隘。

七、藏龙山：为县境名区。

八、观音山：县北四十里漳腊营，包山为城，山顶有靖虏敦。

九、甘松岭：县西北一百十五里，江水发源于此，土人谓之松子岭。

十、天彭阙：县西北七十里，今名黄胜关，外与甘松岭相接。

十一、白马岭：县西北三百里，亦名喇嘛岭，入包座要路。

补：四川陆地测量局地形科科员彭飞、邹世清《调查报告》节录如左。

积石山、大雪山、巴颜哈拉山，当地并无是名。积石山主峰，番民名为阿米麻钦山脉，均乱石堆积，故古人名之为积石，山颇高峻。巴颜哈拉山脉，山势缓厚，形成波状，上段平缓，下段高峻。大雪山脉高度，介于二者之间。

四川建设厅《川西北区垦牧调查报告》节录如左。

午间在息火拉柱熬茶，为曲河与岷江之分水岭，亦即黄河与扬子江之分水岭，其路畔最高处之海拔，为三千二百一十五公尺（按山在黑凹与上让口间）。

河　流

《松潘社会调查》本县主要河流如下。

一、岷江：发源于羊膊岭，流经茂、灌、崇、彭、眉等县，至乐山会合长江。

二、涪江：源出雪山岭东，在县东五十里。东流汇兴龙泉，合众山汉水入平武县，又东南流，经绵阳至合州，连嘉陵江。

三、多拉坤都河：源出羊膊岭。

四、都阑大度坤都仑河：源出弓杠岭。

五、德得坤都仑河：源出分水岭。

以上三水均流黄河。

《县志·山川篇》所列如左：

一、阔水：源出弓杠岭山右，距县百里，下流至小西天合岷江正流。

二、瀼水：源出县东南白羊场番地，东南流三百三十里，入平武县界。

三、湔水：源出县东南甲竹寺番地，入石泉县界。

四、黑水河：源出县西北边外番地，东北流折，东南曲流，又东南入边，折而南至长宁堡西北，与江会。一名叠溪。

五、白河：即白水江南源（今名曰白龙江），源出弓杠岭之斗鸡台，复合众山溪水，北流与里河塘、黑沙河，折东南流入文县界；又入平武县界，合牛头河；又东南流，合清江河；又经黄沙坝合黄沙江，至昭化县合嘉陵江。

六、金川河：源出县西北毛牛徼外，即马木七七哈纳河，南流入大金川，经绥靖堡西至崇化屯，历巴底巴旺南流至章谷，会小金川孟拜山水，入大渡河。

七、甲楚河：亦名谢楚河，源出县西南牟尼芒起山，南流经理番界合梭磨河，历绥靖、崇化、巴底、巴旺合孟拜山水，入大渡河。

八、梭磨河：源出县南峨眉喜番地，南流合甲楚河。

九、祥芝河：源出县北上包座番地，即白龙江（亦名白水江）北源，东北流入甘肃界，折东南流，历阶州文县东北合南流，入嘉陵江。

十、叠藏河：俗名包座河，源出县北羊膊岭东麓，旧叠州包座生番地，东北流入洮河。

补：四川陆地测量局地形科科员彭飞邹世清《报告》节录如左。

黄河上游，水流方向，由西北向东南，约一千六百里至索格藏寺，折向西北成一锐角。水深而清，其流平缓，结冰之期，年约三月。发源处在有格押格拉达克者山，下为二十小海，如星宿然，但无星宿海之名。发源后并无河流，为一长约七百八十里、宽约数里之沮洳地，以下始有细流名有格柯，是即黄河之最上游也。

按：黄河之南北交通，惟买妈藾、抗甲藾各有木船一支济渡，余则或吹皮束木，或驱马横波而渡。次于黄河者有噶渠，水量亦深，全无舟楫。再次支流细浸，其水亦深。

四川建设厅《川西北垦牧调查报告》节录如左。

按河水之流域划分，可别为黄河流域与扬子江流域两大部。凡在狈架岭与上瀼口分水岭山脉以北之地，水皆流入黄河，可统名之曰黄河流域；以南之地，水皆流入扬子江，可统称之曰扬子江流域。

气　候

《松潘社会调查》：松潘地属高原，境内雪山，终年积雪不消，故气候寒冷。初秋早晨，摄氏寒暑表，均在十一二度，午为二十一二度。每年盛暑，尚着皮袍，围火炉。其气候之严寒，可想而知。

附：《县志》气候调查如左。

《县志·风俗篇》：地属边徼，气候颇寒。春、秋、冬三季，华氏平均温度约四十二度，夏季最高温度约七十度。冰雪之时，非火不暖。

补：四川建设厅《西北垦牧调查报告》：本段地势概况，按气候而分，可别为产五谷与不产五谷两大段。自松潘至卓藏寺之一大段中，除粮架岭南北自两河口至日更滩之小段，不产五谷外，其余皆按二年一熟制之农业经营法，从事于农牧兼顾之事业。自阿细至下瀼口之一大段，皆为纯牧区域，地势系一高原，水草均佳，乃天然最佳之牧场。惟气候高寒，现时人民，尚无法生产粮食。

建　置

壹. 城市

《县志·城池篇》所载如左。

一、县城

明洪武十二年，平羌将军丁玉克复松州，遣宁州卫指挥高显于崇山下筑城。西缘山麓，东临江岸，江水北来。故土城十七年始甃以砖。正统时番变，据□山俯瞰城中，势如建瓴，矢石纷下，居民苦之。御史寇深因拓城跨崇山，即西岷顶。垣周九里七分，高三丈五尺，隍深一丈九尺，广三丈。开五门：东曰“觐阳”，南曰“延薰”，西曰“威远”，西南曰“小西门”，北曰“镇羌”。嘉庆时，总兵何卿复于城南建外城，城周二里七分，计四百二十四丈七尺，高一丈八尺，门二：西曰“临江”，南曰“安阜”。清光绪八年，东南隅坍塌，总兵夏毓秀、同知蔡茂康筹款培修。二十八年，东北隅坍塌，同知陈周礼筹款培修。惟治城建筑年久，缺口甚多，守土者宜留意焉。

《县志·城池篇》：松潘孤悬边徼，距省七百余里。一片危城，羌猓窥伺。且附郭环山岭，寨落交错，负险碉居。一有烽警，辄占据要险，扼我咽喉，全城如在釜底。庚申、辛亥，可为殷鉴。况今城垣坍塌，仓廪不充，兵力薄弱，势尤岌岌。如筹补牢之计，亟宜于西岷顶、塔子山、老营山三处，建筑炮台，环以石墙。一旦有警，调集兵团，假以利器，分头堵截，形势既得，应敌有方，乃可战守。是在当事，预为筹划，不致临渴掘井，则幸甚。

二、其他

甲. 小河城垣：明宣德四年筑石城，高二丈八尺九寸，周二里七分有奇，计四百九十八丈零四尺七寸，门四。清光绪九年，溪水、河水同时泛涨，冲塌西北隅，同知周侪尧、总兵夏毓秀会禀，于厘税项下拨款，至十八年补修完固。

乙. 平番城垣：明万历间筑石城，清雍正七年重修。高一丈八尺，周一里七分有奇，计三百四十五丈，门四。

丙. 漳腊城垣：明万历间筑石城，清雍正七年重修。高一丈八尺五寸，周二里六分有奇，计四百余丈，门四。咸丰庚申乱后，复多坍塌。同治初，官绅蔺朝举等捐资修复内城暨靖虏炮。光绪初，参将邓全胜、士绅张崇礼、汤兴顺、陈永春、文登儒、任必达等，迭次禀恳川督丁宝桢委同知熊自勋，由茶票项下拨款，修复外城。高一丈八尺，周三里有奇，计五百零九丈，门四，炮台六。

丁．南坪城垣：清雍正七年，巴州知州吴赫监筑土城。高一丈五尺，厚九尺，周一里七分有奇，计三百二十丈，门三：东“升平”，南“星辉”，北“昌祥”。

戊．龙会关城：清雍正七年，巴州知州吴赫监筑土城。高一丈四尺，周不及一里，计一百四十丈，东西二楼，上建鼓楼各一。

己．龙康关城：清雍正七年，巴州知州吴赫监筑土城。高一丈四尺，周不及一里，计一百四十丈，南北二门各置城楼。

贰．衙署

《县志·治署篇》所载如左：

一、县署：旧踞崇山，半倚[①]岩上，城中烟火万家，俯视即见。明洪武中，指挥耿忠建。清咸丰庚申，番变被毁，同知邓友仁复建。宣统辛亥，番变复毁。民国二年，知事田兆文、何光国，相继重建。民国六年，知事张典增修头门，悉复旧制。

二、劝学所：县署左侧，旧照磨署地。

三、县佐署：在南坪营，旧巡检署。

四、管狱署：县署右侧。

五、汉军统部：城内东街，前总兵署。

按：松镇署，即今汉军统部中、左两营。游击署在城外。两营守备署在城内，北路参将署，为今第一营部；南坪都司署，暨南路平番守备，为今第二营部，均于宣统元年废。

六、常平仓：县署内。同知沈棠捐资建，今毁。

七、广济仓：县外南城北隅。

八、火药局：城隍庙山前空地。

九、养济院：县北城外。

十、农业试验场：县城西北隅。

叁．村镇

《县志·里镇篇》所载如左。

一、县东

县城出东门，过通远桥，向东山行。望山关五里，上埿巴寺五里，水草坝十里，上雪栏关二十里，下雪栏关二十四里，风洞关三十里，三岔子四十五里，松林堡五十里，大崖坊五十五里，上草湾五十八里，下草湾六十里，黄龙寺六十五里，红崖关七十里，

① 倚：民国《松潘县志》作“卫”。

大湾七十八里，伏羌八十里，花椒沟八十八里，三舍九十里（左有支路北折，通白马路羊岗各寨落），文风楼九十二里，和风岩九十五里，镇元一百里，驷马桥一百一十里，猫儿墩一百一十五里，观音岩一百一十八里，小关子一百二十四里，月耳崖一百二十二里，老塘房一百三十里，辖夷口一百三十五里，三路口一百三十五里，钻字碑一百三十八里，木梳厂一百四十里，扇子洞一百五十五里，旧堡子一百五十八里，施家堡一百五十里，沙坝子一百六十二里，鹿交山一百六十五里，四望堡一百六[1]十里，叠台沟一百六十五里，小河一百八十里，叶塘一百八十七里[2]，牌坊坝一百九十里，天顺桥、丰岩堡均二百里，马林岩二百零二里，厂河坝二百零五里，田家嘴二百零七里，杨柳坝二百零八里，王爷庙二百零九里，木瓜墩二百一十里，与平武县叶塘接界。

二、县南

县城出南门，顺岷江南行。红花墩[3]十里，石桥河二十里，东升堡偏东三十里，雄鸡屯二十里，鸳鸯桥二十五里，西宁关三十里，银灯堡四十里，安顺关五十里（河西有支路，过福兴桥右折，达雪布寺，石坝子、牟尼等寨），得胜堡六十里，新塘关七十里，龙潭堡八十里，归化关九十里，北定关二[4]百零五里，镇江关一百二十里（河西岸有支路右折，通大小二[5]边等寨），平番一百二十二里，格达坝一百二十五里，平夷堡一百三十里，金瓶岩一百四十里，镇平一百五十里，甲[6]竹寺一百五十五里，镇番[7]一百六十里，莲花岩一百六十五里，靖夷堡一百八十里，平定关一百九十里，与茂县永镇堡接界。又由甲竹寺偏东进沟至磨子沟二十里，洞子溪十里，一根松十里，一湾水五里，老熊塘五里，土地梁五里，番子岩窝[8]五里，四姊妹五里，黄草坪五里，化子林十里，大岩窝五里，野牛坪十里，长河坝十里，凹口十里，刮刮沟十二里，大石板十里，汪家山十里，油房五里，新店子五里，歇宿岩窝[9]十里，纸厂五里，马鸣五里，吴家梁五里，茶园十里，代都十里，白羊场十里，溜索头十里，上下纸厂十里，与北川县接界。

三、县西

县西属土司，无屯堡。由县分两路：一由牟尼中寨偏西行二百里至毛儿革番部，迤南即三阿坝，三阿树，三果罗克生番地，南达西康之康定，德格地方。

四、县北

县城出北门，顺岷江北行。羊裕屯五里，火烧屯十里，高屯堡二十里，右所屯十五

---

① 六：民国《松潘县志》作“七”。
② 叶塘一百八十七里：民国《松潘县志》不载。
③ 墩：民国《松潘县志》作“屯”。
④ 二：民国《松潘县志》作“一”。
⑤ 二：民国《松潘县志》作“耳”。
⑥ 甲：民国《松潘县志》作“岬”。
⑦ 镇番：民国《松潘县志》作“镇番堡”。
⑧ 窝：民国《松潘县志》作“阿”。
⑨ 窝：民国《松潘县志》作“阿”。

里，大屯堡二十里，虹桥关三十里，漳腊四十里，柏木乔六十里，噶米寺六十二里，小西天七十里，沟八十里，头塘[1]八十五里，二塘坝九十里，金线塘一百里，弓杠岭一百一十里，头道林一百一十二里，二道林一百一十五里，大石头一百二十里，踏马[2]一百三十里，崇畔塘一百四十里，奠安塘一百五十里，干河坝一百五十五里，牛厂一百五十八里，戎隋塘一百六十里，红岩沟一百六十五里，海口子一百六十八里，石阑阁一百七十五里，如意坝一百七十七里，踏藏一百八十里，乱石窖一百八十五里，大鸡寺一百九十里，永和塘二百里，臧杂寨二百一十五里，分汛塘二百二十五里，隆康汛二百四十里，永靖关二百四十五里，沙坝塘二百五十里，宁静塘二百五十五里，二道桥二百六十里，王家磨二百六十五里，黑河塘二百七十里，薛家坝二百八十里，水口坝二百八十五里，燕子垩[3]二百九十里，芝麻塘三百里，龚家坝三百零三里，马厂三百零三里，牌坊坝三百一十里，中田山三百二十里，刀割坝三百三十里，水浮舟三百四十里，上桥头三百三十里，南坪三百六十里。

① 头塘：民国《松潘县志》作“头塘坝”。

② 马：民国《松潘县志》作“骂”。

③ 垩：民国《松潘县志》作“垭”。

种 族

壹．来源及性习

一、汉族及回族

《屯政纪要》：汉回两族，多居各县城市及交通便利之地，俗尚似灌、崇、安、绵各县，而俭啬过之，多业农商。近年烟毒流行，习染者众，生计愈益贫苦。回民除婚、丧、宗教之礼外，大体与汉人相同。

二、番族

《松潘草地分类纪·松潘社会调查》：草地番人，通常称为西番，并称在关外者为生番，在关内者为熟番。究属何种，无明确考证。按西羌之本，出自三苗，其先为白夷甫，炎帝之裔，帝母育于姜水而以姜为姓，故西羌亦姓姜。其国始近南岳，滨于赐支。赐支者，析支也。《唐书》：吐谷浑羌，在益州西北，去青海二十五里，古析支之地，汉西羌之别种也。魏晋以降，西羌微弱，周灭宕昌邓至之后，党项始强。南杂春桑迷桑等羌，北通吐谷浑。其种每以姓别，自为部落，其中拓跋氏为强族之一。有拓跋赤词者，与浑主同抗官军，后相率内附，列其地为懿、嵯、麟、河等州，以松州为都督府，羁縻存抚之。自是从河首积石以东，并为中国之境。后吐蕃强盛，拓跋氏渐为所遏，遂请内徙，总移部落于庆州，因置静、边等州以处之。又者，宋神宗熙宁间，王韶纳沿边番部，岷、岩、叠、弄等州，皆补番官。元时仍属吐蕃宣慰司。明清以后，多概称为番或蛮，而不明叙其种族。据此以论，草地番人，初为羌族，后属番种，不外西羌、吐蕃之遗裔。今别其他屯土之夷人而号曰西番，不过便于区别。但草地各部落，番人纯良者，殆属不多见，若概以生番目之，未免过甚其词也。

又川西夷族，在汉冉駹最大，又有月支胡、白马氏、发羌等族，性勇悍，有力耐劳，善骑射，喜打猎，枪法颇精。重信义而多疑，遇人亦有虚伪，则永弗信焉。好与人斗，若遭杀毙，索取牛羊、布匹、银茶等物，以偿命价，捕盗致死，亦令失主赔偿。

三、羌族

《屯政纪要》：羌民散居于松、理、茂、汶一带山地，与汉族接触之机会最多，同化颇深，有语言而无文字，濡染汉族最久者，并语言亦复遗忘。惟祀神均在屋隅，尚可以资识别。宗教以巫为主，无论婚丧病苦，胥惟巫是求。巫击羊皮鼓唱蛮歌，神曰夷珠，就高山森林中斩牲而祀。近有英教士在汶属上水里等地，宣传耶教，指夷珠即耶稣，谓羌民宗教，与之同源，竟能诱起羌族之信仰，其说诈，其心险矣。羌民职业，类多业农，勤于劳作，性情谨愿。惟俗尚饮酒，醉辄滋事，是其所短耳。

附：松潘民族来源性习表（《屯政纪要》）

种族别	来源	性习	一般之职业	备考
土著汉人	多两湖两广之人，明末清初随军移住。	多数习于怠惰苟□。	除少数能业农商外，余多失业。	
客籍汉人	多安、遂、潼、乐、简、中、平、清、安、绵之人，大多内地经济落伍者。	性耐劳苦，善居积，至俭朴。	或挖药烧碱，或农耕，储积小本，渐事贸迁而致中人产者，实繁有徒。	
回族	由甘肃青海移来。	强悍好胜，宗教观念至深，同族间团结力亦大，与他族不通婚姻。	多业商及屠宰。	
羌族	为屯区土著民族。	习苦耐劳，生活苟简，知识浅陋。	多从事于农业。	
熟番	由青藏移来番族与汉人相习者。	略同羌族。	多数业农牧，在松潘理番边境者，亦间营商业。	
生番	由青藏移来番族之与汉人暌离者。	性剽悍，善射击骑马。	多狩猎，游牧或专事劫夺。	

贰. 番族分布情形

《屯政纪要》：屯区土著，原为羌人。唐宋以还，青藏番族，由西北两方侵逼，使其内窜；而汉族□自东南两方堵剿，遏其越扰，逐寖微弱；迄今仅栖息茂、理、汶一带高山中矣。至青藏番人，则散布于草地及关内各屯土部落，户口数量，甲于各族。汉人虽历代兵威所至，岷江及大金川流域，生聚日繁，然多住于交通便利之城市，其深入理番之五屯四土及草地各部落者，以彼等无组织，政府不扶持，辄被番族同化，良可慨也。若夫回民，户口甚少，松潘较多，懋功次之。兹列屯土概况表于下，以示番族分布之情况。

附：松潘屯土概况表（《屯政纪要》）

名称	官寨地点	种族	辖寨数	户数	口数	备考
拈佑土百户	阿革寨	西番	7	91	200	原属中营，在县治西南。
热雾土百户	热雾	同	17	279	680	同右。
牟尼土千户	包子寺	同	7	126	310	同右，又以上三土官中，以此较强。
峨眉土千户	峨眉喜	猼猓	15	526	1460	同拈佑。

续表

名称	官寨地点	种族	辖寨数	户数	口数	备考
七布土千户	徐之河	同	8	145	420	同右。
麦杂土千户	蛇湾	同	15	583	1300	同右。
毛革土千户	阿按	同	18	468	1200	同右。
阿思土千户	峒大	西番	12	139	1290	原属左营，在县治东北此部，势力较大。
三舍土百户	草峒和药	同	9	120	540	同阿思。
下尼①巴土百户	下尼巴	同	8	129	340	同右。
寒盼土千户	寒盼	同	9	161	550	原属漳腊营，在县治北。
商巴土千户	商巴	同	11	117	440	同右。
祈命土千户	祈命	同	11	172	510	同右，漳腊金厂在其属境。
羊峒土目	羊峒踏藏	同	3	164	380	同寒盼。
阿案土目	阿案	同	4	158	390	同右。
抡药土目	抡药	同	2	31	110	同右。
押顿土目	押顿	同	2	110	330	同右。
中岔土目	中岔	同	3	116	308	同右。
郎寨土目	郎寨	同	3	118	304	同右。
竹自土目	竹自	同	3	87	112	同右。
藏咱土目	藏咱	同	3	110	330	同右。
东拜土目	主亚	同	2	115	320	同右。
达弄土目	恶坝	同	2	111	500	同右。
香咱土目	香咱	同	7	537	573	同右。
咨马土目	咨马	同	2	324	682	同右。
八顿土目	八顿	同	2	285	382	同右。
上包座土千户	佘湾	同	9	266	332	原属漳腊营，在县治西北。
下包座土千户	竹当	同	10	187	382	同右。
川柘土千户	川柘	同	7	322	554	同上包座，又川柘为废潘州故址，地形重要。
谷尔坝土千户	那浪	同	7	265	524	同上包座。
双则土千户	红凹	同	7	311	632	同右。
上撒路土百户	木路恶	同	8	77	240	原属漳腊营，在县治西北。
中撒路土百户	谷按杠	同	8	98	280	同上撒路。

① 尼：亦作“坭”或“泥”，均为音译。

续表

名称	官寨地点	种族	辖寨数	户数	口数	备考
下撒路土百户	竹弄	同	14	174	480	同右。
崇路土百户	谷谟	同	24	423	880	同右。
作路土百户	森纳	同	8	101	220	同右。
上勒凹土百户	贡按	同	6	118	280	同右。
下勒凹土百户	卜顿	同	6	150	300	同上撒路，以上自上撒路共称口外铁布七寨，甘肃杨土司颇觊觎之。
班佑土千户	班佑	同	1	18	45	旧属漳腊营，在县治西。
巴梅土百户	色既坝	同	17	274	652	同右。
阿细土百户	柘弄	同	10	168	352	同右。
上作革土百户	上作革	同	1	57	210	同右。
合坝土百户	独杂	同	1	66	210	同右。
辖漫土百户	辖漫	同	1	124	390	同右。
下作革土百户	下作革	同	1	113	380	同右。
物藏土百户	物藏	同	1	41	230	同右。
热常土百户	热常	同	1	72	250	同右。
磨下土百户	磨下	同	1	21	78	同右。
甲凹土百户	甲凹	同	1	54	220	同右。
阿革土百户	阿革	同	1	60	260	同班佑，以上班佑十二部落，近来情势迁变，详说明一。
郎惰土百户	郎惰	同	8	143	690	旧属漳腊营，在县治西北。
鹊个土百户	鹊个	同	4	261	410	同郎惰。
上阿坝土千户	甲多	同	37	1158	3311	在县治西南，半耕半牧。
中阿坝土千户	麦杂	同	46	1794	3720	同上阿坝。
下阿坝土千户	阿强	同	39	882	2110	同上阿坝，称口外三阿坝。
上俄罗克土百户	车木塘	同	10	251	151	口外三俄罗克，在现治西南，居民以狩猎、畜牧为生，上郭罗克现约二千户。
中俄罗克土百户	插落	同	17	485	1640	同上俄罗，现约二千余户。
下俄罗克土百户	纳卡	同	29	333	1110	同右。
上阿树土百户	银达	同	35	257	810	以下三阿树在县治西南，曾被甘边拉卜楞寺侵扰，以狩猎、游牧为生。

续表

名称	官寨地点	种族	辖寨数	户数	口数	备考
中阿树土百户	宗个	同	27	488	1020	
下阿树土百户	朗达	同	26	240	870	
小阿树土百户	小阿树	同	1	136	542	
丢骨土千户	丢骨	同	24	184	480	旧属平番营，在县治东南。
云昌土千户	云昌	同	29	281	810	同丢骨。
呷竹寺土千户	呷竹寺	不详	18	100	318	原属平番营，在县治南，原系三十二寨，归流者十四寨，民多汉化。
中羊峒土司	隆康	西番	7	124	698	原属南坪营，在县治东北，民多汉化，其土司均已改为守备。
下羊峒土司	里角浪	同				已改土归流。
芝麻寨土司	芝麻寨	不详	5	86	303	同中羊峒。
中田寨土司	中田寨	同	4	72	717	同右。
勿谷土司	勿谷	同	8	196	782	同右。
边山寨土司	边山	同	8	182	741	同右。
小姓寨土司	小姓	同	18			同右。
共计	七十二部落	西番六二	632	14577	37364	
		獏猓四	56	1722	4380	
		不详六	61	636	2461	
		七二	749	16955	44205	

附注：右表为屯署甫成立时之调查，据二十二年，谢处长培筠之调查，则有左之变迁。

一、班佑作革等上十二部，变更为班佑上作革、唐个、辖米、漠鲁、上中下郎洼、阿细寨、基落帐房①、洪洼作克采、物藏、热当、阿革、宋热拉落帐房、特阿三部等十三部落，约三千二百户，而特阿一户，即占二十余户。

二、乔阿一部，现通称为三乔柯，分四部：一为阿西齐哈马，约五百户；二为下乔柯，约三百户；三为勒尔乌，住黄河南北岸，约一百户；四为阿万，约二百户。

三、除表列各部之外，尚有三安曲及三瀼口各部，在草地间。上安曲毒马、下安曲噶孙马，位阿坝瀼口间，本应属理番，约六百余户。虽均有土官，然其权均在安曲茶理寺大喇吗②额耳娃之手，庞然自大，应予裁制者也。三瀼口在梭磨安曲之间，旧属理番，约五百户。

补：第十六区谢专员培筠《报告》：番夷部落之现状，所列如左。

甲．松潘关内二十部落原为拈佑、热雾、牟尼三部，峨眉、七布、麦杂、毛革四部，阿思岗、三舍、下泥巴三部，丢骨、云昌、呷竹、小姓六关四部，隆康、芝麻、边山、中田、勿谷、黑各郎六部，现在该各部情形已有变更。今列如次：

---

① 基落帐房：原作“落帐房”，据《勘误表》改。

② 喇吗：当为“喇嘛”。

（一）大姓云昌，兼有昔之云昌、丢骨、小姓六关三部，土地人民共管六十八寨，番民六百余户，番兵千余人，为松南第一强大部份。土官荣德清，人极干练，性原狡黠。去岁晋省，经绥署委以松潘云昌大姓宣慰员，尚知感激。历与大小黑水及巴躲诸部积有隙怨，因与大寨及丁坭巴、毛牛沟新土官郎介互为声援。

（二）大寨、阿思岗，现任土官王道生，人尚明达，其地以未经“赤匪”“焚劫”，番民比较殷实，共管十二寨，凡二百余户。地当松潘之东，对于关内各部有举足轻重之势。

（三）下坭巴现管寨落十四，住民百余户，官寨距松城东十五里，势力衰微，汉化较深。现任土官常渣，去岁曾晋省，经绥署委为松潘下坭巴宣慰员，于诸部中乃稍有地位。

（四）毛牛沟，原非强大部落，官寨在松城南十五里，原仅管七寨，历用兼并关系，至拈佑、热雾，均被统辖，现共管三十三寨，番民约千户，在关内二十部落中地广民众，莫与比伦。土官陈仁清去岁病故，其妻绿哥少不更事，而又心怀叵测，于本年二月私赘理番县属黑水之二水头人苏永和为夫，各头人反对，遂拥故土官格巴之子郎介继任土官，引云昌大寨等部为外援。绿哥遂召苏永和陈兵境上，上官寨巴躲土官又为之声援。经本署严令制止，派李阳三及林波寺活佛协助县府妥为处理，以郎介为毛牛沟正土官，陈仁清之子戛浪林码为副土官，绿哥监护家事，遂告平息。

（五）猼猡子，在松潘西南，与理番黑水接壤，现分五部：乌木树、茨木林、蛇湾、泽坝（俗称小黑水）、毛儿盖（俗称大黑水），均位于黑水上游。乌木树、茨木林两部，即由昔之峨眉一部分离，蛇湾即麦杂，泽坝即七布，毛儿盖即毛革，现任土官阿罗革家，系黑水夷人，故与黑水沆瀣一气。其地山叠水复，地野人犷，五部区域，纵横四五百里。伊古以来，政教未加，除毛儿盖外其余四部人民习于偷盗，均以抢掠为生[①]，邻区时遭其骚扰，地方政府无法控制。

（六）隆康、芝麻、边山、中田、勿谷等五部，大抵汉化，现已编联保甲，隶属松潘第二区署管辖，黑角郎一部在前清已改土归流。

乙．松潘关外五十二部落，原为上三寨三部，羊岗八寨，后山五寨共十三部，包座五部，铁布勒凹七部，作革十二部，阿坝、阿树、果洛各三部，鹊个、郎惰两部，小阿树一部，现在各部情形已大变更，兹列如次。

（一）上三寨，位于漳腊附近，本在黄胜关内。因前清隶属漳腊营关系，乃并称关外，该三部落原只寒盼、祈命、商巴三寨。民国以来，商巴式微，所属巴躲寨小土官列噶腻，狡猾强干，谋取商巴土官代之。因籍黑水与包座之力，遥为声援。商巴亦藉云昌大寨之势，以相指撑。本年五月双方备战，本署派宣慰委员李阳三、夷务主任任羽通、通译马登霄等前往处办，召集双方土官老民及有关人证，详为评理，由本署决定商巴与巴躲各自分立，同隶松潘县第三区署管辖。此山寨地居要冲，虽人民不多，“汉奸番蠹”，每由此起，故不可不注意。

（二）羊岗八寨及后山五寨，地域广漠，民生穷苦，盗贼之风甚炽，庚申辛亥两次

---

① 原作者站在当时国民政府反动的政治立场，故有此不实之语，读者勿受其误导。

夷变均曾参附，与上三寨常有密切联络。

（三）包座五部、铁布勒凹七部，地邻甘肃，为潘州故地。昔日部落各有攸分，只以地势窎远，地方政府鲜有过问，所有部落或自为分合，或依附甘省，名称大半改易，此疆彼界，言人人殊。按籍征询，莫可究办。其中崇路、作路等部，土官绝嗣，暴民纷起，行劫于甘川两省，迭起重大纠纷。去岁，卓仓活佛率领巴细土官阿纽、独玛土官特诺代表包座作革等部入省觐见，蒙绥署委以宣慰长、宣慰员等职衔，比其归去竭力宣传，该地夷人，乃稍知国家现状。计番民约二千余户，大抵以牧畜为生，业农者殊少。

（四）作革十二部落，以班佑为首，业牧畜，习劫掠，与包座铁布无殊。

（五）上、中、下三阿坝，土官甚多，均受墨颡老土官杨俊札西之节制，其人性尚忠醇，素极倾诚政府，以保卫地方为职志，安固边疆，询属可使之材。下阿坝地方有麦昆部落，户口三百余，与甘肃拉不楞寺往还亲密，既不尊重地方政府，复无国家观念。

（六）上、中、下三果洛克，地居黄河两岸，均以游牧为业。民二十四年，青海设立同德县，含混划归统辖。去岁，设置称多县，又圈入称多县境。在该地白衣寺常用驻兵一团，守收草头税。本年七月，遭番袭击，团长殉职，官兵死者甚众。

（七）上、中、下三阿树及小阿树四部，于清咸同年间，被甘番拉不楞寺侵占，部落已分崩离析，人民则流离转徙。至光绪二十年，墨拉夷案解决，恢复旧制已不可能，回乡难民，遂依山川形势，游牧便利，自相团结，新起旧号，演为今之黄河沿各部落。其人民最无国家观念，甚至不知何省管辖，或自以为独立部落者亦有之。

（八）鹊个、郎惰两部，原在松理交界河坝卓克基之间，不知何时鹊个迁于黄河曲一带，而成今之三乔河。郎惰仅余一小寨，不成部落。两部现受拉不楞寺宗教势力之浸润甚深。

（九）阿西墨洼，原为西康德格县属番夷。民十九年，始率部迁来。墨颡大土官杨俊扎西置于阿姆河与噶溪河之间，给予旷地，纵横各五百余里，生养休息，渐臻富庶。现已成为草地一大部落，计有六百余户，土官郎诺及其子衮登尚纯谨。

四川省建设厅《川西垦牧区调查报告》番夷状况：

松潘——除回汉二族外，大都皆为番族。因交通所限，在黄胜关内之二十三部落，常与汉人接触，故称熟番。在黄胜关外之四十九部落，则因政治势力不易及，故称生番。

（甲）熟番在黄胜关内，计分二十三部落如下。

（子）拈佑、热雾、牟凡[①]三部落，有一部落已编组保甲，尚倾向政府；（丑）峨眉、七布、麦杂、毛革四部落，为獮猡子种，性情较其他夷人慓悍，未编组保甲，尚倾向政府；（寅）珂思、和药、下泥巴三部落，有一部已编组保甲，尚倾向政府；（卯）丢骨、荣昌小姓、六关、呷竹四部落，呷竹所管之三十二寨中，有十四寨已改土归流；（辰）隆康、芝麻、边山、中田、勿谷五部落，直接由南坪区管辖，尚服从政府；（巳）黑角郎一部落，清雍正年间归诚，至咸同间因汉人迁往者甚众，习俗相移，已改土归流；（午）寒盼、商巴、祈命三部落，通称为上三寨，

① 凡：当为“尼”。

已编组保甲，尚知服从政府。此三寨原属漳腊营管辖，故普通多划入关外，而称关外为五十二部落。

（乙）生番在黄胜关外，计分四十九部落如下：

（子）羊峒、踏藏寨、阿树、挖药、押顿、中岔、郎寨、竹自、藏咱、东拜、王亚、达弄、恶坝、香咱、咨马、八嘶共十三部落，未编组保甲，尚安静住牧，知服从政府；（丑）上包座、下包座、川拓、谷子坝、双则红凹五部落，未编组保甲，其中谷子坝与双则红凹等寨，与甘肃杨土司属地接壤，闻杨有觊觎之心，且川拓为潘州故址，形势重要，而达戒寺又为川甘商务要道之一，亟应划清省界，以免纠纷；（寅）上中下三撒路、崇路、作路、上下勒凹，通称为铁布撒路七部落，未编组保甲，亦与甘肃杨土司连界，亦有划清省界之必要；（卯）班佑、巴细、阿细、上作革、下作革、会坞、辖米、物藏、热当、磨下、甲凹、陶革十二部落，西北边与甘肃桑杂各番连界，西南与卓克基连界，但迩来因兼并及分离关系，已与上述大异，上述中之巴细、合坝、下作革、磨下及甲凹五部落，现已无此名，但又新添唐个、谟鲁、上中下郎洼、洪洼、作克、宋热、拉落帐房、特阿降杂、特阿藏凹、特阿崇热、喇嘛恪尔低等部落，以及泽登、蒋素朗、格朗隆初等土官；（辰）乔柯、郎惰二部落，未编组保甲，于民国二十二年经召集在齐哈玛开导，始知有政府，今通称为三乔柯，而内分齐哈玛、下乔柯、勒尔玛及阿万四部落；（巳）上中下三阿坝三部落，未编组保甲，上阿坝共管二十余寨，各有土官，中阿坝直辖十六寨，下阿坝共管十寨，其大土官尚知服从政府，但其所属，因与甘肃之拉不楞寺相邻，故时发生省界及隶属问题；（庚[①]）上中下三果洛三部落，未编组保甲，尚知有政府，亦因与拉不楞寺相邻，故发生隶属问题；（辛[②]）上中下之阿树及小阿树四部落，前清咸同间被甘肃拉不楞寺侵占，及光绪十七年，川甘两省总督奉朝命派员查办，勒令拉寺退还侵地，撤回管寨喇嘛，始各相安无事；（壬[③]）此外在黄河边，尚有旺清夺巴、木花藾、班马本、旺达本、衣藾、吉隆得朗、旺汝刷尔朗、上中下三达克、托绒、倘绒、凹罗、思满、游尔打、色耳打、周基、雪花、杠花藾、霍耳秋、甲耳低、吉口纸各部落，位于四川、甘肃、青海及西康之边境，年来政府既未暇过问。各部落土官，均踞地自雄，亦不知有政府，亟应从速清厘，确定疆界。

叁. 番民之特征

《松潘社会调查》：川西夷族，在汉冉駹最大，又有月支胡、白马氐、发羌等种。性勇悍有力，耐劳喜骑射，喜打猎，枪法颇精，重信义而多疑，遇人一有虚伪，则永弗信焉。好与人斗，若遭杀毙，索取牛羊、布匹、银茶等物，以偿命价。捕盗致死，亦令失主赔偿。

① 庚：当为“午”。

② 辛：当为“未”。

③ 壬：当为“申”。

户　口

壹．户口概况

《松潘社会调查》：松潘地毗西番，汉夷杂处，汉人仅占十分之一二。全县人口，向无确实调查统计，汉回人民约计四千余户，人口三万余，居住于县城、漳腊、南坪及小河营等处。生熟番夷，七百二十寨。熟番二千余户，约二万余人；生番约七千余户，四五万人；散住于内外部落。

贰．数量

《屯政纪要》：屯区人种，计有汉回羌番之别，其种族数量，如表：

县别	汉族		番族		共计		备考
	户数	丁口数	户数	丁口数	户数	丁口数	
松潘	5787	33528	16955	44205	22742	77733	

右表所列，回附于汉，羌附于番，以其数少也。

按：上列二项，数目略有差异，兹并存之，以资参考，又各土户数目，详见“种族”门。

叁．最近户口概数

《二十五年四川省政府档卷》：5384 户，23783 口。

补：四川省建设厅《西北边区垦牧调查报告》：松潘县及草地人口共有十二万余，其中西番约占百分之七十五，以农牧为生活；汉人约占百分之二十，以经商或农工为生活；猼猡子约占百分之四，以雇工为生活，从事于打井、筑墉及打土坝等工作；羌人约占百分之一，以农牧为生。

官　制

壹. 职官

《松潘社会调查》：县府设县长一人，司法一人，秘书一人，会计一人，收发一人，一、二科长各一人，科员各三人，法警十三人。经费，本县每年收入国税项下支拨千余元。

贰. 土司

一、总论

《县志·土司篇》：沿边番部，在宋熙宁间，设置番官，编置土丁[①]。其意以汉管夷，不若以夷管夷之为便也。松潘僻界西夷，地方辽阔，前代置长官司十七、安抚司四，统领番众，护卫边防，土司之由来久矣。然年湮代远，添设者有之，省并者有之，兹合全境二千余里，照《四川通志》所载次第调查，部落为七十二，土司亦七十二，管辖番寨若干，番户若干，男女丁口若干，逐一详列，庶无差缪。但土司阶级有三：一曰土千户，正五品，与汉营守备同，旧例承袭必朝觐，三年入贡一次；一曰土百户，正六品，与汉营千总同，承袭不朝觐，换部颁号纸一次；一曰土目，与汉营外委同，颁发号纸或委牌，世袭其职，亦不朝觐；此皆清康熙间，各部投诚，分别授职。迨咸丰庚申，番乱陷松，既而平复，又就前项土司改授土守备、土千户、土把总、土外委，酌给土饷，以示羁縻。惟朝觐入贡，仍遵旧章。宣统辛亥之变，逮夫民国恢复，觐典饷需，均经停止，抚夷之术，寖见荒疏。所望筹边者，设法以善其后也。

二、土司之分布

《松潘草地分类纪》：松潘所属番人，在有清一代，分为七十二部落，各部土官，或为土千户，或为土百户，或为土目，授职有差，管辖寨落，原有定数，朝觐贡赋以及颁给土饷，亦有定章。并设文武专官，为之镇摄，以是汉夷绥和，边境宪安。政变以还，国家多故，川省亦常有战事，无暇问及边务，加以松镇既撤，汉军亦废，仅一松潘县

---

① 编置土丁：民国《松潘县志》作“宋乾道间编置土丁”。

府，实有鞭长莫及之感。遂致各寨番目，互争雄长，或以小兼大，疆域视实力以为区分，人民亦罔知有政府。部落之数目，与十余年前考查所得者，大有不同。甚或喇嘛寺院，藉故横行，侵略番寨，剥削人民，亦时有所闻。倘再不从事清厘，设法抚绥，恐番情将不可究诘，而边陲亦因之多事，殊非国家之福也，更何经营之足言耶？兹以昔之七十二部落为标准，而叙列其变更之情形，于松属番人之现状，自易一目了然也。

拈佑、热雾、牟尼三部落，旧属松潘镇中营管辖，距县城西南数十百里不等。拈佑户口约九十户，热雾户口约二百八十户，牟尼户口约一百二十六户。各寨之中，以牟尼土官较有势力。

峨眉、七布、麦杂、毛革四部落，旧属松潘镇中营管辖，距县城西南二三百里不等。峨眉户口约五百二十六户，七布户口约一百四十五户，麦杂户口约五百八十三户，毛革户口约四百六十八户。峨眉、七布、麦杂三部落，即今乌木树土官鄂朗雄、慈巴[①]土官双喜、次木林土官宜玛、三獏猡子所辖之地面。毛革土官曰仁清，通常称之曰毛而[②]盖云。

阿思、和药、下坭巴，三部落旧属松潘镇左营管辖，距县东北百数十里不等。阿思户口约一百三十户，三舍、羊峒、和药户口约一百二十户，下坭巴户口约一百三十户。此三寨中，以阿思、下坭巴较有势力。

寒盼、商巴、祈命三部落，旧属松潘漳腊营管辖，距县城北四十余里。寒盼户口约一百六十户，商巴户口约一百二十户，祈命户口约一百七十户，漳腊金厂即在祈命所属之水桶寨、黑斯寨、东湃寨各地。东拜巴朗土官，近来亦直接对外人通商。今之上三寨，即寒盼、商巴、祈命三寨；下三寨，即牟尼、大寨、下坭巴三寨；而大寨又即阿思峒大寨也。

丢骨、云昌、小姓六关、呷竹四部落，旧属松潘镇平番营管辖，距县城东南二三百里不等。丢骨户口约一百八十户，云昌户口约二百八十户，呷竹计管三十二寨，内十八寨，实由小姓六关沟管辖，其余十四寨，改土归流，居民共约四百户。

隆康、芝麻、中田、勿谷、边山五部落，旧属松潘镇南坪营管辖，距县城东北三四百里不等。隆康户口约一百二十四户，芝麻户口约八十三户，中田户口约七十户，勿谷户口约二百户，边山户口约一百八十户。以上五部落，可直接由南坪分县管辖。

黑角郎一部落，亦属南坪营管辖。雍正年间归诚，逮于咸丰同治间，汉民迁往者众，习俗相移，早经改土归流。

羊峒踏藏寨、阿按、挖药、押顿、中岔、朗寨、竹自、藏咱、东拜王亚、达弄恶坝、香咱、资马、八顿八部落、后山五部落，共十三部落，旧属松潘镇漳腊营管辖（按以下各部均旧漳腊营管辖，即不赘列），距县城北行偏东二百余里不等，与县属南坪、甘省武郡、文县连界。羊峒户口约一百七十户，阿按户口约一百六十户，挖药户口约三十户，押顿户口约一百一十户，中岔户口约一百一十六户，朗寨户口约一百二十户，竹自户口约九十户，藏咱户口约一百一十户，东拜王亚户口约一百一十五户，达弄恶坝户

① 慈巴：原为“慈”，据《勘误表》改。
② 而：亦作“耳”。

口约一百一十户，香咱户口约五百四十户，资马户口约三百二十四户，八顿户口约二百八十四户。以上十三部落，近年以来，均知安静住牧，虽与甘省接壤，尚无与别部勾结情事。

上包座、下包座、川柘、谷尔坝、双则红凹五部落，距县城西北约三百里，与甘省临潭县属杨土司属地连界。上包座户口约二百七十户，下包座户口约一百九十户，川柘户口约三百二十户，谷尔坝户口约二百七十户，双则红凹户口约三百一十户。以上五部落，其谷尔坝，双则红凹等寨，既与甘属杨土司属地接壤，我方亦未常过问，杨土司不无觊觎之心。且川柘为潘州故址，形势重要。由松潭至包座之达戒寺，又为川甘商务要道之一，现时应特别注意。

上撒路、中撒路、下撒路、崇路、作路、上勒凹、下勒凹，为铁布撒路七部落，距县西北四百余里，与甘属杨土司连界。上撒路户口约八十户，中撒路户口约一百户，下撒路户口约一百八十户，崇路户口约四百三十户，作路户口约一百户，上勒凹户口约一百二十户，下勒凹户口约一百五十户。以上七部落，称为口外铁布七寨，多与甘属杨土司接壤，川省未常过问，杨土司宣言，各部应归其管辖，宜加之意焉。

班佑、巴细、阿细、上作革、合坝、辖米、下作革、物藏、热当、磨下、甲凹、阿革十二部落，距县城西北远近不等，大约七八百里，西北与甘肃桑杂各番地连界，西南与卓克基连界。

按：班佑、上作革十二部落，迩来状况，与前略异，寨名亦且不同，兹记之如次。

班佑大土司纳清、上作革独马土司旦柯、唐个土官万清、辖米土官阿义克、谟鲁土官革贡甲、上中下朗洼土官泽花、阿细基寨落帐房二部土官俄洼、洪洼土官旦遮确甲、作克采土官笃泽、物藏土官赫诺、热当土官阿登、阿革登热拉寨落帐房二部土官劳那，特阿降杂、特阿藏凹、特阿崇热、喇嘛格尔低，并有土官泽登、蒋旺索朗、格朗降初，住民共约三千二百户，而以阿特一部人口比较稠密，约占各部落三分之二。

乔柯、郎惰二部落，距县城西北约八百里。

按：乔柯今通称为三乔柯，内分四部：即阿西齐哈玛土官阿俊，住民约五百户；下乔柯住民约三百户，勒尔乌土官阿采，住黄河南北岸，住民约一百户；阿万住民约二百户。至于郎惰户口约一百五十户，与乔柯、卓克基、下阿坝接壤。

上、中、下三阿坝三部落，距县城西南约八百里，一部分与甘肃黄河沿各番地及卓克基连界。

上阿坝独音寨土官蒋旺札西、锡恩寨禄歌、曾达寨土官学德，甲桑寨土官哇克采，上四凹寨土官安布贡确甲、木耳额、霍耳额，中四凹寨土官泽朗、甲柏尔歌、贡确甲，下四凹寨土官噶尔藏、唐哇寨土官茶托，纳西寨土官泽不休、禄世顿、汪世甲，上摄头寨土官恒措、下摄头寨土官物顿、唐迈寨土官噶尔壤、饶哇寨土官噶样、茶不浪寨土官春林甲俊、阿梗寨土官索望，以上统称之曰上阿坝六寨，住民共六百余户。

中阿坝黑额大土官杨俊扎西，于民十八年兼川西汉军第一路游击司令，直辖十二寨，约一千五百户。此外黑耳玛四寨，约一百五十户；贾诺、热诺、纳格藏三部，各约一百三四十户；阿西黑洼约六百户；阿布色凹约八十户；亦受墨额大土司节制，曾与其拴头。

下阿坝、安羌六寨，约八百户，受果洛康撒大土官康万庆节制。麦士昆四寨土官得格尔甲，虽知有政府，恒趋向不定，时向甘省拉不楞寺拴头，又时言曾投黑水白脑壳头人，其寨落帐房共约三百户。

按：阿坝果洛各部，统称之为十二部落。

上中下三果洛即郭罗克三部落，距县城西南约千余里，以上一部与甘肃黄河沿各番及西康夷地连界。

上果洛，阿俊贡玛姓孙，小帐房洪姆阿妇（俗称女王子）属之。有一部分于黄河南北岸，迁徙不定，人民共约二千户。

中果洛，阿俊康干，人民约一千余户，俄朗本康干所属，现系拉不楞寺人为其部土官。

下果洛，阿俊康撒大土官康万庆，人极英俊练达，服从四川政府，斜克穹藏昆为其所属，人民共约二千余户。三黑帐房，昔本受其节制，今有向青海方面，缴纳草头税者。

又旺清夺巴、木花颡，共约二千户；斑马本八土官及旺达，共约一千五百户；本衣颡、吉隆、得朗、旺汝、刺尔朗、上中下三达克托，共约一千六百户；绒哇、罗思满、游耳打、周基、雪花，捏耳旺土官杠花颡，独耳旺土官霍尔秋、甲尔低，吉口绒各部落，多在黄河沿岸住牧，在昔皆为四川所管辖。近十年来，政府未尝过问，各部土官踞地自雄，已不知有政府。其界在四川、甘肃、青海、西康之间，边境混淆，事所恒有，亟望吾川当局，知会关系各省，遴派专员，从事清理，确定疆界，庶番人知有宗主，而各省邻谊，亦因之辑睦也。

上中下三阿树及小阿树四部落，距县西南约八百余里。一部与黄河沿岸甘肃鞑子各番连界，共约一千二百户。前清咸同年间，被甘番拉不楞寺侵占殆尽。及光绪十七年，川甘两省，奉朝命派员查办，勒令拉不楞退还侵地，撤回管喇嘛及假土官，始各相安无事。近年以来，其部落状况若何，各部土官为谁，无从考查，或递变为黄河沿各部落，亦未可知，此边地之所以亟待清厘也。

以上所述，即关外五十二部落之概况，但草地之间，尚有安曲三部落，即上安曲独玛、中安曲龙子玛、下安曲噶孙玛，界在阿坝、瀼口之间，厅属理番，共约六百余户。各部亦有土官，其大权全操于安曲茶里寺大喇嘛额尔洼之手，夜郎自大，同时政府宜注意及之。

又瀼口界在黑水、梭磨、安曲之间，旧属理番管辖，户口共约五百户。上瀼口土官札姜切颡，中瀼口由盘他活佛管理，下瀼口无土官，则与黑水头人夺耳吉（即白脑壳头人）拴头，均知安静住牧。特附记之，以供留心边事者之参考。

三、土司之组织及对汉夷关系

《屯政纪要》：西番土官，沿自前清，民国尚无规定，大约称土千户，曰大土官；土百户以次曰小土官；其次曰寨首、兵头；辅佐土官负治理民事、指挥、军事之责。前清时代，政府对于土官，岁颁土饷，为数虽微，足示羁縻；部落对于政府，岁纳稞麦，折缴军马亦有定章。改变以还，二者俱废。政府与土司之间，似已无若何关系。至番民对于土官，年纳稞麦、酥油及其他所得品，视土官待人民之厚薄而有轻重之分，殆无一定税率。土官之土地，由人民为之耕种，收获不给值，各寨男妇，且需在官寨轮流上班当差，自备口食。人民互有争执，视情节轻重，就质于寨长或土官。各部土官互有争执，则由居间之土官或寺院喇嘛为之调解，曰“说口嘴”，绝少诉之于官府请求处理者。人民格斗毙命，常取牛马、布帛、银茶，以偿命价。行劫为盗，乃番人之通性，以能劫取他人财物者，曰为“好汉子”，以猼猓子尤甚。如缘捕盗致死，失主必须赔偿命价，有此恶例为之护符故也。番人喜带刀剑，互有争论，无论理由谁曲谁直，以先抽刀者为负，必取罚金。有事出兵，人民皆应征调，枪弹粮秣皆自备，无或敢抗，缘种族自卫观念素强，违反命令，罚金至重故也。

四、现在土司之姓名及职务

《屯政纪要》：廿一年、廿二年、廿八年三次派员出关抚绥各部，并委任墨颖土官以军职，坚其内附。各部落亦历次遣使赴屯署及二十八军部谒见，贡献方物，表示倾心。关内部落，除原有小阿营、平番营各土司，早经改土归流外，其余各部，均由县府照团务组织，分别编组团甲，使县府权利，直接入于民间，为他日改土归流之准备。其编组之团甲，如次表：

叁. 附松潘县政府编委团职之西番各土官姓名一览表

原有区别	旧称	姓名	编定区别	编定职别
毛尔革	土官	苏仁杰	西三区	区团长
云　昌	同	荣德清	南二区	同
柜　扒	同	包佐成	同	中队长
阶　沿	同	甘成德	同	小队长
大　寨	同	王道生	东一区	区团长
深　沟	同	申堂高	同	中队长
毛尔革	千总	毛有清	西三区	同
深　沟	外委	贾培德	东一区	小队长
毛尔革	把总	郭加德	西三区	分队长
同	外委	文　波	同	小队长
牟尼沟	守备	陈仁青	西一区	区团长
寒　盼	同	韩成德	北一区	同
祈命寨	同	齐印吉	北二区	同
山巴寨	同	山登宝	北三区	同
寒盼寨	千总	哈克登	北一区	中队长
如粟寨	新任	吴当孝	南一区	同
巴躲寨	千总	吴范九	北三区	区团长兼副中队长

续表

原有区别	旧称	姓名	编定区别	编定职别
兔儿寨	把总	赵物丹	北二区	分队长
橡子沟	同	齐　达	北三区	同
长　沟	外委	李德高	同	小队长
东北土官	千总	唐　高	北二区	中队长
沿山子	外委	祝　雅	北区寒盼	小队长
元坝子	同	千　保	南二区	同
丁如土官	把总	丁名扬	南二区	分队长
谷斯副土官		旦真博	南一区	副区团长
七寨大土官	守备	尚　查	同	区团长
额拉秀	同	徐家孝	南三区	区团长

补：谢专员培筠二十七年十月《报告》本区现番夷各部落概况表

部落名称	首领姓名	沟寨数	户数	备考
大姓云昌土守备	荣德清	六十八寨	六百余户	包括丢骨、呷竹、小姓六关三部在内
大寨土守备	王道生	十二寨	二百余户	
和药土守备	恩　多	九寨	一百余户	
下坭巴土千总	常　喳	十四寨	一百余户	
毛牛沟土千总	郎　介	三十二寨	一千余户	包括拈佑、热雾两部在内
毛儿盖土守备	阿罗格家	十八寨	四百余户	
茨木林土守备	徐家孝	十八寨	八百五十余户	
乌木树土千总	益　西	五寨	三百余户	
蛇湾土守备	俄哇逵偕	十五寨	五百七十余户	
泽坝土守备	尼　妈	八寨	四百三十余户	
芝麻土守备	择利叟	五寨	六十余户	已编保甲
隆康土守备	喇嘛叟	七寨	五十余户	同上
中田土守备	杨承先	四寨	七十余户	同上
边山土守备		七寨	七十余户	同上，土官早已绝嗣
勿各土千总	抽西他	四寨	一百五十余户	同上
关外土外委		五寨	二百余户	同上，自马成骐死后，已绝嗣 以上为松潘关内二十部落
寒盼土守备	韩成德	九寨		

续表

部落名称	首领姓名	沟寨数	户数	备考
山巴土守备	泽忍王介	四寨		原十一寨，已有三寨改归第三区署直辖，五寨分于巴躯
巴躯土外委	列噶膩	五寨		
祈命土守备	祈郎吉	十一寨		以上四部为旧日上三寨
踏藏寺千总		四寨	四十余户	
阿按土目		二寨	二十余户	
挖[①]药土目		二寨	二十余户	
中岔土目		三寨	三十余户	
郎且土目		四寨	五十余户	
竹自土目		三寨	三十余户	
藏咱土目		三寨	四十余户	
押顿土目		二寨	二十余户	以上为羊峒八寨，以其部落狭小，各土官姓名尚待查考
东拜土目		二寨	四十余户	
达弄土目		二寨	六十余户	
香咱土目		七寨	五十余户	
咨马土目		二寨	五十余户	
八顿土目		二寨	四十余户	以上为后山五寨，地在黑水上游，情形同羊峒八寨
阿什基寨	阿洼达尔寨		四百余户	寨数未详，其首领均称土官，旧衔亦不详
降　藏	丹巴彭错		三百户	同上
求吉寨	什　德		二百四十户	同上
格尔可寨[②]	恶特尔		二百户	同上，土官本名不详，浑名恶特尔，意犹贼也
勿日麦杂寨	达格拉		二百余户	即下包座
勿日夺巴寨	夏　阳		三百户	即上包座
巴　细	阿　纽		三百户	
卓藏寺	卓仓藏活佛		僧徒三百人	各寺系独立自主并有百姓及地方
巴西宣慰长	卓仓藏			
求吉寺	求吉活佛		僧徒四百余人	以上为包座区域
班　佑	泽旺扎西		一百余户	原为土千户

① 挖：上文作“挖”。

② 格尔可寨：原作“格尔寨”，据《勘误表》改。

续表

部落名称	首领姓名	沟寨数	户数	备考
独　玛	旦　柯		二百余户	独玛，宣慰。特诺，即旦柯之子
唐　个	白尔清王休		三百二十户	
辖　米	阿　牛		五百余户	
呷溪卞	罗　珠		二百户	
物　藏	何尔滚假		一百五十户	
牙革东	阿　胆		四百户	
热耳帐房	郎　拉		二百户	
阿溪帐房	严布尔甲		三百户	
热耳寨			八百户	即作路部落，土官绝嗣。豪强自立，不相统属，以做贼为业
从　耳			五百户	即崇路情形，同上
降　渣			四百户	亦无土官
赞　洼	阿旺管家		二百户	土官之名，已无人知，唯知阿旺管家耳
兰　洼	线充甲		三百五十户	
索格藏寺	麻勒大管家		僧徒一百人，百姓百余人	以上为作革十二部区域
阿西齐哈玛	阿　俊		五百余户	
下乔柯			三百余户	土官未详
勒尔乌	阿　采		一百余户	
阿　万			二百余户	以上四部为昔之鹊个
郎　惰			一百五十户	
犹音寨	蒋旺扎西			
锡恩寨	禄　歌			
曾逵寨	学　德			
甲桑寨	哇克采			
上四凹寨	安布贡确甲			
中四凹寨	泽朗甲			
下四凹寨	卜尔哇			
墨穷寨	噶尔藏			

续表

部落名称	首领姓名	沟寨数	户数	备考
唐哇寨	茶　托			
纳西寨	泽不休			
上撮头寨	恒　背			
下撮头寨	物　顿			
唐迈寨	噶而让			
饶哇寨	噶　样			
茶不浪寨	春林甲俊			
附根寨	索　望			自独音寨[①]迄阿梗寨[②]，统称为上阿坝六寨，住户共六百余户
下呷地寨	董　周			
上呷地寨	泽巴矫			
派皆寨	旦真甲			
交把寨	哇　诺			
克凹寨	赞　登			
乔弄寨	杨　干			
泽皆寨	热　柯			
禄清寨				以上为安堵八寨，共有住民六百余户。亦上阿坝部分，土官董周尚能领导，与杨俊扎西拴头
墨　颡	华尔功成 烈饶布登	十二寨	一千五百余户	华尔成功、烈饶布登为杨俊扎西之子，青海马步芳师长于“剿匪”时曾委为西北“剿匪”第一路第五纵队麦仓支队司令。现在杨俊扎西已退位为土官，仅总揽重大事件矣
墨耳玛		四寨	一百五十余户	
贾　诺			一百余户	
热　诺			一百余户	
纳格藏			一百余户	
阿尔墨洼	郎　诺		六百余户	
阿布色洼			八十余户	墨耳玛以下，均系杨俊扎西招抚住牧之部落，统名中阿坝

① 独音寨：本表上十五行作“犹音寨”。

② 阿梗寨：本表同一行作“附根寨”。

续表

部落名称	首领姓名	沟寨数	户数	备考
麦　昆	得格尔甲	四寨	三百余户	与拉不楞寺拴头，去年复投苏永和，此两部为下阿坝
贡玛额				
康干额			二千余户	即中果洛克
执钧额				以上两部为上果洛克，共约二千余户。执钧额一名红姆额，即女王子部落
康甲额	康万庆		二千余户	即下果洛克，现在三果洛克均被青海混占
旺清夺巴			共约二千户	自旺清夺巴以至吉口绒各部落，统称黄河沿各部。专员前于民国二十二年为拉阿纠纷案件深入草地，各部落土官均曾亲来。惜一时公务纷繁，未能详考其户口土地。现在均为青海混占矣
木花额				
班马本八			共为一千五百户	
旺　达				
木衣额			共约一千六百户	
吉　隆				
得　朗				
旺　汝				
刷尔朗				
上中下三达克托				
罗思满				
游耳打				
色耳打				
周基雪花				
捏耳旺				
杠花额				
独耳旺				
霍耳秋				
甲尔低				
吉口绒				以上为黄河沿各部落，或即三阿树、小阿树之遗裔也

按：本表为最近第十六区专员谢培筠二十七年十一月所报告。

交　通

壹. 干路

《松潘草地分类纪》所载如下：

1. 松包线

松潘							
70	黄胜关						
85	15	两河口					
105	35	20	相葛				
155	85	70	50	浪架岭			
215	145	130	110	60	马骑子		
255	185	170	150	100	40	上包座	
275	205	190	170	120	60	20	下包座

注：此为由松潘至包座，及与甘省临潭、洮县、皋兰等通商之路。

2. 松纳线

松潘								
70	黄胜关							
120	60	噶赖山						
180	120	60	严朵坝					
240	180	120	60	班佑				
300	240	180	120	60	阿西			
360	300	240	180	120	60	热拉		
410	350	390	230	170	110	50	热当坝	
450	390	330	270	210	150	110	40	纳摩寺

注：此为由松潘经噶赖山，以至上十二部落之路，由此可达黄河沿各部落。

3. 包齐线

包座（达戒寺）																			
40	巴田																		
60	20	阿西线																	
160	120	100	降杂则洼																
260	220	200	100	芳儿盖墨窝															
360	320	300	200	100	桑杂														
440	400	380	280	180	80	物藏													
510	470	450	350	250	150	70	哈溪卡												
540	500	480	380	280	180	100	30	热当坝											
590	550	530	430	330	230	150	80	50	热拉										
650	610	590	490	390	290	210	140	110	60	阿西									
710	670	650	550	450	350	270	200	170	120	60	班佑（万依）								
770	730	710	610	510	410	330	260	230	180	120	60	球戒郎洼							
790	750	730	630	530	430	350	280	250	200	140	80	20	独骑						
850	810	790	690	590	490	410	340	310	260	200	140	80	60	郎洼					
890	850	830	730	630	530	450	380	350	300	240	180	120	100	40	辖水				
970	930	910	810	710	610	530	460	430	380	320	260	200	180	120	80	唐昆			
1000	960	940	840	740	640	560	490	460	410	350	290	230	210	150	110	30	索格藏		
1030	990	970	870	770	670	590	520	490	440	380	320	260	240	180	140	60	30	麦昆	
1060	1020	1000	900	800	700	620	550	520	470	410	350	290	270	210	170	90	60	30	哈玛

注：此为由包座绕道至作革十二部落，以至黄河齐哈玛各部落之通路。索格藏地方，有河北流入黄河。川甘贸易，如于桑杂地方开关商场，两者均便。

4. 齐兰线

齐哈玛			
150	头道黄河		
580	430	夏河（拉不楞寺）	
1030	880	450	皋兰

5. 墨黄线

墨额								
60	蒙探玛							
120	60	札格山						
200	140	80	唐干					
220	190	100	20	白依寺				
290	250	170	90	70	球更卡			
350	310	230	150	130	60	黄河边贡马额		
450	410	330	250	230	160	100	木花额	
550	510	430	350	330	260	200	100	旺清夺巴

注：此为由墨额至黄河边各部落之路。

6. 松墨线

松潘													
70	黄胜关												
140	70	哈清雍											
200	130	60	噶冻山										
260	190	120	60	色地坝									
320	250	180	120	60	廿四马鞍腰								
360	290	220	160	100	40	阿摩狼坎							
395	325	255	195	135	75	35	噶溪河						
430	360	290	230	170	110	70	35	柔格摩					
490	420	350	290	230	170	130	95	60	甲本塘				
520	450	380	320	260	200	160	125	90	30	热柯			
570	500	430	375	310	250	210	275	140	80	50	麦昆		
580	510	440	385	320	260	220	285	150	90	60	10	墨额	

此为由松潘至墨额之中路，但当春夏之交，噶冻山一带，泥泞特甚，不便人马行走，行人多绕小道以避之，色地坝平原最广，土壤宜于种植稞麦，惜听其荒弃，殊可惜也。

7. 松墨线

松潘																	
70	黄胜关																
140	70	哈清垄															
200	130	60	哲补山														
220	150	80	20	洞垭沟													
300	230	160	100	80	勒格垄												
360	290	220	160	140	60	竹动坝											
420	350	280	220	200	120	60	阿依贡康										
450	380	310	250	230	150	90	30	饶清河									
470	400	330	270	250	170	110	50	20	扎西塘								
530	460	390	330	310	230	170	110	80	60	房沟吉湾							
550	480	410	350	330	250	190	130	100	80	20	噶溪河						
590	520	450	390	370	290	230	170	140	120	60	40	上清谷					
650	580	510	450	430	350	290	230	200	180	120	100	60	甲本塘				
680	610	540	480	460	380	320	260	230	210	150	130	90	30	纳格藏			
710	640	570	510	490	410	350	290	260	240	180	160	120	60	30	热河		
760	690	620	560	540	460	400	340	310	290	230	210	170	110	80	50	麦昆	
770	700	630	570	550	470	410	350	320	300	240	220	180	120	90	60	10	麦颡

此为由松潘绕小道至墨颡之路，又由饶清河上游分路，绕道上瀼口各地，可达墨颡，又由松潘经毛儿盖，亦可达墨颡。

8. 马墨线

马塘									
40	康猫								
100	60	下瀼口							
160	120	60	中瀼口						
220	180	120	60	上瀼口					
260	220	160	100	40	安曲				
290	250	190	130	70	30	齐兰			
320	280	220	160	100	60	30	阿依纳山		
360	320	260	200	140	100	70	40	热河	
420	380	320	260	200	160	130	100	60	墨颡

此为由理番马塘至草地墨颡之路。按：由灌县经松城至墨颡，比之由灌县经威州、杂谷脑、来苏沟、马塘至墨颡，实多五六日途程，由马塘至墨颡不须张幕野宿。故十余年前，各商多取道马塘，往来于草地于灌县之间。惜自黑水内讧，道路不通，于是走松潘草地者居多。今政府积极恢复马塘口岸，疏通道路，此后商路或将改道也。

附：松潘干路交通表及说明

《松理茂懋汶屯政纪要》所载如左：

一、灌宗线：由灌县经汶川、威州、茂县、松潘县、青海之察汉、津贝、勒拉、擦布拉尼、巴尔以达宗扎萨克，为中山先生《建国方略》所定之路线。纵贯草地全境，上通青海，下接成灌，左顾西康，右挈甘肃，货物出入殷繁，商贸往来必经。中间市镇，如灌县、威州、茂县、松潘，又物产集散、经济流通之枢纽也。十九年春，屯署派员勘查，秋间开工修治松灌一段，除叠溪山麓凿开新路，工程浩大，迄二十二年始通外，全县均于二十年冬季竣事。里程如附表，至松宗一段，以应与邻省协力，且须深入夷地，迄未勘筑。

灌县至松潘汶茂段

起止地点	里数	备考
汶川至白玉落	10	
白玉落至七盘沟	19	
七盘沟至威州	11	
威州至雁门关	9	
雁门关至青坡	11	
青坡至文镇	16	
文镇至凤毛坪	10	
凤毛坪至白水村	12	
白水村至石鼓	8	
石鼓至宗渠	15	
宗渠至茂县	15	
合计	136	

茂松段

起止地点	里数	备考
茂县至石溜沟①	10	
石溜沟至渭门关	10	
渭门关至沟口寨	20	
沟口寨至搽耳岩	15	

① 石溜沟：亦作“石榴沟”。

起止地点	里数	备考
搽耳岩至两河口	15	
两河口至石大关①	15	
石大关至鹿子坪	15	
鹿子坪至马脑顶	5	
马脑顶至小观子	15	
小观子至叠溪	5	
叠溪至平羌沟	13	
平羌沟至普安	17	
普安至太平	10	
太平至平定关	20	
平定关至靖夷堡	10	
靖夷堡至镇夷堡	10	
镇夷堡至金瓶岩	15	
金瓶岩至平夷堡	10	
平夷堡至镇江关	15	
镇江关至北定关	13	
北定关至归化	17	
归化至新唐关	20	
新唐关至安顺关	20	
安顺关至西宁关	20	
西宁关至石河桥	20	
石河桥至红花屯	10	
红花屯至松潘县	10	
合计	375	

二、松墨线：由松潘经黄胜关、哈洞山、色既坝、噶溪河、甲本塘至墨颡，由松潘横贯草地以至墨颡大之道也，约长五百五十里。此外绕小道由松潘七十里至黄胜关，七十里哈清垄，六十里至哲补山，二十里洞垭沟，八十里至勒格垄，六十里至库孔，三十里至阿依贡康，三十里至绕清河，二十里至扎西塘，六十里至房沟吉湾，二十里噶溪河，四十里至上清谷，六十里至甲本塘，三十里至纳格藏，三十里至热河，五十里至麦昆，又十五里至墨颡，长七百七十里，较大道长一百八十里，故决采大道。但以关内各夷，未尽帖服，度支竭蹶，无力动远，对此线迄未着手勘筑。其里程如次：

① 石大关：亦作“实大关”。

松潘至墨颡里程表

起止地点	里数	备考
松潘至黄胜关	70	
黄胜关至哈青垄	50	
哈青垄至噶冻山	60	
噶冻山至色既坝	60	
色既坝至廿四马鞍腰	60	
廿四马鞍腰至阿摩狼坎	45	
阿摩狼坎至噶溪河	35	
噶溪河至柔格库	35	
柔格库至甲本塘	65	
甲本塘至热河	30	
热河至麦昆	30	
麦昆至墨颡	10	
合计	550	

三、松汶线：由松潘经漳腊、弓杠岭、踏藏、沙坝、黑河塘、南坪、柴门关至甘肃文县，长四百六十里，为沟通甘松商务之要路。虽中间弓杠岭地势高寒，夷匪出没，但由松至南，均沙质平路。弓杠岭上，亦甚宽广，颇易修筑，民国二十一年以前，经汉军统领杨抚权派兵培修，并将两旁树林砍开，完成松南段。兼于弓杠岭上令饬韩判土官常派番兵游击，保护行商，已渐繁盛矣。民十九年杨统领奉令入甘"剿匪"，特饬兵民合作，培修加宽。其里程如次：

松潘至文县里程表

起止地点	里数	备考
松潘至虹桥关	30	
虹桥关至漳腊	10	
漳腊至柏木桥	20	
柏木桥至小西天	15	
小西天至弓杠岭	30	
弓杠岭至踏马	30	
踏马至箭埂塘	30	
箭埂塘至戎洞	15	
戎洞至踏藏	30	
踏藏至分汛塘	30	

续表

起止地点	里数	备考
分汛塘至沙坝	30	
沙坝至黑河塘	30	
黑河塘至芝麻塘	30	
芝麻塘至南坪	30	
南坪至珠汤河	30	
珠汤河至柴门关	40	
柴门关至文县	30	
合计	460	

四、松平线：由松潘经雪栏关、下草湾、老塘房、小河营、木瓜墩至平武，计长三百六十里，为粮食入松要道。如能修治完竣，则松货可运至水晶堡改由水道，循涪江而达重庆。较驮运至灌，转渝[①]便捷，不啻霄壤。惜三舍汛至施家堡间，约六十里，两山对峙，峭壁入云，侧足沿江而行，渡江往返十一次，施工极难，未经修凿。其里程如次：

松潘县至平武县里程表

起止地点	里数	备考
松潘至雪阑关	20	
雪阑关至三岔子	25	
三岔子至下草湾	15	
下草湾至三舍汛	30	
三舍汛至四马桥	20	
四马桥至老塘房	20	
老塘房至施家堡	20	
施家堡至小河营	30	
小河营至风岩堡	20	
风岩堡至木瓜墩	10	
木瓜墩至平武县	150	
合计	360	

① 渝：或当为“输”字。

贰. 水程状况

《松潘草地分类纪》：草地河流，虽多迂缓曲折，然饶清、噶溪各河，则河面较广，河流亦深，概无舟楫，行人须乘马徒涉。每当春夏水涨，河水深逾马腹以上，旄牛负物亦难，徒涉时则虽待至水势稍跌方能渡过，亦交通之上之一困难也。

叁. 关隘

《县志·关隘篇》所载如左：

一、铁扇关：县东一百五十里，俗呼扇子洞。两山相合而成峡，关门石壁如扇，天生险要也。

二、镇江关：县南一百二十里。上绝壁，下大江，一夫当之，万夫莫进。

三、黄胜关：县西北隅七十里。为汉夷分界之处，过此关外，尽属草地。

四、野猫关[①]：县北南坪镇之东。与甘肃文县哈西墩连界，为川陇要隘。

五、柴门关：县属南坪镇之南。与甘肃文县马尾墩连界。清总镇夏毓秀曾题“陇蜀锁钥”四字额。

六、平定关：县南一百八十里，与茂县永镇关接界。其地险要，足资守御。

肆. 桥梁

《县志·山川篇》所载如左：

一、古松桥：县城中。民国初，知事田兆文拨罚[②]银款项重建。

二、福兴桥：县城中。邑人王福兴捐资建。

三、映月桥：县城南。民国四年，知事余家骧、统领张孝著捐资并劝募重建。下有潭，深莫测，夜静江澄，月圆如珠。《县志》八景称为“龙潭映月”。

四、迎恩桥：在县城南门外，明永乐中建。

五、积雪桥：在县东七十里，明洪武中建。

六、莫水桥：县城内大悲寺坎下，对金蓬山之溪水。相传有此桥，则溪水不涨。

七、凤鸣桥：县城北门外，今废。

八、通远桥：县城东门外。清光绪二十九年，同知黄汝楫募资重建。跨岷江上游，每届雪消，虽水势汪洋，清澈见底。昔称“古桥春涨”，为八景之一。

九、迎仙桥：县东六十里。桥跨涪水，通黄龙寺、雪宝顶。

十、火石桥：县东七十里。

十一、积雪桥：县东七十五里大湾。

---

① 野猫关：民国《松潘县志》作“野猪关”。

② 罚：民国《松潘县志》作“罪”。

十二、伏羌桥：县东九十里。

十三、上桥：县东一百里三舍关，桥跨白马河。

十四、下桥：与上桥同。

十五、松风桥：县东一百三十里。

十六、合江桥：县东一百四十里三路堡。因中羊冈水至此与涪水合流，故名。

十七、无病桥：县东一百五十里。清光绪末年，松中守备陈济源建创。

十八、万年桥：县东一百五十里施家堡[①]，清光绪末年，松中守备陈济源创建。

十九、驷马桥：县东一百六十里虎威墩。

二十、天顺桥：县东一百九十里吉安墩。

二十一、铁索桥：县东二百二十里木瓜墩。

二十二、石河桥：县南二十里。邑人柳恩、葛凤等募资建。

二十三、上鸳鸯桥：县南二十里。嘉庆十六年，同知徐念高因遗址建修，今圮。

二十四、下鸳鸯桥：县南二十五里，今圮。

二十五、福兴桥：县南五十里，通牟尼、热务等番地。

二十六、归化桥：县南九十里。

二十七、桂花桥：县南九十里。

二十八、浦江桥：县南一百二十里，通小姓四十八寨。

二十九、镇海桥：县南一百七十里。

三十、会龙桥：县东南三百九十里白羊场。

三十一、靖安桥：县北一十里，今圮。

三十二、圆坝桥：县北二十五里，附近番人建修。

三十三、古虹桥：县北三十里，通甘肃要道。清同治间，漳腊参将蔺朝举重建。宣统辛亥圮。民国十年，巴郎土官募捐，培修稳固。

三十四、福善桥：县西北四十里，漳腊正西。庚申，毁于兵燹。邑绅汤兴顺、张崇礼、陈永春、文登儒、任必达等募捐修复。四十余年，岁修无间。辛亥之役，城郭屋宇被焚，此桥独存。民国九年，汤执中、文耀光募捐，培修完固。

三十五、东北桥[②]：县西北五十里。

三十六、江源第一桥：县西北六十里，又名营定桥。距黄胜关十里，出关商旅必经之道。

三十七、雄黄桥：县北五十里，通南坪。

三十八、永清桥：县东北二百二十里，通踏藏。

三十九、郎寨桥：踏藏北七里。

四十、通远桥：县东北二百三十八里永和塘。

四十一、上桥：县属藏咱西北。

四十二、下桥：同右。

---

① 施家堡：民国《松潘县志》作“师家堡”。

② 东北桥：民国《松潘县志》作“东白桥”。

四十三、羊冈桥[①]：县东北二百五十二里分汛塘。

四十四、隆康桥：县东北二百六十八里。

四十五、新桥：隆康关东南三里。

四十六、沙坝上十[②]二桥：县东北二百八十三里。

四十七、宁静桥：县东北宁静塘。

四十八、二道桥：宁静塘东南五里。

四十九、黑河桥：县东北三百一十三里。

五十、条坝桥。

五十一、头道桥。

五十二、三道桥。

五十三、对长桥。

五十四、石门桥。

五十五、四道桥。以上俱在县北黑河塘附近。

五十六、玉瓦桥：县北三十八里玉瓦关，通甘肃洮州路。

五十七、汤珠桥。

五十八、抹地桥。

五十九、永顺桥：即南坪下桥。

六十、安定桥：即南坪上桥。

六十一、凤凰桥。

六十二、遇仙桥。以上俱在南坪附近。

伍. 邮电

《屯政纪要》所载如左：

一、邮政：屯区邮线，原仅由灌县经汶川、威州、茂县至松潘。由灌县经三江口，越牛头、斑斓达懋功，再北接抚边及两河口，西北经崇化达绥靖；由茂县通绵竹；由威州至理番之杂谷脑。嗣以道路宽平，商务渐盛，商请西川邮务管理局，添设由松潘至南坪，及由杂谷脑经虹桥至抚边两河口之邮班。二十三年冬，曾议发展草地之交通，推广由松潘至阿坝，由阿坝至威州邮班，惟尚未实现。

二、电报：电报一项，有线电初仅设松灌一线。民二十一年，敷设由威州至懋功线，只完成威杂一段。二十二年敷设汶川之秀峰湾至懋功线，只完成映秀湾至三江口一段。二十三年敷设茂绵线，只完成茂县至土门一段。倘此三线全部完成，则消息灵通矣。无线电系民二十三年秋装置，茂县置十五瓦特电机一部，松潘、懋功各置五瓦特机一部。尚拟于马塘、墨颡各置一部，议定未及实施。

① 羊冈桥：民国《松潘县志》作“羊峒桥”。

② 十：民国《松潘县志》作“下”。

陆. 差徭

《县志·徭役篇》：松潘地方，向无徭役。自前清平定口内外番地，官兵分驻汛防，遇有口外草地夷务，由省宪委员，带兵出口办理。向例上三寨，寒盼、祈命、商巴，征调番兵三百名，每月每人各给口粮银若干两，事竣作正呈报。由松潘文武长官、会衔会印，酌量夷案轻重，调派若干，至多三百名为限，并先行通禀各宪批准备查。又下山寨[①]，牟尼、大寨、泥巴，遇有汉土官兵出口办理夷务，遵照向章，供支驮马、乌拉若干，酌给脚银若干。其道路远近，往返期间，松潘文武长官会同酌定，不得由官兵格外索派。至派定名数，供给番户姓名，事竣仍造报省城各宪查核备案，请领作正开支。

柒. 交通状况

《川西边事辑览》宿师良《屯区交通纪》：松潘幅员广大，物产丰饶，屯区中之最有经营价值者也。北至南坪，南至茂县，东至平武，皆距三百六十里。南坪为松潘之分县，以地势穹远，今仍置县佐以治之，道中弓杠岭横梗其间。故其产物出口，多取道甘肃之碧口及平武，而平武为粮食输入松属之途，行人较北道为众。惜由县治至施家堡之一百余里内，或则高山寒冷，常有夷匪为患；或则溪流泛滥，每每断阻行人，如能大加修治，则松货出口，可由此运至距松二百余里之水晶堡，改由水道，下至江油，循涪江而达重庆。较诸驮运至灌，绕道至渝，其省事何止数倍！南至茂县所属之叠溪，计二百四十里。道中市村稠密，运输较便。叠溪以下，复为崎岖之路。西出黄胜关，以入于草地。草地者，徼外之高原也。北邻甘肃、青海，西界西康，南界理番四土，纵横千里，一望平畴。居民以游牧为生，故盛产牛羊毛皮，及野牲皮、药材等物，松潘商务之重心、产物之策源也。惜因河流泛滥，地草荒凉，不便居处。而其逐水草而居之土人，智识锢蔽，性好掠夺，商旅之经于其地者必须夷装，乘马荷枪，结队随同乡导而行，否则不为夷匪所害，亦感行旅之苦，整理经营恐无有急于此者。清代，每届夏季，由松镇酌派部队，护送茶商出关，藉以威慑悍夷，年以为例，亦善法也。

补：四川陆地测量局地形科科员彭飞、邹世清《报告》：草地地形，除积石山、大雪山二脉倾斜峻急外，余均波状或原野，地势宽平，道途四达，能行十余列纵队。惟河无舟楫，不能徒涉。又以空气稀薄，行不及百步，即令人气喘不堪。如届夏令，遍地泥泞，非徒足所能胜任，如遇河水暴涨则弥望汪洋；秋冬，则河两岸结冰如梯坎，中流如故，度冰上下梯坎最艰，非健状[②]之良马代步不为功。

① 下山寨：民国《松潘县志》作“下三寨”。

② 状：当为“壮”。

民　政

壹. 县政概况

《屯政纪要》：屯区官吏，以土地贫瘠，政务轻简，因习于惰。边氓朴陋，罔知法律，遂流于贪。自来驭夷，须有威重，辄失之暴。藉词边缺异常清苦，以饰其鄙，偷惰、贪污、暴厉、鄙文之风不革，曷由实现廉能政治？县署规定合府办公，遵照内政部颁《县政办事通则》处理县政。撤废旧司法队，考录土著良民，编组政务警察。规定出差程限及旅费，按期公布因案罚金用途，严禁私压公事，不重时间，及贿赂、陋规、应酬、勾结，督令常与民众接谈，随时巡行乡里。旧污既涤，气象一新。

贰. 县政府组织

二十五年《四川省政府档卷》：已遵令，裁局改科，合署办公。

叁. 区署

二十五年《四川省政府档卷》：县以下划为三区、十联保、五十九保、五百七十七甲。

肆. 最近县政设施

《松潘社会调查》所列如左。

一、筑堤：松潘东北河堤，被水冲倒殆尽，危险万分。县府成立河工委员会，募捐建修，以固城垣而御水患。

二、消防：松潘气候干燥，冬天易于起火，该会组织消防队，募捐购置水龙。

三、卫生：县属漳腊产金，工人麕集，卫生方面，毫无讲究，患病者因之日多。县府去岁在漳设立市立医院，以治金厂及市民之疾病。

四、路政：松潘道路崎岖，交通不便。今岁成立路工委员会，建筑东、南、北三区马路，正进行间。因“剿匪”时期，工程暂行停顿。

司　法

壹. 诉讼案件

《松潘社会调查》：本县司法案件，由县府司法官审理。番民诉讼不用状纸，判决由被告当场解决，胜者多馈赠县长或司法官。番民每以金钱勾通，以期决胜。

贰. 惩治盗匪情形

《松潘社会调查》：本县盗匪，多系波罗[①]蛮子，往往发生抢案。此辈不知法律利害，拿获到县，经县长判决，获予枪毙，或处徒刑。

① 波罗：即“猼猡”。

财　政

壹. 粮税

《四川省政府档卷》：丁粮四百七十三两二钱三分一厘七毫，番粮二百六十五石；丁粮每两征洋一元七角六仙，番粮每斗折洋二角二仙。

贰. 契税

《四川省政府档卷》：契税七十七元五角九仙八星。

叁. 杂税

《四川省政府档卷》所列如左。

一、肉税：三百八十一元。

二、烟酒税：二百零八元。

肆. 地方附加税

《四川省政府档卷》：每契价百元，附征三元，每只猪附加五角。

伍. 征收机关

《四川省政府档卷》：县府兼征收局。

陆. 金融

《松潘社会调查》：本县原通用各省银币及铜币，现虽通用中央钞票，但因番民不甚信任，每多七八折使用，并通用地方钱票。

柒. 茶税

《县志·茶法篇》：松潘向不产茶，亦无征收税课额引。上项税课银两，由商人赴本州县运茶至松[1]，汶川茶关与文坪，茂州石榴关，松属平番关、东门关，均设官稽查。茶进东门关卡，抓毁印花，由各商自行销售。咸同之间，边引之外，复行票茶。安县则有税票、堰工票，茂州有增办照票。此项行销票茶，商人买配运松潘厅征茶息，径解盐茶道。沿途关卡照章开支，按季造报道署查核。民国建元，改引为票，松潘各行商运环出保，公举总商一名，由四川财政厅具领。每票一张，征银一两。任各商产茶地方采配。大包重一百二十二斤，小包重六十六斤。每票一张，配大茶一包，征银一两；每大茶票一张，配小茶二包，征银一两；全年约三万余票。所有税课、杂征、羡截、余平，暨各项浮费流弊，一律禁除，由财政厅定章立案，永远遵守。

捌. 盐税

《县志·盐政篇》：松潘无盐井，原额六[2]引二百六十九张。每张征课银二钱七分四厘四毫，共征银五十九两六钱五分五厘二毫；每张征羡余截角银四钱二分七厘六毫，共征银九十三两三钱四分零四毫。定于直隶潼川州买盐回松行销启，后潼川州升府，仍于潼川所属三台县水窄湾、水草坝、白云观等处盐井厂配盐。乾隆二七年[3]，增引七十一张，共额引二百九十张，征正课银七十八两九钱九分六厘，征羡余截角银一百四十二两零，合计共征银二百零三两。咸同以后，两次变乱，案牍被焚，无考。民国未有定额，各商由省买运官盐，暂时接济。

① 上项税课银两，由商人赴本州县运茶至松：民国《松潘县志》作“上项税课银两，由商人赴本州县上纳征解，松潘于茶到收其引张，发还各州县缴销。各州县运茶至松”。

② 六：当为“陆”。

③ 二七年：民国《松潘县志》作“二十七年”。

教　育

壹. 一般情形

《屯政纪要》所列如左。

一、概说：屯区民俗犷悍，民智锢蔽，游惰荒嬉，生计困穷。教以认识现代思潮，明了国际情势，起而图存救亡，凿枘不入。教以法律文学，启迪智慧，易其顽梗心理，非所急需。故屯署教育方针，以实用教育为主，宗教教育为辅，注重道德纪律之修养，生产技术之研习，以期默化戾气，培育生机耳。历来屯区教育，极不发达。屯署成立之初，各县屯虽有初级小学校若干所，殊少完备者。若高级小学校，或竟阙如，或仅存其名而已。致此之故，属于政治方面者：

（一）官吏漠视。或轻边氓愚陋而忽略，或畏办理困难而敷衍。高级官厅，亦以僻在边陬，未加督责。

（二）师资缺乏。读书识字者无多，受学校教育者尤寡（汶川县近腹地，据民国十九年调查，受专门教育者，只有一人，中等教育者，仅三人，他可知也），求能粗通文艺[①]，了解社会自然之小学教师，每县屯不过数人耳。

（三）经费困难。边区地瘠民贫，学款奇绌（以汶川论，学田山租，年仅入千数百元。其他各县，不难类推），教员薪修，极属微薄（高小教员年薪千二百钏，初级教员则八百钏或六百钏）。

属于社会者：

（一）人民不解教育功用，以为学校教育，不过教人识字，而彼等日常生活，无识字之必要，则与其送子弟入学校，宁令放牛、拾柴（屯区人民多认督遣子弟就学为苛政之一）；

（二）人民误解教育义，以为受教育是智识分子升官发财之阶梯，我辈地位遥低，子弟纵经学校毕业，仍难脱离隶属阶级，则遣子弟受不合实际需要之教育，等于浪费；

（三）人民生活困难，无力培育子弟，学校纵全免学费，笔墨所需，亦不能负担。

屯署廉悉其情，乃申诫各县屯官吏，积极提倡整理，以教育进度，为考绩之根据[②]，一面指示办法，派员赴各县屯督同实行，实施办法如次：

---

① 艺：民国《四川松理懋茂汶屯区屯政纪要》作“义”。

② 根据：民国《四川松理懋茂汶屯区屯政纪要》作“殿最”。

甲．调查与劝导。实地调查各城市村寨学龄儿童，神社基金、公地租典，恳切讲演教育之意义及功能，促人民遣子弟就学，移闲款办学。

乙．清厘整理旧有学款。按照教厅颁布之《教经清理委员会规程》及《学产竟佃规程》，组织清理委员会，彻底剔除积弊及侵蚀，并将所有学田学山、斗称各捐，一律标佃，以杜把持而裕收入。

丙．改造旧有各级学校，并筹备添设。其规定标准：（一）初级小学教员[①]年薪增为六十元至八十元，高级小学教员年薪增为一百元至一百二十元，严行甄别，分别调换。本地无适当人材，则借才异地。（二）学生用书，由屯署审定，学校购发，不征书值（高小学生伙食亦由学校供给），一体举行考试，重新编级。（三）教材须针对当地风土习俗，重要生产事业，训练指导儿童。高级小学校，并须酌量授以珠算、农牧常识、木篾编织等手工，求教育与实际生活发生关系。（四）适应屯区节候，延长春假，缩短寒暑假，俾学童得补助家务[②]，体验[③]劳作。（五）凡无碍于道德卫生，三里内有学龄儿童二十名以上，又能筹足额经费之地方，均须添设初级小学校。

丁．培养师资，各县屯就均高小内，附设师范讲习班，于暑假或寒假，传习全体教师，教以注意儿童个性、社会环境，改进教授方法，及[④]教师应具之常识。

戊．举办观摩会及会考，规定每次[⑤]一年。各县屯调集全县初级小学教师学生，屯署调集各县屯高小教师学生。分别考试，检验成绩。并举行游艺会，俾资观感。民国廿年夏季，藉屯区风物展览会会期，就茂县举行一次，成效尚著。嗣十九年秋，屯署为造就小学教师，于茂县开办一年制师范，由各县屯考送高小毕业生，及有同等学力者计四十名，入校肄业。于廿年秋毕业，回籍服务。又屯署为谋各县屯高小毕业生升学便利，拟定划松、理、懋、茂、汶、抚、绥、崇为二区，每区创设初级中学校一所，每校经常费额定一万元，屯署拨助三千元，余由各县屯筹解。班次分普通、农牧两类：普通[⑥]完全遵照部章办理，俾便升学深造；农牧班按照职业学校规程办理，加授西番语文及喇嘛教义，养成开发边地实用人才。其松、理、茂、汶初中，于民廿年秋招考普通班五十余名，已于廿一年毕业，参加会考。若懋、抚、绥、崇初中，则学经两费均缺乏。松、理、茂、汶初中之农牧班，则设备未周，招生尚有待也。此外，屯署以夷民保有特殊言语、习俗、制度，汉夷畛域未泯，而夷民犷悍蒙昧，文化至低。拟定就汉夷分野地方，设立边民学校，导之进化，期其融和，次第推设于各夷酋官寨。已于民国十九年，设第一边民学校于松潘。廿一年，设第二边民学校于理番之杂谷脑。廿二年，设第三边民学校于茂县之沙平坝。

---

① 员：底本作“育”，据民国《四川松理懋茂汶屯区屯政纪要》改。
② 务：民国《四川松理懋茂汶屯区屯政纪要》作“族”。
③ 验：底本作“念”，据民国《四川松理懋茂汶屯区屯政纪要》改。
④ 及：民国《四川松理懋茂汶屯区屯政纪要》作“暨”。
⑤ 次：民国《四川松理懋茂汶屯区屯政纪要》作“间”。
⑥ 普通：民国《四川松理懋茂汶屯区屯政纪要》作“普通班”。

贰. 学校与学生

《松潘社会调查》：民元以还，查松潘全县男女学校共四十余校，学生九百余人。教育经费，时被驻军剥削。学校数目，历年递减。现仅城区两级小学一所，小河营、南坪小学各一所，漳明女初校一所，东、南、北三厢男初校十九所，合计二十四所。高小生六十五人，女生四十二人，男女初小生四百四十八人，总计五百六十七人。

叁. 教育经费

《松潘社会调查》：查本县教育经费，自民元至四年，系由县征收局就地方税项下统筹支配，全年划拨约六七千元左右。民五至六，改为五六千元。民十一年至十五，改归地方就筹，年计为四千五百元。民十六以后，屯殖督署在松设财务管理局，凡出口税率，一网打尽，教经方面，仅留斗称捐、牛捐两项，于是常年经费，只拨二千九百元。其支配方法，教育科年支一千二百九十六元，城厢两级校年支一千三百零四元四角，城区女初校三百元，合计支出二千九百元。至于东、南、北各乡校，观乡区之大小，束脩之多寡，均系就地筹集，未归教育科支配。本年“剿匪”军兴，地方税收日告停顿，教务人员，七月未支薪资，纯尽义务。

肆. 学龄儿童在学与失学之比较

《松潘社会调查》：查松潘[①]地处夷疆，风气闭塞，人民当以读书为畏途。本年度调查，汉回学龄儿童，约二千零七八十名，就学者仅占四分之一。

伍. 青年失学[②]者与在学者之比较

《松潘社会调查》：青年在学者，实属寥若晨星，在学者不过百分之二，失学者几占百分之九十八也。

陆. 社会教育

《松潘社会调查》：松潘交通阻塞，文化落后已极，囿于社会教育，直等于零。全县仅县城于去岁设立阅报所一所，现该县长设法定购《万有文库》一部，以创设图书馆，此外别无设施。

---

① 潘：原作“藩”，据《勘误表》改。

② 学：原作“举”，据《勘误表》改。

柒. 教育机关

《松潘社会调查》：民国廿一年，教育局改为教育科，设科长一人，文牍一人，司书兼收发一人，因经费奇绌，缩小范围，故未照县府现行法规组织，一切教育设施，概由科长负责，禀承县府办理。

警　团

壹. 汉团

一、保甲组织概况

《松潘社会调查》：本县原有区镇乡闾邻制，五户为邻，以五递进，现划为五区。第一、二两区，已编练保甲。第一区计编九保，第二区共编四保。其余各区，正着手编组。

二、壮丁之组织人数及武器

《松潘社会调查》：本县门户练（即壮丁队）共有一中队，一千二百余人，枪百余支，其余为刀矛。门练马队四分队，共一百二十人，枪三四十支，其余为刀矛。

附：计保卫团枪支概数

《四川省政府档卷》：在过去保卫团，有步枪一百二十乙[①]支，马枪七支，手枪三支，子弹一千四百余发。

三、经费来源

《四川省政府档卷》：过去保卫团金费全赖抽收货物出口税开支，自改保安队后，即停止征收，以致经费无着。

四、“抗匪”战役

《四川省政府档卷》：本年（廿二年）“赤匪”突渡嘉陵江，攻陷平武，松潘县长调常训四中队于东路木瓜墩，一中队于叶塘，“匪兵”由平武来袭，与“匪”接触，水晶堡之役，各中队奋勇御战，毙“匪”官兵六七百名，获枪二支，我方阵亡一中队长，负伤一中队长，死士兵数人，幸中央军到达甚速，于是调回原防。

① 乙：当为“一”。

五、地方秩序

《四川省政府档卷》：最近尚无夷匪抢劫事件发生。

贰. 番团

《松潘社会调查》所载如左。

一、组织

番人性勇悍，精骑射，自少习武，体格壮健，自卫力最强，几每户有枪一支，或数支，总计松潘所属生熟番有枪支不下二万余支，战斗力甚强。此次与我军协剿“赤匪”，异常得力。各番团原属各寨土官统领，现经县政府改委为保卫团，置团长及中队长等，现尚能从服县政府命令。

二、各番团枪支及人数

1. 中阿坝寨，步杂快枪九千支，土杂步枪二三千支，共一万余支，能作战之男子有一万余人。
2. 班佑，广土杂枪二千余支，三千余人。
3. 若若盖，杂枪三四百支，一千余人。
4. 上下包座，共枪五六百支，七八百人。
5. 乌木树，枪二百余支，五六百人。
6. 毛儿盖，枪三四百支，八百余人。
7. 牟尼沟，广土杂枪七八百支，二千五六百人。
8. 商巴，枪三百余支，六百五十人。
9. 祈命，杂枪三百余支，五百五十人。
10. 寒盼，杂枪二百余支，四百余人。
11. 大寨，杂枪二百余支，四百余人。
12. 小寨，枪六七十支，一百余人。
13. 云昌，枪一百五十支，三百余人。

三、“御匪”战役

阿坝杨俊扎西司令，于本年阴历五月三十日，“赤匪”进占上瀼口时，率领所属番团，与“匪”激战，毙“匪”七百余人，获枪三百余支，并马匹辎重甚夥，番团迭给“匪”以重创，故“匪”每见而“胆寒”。

叁. 社会公安

《松潘社会调查》：本县公安科之组织，设正副科长各一人，文牍、书记各一人，司钟兼警士一名、警士十一名、清道夫一名、更夫一名。警察人数，尚无编制，亦无枪支。每月经费，由县府支领九十二元。人民死于疾病者，城区甚少，乡村颇多。

肆. 碉堡

《松潘社会调查》：全县军民所筑之碉堡不下六七百，现已筑成之碉堡，共有三百余座。

军 备

松潘县府《消弭边患建议案》：本县远交夷疆，为蜀西之重镇，陇右之屏藩。夷性慓悍，叛服不常，历朝皆设重兵，派大员以镇慑之。清设松潘镇总兵一员，绿营七营。入民国，改设汉军五营，虽有雄厚之兵力，政令亦时有难及。未几汉军裁撤[①]，由前二十八军驻防。现驻军被调，仅保安队一分队，拨驻经济部金矿办事处服务。以至十九万余方里之松境，未驻一兵一卒。欲巩固边防，必须增加自卫武力。

① 撤：原作“拟”，据《勘误表》改。

储　恤

壹．旧储

《县志·仓廒篇》：原松潘卫小河所，额贮各仓粮九万九千三百八十一石。清康熙三十七年，定四川松潘等处，贮谷杂粮改为二分，以一分存贮，以一分遇粮贵时，借给兵民。将此谷按年出易，周而复始，永著为令。覆准四川松潘卫存贮军稍米，作两年平粜，仍买新米贮仓，五年更换一次。康熙六十年，奏准四川潘州、达建寺二处新设官兵，应支米折银，照普安营之例。将次年应支四季运折米价于本年秋成后，即全数领出，买贮散给。兼于潘州协贮米二千石，达建寺贮米五百石，每于青黄不接，酌量平粜借支，秋成买补还仓。咸丰庚申前，松潘常平仓约存粮一万七千数百石。此外，尚有武营中之左豫仓、中孚仓，存粮尚多。其时城中困守，悉数散振，以济民食。宣统辛亥前，松潘常平仓存青稞两千六百七十二石三斗三升三斛三勺，积谷仓存京斗青稞一百二十五石，广济仓存青稞一千一百二十石。城陷后，悉被损失。

贰．振恤

民二十五《四川省政府档卷》：本年五月，曾由四川振委会配发振银一万二千元。

叁．慈善

《县志·慈善篇》：慈善会，于民国七年成立，地点玉真宫，创办人李仁义。分经常、临时两项：经常费，由众会员捐资，开设同济源杂货铺，以每年红息作为经常费用，其有不足者，众会员量力捐助；临时费，凡地方临时发生灾荒，由行政长官召集法团，开会决议，或请款，或借款，或募捐办理。民国八年，北区漳腊设分会，承办人文耀先、吴承息。十年，叠溪设分会，承办人杨成之。十一年，镇江关设分会，承办人杨芳亭。又小河成立分会，承办人杨维隶[①]。十二年，北街观音堂成立分会，承办人张必森。

---

① 隶：民国《松潘县志》作“棣”。

垦　务

《屯政纪要》：屯区幅员辽阔，地旷人稀，宜于农牧之区，所在皆是。关外草地，尤多平畴沃壤。际此生齿日繁，耕地不敷分配，粮食缺乏，人民常有菜色。移民营垦，使地尽其力，民有所归，洵属急务。矧新藏外藩，屯区为其后防；移民实边，以固吾圉，自势有不能自已者乎。惟是项与军事及化夷两项，相补进行，如兵力未充，狉獉如故，而操切从事，民不易移，且虑引起边民之抗拒。故屯署对于推进垦务之程叙，拟定先茂汶，次松理，次懋抚绥崇，以及草地。实际办法，则先调查公私荒地林野，次招募团体及私人领垦，一面由公家直接经营以示提倡而资则效。其放垦荒地，取无偿制，使贫农易得土地，借广招徕。其限制承垦面积、竣垦年数，则以防徒领广大荒地，待价渔利也。实施以来，尚有成效。

附一：垦荒章程

四川松理茂汶屯殖督办署垦荒暂行章程

第一章　总纲

第一条　本章程依照《国有荒地承垦条例》之规定，斟酌屯区特殊情形规定之。

第二条　本章程所称荒地，指未以人工经营者而言。

第三条　松、理、懋、茂、汶五县，抚、绥、崇三屯境内之荒地，均以本章程处理。

第四条　凡荒地国有者为官荒，私人及团体管有者为私荒。

第五条　前条之私荒，本章程公布后，一年届满，尚未从事开垦或造林者，他人得承垦之。

第六条　荒区内之矿产，仍遵《矿业条例》办理。

第七条　凡左列各情之荒地，无论官私，均禁开垦。

一、在治水及涵养水源，有重大关系之流域，其倾斜度达三十五度以上者。

二、在基岩脆弱，土质轻松，有崩溃土沙之虞者。

三、在危害建筑物及水路道路之危险者。

第八条　凡与左列事项有关系之林野，无论官私，均编为保安林，禁止伐采掘木。

一、防止土沙崩溃。

二、防止水害风害。

三、涵养水源。

四、公共卫生。

五、保存社寺名所之风致。

第九条　承垦荒地，无论其为个人或法人，均认为承垦权者。

第十条　承垦荒地之面积，个人以百亩为限，法人视其劳资之多寡，由本署核定。

第十一条　荒地依土质之肥瘠，分为三等，一等限三年，二等限五年，三等限八年垦竣。

第十二条　第九条之个人或法人，以中华民国国民为限。

第二章　领荒承垦

第十三条　凡承垦者须呈具切结，由本署核决，发给承垦证书。

第十四条　承垦人之粮食、种籽、农具、资本，概归自备。

第十五条　承垦人依规定年限垦竣，或造林完竣后，官荒无偿取得其土地所有权，私荒无偿取得其土地耕作权，年纳其土地正产物收量百分之十于本署或业主。

第十六条　承垦人因意外事故，将承垦地转让他人时，须呈经本署核准。

第三章　募工开垦

第十七条　本署为期速达移民实边之目的，征募健朴壮丁及农户，从事开垦。

第十八条　前条之壮丁农户，除由本署派员招募外，并咨请二十八军转咨四川省政府，通饬各县政府尽量征送。

第十九条　派员招募之壮丁或农户，由本署按名每百里支给旅费洋五角，各县政府征送者旅费自备。

第二十条　应征募之农民农户，其所需籽种、农具、粮食，概由公家购备，并视其工作之效率及勤惰，每名月给工资一元至三元。

第二十一条　应征募之壮丁及农民所垦之地亩，无论官荒私荒，均无偿取得其耕作权，年纳其正产物收获量百分之四十于公家。经开垦成熟后，如系官荒，得照当地时价，向公家缴纳价值，取得该地所有权。如系私荒，由公家于售价内，提百分之二十给予原业主。原业主如欲收回自种，除偿清公家开垦耗资外，并须照当时地价，给予百分之二十予耕作人。

第四章　兵工开垦

第二十二条　本署期化兵为农，划定荒区，咨请各军部，甄选士兵，调往开垦。

第二十三条　士兵垦熟地亩，如系官荒，无偿取得其土地所有权；如系私荒，原业主欲收回时，应照当地时价，给予兵工。

第二十四条　兵工每名垦熟五十亩后，停止薪饷，缴还武器。

第二十五条　停止薪饷之士兵，对于夷患边防，仍负从战役应征调之务。

第五章　升科及所有权、耕作权

第二十六条　承垦荒地，自领证书日起算，扣满十一条规定之年限时，募工、兵工将本署核指地亩垦熟时，均按照各该地之税则升科。顶受他人承垦之荒地，接继耕种者升科年限，仍自原承垦人领证书之日起算。

第二十七条　已升科之土地，应取得所有权者，由本署给予管业证，并分别咨令财政厅暨该县财政局，查照备案。

第二十八条　前条之耕作权，除本章程有规定外，得准用《民法》“永佃权”之规定。

第六章　奖罚

第二十九条　于规定年限内，提前垦竣者，承垦人给予奖章奖状，或酌缓其升科年限二年至三年，募工、兵工给予其垦地一年生产物十分之二一次。

第三十条　承垦，受领证书后，每年度之第[①]一月内，须报告其成绩于本署。如扣满六个月，尚未从事建屋开渠工程或开垦者，撤销与承垦权；已满竣垦年限，尚未全垦者，除已垦地外，撤销其承垦权。但因天灾地变，及其他不可抗力所致者，均得酌量展期。

第三十一条　本前条之规定而撤销其全部承垦权者，应分别追缴，或更换其承垦证书。

第三十二条　本章程施行前，私垦官荒，未呈报升科者，应于六个月补报。逾限查出，除土地入官外，每亩科以一元至三元之罚金。本章程施行后，未经本署核准，私垦官荒者，除将所垦地收回外，每地一亩处以一元至二元之罚金。

第三十三条　违背三十条报告成绩之规定者，处五十元以上百元以下之罚金。

第三十四条　违背第十六条之规定者，除撤销承垦权外，处以二百元以下之罚金。

第三十五条　呈报应升之亩数不实者，每匿一亩，处以五元之罚金。

第三十六条　垦区内犯种植罂粟，开设烟馆，聚赌窝娼，容留盗匪，及其他不法情事者，依法严办。

第三十七条　垦民于地方自治范围内，应享之权利，及应尽之义务，与土著者同。

第七章　附则

第三十八条　本章程施行后，私荒业主应于六个月内，呈验红契及确实证据。

第三十九条　受第七、第八两条制限之荒地林野，如其受限制之原因，经本署查明确已消灭者，得解除其限制。

第四十条　本章程自公布之日施行，并咨国民革命军第二十八军司令部，转咨四川省政府备案。

第四十一条　本章程将来如应增损，由本署体察情形修改之。

第四十二条　本章程施行后，本署前订之垦荒规则，及茂汶两县垦务局呈准之垦荒规则，一律废止。

① 第：民国《四川松理懋茂汶屯区屯政纪要》作“初”。

附二：指导垦民

腹地农民，缺垦荒知识，初至荒区，无从措手。屯署爰教以开垦方法，指示注意事项，俾免误谬，致受[1]损失。兹摘记其大要如左。

一、开垦方法：可分：甲．伐木烧，乙．刈草烧却，丙．垦治土壤，三端。甲项大都冬季着手[2]，察视树枝状态，测定倾倒方向后，以斧锯顺序砍倒，断其枝干，依次重积，俾无间隙。待异[3]年干燥，于播种适期前，择晴明日焚之，火熄热消，即行播种。用箒平掩种子，无需中耕，静待成熟。其海拔高一千八百米以上之地，撒芸苔、荞麦、青稞（播种适宜期，芸苔、青稞为六七月，荞麦为三月）。一千八百米以下向阳之地，则播点玉蜀黍（其播种适宜期为三月下旬至四月上旬）。若移住略迟，播种期迫，不暇伐尽立本，或须作薪材，则只伐焚小木，大木仅轮剥其皮，伐去枝条，使之立枯，留供他日取用。乙项行于覆生杂草荆棘之地，大都于春季，刈集全部，待干焚却，或择晴明继续天候，纵火焚烧。其分别播种什物，概与甲项相同。丙项则于甲、乙两项之什物收获后，除去杂草，用锹或新垦犁垦起土壤。或薄垦地表全部，或条垦土地，条播种子。除草时，薄削畦间，至翌年垦治畦间，使成熟土，或点垦土地，点播种子。除草时，垦其周围，至翌年间垦株间时，使成熟土。若在湿地，则割截地面，纵横约一尺，深六七寸。以锄起第一列表上，反转载于第二列，第四列反转载于第三列，第五列反转载于第六列，第八列反转载于第七列，顺次如此。即得幅广二尺之高畦，可以播种。其畦间成幅二尺、深约一尺之沟，足资湃水。至翌年，更平分各畦，反转其半于左右沟中，另作新畦。但在过湿及潴水地方必设沟洫，无俟赘言也。

二、注意事项

垦荒虽饶利润，惟正直勤勉者能得之。轻薄怠惰之人，目的无定，侥幸万一，必归失败。以远适荒陬，筚路蓝褛而启山林，固非易事。非忍劳苦，排万难，不挠不倦，绝难成功也。然苟具坚强决心，伫待将来乐利，则勇气百倍，自可战胜一切。故营垦者，必具坚强之决心，此其一。芦苇潴泽之上海，能成繁华市场，则知无不可辟之地。屯区荒野，或则倾斜起伏，或多霜雪冰雹，或栖毒蛇猛兽，或任沼泽漶漫，伧以腹地沃壤，辄觉不值经营。讵知凡此均人力所能克制，一经垦治，生产极丰。其椒、茶、漆、药等，尤为贵重物产，利润之厚，迥非内地农作所能比拟。则营垦者，必须信人力可胜自然，不宜望而却步，此其二。垦荒种植，初宜粗放，以某数量之劳力耕种者，绝非同数量之劳力所能收获。盖荒地高寒，作物熟期至促，收获稍缓，辄易枯落。而农民稀少，极难佣雇零工，雨量颇多，误期恒致霉损也。故播种什物，应预计熟期，妥配种类，伐木、刈草、垦土，工作尤须衡定进度，俾免偏畸，此其三。屯区地势，自南至西渐高，

① 受：民国《四川松理懋茂汶屯区屯政纪要》作“蒙”。

② 原脱“手”字，今据民国《四川松理懋茂汶屯区屯政纪要》补。

③ 异：民国《四川松理懋茂汶屯区屯政纪要》作“翌”。

而荒地多系斜山，自下而上渐寒，作[①]物发芽及成长，各有适[②]温。选择不得其宜，生产难符预期。故垦荒之初，即须测量地高，分别选定适种物类，此其四。屯区道路崎岖，运费昂贵，农产物容量均大，搬运维艰，非加工精制，俾便贩卖，难得善价。屯区冬季积雪期长，夏季淫雨时多，无适当副业，利用劳力，则坐食靡费。屯区劳农，多性惰吸烟。外籍客民，又生活不惯。役人营垦，管理綦难，偶一不慎，遽蒙大害。故营垦必详察环境，努力适应之方，此其五。他如卫生设备，房屋建筑，食粮储备等，指示注意之点尚多，兹不具录。

补：四川建设厅《西北垦牧调查报告》

土壤大都为腐殖土，甚为肥沃。在土地利用方面，林地灌木及荒地，均属少数。草原约占全面积百分之五十七，草坡约占百分之三十二有余，乃天然最佳之牧场。惟排水不宜，沿途泥滩甚多，水多污秽，呈棕红色，以致牛羊牲畜多染肠胃寄生虫病，对畜牧业之经济损失甚多。故排水工程与粮食生产试验，为今日草地中最急要之问题也。

附：松潘界内土地利用百分比表

地　点	方　向	距离（里）	共行时间（分）	高程	家数	岩石	土壤	土地利用百分						备考
								田	土	坡	山	荒	林	
平定关	北 3 东	6	36	2240	10	石英片岩	褐砾土	0	5	5	10	75	5	
靖夷堡	北 35 东	9	54	2255	25	同前	黄土	0	5	5	30	55	5	
莲花岩	北 10 东	45	28	2255	2	同前	褐砾土	0	5	0	35	50	10	
镇番堡	北 2 东	2.5	15	226	3	同前	同前	0	0	10	20	60	10	
镇　平	北 10 西	4.5	28	2280	20	同前	黄土砾土	0	5	5	25	60	5	
金瓶岩	北 10 西	75	45	2335	16	同前	同前	0	0	5	20	60	15	
平夷堡	北 30 西	6	42	2365	19	同前	褐砾土	0	5	10	5	60	20	
屹塔坝	北 10 西	4	24	2365	6	同前	黄砾土	0	5	5	10	70	10	
平番营	北 20 西	4	24	2365	20	同前	褐砾土	0	10	0	5	80	5	
镇江关	北 20 东	4	24	2370	80	同前	同前	0	5	15	5	60	15	
河　湾	北 15 东	6	35	2350	0	同前	同前	0	10	5	5	50	30	
北定关	北 45 西	6.5	40	2310	30	同前	同前	0	10	5	5	50	30	杂木与杉林
归　化	北 10 西	12.5	75	2425	30	同前	同前	0	10	5	10	70	5	多熟荒

① 作：底本作“什”，今据民国《四川松理懋茂汶屯区屯政纪要》改。
② 适：底本作“湿”，今据民国《四川松理懋茂汶屯区屯政纪要》改。

续表

地　点	方　向	距离（里）	共行时间（分）	高程	家数	岩石	土壤	土地利用百分						备考
								田	土	坡	山	荒	林	
龙潭堡	北45西	8	48	2505	10	同前	同前	0	5	5	20	65	5	
新塘关	北28西	9	55	2528	20	同前	同前	0	15	5	15	35	30	为冷杉林，多弯曲，较矮
得胜堡	北30西	12.5	73	2545	50	同前	同前	0	15	5	25	30	25	
安顺关	北10西	65	39	2545	40	同前	黄砾土	0	5	10	45	30	10	
云登堡	北23西	9	54	263	12	同前	同前	0	5	10	25	50	10	
西宁关	北10西	8	48	2645	21	同前	同前	0	5	20	15	55	5	
鸳鸯桥	北10西	4	24	2670	3	同前	同前	0	5	25	10	50	10	
雄鸡屯	北30西	3.5	21	2680	25	同前	同前	0	15	15	10	50	10	
洪化屯	北25西	6	36	2680	14	黄土片岩	黄土砾土	0	15	25	40	18	2	
松潘县	北22西	4.5	26	2700	461	同前	黄土及黑砂土	0	20	15	45	18	2	
共　计	（23）	148	894		917		（23）处	0	180	210	435	1201	274	
平　均								0	7.8	9.1	19	52.2	11.9	

物　产

壹．农产物

一、一般情形

《屯政纪要》：屯区农业，土地极易扩张，劳资则感缺之[①]之状态。其经营方法，大都粗放（俗所谓懒庄稼），知开垦之利，而不知保护耕地，陷于滥垦，不知培沃，以耗竭地方，乏爱土之心。且对于产品，不选择调制，得价恒低，常以物易物，恒无形受损。故其选种、肥培、整地、中耕诸端，及贩卖、购买、贮藏、加工各项，均待改良。

二、产品及产地

《县志·物产篇》所列如左。

甲．谷属

稻：即饭谷。产县属南坪、小河。

秫：即酒谷。性粘，可酿酒。产南坪。

小麦：有二种。秋九月种，次年八月收者，名冬麦，颗圆，色红；春三月种，秋八月收者，名春麦，颗条，色淡红。均宜种平原。

青稞：颗圆，头尾尖，色深青。宜种山原，各番寨地广种之。官仓储粮，以此为最。

小青稞：一名蓝麦，颗似青稞而条，色蓝。秋九月种，次年秋七月收。平番以下及大小姓各番寨多种之。

玉[②]麦：一名包谷。色白者产小河，色黄者产南坪及平番。

乔[③]麦：一名荞子。有甜、苦二种，产南坪、小河。

膏粱：一名蜀秫，一名芦粟。产南坪、小河。

油麦：一名雀麦。产南坪、小河及平番。

① 之：或当作“乏”。

② 玉：民国《松潘县志》作“芋”。

③ 乔：民国《松潘县志》作“荞”。

菜子：脂即清油，渣为油枯。杂粮中之上品。产南坪、小河及白草。
荏子：白苏也，可榨油，产南坪。
粟米：一名龙爪粟，产南坪。
糜子：一作穈，产南坪。
漫穗：俗呼于穗子，产南坪、小河。
山麻：产县属各夷地。可制为布，作衣囊用。

乙．豆属

胡豆：一名蚕豆。有红、白两种。
豌豆：有白、麻两种。
黄豆：有大、小二种，产南坪、小河。
绿豆：有皮绿及穿心绿二种，产南坪、小河。
黑豆：大者名羊眼，小者名药豆，产南坪。
爬山豆：蔓生，一名小豆子。产南坪、小河。

丙．蔬属

萝葡：一名萝菔，有枇杷叶热萝葡、花叶子冷萝葡二种。
菠菜：一名菠薐。
莴笋：一名莴苣，有青、白二种。
芫荽：一名胡荽。
葱：一名孔[①]。叶中空，色青，根茎白。有羊角葱、大葱二种。
蒜：气臭而辛辣。嫩为蒜苗，老生蒜苔，蒜，其根之结瓣者。
白菜：一名菘。有黄芽白菜、青皮白二种。
韭菜：有线韭、马练韭二种。线韭叶细窄，马练韭叶宽厚。味皆清香。
苋菜：有红、白二种，县产为白苋，南坪则产赤苋、紫苋。
恭菜：一名莙达，俗呼圆根菜。
芹菜：有青、白二种。白者气味清香。
羊芋：一名马铃薯。有红、白二种。近有洋芋一种，尽红色而味劣。
莲花白菜：一名包包白菜。遇霜始熟，味最美。
胡萝葡：即红萝葡，根叶似参，有红、黄二种。
蒟蒻：俗呼鬼芋。磨作黑[②]豆腐，始能食。产南坪、小河。
花椒：一名藙[③]。产南坪、小河。
茄子：一名落苏。产南坪、小河。
青菜：红者为诸葛菜。产南坪、小河。

① 孔：民国《松潘县志》写作“芤”。
② 黑：底本讹为“里”，据民国《松潘县志》改。
③ 藙：民国《松潘县志》作“蓺”。

羊蹄菜：一名秃菜。产南坪。

南瓜：形圆[①]，色黄，老则味甘。产南坪、小河。

白瓜：南瓜之别种。形长，色青白。子与南瓜子同，边有线纹。产南坪小河及平番。

豇豆：一名姜豆。其荚必双生，长尺余。产南坪。

二季豆：一名豆角。有红米、白米二种。产南坪、小河及平番。

刀豆：形似小刀，长五六寸。产南坪。

苦瓜：别号癞萝葡。产南坪、小河。

黄瓜：原名王瓜。《月令》：孟夏之月，王瓜生。老则皮色黄，故名黄瓜。产南坪、小河。

冬瓜：一名枕头瓜。形似枕头，皮色青，老则生白灰。产南坪。

越瓜：一名菜瓜。产南坪。

丝瓜：一名蛮瓜，一名天萝。产南坪、小河。

金瓜：一名京瓜。形似南瓜而秀，色金红。嫩时刺字皮面，即长成纹，可供玩赏[②]。

以上皆家蔬。

蕨苔：嫩时独茎而[③]生，其叶苗[④]舒，曲如鸡爪，因名蕨鸡苔。

苦菜：季春季秋之月，多生麦地中。味苦，熟则清香。

鹿耳葱：生山麓间。叶形似鹿耳，味似葱，故名。

黄花菜：一名地丁草，其味苦。《月令》：孟夏之月，苦菜秀。即此。

碎米菜：叶似黄花叶而细，其味淡，仲春之月，可采食。

灰灰菜：叶微圆，青色，生白灰，味似菠菜。

苦马芽：叶长曲，其根如豆芽而肥大，色纯白，味生苦熟甘。

椿芽：即椿枝初生之芽，气味香厚。

枸杞芽：即枸杞枝初萌之芽，亦可采食。

三、田亩总数

《松潘社会调查》：松潘田亩，全系山地，向无亩之统计，日来以斗数计算，约计全县有万石之青稞山田。

四、主要农产品产量及价值

《松潘社会调查》：全县主要农产品为青稞，产量约一万石，每石价值十五元。其次为豌豆、包谷，麦甚少，产量均无从统计。米每石七十元左右，小麦每石二十元左右，

① 圆：民国《松潘县志》作“圝”。
② 赏：民国《松潘县志》作“品”。
③ 而：民国《松潘县志》作“直”。
④ 苗：民国《松潘县志》作“末”。

豌豆每石十五元左右，但均时有涨跌（每石约二百斤）。

五、地主、自耕农、佃农之比较

《松潘社会调查》：本县多属自耕农，佃农仅占十分之二。

六、一般通行之佃耕制度

《松潘社会调查》：由佃户凭中议租，出具租帖，年纳青稞或杂粮若干。秋收后，照帖缴纳，均无押金。

贰．森林

一、种类及产量

《县志·物产篇》所载如左：

甲．木属

松：干直枝疏，叶锐如针。皮厚生甲者名铁甲松，皮光润青色者名青松，干枝微小、叶如细丝、下垂长数寸者为马尾松。老山大林皆有松木，高百尺者极多。

杉：枝干与松略同而叶稍秀。皮细色红，木心含香气者为香杉；皮粗苍老，心无香气者名药杉。多杂松林中。

柏：干高枝繁，叶细密，皮薄，顺丝起层，木心及叶，焚烧吐清香气，俗呼柏香。黄龙寺山林，此木尤良。

桑：干直，枝抽条，叶圆大而尖，气清香，宜饲蚕，产南坪、小河。

白杨：干高直，枝疏叶圆，皮青光润，多生山阴及溪涧处。

杨柳：干空挺，枝多斜，稍垂条，叶细长，花开如絮，多生堤岸。又一种枝干皆逊[①]，生水边，名水杨柳。

椴：枝干荣茂，质纹细致，作器具之良材。产小河、南坪老林中。

桦：干高直，枝叶细小。皮色黄，有小斑[②]，柔韧。用途甚广。

榆：有荚如钱。木有赤、白二[③]种，白者别名枌。产南坪。

杪罗树[④]：枝干斜曲，高五六尺。叶枇杷，背有毛，花开白色，大如茶盖。

香柞树：细小丛生，高二尺余，叶圆长，气香如檀。名树香花，尝采入贡。

槐：干高，枝叶茂密，花似蝶形，实为长荚。产南坪。

椿树：枝干高直，质坚细，色红气香。叶初生时名椿芽，可采食。产小河、南坪。

桂树：即木樨，有银桂、金桂二种。秋八月开花，香气远闻。产南坪。

---

① 逊：底本脱，今据民国《松潘县志》补。

② 斑：底本讹为“班”，今据民国《松潘县志》改。

③ 二：底本讹为“一”，今据民国《松潘县志》改。

④ 杪罗树：民国《松潘县志》作“桫罗树”。

漆树：枝叶粗散，干拥拔。皮多汁，割取之，名漆。用以髹器，滑而光。产南坪、小河。

青桐树：质坚实，有大叶、细叶二种。产平番、小河、南坪。

皂荚树：干高耸，枝密多茨。其荚有强质，退油垢，名皂角。产南坪。

箭竹：高长八九尺，大如巨指者名拐棍竹，小如笔管者名月月竹。

筋竹：有黑白二种，节促而坚，体圆而劲。产南坪、小河。

慈竹：小者一种，产南坪。

附：四川松理懋茂汶屯区国有森林发放规则

第一条　本署为开发天然林利源起见，依据本署《组织大纲》第七条，特定国有森林发放规则，以利推用。

第二条　屯区各县国有森林，除本署直接经营外得发放之，但以林木为限。

第三条　承领森林，以中华民国人民，或依法律成立之法人为限。

第四条　承领者须具承领书，呈请该管县知事公署，实业局勘测，呈由本署核准。

第五条　承领书需载左列各事项：

一、承领者之姓名年龄，籍贯住址，职业。若系法人，其法人之名称地点，及其经理人，或代表人之姓名、年龄、籍贯、住址、职业。

二、经营资本金额。

三、承领年限。

四、承领地址面积，并附图说。

五、承领区内林木之数量、种类、大小、长短。

六、采伐及锯木之计划。

七、运输之设备。

八、劳工雇佣之方法。

第六条　承领人提出承领书时，应缴纳勘测费。勘测费，承领十方里者，纳银五十元。每增一方里，增加一元。其不满十方里者，以十方里计算。县知事或实业局勘测呈报。本署认为不能发放时，其已缴之勘测费，发还二分之一。

第七条　承领森林，经本署核准时，应即发给伐木执照为据。承领人领取执照时，应纳照费五十元。伐木执照之有效期，以二十年为限。但每年须经本署验照一次，纳验照费十元，以每年一月为验照期。

第八条　承领人领取执照时，须按承领林区每十方里，缴纳保证金一百元。前项保证金，于承领期限届满时发还之。

第九条　承领人于林木伐采后，开办运输时，应将所伐林木之种类、数量，开单呈报该管县知事、实业局长查验。

第十条　承领人于林木出售时，除遵照旧章缴纳木税及捐款外，应各按林木市价百分之二，分别缴纳植林费。前项植林费，由该管县知事经收，汇解本署储作造林之用。

第十一条　承领森林，每次不得过百方里。

第十二条　承领人如将承领森林转让他人时，须呈该管县知事、实业局，转呈本署核准，并缴纳转让照费五十元。前项之转让，其保证金移同时移动。又转让后之年限，以继续原承领之年限为年限。

第十三条　凡伐采后之林地，除该管官应认为不能开垦者外，如愿领垦者，得照《垦荒章程》，呈请核准，并有优先承领之权。

第十四条　承领人于承垦区内之界标、古迹等项，负保护之责。

第十五条　从前于屯区五县经营伐木事业者，查其森林，如确系国有，仍应补请核准，并遵照本规则各条办理。

第十六条　本规则自公布时施行，并呈请[①]国民革命军第二十八军军司令部备案，有修改时亦如之。

叁. 牧畜

一、畜产种类

《松潘草地分类纪》：夷人畜产，大概以马、牛、羊为主，亦其财产之一部分。在半耕半牧地方，其居室附近，山坡平原，或耕作之隙地，即为饲养牧畜之场所。抑或有特别之牛场、马厂，如松属关内熟番各地是也。然在完全牧畜地方，则常为幕天生活，逐水草而营牧畜，待一地之草殆尽，即携其帐篷，驱其牧畜，则求水草便利之处，以栖止焉。如草地之三果洛、作格、乔柯各部落是也。各个人所有畜产之数，虽以贫富而异，恒有数十头乃至数百头、数千头，但不如蒙古、青海之王公番族，牧畜之数动以万计。牛之种类：一曰黄牛，形状大小与内地所产者同，性驯可耕可驮，惟力较牦牛、犏牛稍逊；二曰犏牛，牝牦牛与牡黄牛交媾而生，其性驯，其力大，多以之驮负，行冰天雪地中，不畏寒冷，牡犏牛亦可耕，牝犏牛尤宜取乳；三曰牦牛，为其同类交媾而生，毛黑深厚，尾腹毛特多。牡牦牛性不驯，宜于食用或耕驮，腹毛可以捻线织毯，尾毛可以织绳索。牝牦牛性驯，只宜保种取乳，间或用于耕驮。马之种类，与各地所产者无殊，以阿坝马最肥壮，果洛、作格各地次之。羊分绵羊、山羊二种。绵羊一曰跳羊，毛多环丝，色黑、白不一，长角。绵羊肉、毛均属精良，盘角绵羊稍逊。杀其小者，剥去其皮，曰黑羊皮，即皮裘材料。其大者每年春季剪毛一次，即运往外界求售。通常食用，亦即此种绵羊。山羊一曰石羊，或曰驹驨子，羊身小，毛顺长，有黑、黄、白各色，角直短，项下有须，其用途不及绵羊，饲者较少。骡驴虽为驮乘之用，但产量不如马之多。黑水来苏多畜骡，蒲溪十寨以及草地僧侣、贫民多畜驴于草地，而乘骡者人即目之为阔绰。犬可守夜，亦可作猎用，人多畜之。且草地之犬，大于常犬，性猛善啮，尤为番人所珍爱。犬被人击毙，例索命价。此外家畜，如豕、猫、鸡、鸭，蛮家不过偶一畜之而已。

① 呈请：民国《四川松理懋茂汶屯区屯政纪要》作"咨"。

二、输出之价值及数量

《屯政纪要》：草地畜产，除用以自给衣食外，每年以其剩余之牛皮、羊皮，即[①]狩猎所获之野牲皮、毛、肉、骨，运销内地，年中贸易常达八九十万元之巨也。其牛、羊革皮毛输出数量约如左：牛皮二万张，羊皮三十万张，羊毛二万担。

补：四川建设厅《川西北垦牧调查报告》

松潘县第三区各地牲畜数量统计表

甲数	户数	人口	牛		骡马		绵羊		山羊		猪		鸡鸭		备考
			前	现	前	现	前	现	前	现	前	现	前	现	
漳腊联保第一保 9	100	482	147	108	66	39	0	0	0	0	37	40	81	18	
漳腊联保第二保 10	94	459	90	75	30	21	0	0	0	0	34	38	11	5	
漳腊联保第三保 2	16	48	23	15	7	4	0	0	0	0	6	0	0	0	
踏庄第十六保 6	70	222	112	64	44	19	89	64	36	26	90	82	106	72	
踏庄第十七保 5	14	39	52	28	19	7	50	33	21	7	41	42	54	34	
总计 32	894	1250	424	290	166	90	139	97	57	33	218	202	252	129	
平均每户所有牲畜数			1.44	0.99	0.56	0.31	0.41	0.33	0.19	0.11	0.74	0.68	0.85	0.44	
牲畜数量减少百分率				31.61		45.79		30.29		42.11		7.34		51.18	

按：漳腊联保第一保系小镇市，第二保系金矿区，除农田外无牲畜地，第三保即黄胜关外，汉人仅沿大路集屋而居，余悉为番人住牧地。

肆. 药材

一、药业概况

《屯政纪要》：屯区药材，种类繁多，产量丰富。惟产药地段，强半番族所居，番民须向夷酋缴纳山价，汉人须向夷酋缴纳租押，始得采取。夷酋只知取利，汉官听其自然。于其取惟求尽，不留根荄。压榨药夫，鱼肉善良，概不闻问。屯署成立后，乃派员分赴各县屯，详密调查所有药产之分布状况，暨历来采取情形。记其梗概，以资改良。

① 即：当为“暨”。

二、药品之种类及其分布

《屯政纪要》：据调查所得，产量多、价较高者，有二十二种（量少价微，于药业无大关系者，从略）。植物之属，以贝母、羌活、秦艽、甘松、大黄为大宗，五加皮、赤芍、当归、木香、泡参各药次之。动物之属，以麝香、鹿茸、虫草为大宗，而熊胆、豹骨、野牛角、山羊血等次之。动物性诸药，产于各县屯深山大泽。植物性各药，则虫草、贝母，率多生于雪山草坪，羌活、大黄产生之地较低，甘松、秦艽、五加皮则又较低，余则深山深林间多有之。产药动物极难驯饲，但植物性药类，除虫草系菌类寄生虫体，难以人工培育外，殆无不可以栽培者。

附：松潘药材产地产量表

县别 / 地别 / 药品别	松潘县									
	镇江关	黄胜关	虹桥关	热务沟	包座	毛尔盖	阿坝	俄落	南坪	东拜
鹿茸										
麝香	△			○	△	○			△	
虫草								△		⊙
贝母		⊙					⊙	△		⊙
羌活		△		⊙	⊙	○	○	○		⊙
甘松	△				□	⊙	○	○		
秦艽	□			○	○	△	△	△	△	△
大黄		△		⊙	⊙				⊙	
木香	⊙									
五加皮	○		□						○	△
当归									□	
厚朴										
半夏										
茯苓									○	
柴胡										
前胡										
甘草	○								□	
泡参	○	⊙	⊙	⊙		△			○	△
五倍子	⊙								△	
赤芍									△	
木通										

续表

县别/地别/药品别	松潘县									
	镇江关	黄胜关	虹桥关	热务沟	包座	毛尔盖	阿坝	俄落	南坪	东拜
猪苓										
金钗石斛										

最多：□；次多：⊙；少：○；无：空

三、药材输出价值概数

《松潘草地分类纪》：就各税局收额推算，每年由松潘输出之药材，约值银六十五万元。

四、采药情形

《屯政纪要》：价值高昂，集团产生之约为虫草、贝母，入山采药者，咸注目于是。药夫除土著、夷汉人民自动从事者外，大都来自下五县。每年春夏之交，结伴入山，先采虫草，至立秋前二十余日，始挖贝母。药山例有棚长，乃中资商人，或药夫之薄有资本者。向土司或土目，租入药山，垫款修路搭棚，药夫住宿药棚，每期须纳药于棚长，是谓药棚。药夫随经验之深浅、认药之巧拙，分上、中、下三级，俗呼大挖手、二挖手、红脚杆（不满十龄之幼童，例不缴棚药，俗呼猪耳朵，但须老于此道者引进）。棚药即照药夫等级，抽十余两或二十余两不等。又棚长营业，颇似旅店，恒购备生活日用物品，供药夫需要而计物算值，由药夫以生药折偿，此各药山之大概情形也。棚长以垫款租山修路，准备一切必需物品，故形成药山领袖，药价物值，高下在心，垄断剥削，为所欲为。且药棚均在深山，药夫品类复杂，巧取豪夺，鱼肉善良之事，不一而足。而棚长所赖以为维持秩序者，又为哥老会。常派药夫上药，为其守领寿。谨愿药夫，采药一期，毫无余润者，所在多有。此各药山之普通积弊也。

五、药材之贸易情形

《松潘草地分类纪》：各地产出之药，各个人运往灌县销售者，实居少数。大都由药商前赴适宜地方，如松潘、茂县、理番、杂谷脑、懋功、抚边、两河口各处，备价采购，转运到灌县发售。药秤因地方及种类而异，例如，贝母，松潘以十九两二钱作一斤；懋功杂谷脑，以二十两作一斤；抚边、两河口以二十二两作一斤。木香、羌活、大黄，杂谷脑以天秤一百五十斤作一百斤。其到灌县交易，则贝母以十八两五钱作一斤，羌活一百四十三斤作一百斤，大黄、木香以一百二十五斤作一百斤。其余杂药，多以七折计算。虫草全以十六两为一斤。运费及价格，视行情而有高下，不能一定。各药商将药运灌，则存于素来交易之药店，以之发卖于水客或其他各地之药商。药店例取行费银百分之三分二厘，其三分为药店所得，二厘为商会经费。而水客买药，例只九四给银，即价银一百两只给九十四两。至灌县药店，近有贞胜、万昌、祥丰、信诚永、同茂、裕川、琼林、惇厚祥、祥顺、大昌、鸿源、万和、义和、万集、元青、永顺、德润祥、永昌、泽中、怀庆、荣吉祥、西来等二十余家。

伍．狩猎出产①

一、野禽种类

《县志·物产篇》所载如左。

雉：一名野鸡。雄者脸红，羽多红绿彩色，尾直，长尺许；雌者羽近麻色，尾稍短。

马鸡：雌雄无辨，羽皆蓝色，脸红，耳际有白羽寸余，竖生，爪红尾长，有翎②线，尾四茎。

贝母鸡：形大于鹅，羽毛青白相间，产草山中。常啄食贝母，体肥壮。入食品，能滋补。

雪鸡：形似野鸡，微小，麻色，近尾际有红绿花羽，尾短直，仅三四寸，产积雪山野。

半鸡子：羽色青麻而尾短，其形仅有野鸡之半，因名。

燕：一名紫乙，一名鷾鸸，春来秋去，巢于人家梁壁。《庄子》：鸟莫智于鷾鸸。又有一种石燕，常栖崖边。

鹊：俗名喜鹊，亦称乾鹊。

鸤鸠：布谷鸟也。谷雨始鸣，夏至乃至，其声如割麦插禾。县属南坪始有。

乌鸦：纯黑，反哺者谓之乌；小而腹下有白，不反哺者谓之鸦。

鹡鸰：俗名点水雀。似燕而有灰色，喜食害虫，常往水边，止则动摇其尾。

鹁鸽：有家、野三种，家鸽乃野鸽之变种，性恋旧，飞行甚健，越千里不迷故巢。

鶅鷞：俗名黄豆雀，一名挑虫，善斗。

檐雀：即麻雀。

鹈鹕：俗名渔老鸦，一名淘河。渔人用以捕鱼。

䴕：俗名斫木官。嘴直而锐，舌端有钩；足四趾，前后各二。雄者身有斑纹，雌者褐色。常斫食树木之害虫。

鹰：猛禽也，一名爽鸠。猎者用以捕擒雉兔。

鸱：猫头鹰也，一名鸺③，俗呼鬼登哥。眼圆似猫而巨耳，生长毛。昼伏夜出，捕食小鸟与鼠。

鹞：猛禽也。食小鸟及鸡雏。

---

① 狩猎出产：原作“狩出产”，据《勘误表》改。

② 翎：底本讹为“领”，今据民国《松潘县志》改。

③ 鸺：民国《松潘县志》作“鸺鹠”。

雕：鸷鸟也。似鹰而大，体长三四尺，全身暗褐色，嘴壮大而钩曲，翼平展可达丈余，常攫食山羊等物。又有一种稍小，名岩雕。

凫：水鸭也。于水面飞行啄食。

拜天雀：较麻雀小，其飞倏上倏下，故名。

鹏鹏雀：又名花脸雀，大者名胡敬德。

土画眉：亦如画眉，而音不及。

朱衣鸟：全身红色，其音云“贵妃醉酒”。

颌下红：大如麻雀，全色褐色，惟颌下红灿可观。

麻蒿雀：全身麻褐色，大如麻雀。眼如画眉，有白绿纹。

相思雀：大如麻雀，色红。

阳和鸟：麻斑色，大如鸠，常飞水边。

凌波鸟：俗呼打渔郎。大如鸠，灰色，嘴长二寸，能入水。县属小河有之。

泥丸鸟：较偷仓鸟更小，棕色，性好斗。又呼为牛雀屎。常栖崖罅。

二、野兽种类

《县志·物产篇》所载如左。

豹：状如虎而小，其毛纹有红春、艾叶、金钱三种，常捕食他兽。

鹿：性善惊。头生肉骨为茸，在伏日者极贵，至秋冬则老。角惟牡鹿有之，牝鹿则无。又一种名麋，亦生茸，不甚贵。麋角冬至解，鹿角夏至解。

猑猇：野马也。似马而小，日行数百里。

獐：似鹿而小，无角。牡獐之脐内酿结者为麝，牝獐则无。

麂：獐属，喜跳越。革柔靱，可拭物。

熊：猛兽也。有马熊、人熊、狗熊、猪熊数种，县产仅马熊、狗熊。

猿：小者名猴，状类人，县属产玉麦之地常有之。

狐：似犬而瘦，毛深温厚，背全红，腹白。性多疑，穴居山野，不轻出。又有一种沙狐，其毛稍逊。

狸：野猫也。有数种，一种尾毛黑白钱文相间，名九节貍；一种俗名麻罗子，毛稍次。

貉：形似貍，头锐鼻尖，毛斑色，深厚温滑，俗呼鬼儿牲。

虎狸：一名地虎。其油能去风湿。俗名土狗。

线狨：似猴而小。背毛长数寸，制褥毯最佳。

豺：状类犬，体瘦毛长，贪残之兽也。

狼：大如犬，身瘦头锐，口尖喙长。性残忍，食人畜。

犎牛：野牛也。项上肉隆起，身极大，家牛莫能及。

兔：其毛白、黑、黄、褐不一，县属所产惟麻色一种。

鼬：俗名黄鼠狼。喜攫鸡鸭，吸食其血。尾毛长健，可制笔。

屎鼦：一名貂鼠。居岩穴间，能直上树。尾大于身，军士用以饰帽，名貂尾。

鼠：毛色灰褐，昼伏夜出，性喜盗窃。

鼷：俗名田鼠，一名隐鼠。善积蓄，穴中常有粮。

貒：俗呼雪猪。其皮可避风湿。

貛：野猪也。

三、猎者之种类

《松潘草地分类纪》：西番风俗淳朴，人民勤俭耐劳，男子以耕种、牧畜、打猎、剜药及经商为业。

陆．矿产[①]

《川边季刊》六卷一期“经济栏”所载如左。

一、漳腊：在松潘城西四十里，沿河均产沙金。后山齐米，矿产尤富，人民按时开采，日出金数百两。现因政府招商开办，日出金约四五十两。

二、镇江关：在松潘城南一百二十里，因矿区地势低湿多水，尚未开采。

三、塔藏寺：在松潘北一百六十里，山势长八十里，几全为矿山，尚未开采。

四、三舍汛：在松潘东九十里，山为雪山分支，倾斜约六十度，高约四十丈，矿质为褐炭。

五、雪蓝[②]关：在松潘东三十里，雪数十丈，产明矾。

六、雄黄沟：在松潘东区，亦以产雄黄著名。

《川西边事辑览·松理茂懋产金区域调查纪》所载如左。

漳腊：漳腊在松潘县之北，稍偏东北，距城约四十里，在岷江之左岸，对面之对河寺，即金厂所在地。产金多沿小沟而上，近已掘至三岔河一带，其西北坡际延长约七八里，南北宽约里许。自民国四年，张达三[③]开采以来，迄于现在产金额在十万两以上。惜自来纯用土法，随便挖淘，坑洞俨若蜂巢。因采选法之不良，金量损失者，不知凡几。是宜参用新法，逐渐改良，获利当必益厚。

赤密：赤密在漳腊上游约十里地方，系祈命土官辖地，为岷江河流由东北折而西南之处。从河流变迁状况推察，必先由东北而西南。至赤密之北转而向南，河谷忽然开阔，河水潴为湖形，宽处可及十里，而长约倍之。河水夹上游岩石，石英之沙砾、金粒、赤铁矿等，至河谷开阔弯曲之处，水流平而缓，比重较大之物，沉下堆积，轻者仍从水流而下，沉积之物为金粒、赤铁矿及岩石之较重者。历时既久，堆积自多，故赤密地方，富有金矿。

黄胜关：哈米寺及距黄胜关二十里之哈就岗各地，亦产金。

晓晴沟：晓晴沟距松属之镇江关约二十里，盛产金。惟其地低于河流，易为水淹，必须研究排水法，方可施工。

---

① 矿产：原作“产矿”，据《勘误表》改。

② 蓝：当为“栏”。

③ 张达三：底本作“张达氏三”，衍一“氏”字，今据下文“金矿调查”一节校改。

松坪沟：松坪沟在岷江右岸，叠溪城对面，亦产金。

毛儿盖：毛儿盖喇嘛寺附近地方，富有金矿，其矿床不亚于漳腊。

附：漳腊金厂现状

《川边季刊》一卷五期“经济栏”：松潘漳腊，素产沙金。经“赤匪”窜扰后，矿商工人，一时星散，税局亦归消灭。省政府以矿藏为国家富源，不能弃置于地，特委任段子祜为金矿局之整理委员，招回矿商工人，从事开采。委状现已发出，省府并训令松潘县长知照，其令文云：

财政厅案呈，查松潘漳腊，素产沙金，驻军设局课税，由来已久。现因“赤匪”蹂躏川西，矿商及工人，均皆星散，税局亦无形消灭，数千人赖该矿为生者，散处四方，波及社会治安，尤为重大。且矿藏为国富来源，弃置于地，亦属可惜。兹经本府委派段子祜为松潘漳腊金矿局整理委员，饬即克日驰赴该区，招回矿商工人等，予以指导。依律取得矿业权，从事开采，以裕国富而利民生。并饬暂依旧例，先就原有金矿局址，从事整理，以维现状。一俟该区所有矿商立案，手续办理完竣，即行将该局撤销，以符法令。除状委并分令外，合行令仰该府即便知照此令。

柒. 商业

一、商情概况

《县志·实业篇》：商货分输入、输出两种。输出品，购自成都、温、崇、彭、灌、江、漳、安、绵各县者，以大小茶包为大宗，绸、缎、绫、绉、洋、广匹头、毛绸、花线、土布次之，铜、铁、瓷器，暨各杂货、各食品又次之，运往关外南北番部销售。输入品，易自关外生番部落者，以羔羊皮、野牲皮及羊毛为大宗，香、茸、贝母、大黄、甘松、虫草各药材次之，牛羊牲畜又次之，运入本省暨直隶、河南、上海及沿江、沿海各埠售销。交易时期：每岁汉番运货，结队行走，大抵六七月皮庄登市，麝香、杂药暨各山货则无定时。商帮有草地帮、西客帮、河南帮、陕帮、渝帮之别，若米面帮、森林帮，资本较微细矣。各帮字号，以丰盛合、本立生、义合全、杜盛兴开岸最早，聚盛源、裕国祥、协盛全次之。老号二三百年，余皆百数十年不等。资本雄厚，交易和平，尤重信义，不似内地商场之刻薄，盖习惯使然耳。自有大商多家，货物之或产或运或销，需人工脚力较夥。有资本者，藉以营业。无资本者，佣工输运，亦可谋生。多增字号一家，生活平民数百。实边以民，不如实边以商，有商而农工自然发达，其余各项实业随之。近五六年来，渝帮迁去多家，羊毛、药材停滞，市面益形枯窘。宜广招徕而维持保护，设商务学堂，讲求商业专门。司牧者，曷注意焉？

二、运输及保护

《屯政纪要》：夷人以劫掠为荣，系属天性。草地夷匪最多。松南一带之猼猓子，来苏马塘一带之难民，亦常出劫商货。他如彭、灌、天、宝之匪，多匿边徼，伺隙掳掠，致灌汶道上之龙溪、深坪关[①]，懋灌道上之卧龙关、牛头山、麻郁坪，匪警时闻。屯署于卧龙关、麻郁坪、龙溪、马塘、来苏沟分驻戍兵，并责令屯土及团队，协同捍卫，所以保护商旅也。屯区人稀力贵，道路险巇，运灌货物，至感困难。在昔官府出入，恒征夫马负戴。迨入民国，滥兵奸民，亦沿以为例。于是附近居民，多避役流亡，货物转运，愈益艰苦。屯署禁征夫马，始自官吏。又于二十二年，筹组转运局，官商合资，雇佣夫马，分段设站，规定运费，交运提取手续。一如邮包办法，就灌县设总局，松潘、茂县、懋功、威州、杂谷脑设分局，其余重要市镇酌设分栈，经理一切，所以便利商运也。(筹备将就绪矣，毗河战起，事遂中辍，日后如有经久之图，应首注意及此。)复次，屯署于二十三年，规划就松潘设屯署办事处，负责经营草地。先编组马队，保护草地商人。并仿英之东方印度公司，日之南满铁道会社，官商合组草地贸易公司，藉为各项开发事业之先锋。凡制革洗毛、炼乳、罐头等工业，农垦、牧畜、造林等农业，以及猎取茸[②]、麝，采掘贝母等药材业，统由公司调查设计，次第举办，所以繁荣商业也。(计划甫定，匪焰忽张，无由实现。)倘得如预计进行，屯区商业，未有不蒸蒸日上者。乃竟为军事所阻碍，惜哉!

三、经营情形

《松潘草地分类纪》：汉人赴草地经商，以其为寨落关系，无市街商场之可言。恒投止于土官或百姓之家，称为自己之主人；番人对之，称之曰自己之汉人。官府忽视边地久矣，政府之权力不及于塞外亦久矣。各商纯恃此主客关系，冒险深入，以搏些须之利，虽僻如包座、铁布、作革、乔柯，远如旺清、夺巴、达克、托霍尔、秋杠、花颡、周基、雪花、三黑帐房，亦有汉商足迹，其具冒险精神，不亚于散在海外之华侨，可敬亦可爱也。在中阿坝，其土官特为汉商置有屋宇，范围于一处，曰甲康头。甲，番语为汉人；康为屋，即汉人居室之意。在其官寨前者，曰下甲康，有汉商三十余户；距官寨十里许，在格尔低喇嘛寺之前者，曰上甲康，有汉商六十余户。因有此种组织，汉番交易称便。中阿坝于松潘与草地之间，自然形成一重要商场。草地商人，称果洛迤西曰俄落，俄落与阿坝间，商务之发动，每在夏历八月乃至十二月之间，亦习惯使然。且由香茸、野牲皮之属，皆于秋前取得，于此时运至阿坝，适好易其收获之粮食以归故也。

四、主要商品

《松潘社会调查》所列如左。

(一) 药材

本县所产药材甚盛，种类亦甚多，兹将主要者分述于后。

甲．麝香。取自麝鹿脐部，麝鹿每至交尾时，分泌多量而优良之麝香。在此时期，猎者甚多。分草头麝、红头麝、蛇头麝三种，以蛇头麝为贵重，香气经久不变，其性开

① 深坪关：民国《汶川县志》作“沙坪关”。

② 茸：原作“葺”，据《勘误表》改。

经络，通诸窍，能医治毒症。

乙．鹿茸。鹿之初生角也。在伏日得者最佳，各嫩血茸，甘温壮阳，为补之峻剂。

丙．牛黄。生病牛胆中。牛壮黄后，则身体慓[①]健，遇期不吐，牛即倒毙，割取之，黄不佳，以野黄为最贵。

（二）皮货

松潘番民，多以游牧为生，所畜牧，以羊为多，又甚产野兽，故本县以皮货为特产。兹将主要之种类，分述于后。

甲．野牲皮。狐皮、狼皮、狸皮三种为最上，兔儿牲、麻罗子、沙狐次之，每年约出千余张。

乙．骡马皮。年约出千余张。

丙．老羊皮。年约出万余张。

丁．牛皮。县属内外地，所屠之牛，年约万张。

戊．羔皮。小羊儿之皮，为普通制裘之用，年出三十万张。

己．羊毛。即绵羊之毛，年出三百万斤。

庚．野兽皮。虎、豹、貂、狼等皮均产。

五、商帮

《松潘社会调查》：各种商帮，有草地帮、西客帮、河南帮、陕帮之别，资本雄厚。又若米面帮、森林帮，资本较微。

六、交易时期

《松潘社会调查》：每月汉番运货，结队行走。大概六七月，皮庄登市；八九月，鹿茸、贝母、大黄、甘松、牛羊皮登市；十月以后，羊毛登市；麝香，杂药暨各山货，则无定时。

七、凋敝情形

《松潘社会调查》：松潘原本出产富厚，众商云集，往昔尚称繁荣。年来因遭兵灾匪患，各路梗阻，商人裹足，以致商业停滞，入出均绝，百物无赌[②]，市面焦枯，窘迫已极，甚至油盐粮米均缺，诚可慨也。

① 慓：原作“膘”，据《勘误表》改。
② 赌：当为“睹”。

补：四川建设厅《川西北区垦牧调查报告》

兹将松潘县王技士调查全县特产情形表列如左：

类别	全年产量（斤）	每单位价值（元）	合计价值（元）	有名产地	采挖最良时期	备考
甘松	1,000,000	0.300	300,000	金瓶岩、镇江关、毛儿盖及草地甘松岭	三月至五月，九月至十一月	其他时期亦可，惟仅以五、六、七、八月挖甘松则下雹
大黄	1,000,000	0.150	150,000	关内外均产	七月至九月	
羌活	5,000,000	0.300	150,000	关外草地	七月至九月	除地冻外，全年均可挖取
秦艽	500,000	0.300	150,000	镇江关、金瓶岩及关外草地	七月至九月	全县皆产
赤芍	100,000	1.000	100,000	南坪及草地	四月至七月	全县各地均产
泡参	50,000	0.300	15,000	镇江关、南坪及草地	八月至九月	
党参	50,000	0.900	45,000	南坪及三舍	八月至九月	三舍产运平武，南坪产运碧口
当归	50,000	1.000	50,000	南坪及三舍	八月至九月	
麻黄	20,000	0.100	2,000	草地	四月至九月	全县各地皆产，惟量少
贝母	100,000	9,000	900,000	草地三舍及弓杠岭	关内五月至七月，关外七月至八月	除南坪外，全县皆产
五加皮	50,000	0.500	25,000	虹桥关、大湾、扶羌及三舍	六月至九月	全县皆产
虫草	2,000,000（根）	0.020	40,000	三舍、金瓶岩及草地	三月至四月	
棉芪	200,000	0.300	60,000	南坪及草地	三月至四月	
木香	50,000	0.800	40,000	镇江关一带	七月至十月	全县皆产
香菌	30,000	1.000	30,000	草地	六月至八月	
肉苁蓉						
人寿果	50,000	0.500	25,000	除南坪外，各地皆盛产	二月至三月	作食用，营养分最大
共计			2,082,000			

松潘县动物及矿物类之特产亦甚夥。据王技士估计，动物类年可产羊毛三百万斤、羊皮五十七万张、牛皮二万张、鹿茸五百对、鹿角三千对、麝香三千对、熊胆一千对、青羊筋两千对、野牛角五百对，又矿物类年可产砂金约二万两，此外如风洞关之雄黄

矿、大坝子锑矿、踏骂寨[①]沟之银矿及草地沟之铁矿，闻均蕴藏颇富，有待于专家之开采也。

松潘附近之农业经营概况表

五谷类别	占全面积之百分数	播种期	收获期	每年耕地次数	每年锄草次数	施粪次数		生产统数	适宜土地	现时每斗价值（元）
						干粪	清粪			
青稞	15%	谷雨	处暑	2至4	2	1	0	1~8	山地、坝地均可	45
冬麦	60%	秋分	白露	1至2	1至3	2	1	6~10	坝子地	48
春麦	10%	谷雨	寒露	1至2	0至1	0	0	3~6	山地	47
胡豆	8%	同右	白露	2至4	1至3	1	0	3~10	山地、坝地均可	42
莞豆	7%	同右	同右	2至4	1至	1	0	3~8	坡地	45

漳腊谢区长农产调查之一部

菀点	户数	人口	各五谷之总共产量（石）							备考
			青稞	玉米	小麦	菀胡豆	洋芋	黄豆	其他	
沓藏番民	44	42	10	14	17	14	16	2	27	洋芋以三斤干一斤合
漳腊汉人	70	222	41	3	85	64	117	104	94	
合计	114	364	51	17	102	78	44	106	121	
各种五谷所占百分比			9.83	3.31	19.65	15.05	8.49	20.411	23.31	

在黄胜关北之生番地，曾调查上包坐、下包坐及卓藏寺三处，亦为二年一熟制，海拔高位于二千六百七十至二千九百四十公尺之间，山坡岩石与土壤，大都与松潘漳腊相似，惟山势系向北倾斜，水皆北流而入黄河。兹将其农业经营概况副表如左，以资比较：

地点	五谷类别	占农地面积%	播种期	收获期	每年耕地次数	每年锄草次数	施粪生产		每斗价值（元）
							次数	倍数	
上包坐	青稞	80%	立夏	处暑	2至4	2	1	1至4	
	胡豆	15%	同右	白露	2至4	2	1	1至3	
	元根	8%	小满	秋分	3	2	1	5至10	
下包坐	青稞	80%	谷雨	处暑	3	1	1	2至3	3.00
	胡豆	15%	同右	白露	3	1	1	2至3	
	元根	5%	同右	寒露	1	2	1		
下卓藏寺	青稞		同右	秋分	3	1	1	4至10	

按：上表各种五谷之生长时期，大都不过百日上下，而且不能连年耕种。

① 踏骂寨：在本书中，亦作“踏马寨”。

牧畜经营概况表

地点		户数	共数	马		共有牛数	各种牛百分数						绵羊			山羊	猪	鸡	备考
				成数			牦牛		犏牛		黄牛		共数	成数					
				公	母		公	母	公	母	公	母		公	母				
下三寨与上三寨之熟番地带牧农兼顾之生番地	下三寨	1	2		21		5		95			10			3				
	谷云寨	1	2		21		5		95			10			3				
	牦牛沟	4	6		16		19		75		6								
	下尼坝	1	1		3				67		33	8			4				
	大寨	1	2		25				100			10			7				
	谷寺	2	6		15				87		13					4	1		
	巴郎寨	1	4		38		18		79		3								
	韩判	1	3		17				94		6					2			
	共计	12	26		156		47		521		61	38			17	6	1		
	每户平均		1.2		129		6		85.3		8.7	2.5			1.3	5	1		
	上包座栏马笼	6	50		200		50		40		10								
	大树林	4	30		250														
	沟中	7	4		800										50				在木树林下对河沟中
	上包座						85		10		5								系指该土司所管之十寨而言
	卓藏寺	1			8	37		25		18		25							
	扎共宽	3	2		6	67		33											
	黄寨	1	1		4		50		25		25								在卓藏寺后
	共计	22	107		1268		347		113		40		110		50				
	平均		5.3		37.6		69		23		8		5.2		2.3				

续表

地点		户数	共数	马		共有牛数	各种牛百分数						绵羊			山羊	猪	鸡	备考
				成数			牦牛		犏牛		黄牛		共数	成数					
				公	母		公	母	公	母	公	母		公	母				
下三寨与上三寨之熟番地带牧农兼顾之生番地	防细	115	150			2300	17	25	11	34	13	11800							在木树
	防细土官	1	3	3	7	17	12	18	29	35	6	242	4	6					
	热儿盖得利	75	200			2000						3600							
	夺马	22	50			400						1000							
	夺马土官	1	6	3	7	24	13	25	46	16		60							
	夺马富家	1	25	28	8						200	5	5						
	求戒南凹	115	200			3000	12	7	30	47	4	4000							
	求戒南凹	1	1			38	8	53		39									
	求戒南凹	1	100			43	12	7	30	46	5								
	墨凹	57	106			11400						1200							
	墨凹	1	4	2	8	33	3	45	37	12	3								
	上壤口土官	53	150			300						450							
	上壤口	1	500			9000		50	50			150							
	中壤口	25	125			625													
	下壤口	52	200			1000		60	40			500							
	共计	521	1814	10	30	30180		367	502		31	23552		9	11				
	平均		45	25	75	547		41	56		3	45.2		4.5	5.5				

地点	方向	距离（里）	共行时间（分）	海拔高（公尺）	户数	山坡%	路坡%	岩石	土壤	土地利用百分比					备考
										土	坡	荒	林	灌	
求戒寺之路口	北45西	5	30	2670	0	50	上下	石英页岩	黄土	10	5	60	5	20	有叉沟
牙记	北70西	9.5	58	2680	20	45	5	砂岩	黄砾土	15	10	25	35	15	
潘州城	南80西	3	18	2700	8	45	7	砂岩	黄砾土	15	10	25	35	15	多青稞架
北西	正西	5	30	2740	300	40	8	黄土山	黄土	20	5	15	50	10	连有大三寨
阿西茸	北30西	2	12	2760	50	40	10	黄土山	黄土	20	5	15	50	10	前为积坝寺
牙顺公坝	北50东	3	18	2790	4	40	10	黄土砾山	黄砂土	20	5	15	40	20	
牙顺坝	北25东	4	25	2820	12	40	5	黄土砾山	黄砾土	20	5	15	40	20	
扎共宽	北30西	6	35	2890	100	35	8	黄土砾山	黄砾土	40	5	45	5	5	
卓藏寺	北12西	3.5	21	2940	100	30	8	砂岩	腐殖土	35	60	0	2	3	僧俗各半
共计	(18)	101.5	607	2670至2940	780	965	上下	砂岩为大宗	以砾土为大宗	340	175	360	687	238	
平均			6		7.7	53.6			18.9	9.7	20.0	38.2	13.2	100	

金矿调查：著名者为松潘至漳腊、靖化之二凯，草地之毛耳盖及黑水之色耳古。但毛耳盖、色耳古皆为生番猼猡子之势力，迷信甚深，不容开采。漳腊金厂，自民四张达三司令借兵力开采以来，中间虽发生事变数次，至今仍继续未停，闻最盛时代，每日有金夫子三万人工作，日产金额，最多有至八百两者。据谢专员估计，自开采以来，所产金额，总计在十万两以上。自去岁正式组织富华公司，资本已收到七万五十元，在中央实业部立案。

此地矿金大致可分为三类：一曰冲积金，系由河水[①]冲来，沿河畔之淘金者皆取此金；二曰残余金，系矿山崩溃者，当地土人小组淘金者，皆赖此金；三曰矿金，系大山喷出后而混入地层中者。金夫子有谚曰：无板不成金。盖产金之处，皆有棚有板。金矿之上称棚，金矿之下有板，棚多如土，大都为黄色及暗灰色枯土，厚一尺至五尺。板则为石层，有红泥马压板、岩前板、石炭板、页岩及方嗣石□类别，而以红泥马压板为最佳。

礼　俗

壹．婚礼

一、汉族

《县志·风俗篇》：男女两家，先由媒妁通辞，择期发庚帖，即问名意也。继行插花礼，用彩缎、簪珥、果品送投女家。女家还答刺绣及冠履，即纳采之意。行婚之日，男家备绢两匹，羊二只，无羊代以鹅。鼓乐导彩舆，先赴女家。新婚簪花披红，或乘马，或肩舆，偕亲友行亲迎礼，女家亲友迎于门，三揖入，仍以花红送门外。然后彩舆出阁，鼓吹过婿门，行周堂礼，即奠雁之意。

二、番族

《县志·土司篇》：男女两族，先由媒妁通辞，父母主之。亦有男女自由结婚，父母曲从其意者。向例索取财礼，自一宝至十宝不等（银五十两为一宝），牛马称是，视两家之贫富而定。成婚之日，婿亲至女家迎妇，近则步行，远则乘马，亲友往贺，置酒为欢，主客皆唱歌跳舞。其后生子相贺，亦如婚时。

《松潘社会调查》：每年六月十五日，番人男女赴雪宝顶，采取雪莲花，下黄龙寺各庙进香举酒，络绎于道。番人青年男女，选抱跳舞，自由结婚，热闹异常。邑人亦各摆帐篷具酒肴在观，极一时视听之娱。贫者，亦有数男共一女云。

贰．丧礼

一、汉族

《县志·风俗篇》：始卒，奔告亲友，料理衣棺，同视含殓。三日，服成。以后，每七日及百期，或小祥或大祥，俱延僧道斋荐。安葬之日，初夜家祭，次日展奠，越日亲友执绋送葬。

二、番族

《县志·土司篇》：凡父母亲属死，有衣衾，无棺椁，不殓不殡，家伏尸号哭。即日

请嘛嘛念开路经，送银物牛马若干喇嘛等，谓之布施，为死者超度也。葬日，复请喇嘛卜之，或天葬置山中，或火焚埋灰土中，或水葬置江中。此等恶俗，大悖人道，近年番众亦多有用棺殓葬者。

叁. 习惯

一、汉族

同内地，从略。

二、番族

《县志·土司篇》：见尊长脱帽鞠躬，如西人礼。亲朋乍见，趋[①]前握手，以表亲爱。男女俱喜拜佛，或等身朝拜，或稽颡朝拜，并先发愿拜若干日。又喜打猎，枪法颇精。有力耐劳，牧畜之暇，兼采薪挖药，并有以牛运茶，往来草地贸易者。惜性质顽梗，好与人斗，若遭杀毙，索取牛羊、布匹、银茶等物以偿命价。捕盗致死，亦令失主赔偿。遇有争执，集众论辩，援引数十百年成案为例，藉以解决，往来交涉。除僧人外，无文字纪事，不知书，不识字。有事惟以口授，听者默志，转授他人，习俗相沿，不知变通，无惑乎久于荒陋。倘多设汉文学堂，通语言文字，习俗相移，久而自化也。

《松潘草地分类纪》：番人相见，以哈达为礼。哈达为特制粗疏之布，或绫片，等于汉人之投刺。见面或脱帽，或握手，或鞠躬，甚或稽首，视等辈与亲疏而异。尊卑之分至严，凡卑者贱者向尊长有所陈述，必匍匐于地。出入尊者之室，亦必匍匐膝行。遇尊者于途，或须过其前，必免冠或解发辫，伛偻急趋，奉物必鞠躬以进之。

番俗席地而坐，无桌无椅，寝无被，覆以毪衫或毡。食无筷，以手捏糌粑于碗食之。食毕，舌舐净尽，几如经洗涤者然。面垢不洗，衣垢不浣，妇女不梳不栉。

肆. 节庆

《松潘草地分类纪》：番人度岁，礼佛祀神，家人聚饮，更换服饰，往来贺年，亦如中土。以无文字纪事，家长趁新年之始，召集家人演说其全土掌故或家庭过去事实，使妇女尽能知晓，无所谓夏节秋节。

番俗有跳神之举，黄教正月十五日行之，红教五月初十日、六月初十日或八月初十日行之，皆僧人拌演。有带面具者，有不带面具者。其宗旨在演阴曹之因果报应，使人知所警惧，改邪向善。跳布扎，演藏戏，于办佛会或丰年或土官有喜庆事时行之，仍僧人拌演，多带面具，其宗旨亦在劝人为善。跳歌庄，于新年或有喜庆事时行之，由人民自由结合，不分男女，以一人为首，提马铃或手巾以为众人倡，人数由十数乃至五六十，互相携手，围为圆形，随唱随跳，手舞足蹈，皆有音节。词曲亦有喜怒哀乐之分，

① 趋：原作“超”，据《勘误表》改。

跳毕聚饮，尽欢而散。但草地两番，则不常跳歌庄也。又治哑吧斋，红教四月初十日，黄教六月十五日行之，僧俗皆到。第一日，洗身，只用午餐。第二日，完全绝食。至第三日晨，始用面汤少许。除念经外，三日间，不言不语。至于念春经、念冬经，平时念太平经、善经，等等，惟有力量者能之，贫苦者不过许愿磕长头，插嘛哩旗而已。

生活情形

壹. 饮食

《松潘草地分类纪》：西番食物，以糌粑为主，用青稞炒熟，磨成粉末，曰糌粑面。和酥油、老茶，捏而食之，或佐以甜奶子（即新鲜牛奶），酸奶子（用一种酵母制成，其味酸），奶渣（取酥油所余之渣），牛羊肉。而酥油为新鲜牛奶取得之品，麦面常以制饽饽，或如汉人制成截面。其在羊峒、八寨各部落，产生玉麦地方，则以玉麦制饼，或煮成搅团食之。酒分烤酒、匝酒二种，烤酒与汉人之酿酒无异，惟味较淡。匝酒系盛麦粒于瓮内，加曲，待有相当时日，以管吸饮之。但草地人不如理懋各地夷人之嗜饮。

草地人宴客，准备食品，极为丰富。大都张幕设席，视宾客之多寡，定饮食之份数。如西餐式，食品一份，糌粑面一大盘，酥油一大盘，点心一大盘，仁寿果饭一大盘，面炸干饼一大盘，奶渣一大盘，熟煮牛卤一大盘，手抓羊肉。羊尾则呈于尊长之前，以表敬意。余如奶茶、酸奶，亦用大壶大桶盛置，以备来宾食用焉。

贰. 服饰

《松潘草地分类纪》：西番男子，大都不蓄发，或只于顶蓄一束，如清制钱之大，曰金钱发。冠分皮冠、毡帽，衣服概系大领，材料用布帛、毪子、氆氇，缘[①]饰豹皮、獭皮或与衣服相间之织物，束带无纽。无论着皮裘、袷衣，恒右袒露臂，或竟全露两臂，下不着裤，足着革履，不袜，腰系刀剑，火连石、吊刀、象箸之类。稍富者，恒嵌金银宝石。男子亦喜穿耳，耳环以金银为之，或于耳环之下犹加坠子，或穿两孔以系之。手指亦带戒指[②]，但不如黑水人之腕带大象牙镯。

西番处女，多半光头。妇人始蓄发，仍带耳环，身着大领衣，足着革履，不裤不袜。附近松城番妇，多喜戴大盘帽，缘饰蜜蜡珠，大小不一。阿坝一带之番妇，喜用小珊瑚珠缀成八字形，戴于头上，或戴网子，于其上系以飘带，其数由一至三。飘带之上，复缀以刺绣或珠玉之属坠于背后，长与衣齐[③]，以为美观。

---

① 缘：原作“绿”，据《勘误表》改。

② 指：原作“子”，据《勘误表》改。

③ 衣齐：原作“齐衣”，据《勘误表》改。

叁．居住

《松潘草地分类纪》：西番住室，在牧畜地方，如作革、乔柯、果洛以及黄河沿各部落，只用布幕毳帐，以为栖止，逐水草而居，迁徙无定。在半耕半牧地方，阿坝一带，多架木为屋，周围环以土墙，泥封其顶，数家或数十家聚族而居，名曰一寨，不必依岗据险。屋之构造，上层为经堂，中为住室，寝处炊爨，均在于斯，下层为牛马牧畜栏。全由下层之小户出入，窗户较少，黑暗锢闭，空气光线俱不充足，然番人处之宴如也。下纳格藏、阿世基、热拉各部，其土屋较通常番人之屋，尤为湫隘，夏间移住帐棚，冬季则蛰居其中，名曰冬房，亦为其生活便利计也。

肆．职业

《松潘社会调查》：多以畜牧为生，口外生番，悉事游牧，逐水草而居，约计骡马六七万匹，牛羊约计十余万头，牧畜之暇，兼采薪掘药，并有以牛运茶，往来草地贸易者。

伍．工业[①]

《屯政纪要》：屯区工业原料虽多，而人民愚惰，决无学习建筑制造者。凡铜、铁、泥、木、石、缝纫等日需工人，亦寥若晨星，且多来自外县。土著人民之工业制品，不过皮袋、粗毪，其社会组织，直无所谓工业。民国二十三年，屯署仿松潘县府设立民生工厂，分洗毛、织毛、制革诸科。又饬研究夷民之酥油、煣革，改良后能否匹于西法之脂油、制革，以及就地采取单嶂，供制革之需，以抵制钾铬等外货。

《松潘社会调查》：毛织工厂，原有技师四人，月给生活费二十元，学徒十五人，月给伙食五元。漳腊金厂工人原有千余人，现因“匪患”仅有二百余人。由各工人，每日自由淘掘，获金售卖，生活仅足自给。工厂长则按月抽收标金，每十六人为一棚，月缴沙金一两二钱五分，无论挖金多少，按月缴清。又本县虽有工会，但工人均无组织，徒有其名耳。

补：四川建设厅《川西北区垦牧调查报告》

据松潘县商会杨会长谈，县城附近所收粮食，仅足县城附近人民四个月之食用；其粮食之输入，普通仰给于平武者，约占十分之五；由茂县来者，约十分之三；其余十分之二，则由灌县及绵竹而来。按县城内之户口职业而论，纯粹经营商业者，约仅百分之二十五；经商而兼事农业者，约占百分之十五；业农而兼事驼运、背脚及挖药等副业

① 工业：原作“商业”，据《勘误表》改。

者，约占全城户口百分之六十。按各商号之家数而论，则以布行而兼营油、酒、纸烟杂货者为最多，约占全城商家十分之五，茶行约占十分之三，药店及香号（收买麝香者）约占十分之二。但若按资本而论，则仍以茶号为多。在松潘俗有四大商号之称，名为丰城合、裕国祥、本立生及聚盛源，皆专业老茶生意者。其输入品之销路，销于当地附近者，约占十分之三；销于西北两路草地者，约占十分之四。按松潘之草地范围，计分北西两路。出黄胜关，经上下包坐而至阿西茸一带草地，谓之为北路；出黄胜关，由两河口分路，经二十四马鞍腰、色计坝、黑凹而至阿坝者为西路。据云，销于西路者较销于北路者为多，约为六与四之比。其输入品之全年估计表如左：

类别	全年销量	每单位价值	合计价值（元）	备考
老茶	十万包	每包十二元五角	一百二十五万元	有方包及圆包二种，圆包七成，方包三成。
斜纹布匹	三万匹	平均每匹四元	十二万元	
清油	二千担	每担四十三元	八万六千元	
酒	一千五百担	每担五十元	七万五千元	
纸烟	三千匣	每匣二元二角	六千六百元	
共计			一百四十一万七千六百元	

宗　教

壹. 喇嘛教

谢培筠《松潘草地视查记》所列如左。

佛教派别：西番极崇拜佛教，而佛教之中，尤为崇拜属于密宗之喇嘛教，原属红教，或曰红帽教，倡自奔布系僧（那位卜巴克什）。尚有一派曰宁玛教，揭其名称，曰黄教，或曰黄帽教，即番人所谓吉路巴教。禁婚娶，禁饮酒，提高僧侣之道德纪律，使之趋向俭朴与严肃之进程，积日既久，信仰者众，于是红教寖衰。黄教始祖宗喀巴，发祥于青海，时为西历1358年，适当明朝之初。西宁县县城西南约四十里之塔尔寺，相传为瘗克巴氏佛胞衣之地，有瓦寺，构造宏壮，瓦溜以金，与日光相辉映，光华射目。有足印石，谓系宗喀巴氏当年供佛念经，足所常履之石，宗喀巴氏金像，今犹供俸于寺中。

黄教、红教不同之点，黄教大致约而精，红教大致博而粗。红教尚邪术，习诅咒，以术治病，呼风唤雨。黄教则禁诅咒，辟邪术，其中约分三派，一讲经说法，二个人钻研经典，三研究经典与为人治疗疾病，判断凶吉。然均系供奉释迦牟尼佛。

番人佞佛，极喜建筑寺院。无论何寨何沟，必有寺院一所。私人虽以帐幕为驻室，寺院之规模，则备极壮丽。由数寨数沟共建者，曰公共寺院；为一寨一沟专有者，曰私有寺院。寺院之大者，分正门、前殿、正殿，数楹为平屋，楼房不等，小者不过正殿一椽。僧寮多建于寺院周围，正殿中供释迦牟尼佛，旁供诸佛罗汉，龛前正中或稍偏设活佛大喇嘛坐，以次设喇嘛和尚坐。殿之大者，足容千余人，小者亦容百余人。法鼓金铙分段陈列，绣佛画像，满悬壁阁。其他如酥油灯、净水瓶之属，亦复不少。屋顶每置溜金铜铸银瓶，谓曰宝顶，或以幡竿取对称式，光华与日月相炫耀，经幡随微风而招展，似在表示佛法森严。中阿坝之格耳得寺，中间龛门高及丈许，横五尺余，用纯鎏花银板嵌成，可谓不惜工本。富裕之土官，其官寨多有经堂，陈设与寺院正殿相仿佛，亦是输财佞佛之表现。

所谓经转子者，为木制或皮制，圆铸，大小不一，中空，两端有轴，足以旋转自如，内置经文。番人谓使之旋转一次，无异讽诵其中经文一遍。寺院围墙内外以及寺院官寨回廊，莫不有之。晨夕特用手旋转，或因事经过其间，就便旋转。男妇老幼僧俗，习以为常，轴声轧轧，时达耳膜。河渠流水地方，特建小屋，中置大经转子，利用水利旋转，亦称经转子，亦曰经转楼，到处皆是。又有小经转子，不问僧侣，随时执之手[①]中旋转，其顺转者属黄教，逆转者则为红教也。

寺院之间，必有佛塔，曰舍利塔，大小不一，恒下方上圆而顶尖，或筑土为之，或砌石为之，或以木造，不一定。又有嘛哩堆，形类佛塔，多立于通衢山巅或佛院附近，台上多置刻经石板，亦如土中，到处立有南无阿弥陀佛石碑[②]，嘛哩旗系以布帛或纸为之，印刷经文，插于寺顶屋角，或山巅，或大道地方，意谓风吹经文，无异代人诵经。又或于嘛哩堆复插木制大矢，谓足射除不祥，亦西番地方所仅见。又有经包者，为银制或铜制，外多溜金，形或圆或方，恒嵌珊瑚、玛瑙及小珠，錾细微花纹，中置佛经，挂于胸际，谓足辟邪。至于念珠，或挂于胸前，或置之腕间，在中等社会以上之人恒有之。

达赖、班禅为转生活佛，人多知之。余如西宁塔尔寺之宝贝佛、拉加寺之香茶佛、拉不楞[③]寺之嘉木样佛，亦为著名之转生佛。转生者，通常称之为活佛。

相传，在十四纪宗喀巴死后，继之者为根登珠巴，逮根登珠巴死，越二年，其灵魂复转生于一婴孩体中，寻乃以其婴孩为嗣，于是转生，遂遍传于西藏、蒙古、西番等地，迄于现在。凡活佛逝世，仍谓必转生于某地。以故活佛死，各寺中之管事喇嘛人等，则打卦以求活佛转世所在地，急往访查。待周岁后，携带活佛生前用品、经卷，陈列一处，杂以普通之经卷、器物，果其幼孩一一认识不差，则确认其为其寺之转生活佛，商其父母迎之以归，仍尊奉为活佛。父母愿往，亦迎之入寺，否则厚其奉养，以示优遇。又有平日佛学湛深，道行高尚者，虽非转世，亦有尊称之为活佛者。

番俗，凡家中有二男子，必以一子为僧，一子留存禋祀；如三子四子，即以二子为僧；总之恒以其所有男子之半数为僧。或于本地寺院学习经典，或送往西藏留学[④]，视个人之环境而异。普通僧徒曰和尚，经典比较深纯者曰喇嘛。至主持寺事之大喇嘛，或各项执事喇嘛，非曾往西藏留学或经典高深者，不能胜任[⑤]。各级喇嘛、和尚，每日必念经礼佛。其坐静也，则一人移住于幽静处所，不与外人交接，期间自数月以至一年，其苦修佛法，有如此者。

番人上下，均必礼佛。有等身朝拜者，有普通磕头者，有磕长头者。磕头次数，每日由数十次乃至数百次；磕长头亦然；甚有绕寺院随行随磕长头者，及随行随磕长头以[⑥]朝西藏或其他名山者。行路乘马，口必念佛。每餐必念佛，然后进食，口中念念有词者，不外“唵嘛呢叭咪吽”六字。

活佛、喇嘛，为社会各级人所敬重，有如中土旧习士农工商，士恒居首。凡卜休咎、定吉凶，营造、婚姻以及其他人事，均以活佛、喇嘛之一言为定。遇有疾病，多以

---

① 从标题“宗教”下至“随时执之手”：原书缺。因内容和民国《理番概况资料辑要》所载完全一致，均出自谢培筠《松潘草地视查记》，故据补。

② 亦如土中，到处立有南无阿弥陀佛石碑：民国《川西边事辑览》作“亦如中土到处立有‘泰山石敢当’，‘南无阿弥陀佛’石碑之意”。

③ 楞：原作“朗”，据《勘误表》改。

④ 民国间，凡赴外地求学，均谓之留学，非今日特指之赴国外求学。

⑤ 任：底本讹为“往”，今据民国《川西边事辑览》改。

⑥ 以：民国《理番概况资料辑要》作“其”。

财帛布施于寺，或请活佛、喇嘛念经禳解。遇寺院念经熬茶、布施财帛，争先恐后。常见寺院法会期间，红男绿女联翩入寺祈福。司阍僧人因人众拥挤，辄加鞭鞑，而以盘盂盛大宝财物以进者，以手蒙面，觳觫相竞，唯恐不能攒入。死时，甚至罄其所有，寄赠寺中而不惜，以故寺院之富，为一般人所不能及。活佛、喇嘛之唾、溺，有人和泥以食，谓足疗疾。向活佛顶礼膜拜[①]者，以得其手指抚摩或一鞭挞为荣幸。然活佛喇嘛好者固多，坏者亦复不少，以人之敬之也，每每故神其说，挑动社会之是非。番人既愚，益以方外人之播弄，则更入于盲昧之途而不可理喻。狡黠者流，甚且藉教横行，剥削人民，霸据寨落，庞然自大，蔑视官府。虽曰保护宗教以及信教自由，国有明令，窃以为尚须斟酌损益于其间，庶不为共和国家民族进步之障碍。

贰. 喇嘛寺

《县志·坛庙篇》所列如左。

上泥巴寺：县治东十里。

雪布寺：县治南四十五里。

后寺：县治西四十五里。

川珠寺：县治北三十五里。

宁波寺：县治北四十里。

对河寺：县治北四十里。

商巴寺：县治北四十五里。

哈密寺[②]：县治北六十五里。

达荐寺：县治北二百二十里。

七戒寺：县治北三百里。

格达寺：县治西四百里。

色友[③]寺：县治西四百里。

叁. 回教

《县志·坛庙篇》：回教自唐贞观初，传[④]入中国，流行玉门关外，寖及内地，建礼拜寺。清道咸间，松潘回民二千余户。迭遭兵燹，今只千余户。县城有礼拜寺三：一在中街，一在鼓楼西巷上坡，一在北关外，其来久矣。寺名清真，以认主为第一义。所谓主者，即造化万有之真主宰，无形无方，独一无二，奥妙莫测者也。质言之，即信仰上帝是矣。

---

① 拜：底本讹为“湃”，今据民国《川西边事辑览》改。

② 哈密寺：民国《松潘县志》无“哈密寺”，有“噶昧寺：县治北五十里”。

③ 友：民国《松潘县志》作“支”。

④ 传：民国《松潘县志》作“教”。

肆. 基督教

《县志·坛庙篇》：基督生于犹太之拿撒勒，当中国汉平帝元始元年。其后，教徒日耳曼人路得马丁，始改仪式，于是判为新、旧两教：新曰耶稣，旧曰天主。自明以来，并入中土，边邑严疆，皆有其迹。县城之有毕修堂，始于清咸同间，在南街，旋迁将军河坝巷道。福音堂则始于光绪间，在真武街。番变均毁，教民寥寥。

名胜古迹

《县志・古迹篇》：湔氏故道。《一统志》：在厅西北。秦置，改升仙[①]县，宋省。《水经注》：江水东经氐[②]道县北，县本秦始皇置，后为升仙[③]县。

平康废县。《一统志》：在厅西南。三国汉置，属汶山郡；晋因之；宋省；后周复置；隋仍属汶山郡；唐属松州；宋省。《蜀志》：延熙十年，汶山平康夷反，姜维讨平之。《唐志》：平康本隶当州。垂拱元年，析交川及通轨、翼针置。《元和志》：天宝元年，隶松州平康县。西至当州六十里。[④] 显庆中，因古平康城置，在平康水西。属翼州，寻废。垂拱元年复置，属当州。

蚕陵废县。治属西南蚕陵山下。汉置，晋废。周改翼针县。隋徙治七顷城。唐武德初为翼州治，贞观改七里溪，天宝改卫山，徙今叠溪营西五里，后省。明洪武置叠溪所，清废。

兴乐废县。《一统志》：在厅西北。晋置，属汶山郡。按，《宋志》：南晋寿郡。《平康地记》云[⑤]：元年更名，本曰白马，属汶山，盖因白马岭为名。《华阳国志》：元康八年，汶山兴乐县、黄石等与广柔、平康羌有仇，遂叛。是也。宋时所[⑥]置，非故地矣。

升迁废县。晋置，今县治。

嘉诚废县。《一统志》：即古龙涸地，亦曰龙鹤，又作龙鹄。《华阳国志》：蜀时以汶山险要，自汶江、龙鹤皆置屯守。《魏书》：太和九年，仇池镇将穆亮帅骑次于龙鹄，击走吐谷浑，立梁弥承为后昌王而还。《益州记》：自龙鹄八十里至蚕陵县。《周书・武帝纪》：天和元年，吐谷浑龙鹄王莫昌率部落内附，以其地为扶州。《隋志》：嘉诚县，周置，并龙涸郡[⑦]及扶州总管府。开皇初，府废。三年，郡废。七年，州废。《唐志》：松州，广德元年没于吐蕃。其后，析[⑧]、当、悉、静、柘、恭、保、真、乾、维、翼等为行州，以部落首领为刺史。《元和志》：松州南至翼州一百八十里，古西羌地。后魏邓至

---

① 仙：嘉庆《松潘直隶厅志》和民国《松潘直隶厅志》中“沿革表”均作“迁”。

② 氏：当为“氐”。

③ 仙：民国《松潘县志》作“迁”。

④ “垂拱元年，析交川及通轨、翼针置。《元和志》：天宝元年，隶松州。西至当州六十里”句：民国《松潘县志》作“垂拱元年，析交川及通轨、翼针置。天宝元年，隶松州。《元和志》：平康县，西至当州六十里”。

⑤ “按，《宋志》：南晋寿郡。《平康地记》云”句：嘉庆《松潘直隶厅志》作：“按，《宋志》‘南晋寿郡兴乐县’下引《晋太康地记》云”。

⑥ 所：民国《松潘县志》作“侨”。

⑦ 龙涸郡：底本作“龙鹄涸郡”，衍一字。

⑧ 析：民国《松潘县志》作“松”。

王象舒治者，白水羌也。世为羌豪，因地名自号为邓至[①]王。其后，子孙舒彭者遣使内附，拜益州刺史、甘松县开国子。后魏末，平邓至，统有其地。后周保定五年，于此置龙涸防。天和元年，改置扶州，领龙涸郡。开皇三年，废龙涸郡，置嘉诚县与扶州同理。大业三年，改扶州为同昌郡。隋末城陷。武德元年，改置松州。其龙涸故城俗名防浑城，在翼州卫山县北八十一里。城之北境，旧是吐谷浑所居，故曰防浑。《通典》：松州东南到通化郡三百里，西北到吐蕃界五十里。《明一统志》：嘉诚废县，在松潘司城内。按：《隋志》：同昌郡，西魏逐吐谷浑，置邓州。开皇七年，改曰扶州。《旧唐志》：同昌县，西魏逐吐谷浑，于此置邓州及邓宁县。盖以平定邓至羌为名。隋初改置扶州。是隋之同昌郡，魏之邓州也。周之扶州于隋唐为嘉诚。而《元和志》谓：隋改周扶州为同昌。误矣。

龙水废县。治属西南。周置，为清江郡治。隋开皇初，省郡，改清江县，十八年，改翼水县。

江源废县。《一统志》：在厅西。周置，属汶山郡。隋因之，唐废。按，《元和志》：江源镇在交川县西北三十里，盖即故县为名。

交川废县。《一统志》：在厅南。《隋志》：汶山郡交川县，开皇初置，有关官。《旧唐志》：后周置龙涸郡，隋废为交川县。《元和志》：县北至松州三十四里。本周天和中置，属龙涸郡。《寰宇记》：地通胡越，道路东南相交。《卫志》：在卫南五里，即今红花屯。

通轨废县。治属西南。周置，并置覃州、荣乡二郡。隋开皇悉省。唐贞观二十一年，置当州，属利川郡。仪凤二年，徙治蓬旧桥。天宝初，改江源郡。乾元复当州，后省。

废柘州。《一统志》：在叠溪营西。《旧志》[②]：永徽后置。天宝元年，改蓬山郡。乾元元年，复为柘州。《元和志》：仪凤元年置，以山多柘木为名。其城四面险阻，易于固守。上元二年又领乔珠县[③]，东至州五十里，与州同置。《寰宇记》：州南至维州三百里。

废阔州。《一统志》：在厅西北境。相近又有诺州，俱唐贞观五年置，以处党项等降羌，属松州都督府。十五年，吐蕃破党项、白兰诸羌，屯松州西境，寻进攻松州，败州兵。阔州、诺州遂叛归吐蕃，寻复归诚[④]。后仍入吐蕃。

废诺州。贞观五年置，在松属西南边。

废麟州。同上。

废剑州。治属西南。唐永徽五年置，后废。

废霸州。治属西南。唐贞观间置，仪凤后省。天宝初改信安县。乾元时复改霸州。

昭德废县。唐天宝初置。

鸡川废县。天宝二年置昭德。均在县西南。五年，分二县地置真符县，升昭德为郡

① 至：底本讹为“玉”，据上下文改。

② 《旧志》：民国《松潘县志》作“《旧唐志》”。

③ 前上元二年又领乔珠县：民国《松潘县志》作“治柘县，前上元二年置。又领乔珠县”。

④ 归诚：民国《松潘县志》作“进属”。

治。乾元初改真州，寻废。

悉唐废县。治属西南。地名悉唐川。唐显庆初置县，兼置悉州。咸亨初，改置南和州。天授改静州，又分县之静川地置静居县、清道县。天宝初改静川郡，后省。

峨和废县。《一统志》：在叠溪营北。《元和志》：县南至翼州六十里，本汉蚕陵县地。天宝十一年置，以县有峨和山，为名。《明统志》：在叠溪所北六十里永镇桥。

废岷州。治属西北。唐贞观间，以党项地置岷、奉、宕、远等州。

废牙利县。治属西南小龙山下，唐置。旧有归化县城，号苻坚城。

废潘州。《一统志》：在厅北四百八十余里。《旧志》：相传汉武逐诸羌，渡河湟，居塞外，筑此城，置护羌校尉。唐广德初，松州以北皆陷吐蕃。宋崇宁三年，秦招抚司言及阶州生蕃纳土，得邦、潘、叠三州。潘州盖属吐蕃，首领潘罗支，故名。又分潘州为上、中、下三州。元属吐蕃宣慰司。明初设松州、潘州二卫，后并为松潘卫。属今阿尖，此地即上潘州，班班簇即下潘州。旧漳腊堡设于此二州之间，即中潘州也，去卫二百五十余里。

白岸城。在叠溪营西。《唐志》：冀州有白岸城。按唐贞元中，韦皋破吐蕃，兵进屯白岸，西山诸羌皆降，即此。

鸡栖城。在叠溪营西南。《一统志》：唐贞元十九年，韦皋讨吐蕃，遣将邢琵出黄崖，略鸡栖、老翁城。《寰宇记》：鸡栖川，在悉州东南二百里。按《元统志》，又有鸡栖村，在茂州东北一百七十里。有三路，一通茂州，一通龙州，一通绵州，皆吐蕃险要之地。今在石泉界，非此地也。

废轨州。在厅西北。《一统志》：本党项羌地。《唐书·西域传》：党项，汉西羌别种。魏晋时[①]微甚。周灭宕昌、邓至而党项始强。其地古拓支[②]也。东距松州，西叶护，南春桑、迷桑等羌，北吐谷。崎岖[③]，大抵三千里，姓别为部。贞观三年，其酋细封步赖举部降，以其地为轨州。其后，诸酋长悉内属，以其地为踞、奉、岩、远四州。后拓跋赤辞亦内属，以其地为懿、嵯、麟、可等三十二州，以松州为都督府。后内徙，地属吐蕃。

废翼州。《一统志》：在叠溪营西。《隋志》：汶山郡。翼针郡，后周置郡。开皇初废。《元和志》：翼州北至松州一百八十里，西至悉州三百二十里，治翼针县。周武帝置，本汉蚕陵县也。周天和元年，讨蚕陵羌于七顷山下，置翼州，以翼针[④]水为名。隋大业二年，省州，改置利山镇。唐武德元年，复置。其城西枕大江，南面临溪。《旧唐志》：翼州，隋汶山郡之翼针县。武德元年，分置翼州。六年，自左封移州治于翼针。咸亨三年，移悉州城内。上元二年，移迁旧治。天宝初，改为临翼郡。乾元初，复为翼州，治卫山县，本隋翼针县治七顷城。贞观十七年，移治七里溪。天宝元年，改为卫山。《寰宇记》：翼州南至茂州一百二十里，西南至悉州一百五十里。《明一统志》：翼州城在叠溪所城南，卫山废县在所西五里。按，隋、唐《志》皆作翼针，《元和志》作翼

① 时：民国《松潘县志》作“后”。

② 拓支：民国《松潘县志》作“析支”。

③ 崎岖：民国《松潘县志》作“山谷崎岖”。

④ 针：民国《松潘县志》作“讨”。

计，《旧唐志》《寰宇记》作翼针，今从隋、唐《志》。

废当州。《一统志》：在叠溪营西北。《隋志》：汶山郡通轨，后周置县及覃州，后分潭州、荣乡二郡。开皇初郡废。四年，州废。《旧唐志》：州初治利川镇，仪凤二年移治蓬白桥。天宝元年，改江源郡。乾元元年，复为当州。《元和志》：当州东北至松州二百十里，东南至翼州二百七十里。本蚕陵县地。贞观三年，置通轨县，属松州。廿一年，于县置当州，仍以羌首领为刺史。《寰宇记》：大历五年，移州入山险要害之地，以备吐蕃。《宋志》：茂州领羁縻当州。

废悉州。《一统志》：在叠溪营西。《隋志》：汶山郡左封县，即周置广平、左封二郡。开皇初，郡并废。仁寿初，改县名。又，周置翼州，大业初废。《元和志》：州东至翼州二百二十里，西南至静州六十里。来治[①]。显庆元年，分当州置悉唐川，因以为名。以其首领任刺史领左封县，东南至州二十里，后于此置广平县。新、旧《唐志》：左封下置翼州。六年，移州治，旧属当州。显庆元年，置悉州于悉唐，以县属之。咸亨元年，移州来治。载初元年，移理东南五十里匪平川。天宝初，改归诚郡。乾元初，复曰悉州。盖显庆初治悉唐，与《元和志》不同。

废静州。《一统志》：在叠溪营西南。《唐志》：静州，本当州之悉唐县。显庆元年，于县置悉州。咸亨元年，于悉州置翼州都督府，移悉州于[②]左封。仪凤二年，翼州还治翼针，于悉唐县置南和州。天授二年，改为静州，属陇右道，隶松州都督，后割属剑南道。治在悉唐川也。《元和志》：州东至悉州八十里，东北至当州六十里，西北至柘州三十里。本汉蚕陵县地。天授元年置，其城据山甚险，属治悉唐县。领静居县，西至州四十里。又领清道县，并显庆元年，与悉州同置。《寰宇记》：州西南至恭州界六十里，西北至柘州五里。《宋史》：茂州诸部落有静州蛮。

废恭州。《一统志》：在叠溪营西南。《旧唐志》：天宝元年，改恭化郡。乾元元年，复曰恭州。《元和志》：州西南至维州二百五十里，东北至柘州一百里。开元廿四年，分静州部落于柘州西置。治和集县，旧曰广平县，属静州，天宝元年改名。领博恭县，距州一百五十里。又领烈山县，西南至州五十里。按：以上诸州，唐广德后，皆陷吐蕃。

翼水废县。《一统志》：在叠溪营南。《隋志》：汶山郡翼水县，后周置龙求，又置清江郡。开皇初，郡废，县改曰清江。十八年，又改名。《元和志》：县北至翼州六十里，本汉蚕陵县地。

利和废县。《一统志》：在叠溪营西。唐置当州。《元和志》：县西南至当州三十里。周天和元年，于此置广平县，寻废。显庆三年，于广平旧城。又有谷利县，东至州六十里。文明元年，开生羌置。

石臼故戍。《一统志》：在叠溪营。《元和志》：在卫山北六十里，大江之西峨和县界。

按：以上废郡州县，悉依《四川通志·舆地汇钞》原本记载。历代废置改徙，与现

---

① 来治：民国《松潘县志》无此二字，《勘误表》以"来治"为衍文。

② 于：民国《松潘县志》作"理"。

今之地址名称，虽各不同，然俱隶属于古松州治。故照全文附录，以备将来考古者之一助云。

《天下郡国利病书·羁縻廿五州考》：

崌州。唐贞观元年置，领县二：江源、落稽。

位州。四年置，领县二：位丰、西使。

麟州。五年置，领县七：硖川、和善、敛具、硖源、三交、利恭、东陵。

嶂州。四年置，领县四：洛平、显川、桂川、显平。

蓁州。五年置，领县四：都流、宁远、临泉、临河。

润州。二年置。

懿州。五年置，领县二：阔源、落英。

桥州。六年置。

雅州。五年置，领县三：新城、三泉、石陇。

嵯州。十年置。

可州。四年置，领县三：义成、清化、静方。

奉州。三年置，领县三：奉德、思安、永慈。

远州。四年置，领县二：罗水、小部川。

诺州。五年置，领县三：诺川、归德、篱渭。

岩州。五年置，领县三：金池、甘松、丹岩。

盍州。四年置，领县四：湘水、河唐、曲岭、祐川。

峨州。五年置，领县二：常平、那川。

彭州。三年置，领县四：洪川、归远、临津、归正。

轨州。二年置，领县四：通川、玉城、金源、俄彻。

肆州。五年置，领县四：归唐、方蓁、盐水、磨川。

直州。五年置，领县二：集川、新川。

玉州。五年置，领县二：玉山、黄[①]河。

祐州。四年置，领县二：廓川、归定。

台州。六年置。

序州。十年置。

右俱贞观时，招慰党项羌所置，旧属陇右道，后改隶松州都督府。永徽以后，或叛或臣，制置不一。今已并废。

炼丹台。治城赤松观后。高数丈，相传赤松子炼丹处。今圮。

青云塔。治城外东山顶。高三丈三尺，清同知何远庆建。宣统辛亥毁。

文明塔。治东小河。

鼓楼。治城内十字街。气象崇宏，为城中杰构。清光绪二十七年被焚。

抚松亭。治署东。番变毁。

---

① 黄：民国《松潘县志》作“带”。

永泉亭。治城东金蓬山下。明都督李安建，今废。

彩云亭。治城南门外。清总兵夏毓秀建，宣统辛亥废。

瑞麦亭。有二，一在治城西，明正统中建；一在城南，清总兵夏毓秀建。均毁。

七层楼。治城内卫岩麓。唐李卫公筹边时建。清咸丰庚申毁。

灌县王泽皋诗：

筹边集议御羌戎，杰构争传李卫公。
百尺俯临江水碧，七层高映夕阳红。
天低北斗星辰摘，地控西陲壁垒雄。
俯视孤城盘马处，千秋遗憾未成功。

西来万里大荒秋，肃气寒光满戍楼。
马到塞边难驻足，人从天外独昂头。
群山奔赴留空影，一水喧豗任急流。
惆怅江关怀往事，斜阳衰草不胜愁。

邑人汤宝之《七层楼怀古》：

攀梯直上七层楼，瞰破羁縻廿五州。
德裕不来谁靖虏，章和以后几封侯。
江通湔汶今犹古，山接昆仑夏亦秋。
本是汉唐征战地，边防多在此间筹。

转经楼。治城中大悲寺内。楼中竖一轮，名曰金轮，贮藏佛经甚夥。高一丈，周二丈，中分八格。轴端上下相系，若户枢然。人居格中，用力推轮，则旋回如飞。每旋回一次，即如代念藏经一遍。番变毁。

徐中山第。明徐达数世孙，名佳胤。万历间，松潘指挥佥事，创建徐中山第。屋宇堂皇，有楼一座，供俸明太祖暨徐国公像。中悬开国元勋匾额，有联云：破虏平蛮，功盖古今人第一；出将入相，才兼文武世无双。两旁大柜内储御赐各项冠带宝物甚多。每冬至，聚族人祀之。咸丰庚申被毁，族亦零落。徐镐、徐连均其裔也。

城隍庙中古松。治城城隍庙前。共十四株，围八尺，高约十丈。古干离奇，龙鳞遍体。屡经兵火，此树犹存。

黄龙洞。县东七十里黄龙寺内，相传黄龙真人胎息处也。洞深莫测，积年石乳，凝成佛像、龙蛇等状，时有水泉滴沥。朱晦翁诗云：一窍有泉通地脉，四时无雨滴天浆。此洞似之矣。

般若炉。治城内大悲寺殿前。凿石而成，龙文双纽，高四尺，不知何代物。清宣统辛亥，番变，炉口微损。

勇虎雄镇铜炮。重千斤，形如瓶，高七尺二寸，上刻“勇虎雄镇”字。明洪武十八年，松潘指挥使司造。番变，失所在。

金环刀。治城北山下。土人掘得，重四十斤，遂以此刀名山。清宣统辛亥之变，被人拾去。

丁大夫。明御史大夫丁玉平吐蕃，置松州、潘州二卫，召诸寨酋长约以誓词，铸银锞上。诸番得之，宝如神物，号为“丁大夫”。

铁兜鍪。县属北定关山后。相传前代某将军战胜夷人，遗此示威。至今夷人不敢亵渎。

备警梵音钟。治城大悲寺内。

义马坟。县东五里。

李卫公筹边楼故址。碑竖卫岩麓，清同知何远庆书。

大事记

壹. 明代以前

《县志·兵制篇》：周武王伐纣，牧野誓师，有庸、蜀、羌、髳、微、卢、彭、濮。西汉武帝元鼎六年，开冉駹夷地，以为汶山郡，以益州刺史领之；开白马氐，分广汉西部，合以为武都郡。元封三年，氐人叛，遣兵破之。昭帝元凤元年，氐人叛，遣执金吾马适建、龙额侯韩增、大鸿胪田广明及三辅、太常等讨破之。宣帝地节元年，夷人上言，立郡赋重，乃省汶山郡，并蜀郡为北部都尉。东汉，世祖建武初，氐人悉附，陇蜀及隗嚣灭，其酋豪乃背公孙述降汉，陇西太守马援上言，复其王侯君长，赐以印绶。后嚣族人隗茂反，杀武郡太守，氐人大豪齐钟留，为种类所敬信，威服诸豪，与郡丞孔奋击茂，斩之。灵帝时，复分蜀郡北部，为汶山郡。唐太宗贞观时，松州交川郡都督府，置松当军。元宗开元二十一年，置边郡节度使，管蓬山郡（即柘州）兵五百人，管交川郡（即松州）兵二千八百人。文宗太和三年，李德裕至镇，作筹边楼，图蜀地形，训练士卒，葺保障以备边。裕德在西川建筹边楼，按南道山川险要与蛮相入者，图之左；西道与吐蕃接者，图之右。其部落众寡，馈运远迩曲折，咸具召习边事者，与之指画商订，凡虏之情伪尽知之。又请甲人于安定，弓人于河中，弩人于浙西，由是蜀之器械，皆犀锐。每二百户出一人，使习战斗，事缓则废，急则战，谓之边雄①子弟。又作柔远城，以扼西山吐蕃。宋神宗熙宁五年，王韶纳沿边番部岷、宕、叠、弄等州，皆补番官首领，共九百三十二人，正兵二万，族长数千。神宗熙宁九年，诏四川经略使，统番戍诸路，有事即以征讨。哲宗元符二年，诏四川沿边州县，城池楼橹，务各修治，有不治者罪之。元成宗大德七年，以行播州军民使杨汉英，为绍庆、平南等处沿边宣慰司，管军万户，佩虎符。武宗至大四年，调蒙古汉军镇云南。按：云南八百媳妇、大小彻里作乱，调四川省蒙古汉军四千人，命万户囊加解部，领赴云南镇守。本地东南控接荆湖，西北襟连秦陇，阻山带水，密迩番蛮，素号天险，古称极边重地。

① 边雄：原作“雄边”，据《勘误表》改。

贰. 明代以后

一、明代

《县志·边防篇》：明太祖洪武二年，命平羌将军、御史大夫丁玉定松潘。敕之曰：松潘僻在万山，接西戎之境，朕岂欲穷兵远讨，但羌戎屡寇边，征之不获已也。今捷至，知松州已克，徐将资粮运于容州，进取潘州，若尽三州之地，则叠州不须用兵自当来服。须择士勇者守纳都、叠溪路，其驿道无阻者，不可守也。来降诸戎长，必遣入朝，朕亲抚谕之。遂并潘州于松州，置松州卫指挥使司，丁玉遣宁州卫指挥高显城其地。十三年，帝以松州卫远在山谷，屯粮不给，馈饷为难，命罢之。未几，指挥耿忠经略其地，奏言松潘为番蜀要害地，不可罢。命复置。十四年，置松潘等处安抚司，以龙州知州薛文胜为安抚使，秩从五品。又置十三族长官司，秩正七品：曰勒都、曰阿昔洞、曰北定、曰牟力结、曰蛒匝、曰祈命、曰山洞、曰麦匝、曰者多□、曰占藏先结、曰包藏先结、曰斑斑、曰白马路。其后复隶松潘者，长官司四：曰八郎、曰阿角寨、曰麻儿匝、曰芒儿者，后又以思曩日安抚司附焉。诸长官司每三年入贡，赏赐如例。十五年，占藏先结等土酋来朝，贡马一百三十匹，诏赐绮钞有差。十六年，复命耿忠经略其地。忠言：臣所辖松潘等处安抚司及各长官司，宜以其户口之数，量其民力，岁令纳马置驿，而籍其民充驿夫，供徭役。从之。既而松潘羌民作乱，官兵讨平之。甃松州及叠溪城。十七年，松潘八积族、老虎等寨蛮乱，官兵击破之，获马一百二十、犏牛三百、牦牛五百九十。景川侯曹振请择良马贡京师，余给军。犏牛、牦牛非中国所畜，令易粮饷犒军。从之。十八年，松州羌反，成都卫指挥成信等率兵攻其牟力等寨，破之。兵还，又遇贼三千人于道，复击败之，追至乞剌河乃还。二十年，改松州卫为松潘等处军民指挥使司，改松潘安抚司为龙州。二十一年，入贡生番则路南向等，引草地生番千余人寇潘州，阿昔洞长官司，杀伤人口。指挥周昉率马步军同松潘卫军讨之。番寇率众迎战，千户刘德破之，斩首三十四级，获马三十余匹。贼溃，渡河四十余里，复收败卒屯聚。指挥周能追击之，斩首二百三十余级，获马六十余匹，溺死甚众，群番远遁。（见《明史》）

宣宗宣德二年，置麻儿匝安抚司。麻儿匝族，去松潘七百余里，有喇嘛著八让卜，聚众侵掠，遮遏八郎安拉朝贡，松潘卫指挥吴玮招之，让卜向化，使其兄三子完卜入贡，且言其地广过于八郎，请置宣抚以辖之，上乃置麻儿匝安抚司，以著八让卜为安抚使。既而龙州土官薛忠义，请升龙州为宣慰，以镇番戎，不许。后改龙州宣抚司，隶布政司。（见旧《通志》）

宣德二年，四川巡案等奏，松潘卫所辖阿用等寨蛮寇，拥众万余，伤败官军，请讨之。帝意边将必有激之者。既而四川都司奏至，言并非番寇，实由千户钱宏因调发松潘官军往征交趾，众惮行，宏诡言番寇至，当追捕，冀免他调。又领军突入麦匝诸族，逼取牛马，致番人忿怨。复以大军将致讨慑之，番众惊溃，约黑水生番为乱。帝命逮宏等，而责诸司怠玩边务，遣都指挥佥事蒋贵径同松潘卫指挥吴玮，招抚番寇，令调附近诸卫军二万人以行。时贼围松潘、叠溪、茂州，断索桥，官军与战皆败去，掠绵竹诸县，官署、民居皆被焚毁，镇抚侯琏死之。蜀王遣护卫官校七千人来援，命都督陈怀与指挥蒋贵等合师讨之。而枭宏于松潘以徇，并窜诸将之贪淫玩寇者。陈怀等率诸军屡败贼于圪答坝、叶棠关，夺永镇等处，复叠溪，抚定祈命等十族，又招降渴卓等二十余寨，松潘平。八年，八郎安抚司及思囊儿十四族朝贡，陛辞，时令赍敕谕其土官，俾约束所辖蛮民，安分循理，毋作过犯以取罪戾。九年，敕指挥佥事方政、蒋贵等抚剿松潘。政等至，榜谕祸福，威、茂诸卫俱听命。惟松潘、叠溪所辖任昌、巴猪、黑虎等寨梗化政令，指挥赵德、宫聚等以次进兵，平龙溪等三十七寨，班师还。命蒋贵佩征蛮将军印，镇守松潘。十年贵奏，比因番人不靖，松潘、叠溪诸处仓粮支销殆尽，别无积储。帝命户部于四川岁运之数量拨二分给之。后巡按御使王翱上便宜五事：其一，谓松潘近边，去省城八百余里，番寇为害。都督陈怀居省城，缓急未便，虽委官领军，难尽约束，当令往彼镇守，以压边境。其二，谓松潘、威、茂诸卫所官军月粮，乃成都诸府州县所运，多被劫掠，若令暂于成都诸府、州、县等卫建仓收贮，农隙之际，诸人齐力起运，而都司拨军护之，且命布政司委官交粮，则道路无虞而收受亦无弊。上曰善，遂敕陈怀镇松潘。正统四年，以王翱代怀，翱著威惠，番酋商巴等感悦，尽率诸部受约束，入贡者接踵。（见《明史》）

英宗正统四年，松潘指挥赵得奏：祁命族番寇商巴作乱，官军捕擒之。其弟小商巴复聚浦江、新塘等关，据险劫掠，乞发大军剿除。帝命李安充总兵官，王翱参赞军务，调成都左卫官军及松潘土兵合二万人征之。王翱知商巴为都指挥赵谅所陷，乃按诛谅而释商巴等，事遂已。九年，松潘指挥佥事王翱奏：比者黑虎等寨番蛮，攻围椒园、松溪等关堡，杀伤官民，欲行擒剿，恐各寨惊疑，应谕能擒贼者重赏之。报可。十五年，黑虎寨贼首多儿太伏诛。初，多儿太掠茂州境，为官军所获，诫而释之。未几，复纠诸寨入掠。帝命序班、祁全往谕诸寨，擒多儿太至京，枭其首。十一年，以寇深为佥都御史，提督松潘兵备，修饬营堡，平治道路，于叠溪迤上添设普安、靖夷、镇番三堡，又于麻答岩、青冈嘴、画佛岩、海螺洞、万江岩沿山凿石，架木悬栈，縻费钱粮巨万，军民胥困，而后人赖其利。时松潘皆已向化，惟歪地骨鹿族二十寨不服命，都督高广、王泉等剿之。设思曩日安抚司，以阿思观为之使，隶松潘卫。先是，阿思观父端葛，洪武中归顺，给金牌抚番，至阿思观又能招抚，故有是命。（见《明史》）

景泰三年，镇守松潘刑部侍郎罗绮等奏：雪儿卜寨贼首卓时芳等、烟崇寨贼首阿儿结等，累年纠合，于安化关劫掠。臣会师抵其巢穴，斩首不计其数，生擒卓时芳、阿儿结等，枭首于市。七年，提督松潘罗绮复奏：松潘土番王永习性凶犷，尝杀其土官高茂林男妇五百余口及故土官董敏子伯浩等二十余人，今又纠合番蛮攻劫地方，臣与指挥周贵等统领官军直抵桑坪，已将永等诛灭，边境肃清，降敕褒赏。初，诸蛮并起，罗绮檄悔罪，不听。乃招募材武，得禅师智中、牌头尤弄柯，皆豪健，各统精锐，乘夜衔枚，分道捣贼巢。绮介胄随之，破扑爬诸寨，擒剧贼卓劳、阿儿结十余人，戮之。既定，治以简易，暇即与番人接杯酒欢，番人畏慕，终绮任，不敢叛。（见《明史》）

英宗天顺四年，番羌攻劫石泉县治，出没烂柴湾、鱼滩子等处，烽火及于安绵。卫指挥曹敏以闻，饬参将周贵、都指挥李文会同副使刘清至县，修城垣，守关隘。五年，番蛮邀截粮道，入龙州安泉等处，松潘总兵许贵会兵平之。（见旧《通志》）

宪宗成化二年，太监阎礼奏：松、茂、叠溪所辖白草坝等寨番羌，聚众五百人越龙州境剽掠。白草番者，唐吐蕃赞普遗种，上下凡十八寨。部曲甚强，恃其险阻，往往剽夺为患。四年，礼复奏：白草诸番拥众寇安县、石泉诸处，因各军俱调征山都掌蛮，致指挥王璟备御不谨，命副总兵卢能剿之。能遣指挥阎斌巡边至庙子沟，番贼三百突至，杀伤相当，斌以失机逮治。九年，巡抚夏埙奏：黑虎寨贼首夜合等劫攻关堡，左参将宰用、兵备副使沈琮督军驰诣松溪堡，败之，斩获夜合等番三十六级。松潘指挥佥事尧彧奏：臣与兵备沈琮分剿白马路、水土、茹儿等番寨，大克之。初，黑虎寨最强，相传有神术先知。官兵将至，即遁去，或潜伏要害窃发，屡败我众。按察使龚璲独曰：我自不密耳，彼何能知。夜半，密勒诸将统兵，凡三十里，平明抵其寨，蛮大惊溃，斩缚各千人，得其首恶，余溃。既而大征，破寨二十余，斩首五百级，降者数千，皆编籍输粮。副使陈思忠于大石佛嘴凿山开路，人皆便之，乃复遍剿恶匝、平山诸寨，斩首百余级。（见《明史》）

成化十一年，蛮势复张，按察司佥事林璧奏请文职重臣提督军事，乃敕四川右副都御史张瓒兼理边务。十三年，瓒调汉土官兵五万，分布东南二路驻扎。十月，命都指挥沈运、李镐等分兵攻剿掇坪、懦弱、白羊岭、鹅饮溪、大白、饮马池、通林等二十一寨，进克木瓜、竹头坪等寨，斩首四百余人。于是商巴等二十六族诣军门，献马纳款，各谕以利害，遣之。十四年正月，佥事林璧进攻黄头、清水诸寨，俘馘三百余人。总兵尧彧领兵二万攻西阪等寨，都指挥谢琳等分兵为五哨进取，前后杀获男妇七百余人，赭其碉房九百，坠岩死者不可胜计。番众困惫，输款。（见《明史》）

孝宗弘治二年，松潘番寇杀伤平夷堡官军，命逮指挥以下各官治之。三年，免思曩日安抚十六族粮，明年朝觐，以守臣言其地方灾故也。七年，松潘空心寨番犯边，都指挥佥事李镐败之。十三年，番贼入陷松潘坝州坡，抵关，势益猖獗，命逮指挥汤纲等，敕巡抚张瓒调汉土官兵五万，由东南二路分剿，破白羊岭、鹅饮溪等三十一寨，斩首四百余级。商巴等二十六族皆纳款。十四年，复攻黄头、清水诸寨，前后杀获男妇七百余人，赭其碉房九百，坠岩死者不可胜计，诸番稍靖。（见《明史》）

武宗正德元年，巡抚刘洪奏：祈命族长官司所摄番众，多至三十寨，少亦二十余寨，环布松潘两河。其土官已故，子孙自应承袭，今宜察勘，有愿降者方许袭职。报可。（见《明史》）

正德十五年，巡抚盛期奏：绰头番犯松潘，总兵张杰克之。复犯雄鸡屯，指挥杜钦败之。烟崇等寨皆降。十六年，松潘卫熟番入大襪等作乱，同知杜钦平之。（见《明史》）

世宗嘉靖五年，命都督佥事何卿镇守松潘，时黑虎五寨及乌都、鹁鸽诸寨番叛，卿次第平之。（见《明史》）

嘉靖十二年，土官节贵纠合陇东十二寨，远连青片、板舍、白草坝、白若罗、打鼓等寨生熟番数千人，从李平后山径趋坝底堡，环攻至七日，最后一日，凡三次，毁四山民居百余，男妇死者无算。卿御之，曾面中流矢不退。遣锐卒朱朝用等截杀，斩首十级，复鼓励村民、军民殊死战，斩获甚众。蛮以木为巨柜庇身，挖城几崩。卿以石臼从上击之，柜破，蛮死。乘胜击之，遂奔溃。(见《通志》)

嘉靖十四年春正月，白草坝蛮屡寇坝底堡，都御史马昊檄都督何卿，率部伍并募村民，以精兵八百人取道桃红转架，所过碉寨皆毁之，斩级八十有奇。蛮窜，匿走马岭。官军扎营五日，师次方由而还。(见《通志》)

嘉靖二十五年，白草坝番陷平番堡。明年，劫石泉、羊角、白坭、大方等处，巡抚张时彻、都督何卿讨平之，卿于二十三年以北警召赴京营。平番堡提督指挥邱仁无备，番众数千突至，攻陷之，执仁等数百人，军民商贾遇害者以千计，副总兵高冈凤被劾。署巡抚王大用、巡抚张时彻、巡按袁凤鸣，交章请卿还镇。二十六年，卿至，汰冗兵二万，提锐卒九千人会时彻讨之，以三路进兵：一由龙州，一由石泉，一由坝底。卿乘雾直趋走马岭，大破之，擒渠魁黑煞、李保、白儿、撒哈等，俘斩九百七十有奇，克营寨四十七，毁碉房四千八百七十，获牛马、器械、储积各万计。先是，议兵四万人，粮四十万石，卿裁革过半，亟寝输挽，民困以苏。自茂、威迄松潘、龙安，夹道筑墙数百里，行旅往来，无剽夺患。卿素有威望，为番人所惮，前后莅任二十四年，民戴之若慈母，其去也，为之立祠。(旧《石泉县志》)

嘉靖二十九年，漳腊二十九部羌，元坝、潘哑、商巴、石嘴等与[①]北庭小王子吉囊相通。吉囊寇河西，欲服租而结，白利不从。吉囊死，其子插干儿及传蚌并富强，仍欲服租而结，白利仍不从。会俺答念吉囊渡河，托言铁岭山有生佛出，欲遣他子宾儿往铁岭建寺，因尽得插干儿及传蚌马畜，而使传蚌诱租而结。使租而结诱白利，并岁奉贡献。万历三年，俺答亲渡河迎佛，入寇牟尼寨包子寺，与松城相去只二十里，而元坝、潘哑、商巴、石嘴四寨，并出货物与俺答交易，且以二百骑寇尒尒坝，声言欲逼寇保定、撒喇、洮岷、松茂诸边。是时，副使来经济、兵备李丁并请于都御史李尚思，征天全六番、潘州土官，得六千人，以万鏊郭成率军漳腊、松林、西宁诸处以御之。部使李化龙上书曰：松潘者，全川之门庭也。臣按舆地，由松潘而北则为漳腊，漳腊之顶，北可望洮岷，西可望莽捏。以松潘而视西部，仅有此山为之间耳。其中崄巇高峻，尽属土番，土番外结则为患不小矣，是不可不早为备也。会俺答宾儿俱徙去，独火落、赤留、伏捏、工川如故，而兵亦旋罢。(见《通志》)

嘉靖四十四年，龙州宣抚薛兆乾拒命伏诛。初，龙州薛文胜于洪武六年来降，命仍知龙州，既置松潘安抚司，命文胜为安抚使，既置松州卫，仍以松潘为龙州。宣德九年，升龙州为宣抚司，以土知州薛忠义为宣抚使。龙州者，汉阴道也。宋景定间，临邛进士薛严来守是州，捍卫有功，得世袭。自文胜归附，其部长李仁广、王祥皆输粮饷有功，亦得世袭。及宣德中，以征松潘功升州为宣抚使，仁广为副使，祥为佥事，各统兵

① 与：原作“兴”，据《勘误表》改。

五百，世守白马、白草，木瓜等番地。至嘉靖四十四年，宣抚薛兆乾与副使李蕃相仇讦[①]，兆乾率众围执蕃父子，殴杀之。抚、按檄兵备佥事赵教勘其事，兆乾惧，与母陈氏及诸左右纠白草番众数千人，分据各关隘拒命，绝松潘饷道。胁佥事王华，不从，屠其家，居民被焚掠者无算。是年春，与官军战，不利，求救于上下十八族番蛮，皆不应。兆乾率其家属奔至石坝，官军追击之，就擒。四十五年，兆乾伏诛，籍其家，获其母及其党二十余人，皆以同谋论斩，余党悉平。遂改龙州宣抚司为龙安府，设立流官如马湖，而割保宁之江油、成都之石泉二县分隶之。（见《明史》）

神宗万历七年，大征人荒、没舌、丢骨三寨，南路尽平。时自威茂达松潘，从小河、三舍、漳腊官道两旁，修筑边墙，护诸往来，堵御窃发，一时称便。其后墙稍圮，随时补甃。议者谓南路后山，自雄鸡、西宁以达蒲江，北抵镇坪界，倚山为碛，筑城、设敌楼、建重关，以扼首尾；复增旧墙，联络相接，以防番寇；则轮班戍军可以尽革，岁省兵饷可数十万，其周遭屯种，岁之所入亦不下数百万。其说未用。初，南路四十八寨，惟丢骨、人荒、没舌最大，兵备（一作千户）王诏巡边至三寨，三寨度诏至，必取道岩下，伏伺诏过，击诏，坠马死。副使林应节乘传到没舌，没舌人掠应节赀装，临行褫其衣。元年，寇安化关。二年，寇归化关。三年，击断我粮道，夺松潘诸转运军食。故事岁正朔，抚赏诸夷，遣判官赍银币到三寨。至是，劫赏、杀官吏黄申等四人。于是御史摭前事，奏遣指挥曹希彬、徐承业、裨将易鹤阳剿之。殊死战，斩酋长白脸儿，而三寨俱起，希彬、承业乃统诸军军杨广墩、木瓜坪、锣锅岭诸处。十道并发，先破人荒寨，尽焚其窑房、碉房。两寨见火举，鼓噪，自相腾践。然后官军并乘之，贼大溃，死者甚众。其明年正月，复赏羌。会他寨娲娲、儿子、川盼匿三寨，导甲仲、牛儿等阴入城，以为耳目。赏羌者觉其奸，乃搜得四人，杀之。当是时，西有呷竹诸羌，东有林洞诸羌，共四十八寨，其外喇嘛番众耳阿、舍思、热浪、牢热等，皆同时请降，三寨尽平。惟叠溪诸羌为梗，与白草番议，以官军久，清断舆梁，逃黄头山后，拒不与通。石泉令往谕，其酋纳麻舌降，且严除三寨需索陋例，曰：新班钱、热衣钱、躧草钱、放狗钱、挂彩钱、断酒钱。未几，白草复叛，白草、风村、野猪窝诸寨在武宗朝曾帅白若罗、打鼓寇坝底，指挥使何卿讨平之。其后嘉靖中陷平番，是时卿已为都督，都御史张时彻奏请，仍命卿捕斩黑煞、白石、撒喇等，于是风村一十七寨并匍匐、介肉、挂儿寨、饿柘诣军门请降，愿献马羊及脑包、哈喇、弓矢、番刀等物，都御史王廷瞻许之，方刻木盟去。亡何，他寨若番牌、大力、孙子皆请归降，效风村故事。且得通道大印龙州，期日诣军门，兵备使使石泉令李茂元受之。羌俗因首无冠，茂元具汉冠，以[②]其名姓书冠间。届日，启军门，铙吹数部，掀鼓钲，令诸羌鱼鳞入。诸羌闻鼓钲，望见汉冠及朱杆彩旗，乃大喜，举足跳舞，欢声震天，乃出汉冠冠诸羌，诸羌跪起，各互视其首，踊跃东西走，既而久跪，捧其首以谢，乃言愿岁输黄蜡一斤。元日赴县庭朝贡，寨树一白帜，削木祝皇帝万岁。编户得二千四百四十，男子四千二百五十六，女子四千一百三十八。事闻，加赏赍。其后，杨柳羌寇普安，傍近白草、风村及小河、木瓜之间，

① 讦：原作“计”，据《勘误表》改。

② 以：原作“易”，据《勘误表》改。

闻白草导谷粟寨反有据，都御史徐元太遽请兵击之。白草绝谷粟，亲自来诉，岁愿如敕令，贡黄蜡一斤，赋菽粮二斗，并益菽一斗，以示不反。是时，周嘉谟为安绵兵备，遣龙安知府按验降册，实得坝底堡、白草、河西、风村、转架、孙儿挂、马鹿坪、桃红、椒园子、龙藏、野猪窝、鹅燕溪、哑浪坝、照队、太白、白羊岭，落落坡等二十八寨，并新降独坪、大盐、召对、通宁口四寨，编户如例。(《通志》)

万历八年，雪山国师喇嘛等四十八寨，勾北边部落为寇，围漳腊，守备张良贤破之，百户杜世仁力战，死之，城因得[①]全。又犯制台，良贤复击之，追至思答弄，连战，大破之，火落赤之侄小王子死焉。十九年，巡按李化龙言：松潘为四川屏蔽，叠、茂为松潘咽喉，番戎作乱，松不能支，宜移四川总兵于松潘，以备防御。是时，叠、茂诸番众纠结为乱，镇巡官率兵剿之，俘馘八百余级，番寇亦斩其部长黑卜、白什等献功赎罪。而松坪诸番屯据大雪山顶，诸将卒搜讨，各有斩获，以捷闻。遂设平武县于龙安府，松潘以孤城介绝域，寄一线馈运之路于龙州，控守为难。洪武时，欲弃者数矣，以形胜扼险不可，罢。乃内修屯务，外辑羌心，因俗拊循，择人为理，番众相安者垂四十余年。及宣德初，因调兵起衅，复动干戈。自是置镇建牙，驻重兵，以资弹压，亦时服时叛。自漳腊以北即为大荒，斯筹边者之所亟图也。(见《通志》)

万历十四年，杨柳、叠溪羌番牌财主儿子至太平堡，值鼓刀屠击牛，番牌见之，垂口涎，索强山牛酒，强山与之饮，番牌死。杨柳疑强山鸩番牌，乃于河东邀东路窑沟、大小粟谷、丢骨、人荒、没舌诸羌，于河西邀思答、歪地，王答、甘燕、耳别、甘沟、牛尾诸羌，直犯金瓶堡，大索赏赐，赎番牌死。不与，遂大哄。指挥丰承业、张应时击破之，复合麻答、蝉蜱寨再寇金瓶，杀百户陈克勤去。时黄焯为兵备，请都御史徐元太追剿，且按诸指挥失军状。先是，指挥田赋曾称贷于杨柳叶儿这，得五百金，久不还。儿这每至堡，但饮酒去。儿这怒，与诸羌同入寇。至是，并逮讯田赋，而别遣偏将击双桥、西坡、牛尾诸寨，俱胜之。乃调天全、大渡诸土兵，发楼船卒至搭鱼嘴，窥杨柳。杨柳方与牛尾、麦儿数百人张弓弩在河梁，见楼船卒至，弓矢齐发，我师逾河救，杀伤相当。副使刘禹谟复与偏将刘用光、边之垣议，先攻麦儿，以分其势，然后徐图泉石崖，则杨柳可擒也。命兵备黄焯重帅田赋、丰承业、张应时等，使戴罪杀贼。遂佯攻麦儿，旦日引兵至泉水崖，其酋长财主儿子出碉房所贮青稞、麦荞及蜂桶、牛羊诸畜以诱我军，我军不一顾，遽举燎烧土圈、碉房而杂用乌嘴、百子、火砖、喷筩诸药器，并击杨柳。杨柳出不意，返走，自蹂践。乘胜追北，至后沟雪山。会日暮，度杨柳必走麦儿、麻答，预令土官舍坤、安温卜引步兵渡河，伏道左。杨柳果以诘旦至，伏起，大败之。诸羌降，既而喇嘛乘机复起，犯蒲江关，将军曹铨等引兵堵御。会蝉蜱剽略，还自黄沙坝，遂逐蝉蜱，捣其巢，裨将边之垣等力战皆捷。其明年，窑沟、大小二姓复寇蒲江关，副将朱文达开关迎敌，多斩获。于是将军李应祥，兵备黄焯谋大征诸羌，而辨其向背。计前杀戮我裨将赵世爵等及商民四百八十余人，实东路沟、窑沟、丢骨、人荒，西北蜈蚣、龙溪，土官茹儿、阿孝、恶闹、王答、甘燕、戈腊、热溪、别柘、思答地诸

① 因得：原作“得因”，据《勘误表》改。

羌；其杀我许九等八百二十余人者，实大小粟谷、北定、玉柱、阿牛、王龙、交舍、安贯、烟葱、列柯、歪地、西革、牛尾、鹿卜、石柱诸羌；其他所杀汉人为思羊、定鸡公、上牟泥、下牟泥、野和尚、亚寨、阿思洞、上泥巴、呷竹、呷二为熟羌，胡子川、羊先给、阿让、腊梅、老虎等降羌，分别进剿。松边寒瘠，不生五谷，往往就食旁郡。旁郡飞刍挽粟佐军饷不给，于是上书请输饷，并调土官杨应龙、冉维屏、杨光祖统播州、酉阳、平茶、天全诸兵及叙马猡回兵，合二万余。而国师喇嘛亦聚阿牛、丢骨诸寨兵屯装塘、铁炉沟以待我军。于是郭成、周于德、边之垣等大战却敌，历破装塘、没舌、龙溪、恶闹、窑沟、蜈蚣诸寨，斩首四百六十余级，生擒酋长喇嘛、湾仲、腊腊、帐王、答儿、茹儿及番妇、番女、生口无算。时恶闹、歪头请降，而思答、歪地、干沟以阻河负固如故。既克河东羌，遂治浮桥击河西思答、列柯、歪地，黑水、干沟、大小粟谷，凡下十五寨，斩首三百一十余级，生获酋长黑让著儿、柘川、柯绒、柯及、日者、瞎子、合儿结及妇女共一百余口。先是，征杨柳时捕得生口白失结，既而逃去。会白泥和尚、杨柳归降，仍命捕白失结及树堡、保儿子以赎罪。至是，诸羌愿降者当捕其酋长来献，如白泥和尚例。乃各献其酋长阎卜利、儿子等数十人，生埋之道旁，曰：复反者有如此冢。又，羌初发难，刻石为誓，其石一在庙子沟，一在牛尾寨。既命力士椎碎投于河，诸羌亦曰：所反覆不如将军命者，有如此石。其后，兵部稽功簿有云：夺得边轮首骨漆器一具。按之，则嘉靖牛茹儿寨羌曾斩指挥边轮首，以为饮器。至是，轮子之垣于攻茹儿时夺其首归，盖之垣孝子，轮亦烈士云。（《蛮司合志》）

二、清代

清顺治九年，明安绵道据茂州，詹天颜引兵来援，时朱化龙已擒，遂剽掳茂州。松潘总兵王明德遣吕进功、关天爵大破之。敌见势窘，缚曹洪、张玉伯以降。明德问天颜：若干兵？对曰：万余人。明德佯曰：万余人未可轻敌，且休兵，恐天颜袭我。有降兵逃归以白天颜，天颜信之，未设备。是夜大兵直抵天颜垒。天颜遁走永平坝，大兵追及，天颜就擒，明德招降千余人。四川巡抚李国英疏上王明德功，移镇守松龙，斩天颜等，诸夷悉内附，四川始宁。

顺治十二年，威州龙蒲等寨逆番纠合贼党攻城掘冢，势甚猖獗。总督李国英檄行威茂监军道佥事程翔凤、松潘副总兵王明德，出其不意，六路进兵，歼其凶渠，扫穴平碉，剿抚并用，诸蛮乃服。（见《通志》）

顺治十四年，杂谷土官桑吉朋、阿日土官阿必太合兵千余，攻围瓦寺土官曲翊伸番寨，未下。遂入内地，劫堡断桥，杀戮人民，掠去男妇四十余人。监军道佥事程翔凤调防威守备关天爵、林柯桂等领劲兵六百名，首尾夹攻，斩首不计其数，生擒贼酋阿朋并贼番一十三人。桑吉朋、巴必太皆负重伤，逃回。六月内，吉朋输款纳甲，以图自新。各番控吁部院，愿献所掠男妇以赎阿朋。及释阿朋归，见吉朋没其家赀，遂构衅。（见《通志》）

康熙元年，阿朋纠阿姜济等逐土官桑吉朋于别思蛮地方，而立其侄。兵备道陈子达遣中军张士龙由董卜援吉朋，寻带至汶川，示部番以有所归，并宣布朝廷恩威，抚谕阿朋迎故土司，以盖前愆。阿朋恃恶不悛，断绳桥、阻哨道，煽引水田、星上、曾头三寨司作乱，威、保声息不通。威茂兵备道陈子达、松潘副总兵何德成奉令调剿，四路夹击，平其寨，斩其渠魁，各番始纳款输赋，听瓦寺、打喇二土司官约束。每岁量给赏需，以示羁縻，诸番悉平。（旧《通志》）

康熙二年，剿上下五族。先是，青片、上下五族等寨生番散居石泉、茂州后山地方，绵亘数千里，常为边患，日久稽诛。至是，松潘副总兵何德成奉令进剿，于正月十七日分兵致讨，克下五族。下五族番，畏威投顺，愿隶版图。合上、下五族，每年俱输赋认粮。番寨近茂州者，令归茂州陇木土司管束，近石泉者，令归石泉县唐李土司管束，边患以靖。（旧《通志》）

康熙二十四年，叠溪大定堡山后住牧巴猪五族不法。四川巡抚韩士奇请调汉土官兵相机进剿，复檄松茂道佥事王鹭亲往列角、双马等寨，谕以安分住牧，免取株连。并招抚巴猪，令其归顺。逆番仍负固不服，卓沙、白卜、撮箕等寨均为胁从，反覆抗拒。松潘总兵高鼎领兵攻击各寨，翦其羽翼，斩逆番数百余人。给发令旗招抚，各寨俱畏威投顺，惟巴猪逆番诈降，复叛。巡抚韩士奇随分遣汉土官兵三路进发，逆番六七千人亦分三路迎敌。我军奋勇攻击，自辰至酉，临阵擒斩番蛮七百余名，获伪印一颗、伪敕一道、纱帽一具、角带一条。其首恶挖子焚死，余番尽奔大历日寨。大兵追至，复奔黄梁，走大定，我兵力追，抵黑水江岸，复擒一千余人。先后招抚番蛮共一十三寨，输赋纳粮，属大定堡抚夷管束，边患悉消。（见《通志》）

康熙三十七年，松潘黄胜关外川柘等寨，系潘州故址，久没草地。番目绰尔济等夷抢去上下包坐人畜，经巡抚贝和诺委笔帖式尔吉图查询招抚，始输诚纳赋。松潘镇属之漳腊营西路包子寺、牟尼等寨，东路阿思洞等寨，自昔梗化。至康熙时荡平吴三桂，恢复川西，始倾心向化。康照四十二年，总兵周文英宣布朝廷威德，加意抚之，西北两路土目每年输纳青稞、贝母，听充正贡。（见《通志》）

康熙五十九年庚子，口外俄洛西番劫掠兵民。提督岳钟琪、松潘总兵路振扬请兵，由松潘进剿。贼败，奔北河，悉还所劫以降，并阿坝土目旦增等俱降。许之。又西边苦苦脑儿、索罗穆等处被俄洛克、爱满肆行抢掠，朝命岳钟琪等即行带兵进剿，又派满洲兵数百名并插汉丹津兵协助，同漳腊游击周瑛，于冬月十日率诸军进攻，取下俄洛克吉宜卡等处二十一寨，直抵中俄洛克那务等寨。贼番抗拒，官兵奋击，连破一十九寨，斩三百余级，擒获首恶酸他儿蚌、索布六戈，乘势复抵上俄洛克插六等寨，寨目旦增等缚首恶假磕，并余党格罗二十二名以献。格罗等正法，酸他儿蚌等三名解部，其投诚番众，命杂谷土目囊索沙加布管理，留土兵一千名驻扎。自黄胜关至俄洛，俱安塘站，由是西番平服。（见《通志》）

雍正[①]元年，四川提督岳钟琪因西宁之役，带领游击张元佐、王刚，并汉土官兵由黄胜关出口，剿抚十二部落，招安阿坝、郎惰、毛革、麦杂等处，番目弯布桑顿、独赖

① 雍正：原作“雍次”，据《勘误表》改。

林柯林等纳土归诚。（见《通志》）

雍正二年甲辰，下羊峒凶番拔那刚、让笑等，复猖獗不法。松潘镇总兵张元佐率领游击刘屏翰、邱名扬进剿，擒获首恶，余寨投诚。番目牵慢甲、个札、实太等率各寨番人皆愿为编户，辟地二百四十里，得番民三十七寨，建城于南坪坝，为南坪营。川陕道路始通。

雍正五十[1]年丁未，杂谷土官约束下俄洛克番人不严，仍行劫掠。川陕总督岳钟琪遣平番营守备宋宗璋领兵进剿，招抚下俄洛克、阿树等一十三寨，归并本营管辖。由是川陕各边，并阃内番属，俱帖然慑服大朝威德，各安住牧。（见《通志》）

乾隆十七年，杂谷土官苍旺与梭磨、卓克基构衅，抢掠两土司所管部落。四川总督策楞、提督岳钟琪率松潘镇总兵马良柱前往进剿，擒苍旺，伏诛，招降各寨番民，改土归流。（见《通志》）

附　录

唐陈子昂《谏武后袭吐蕃书》：

臣闻乱生必由于怨，雅州羌未尝一日为盗，今无罪蒙戮，怨必甚，怨甚则群骇且亡，而边邑连兵，守备不解，蜀之祸构矣。东汉丧败，乱始诸羌，一验也。吐番狡黠猃，抗天诛者二十余年。前薛仁贵、郭代封以十万众败大非川，一甲不返；李敬元、刘审礼举十八万众围青海，身执贼庭，关、陇为空。今乃欲建李处一为上将，驱疲兵袭不可幸之吐番，举为贼笑，二验也。夫事有求利而得害者。昔蜀与中国不通，秦以金牛、美女啖蜀侯，侯使五丁力士栈褒斜，凿通谷，迎秦之馈，秦随以兵而地入中州，三验也。吐蕃爱蜀富，思盗久矣。徒[2]以障险隘绝，致饿喙不得噬。今撤山羌，开阪险，使贼得收奔亡以攻边，是除道待贼，举蜀遗之，四验也。蜀为西南一都会，国之宝府，又人富粟多，浮江而下，可济中国。今图侥幸之利，以事西羌，得羌地不足耕，得羌财不足富。是过杀无辜之众，以伤陛下之仁，五验也。蜀所恃，有险也；蜀所安，无役也。今开蜀险[3]、役蜀人，险开则便寇，人役则伤财。臣恐未及见羌，而奸盗在其中矣。异时益州长史李崇贞托言吐番寇松州，天子为盛军师，趣转饷以备之。不三年，巴蜀大困，不见一贼，而崇贞奸赃已巨万。今得非有奸臣图利，复以生羌为资，六验也。蜀士尪孱不知兵，一虏持矛，百人莫[4]当。若西戎不即破灭，臣见蜀之边陲且不守，而为羌夷所暴，七验也。国家近废安北，拔单于，弃龟兹、疏勒，天下以为务仁不务广，务养不务杀，行太古三皇事。今徇贪夫之议，诛无罪之羌，遗全蜀之患，此臣所未喻。方今山东饥，关陇敝，生人流亡，诚陛下宁静思和天人之时，安可动甲兵、兴大役，以自生乱。又西军失守，北屯不利，边人骇惧，今复举舆师投不测，小人徒知议袭夷狄之利，非帝王至德也。善为天下者，计大而不计小，务德而不务刑，居安念危，值利思害。愿

① 五十：当为“五”。
② 徒：原作“徙”，据《勘误表》改。
③ 今开蜀险：原作“开蜀今险”，据《勘误表》改。
④ 莫：原作“敢”，据《勘误表》改。

陛下审计之。(见《通志》)

唐李德裕《上维州事状》:

右臣顷蒙先朝授剑南西川节度使,其悉怛谋虽是吐蕃酋长,久乐皇风,将彼坚城降臣。臣差行维州刺史虞藏俭便领兵马入据其城,飞章以闻,先帝惊喜。其时与臣仇者,望风疾臣,据兴疑言,上罔宸听,以为与吐蕃盟约不可背之,必恐将此为词,侵犯郊境,遂诏臣却还此城,兼执悉怛谋等,令彼自戮。复降中旨,迫促送还。昔白起杀降,终于杜邮致祸;陈汤见拔[①],是为郅支报仇。感叹前事,愧心终日。今者幸逢英主,忝备台司,辄敢追论,伏希审察。且维州据高山绝顶,三面临江,在戎虏平川之冲,是汉地入边之路。初,河、陇尽没,惟此州独存。吐蕃潜将妇人嫁与此州门子。二十年后,两男长成,窃开垒门,引兵而入,遂为所灭,号"无忧城"。从此,得并力于两边,更无虞于南路,凭陵近甸,旰食累朝。贞元中,韦皋以兵复河湟,此城为始,尽锐万旅,急攻数年。吐蕃遣其舅论莽热来救。知雉堞高峻,临冲虽及于层霄;鸟径曲蟠,猛士多糜于垒石。莫展公输之巧,空擒莽热而还。及南蛮负恩,扫地驰劫。臣初到西蜀,众心未安,外扬国威,中缉边备。其维州熟臣信令,乃送款与臣,臣告之须俟奏报,实探情伪。其悉怛谋等寻帅城兵并州印甲仗,塞途相继,空垒来归,臣即大出牙兵,受其降礼。南蛮在列,莫敢仰视。况西山八国,隔在此州,比带使名,都成虚语。诸羌久苦番中征役,愿作王人。自维州降后,皆云但得臣信牒帖子,便相率内附。其番界合水、栖鸡等城,既失险阻,自须抽归,可减八处镇兵,坐收千余里旧地。臣见此莫大之利,为恢复之机,所以面许奏闻,各加酬赏。臣自与锦袍金带,永颙朝旨。且吐蕃维州未降前一年,犹围逼鲁州,以此言之,岂守盟约?况臣未尝用兵攻取,彼自感化来降。又沮议之人,岂思事实。犬戎迟钝,土旷人稀,每欲乘秋犯边,皆须数世聚食。臣得维州逾月,未有一使入疆,自此之后,方应破胆,岂有虑其复怨,鼓此游词。臣受降之初,指天为誓,宁忍将三百余人性命骈诛,累表陈论,乞垂矜舍。答语严切,竟令执还,加以体被三木,举于竹畚。及将即路,冤叫呜呼,将吏对臣,无不陨涕。其部送者,更遭番帅讥诮,云:既以降彼,何须送来?乃将此降人戮于汉界之上。恣行残忍,用儆携离,至乃掷其婴孩,承以枪槊。臣闻楚灵诱杀蛮子,《春秋》明讥;周文收送郑叔,简册致贬。况乎大国,负此异族,塞申款之路,快凶虐之情,从古以来,未有此事。伏惟仁圣文武至诚大孝皇帝陛下,振睿圣之宏图,推怀来之上策,故南蛮申请朝之愿,北虏效款塞之诚。臣实痛惜悉怛谋等,举诚向化,解辫归义,而未加昆邦之爵,不赏庶其之功,繇以忠爱,徒为仇雠所快,身遭此酷,名又不彰,职由愚臣陷此非罪。虽时更一纪,而冤属千年。臣所以具陈根本,不惮繁细,冀蒙睿鉴,追奖忠魂。伏乞宣付中书,各加褒赠,冀华夷感德,幽显伸冤。警既往之幸心,激将来之峻节。臣德裕无任恳愿之至,谨录奏闻。

明张时彻《平番善后事宜》所列如左:

---

① 拔:当为"徙"。

一、抚处漏残，以固藩篱。各番寨巢穴既扫，尽灭遗育，势亦不难。但埋奴砍狗，誓还地土，认办粮差，似可怜悯。况白草外即黄头、后水、勒都各种，所以不得肆患于内地者，以白草为藩篱也。若尽殄其类，则无复障蔽，且将劳官军而守虎狼之穴，为患更甚。议将十八寨各立牌头，认守地方。仍立四保李从新为酋长，先年赏赐尽数革去。又，番中盐布仰赖于我，于三路大堡之外空地交易，严禁低昂强买及擅入番寨者，则羁縻有方也。

一、约束土官，以备缓急。龙州宣抚使等之设，子孙世袭，乃弃其弓马，恬于膏粱，以沉湎为生涯，用奸人为羽翼，无事则卖土兵以纳役钱，有事则盗兵饷以充囊橐，号令则偃蹇不从，提究则藏匿不出。如此不惩，后患何极！请敕兵备、守、巡及参将等官严加约束，如有不遵，轻则治罪，重则提参。再照今次征剿（中有脱文），多土官坤儿卜父子出力，后有警变，随宜调遣三长官司兵，一足当什，以夷攻夷，事半而功倍也。（见《通志》）

明杨一桂《雕剿处置人荒等三寨议》：

万历七年，松潘兵备副使杨一桂议：松潘设居极边，番种近多，为地方患。最桀骜者无如丢骨、人荒、没舌三寨，跳梁架寨，堵截粮道，时或默地装塘，劫掠财物，连年犯顺，未尝一创，以至肆恶横行，请相机剿抚等语。又按察司关行杨副使覆议：三寨跳梁，宜加诛剿，但大举恐滋别寨疑畏，未若雕剿，可以惩一戒百。巡抚王廷瞻奏议：四川要地，莫重于松潘；番蛮悍戾，莫甚于三寨。狼贪无厌，出没无常。数十年来，内地苦其荼毒，盖以负山箐之险，挟羽翼之众耳。雕剿之议，允属可行。又据提督归化指挥曹希彬报三寨番蛮闻知委官放粮，聚众抢夺等情，即令希彬带领千户李世杰等奋勇对敌，斩番级五颗，获马匹器械，乘胜追之。番据险力战，因调大军深入，擒斩四五十人，锐箭伤死无算，烧毁碉寨、平房七十八座，粮储一空。各寨哀词纳款，罗拜投降。奏上，有功人员，分别赏赍。（见《通志》）

明王廷瞻《处置风村、白草投顺等番奏议》：

万历七年二月，四川巡抚王廷瞻据兵备道黄德祥据石泉县报称：熟番全保领、肉儿卦寨番牌饿柘等说各番不曾窝藏丢骨、人荒、没舌三寨蛮子，今与齐风、村岭等十一寨备马甲前来投降，愿做百姓，随带番牌儿十书、饿柘等译审。又据守备宗绶呈称：据热罗背报称白草、野猪窝等一十七寨说，近日村岭等寨投降得安，白草等寨生番商量齐心，亦出马甲器械投降，愿做百姓，望赏白旗，任守地方等情。本道审得二十八寨，男妇八千四百九十四口，仍行各官译审，俱愿各换姓名。每年万寿圣节长至，各番俱叩头，每寨输蜡一斤以供灌烛之用等情。佥事黄德祥议：各番在嘉靖三十二年僭称伪帝及李保将军、黑杀总兵等号，致烦兴兵征讨，今一旦回心向化，诚是奇事。巡抚王廷瞻、巡按虞怀忠看议：风村、白草等番素恃虎负，常逞鸱张，盘踞各番之中，密迩会城之地，部落既众，控御为难。因松潘三寨雕剿投降，又见威、茂诸羌议封纳款，一旦倾心甚众，愿为编氓者有之矣。而变易番姓，则前此未闻；愿贡番物者有之矣，而从习汉仪，至今始见；此二百余年蜀川之所仅有者也。奏上奉旨，黄德祥先行赏赍，通判李茂先仍以都司职衔管坝底事，专一抚化番夷，其风村、白草等番收入石泉版籍，自此边境

宁谧。（见《通志》）

清李国英《雕剿龙蒲等寨疏》：

四川巡抚李国英具提塘报，雕剿逆寨大捷事。顺治十二年九月，牌行监军道官吏仰查：龙番自前砍狗盟誓，悔罪俯服之后，于某月某日复于某处某所为某事不法应剿。但要见侵犯者何地，受害者何人，作祟者何情形，纠合黑虎生番，谁人眼见，有何凭据。今应当作何剿除，逐一开列详报，以凭裁夺。如系风影之言，或小人挟仇，谎耸希利。一面传谕各番守法安分，一面据实回报，严行查处，毋得再以模棱之语徒烦议论等情到道。该道将逆番通贼叛乱实迹逐一列款，呈详批行。松潘副将王明德调集官兵会同监军道进剿，去后随据监军道佥事陈翔凤具由呈报：十二月二十日，本道会同副将王明德奉令雕剿，六路进兵，捣其巢穴，焚斩贼番不计其数，刬平八十七碉。凶孽既除，余党奔溃。曲山、大寺等寨诸番望风投顺，各给白旗招安，许其自新。该臣看得龙蒲等三寨逆番逼处威州城外，相隔一衣带水耳。自献逆据蜀，恶番投逆，受印之后，即大肆桀骜，恃其碉寨险峻，党羽繁多，阻截行商，焚烧关堡，威州城外累累千冢，掘发无遗。人鬼含冤，欲食其肉而寝其皮，非一日矣。且阴与成、灌逆贼常相勾连，屡谋内应，以我提备之严，不得发。该边道将屡请于臣，谓是心腹之患，宜先翦也。臣行查明确，密授方略，出其不意，乃馘其凶渠，焚其碉寨，逆番几无遗种，举百十年盘踞之窟穴，一旦荡为灰烬，踏为平陆，泄神人久愤之冤，除内地肘腋之患。余威所震，且使构山、大寺、小寺等寨素称顽梗作祟者，莫不畏惧乞降，稽颡恐后，亦可谓快心之举矣。除漏网恶番，檄行道将严加缉捕，投顺各寨给旗安插，夺获伪印关防二颗，转赍肃王同固山查验。鸟枪盔甲等项，收营存贮。所获牛羊分给有功员役并优恤阵亡官兵外，至监军佥事程翔凤秘谋制胜，松潘副总兵王明德勇略超群，文武合同，以致克捷，并在事有功员役，所当一例纪录者也。谨会同督臣金砺、按臣高明瞻合词具题。（见《通志》）

佟凤彩《雕剿处置星上、水田、曾头等寨疏》：

四川巡抚佟凤彩为恭报：生番畏威归诚，率土输赋，并陈分管控制之法。据威茂道参政陈子达呈报：据西路保县乾通一带土民焦溥、袁明保等诉，为逆番造叛愈炽，杀戮残民难堪等事。奉总督、部院都御史李国英批：据逆番猖狂，阻道截杀，法无可宥，但前准提督咨报水田、星上各寨比附阿朋，作叛情形，业经咨覆，只俟招抚阿朋，不服即进兵，一同诛剿。奉此，本道随于十一月二十四日会同松潘副将何德成俱到古城，察各县之险易，并逆番为恶之首从，分布进剿。其进剿情形，斩馘贼级、获其器械节，经塘报在案。本道见番寨如鳞，逆番如猥，虽一时官兵剿洗，而逃奔者实繁有徒。兵来兽散，兵去蜂屯。祸根未绝，终非长策。遂定议招抚，即传唤牛、骡二寨番目朋之太、路必等，给以白旗，令往招抚。曾头寨须唤活擒番目郭之太来，本道亲解其缚，谕以国法，惕以兵威，亦给予白旗，令往招抚星上、水田各败番，并赤鸡寨等番目，俱赴本道投见。本道仰体本院，恩威并施，责其拒敌官兵之罪，仍许其改过自新，遂各认纳官粮一百一十五石，作我熟番。又再查曾头、星水各寨，原无统率，各自雄长，乃就中查番头之最桀黠者，给以札符，提调诸番，催纳麦粮，而总辖则归之瓦寺土司与打拉土司分管。本年正月初四日，本道齐集随征将领、千把、领旗等官，并各寨归顺番目，大张鼓乐，犒毕，颁给铁刻粮牌，内书粮石数目并各官衔寨分，一给番寨为凭，一发威州存案，而各寨番目俱俯首悦服回寨。讫此，皆仰荷本院威略远振，遐迩覃服之所致也。仍将本道自买茂州官店一所，每岁收店租银一十五两，捐作各番赏需，以示羁縻等语呈报到院。据此，该臣看得星上、水田等寨乃界连威州之生番也。当明季时，倚险为势，黠悍异常，从来未归王化。及杂谷土官番目阿朋驱逐本官桑吉朋，聚众称兵，而渠等辄敢附比作祟，屡犯内地。臣随移商督提二臣，令行该道，先行招抚，各逆番仍怙恶不悛，后我兵捣巢破穴，始畏威归诚，率土输赋。除进剿斩获情形，所获器械，已经督臣详细提报在案外，惟是各番地处深山穷谷之中，皆刀耕火种，素称穷苦。若免其输赋，恐番性犬羊、叵测不常，向背无可稽考，故令认纳杂粮一百一十五石。虽为数无几，然不过见归诚之据而已。至于各番种类繁多，因将番寨头目朋之大量加提调名色，威茂道给以印札，约束番寨，而总辖则分隶于瓦寺、打拉二土司。至各番既已归诚输赋，而岁赏又系抚边之要道。据威茂道陈子达详议，自买官店一所，每岁约租银一十五两，捐作递年赏需，俾新附野番，既畏其威，复怀其德，应如所议。（见《通志》）

李国英《清雕剿阿朋疏》：

四川总督李国英题，为番目谋吞内地、提臣督兵剿平、恭报大捷事。康熙二年正月内，据威茂兵备佥政陈子达呈报：逆番阿朋结党，逐去土官桑吉朋，避之别思满地方，及接吉明至省，阿朋仍攻据要隘，阻其归路等语到院。随咨移提督，相机剿抚。去后，随准提督咨移，亲统官兵，于二月十一日深入贼巢，攻破老碉，擒阿朋、阿姜济，当阵斩之，招抚番寨一百二十有奇。桑吉明仍安置维州等因，咨移到部院，该臣看得：逆番阿朋、阿姜济等擅逐土官，协谋不轨，纠连生番，窥犯内地，势甚猖狂。臣咨移抚、提，转行道将，屡为招谕，怙不知改。及臣具疏入告，奉有酌发官兵再行抚谕，如仍抗拒不服，即行剿灭之旨。臣准部咨后，即奉有会剿巨寇之命，随将抚剿阿朋。咨移抚、提两臣，转行道将，再加晓谕开导，以昭朝廷浩荡之恩。无奈阿朋、阿姜济等冥顽抗背，全无悛悔之心，尤且唆党肆劫，流毒滋蔓。臣咨移抚臣筹措粮糈，将进剿机宜密咨提臣，于十一月十四日檄令松潘副将何德成统领官兵，会同抚、提两标及威茂各将兵，相机进发，沿边各寨，抚者抚，剿者剿。而阿朋等犹据险丹道猛老寨，阻扼要隘，抗衡愈力。该臣于正月二十六日亲统士马前往，剿抚并用，至二月十一日，阿朋等拥众拒敌，三路官兵出奇追杀，虽奔入老碉，尚未大挫凶锋。及十二、十三等日攻破头碉、二碉，犹有逆番救援，尽为击破。至三碉，而阿朋等力穷势急，突围冲出，各将士奋力合击，阿朋、阿姜济当阵斩馘，各官兵追杀无遗，共计番寨一百三十座有奇。元凶授首，诸番效顺，其杂谷土官桑吉朋仍归维州。一时声灵丕振，十数万之番蛮俯首纳款，千余里之岩疆奠如磐石。是役也，皆赖我国家威德远震，致获[1]大捷而师武臣力，其功良有足多者，均应照例议叙，奉旨[2]依议。（见《通志》）

① 获：原作“报”，据《勘误表》改。

② 旨：原作“旦”，据《勘误表》改。

韩士奇《平定巴猪等寨逆番情形疏》：

康熙二十四年九月，四川巡抚韩士奇题为恭报：平定巴猪等寨逆番情形等事[①]。该臣看得巴猪等寨逆番阻道劫营，抗提拒敌情形，先经臣等一面会疏密题，一面抽调汉土官兵相机进剿。复念此等生番从古不庭，罔知汉法，先当示以兵威，继宜谕以招抚，使其畏威怀德、倾心向化，各安住牧，以仰体我皇上有好生之仁。臣是以缮写告示传牌，专员[②]松茂道佥事王鹭面领，亲往大定堡一带，责令安巡土司并通事人等，执持牌示晓谕列角、双马等寨，安分住牧，不许助恶，自取株连。并招抚巴猪逆番，悔悟归顺，亲到军前受抚，免其进剿。又经屡檄该道，并咨移松潘镇，会同多方招抚，不得妄行杀戮，致伤生命。去后，今据该道王鹭呈详，并准松潘镇臣高鼎咨称，差人化谕再三，镇道曲尽招抚，而巴猪逆番，留住招抚人作质。始议，派数番前来投拜，愿献首恶，交还抢去器械，更送以退兵牛羊。该镇道随准其受抚，给示领赏回寨，擒献首恶。而紧邻之卓沙、大小历日、白卜等寨见巴猪已降，方赴军前受抚，各领告示赏需，令归本寨。去讫，嗣见巴猪逆番，诈称首恶挖子逃走，恃险复叛，致已经受抚之卓沙等寨亦变计而抗抚矣。因思巴猪逆番，所恃双马、列角、庙山、小寨、大小历日、卓沙、白卜、撮箕等寨为之胁从，必先翦其羽翼，以示兵威。遂分遣官兵攻取小寨、老窝垛、列角寨，逆番以鸟枪箭石，恃险拒敌。我兵奋勇齐攻，斩杀逆番七十余名，烧死数百余名。我兵屯营山顶，给发招安示谕，而白卜、卓沙、小历日、撮箕、双马、庙山、作力、合卜等寨及已破之小寨、老窝垛、列角三寨始畏兵威投降，愿纳粮差，永不侵犯哨道。惟巴猪寨逆番，诈降复叛，怙恶不悛，恶贯满盈，自干天讨。随分遣抚标游击冶秉孝、提标游击穆廷栻、城守副将贺双耀、松潘镇标游击李镇鼎、王世臣、瓦寺土司坦朋吉卜等，授以[③]方略，统领官军三股进发。巴猪逆番约有六千余名，各执弓矢、鸟枪，亦分三股前来迎敌。我兵奋勇攻击，当阵斩杀一千七百余名，生擒枭首及跟追杀死、搜出正法逆番共计一千余名，得获鸟枪、弓箭、长枪甚多，烧死番蛮二千三百余名，搜获伪印一颗、伪敕一道、纱帽一顶、角带一条，当用塘报咨解在案。尚有巴猪漏网余孽尽奔大历日寨，见我兵追至，复奔黄梁，走往大定，我兵复至大定，该番聚众拒敌，我兵奋勇力战，阵斩七百余名，焚死三百余名，其不能入寨者，我兵追至黑水江岸，逆番浮水过江得生全者止百十名，余皆落水溺死。我兵欲渡江穷追，但隔江乃系黑水生番界，不便深入重地，是以回营。今大历日、黄梁、大定俱已投降受抚，认纳粮差。至巴猪首恶挖子，业已被火焚死，验明首级无异等因，造具有功人员、伤亡官兵，夺获器械，并白卜、撮箕、小历日、卓沙、作力、合卜、小寨子、老窝垛、列角、庙山、双马、大历日、大定、黄梁一十三寨纳粮清册，呈赍前来。臣查此一役也，数百年不归王化之生番，一旦愿纳粮差，为我编民；数百年不获清宁之官道，自此不烦送哨，边患永消。此皆仰赖天威遐震之所致也。虽所纳之粮为数无几，然借此以羁縻其野蛮之性，知有约束而不敢再行作乱为害矣。至在事有功人员，相机调度，剿抚并用，则松潘镇臣高鼎、松威道臣王鹭也。

---

① 事：乾隆《茂州志》作“寨”。
② 员：乾隆《茂州志》作“委”。
③ 以：原作“平”，据《勘误表》改。

其余有功人员并伤亡官兵及各寨纳粮数目等册，除送部查核，以听分别议叙赏恤，并将搜获伪帽、伪带等，即在外焚毁，止将伪印、伪敕送部查收销毁外，所有平定巴猪等寨逆番情形，理合题报。臣谨会同川陕总督席尔达、四川提督何传合词具奏，伏乞睿鉴，饬部议覆施行。（见《通志》）

附：番变始末

《松潘社会调查》所列如左。

一、庚申番变

甲. 远因：咸丰七八年番册粮额太重，番民请免未允，因之番民含怨。

乙. 近因：洪杨肇乱，内地变起，松军远调，城防空虚，逆番得以乘隙。又当时诡传小姓沟活佛黑伦来降世，生而能言，数日能行，周岁即解诵经典，逆番往朝，即商以谋叛事，活佛许之，固恃以不恐。

丙. 事变经过：咸丰十年，初各番抗粮不纳，遍传木刻起事，不数日松南北闻风鼓噪，各率番队占据要隘，四出焚掠，攻陷各关，官民死者无算。越三日，番势披猖，四围联合，仅存松潘一城，飞章告急，无一兵来援。同知张中寅饬令每户派一人守城，营兵分守要隘，设团练局。四乡汉民避难在城，其年富力壮者，募为乡勇，窑头山、金莲山、大坝山等役，阵亡兵将数十人。十月二十八日，贼由西岷山顶，攻破大西门。居民哭声震天，男女投河死者数百。城防兵勇，奋战击退。究以孤城抗敌，四无援兵，被围年余，粮糈已绝，凡皮革草根树皮，军民括食殆尽。十二年七月初七日城陷，汉民男女老幼，争挤出城，番贼拦路抢劫杀戮，男女多投水。总兵联昌逃被执，会林波喇嘛救去，获免，其妻妾尽落水死。同知张中寅率家属及幕友共计数十余人，同时殉节。番贼四门纵火，三昼夜不熄，房屋无一存者。官绅军民男女死者无数，暴骨原野，江中积尸累集，水为不流。损失财产，不可胜计，受祸之惨，言之痛心。

丁. 克复：同治元年，骆秉璋督川，内地相继肃清，松潘尚为逆番所据。骆督令松潘总兵联昌戴罪立功，分三路进兵，激战数月。癸亥六月二日，松城始告克复。联昌因受林波活佛属记，仅正法一番妇（即小姓活佛之母）。余谋叛渠魁，均置不究。各路兵将，深抱不平，俱引兵去。由是番众无忌，强横如旧，联昌惟事羁縻之耳。

二、辛亥番变

甲. 远因：宣统元年，川督裁兵节饷，松潘总兵暨都守马战守兵一律裁撤，由是城防疏薄。

乙. 近因：宣统二年七月，川路变生，大局动摇，同志军蔓延汶川、理番间，松军复调去往拨。

丙. 事变经过：时土匪黄占鳌乘隙谋乱，同知蹇念恒团结汉番固守，一面派人演说，解散匪党。殊番众一聚不散，逆乱遂成。借口取消厘金，暨免警察肉厘等税。逆番五千人，乘城内无兵，大举扑城。二十五日城陷，番逆于城乡内外，同时纵火，七八日始熄，人民死者无数。番疑城市有窖藏，掘一二三尺。郊外坟冢，亦多被掘。并毁四门城壕。同知蹇念恒携眷率僚属逃雪布寺。人民散之四方，天气严寒，死亡相继。其惨状，不亚于庚申。

丁．克复：辛亥十月，成都独立，改设政府。松绅赴省谒都督尹昌衡，派陆军数营，会同松军进剿逆番。阅时六七月，松城始克复，全境肃清，斩乱首三十余。至被胁从之各寨堡，按户每年认纳罪粮一斗，永远征收。

改革以来，汉夷尚无龃龉。仅于民国二年，松南热雾十八寨番族投诚复叛，不纳罪银罪粮，又恨拘留番首，复集数百人联合叛乱。嗣经省府派大兵痛剿，未几乞降。此次用兵剿办后，口内外各番，咸知陆军之威，及机关枪、大炮等火器之利，莫不宾服，迄今尚称晏然。

附：麦颡与拉卜楞寺之政教纠纷

《屯政纪要》：前清康熙四十二年，剿抚松潘属关外五十二部落之后，分设土千百户，管理番寨。于道光初年，有甘肃循化厅所属之拉卜楞寺，以黄教喇嘛念经诱惑，聚众于川属上阿坝，官军驻防之塞竹卡地方，创修摩骨寺。其时，上阿坝土官独顿文包之祖父，于道光初年殁。其父承袭，尚幼，全赖祖母经理土务，见拉卜楞寺来此借地建庙，乃召集土民，逐之出境。数年，其祖母殁，番僧又威迫利诱其父所属土目，建寺于塞竹卡坝内，煽惑番众。咸丰五六年间，附近寨落归入该寺熬茶后，遂将摩骨寺地方据为己有，并占据甲多、色凹等二十四寨。光绪七年，该寺复焚掠占据上中下三阿坝一百余寨，逼投勒凹、扎盖等二千余户。至十三年，窝留川省逆匪棒周，劫大帮茶商马炳南等。十七年又拥兵二千至上阿坝，焚毁择参巴贡巴（即择郎寺）[①]，喇嘛番民死伤甚众，并将辖慢、冷房、草坝五百余家概行焚毁。先后霸占川境番寨一百二十五寨，并逼番僧土民归降。是时独顿文包，适承袭土官，与其兄纳望德一面率众拒守，一面赴松潘告急。于十八年，得松潘总镇夏毓秀亲赴省垣，面垦总督刘秉璋出奏。是时，川曾督派员陈昌礼[②]前往查办，被拉卜楞寺称渠凌逼，任意勒结，未能了息。而甘肃总督杨昌浚，复回护该寺。经刘督直奏，将甘肃之奏驳斥。乃奉上谕，令两省会委查办，迅速覆奏。于光绪二十六年六月，刘督委松潘同知武文源、参将杨茂林，随带兵勇四百余出关，会甘肃杨昌浚所委同知洪翼、副将李临湘，于上阿坝驻兵三月，将上阿坝择参巴寺暨色凹等寨，勒令该寺援照旧例赔偿。九月，移营二道黄河，调集川甘两造土司番僧查讯后，将匪首捧周并拉卜楞寺匪僧黑窝卡、周相错等严办。所有前日拉寺扬[③]言，上阿坝八寨是该寺以八驼银子买的。讯明匪僧，实是白话，当由拉卜楞寺活佛喇嘛出具切结。其结大意谓：所有川属部落，甘愿交出川省管理，原放头目佃户，俱行撤回。该寺以后，再不敢刁唆，亦不敢再放充官寨头目佃户，侵占寨落，违抗皇令等语。上中阿坝各寨，经武、杨二员，仍命原土官管理，以后亦不得再与拉卜楞寺拴头熬茶，如敢违背，从严办处。由各土官出具切结，两省委员于十二月内分道回省，嗣后相安无事。不料年久玩

① 择参巴贡巴（即择郎寺）：原作“择参巴（即择郎寺）贡巴”，据《勘误表》改。

② 陈昌礼：民国《四川松理懋茂汶屯区屯政纪要》作“陈周礼”。

③ 扬：底本讹为“杨”，今据民国《四川松理懋茂汶屯区屯政纪要》改。

生，上阿坝土官人民，又渐受拉寺之诱惑，而酿成光绪二十年以前之局势。

考中阿坝墨颡官寨，在阿坝河之北，距松潘正西六百余里。北至黄河，沿齐哈玛一百六十里。黄河以上为甘肃所属，齐哈玛为三乔柯之一部。由此渡黄河，至拉卜楞寺四百余里。又由齐哈玛顺河而上，即上中下三俄洛。其中之康桑、康甘[①]二部，为拉寺黄氏之女婿。顺河而下，即热耳寨[②]十二部落，现与拉寺亲善。其距中阿坝墨颡官寨以东十余里之黑昆，即属于下阿坝，在前本与寺拴头，现受黑水头人管辖。距墨颡以西四十里，即上阿坝，拉卜楞寺所建修之郭门寺，在其界内。其河之对岸，即安堵八寨。距此四百余里，则交卓克基界。此中阿坝对于各方之地理关系也。

番人本来迷信深重，极崇拜活佛喇嘛，故上阿坝官民，渐私与拉卜楞寺拴头熬茶。自反正以还，内地多故，川省政府未暇过问关外边夷之事。适拉寺由黄氏父子当事，以致该寺与阿坝之关系，日愈恶劣。黄氏本西康理化人，名位中。长子正清，次子正本，三子蒋旺祥巴，即拉寺现在活佛。当该寺迎接其子为活佛时，黄位中即声[③]明须掌该寺之兵权，方许送其子入寺，而该寺喇嘛等以活佛为重，竟许之。故位中得随其子入拉卜楞寺，而掌理兵权。后缘时会，得甘肃政府委以番兵总办之职，正清为番兵司令，正本为团长。于是黄氏父子如虎添翼，任所欲为，竟将全寺大权归于手中，而拒该寺大管家于外。盖番例，寺中一切由管家喇嘛主持，活佛不过虚有其名。于是管家不服，乃控诉于政府，甘政府派兵讨之。当大兵来讨之时，黄氏即挟活佛逃往川属黄河沿热耳寨中，匿住年余。后经人调解，以寺内之事，仍归大管家管理。黄氏仍携子回寺，心甚郁郁。爰于民国十九年七月，来郭门寺（胥摩寺之更名）坐镇，冀藉教经营，使上阿坝官民全体附己，任其所为。当位中未来郭门寺时，该寺僧人虽以上阿坝人为多，但不肖者流，早已恃拉卜楞寺之势，蔑视土官，欺侮人民，任意横行，杀人放火，无所不为。今黄氏既来，更为虎作伥，横行更甚。而黄氏并派不肖僧人，占麦穷四凹之山地而管理之。而该寺僧人，即狐假虎威，日肆横行，欺侮麦穷土官，而欲杀之取其寨落。麦穷土官于危急之下，竟派人将番僧二人刺杀。黄氏见麦穷土官不附己，且杀其番僧，恨之刺骨，必欲杀之以雪忿。爰于二十年腊月，命人入麦穷官岩，杀其长子泽朗，并将麦穷土官及其二女捕入郭门寺，掠夺其寨落。当麦穷土官被劫入郭门寺时，黄氏谓之[④]曰：尔耳不听我之言，而惟墨颡之言是听；口不忠于拉卜楞，而专言墨颡之好。竟以长枪打入麦穷土官耳口之中而杀毙之，将其女拘禁于拉寺之土牢中。麦穷有三子，次子海善言，会留学于甘肃省垣，任职于青海马子香师部；三子格尔藏尚幼，遇难时，得土民格哈负逃至墨颡寨中，得免于难。其麦穷四凹寨中，附和拉方之番民二十余家，自将麦穷土官制[⑤]死后，乃于民国二十一年四月内，随同郭门寺僧官往投拉卜楞寺。嗣后，黄氏即扬言：上中阿坝土官人民，如有不归顺者，即以麦穷为例。于是上阿坝各土官番民，人人自危，乃暗与墨颡土官兼川西第一路游击司令杨俊札西联合，以御黄氏。而墨颡先本与上阿坝

① 康桑、康甘：民国《四川松理懋茂汶屯区屯政纪要》作“抗甲、抗甘”。

② 热耳寨：民国《四川松理懋茂汶屯区屯政纪要》作“若儿盖”。

③ 声：民国《四川松理懋茂汶屯区屯政纪要》作“申”。

④ 之：民国《四川松理懋茂汶屯区屯政纪要》作“伊”。

⑤ 制：民国《四川松理懋茂汶屯区屯政纪要》作“治”。

不睦，时起争斗，今见来附，且有唇亡齿寒之势，乃极力联谋以拒黄氏，一面呈控黄氏于屯署。其时墨颡与麦穷等，陈兵于阿潘河南岸，黄氏陈兵于河北岸，互相防守，日趋严重。屯署于民国二十一年三月，乃命驻松杨统领抚权，派团练局长马润堂、副官蓝文镕、马队大队长李逢春、哈通译等，前往调和。殊马局长等驰赴上阿坝郭门寺，面见黄位中时，位中竟妄自高大。并谓现今[1]民国时代，五族共和，谁强谁管，所有川、甘、西康之番民，本无界限，都应为拉卜楞寺之人民，有何政府。故马氏未得结果，仅将麦穷土官之二女保释而归。马氏甫还，而黄位中之凶焰更张，时发恶言，以威胁阿坝官民。且以兵围攻峨秀、唐洼二寨，勒令归降纳款。麦穷人民忿极，乃同墨颡杨氏，陈兵于郭门寺下面之纳林坝内，黄氏即布兵于郭门寺以拒之，得抗甘土官及白衣寺喇嘛前来和解，保拉方之兵不得过黄河来，墨方之人亦不得过黄河去，以后不许郭门寺僧人携带快枪入住寺中。黄氏爰于是年腊月内，逃回拉卜楞寺。而墨颡各寨，既将黄氏逐去，乃派人将郭门寺之公馆看守。且痛麦穷土官之惨丧，家人不保，纯由一二番民勾引奸僧所致。众怒之下，竟将已投寺之番民寨房焚毁，于是双方互相呈控。查上阿坝郭门寺一带，本属川境，而拉方电呈甘省府转电川省屯署，竟谓墨颡越境进攻郭门寺，直认上阿坝为伊所有。且陈兵数千于黄河北岸，墨方亦调兵数千于黄河南岸防之。后由屯署与甘省府文书往还，仍希开解，屯署乃复令杨统领派人前往查办调处。杨于九月内奉令后，即派委员杨伯坚、李逢春、通译官马登宵，驰往中阿坝。适拉卜楞寺代表，即夏河县长李之栋亦到。对[2]杨氏不加礼貌，而对于上峰所派委员，亦复不予重视，致未得良好结果。仅经两省代表再四商议，订约八条。大意谓：上下阿坝，本为川属，所有一切政权，拉方不能干预。郭门寺属诸拉寺、上阿坝六寨。以教言之，则属教民；以政言之，则属人民。所有僧徒教民，当早归回寺院接收，墨方亦不得干预其教权。其政教权限暨双方伤亡损失之赔偿问题，候于二十二年，两省政府另派大员开从善[3]会议解决之。双方限日将军队撤尽，以后无论何方，先动兵者，即呈请处办之。并由墨颡付给拉寺银五百两，以作退兵之费。殊墨不承认此款，乃由热耳寨到会之公正番目，代出快枪一支，羊数十头解和。拉墨双方，即行撤兵。殊墨独撤兵，路过郭门寺时，见拉寺僧人，带快枪数支入驻郭门寺，认为违约，直领兵围之。派人质问住于寺中之两省代表，经代表等调和了事。而活佛所住之公馆，墨颡已认交与两省代表，但须担保拉寺以后不再动兵。代表等未敢负担接收，乃仍由墨颡派人看守。两省代表于十一月内分途遄返，而所定条约，交由李之栋带回拉卜楞寺，由黄正清盖章。殊黄氏深怨李县长未将安堵八寨注明为教民，深报不满。乃呈报甘省政府转电川省政府，谓为遗漏。川政府许其在善后会议时提议。至二十二年二月，屯署接甘肃省邵主席电，谓根据去年条约，各派员前往阿坝开会。屯署乃于四月内，派总务处长谢培筠，率同官佐、通译、兵丁等前往。于六月内抵中阿坝，七月二十二日抵黄河沿齐哈玛。适甘省朱主席绍良初派之特派员、代理夏河县长龚子英[4]、拉寺副官李虎臣及露喇嘛、马通司等，亦于七月二十日至齐哈玛。其甘省

① 并谓现今：底本讹为“并今谓现”，今据民国《四川松理懋茂汶屯区屯政纪要》乙正。

② 对：民国《四川松理懋茂汶屯区屯政纪要》作“殊”。

③ 从善：民国《四川松理懋茂汶屯区屯政纪要》作“善后”。

④ 龚子英：民国《四川松理懋茂汶屯区屯政纪要》作“龚子瑛”。

中途添派之委员李之栋[①]，则留拉卜楞寺未至。两省特派员会面之后，当由龚县长交出拉方新开之先决条件一纸，其条件大意谓：尊重去年条约，须先将上阿坝六寨、安堵八寨，交与拉方接收，其他贾诺、热诺[②]、墨耳等部，候会议解决。墨颡土官杨俊扎西，去年不遵条[③]撤兵，竟以兵围攻郭门寺，继后并不将兵撤尽，仍占据活佛公馆。违背条约，须先处罚。所有杀死僧人及番兵损失，须杨俊扎西赔偿。二十余家难民，必须收回。各条办到后，拉方乃派人赴会。若无具体的答复，决不到会。旋[④]据杨俊扎西报告，称：去年伊遵守条约撤兵，路过郭门寺时，见僧人违约，带枪入寺。乃派人向住于寺中之两省代表质问理由，一面将兵撤去。活佛公馆，去年亦已交出。因两省委员不接收，不得不派数人看守，以防损失。不料拉卜楞寺竟诬为违约，自拉卜楞寺于上阿坝占地创修郭门寺时[⑤]，即藉教横行，霸占土地，占管民权，夺我田土，烧我寨房，杀我土官，劫我财产。种种之争，莫不因郭门寺而起。既失传教之义，实行其害人之争。上中阿坝土官人民，暂将该庙收回。且死者为阿坝人民，损失者仍为阿坝财产，须黄位中赔偿一切。又上阿坝土官、人民、喇嘛，呈控拉寺黄氏者有数十起之多，大都诉黄氏藉教管民，占地掠财，逐走土官，杀死喇嘛。综计由黄位中囚禁、占霸、掠夺及使难民前来搕索者，共银二十五万两。二十余家难民，本属良民，被黄氏勾引为非后，将财产完全携走，而入拉卜楞寺。四凹安布土官被[⑥]黄位中民国九年杀其父，去岁正月又被黄氏禁于土屯中，所有枪支、马匹、金钱，俱被没收。而二十一年四月内，往投拉卜楞寺之番民，又控上阿坝土官蒋旺扎西、洞周及六哥三人，违叛拉卜楞寺投墨颡，焚烧其寨房，强占田地。双方互相控诉。后经谢处长会同龚县长一再商议，由双方当事人各派代表二人，先开一预备会，以便讨论。于是拉、墨两方各派代表二人，拉代表为李虎臣、露喇嘛，墨方代表为铁耳多堕乐。开会争执之后，当由谢、龚两特派员，议定解决大纲八条。仍许其信仰拉寺嘉木样佛，念经熬茶，仍照旧规。有不愿者听之，不能加以强迫，以符法律上信教自由之旨。寺僧不得无故筹款，听人民自由布施。郭门寺属于拉卜楞寺，墨颡不得干预其教权，但僧人不得携带武器驻于寺中。此大纲双方当事人认为允协，即于八月二十五日以前，亲身或派代表来会，双方所约公证番目，于八月二十日到齐。如双方不同意于本大纲，即于八月十八日前以书回复，静候两省特派员呈请政府，转呈国民政府解决之。但双方不能动兵，无论何方动兵者，由两省特派员呈请政府处罚之。此大纲分发去后，于八月十八日，杨俊扎西来信承认二十一日，有热耳寨十二部落之土官、格儿低寺喇嘛等二十余人来会。至八月二十八日，回转拉寺之露喇嘛，方带同黄正清、李之栋信函一件返齐哈玛。

黄函大意谓：所定大纲八条，不尊重去年所订条约，复不征询同意，动辄以高压手

---

① 委员李之栋：底本讹为“栋委员李之”，今据民国《四川松理懋茂汶屯区屯政纪要》乙正。

② 热诺：民国《四川松理懋茂汶屯区屯政纪要》作“墨诺”。

③ 不遵条：民国《四川松理懋茂汶屯区屯政纪要》作“不遵条约”。

④ 在“会。旋”之间，遗漏一句：民国《四川松理懋茂汶屯区屯政纪要》作“而拉寺副官，亦一再声明，如上阿坝六寨、安堵八寨，不先交出。墨方之违约，不先处罚，黄氏决不来会”。

⑤ 时：民国《四川松理懋茂汶屯区屯政纪要》作“后”。

⑥ 被：民国《四川松理懋茂汶屯区屯政纪要》作“控”。

段，误引法律信教自由之言，希图取消墨方历来离间侵占之罪名，实消灭郭门寺之政策，置拉寺数百年所经营之宗教基础于不顾。似此偏袒墨方，不公不伦之大纲八条，暂不承认，亦不派人赴会。若能破除成见，仍照去年条约，以寻解决途径，先将上阿坝交出为该寺教民，候派人接收后，容可派员赴会。至李函大意谓，若先将上阿坝交出，或可劝其来会。

是时，拉寺李副官当凭两特派员，一再申明，如川方不将拉寺所开之先决条件办到，不尊重去年条约，以寻解决途径，该寺决不能来会。当经谢处长据理驳斥，于是两省特派员认为拉寺既如此强硬，两省人员在黄河沿岸候一月之久，既不来会，又不先行通知，竟置政府人员于不顾，解决无望，只得散会，候呈请政府解决。旋有到会公正番目二十余人来见谢处长，得悉经过，亦不以黄氏所为为然，当请求两省特派员再住一二日，当众宣布经过，以明真象，而求最后解决之法。殊龚县长于次日返日之通知已至，谢处长当即嘱公正番目转留龚暂住，以便明日再行开会，并去函相留。殊翌晨龚县长等已整装起行。谢处长乃派吕副官、马通译前往挽留，无效。龚临行时，面告吕、马二人云：拉卜楞寺如此蛮横，不可理喻。以余身为县长，且为政府特派员，而受黄氏如此侮蔑，心实不甘。无论口嘴能否解决，俱未便再往。此次回省，当从实呈复。所有双方不许动兵，既载在条约，两省人员，当极力担责，以候上峰解决等语。遂起程而去。其时，谢处长见龚既不可留，其为人颇正直，必无他意，口嘴既不能解决，亦于八月二十四日返上阿坝。殊九月十七日，有拉卜楞难民及番人二百余人，来上阿坝溪中，将锡恩寨土官六哥等之牛马抢去七十余只。当经上中阿坝土官率集番民前往追逐，追至黄河边，而难民等已渡河，仅将遗下之牛二十余只赶回。该土匪等托人致意于六哥，谓此次来赶伊牛马者，因伊反对拉卜楞寺而忠于四川省府，故特予小惩，若再不知改悔，必尽杀其家属，岂止抢牛马而已哉。土官六哥以该匪等，于政府人员尚未离境时，胆敢前来抢劫，实目无法纪，乃呈诉于谢处长。谢处长乃于十七日，召集上中阿坝各土官于四溪卡开会，当经各土官自行与政府出具切结，自愿以后不与拉卜楞寺拴头熬茶念经。无论土官人民，有私向拉卜楞寺拴头熬茶者，甘愿斩首，财产充公。墨颡土官遵命将看守郭门寺活佛公馆内之兵撤尽，交由政府保管，由谢处长处置。殊谢处长返时，其公馆中所封存之溜金佛像器物等，已被该寺喇嘛移运一空矣。斯墨、拉双方之纠纷[①]，自逊清以来及最近之情况，尚待川甘政府详商办法根本解决者也。

附：川委员杨伯坚与甘委员李之栋商定条件

国民革命军第二十八军川西汉军边务特派员，为和平解决拉不楞[②]与墨颡教地争执，订立条件事。窃查拉不楞与墨颡教地争执，已经多年，延至现时，双方兵力戒备，仅隔一河，大有一触即发之势。委员等奉川甘两省当局委派[③]，同履阿坝，亲见形势危急，连日商办订立和平条件八项。俾双方遵守，以期和平解决，而副川甘两省当局敦睦

① 纠纷：民国《四川松理懋茂汶屯区屯政纪要》作“口嘴”。

② 拉不楞：即“拉卜楞”，音译转写之异。

③ “一触即发之势。委员等奉川甘两省当局委派”句：民国《四川松理懋茂汶屯区屯政纪要》作“一触即发，扰乱番余之势。委员等幸于斯时，奉川甘两省当局委派”。

邻谊，藉安边陲之至意。兹将条件列后：

第一条　拉不楞与墨颡双方兵力，统限于国历十月三十一日以前，一律撤回原防，以表示和平。

第二条　上下阿坝地方，依照前清规定省界，确属于四川。故对于人民一切政权，拉不楞寺不得干预。

第三条　上下阿坝地方，既有拉不楞所属寺院，则寨内居民，以教言之，即属拉卜楞寺教民；以政言之，即属四川人民。所有僧人教民，当早归回寺院接收，墨颡不得干及教[①]权。

第四条　拉不楞寺与墨颡，所有互相侵占权限，伤害人民，以及毁坏房屋，损失财产牛马等，经双方退兵和平，川甘两省委员详细调查后，另定地点时日，召集双方当事人、川甘两省委员开善后会议，秉公处理。仍许双方当事人，共请公证番员，依照番规处理。

第五条　阿坝地方关于政教一切公务，候开善后会议解决规定之。双方当事人，尤须谨慎将事，不得惹起争端。

第六条　拉不楞与墨颡既经依照条件和息，嗣后不得再与兵戎。如仍无故动武力，即责肇事方赔偿军费，并由川甘委员呈请惩办之。

第七条　本条件经川甘两省委员，双方当事人签名钤章后生效。

第八条　本条件拉不楞与墨颡各执一份，川甘两省委员各执一份，再向川甘两省当局各呈报一份，以备遵守查考。

甘肃省政府查勘阿坝番寨委员　李之栋

国民革命军第二十八军川西汉军边务特派员　杨伯坚　李逢春

拉不楞番兵总办　黄位中

国民革命军第二十八军川西汉军第一路游击司令墨颡土官　杨俊札西

川西汉军统领司令部通事马登霄

中华民国二十一年一[②]月二十一日

川委员谢培筠与甘委员龚瑾商定条款

一、依照民国二十一年十月二十一日所定之第二条，上中下三阿坝地方，依照前清规定省界，确属于四川。故对于人民一切政权，拉卜楞寺不得干预。

二、依照去年条约第三条规定，上阿坝郭门寺之主权，属于拉卜楞寺。上阿坝六寨及提安堵八寨人民，仍旧许其信仰嘉木样大佛。倘不愿者听之，不得加以强迫，以符法律上信教自由之旨。关于念经、熬茶，仍照旧规办理，听人民自由布施，寺僧无故不得派款。

三、寺僧不得携带武器，拉卜楞不得带兵入驻郭门寺，墨颡亦不得干预教权。

四、关于处理问题及去年条约第四条所定事项，应于大会提议决定办理之。

---

① 教：原作“垦”，据《勘误表》改。

② 一：民国《四川松理懋茂汶屯区屯政纪要》作“十”。按上下文意，当为“十”。

五、双方当事人，如认以上四条为允协，应于国历八月十五日以前亲身赴会。如实际不能分身，应派全权代表出席，并另书全权代表委托书二份，交由两省特派员存执，以昭信守。至于会议地点，即在齐哈玛，或于郭门寺与墨颡之间，定以适中地点，亦无不可。

六、关于公正番目，如双方认本大纲为可行，双方当事人，应即分途函约，限于国历八月二十日以前，一律到会。

七、双方当事人，如对于本大纲不能同意时，应于国历八月十二日以前，以书面正式通知在齐哈玛之两省特派员。

八、双方当事人，如有第七条之表示，应各守疆界，不得擅自动兵。听候两省特派员，呈两省政府，转呈国民政府解决之。倘有不遵，即由两省特派员，呈请省政府严重处办。

中华民国二十二年七月三十日

冯克书　报告

松潘县视察述要

杭州古籍书店一九六四年誊印本

提　要

《松潘县视察述要》，冯克书编，1964 年杭州古籍书店誊印本。冯克书（1896—1948），字继香，浙江绍兴人，威州师范学校第一任校长。冯氏于北平师范大学教育系毕业后，历任广西省教育厅督学、浙江省教育厅科长、四川省教育厅科长、十六区教育视察员等职。冯代在任十六区教育视察员期间，深入松潘实地考察，并撰写《松潘县视察述要》报告一书。

《理番县视察述要》无序言，正文分“沿革”“面积”“经纬度”“气候”“古迹风景”“户口”“人种”“物产”“风俗”“交通”“政治”“军事”“经济”“文化”“松潘县视察意见”等十五分目。

《松潘县视察述要》以经济发展为基点，文化教育为核心，环境保护为辅翼，提出“发展交通、启迪民智、培养基干人才、教育设科办理、提倡生产事业、保护森林”等主张。在其报告书的影响下，四川省政府创建省立威州乡村师范学校。《松潘县视察述要》是松潘县现存一部以文化教育为核心的教育调查专门志书。

目　录

沿 革

松潘系《禹贡》梁州西北境，商、周为氐、羌地，秦分蜀郡，汉置湔氐道，后汉因之更置平康县。唐武德元年，置松州。宋为吐蕃地。元始内附，寻叛。明洪武十一年，平羌将军丁玉讨平之，置松州、潘州二卫，寻并为松潘卫。清初，川总兵镇守其地。乾隆二十七年改置松潘厅，民国三年改厅为县。

面　积

东西距四百里，南北距二百三十里，东至平武县叶塘界二百一十里，西至毛耳革生番界一百九十里，南至茂县永镇关界一百九十里，北至漳腊营界四十里，东南至平番营界一百三十里，南至茂县、理番土司界约二百里，东北至南坪接甘肃文县界四百二十里，西北至黄胜关草地界八十里，至省七百六十里。至于黄胜关草地界，据实地调查东西约一三〇〇里，南北约六百里。总共松潘县全部面积，据《志》① 云：约十八万方里，其实有七十余万。惟无实际测量，不便臆断，较浙省②大十余万方里。

① 《志》：即民国《松潘县志》。

② 浙省：即浙江省。因冯克书为浙江人，故以故乡面积作为对比。

经纬度

西径[①]十二度五十八分，北纬三十二度四十二分。

① 径：据下文当为“经”字之误。

气 候

温度最高 F42 度，最低 F14 度。

古迹风景

松潘古迹风景有八：1. 古桥春涨，2. 炉峰晓烟，3. 金蓬晓照，4. 龙潭映月，5. 大悲梵钟，6. 赤松古迹，7. 雪栏霁色，8. 风洞秋声。

有诗咏八景云：

为探名胜涉松城，通外桥头水涨深。
晓望雪栏添霁色，夜望风洞作秋声。
峰如玉鼎朝烟矗，冢记金蓬晓照明。
何事赤松觅西母，静歌潭水听钟鸣。

户　口

据二十七年八月县政府清查户口之结果：计全县汉、回及羊峒、和约等番民编入保甲者，共计五千六百七十户，二万八千七百七十八丁口，关外番民户口向无精确统计。据《志书》所载：松潘番民关外五十二部落，关内二十部落，由七十二土司管辖，番寨七百四十九，番户一万六千九百五十五，男女丁口四万四千二百另[①]五；又据草地商人之估计：关外约有番民二万户，男女丁口十二万云；又据实地调查，在二〇余万人以上，有快枪九万九千余支，步枪四万余支，骑兵一万余。

① 另：同“零”。

人　种

松潘人种大别之可分番、汉、回三种，细分之则尚有羌戎、猼猓，其百分比如左[1]：

1. 西番：约占百分之七〇。
2. 汉族：约占百分之十五。
3. 回族：约占百分之五。
4. 猼猓：约占百分之五。
5. 氐羌：约占百分之四。
6. 戎族：约占百分之一。

① 原书为繁体竖排本，故曰“左”，今横排，“左”为“下”之意。

物　产

松潘天赋独厚，物产甚富，兹举大要如左。

一、矿产：产金区域已发现者，有金河坝、羊裕屯、石河桥、雄鸡屯、毛儿革、包座、大屯及黄胜关外，各地产量盛时，每日用土法可挖掘数十两、数百两纯金不等，其他煤、铁、银、锑等矿，蕴藏量甚多，尚未开发。

二、农产品：有小麦、青稞、玉蜀黍、粟米、荞麦、大豆、高粱、马铃薯、萝卜、白菜、菠菜、毛茹等，为出产大宗。

三、药材：有松甘、牛黄、贝母、大黄、党参、黄芪、羌活、当归、鹿茸、秦艽、麝香、虫草、瓜蒌、人寿果等，尚有黄精、茵陈、赤芍、丹皮等，不胜枚举。

四、毛皮：有牛毛、羊毛、羊皮、牛皮、野牲皮等，又有牛羊乳、干牛羊肉亦为大量出产。

风　俗

汉人风俗与普通无异，惟番人则不然。兹略举概要如左。

一、宗教

番民崇信佛教，其经典皆藏文，有黄教、红教、白教、黑教四派，大喇嘛以朝西藏归者为上等。每部落必建大寺院供奉释迦摩尼、金刚、观音诸神，每寺番僧动以千计，至少亦二三百，每年大会僧人成集，先期念经，至期出神像演舞作乐。

二、番僧

兄弟三人必以一人为僧，四人则以二人为僧，以故寺院大者僧多至三四千人。

三、转生佛

大寺院必有转生佛，与达赖、班禅相类。凡转生佛，死必遍访降生处，俟周岁时，该寺大管家僧取佛生前所诵经典暨常用器具，带往降生之地，择期斋戎[①]，于大经堂内陈设之，并杂以各方器物，迎周岁佛伏案认取，逐件不差，乃与生佛父母留供养费若干，俟满三年，派僧迎回本寺，父母愿往者听。

四、苦修

僧人入寺，量力布施，各寨念经工资，本僧独得。其经学深者，每年静坐几次，不食烟火，不与人接，即参入定意也。

五、衣服

男子戴毡或皮帽，或用红色绸布裹头，夏衣毯，冬衣皮；富者亦以丝绸为服，僧人衣尚黄、红色，外加披禅；平民尚青、蓝色，外加套衫。衣之周围及袖领，俱饰豹、獭

---

① 戎：按上下文意，当为“戒”之误。

皮，足着草鞋。女子首结发辫，缀以琥珀、珊瑚，耳垂大环，身服长衣，衣周镶花边，不穿裤子，亦有短衣系长裙者，足下仍以革为履，与男子无异。

猼猓男女赤足，拖发辫，衣毪，饮酒，遂地唱歌，不知羞耻[①]。有声望之土司头目、寺院管家服皮、呢、绸缎，择料高尚，价值数倍汉衣。

六、饮食

口外番多畜牛羊，取其乳制酥酪，和入青稞面屑，名曰糌粑，用茶调饭，或生啖牛羊肉。好饮酒，用沸水渍青稞于小瓮，加以曲，数日成酒，有黄、白二色，用细管吸饮口内。番食麦面，亦饮酥茶。富者由汉地购米、面、蔬菜，食法与汉人同。

七、居住

草地生番制大毡毪帐，逐水草而迁居，迁徙无常；内地熟番住居碉房，其制或木或土，或峙如楼，三四层不等，上设经堂，中为卧室，下为饲畜，皆依岗据险而成，上层四面开窗，可以远望，若遇战事，枪弹、弓矢即由窗内施放。凡立寨，必审势。受敌之地，决不建筑，防人攻袭故也。草地西番分帐房与土房两种，如河坝、按曲等地藏式建筑，金碧辉炉[②]，即私人或僧侣住宅，亦皆明窗净几，与关内熟番之建筑黑暗肮脏不可同日而语。即帐房生活者，至冬季亦有矮小之土房以御寒冻。

八、婚姻

男女两性先由媒妁通辞，父母主之。亦有男女自由结婚，父母曲从其意者。向例索取财礼，自一宝至十宝不等（银五十两为一宝），牛、马称焉，因两家之贫富为差。成婚之日，婿亲至女家迎妇，近则步行，远则乘马。亲友往贺，置酒为欢，主客皆唱歌、舞跳其后。生子相贺亦如婚时。

九、丧葬

凡父母亲属死，有衣衾，无棺椁，不殓不殡，家人伏尸号哭。即日请喇嘛念开路经，送银物牛马若干于寺，谓之布施，为死者忏度也。葬后，复请喇嘛卜之，或天葬（置山中），或火葬（埋灰土中），或水葬（置江中），此种恶俗大悖人道，近年番众亦多用棺殓葬者。

---

① 原作者站在民国政府时期的民族立场，故有此诬蔑之语。

② 按上下文意和习惯用法，“炉”当为“煌”。

十、习惯

见尊长，脱帽鞠躬为西礼；亲朋相见，趋前握手以表亲爱。男女俱喜拜佛，或等身朝拜，或稽颡朝拜，并先发愿，拜若干日。又喜打猎，枪法颇精，有力耐劳，牧畜之暇，兼采薪、掘药，并有以牛运茶，往来草地贸易。

十一、性情

性质顽梗，好与人斗，若遭杀毙，索取牛羊、布匹、银茶等以尝命价，捕盗致死，亦令失主倍偿。遇有争执，集众论辩，援引数十百年陈案为例，藉以解决。

十二、文字语言

除少数僧人认识藏文外，无文字记事；除少数僧人略识汉人字外，余皆不知书，不识字。有事惟以口授，听者默志，转授他人。习俗相沿，不知变通。西番语言，又与汉语、藏话不同，遇争执皆听命于土官，事态扩大必由通事而达政府。隔关既多，下情不能上达，故政府命令亦难有生效力。

交 通

松潘与外县交通颇称不便，然有志者事竟成，修道路为开发边区第一要着。兹将东、南、西、北四路，详细路程记载如下：

县 东

县城出东门过通远桥，向东山行 5 里——望山关 5 里——土泥巴寺——10——水草坝——10——上雪栏关——20——下雪栏关——24——风洞关——30——山盆子——45——松林堡——50——大崖坊——58——上草湾——60——下草湾——65——黄龙寺——70——红崖关——78——大湾——80——伏羌——88——花椒沟——90——三舍（左有支路北折通白马路羊峒各寨落）——92——文风楼——95——和风涯——100——镇元——110——驷马桥——115——猎儿墩——113——观音崖——124——小关子——126——月千崖——130——考塘房——135——辖夷口——135——三路口——138——钻子碑——140——木疏厂——155——扇子洞——158——旧堡子——160——施家堡——162——沙坝子——165——鹿交山——170——四望保——180——（叠台沟——160——龙潭堡）——178——白崖——180——小河——185——水车坝——190——牌坊坝——200——天顺桥（——200——风崖堡）——200——马林崖——205——厂河坝——207——田家嘴——208——杨柳坝——209——王爷庙——210——木瓜墩，接平武叶塘接界，上至松潘县城二百一十里，下至平武县城一百五十里。

《东路经略志》云：松潘以东，望山关、雪栏关、风洞关、松林堡、红崖关、三舍堡、四望堡，四崖绝壁，一线仅通。以三舍为始，上至望山，下至四望，羊肠鸟经[①]，峭壁危湍，崄巇万状，番夷往往潜伏而窥伺焉。风洞关，洞深不可测，多恶风，辄大作，作则灰沙蔽天，人马皆辟易，寒气袭人，触之多横死。否则，喘气旬日，盖山岚郁蒸气之所[②]也。雪栏山，四时积雪不消，俗呼为“宝顶山”。藏龙山，代[③]县东七十里，

① 经：结合文意，当为“径”之误。

② 所：“所”后当有脱文，或为“所致”。

③ 民国《松潘县志》卷一“山川”中“藏龙山”条中载：“藏龙山，县东七十里，山势如龙，纵约十五里，横约三里。沿山松柏阴翳，薜萝交错，高仅雪山之半。兴龙泉自山右倾泻而下，澄澈涧底，烂黄若金。山腹池沼相连，如叠荷盖，水光荡漾，差分七色，一洞幽深。相传黄龙真人，得道于此。”据此，“代”当为衍字。

山势如龙，沿山松柏阴翳，薜萝交错，兴龙泉自山右倾泻而下，澄澈洞底，烂若黄金[①]。山腹池沼相连，如叠荷盖，水光荡漾，差分七色，一洞幽溟。相传黄龙真人得道于此。

县 南

县城出南门，顺岷江南行——10——红花屯——20——石河桥（产金区）偏东——30——东升堡——20——雄鸡屯（产金区）——25——鸳鸯桥——30——西宁关——40——银灯堡——50——安顺关（河西有支路过福星桥西折达雪布寺、石坝寺、牟尼等寨）——60——得胜堡——70——新塘干关——80——龙潭堡——90——归化关——105——北宫关——120——镇江关（河西有支路西折通大小干沟等寨）——122——平番——125——格达坝——130——平夷堡——140——金瓶崖——150——镇平——155——呷竹寺——160——镇番关——165——莲花岩——180——靖夷堡——190——平定关，与茂县永镇堡接界，上至县城一百九十里，下至茂县城一百八十里。

《志》云：鱼洞在县南归化沟，归化沟内有两洞，相传古龙洞也。谷雨时，有鱼出洞，千百成群，不知所往，秋风回洞，岁以为常。每出溪水辄涨，民居恐怖，溶铁封洞口，大鱼逐不得出。

县 西

县西无土司，无屯堡。由县分两路：一由牟尼中寨偏西山行二百里毛耳革，番部迤南即三阿坝、三阿树、三郭罗克生番地，南达川边之康定、德盖地方；一由漳腊营城过福善桥，西折出黄胜关三十里，关以西即五十二部落生番地。南北会通，纵横数千里，平原旷野。

县 北

县城出北门，顺岷江北行——5——羊裕屯（产金区）——10——火烧屯——20——高屯堡（——15——石所屯）——20——大屯堡——30——红桥关——40——漳腊（产金区）——60——柏木桥——60——噶米市——70——小西天——80——□[②]沟——85——头塘坝——90——二塘坝——100——金线塘——110——天杠岭[③]——120——头道林——115——二道林——120——大石头——130——踏骂——140——崇畔塘——150——奠安塘——155——石兰阁——177——如意坝——180——踏藏——185——乱云窑——190——大鸡寺——200——永和塘——215——藏杂寨——

---

① 烂若黄金，民国《松潘县志》卷一“山川”中“藏龙山”条中作“烂黄若金”。

② 原书作“□”，后文同。

③ 天杠岭：或当为“弓杠岭”。

225——分汛塘——240——隆康汛——245——永靖关——250——沙坝塘——255——宁静塘——260——二道桥——265——王家磨——270——黑河镇——280——薛家镇——285——水口坝——290——兼子哑——300——芝麻塘——303——龚家坝——305——马厂——310——牌坊坝——320——中田山——330——刀割坝——340——水浮洲——350——上桥头——360——南坪，距县城三百六十里，距甘肃文县城一百二十里。

《志》云：小海子在漳腊城东北八十里红心岩，后有大、小海子，旱天土人往海边，用石击之，水涌，高数丈，大雨即至。

综观松潘交通路线，以东、南二路为重要，苟能设法整治，使行旅无横厄之虞，则经济、文化之发达未可限量。

松潘交通线路可分东、南、西、北四路，南路由县城南行，经安顺关、归化镇、□关（没有联保之地）等处，至茂县之太平，凡二百四十华里；东路由县城越雪山，经三舍、小河至平松交界之木会墩，凡二百二十华里；西路由县西行四十里，即入毛牛沟、毛耳盖等番地，此路由县火烧屯、元坝子、红桥关等地到漳腊凡四十里，由漳腊西北行四十里底[①]黄胜关，出关正北行经上、下包座至拉不郎寺，入甘省境，凡六百余里；出黄胜关渡河西北行，入上、中、下三俄落，九千五百六十里，西北接青海，正西连西康；黄胜关外皆称草地，属生番所居处，沃野千里，平原居多，交通亦便。由漳腊渡河东北行，经祁全、寒泮、小西天、弓杠岭、踏藏到南坪（松潘第二区署在焉），凡三百六十华里；再东数十里，即入甘肃文县界。按：四至交通，以南北线为最重要。在茂县叠溪未震陷以前，由成、灌载运茶、油、烟、酒、杂货北来者，与由关外载运毛皮药材南来者，每日牛马，冬[②]以百数计。故当时之松潘，实大有可为之机。惜上峰不之觉，司牧者利己，不但百废未举（遭庚申、辛亥两次番变，死亡藉枕，财产荡逝），即繁盛之交通线亦未加以整理，听其自生自存，故有绝好之路基而不能完成康庄之大道。至叠溪震陷以后，茂县境内之道途变成崎岖险恶，甘、青货物改道他运，而旅行松境者亦间嗟蜀道难矣。其次为东路及东北线。以内地粮食不足，平均尚为十分之五比，差数由平武县来补者约十分之七，由南坪、文县来补者十分之三。其次，如正北、如西北于货运来源亦关重要。但平原既多，坦途易寻，不需较大之人力亦可通行无阻。又其次，如西路在盖、藏未开发以前，尚无若何价值。

至繁荣松潘者，夫人皆以交通为首务，盖为交通便利而后控制容易，过去之番患匪患乃可以消弭，亦幸交通便利而后外资可入。盖、藏待以开发，亦铨交通便利，经济乃可建设，生活易保平衡，而民性乃可化为正常[③]。然主修筑交通路者，则有东线与南北线之别焉。主修东路者云：东至平武路线较短，可以省时省力省财。斯说是否精确，姑不且论。南北线如仅就太平至漳腊言，途长二百八十华里，经过联保凡七，关、寨、屯则二十有余，路基虽依山傍水，坦平者多不越大山，城[④]度极低，且三分之二以上之宽

① 底：按上下文意，当为“抵”。
② 冬：疑有误，或当为“动”之讹。
③ 作者站在当时民国政府错误的民族立场，故有此诬蔑之词。
④ 城：按上下文意，当为“程”。

度均可不必再增。若修东路，则经过一联保、两关、三屯，经[1]长亦二百二十华里，且须超越最高最大之雪山，坡大“之”字线，为须增加路。不□各寒洞[2]、保坎，亦须增加曲径，既加长度，未必能减宽度，不足工程更须增加，结果是否能省时省力省财，成一大问题也。

况修东路，则茂、汶不与焉。就经济言，仅松潘得一线便利；就政治言，则十六区之辖境仍失控制之中心。孰得孰失，不待智者而后辩性。大平至灌县一路，路基虽有，较为险峻，须多造桥梁乃可减削坡度，而由木瓜墩到绵羊之山川如何？则笔者未之见，不敢臆断，尚须分道勘作比较之论列，以决去取。特就政治方面着眼，仍以南北线为重要也，但此项交通实非经过县分之人力财取能担负，尚有赖于省府之大量筹计。盖此路修通，新、甘、青运陕之货，均将改道而出此，经济方面不患无可补偿。更大之，且为国防之重道也，松潘为川省西北之门户，治川者其可忽哉！

---

① 经：当为“径”。

② 寒洞：或当为“涵洞”。

政　治

一、组织

松潘一等县，现已改二等县。县政府设县长一人，秘书及助理各一人。原分第一、第二、第三[①]科，各设科长一人。第一科掌理民政及夷务，第二科掌理财务，第三科掌理建设及教育。又设夷务主任一人，通司三人，科员八人、办事员十二人，县督学二人，技士二人。县政府以下分三区，各设区长一人。南坪为一等区，漳腊为二等区，城区为三等区。区员二、三、四人、办事员书记二、三、四人。区以下共设十二联保，各设主任一人及保甲长等。

二、行政机构

松潘种族复杂，地区辽阔，民智低下，虽有一等县之名而无三等县之实。倘以占十分之二之汉回民为范围，则现在机构尚觉组织庞大，公务员无公可办；倘包括西番全族，则现有之人力财力，实不足以肆应付。盖其情形特殊，一切政务非从根本上计划推动不为功。廿余年来，治政治、经济、文化俱不见成绩者，虽其道多端，机构健全实为主因。

三、现状

松潘行政大多着眼于少数汉人，尚有十分之八之番民为行政力量所不及，其间上下连接最有力者莫过于绅家通司。盖彼等一方为绅士，一方为家人，一方为通司，无以，名之曰“绅家通司”。例如夷务主任任羽通可通上三寨，哈有德可通下三寨，马登宵通草地，李斤康通苏荣和。其余地方财务委员长马任堂、商会会长杨度三、农会会长马善卿、教育会会长李哲康，亦各有相当势力，可与西番来往。次为松潘各大商家，商人与西番贸易，精通番语，来往既多，感情自厚。最次为大小土司官，但多不能汉话，因之不能与政府发生直接之联系作用，只管理本部各寨而已。

① 原衍一“三”字，今删。

四、夷务情形

1. 松潘夷务之重要：松潘番民约占全人口十分之八，所有土地约占全面积十分之九，出口大宗之皮毛、药材，几全部在番民界内，汉、回经商者大多以番民为对象，故夷务为松潘之首要。

2. 番民语言之不同①：番民百分之九十为西番，分布于黄胜关外之草地及关内上下三寨；百分之三为猼猓子，分布于乌木树、刺木林、择坝为猼猓子三部，又名小黑水，与理番所属之大黑水接界，语言与西番不同；百分之四为云昌土官所属大姓、小姓番民，为界于西番与猼猓之间之另一种民族语言，与西番大同小异；百分之三为踏藏之羊峒八寨、和药九寨番民，类似西番，而语言微有不同；至南坪所属之番民，汉化久，多已不能说其自有之语矣。

3. 番民之勤俭：西番人民均刻苦耐劳，除畜牧、农垦外，兼营商业，或以平马代汉商驮运取力资，或径自措本经营，绝不吸食鸦片，亦不种烟图利，故皆强健富有。惟猼猓子大小姓所属及南坪各番，多吸烟、种烟，大多贫困，且以盗劫为职业，以维持其生活。

4. 番民多难忌，部落之间时多纠纷。解释、评判此项纠纷者曰“说口嘴”，滔滔泊泊、翻来覆去，恒数日不决。初则少数人纠纷，继为寨与寨斗，不公平解决，则联合数寨互相火并，事态扩大则恨及命主子（即县政府，番人称县长为命主子）。

5. 番汉之界线：松潘番汉界线分明，即如附城各番寨，汉民杂居其中者，不过千分之一；而番民之来城居住者②，可谓松潘汉夷杂处，并非事实。

6. 七十二部落之不确：松潘关内外，在昔号称七十二部落，《县志》所载，诚然有之。惟鼎革以后□观之，既废贡赋，土饷亦停，任其自由，不复过问，遂有分化兼并之事，故七十二部原建制，现已有大致观③。

7. 关外之隔膜：关外阿坝以上，如三俄落、三阿树等部，绝少与县府来往。今夏，甘、青两省欲征服之，三俄即因反对青海年之压迫大起冲突，军事失利，始派代表来县府请要作主，经转电省府，转请青省当局制止，始得告一段落。但界址不清，管辖不明，终为肇事之由。

8. 草地之交通：松潘关外草地平行修筑公路至昌由、包座，若干草十二部经甘属临洮以至兰州，及松潘东向与平武或江油接连达成都，较之川陕路至西安转车至兰州为便捷，无论从经济、国防上看，俱有异常之重要性。

9. 草地之出产：草地产羊至夥，羊毛转多，苟能改良其品种，大可为毛织物品之原料。其余出产牛马甚多，酥油、牛皮亦为大量之生产品。苟能改良装罐制华，其利不可甚言矣。

军　事

前清，四川四镇以松潘为首，辖兵十二营。嗣后，经费不敷，递减十营、七营、五营。入民国，镇废，称汉军统领，仍有兵五营。至江防军骑兵团长杨抚权驻松，仍称统领。廿一年，杨部改编离松，统领之称遂绝。然当有松潘理茂懋汶屯殖督办署屯殖军，“剿匪”军兴，此仅有之一营，亦于包围中绕道南坪、文县回成都矣。洎军事平息，除保安队一中队外，并无任何武力矣。查庚申、辛亥之变，俱因驻军内调，遂启番民反侧之心。今者国难严重，各部落亦类多知悉，徒以“剿匪”之后，各落深震中央军之威势，为飞机大炮所慑服，故松潘无驻军尚能无事。但抗战军事非短时间所能结束，实不能不未雨绸缪。且设置重兵，非徒消极之弭患，亦有积极建设之意义在。盖任何建设事，俱有有形、无形之障碍，而此种障碍又非法令所可辄范、诚意所能说服，如有武力，自能推行尽利矣。

经 济

松潘位于四川之西北极边，与西康、青海、甘肃接壤，幅员之大，盖藏之富，贸迁之众，于四川所辖县治中洵可数一数二，宜其居经济之重要地位而影响及于全川。然因番多汉少，文化落后，故步自封，不求进展，习养成性，但不汉化番，且多汉为番化，其结果对经济界之表现有如次者。

一、农

松潘全境除阿埃、包座、毛儿盖、按曲一带均可种植，草地、松潘食粮为米谷、洋芋及青稞，多属山地，有土无田（南坪有田可产稻，然全县面积计，不过千分之几而已）。惟食粮为米谷、洋芋及青稞，年收一季，而农者有耕无耨，徒播不耘，畜损、虫害、病蝗、旱涝，更不知所应付。故松潘以数千里之沃野，其产粮不足供十余万人口之需求。

二、工

西番手工业除：1. 羊毛毪子；2. 牛毛毪子；3. 牛绒毪子；4. 五道毪子；5. 牛羊毛绳子；6. 制革：a. 酸如子制革；b. 酥油鞣草；7. 消皮子；8. 制马鞍子；9. 织羊毛□袖；10. 制金属佛像；11. 制金属用具；12. 制酸油奶渣及酸奶子外，松潘全境之用，大都来自成、灌或甘肃、陕西。生活必需之铜铁器及碗盏等，本县亦不能制，衣着除猓子能织粗糙之木子外，通皆仰给于外来，木坚石垒均非本地工人所能办，消皮则用旧法，外商咸不购熟货，至制革、炼乳则毫无所闻。甚至牛马，居民血食之大宗，而宰牲尤多椎杀者，其工业之幼稚可以想见。

三、矿

松潘辖境内矿产极富，如煤、铁、雄黄、白银、黄金等均有，盖藏如漳腊金河坝地方，在民二十年以前，开采沙金每日曾出三二百两不等，惜当时采开者未造法令，据为私利，于国家于地方均无裨益。现在福华公司呈准探采，规模较巨而产量已减。旧习未尽革除，将来于经济建设方面究有若干补助，当可不必。其他矿产，除县府工业技师王永康已送煤苗、雄黄到省请求化验外，尚未闻有采勘者。

四、牧畜

松潘全境可称牧畜胜地，故农、工、商、学去来皆乘马，载负皆用牛，一般食品皆以酥油、糌粑为便利，而司牧者则朝驱牧畜于山野，暮下于篱围，任其日洒夜露，不加保护，病害饱馁，更难加意，故可见牲畜皆现枯萎状况，而无华润雄伟可称者。牲畜病死又多售其皮，其染病者一流行，死亡动辄以千计。近来番寨之缺耕牛者比比皆是，县府须设法救济，亦不过计之补而已。幸中央职业学校已决在松潘开办牧畜、卫生，二者并重。五六年后，松潘之经济中心事业或有发展。惟草地马牛多而且肥，冬季亦讲求贮草，各土官一至国历十至十一月即命百姓“上草”，至于山羊、绵羊则以□胫之故，则养者日少。

五、森林

松潘地质富于泥沙，少岩石，山中有多水，除草地外皆宜森林。闻过去各山皆丛林，自有明设卫以来，逐渐砍伐，现当道之山已少成材，一切木料、用炭，均须来自四十里以外。年年斧斤不加，培植再数百年，恐栖止、食，均成问题。惟草地森林亦不少，而自上瀼以至松潘四五百里间，古木参天，为西南一大原始林区。

六、商贾

松潘之商业以茶为大宗，因全县居民皆食酥油、糌粑、青稞面，非茶无以解热而滋消化也。茶呼老茶，及津、灌等县所出之劣品，然以销量广，利润极厚，故茶号家亦多。现处衰落时间，犹有十余家，其年代久远者，有三四百年，盖自明代创办茶司时即成立者。茶商以外，为□须油、酒、杂货、香烟，□须油、杂货以□所必需。酒为人番所必嗜好，香烟为驻军所□染，此等物品皆自外来，故一遇缺货，市即有三倍之利。然与番人交易时，率多以货易货。若用介绍物，则白银、硬币较法币易通用，故时至今日，市场尚有上古遗风。输入之货，诚以茶为大宗，茶分川茶、湘茶两种。抗战以来，湘茶断绝，故今后川茶至有希望。输出之货：a. 羊毛、皮革；b. 药材；c. 香料——甘松；d. 牲口。

七、运输

松潘运输纯用牛驼[①]马载，道路崎岖，常感不便。以东路运来之米，平时每一百斤不过六元，近来桥梁破坏，十二元尚难入手。其他各货涨落情形大多类此，其货运之不流通可以想见。

---

① 驼：亦作“驮”。

八、金融

松潘金融之枯竭，实甲于全川。过去交易大都各凭物资以货易货，本地人之向商号告贷均系赊货，卖后结价，不但无钱号、银庄之设置，即民间借贷亦只粮食、酒而已。第一师胡宗南驻松年余，运来硬币以百万许，法币则将近千万，货币流通自此始渐发达。然迄今已三年，硬币则入番民之手，法币展转流通又现枯竭矣。且松人性归[①]，铜币溢流则法币不见，铜币稍枯则法币值落，少数奸商之操纵固所不免，而金融之活动实亦大原因也。目前以产金甚旺，法币并无枯竭之状。

---

① 归：按上下文意，“归”当为“乖”之意，含有奸猾之意。

文　化

松邑地处偏陲，开化既晚，交通不变，因之文化甚形落后，较诸内地极为悬殊，各略述如次。

一、文盲

松邑地广人稀，民族复杂，汉、回、番合计约十二万人上下，番民人口约为九万余，汉、回人数仅二三万人。番民全部，几尽为文盲，回民文盲亦在百分之九十以上。盖番民既不习汉文，亦少习番文。回民子弟则多诵习回文，以能诵《可兰经》为能事，对于汉文亦少习学。至于汉人则多来自内地，苟非宦游，即为经商，均识字者，因之文盲数目亦属不少[①]。故以汉、番、回合计，则百分之九十五为文盲，汉、回亦占百分之八十以上。

二、学校教育

民智闭塞，文化落后，学校教育因亦随之无法开展，加以土地硗瘠，出产不丰，居民生活多仰给于商业，故对于读书类多漠视。同时地方经费收入有限，每年各项税收综计□二三百元，故政府当局虽欲提倡教育，亦苦经费无法筹措，县属学校寥若晨星。现计有省立小学一所，县立完全小学三所，县立短期小学二十所，私立初级小学二所，综计全县共有学校二十六所。以数量言，较诸两年前增加四倍，就目前效率言之，实不免令人多所遗憾耳。

三、社会教育

松潘社会教育除几职业教育：1. 中央职校，2. 工业合作协会外，较学校教育更为落后。诸如图书馆、民教馆、体育馆等社会教育重要机关均付诸阙如，现所办理者仅民众学校、简报、壁报、民众问字处、民众代笔处，与夫由私人集资办之话剧社、娱乐园、体育会等而已，成绩类多不能令人满意。

---

① 此句文意不可通，当有讹误。惜无他本以资校正，请读者谅解。

视察松潘县意见

松潘僻处边陲，得天独厚，有广大之土地，有强健之人力，有无穷之财力，有雄厚之物力，气候最寒不过零下十度，但草地往往至摄氏零下35℃，最热不过四十度。衣有羊毛兽皮，食有酥油糌粑，住有木材，有金砂、牲。以交通不便，文化落后，货弃于地，人民仍在水深火热中谋生活，谁之过欤？

西番人种体力物强，智慧不低，惟不识字。虽有利器（文字），无所用之；虽有良法（教育），无所动之；言语不通，受人欺骗，只图目前小利，不知生活改良；足迹不离山寨，难免坐井观天，无忧无虑，日与牛马为伍，不识不知，受环境之变迁而淘汰哉！

余此次奉命视察松潘，深感教育之重要，而不能单独迈进也，此种特殊区域不能以一纸命令所能奏效也。番民知识之低落，而从来无人顾及也。故就军事、政治、经济、文化、风俗、民情各方面考察之，作《松潘县视察概要》，以供当局之采择，施教之张本，以转社会之批评。惟以时间太短，语焉不详，志在抛砖引玉，引起有志开发边区者之注意已耳。兹略其管见如左。

一、整理交通

开发边区首在建设松潘，建设之首要莫过于交通。松潘面积据《县志》所载，约七十余万方里，如此广大之土地，徒以道路崎岖，人烟稀少荒废，迄今无人过问。实则松潘以县城为中心，东、西、南、北均有路可通，通草地之西路亦为国防与经济路线，其重要者在东、南二路，东路为国际路线，南路为经济路线，苟能整理，对于四川利莫大焉。

二、沟通语言

松潘人口十二万，西番约占十分之八，以语言不通，文字不识，知识低落，常为边患。实则威服、羁縻之策令不可用，觉民之方，端赖语言文字。省府如欲推动边民教育，首先需要设立边民学校，以行政力量为主，社会力量为辅，勒令各番寨送子弟入学学习汉语。一方招收有志边民教育之汉人，学习番语毕业后，深入番寨实施汉化教育，然后组织训练，可为国家有用份子。

三、投资开发

松潘矿脉绵亘，蕴藏富丰。例如金矿之已发现者已有多处，如：1. 金河坝，2. 羊裕屯，3. 石河桥，4. 大屯，5. 确鸡屯，6. 毛耳革，7. 包座，8. 黄胜关外；人民以上土法挖掘，旺时每处每日可得二三百两纯金，以无组织无秩序，弱肉强食，各私其私，纠纷时起，影响治安。此种事业省方应有大规模之组织，利用外来资本统制开发，于国于民，两得其利。

四、设法运输

松潘出产至夥，羊毛、兽皮、牛奶、酥油，土法制之尚可得利，为松潘大量出产品之一。省方或社会人士，苟能设法制毛织厂、制革厂、牛奶厂、制罐厂，其利奚啻倍蓰。又有药材如鹿茸、贝母、虫草、大黄……等不胜枚举，每年出口不下数百万。苟能组织运输，解除商民剥削，增加生产力量，国家前途实利赖之。

五、行政要点

松潘行政必须大处着眼，小处着手，倘若只见十分之二之汉、回，忽略十分之八之番民，一切措施难见成效。松潘县政府缺不能作普通县看待，此种特别区域，宜有特别方法以治理之，开发之。例如：1. 慎选县长予以久任；2. 推行政令以绅缩；3. 选举专门人材，办理夷务；4. 拟详细计划责成效。而来边区办事者，非普通人材所能胜任也，苟有公正士绅，廉洁官吏，专门人材，以事业为前提，以番民为对象，得其信仰，事无不成。

六、武力必需

松潘地区辽阔，种族不一，人品复杂，情形混沌，性格各异。庚申、辛亥之变，可谓前车之鉴。如欲施行新政，必需充实武力为后盾，方能推行有利。前清，四川四镇以松潘为首，辖兵十二营，非无故也。迄今，县府除保安队一中队外，并无任何武力。不可一日无备，或防[①]前清遗意，置制建部队一营，以县长兼司令。或效广西成法，寓兵于农，寓将于学，组织民团以自卫。则无论汉奸、番人之欲以武力要挟者，自可措置裕如也。

---

① 防：按上下文意，“防”当为“仿”之误。

七、训练土官

松潘七十二部落，关外七十部落，七百四十九番寨，各有土司、牌头如保甲长。然以理番民，例如漳蜡[①]第三区直辖各寨人，韩盼寨大土官韩成德、副土官哈耀登、直辖安碧小土官吴家辟、川盘嘴小土官祈郎吉、直辖兔儿寨小土官勿再黑、司寨牌头咒鸦、石嘴牌头郎□朱之等一查知□，定期轮番召集，或令其参观都会，或令其接受训练，来往既多，语言文字之需要必[②]，然后设法推动，其效必著。政府欲可开发边区，训练土官必不省。

八、改良生活

番民迷信太深，病不求医，知识太浅，死归自然，其衣食住行千古不易者，非不为也，不知也。总理所谓知难行易，于斯益信。政府如能推行□□□之法则，由经济方面入手，适应其生活，补助其不足，赐土官以短服，奖励其子弟入学，逐步推进，改良其生活，未有不接受者。

总之，松潘土地之大，人力之强，财力之富，物力之雄，全国各县无与伦比。此种特别区域，当有特别方法以推动之。上例八端，无非个人一时感想所及，区区之见，贻笑大方，深信当局必有精密计划，伟大之眼光，以开发边区、繁荣边区，毋喋喋一得之愚，仅拟报告如上。

注：报告中文字标点偶有讹误，兹仍据原稿钞录。

---

① 蜡：当为“腊”之误。

② 必：其后或有脱文。